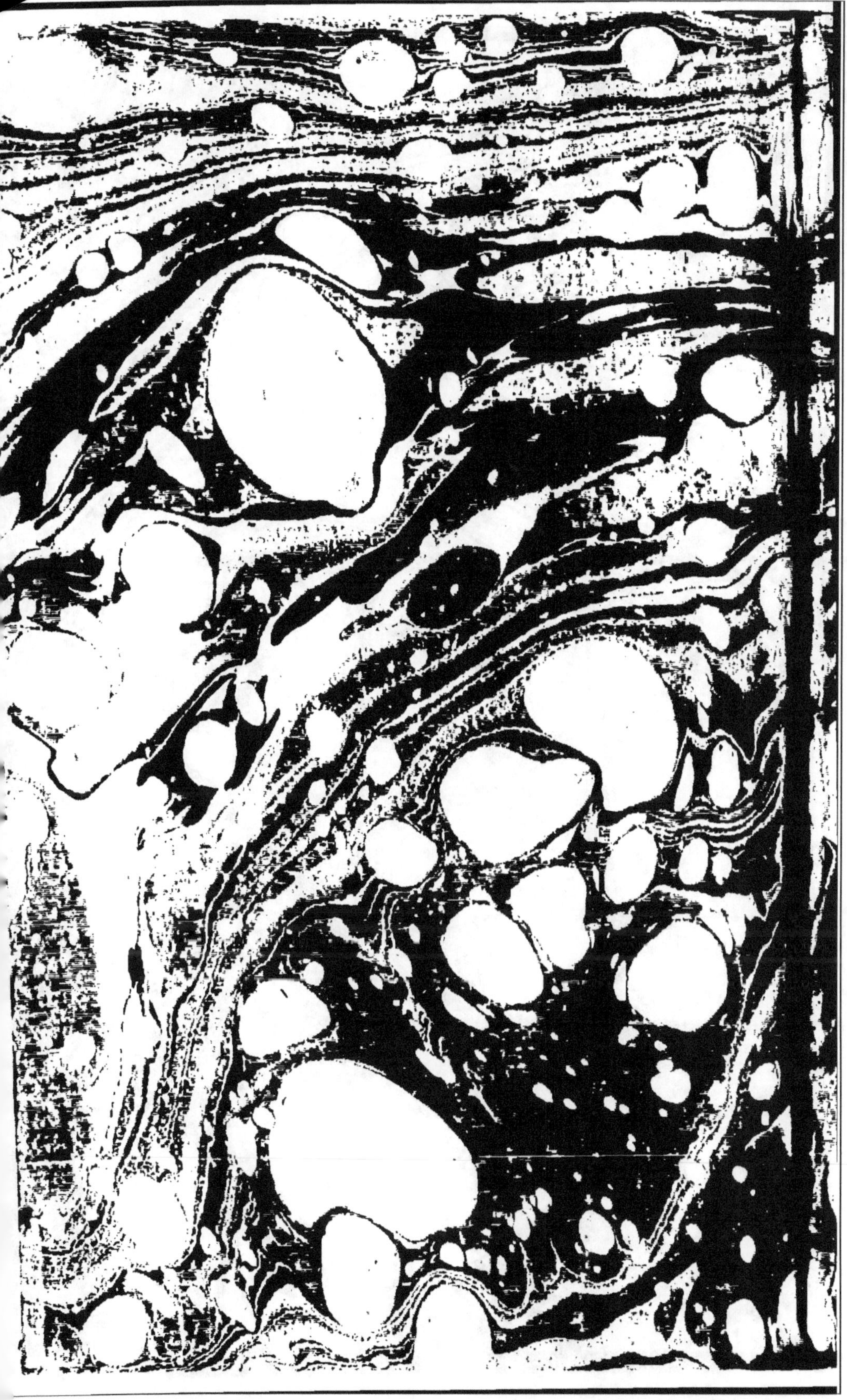

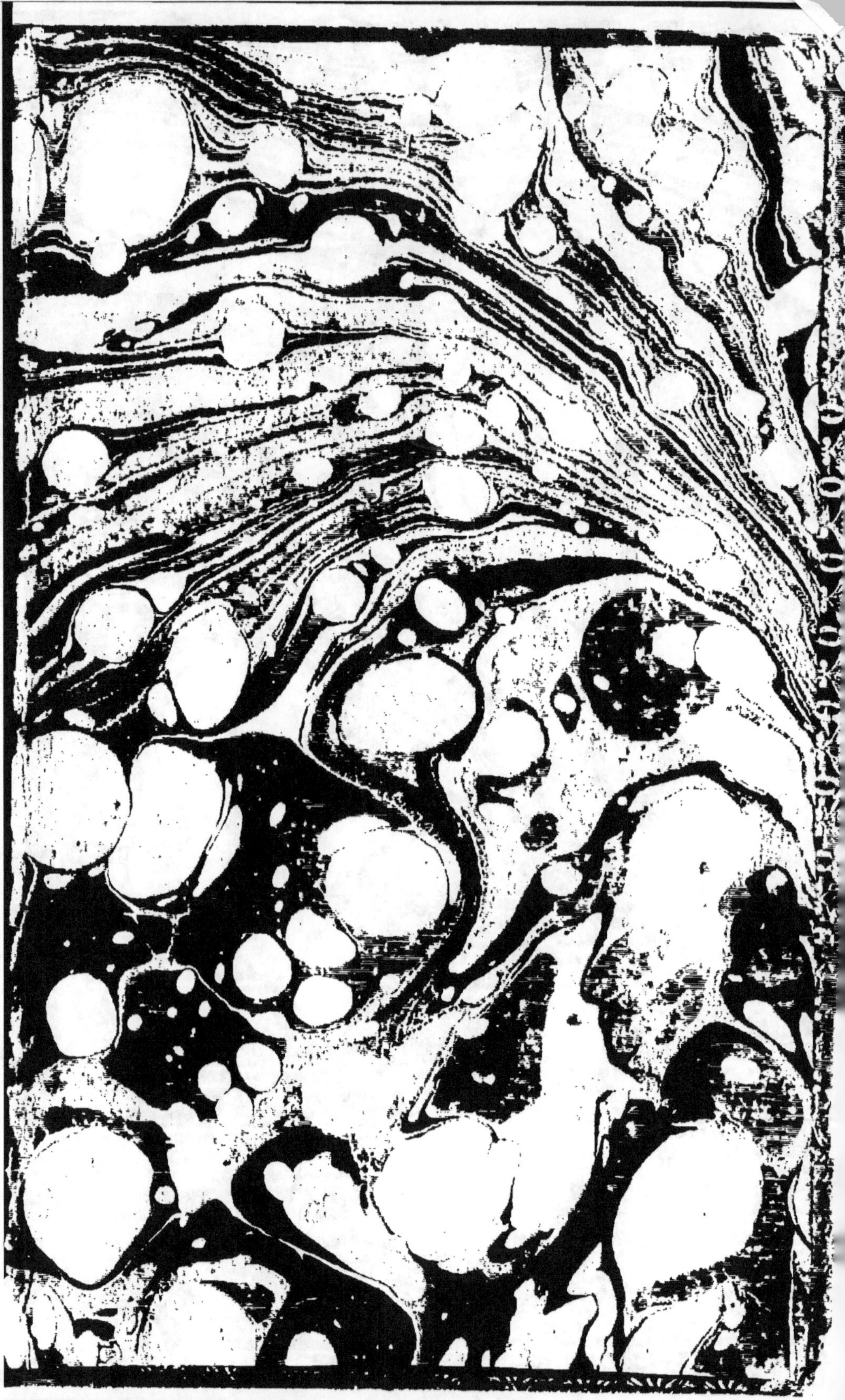

BIBLIOTHÈQUE COMMUNALE DE LILLE.

CATALOGUE

DES

OUVRAGES LÉGUÉS

PAR

M. le Marquis de GODEFROY DE MÉNILGLAISE.

HISTOIRE

2e PARTIE

LILLE
IMPRIMERIE L. DANEL.

1894.

HISTOIRE.

HISTOIRE DE FRANCE. — PROVINCES ET VILLES EN GÉNÉRAL.

2095 Les antiquitez & recherches des villes, chasteavx & places plus remarquables de toute la France. Selon l'ordre & ressort des Parlemens. Œuvre enrichy des fondations, situations & singularitez des villes, places, & autres choses notables, concernant les Parlemens, Iurisdictions, Églises & Polices de ce Royaume. Par *André* du Chesne, vivant conseiller du Roy en ses Conseils, historiographe de France. Reueu & augmenté sur les mémoires du deffunt, par *François* du Chesne, son fils, aduocat en Parlement... aussi historiographe de France. *Paris*, Trichart, 1647. In-8°, 1 vol.

2096 Tableau des Provinces de France, où l'on voit les descriptions des Villes & des lieux les plus remarquables; les noms & la genealogie de ceux qui y ont des Terres & des Gouvernemens; les vies de leurs ancêtres; & les intérêts de toutes les Puissances de l'Europe au sujet de la présente guerre. A *Paris*, Chez Estienne du Castin, M. DC. XCIII. In-12°, 1 vol. de 43 pp. chiffrées.

2097 Carte des Pyrénées, versants, vallées et pays limitrophes compris entre les 41° 40' et 44° 10' de latitude, dressée d'après les meilleurs documents par *A.* Perret, géomètre en chef des Basses-Pyrénées. 1850.

Carte collée sur toile et pliée.

HISTOIRE DE FRANCE. — ALSACE-LORRAINE.

2098 Histoire de la Province d'Alsace Depuis Jules César jusqu'au Mariage de Louis XV, Roy de France et de Navarre. Dediée à sa Majesté. Par le R. P. *Louis* LAGUILLE, de la Compagnie de Jesus. A *Strasbourg*, Chez Jean Renauld Doulssecker. M. DCC. XXVII. In-8°, 2 parties en 4 tom. chacune, chaque tome comprenant 8 livres, en tout 8 vol. divisés en 64 livres.

2099 *Jo. Daniel.* SCHŒPFLINI Consil. et Historiographi Reg. Eloq. et Historiæ apud Argentorat. Prof. publ. Ord. Capituli S. Thomæ ibidem decani Alsatia Ævi Merovingici Carolingici Saxonici Salici Suevici Diplomatica Diplomaticæ. — *Mannhemii*, ex Typographia Academica, MDCCLXXII. In-f°, 1 vol., tit. rouge et noir, nombreux fac-simile de chartes, titres et sceaux.

2100 Bibliographie Alsacienne, 1872, quatrième série, contenant les réponses au Conseil d'enquête des Capitulations, par *P.* RISTELHUBER. *Strasbourg*, chez Noiriel, Lib. *Lausanne*, Imp. Georges Bridel, 1873. 1 vol. in-8°, titre noir et rouge, texte sur papier fort; grande marge. (don signé d'auteur).

Ce volume contient une notice sur Denys Godefroy, reproduite d'après M. de Godefroy-Ménilglaise.

2101 Carte des départemens du Haut et Bas-Rhin avec leurs subdivisions en districts, conformément aux Décrets de l'Assemblée Nationale Constituante aux années 1789, 1790 et 1791. A *Paris*, chez Basset. Se trouve à *Strasbourg*, chez Baltazar Buffa, et à *Colmar*, chez Jacques Fontaine fils.

Collée sur toile et pliée.

2102 Notices historiques, statistiques et littéraires sur la Ville de Strasbourg par *I. Fred.* HERMANN Ex-Législateur, ancien Maire de Strasbourg, Doyen de la faculté de

Droit... *Strasbourg* chez F. G. Levrault ; à *Paris*, chez Lenormant et chez Foucault, chez Treuttel & Wurtz. 1817-1819. 2 vol. in-8°.

2103 Documens historiques relatifs à l'histoire de France, tirés des archives de la ville de Strasbourg, par M. *Ant.* DE KENTZINGER, Maire de la ville de Strasbourg, *Strasbourg*, Chez F. G. Levrault, 1818. In-8°, 1 vol.

[*Même vol.*]. Strasbourg et l'Alsace, ou Choses mémorables des vieux temps, par M. le Ch^er^ DE KENTZINGER, Maire de Strasbourg. *Strasbourg*, de l'imprimerie de F. G. Levrault, 1824. In-8°.

2104 Capitulation accordée par Sa Majesté à la ville de Strasbourg avec l'arrest du Conseil d'Estat, & Lettres Patentes portant confirmation d'icelle, ensemble l'arrest d'enregistrement du conseil souverain d'Alsace (1681). S. nom d'imp. 1 br. 19 p. in-4°, texte français & allemand.

2105 Histoire ecclesiastique et civile de Lorraine, qui comprend ce qui s'est passé de plus memorable dans l'Archevèché de Tréves, & dans les Evèchez de Metz, Toul & Verdun, depuis l'entrée de Jules César dans les Gaules, jusqu'à la mort de Charles V, Duc de Lorraine, arrivée en 1690, avec les pièces justificatives à la fin. Le tout enrichi de Cartes Geographiques, de Plans de Villes & d'Églises, de Sceaux, de Monnoyes, de Médailles, de Monumens, &c. Gravez en taille-douce. Par le R. P. Dom *Augustin* CALMET, Abbé de S. Leopold de Nancy, A *Nancy*, chez Jean-Baptiste Cusson, Imprimeur-Libraire, M. DCCXXVIII. In-f°, 3 forts vol., tit. rouge et noir.

2106 Histoire physique, civile, morale et politique de Nancy, ancienne capitale de la Lorraine, depuis son origine jusqu'à nos jours ; avec nombre de figures et de plans, Par *Jean* CAYON, inspecteur-correspondant du ministère de l'intérieur. *Nancy*, Cayon-Liébault, [impr. Hinzelin] 1846. Pet. in-4°, 1 vol.

2107 Nancy. Histoire et Tableau, par [le baron] *P. G.* [*Paul Guerrier* DE] DUMAST. Seconde édition avec la perspective gravée de cette capitale à l'époque de sa puissance, et la vue de l'ancien palais ducal, prise à vol d'oiseau. *Nancy*, Vagner, 1847. In-8°, 1 vol., orné de lithographies.

2108 Discovrs des cérémonies honnevrs et Pompe funebre faits à l'enterrement du Tres-Hault, Tres-Puissant & Serenissime Prince Charles 3. du Nom, Par la grace de Dieu Duc de Calabre, Lorraine, Bar, Gueldres, Marchis &ra de glorieuse et perpétuelle memoire. Par *Claude* DE LA RUELLE, secrétaire des commandementz de feuë son Altesse & a present de ceux de Monseigneur le Duc Henri 2. du Nom, fils aisné de feuë sa dite Altesse & Successeur de Son Estat. A *Cler-lieu-lez-Nancy*, Jean de Sauina, 1609. In-8°. 1 vol. Titre gravé.

2109 Relation du Siège de Metz en 1444, par Charles VII et René d'Anjou publiée sur les documens originaux par MM. DE SAULCY et HUGUENIN AINÉ membres correspondans du Ministère de l'Instruction publique. *Metz*, L. Troubat, éditeur, Imprim. de S. Lamort 1835, format petit in-4°. Contenant 9 planches.

Dans le même volume : Journal du Siège de Metz en 1552. Documents relatifs à l'organisation de l'armée de l'Empereur Charles-Quint, et à ses travaux devant cette place et description des médailles frappées à l'occasion de la levée du Siège. Recueillis et publiés par M. *F. M.* CHABERT, Membre titulaire de l'Académie Impériale de Metz. *Metz*, Typog. de Rousseau-Pallez, Editeur, M. DCCCLVI. 1 vol. in-4°, 2 cartes et une planche.

2110 Histoire de Thionville, suivie de divers mémoires sur l'origine et l'accroissement des fortifications, les établissemens religieux et de charité, l'instruction publique, la topographie, la population, le commerce et l'industrie, etc.; de notices biographiques; de chartes et actes publics dans les langues romane et teutone, etc. par *G. F.* Teissier, [sous-préfet de l'arrondissement]. *Metz*, Verronnais, 1828. In-8°, 1 vol.

2111 Plan topographique de Plombières & des environs avec indication des Promenades, Chemins, leurs distances de Plombières &c^{a}, dressé par *Amé* Resal, 1852. Lith. de Engelmann père et fils à *Mulhouse* (Haut-Rhin).

HISTOIRE DE FRANCE. — CHAMPAGNE.

2112 Mémoires historiques de la Province de Champagne, contenant Son Etat avant & depuis l'établissement de la Monarchie Françoise; Les Vies des Ducs, des Comtes & des Personnes illustres, La Description des Villes, des Domaines du Roy, & des différents Tribuneaux, &c. Par Monsieur Baugier. A *Chaalons*. A *Paris*, Chez André Cailleau, M. DCC. XXI. Pet. in-8°, 2 tom. en 1 vol.

2113 Histoire des Comtes de Champagne & de Brie. [Par *Robert-Martin* Le Pelletier, Chanoine régulier de Ste-Geneviève; avec un Discours préliminaire par Levesque de la Ravalliere]. *Paris*, Huart & Moreau, 1753. In-12, 2 vol.

2114 Histoire des ducs et des Comtes de Champagne depuis le VIe siècle, jusqu'à la fin du XIe, par *H.* d'Arbois de Jubainville. *Paris*, Aug. Durand, Lib. *Troyes*, typog. Bouquot M. D CCC. LIX. 1 vol. pet. in-8°.

2115 Discovrs av vray de la cavse des grandes processions, qui se sont faictes, & se font, tant par les habitans des frontières de la haulte Allemaigne, des Ardennes, que autres pays de Brye, et Champaigne, et telles que iamais n'en a esté faictes de semblables. A *Paris*, par Laurens du Coudret, 1583. Pièce in-8° de 16 pages non foliotées.

2116 Le Dessein de l'Histoire de Reims. [et les deux premiers livres de ce grand ouvrage, intitulés *de l'Antiquité de Reims*] Avec diverses cvrievses Remarques touchant l'establissement des Peuples, & la fondation des Villes de France. Par feu M. *Nicolas* BERGIER, Aduocat au Presidial de Reims [pub. par *Jean* BERGIER, son fils]. A *Reims*, Chez Nicolas Hecart, M. DC. XXXV. In-4°, 1 vol, gravures hors texte.

2117 La Chronique de Rains [Récits d'un Ménestrel de Reims] publiée sur le manuscrit unique de la Bibliothèque du Roi, par *Louis* PARIS, archiviste de la Ville de Reims. *Paris*, Techener, [*Reims*, impr. L. Jacquet], 1837. In-8°, 1 vol.

2118 Histoire de la ville de Châlons-sur-Marne et de ses institutions, depuis son origine jusqu'en 1789, par M. *Edouard* DE BARTHÉLÉMY, correspondant des Comités historiques, de l'Académie royale d'archéologie de Belgique, etc. *Châlons*, E. Laurent, 1854. 1 vol. in-8°.

2119 Statistique du Département de Seine-et-Marne, d'après des documents inédits et authentiques, recueillis dans les bibliothèques, archives et dépôts publics du département, et fournis par les diverses administrations. Ornée d'une belle carte par M. *T.* DUBARLE. — A *Paris*, chez Verdière, [impr. Hipp. Tilliard ; *Fontainebleau*, Huré fils ; *Coulommiers*, Chantereau ; *Meaux*, Dubois, Berthault, Chanson ; *Melun*, Thuvien, Thomas; *Provins*, Lebeau fils] 1836. In-8°, 1 vol.

2120 Histoire de Provins, par *Félix* BOURQUELOT, avocat, élève-pensionnaire de l'école des chartes. *Provins*, Lebeau. *Paris*. B. Précieux [Allouard], Dumoulin, Techener, Crozet, 1839 [-40.] In-8°, 2 vol. grav.

2121 Relation de ce qui s'est passé à Sens, au Sujet de

l'Inhumation de feu Mgr le Dauphin, en l'Eglise Métropolitaine de cette Ville. A *Lille*, de l'Imprimerie de P. S. Lalau, Place de Rihour. 1 br. 10 p. in-4°.

HISTOIRE DE FRANCE. — PICARDIE. — ARTOIS. — BOULONNAIS. — CALAISIS.

2122 Bibliothèque historique, Monumentale, ecclésiastique et littéraire de la Picardie et de l'Artois publiée par M. *P.* Roger, Membre de la Société des antiquaires de Picardie, avec la collaboration de M. le Comte d'Allonville, Conseiller d'État, ancien Préfet de la Somme, de M. le Baron de Hauteclocque et de M. *H.* Dusevel. *Amiens,* Typ. de Duval & Herment. 1844. 1 vol. in-8°, gravures sur pap. teinté hors texte dont une en frontispice, texte encadré.

2123 Noyon-St-Quentin-Chauny-Guise- La Fère-Laon-Marles.
1 carte collée sur toile et pliée. Partie de la carte de Cassini.

2124 Atlas national de France. Département de la Somme décrété le 26 Janvier 1790 par l'assemblée nationale, divisé en 5 arrondissemens et en 41 Cantons. *A Paris,* chez F.G. Chanlaire, auteur propriétaire.

2125 Monumens inédits de l'histoire de France 1400-1600. Mémoires originaux concernant principalement les villes d'Amiens, de Beauvais, de Clermont-Oise, de Compiègne, de Crépy, de Noyon, de Senlis et leurs environs, [par *Jehan* Mallet, *Jehan* Vaultier, et autres]. Publiés pour la première fois, d'après les manuscrits, par *Adhelm* Bernier, Avocat à la cour royale d'Amiens. *Paris,* Joubert, Guillemot. *Senlis,* Regnier, [impr.-libr.], 1835. In-4°, 1 vol.

2126 Essai sur l'origine des villes de Picardie précédé de recherches historiques sur le nom et l'étendue successive de cette ancienne Province, par *L. A.* Labourt, ancien procureur du Roi (extrait du 4e vol. des mémoires de la Société des Antiquaires de Picardie). *Amiens.* Alf. Caron, Imp. Lib. *Paris.* Dumoulin, 1840. 1 vol. in-8°.

2127 Rapport fait à la Commission historique du Nord, par *A.* Desplanque, Archiviste du département. Sur l'ouvrage de M. de Boyer de Ste-Suzanne, Sous-Préfet de Cambrai, ayant pour titre : Les Intendants de la généralité d'Amiens (Picardie & Artois). *Lille.* Imp. L. Danel. une broch. 19 pag., pet. in-8°.

Extrait du *Bulletin de la Commission historique du Nord.* Tome IX.

2128 Les Antiqvitez, histoires et choses plvs remarqvables de la ville d'Amiens. Troisiesme Edition dediee av Roy. Par M. *Adrian* de la Morliere, Chanoine de l'Eglise Nostre Dame d'Amiens. A *Paris*, Chez Sebastien Cramoisy, M. D C. XLII. In-f°. 5 vol. tit. rouge et noir, suivi de :

Recveil de plusieurs nobles & illvstres Maisons vivantes & Esteintes en l'estenduë du Diocese d'Amiens. et a l'environ, des alliances et vertueux actes des Seigneurs, & des Abbayes, Prieurez, & Eglises Collegiales par eux fondées. Par maistre *Adrian* de la Morliere. A *Paris.* Chez Sebastien Cramoisy, M. DC. XLII. In-f°. 1 vol.

2129 Avgvsta viromandvorvm vindicata et illustrata duobus libris quibus antiquitates Vrbis et Ecclesiæ S. Quintini Viromandensiumque Comitum Serie explicantur. Adiectum est Regestum veterum Cartharum cum indice opera *Clavdii* Hemeræi, doctoris Sorbonici, et eiusdem Ecclesiæ Canonici. 1 vol. in-4° renfermant une gravure et un plan. Le titre est encadré dans le frontispice, sans date et sans nom d'imprimeur (vers 1643).

2130 Fragments d'une Étude historique sur la Ville d'Amiens au XVe Siècle, par M. *H.* Dusevel, membre résidant, du

Comité, de plusieurs Académies & Sociétés Savantes de France & de Belgique. Imprimerie Impériale, 1864. Une broch. 23 pag. (signée par l'auteur sur la couverture).

2131 L'Entrée svperbe et magnifiqve, Faite à la Royne de la grande Bretagne, dans la ville d'Amiens Le Samedy septiesme de Juin 1625. Sur les fidèles relations & missiues d'vn Seigneur de qualité, enuoyées à vn sien seruiteur & amy; auec ce qui a esté imprimé dans ladite ville d'Amiens. A *Paris*, Par Flevry Bovrriqvant, rue Dauphine, aux Fleurs Royales, MDC. XXV. 1 br. 16 p. petit in-4°.

2132 Déclaration de la Garde Nationale d'Amiens, affichée à Amiens, Beauvais et autres villes de Picardie. A *Amiens*, de l'Imprimerie de Cherche. 1 feuillet.

2133 Le Chateau de la Folie et le village de Cerseuil, par *Stanislas* PRIOUX, correspondant du Ministère de l'Instruction Publique pour les travaux historiques de la France. *Paris*, Dumoulin; *Laon*, Imp. Fleury, 1860. 1 broch. 32 p. pet. in-4°.

2134 Histoire de la Ville et des Seigneurs de Coucy ;Avec des Notes ou Dissertations, & les Pièces Justificatives. Par Dom *Toussaints* DU PLESSIS, Bénédictin de la Congrégation de saint Maur. *Paris*, Chez François Babuty, M. D. CCXXVIII. In-4°, 1 vol.

2135 Histoire de la ville et des sires de Coucy par M. le Ch^er^ *T.* DE L'ÉPINOIS, ancien sous-Préfet. *Paris*. Dumoulin, De Bois-Adam, J. Varenne, Coucy. [*S. Germain-en-Laye*, impr. Beau] [*s. d.*, 1859]. In-8°, 1 vol. av. une lithographie.

2136 Ham, son Chateau et ses Prisonniers, par *Ch.* GOMART, Inspecteur de la Société française pour la conservation des monuments historiques. Ouvrage couronné par la Société des Antiquaires de Picardie, illustré d'un grand nombre de gravures. *Ham*, Lucas, Ve Laurens; *Paris*, Dumoulin, Claudin, Aubry; *Amiens*, Niquet; *Péronne*, Récoupé; *Saint-Quentin*, Doloy, Langlet, Hourdequin, 1864. In-8°, 1 vol.

2137 Une Cité Picarde au moyen-âge, ou Noyon et le Noyonnais aux XIVe et XVe siècles, par *Al.* DE LA FONS, baron DE MÉLICOCQ, auteur des Recherches historiques sur Noyon, Membre de plusieurs Sociétés savantes. *Noyon*, chez Soulas-Amoudry, imprimeur, 1841. In-8°, 1 vol.

2138 Antiquités de Noyon ou Étude historique & géographique, archéologique & philologique des documents que fournit cette ville à l'histoire des cités gallo-romaines et féodales de France, par *C.-A.* MOËT DE LA FORTE-MAISON, avec cartes et planches. *Paris* [Vannier] Aug. Aubry, [*s. d.*, 1845, impr. à *Rennes* par Vatar.] In-8°, 1 vol.

2139 Histoire Civile, Ecclésiastique et littéraire du Doienné de Picquigny, par M. l'abbé DAIRE, publié d'après le manuscrit autographe par M. *J.* GARNIER. *Amiens*, Ve Herment, Imp. Lib. MDCCCLX. 1 pet. vol. broché, in-12.

2140 Etude archéologique et historique sur l'Eglise de St-Riquier par M. *H.* DUSEVEL, lauréat de l'Institut. *Amiens*, Typ. Le Noel. Herouart, 1863 (extrait de *la Picardie*, 1863). 1 broch. 23 pag.

2141 Extraits originaux d'un Manuscrit de *Quentin* DE LA FONS, intitulé Histoire particulière de l'église de Saint-Quentin, publiés, pour la première fois, par *Ch.* GOMART, correspondant du ministère de l'instruction publique. *Saint-Quentin*: Doloy, [imp. Doloy et Penet, *Paris*: Derache, Demoulin, Didron, 1854.[-56]. In-8°] 3 vol.

2142 Histoire générale de la Province d'Artois, dédiée a Monseigneur Comte d'Artois. Par M. HENNEBERT, Chanoine de la Cathédrale de St-Omer. Pius est Patriæ facta referre labor. Ovid. Trist. L. Z. A *Lille*, De l'Imprimerie de la veuve Henry, [et chez Jacquez, libraire.] M. D C. LXXVI. [le t. II, à *Lille*, impr. H. Lemmens, 1708; le t. III, à *Saint-Omer*, impr. H. F. Boubers, 1789]. In-8°, 3 vol. On a relié :

I. A la suite du t. 1er :

1) Lettre A M. Hennebert, Chanoine de Saint-Omer. [au sujet de la polémique qui s'est élevée entre lui et D. Devienne, auteur d'une autre Histoire d'Artois. — *S. l. n. d.*] 7 pp. chiffr.

2) Réponse à la Critique du premier tome de *l'Histoire générale de la Province d'Artois*, insérée n° 33 de l'*Année Littéraire*, 1786. Cur rabido laceras alienos ore labores ? [*S. l.*, MDCCLXXXVII] 19 pp. chiffr., envoi ms. de Jacquez, libraire, à M. de Godefroy.

3) Lettre de Dom DEVIENNE à M. Hennebert. — [*S. l. n. d.*] 4 pp. chiffr.

4) Réponse à la Lettre diffamatoire de Dom Devienne, ex-Bénédictin. [sans nom d'auteur. *S. l. n. d.*] 4 pp. chiffrées.

II. A la suite du t. III :

1) Réponse à la critique, *etc.*, *ut supra* I, 2.

2) Réponse à la Lettre diffamatoire, *etc.*, *ut supra* I, 4.

2143 Histoire d'Artois, Par Dom DEVIENNE [ex-bénédictin, membre du Collège des Philalèthes de Lille.] [*S. l. n. n.*] M. D. CC. LXXXIV. [LXXXVII] In-8°, 5 tom. en 2 vol., le t. 1er de 181 pp., le t. II de 204 pp., le t. III de 191 pp., le t. IV de xvj-178 pp. et le t. V de 293 pp., suivies de 2 pp. non chiffr. pour le privilège.

On a relié dans le 1er vol. 3 pièces de la polémique de D. Devienne contre Hennebert, auteur d'une autre *Histoire d'Artois* (voir n° précédent), à savoir :

1) [*en tête du vol.*] Mémoire de 4 pages, signé dom DEVIENNE, *s. l. n. d.*

2) [*à la suite.*] Mémoire intéressant sur l'histoire d'Artois, par dom DEVIENNE. 8 pp. chiffr., *s. l. n. d.*

3) [*entre les pp. 56 et 57 de la 1re partie.*] Lettre de dom DEVIENNE aux Souscripteurs de son Histoire d'Artois. [datée d'Aire en Artois, 1er janvier 1788, et signée dom DEVIENNE]. In-8°, 16 pp. chiffr.

2144 Discovrs abrégé de l'Artois, membre ancien de la Couronne de France, et de ses possessevrs depvis le commencement de la Monarchie, par *A. C.* (*Auteuil* COMBAUT). M. DC. XL. 1 vol. in-f°.

Précédé d'un poème latin de cent vers intitulé : Classicum ad populum atrebatensem.

2145 Notice de l'Etat ancien & moderne de la Province & Comté d'Artois. Par M*** [BULTEL]. *Paris*, Desprez, 1748. In-12, 1 vol.

2146 Mémoires pour servir à l'Histoire de la Province d'Artois, et principalement de la ville d'Arras, pendant une partie du quinzième siècle, précédés d'une Notice chronologique des Comtes d'Artois, lus en différentes séances de la Société Littéraire d'Arras, par M. HARDUIN, secrétaire perpétuel de cette Compagnie, Associé à la Compagnie des *Transformati* de Milan, & à la Société Littéraire-militaire de Besançon. A *Arras*, M. Nicolas, 1763. In-12, 1 vol.

2147 Extrait des *Affiches de Flandre* du mois de septembre 1783 — Lettre de M. HARDUIN, Secrétaire perpétuel de l'Académie d'Arras, au Rédacteur de ces Feuilles, ou Mémoire contenant des Faits & Anecdotes tirés des Registres de l'Hôtel-de-ville d'Arras (*Lille*, 1783). In-8°. Pièce de 12 pages.

Le Rédacteur des *Affiches de Flandre* avait rendu un compte élogieux des *Mémoires pour servir à l'Histoire de la Province d'Artois, et principalement de la ville d'Arras*, publiés par Harduin, en 1763. Pour le remercier il lui adressa ce présent Mémoire, lu en séance publique de l'Académie d'Arras, le 7 avril 1770, et qui n'avait pas encore été imprimé.

2148 Chronique d'Artois (finissant en 1542), par *François* BAUDUIN né à Arras en 1520. *Arras*. Typ. Courtin, 1856.

(Pièces inédites en prose et en vers concernant l'histoire d'Artois) et autres ouvrages inédits publiés par l'Académie d'Arras. — [Journal de dom *Gérard* ROBERT, religieux de l'abbaye de St-Vaast d'Arras. 1465-1494 et appendices, plan de l'abbaye.

[Discours véritable de ce quy s'est passé en la ville d'Arras depuis l'union et confédération des Estatz d'Artois avecq autres Provinces du Pays-Bas, par Maitre PONTUS-PAYEN, advocat.

[Recherches sur les livres imprimés à Arras par MM. d'HÉRICOURT et CARON. 1re partie—*Arras*, Vve J. Degeorge, 1851.

[Considérations sur les droits et les intérêts des Habitans de l'Artois dans la Circonstance présente, par M. le Marquis de BEAUFFORT, 1790.

[Programme des Fêtes célébrées à Arras les 15, 16 et 17 Juillet 1860, pour la Béatification de Benoît Joseph Labre.

Le tout en 1 vol. in-8°.

2149 *Iacobi* MALBRANCQ, Avdomariensis é Societate Iesv De Morinis.

Tomus primvs ab anno ante Christvm CCCIX ad annum eivsdem DCCLI. — De Morinis et Morinorvm rebvs, sylvis, palvdibvs, oppidis, regia Comitvm prosapia ac territoriis Regioq; præsvlvm splendore viis Cæsareis ac partibvs Cæsarvm domicilio Avdomareæ fidei perennitate templis Monasteriis centvm divorvm sanctimonia. His accedunt Notæ non solum Morinorum, sed aliarum etiam Prouinciarum Historicæ antiquitati multam facem subministrantes ad extremum geminus index Concionatoribus admodum vtilis. — *Tornaci Nerviorum*, et officinâ Adriani Qvinqvé Typographi Iurati. MDC. XXXIX. (Planches & carte.)

Tomus II, ab anno christi DCCLII ad annvm M. XCIV.— De Morinis & Morinorvm rebvs sylvis palvdibvs in vicos et monasteria conversis de Regio monachorvm et præsvlvm splendore Regia spretis connvbiis sanctimonia de Horrenda per Nortmannos tectorvm et hominvm strage vicis per comites in oppida mœnita assvrgentibus, de heroïcis castellanorvm facinoribvs cvm illvstrivm miraculorvm centvria. Hic plurimun sibi vendicant Germania, Italia, Hispania, Gallia, Anglia, Scotia, Lotharingia, Belgium Vniversum. *Tornaci Nerviorvm* ex officinâ Adriani qvinqvé, Typ. M. D. C. XVII. — Planches.

Tomus III. De Morinis et Morinorvm insvlis, Avdomaræa Yprensi, Bononica: de Bononicis Solymæ regibvs Anglicis ad. Bononiam et Calesivm monarchis, de Francica Lusitana, Borbonensi, Burgundica, Lotharingica, Anglica, Turriaca, Blesensi, Aucitana, Arvernensi, Castellionensi, Briennensi, Krekia, Cuciana, Genevensi, familiis apud Morinos pientissimis. Pars I ab anno Christi M. XC. IV vsque ad annum 1313.

Tornaci Nerviorum, ex officina Viduæ Adriani. Qvinqve Typog. M. DC. LIV. Editio posthuma. 1 vol. in-4°. Planches.

Nota. — La seconde partie de ce 3e tome n'a pas été imprimée; en 1702, elle se trouvait manuscrite au Noviciat des Jésuites de Tournai et en 1737, chez les Jésuites de Lille.

2150 Le Patriote Artesien dédié à Monseigneur le Comte d'Artois. Par M. de *** [BELLEPIERRE DE NEUVÉGLISE] ancien Officier de Cavalerie. A *Paris*, Chez Derpilly, Le Clerc, M. DCC. LXI. In-8°, 1 vol.

2151 Notes historiques relatives aux Offices et aux Officiers du Conseil Provincial d'Artois. A *Douai*, Imp. Wagrez Aîné, 1823. 1 vol. in-4°.

2152 Lettre d'un membre des États d'Artois [qui signe : L.B. D. L.], à l'auteur du *Résultat des assemblées provinciales*, [c'est-à-dire au Marquis Charles-Marie de Créquy.]. *S. l. n. d.* (1788). In-8°. Pièce de 19 pages.

2153 Recueil des avis et arrêtés pris par les Trois Ordres des États d'Artois, dans l'Assemblée-Générale desdits Etats convoquée à Arras, au 29 Décembre 1788, par ordre du Roi, du 27 Novembre de la même année, en conséquence du premier Arrêté de l'Ordre du Tiers: Précédé D'une Liste particulière des Membres de chacun des Ordres qui ont assisté à la dite Assemblée, & terminé par l'extrait de l'Acte d'Offres remis à MM. les Commissaires du Roi, le 21 Janvier 1789 *s. n. d'imp.*, 1789. 1 br. 74 p. in-4°.

2154 Arrêté de la noblesse d'Artois, convoquée aux États de 1788, du 6 Janvier 1789. *S. n. d'imp., s. n. d'aut.* 1 br. 4 p. in-4°.

2155 Observations sur l'arrêté pris le 6 Janvier 1789: par messieurs de la noblesse d'Artois, convoqués à l'assemblée des États de la dite Province pour l'Année 1788. Du 7 Janvier 1789. *S. n. d'imp. s. n. d'aut.* 1 br. 6 p. in-4°.

2156 Liste de messieurs les députés du Tiers-État, nommés pour l'Assemblée Générale des trois Ordres de la Province d'Artois. Du 20 Avril 1789. *S. n. d'imp.* 1 br. 6 p. in-f°.

2157 A la nation artésienne, Sur la nécessité de réformer les États d'Artois, & sur les moyens de parvenir à ce but. *S. n. d'imp. S. n. d'aut.* 1 br. 50 p. in-4.

2 exemplaires.

2158 Pas-de-Calais; Abbeville, Doulens, Arras, Bapaume. Le Roy le Jne Correx. Année 1757, chez J. Goujon, à *Paris*. 1 carte collée sur toile et pliée. Partie de la carte de Cassini.

2159 Réduction de la grande carte de France: Pas-de-Calais, Boulogne, la ville d'Eu, Dunkercke, St-Omer, Arras, Lille, Cambray, Rocroy. (18e siècle). Collée sur toile et pliée.

2160 Mémorial historique et archéologique du département du Pas-de-Calais, par M. HARBAVILLE, conseiller de Préfecture, Président de la Société royale d'Arras. *Arras*, chez Topino, lib. Imprimerie d'Auguste Tierny, MDCCCXLII. 2 vol. in-8°. Gravures en frontispice.

2161 Les sièges d'Arras, Histoire des expéditions militaires dont cette ville et son territoire ont été le théâtre, par [le comte] *Achmet* D'HÉRICOURT, membre de plusieurs sociétés savantes. — *Arras*, chez Topino [imp. J. Degeorge] 1844. In-8°, 1 vol. Envoi d'auteur signé à M. de Godefroy.

2162 Bellvm septimestre sive Aria a Gallis obsessa, et capta, moxqve ab Hispano recvperata. Anno M. DC. XLI. Auctore M. *Ioanne* HVMETZIO, Presbytero Ariensi, & quondam apud Nervios Rhetorices Professore. *Avdomari*, TypisViduae Caroli Boscardi, 1644. In-4° car., 1 vol. de 4 ff. non chiffr. et 115 pp. chiffr.

2163 Les citoyens d'Arras soussignés au directoire exécutif. *s. d.* A Arras, de l'imp. de la citoyenne Nicolas, 1 br. 4 p. in-8°.

2164 Dissertation sur la fondation de l'Abbaye d'Auchy en Artois. *S. n. d'imp.*, *s. n. d'aut.* 1 br. 21 p. in-4°.

2165 Le Beffroi de Béthune, par *Achmet* D'HÉRICOURT membre de plusieurs Sociétés Savantes françaises & étrangères. Extrait de la 2ᵉ livraison de la Statistique monumentale du département du Pas-de-Calais. *Arras*, Typ. Aug. Tierny, 1851. 1 broch. 10 pag. in-4° avec une gravure hors texte.

La couverture imprimée sert de titre.

2166 Conduite des habitans de Béthune au retour du régiment de Vivarais en cette ville le 27 Janvier 1790. *S. n. d'imp.* 1 feuillet in-4°.

2167 Histoire civile, politique, militaire, religieuse, morale et physique de la ville de Saint-Omer, Chef-lieu judiciaire du département du Pas-de-Calais, ou Annales historiques, statistiques et biographiques de cette ville, depuis son origine jusqu'à nos jours. Par *Jean* DERHEIMS. *Saint-Omer*, imprimerie d'Auguste Lemaire, Litte-Rue. 1843. Pet. in-4°, 1 vol.

2168 Notice historique de Saint-Omer, suivie de celles de Thérouanne et de Tournehem, par C. COLLET, ex-président de l'Administration municipale du canton de Peuplingues (Calais). *Saint-Omer*, Lemaire, 1830. In-12, 1 vol.

2169 Fragmens Audomarois, par *H.* DE LAPLANE et COURTOIS : 1° Les Mayeurs de Saint-Omer d'après les Archives et divers Manuscrits inédits 1144-1860. 33 pag. ; 2° Messieurs de Vaulabelle Evêques de Saint-Omer (1684-1754) 43 pag. ; 3° Établissement d'un Hopital général en la ville de St-Omer (1699-1700-1703) 16 pag. ; 4° Renty en Artois, son vieux château et ses Seigneurs, 98 pag. ; 5° Eperlecques (Pas-de-Calais) ses seigneurs, son ancien château, son Eglise, sa vieille tour. 196 pag.; 6° Société des antiquaires de la Morinie. Compte rendu des travaux de la Société 1854. 48 pag.; 7° Notice biographique de MM. de Laplane 1858 9 pages. *Saint-Omer*, Impr. Fleury-Lemaire, 1858-1860 & 1872-et Imp. J. B. Barrière pour le dernier opuscule.

1° L'ancien idiome Audomarois Le Roman et le Théotisque Belge preuves de l'existence de cette dernière langue à St-Omer dans les alentours, par M. *A.* COURTOIS, avocat. — *St-Omer*, typ. Chanvin fils 1856. 70 pag. 2° Poligraphie Audomaroise ou Génie Zétesien par *Guillaume* de LE NORT Audomarois. Discours de l'origine de la ville de Sainct-Aumer et du *Port Icius. St-Aumer*, Imp. Georg. Scutin. (1633) 32 pag.

Complaintes de Thérouene. Mauvaise perdition et séduction-vendition de la bonne ville de St-Omer aux

Franchois — La Complainte d'Arras — 88 pag. Ces dernieres pièces sans nom d'Imp.
Le tout relié en 1 volume avec planches.

2170 Histoire des Flamands du Haut-Pont et de Lyzel, Iles flottantes, Portus Itius. — Histoire des abbayes de Watten & de Clairmarais, etc. par *H.* PIERS, bibliothécaire à St-Omer. *St-Omer*. Imp. Lemaire, 1836. 1 vol. in-8°.

2171 Lettres à M. le Maire de Saint-Omer par les Membres du Conseil Municipal dissous le 26 décembre 1868. *St-Omer*, Imp. Fleury-Lemaire, 1869. 1 broch. 66 pag. in-12.

2172 Coups-d'œuil (*sic*) sur les massacres du district de St-Pol sous la régence de Joseph Lebon. *s. n. d'imp. s. d.* 1 br. 16 p. in-8°.

Incomplet.

2173 Comitum Tervanensium seu Ternensium, modo S. Pauli ad Thenam, a primo ad postremum, Annales historici : ubi Torum Genealogica Series, Natalitia, Genus, Ditiones, Jura, Dignitates, Praeclara facinora, Obitus & Encomia succinctè recensentur, quibus Varii eventus, qui Arcem, civitatem Universamquè Dynastiam Paulinatem, nec-non oppida, vel Cœnobia, aliaquè loca seu sacra, seu profana circumquaquè adjacentia spectant, Chronologicè interseruntur, collectore R. P. *Thoma* TURPIN Paulinate, Ord. FF. Praedicat. Audomarensium. *Duaci*, Apud Carolum-Ludovicum Derbaix, 1731. In-8°, 1 vol. de 9 ff. prélimin, 406 pp. chiffr. et 9 ff. non cotés, lettre autographe de l'auteur accompagnant l'envoi de son ouvrage.

2174 Histoire de la ville de Thérouanne, Ancienne Capitale de la Morinie, et Notices historiques sur Fauquembergues et Renti par *H.* PIERS, bibliothécaire de la ville de Saint-Omer. *Saint-Omer*, Imprimerie de J.-B. Lemaire, 1833. Pet. in-4°, 1 vol. de 115 pp. outre tit. et faux-tit.

[Même vol.] Histoire de la ville de Bergues-Saint-Winoc, Notices historiques sur Hondschoote, Wormhoudt, Gravelines, Mardick, Bourbourg, Watten, etc., par *H.* PIERS, *Saint-Omer*. Imprimerie de Vanelslandt, 1833. In-8°, 152 pp., outre tit. et faux-tit.

[II] Dissertation sur cette expression de Virgile : Extremi hominum Morini. Æneid. lib. VIII. [*signée à la fin* : *H.* PIERS] = 8 pp. sans lieu ni date ni feuillet de tit.

[III] Biographie de la ville de Saint-Omer, par *H.* PIERS, Bibliothécaire. — *Saint-Omer*, imprimerie de J.-B. Lemaire, 1835. Pet. in-4°, 283 pp. chiffrées, outre faux-tit. et tit. et 6 feuillets de portraits à la fin.

2175 Recherches généalogiques sur les Comtés de Ponthieu, de Boulogne, de Guines et pays circonvoisins. Par *L. E* DE LA GORGUE-ROSNY. *Boulogne-sur-Mer*, imp. Camille Le Roy, 1874-1875. [Tom. Ier : A-D. Tom. II : E-N]. 2 vol. in-8°.

2176 Boulogne. Montreuil. [LE ROY le jeune cor^xit]. Partie de la carte de Cassini, collée sur toile et pliée.

2177 Ambleteuse. [Auvray, marchand d'Estampes et de Cartes géographiques, *Paris*]. Carte collée sur toile et pliée.

2178 Histoire du Boulonnais. Par *J. Hector* DE ROSNY. *Amiens* imprimerie de T. Yver-, 1868[-1873] In-8° 4 vol., savoir : = T. I (1868) : 55 av. J.-C., 1100 ap. T. II (1869) : 1100-1478. T. III (1871) : 1478-1643. T. IV (1873) : 1643-1800.

Sous le feuillet de garde du tome Ier on a collé une lettre autographe de M. de Rosny, par laquelle il en fait hommage à M. de Godefroy.

2179 L'état ancien du Boulonnais. Par *L. E.* DE LA GORGUE-ROSNY. *Boulogne-sur-Mer*, imprimerie Camille Le Roy, 1873. = 1 vol. broché, 216 pag., in-8°.

2180 Essai historique, topographique et statistique, sur l'arrondissement communal de Boulogne-sur-Mer, par *I. F.* HENRY, adjudant du génie membre de la Société d'Agriculture, de Commerce et des Arts de Boulogne, et de l'Académie Celtique. A *Boulogne*, chez Leroy-Berger. Imp. lib. 1810. 1 vol. in-4°.

2181 Recherches historiques sur la ville de Boulogne-sur-Mer et sur l'ancienne province du Boulonnais, ouvrage inédit de feu M ABBOT DE BAZINGHEN, Conseiller à la Cour des monnaies de Paris mis en ordre et publié par M. le Baron WATTIER. *Paris*, Guyot Imp. lib, 1822. 1 vol. pet. in-8°.

2182 Sketches of ancien and modern Boulogne Containing a view of ancient Gaul, and of druidic worship. With a concise Historical, Geographical and Geological account of the District by *I. G.* MILLINGEN M. D. Surgeon to his Britannic Majesty,s forces and Corresponding member of the royal Medical societies of Paris and of Bordeaux, etc. *Boulogne*, published by Le Roy-Berger Printed by Hesse, 1826 = 1 vol. pet. in-4°.

2183 Mélanges d'Histoire. — 1° Trois voies Romaines du Boulonnais par M. COUSIN (extrait du 6e vol. des mémoires de la Société Dunkerquoise pour l'encouragement des Sciences, des Lettres & des Arts). *Dunkerque*, Typ. Kien 1859.

2° Recherches historiques sur la Leulene (voie romaine de Térouanne à Sangate & à Wissant) 1 carte par M. COURTOIS.

3° Nouveaux éclaircissements sur l'emplacement de Quentowic par *Louis* COUSIN (extrait des mémoires de la Société Dunkerquoise pour l'encouragement des sciences en 1862-1864. *Dunkerque*, typ. Kien 1864.

4° Étude sur le Portus Itius de Jules César, réfutation d'un mémoire de M. F. de Saulcy par M. l'abbé *D.* HAIGNERÉ, archiviste de Boulogne. *Paris* lib. Renouard. *Arras* typ. Rousseau-Leroy, 1862.

5° Le Portus Itius à Boulogne-sur-Mer. 1° Observations sur le procès-verbal d'une séance de la Société des antiquaires de la Morinie et sur l'opinion de M. Fallue, par M. l'abbé *D.* HAIGNERÉ. *Boulogne-sur-Mer.* Deligny lib. 2° Observations sur l'opinion de M. le Général Creuly par l'abbé HAIGNERÉ, 1864.

6° Notre Dame de Saint-Omer, ou recherches sur cette Eglise par M. QUENSON, conseiller à la Cour de Douai etc... *Douai* Imp. Wagrez.

7° Rapport présenté au Conseil Municipal par M. DE LAPLANE, au nom de la Commission chargée d'examiner le projet d'isolement de la Cathédrale. *Saint-Omer.* Imp. Fleury Lemaire, 1865.

8° La Croix Pélérine, notice historique sur un monument des environs de St-Omer par M. QUENSON.... *Douai*, Imp. Wagrez aîné, 1835 = 1 gravure.

9° Notice historique sur le château de Rihoult, ancienne résidence des Comtes de Flandre, par M. *Alex.* HERMAND. *St-Omer*, Chanvin fils, Imp *S. d.*

10° L'Église de Fauquemberg... par M. *Henri* LAPLANE, ancien député. *St-Omer*, Imp. Fleury-Lemaire, 1854.

11° Recherches archéologiques sur le Crotoy par *A.* LABOURT (2e partie) extrait des mémoires de la Société d'émulation d'Abbeville, vol. de 1841-1842. *Abbeville*, Imp. Paillart, *S. d.*

12° Histoire d'Eperlecques par *Louis* DELOZIÈRES, facteur de la poste aux lettres. *Dunkerque*, typ. d'Hubert 1861.

Le tout en 1 vol. pet. in-4°.

2184 Lettre de faire-part de la mort de M. Duwicquet d'Ordre, ancien commandant de la Garde nationale de Boulogne-sur-Mer. 1840 *Boulogne*, Imp. de Le Roy-Mabille. 1 feuillet.

2185 Histoire générale et particulière de la ville de Calais et du Calaisis, où (*sic*) Pays reconquis, précédée de l'histoire des Morins, ses plus anciens habitants. Par M. LEFEBVRE, Prêtre de la Doctrine Chrétienne. A

Paris, Chez Guillaume François de Bure le jeune, M. DCC. L XVI. In-4°, 2 vol., plans de Calais.

2186 Notice historique sur l'état ancien et moderne du Calaisis, de l'Ardresis, et des pays de Bredenarde et de Langle, contenant quatre communes urbaines et quatre [45] rurales, qui formèrent le district ou arrondissement administratif et judiciaire de Calais par *P. J M.* COLLET, ex-président de l'administration municipale du canton de Peuplingues [précédée d'une Notice biographique sur l'auteur, par M. *Jean* DERHEIMS.] *Calais*, chez A. Leleux, 1833. In-8°, 1 vol.

2187 Mémoire sur le portus Itius, placé au port de Calais, et recommandable par les deux invasions de Jules César, dans la Grande-Bretagne, suivi de la véritable étimologie des noms Calais et Itius, et des recherches intéressantes sur leurs premiers habitants et sur quelques antiquités de cette ville célèbre, par M. MOREL-DISQUE, citoyen de cette ville. A *Calais*, de l'Imprimerie de Moreaux et Cie, 1807. 1 br. 35 p. in-4°.

2188 Recherches sur l'abbaye de la Capelle en Calaisis par *A.* DESPLANQUE, archiviste du Nord. *Lille*, Imp. Lefebvre-Ducrocq. 1 broch. 53 pag. pet. in-8°.

Extrait du tome IX des Annales du Comité Flamand (hommage signé d'auteur sur la couverture).

HISTOIRE DE FRANCE. — ILE-DE-FRANCE.

2189 Carte du département de la Seine et de Seine-et-Oise avec leurs préfectures, sous-préfectures et cantons revu et corrigé par *P.* GUINEGANE, Ing. Géographe 1814. A *Paris*, chez Esnault. 1 carte.

2190 Description de la Généralité de Paris, contenant : l'État Ecclésiastique & Civil de cette Généralité. Le Pouillé des Diocèses de Paris, Sens, Meaux, Beauvais & Senlis. Le nom de ceux qui occupent les Charges Civiles & les Emplois dans les 22 Villes, Chefs-lieux d'Élections, La composition des six Bataillons de Milices, & les noms des Officiers de ces Bataillons. Les noms des Seigneurs des Terres de la Généralité, avec la position & tous les détails qu'on a pu rassembler sur ces Terres. [Par *Philippe* HERNANDEZ]. Se vend à *Paris*, chez Moreau, Hochereau l'aîné. M.DCCL.IX. In-8°, 1 vol.

2191 La Généralité de Paris, divisée en ses XXII Élections ; ou Description exacte & générale de tout ce qui est contenu dans ladite Généralité. Par le Sieur D*** [*J.* CHALIBERT-DANGOSSE]. A *Paris*, chez Henry Charpentier. M.DCC.X. In-12, 1 vol.

2192 Melvn ov Histoire de la Ville de Melvn. Contenant plvsievrs raretez, non descouuertes en l'Histoire generale de France plvs la vie de Bovrchard conte de Melvn, soubs le regne de Hves Capet tradvicte dv latin d'vn avthevr proche dv temps, avec le Catalogve de plvsievrs Seignevrs & dames illustres, de la maison de Melvn, le tovt recveillly de diverses chroniqves et chartres manvscriptes. Par M. *Sébastian* ROVILLARD, de Melvn, Aduocat en Parlement. *Paris*, chez Philippes Gavltier CIↃ,IↃC.XXVIII. 1 vol. in-4° titre rouge et noir.

2193 Nouveau plan routier de la ville de Paris, ou guide exact de cette capitale divisée en XII arrondissements avec leurs mairies et en 48 Quartiers. Par *A. L.* A *Paris*, chez Rosselin, 1832.

2194 Nouveau plan de Paris. 1873. Gravé par ERHARD-SCHIÈBLE. Ensemble : Nomenclature des rues du nouveau plan. Itinéraire des omnibus. *Paris*, Lanie, éditeur-géographe. 1 plan et 1 br. 39 p. in-12.

2195 Plan-Mignon, breveté S. G. D. G. ; Paris, banlieue et fortifications. Ce plan, divisé en Fragments classés par ordre alphabétique, peut être consulté sans aucun déploiement. Introduction explicative en trois langues : française, anglaise, allemande. *Paris*, Martinon, éditeur ; imp. Walder, 1 pet. vol. in-12 oblong.

2196 Environs de Paris. Melun. Extrait de la carte topographique de France, rédigée et gravée au Dépôt général de la Guerre sous la direction de M. le Lt -Gal Pelet, et publiée en 1832. 1 carte collée sur toile et pliée.

2197 Nouvelles Annales de Paris, jusqu'au règne de Hugues-Capet. On y a joint le Poëme d'Abbon sur le fameux Siège de Paris par les Normans en 885 & 886, beaucoup plus correct que dans aucune des Éditions précédentes ; avec des Notes pour l'intelligence du Texte. Par Dom *Toussaints* Du Plessis, Religieux Bénédictin de la Congrégation de Saint-Maur. A *Paris*, chez la Veuve Lottin & J.-H. Butard, M.DCC.LIII. In-4°, 1 vol.

2198 *Rodolphi* Boterei [*Raoul* Bouttrays ou Boutterais], in Magno Franciæ Consilio Advocati, Lvtetia. *Eivsdem* ad Pavl. V, Pont. Max. Postulatio. Adjuncta est descriptio Lutetiæ Parisiorum, Authore *Eustathio* a Knobelsdorf, Pruteno, edita apud Wechelum Anno Dom. 1543. *Lvtetiæ Parisiorvm*, R. Thierry, 1611. In-8°, 1 vol.

2199 Histoire et Recherches des Antiquités de la ville de Paris. Par M. *Henry* Sauval, Avocat au Parlement. A *Paris*, chez Charles Moette, Guillaume Saugrain, Pierre Gissey, Marc Bordelet, Henry, M. DCC.XXXIII. In-f°, 3 vol.

2200 État ou Tableau de la ville de Paris, considérée relativement au Necessaire, à l'Utile, à l'Agreable, & à l'Administration. [Par de Jèze, avec préface par *Ch.-Et.* Pesselier, Nouvelle édition. A *Paris*, chez Prault père, Valat Lachapelle, Guillyn, Duchesne, Lambert. M.DCC.LXI. In-8°, 1 vol., tit. rouge et noir.

2201 Essais historiques sur Paris, de Monsieur [*Germain-François* Poulain] de Saintfoix. Londres (*Paris*) Duchesne, 1755-1756. In-12, 4 tom. en 2 vol.

2202 Essais historiques sur Paris. Par [*Germain-François* POULLAIN] DE SAINT-FOIX, historiographe des Ordres du Roi. Nouvelle édition, augmentée de l'Histoire de l'Ordre du Saint-Esprit. *Paris*, Duchesne, 1777. In-12, 4 vol.

Le quatrième volume est entièrement consacré à l'*Histoire de l'Ordre du Saint-Esprit.*

2203 Description de Paris et de ses Edifices avec un précis historique et des observations sur le caractère de leur architecture, et sur les principaux objets d'art et de curiosité qu'ils renferment ; par *J. G.* LEGRAND, architecte des monuments publics, inspecteur des bâtiments en construction dans la commune de Paris et par *C, P,* LANDON Peintre, ancien pensionnaire de l'Académie de France à Rome. *Paris*. chez C. S. Landon, peintre-édit. Imp. Firmin-Didot, 1806, 2 vol. in-8° enrichi de plus de cent planches gravées et ombrées en taille-douce, avec un plan exact de Paris & de ses embellissements.

2204 Tableau historique et pittoresque de Paris, depuis les Gaulois jusqu'à nos jours. Dédié au Roi, Par *J.-B.* DE SAINT-VICTOR. Seconde Edition, revue, corrigée et augmentée. *Paris*, [impr. Cosson, *puis* Pinard] librairie de Charles Gosselin, [*puis* librairie classique élémentaire, *puis* libr. Carié de la Charie] M DCCC XXII-[XXVII]. In-8°, 4 tom. en 8 vol.

2205 La Guide (*sic*) de Paris : contenant le nom et l'adresse de tovtes les ruës de ladite Ville & Faux-bourgs, auec leurs tenans & aboutissans : Ensemble les Places, Ponts, Portes, Eglises, Collèges, Hostels, Postes, Messageries, Coches & autres choses remarquables & nécessaires à sçauoir. Par le Sieur DE CHVYES, Loynnois (*sic*). A *Paris* Chez Jean Brunet, et se vend chez l'Autheur [s. d., 1647]. In-12, 1 vol. de 239 pp. chiffrées.

2206 Description de la ville de Paris, et de tout ce qu'elle contient de plus remarquable, Par *Germain* BRICE.

Enrichie d'un nouveau plan & de nouvelles Figures dessinées & gravées correctement. Septième édition revue & corrigée par l'auteur. *Paris*, Fr. Fournier, 1717. In-12, 3 vol.

2207 Paris et ses monumens, mesurés, dessinés et gravés par BALTARD, architecte avec des descriptions historiques par le Cit. *Amaury* DUVAL ; ouvrage dédié à Napoléon Bonaparte. De l'Imprimerie de Crapelet, à *Paris*, l'an XI. 1803-5. 1 vol. grand in-f°. — Le Louvre.

Dans le même volume : Mémoires sur la réunion du Palais Impérial des Tuileries et du Louvre et plans des diverses dispositions pour l'achèvement de la place du Carrousel, *(du même auteur).*

On trouve à la suite—: Galerie du Louvre représentée par des gravures à l'eau-forte exécutées par Mme *Maria* COSWAY ; avec une description historique et critique de chaque tableau qui compose cette superbe collection et un abrégé biographique de la vie de chaque peintre par *J.* GRIFFITHS Ecuyer. *Paris* 1802.

Château d'Ecouen avec planches.

2208 Dictionnaire administratif et historique des rues et monuments de Paris par *Félix* LAZARE, Chef de section à la Préfecture de la Seine et *Louis* LAZARE, Directeur des Publications Administratives. *Paris*, typog. Morris et Cie *s. d.* 1 pet. broch. 31 pag.

2209 Dictionnaire administratif et historique des rues et monuments de Paris par *Félix* LAZARE, sous-chef du bureau des travaux de Voirie à la Préfecture de la Seine et *Louis* LAZARE, Directeur du Journal la Revue Municipale. Deuxième édition. *Paris*, Imp. Morris & Cie, 1855.1 vol.g. in-8°, texte à 2 colonnes.

2210 Études historiques & municipales. La France et Paris par *Louis* LAZARE. *Paris* typ. Morris père & fils, 1872. 1 vol. in-8°.

2211 Etudes sur la transformation du XIIe arrondissement et des Quartiers anciens de la Rive gauche par *Eugène* CRAMOUZAUD. *Paris*, Lib. Guillaumin et Cie Imp. Lacour et Cie, 1855. 1 vol. pet. in-8°.

2212 Les Quartiers de l'Est de Paris et les Communes suburbaines par *Louis* LAZARE. *Paris*, Imp. Morris Père & fils, 1870. 1 vol. in-12.

2213 Études Municipales. Les quartiers pauvres de Paris, le 20e Arrondissement par *Louis* LAZARE. *Paris*, typ. Morris & Cie, 1870. 1 vol. in-12.

2214 Études municipales. Les quartiers pauvres de Paris, par *Louis* LAZARE. *Paris*, Typ. Morris père & fils, *s. d.* 1 vol. pet. in-8°.

2215 Description de l'Église Royale des Invalides. [Par *J.-Fr.* FÉLIBIEN DES AVAUX]. A *Paris*, [imp. Quillau] M.DCCVI. Gr. in-f° à grandes marges, 5 vol., frontisp. gravé, vignettes et lettres ornées en tête des chapitres.

2216 Le Chatelet de Paris, son organisation, ses privilèges ; Prévôts, Conseillers, Chevaliers du guet, Notaires, Procureurs, Commissaires, Huissiers, Registres, Prisons et Supplices, Bazoche, Tribunal de la Seine (1060-1862). Par *Charles* DESMAZE, Juge d'Instruction au Tribunal de la Seine, Officier de la Légion d'honneur. *Paris*, libr. internationale, maison spéciale de vente de A. Lacroix-Verboeckoven & Cie. *Paris*. Éd. Blot, imp. 1 vol. in-8°.

2217 Lettre à M***, sur le Cirque qui se construit au milieu du Jardin du Palais-Royal. Par M. *J.-A.* D***. A *Paris*, Le Jay, 1787. In-8°. Pièce de 15 pages avec une planche représentant le plan et la coupe du Cirque.

2218 Le Siège de Paris par les Normands en 885 et 886; poëme d'ABBON [en latin barbare de la fin du IXe siècle], avec la traduction en regard, accompagné de notes explicatives et historiques. Par *N.-R.* TARANNE, professeur de rhétorique au collège Stanislas. *Paris*. [L. Hachette], à l'Imprimerie Royale M.DCCC.XXXIV. In-8°, 1 vol.

2219 L'ordre tenu et gardé à Lentrée de trèshault & très puissant prince Charles Empereur tousiours Auguste, en la ville de Paris, capitalle du Royaulme de France. L'ordre du banquet faict au Palais. L'ordonnance des ioustes & tournoy faict au chasteau du Louure. La description des arcz triumphãs, magnificences, theatres & mystères faictz en icelle Ville pour la réception dudit seigñr Auec priuilège. MDXXXIX. On le vend au Palais es boutiques de Gilles corrozet & Jehan du pré, libraires. 1 br. non paginée, 16 p. petit in-4°.

Incomplet.

2220 Bref et sommai- re recueil de ce qui a esté faict, & de l'ordre tenüe *(sic)* à la ioyeuse et triumphante Entree de tres-puissant, tres-magnanime & tres chrestien Prince Charles IX, de ce nom Roy de France, en sa bonne ville & cité de Paris, le Mardy sixiesme iour de Mars avec le Covronnement de tres-haute, tres illustre & tres-excellente Princesse Madame Elizabet d'Austriche son Espouse, le Dimanche vingtcinquiesme, et Entree de ladicte Dame en icelle ville le Ieudi XIX dudict mois de Mars, M.D.LXXI. [Par *Simon* Bouquet, échevin de Paris, suivi de la Congratulation au Roy de la paix faicte entre ses subiects, par *T.* Pasquier, Parisien]. A *Paris*, De l'Imprimerie de Denis du Pré, pour Oliuier Codoré. 1572. In-4°, 1 vol., grav. sur bois, couvert. parchemin.

2221 Alegresses av pevple, et citoyens de Paris, svr la reception et entrée de très-illustre & très-héroïque Princesse, Elizabeth d'Austriche, Royne de France, en sa bonne ville de Paris. Ensemble la Généalogie & Aliances de la maison d'Austriche, extraicte des Histoires, tant anciennes que modernes. Par F. D. B. C. A *Paris*, chez Geruais Mallot, à l'Aigle d'or, rue Saint-Jean de Beauuais, 1571. 1 br. 19 doubles pages petit in-4°.

2222 Les cérémonies observées à la solennisation de la Paix, en l'église nostre Dame de Paris, le 21 Juin 1598. Plvs, Quelques Sonets d'esiouissance, sur le retour de la même Paix en France. Par C. Palliot Parisien. A *Paris*, Chez Denis Binet, Imprimeur, rue S. Jean de Latran, au College de Cambray, M.D.XCVIII. 1 br. 8 p. petit in-4°.

Incomplet.

2223 Les ceremonies observees a la solennisation de la Paix, en l'église nostre Dame de Paris, le 21. Iuin. 1598. Plvs Quelques Sonets d'esjouïssance, sur le retour de la mesme Paix en France. Par *C.* PAILLOT Parisien. A *Paris*, chez Denis Binet..... 1598. Avec Permission. Pièce in-8° de 24 pages.

2224 Recit de la mort & Pompe funebre observee aux obseques du Sr Theophile. A *Paris*, 1626. In-12. Pièce de 14 pages.

Il s'agit de Théophile de Viau, mort à Paris le 25 septembre 1626, dans l'Hôtel du Duc de Montmorency, son constant protecteur.

2225 Relation du miracle surprenant, arrivé à Paris le 31 May 1725, jour de la grande feste de Dieu, accompagnée à un avis aux Fidels. *S. nom d'imp.* 1 br. non. pag. 4 p. in-8°

Deux exemplaires.

2226 Description du feu d'artifice Ordonné par Messieurs les Prevôt des Marchands et Échevins de la Ville de Paris, qui doit être tiré devant l'Hôtel de Ville, le Mercredy 14 juin 1744 jour auquel on chantera le Te Deum dans l'Eglise Métropolitaine, en Action de grâce de la Prise de Menin par l'Armée du Roy, commandée par Sa Majesté. De l'Imprimerie de P. G. Le Mercier, Imprimeur-Libraire, 1744. 1 br. 3 p. in-4°.

2227 Ordre de l'entrée publique à Paris, de son excellence Monseigneur de Gualterio archevèque de Myra, nonce ordinaire de Sa Sainteté Qui se fera dimanche vingt juin 1756. De l'Imprimerie de P. G. Le Mercier 1 br. 4 p. in-4°.

2228 Lettres dv Roy, et de Son Éminence escrites à M. le Mareschal de L'hospital Gouverneur de Paris pour la Seureté des Bourgeois de la Ville & Faux-bourgs de Paris, de Thoulouze, le 9 Décembre, 1659. A *Paris*, par P. Rocolet 1659, 1 br. 4 p. in-4°.

2229 Plaintes, doléances, remontrances & vœu de N., bourgeois de Paris. *S. l. n. d.* (1788). In-8°. — Pièce de 77 pages.

2230 Avis aux Parisiens & appel de toutes convocations d'États-Généraux où les députés du troisième ordre ne seroient pas supérieurs aux deux autres. *S. l. n. d.* (1788). In-8°. — Pièce de 11 pages.

2231 Manière dont les Parisiens doivent s'y prendre pour s'assembler & faire connaître leur vœu. *S. l. n. d.* (1788.) In-8°. — Pièce de 10 pages.

Cette pièce, paginée de 13 à 22, fait suite à *l'Avis aux Parisiens.*

2232 Anet, son passé, son état actuel, notice historique sur les personnages qui ont illustré ce séjour sur les phases diverses qu'a subies son architecture et sur les principaux événements dont il a été le théâtre. *Paris*, Benjamin Duprat, à *Paris*. Imp. W. Remquet, 1860 = 1 vol. pet. in-8° carré, grandes marges.

2233 Histoire de la ville et Cité de Beauvais et des Antiquitez dv pays de Beauvaisis. Auec une chronologie des Euesques, Abbez et Abbayes d'icelvy. Par M. *Pierre* Louvet, Aduocat en Parlement & Maistre des Requestes de la Royne Marguerite. A *Roven*, M. de Preavlx, 1614. In-8°, 1 vol.

2234 Essais historiques sur la ville d'Etampes (Seine-et-Oise), Avec des Planches, des Notes et des Pièces justificatives. Par *Maxime* de Mont-Rond, ancien élève de l'école royale des chartes. *Etampes*, Fortin ; *Paris* [impr. de T. J. Bailly], Debécourt, 1836. In-8°, 2 tom. en 1 vol.

2235 Le Chateau de Compiègne (souvenirs historiques) son histoire et sa description par *J.* Vatout de l'Académie

Française et premier bibliothécaire du roi Louis-Philippe. *Paris* [imp. Bonaventure et Ducessois] Didier, 1852. In-8°, 1 vol.

2236 Mémoires de la ville de Dovrdan, recveillis par M. *Iacqves* Delescornay, conseiller du Roy & son aduocat au mesme lieu. *Paris*, B. Martin, 1624. In-8°, 1 vol.

2237 Recherches Historiques, Archéologiques et Biographiques, sur la ville de Pontoise, par M. l'abbé Trou. Ouvrage enrichi de Planches ou Vignettes. *Pontoise*. Imprimerie de Dufey, 1845. In-8°, 1 vol.

2238 Le Palais de Saint-Cloud (souvenirs historiques). Son histoire et sa description par *J.* Vatout de l'Académie française et premier bibliothécaire du roi Louis-Philippe. — *Paris* [imp. Bonaventure et Ducessois] Didier, 1852. In-8°, 1 vol.

2239 Plan de la ville, du château et du parc de Versailles, avec les palais et jardins du grand et du petit Trianon, dédié et présenté au Roi, par *Charles* Picquet, géographe ordinaire de Sa Majesté et de S. A. I. Mgr le duc d'Orléans. A *Paris* 1821. Carte collée sur toile et pliée.

2240 Souvenirs historiques des résidences royales de France par *J.* Vatout, premier bibliothécaire du roi. A *Paris*, chez Firmin-Didot frères, [et Ch. Gosselin] A *Versailles*, 1837. [-40]. In-8°, 4 vol.

T. Ier : Palais de Versailles. T. II : Palais royal. T. III. Château d'Eu. T. IV : palais de Fontainebleau.

2241 La Cour de Versailles par le Baron du Faouet. *Paris* C. Dillet Lib. Edit. *Beaugency*. Imp. F. Renou 1868. 1 vol. in-12.

TOURAINE. — BEAUCE. — ORLÉANAIS. — BLAISOIS.

2242 Essais Historiques sur la ville d'Amboise et son château par *M.* Cartier, correspondant du ministère de l'Instruction Publique pour les travaux historiques, des Antiquaires de France, de Normandie et de la Morinie, *Poitiers*. Imp. de Saurin frères, 1842. 1 vol. in-8°, avec gravure et plan.

2243 Souvenirs historiques des résidences royales de France, par *J.* VATOUT, premier bibliothécaire du roi. Tome Sixième. Château d'Amboise. A *Paris*, chez Firmin Didot frères. A *Versailles*, 1845. In-8°, 1 vol.

La collection complète en comprend 7 (Voir au n° 2240).

2244 Histoire de Chartres par *E.* DE LÉPINOIS — *Chartres* Garnier, Imp. Lib. Edit. 1854-1858, 2 vol. in-8°, avec nombreuses gravures hors texte.

2245 Histoire générale des Pays de Gastinois, Senonois et Hurpois composée par Fev le R. Père Don *Guillaume* MORIN cy devant grand Prieur de l'abbaye Royalle de Ferrieres en Gastinois. *Paris* chez la Vve Pierre Chevalier, 1630. 1 vol. in-4°, titre dans un frontispice gravé, carte.

2246 Blois et ses environs. Guide artistique et historique dans le Blésois et le nord de la Touraine par *L. de la* SAUSSAYE, membre de l'Institut. Cinquième édition revue, corrigée, augmentée et illustrée de 45 vignettes. *Blois*, chez tous les Lib. *Paris*, Aubry. *Lyon*, Imp. Perrin et Marinet, 1873. 1 vol. in-12, titre rouge & noir, grav. en frontispice. Don signé d'auteur sur la couverture.

2247 Histoire du Château de Blois par *L.* DE LA SAUSSAYE, membre de l'Institut. Ouvrage couronné par l'Institut. Troisième édition. *Blois*, *Paris*, chez Dumoulin, MDCCCL, In-12, 1 vol.

2248 Histoire du Château de Chambord par *L.* DE LA SAUSSAYE de l'Académie des inscriptions et belles-lettres. Sixième édition, *Blois* [imp. Lecesne] chez tous les libraires, *Paris*, Dumoulin, M. DCCC. LIV. Gr. in-8°, 1 vol. de vii-91 pp. orné de lithographies.

HISTOIRE DE FRANCE. — NORMANDIE. — MAINE. — PERCHE.

2249 Les Recherches et Antiquitez de la province de Neustrie, à présent duché de Normandie, comme des villes remarquables d'icelle, mais plus spécialement de la ville et université de Caen, par *Charles* DE BOURGUEVILLE, sieur DE BRAS. Nouvelle édition, publiée par les soins et aux frais de plusieurs habitans de Caen, ornée du plan de cette ville, d'après BELLEFOREST, et précédée d'une notice biographique. — *Caen*, de l'imprimerie de T. Chalopin. [*Paris*, Lance; *Rouen*, Frère; *Londres* Dulau] 1833. In-8°, 1 vol. réimpression.

2250 L'Histoire & croniqve de Normandie. [Par *Jean* NAGEREL, chanoine et archidiacre de Rouen]. Reueue & augmentée outre les précédentes Impressions: finissant au Roy très Chrestien Henry troisième de ce nom, Roy de France et de Pologne. Avec les figures tant de ladicte Normandie que de la ville de Rouen, métropolitaine d'icelle Prouince. *Rouen*, M. le Mesgissier, 1610. In-12 1 vol.

Si les figures promises dans le titre ont jamais été jointes à cette édition, elles manquent à notre exemplaire.

2251 Inventaire de l'Histoire de Normandie. [Par *Eustache* D'ANNEVILLE], A *Roven*, Chez Iean Osmont, M. DC. XLVI. In-4° car., 4 ff, non cotés, 206 pp. chiffr. et 1 page d'errata, 1 vol., couv. parchem.

2252 Histoire de Normandie depuis les temps les plus reculés jusqu'à la Conquête de l'Angleterre en 1066, par *Th.* LICQUET ancien conservateur de la Bibliothèque publique de Rouen, et précédée d'une introduction sur la littérature, la mythologie, les mœurs des hommes du Nord par M. *G. B.* DEPPING, auteur de l'histoire des expéditions maritimes des Normands en France, au Xe Siècle. *Rouen*, Édouard Fréré Lib. Nicétas Périaux, Imp., 1835. 1 vol. in-8°. 2 tomes en un volume.

2253 Tableau Historique, Topographique et Statistique de la Normandie, et Résumé de l'Histoire générale de la France, par *L.* MAIRE, auteur du Tableau de l'Histoire de France. 1° Introduction ; 2° État des Gaules avant les conquêtes de Jules César ; 3° Domination romaine ; 4° Invasion des Francs ; 5° Gouvernement républicain des premiers Mérovingiens ; 6° L'usurpation de la souveraineté nationale ; 7° Courses des premiers Normands ; 8° Rollon ; 9° Conquête de l'Angleterre ; 10° Réunion de la Normandie à la France. A *Paris*, chez Jacques Ledoyen, [imp. Firmin-Didot], 1834. Gr. in-fol, 1 vol.

2254 JOANNIS MONACHI MAIORIS-MONASTERII (Marmoutier) qvi Rege Ludouico Iuniore vixit, Historiæ Gauffredi Ducis Normannorum & Comitis Andegauorum, Turonorum, & Cænomannorum Libri duo, hactenus non editi. Ex Bibliotheca *Laurentii* BOCHELLI & ejusdem notis aliquot illustrati. *Parisiis*, N. du Fossé, 1610. In-12. — Pièce de 130 pages & 11 ff. de notes non chiffrés.

2255 Antiquités Anglo-Normandes de DUCAREL, traduites de l'Anglais, par *A. L.* LECHAUDÉ D'ANISY, membre associé de l'Académie royale de Caen, de celle de Strasbourg, etc.. *Caen*, chez Mancel, Lib. Edit. Imprim. F. Poisson, 1823. 1 vol. in-8° avec 41 planches & figures hors texte. Gravure en frontispice.

2256 Chroniques Anglo-Normandes. Recueil d'extraits et d'écrits relatifs à l'histoire de Normandie et d'Angleterre pendant les XIe & XIIe siècles ; publié pour la première fois, d'après les manuscrits de Londres, de Cambridge, de Douai, de Bruxelles et de Paris, par *Francisque* MICHEL. Imprimé sous les auspices et avec l'autorisation de M. Guizot. *Rouen*, Edouard Frère édit. Imp. Nicétas Périaux, 1836, 3 tomes en 1 vol. in-8°.

2257 Lettre du Parlement de Normandie au Roi, pour demander les anciens Etats de la Province. *Rouen*, 1788. In-8°. Pièce de 15 pages.

2258 Mémoire présenté à MM. les Maires et Échevins de la ville de Rouen, par les Communautés, Corporations & citoyens particulier de l'Ordre du Tiers-Etat de ladite ville ; & délibération de MM. les Officiers municipaux en l'assemblée générale du 30 novembre 1788. *Rouen*, Laurent Dumesnil, 1788. In-8°. Pièce de 20 pages.

2259 Histoire de la ville d'Aumale (Seine-Inférieure) et de ses institutions depuis les temps anciens jusqu'à nos jours par *Ernest* SEMICHON Avocat, Conseiller général de la Seine-Inférieure. *Paris*, Auguste Aubry, [impr. Bonaventure et Ducessois] ; *Rouen*, Lebrument, 1862. In-8°, 2 vol., gravures.

2260 Histoire de la ville de Carentan et de ses notables. D'après les monuments paléographiques, par M. de PONTAUMONT, Officier supérieur de l'Inspection de la Marine. *Paris*, chez Dumoulin et Ernest Gouin, 1863. In-8°, 1 vol., de l'impr. de Feuardent à Cherbourg.

2261 Histoire des anciennes villes de France. Recherches sur leurs origines, sur leurs monumens, sur le rôle qu'elles ont joué dans les annales de nos provinces, par M. *L.* VITET, inspecteur général des monumens historiques de France. Première série [seule parue.] Haute-Normandie Dieppe. *Paris*, Alexandre Mesnier, [impr. Crapelet] 1833. In-8°, 2 vol.

2262 Notice sur Dieppe, Arques et quelques monumens circonvoisins ; par *P. J.* FERET, à *Dieppe*, chez Marais fils aîné, à *Paris*, chez Béchet aîné. Imp. Tastu, 1824. 1 vol. in-8°, avec gravures et plan.

2263 Histoire des Comtes d'Eu, Par *L.* ESTANCELIN, Membre de l'Académie de Rouen et de la Société des Antiquaires de Normandie. Avec Vues Lithographiques. [*Rouen*, imp. Mégard] A *Dieppe*, chez Marais fils, A *Paris*, chez Delaunay, 1828. In-8°, 1 vol.

2264 Notes pour servir à la Topographie et à l'histoire des Communes du Département de l'Eure au Moyen Age.

Par *Auguste* LE PREVOST. [1ere livraison] *Évreux*, imprimerie de A. Hérissey. 1849. In-4° à 2 col., fasc. de 133 pp. (l'ouvrage complet comprend 3 vol.). Envoi d'auteur signé à M. de Godefroy.

2265 Histoire de Flers (Orne), ses seigneurs, son industrie; Par M. le Cte *Hector* de LA FERRIÈRE, membre de la Société des Antiquaires de Normandie. *Paris*, Dumoulin, Aubry, *Caen*, Hardel, Le Gost-Clérisse, 1855. In-8°, 1 vol. envoi d'auteur signé.

[*Même vol.*] Histoire du canton d'Athis (Orne) et de ses communes, précédée d'une Étude sur le Protestantisme en Basse-Normandie, par M. le Cte *Hector* DE LA FERRIÈRE-PERCY Paris, chez Auguste Aubry, 1858. In-8°, envoi d'auteur signé.

2266 Essai historique et descriptif sur l'abbaye de Fontenelle ou de Saint Wandrille et sur plusieurs autres monumens des environs, par *E. Hyacinthe* LANGLOIS de Pont-de-l'Arche, peintre, membre de la Société royale des antiquaires de France, de l'Académie de Rouen, avec un grand nombre de figures & de plans inédits dessinés et gravés par l'auteur et par Melle *Espérance* LANGLOIS. *Paris*, Imp. I. Tastu, MDCCCXXVII. 1 vol. broché pet. in-8°. planche VIII en frontispice.

2267 Histoire de Saint-Martin du Tilleul [Eure] par un habitant de cette commune [*Auguste* LE PRÉVOST] *Paris*, de l'imprimerie de Crapelet, 1848. Gr. in-8°, 1 vol. envoi d'auteur signé à M. de Godefroy.

2268 Sévigni ou une Paroisse rurale en Normandie pendant les trois derniers siècles suivi de la Recherche de la Noblesse en 1666 dans les élections d'Argentan et de Falaise et de la Liste des Gentilshommes du bailliage d'Alençon, Signataires des Instructions données, en 1789, par l'ordre de la Noblesse à ses députés aux Etats-Généraux, par M. *Victor* DES DIGUÈRES. — *Paris*

Dumoulin, [Caen, typogr. F. Le Blanc-Hardel. 1865. In-8°, 1 vol. blasons gravés.

2269 Histoire des Pays et Comté dv Perche et Dvché d'Alençon ov est traité des anciens Seignevrs de Bellesme, Comtes du Perche, Alençon, Damfront, Sonnois, Sées, & Ponthieu : & des Rotrous Vicomtes de Chasteaudun et Comtes de Mortagne & du dit Perche, ensemble des Princes de la maison royale qui ont tenu les dites Prouinces depuis S. Louys iusques à présent par M. *Gilles* Bry, Sieur de la Clergerie, Aduocat en la Cour de Parlement. *Paris*, Imp. Pierre-Le-Mvr M DC XX. 1 vol. in-4°, titre noir et rouge.

HISTOIRE DE FRANCE. — BRETAGNE.

2270 Carte Itinéraire de la Bretagne, Contenant les Départemens, du Finistère, du Morbihan, des Côtes-du-Nord, d'Isle-et-Vilaine et de la Loire-Inférieure Avec les Routes de Postes et Autres Routes de Communications dressée Par Dezauche Géographe, Successeur de Guil. Delisle et Phil. Buache, Géographes. A *Paris* chez l'Auteur, rue des Noyers an VIII.

Collée sur toile et pliée.

2271 Histoire critique de l'établissement des Bretons dans les Gaules, et de leur dépendance des Rois de France et des Ducs de Normandie. Par Monsieur l'abbé *René* Aubert, sieur de Vertot, de l'Académie Royale des Inscriptions et Belles-Lettres. *Paris*, François Barrois, 1720, in-12, 2 vol.

Le travail de Vertot sur l'établissement des Bretons dans les Gaules fut cause d'une longue et ardente polémique. M. le Marquis De Godefroy Ménilglaise dans une note écrite sur la garde du premier volume de notre exemplaire, indique les principales sources que l'on peut consulter à ce sujet, nous y renvoyons le lecteur.

2272 L'Histoire de Bretaigne des Roys, Dvcs, Comtes, et Princes d'icelle, depuis l'an 383, iusques au temps de Madame Anne Reyne de France dernière Duch^s^. Mise en escript par noble homme Messire *Bertrand* D'ARGENTRÉ Sr de Gornes, Forges, etc. Conseiller du Roy et Président au siege de Rennes. Troisième Édition. Reueue & augmentee par Messire *Charles* D'ARGENTRÉ, Sieur de la Boissière, Conseiller du Roy & Président en la Cour de parlement de Bretaigne. — A *Paris*, Chez Nicolas Bvon [1618]. In-f°, 1 vol., frontisp. gravé.

2273 Histoire de Bretagne, Composée sur les titres & les auteurs originaux, Par Dom *Gui Alexis* LOBINEAU, Prestre, Religieux Bénédictin de la Congrégation de St-Maur ; Enrichie de plusieurs portraits & tombeaux en taille-douce ; avec les preuves & pieces justificatives, accompagnées d'un grand nombre de Sceaux. A *Paris*, Chez la Veuve François Muguet, MDCCVII. In-f°, 2 vol.

2274 Histoire de Bretagne. Par M. DARU, de l'Académie Française. *Paris*. Firmin-Didot père et fils, 1826. In-8°, 3 vol.

2275 Observations sur l'Histoire de Bretagne de M. Daru, par M. DAUNOU (Extrait du *Journal des Savants*). *Paris* Lib. Firmin-Didot père & fils, 1828. 1 broch. 34 p. In-8°.

2276 [Histoire des Ducs de Bretagne] A *Paris*, Chez Clousier, M. DCC. XXXIX. In-12, 6 vol., tit. rouges et noirs, ainsi décomposés :

I-II. Histoire des Ducs de Bretagne, et des différentes Révolutions arrivées dans cette province, [par l'abbé *P. Fr.* GUYOT DESFONTAINES].

III-IV. Histoire particulière de la Ligue en Bretagne. [Par *Al.* DE ROSNYVINEN, marquis de PIRÉ revue par l'abbé GUYOT DESFONTAINES.

V-. VI. Dissertation historique sur l'Origine des Bretons,

sur leur établissement dans l'Armorique, & sur leurs premiers Rois. [par l'abbé *Jacques* Gallet, curé de Compan].

2277 Histoire des Rois et des Ducs de Bretagne, par M. le chevalier de Roujoux. Nouvelle édition, *Paris*, Duféry, éditeur [impr. A Saintin], 1839. In-8°, 4 vol.

2278 Histoire de la Reunion de la Bretagne a la France. Où l'on trouve des anecdotes sur la Princesse Anne, Fille de François II, dernier Duc de Bretagne, Femme des Rois Charles VIII, et Louis XII. Par M. l'Abbé Irail. A *Paris*, Chez P. Et. Germ. Durand, Neveu, M. DCC. LXIV. In-12, 2 tomes en 1 vol.

2279 Dissertations sur la Mouvance de Bretagne par rapport au droit que les Ducs de Normandie y prétendaient, & sur quelques autres sujets historiques. [Par *Claude* du Moulinet sieur des Thuilleries]. *Paris*, Fournier, 1711. In-12, 1 vol.

Réfutation des erreurs contenues dans l'Histoire de Bretagne de Dom Lobineau. — Les autres *Sujets historiques*, annoncés au titre, sont : 1.) Touchant quelques points de l'histoire de Normandie sur lesquels le nouvel historien de Bretagne s'est aussi mépris. — 2.) L'Histoire de la Translation & du Retour du Corps de Saint Martin à Tours, attribuée à S. Odon, abbé de Cluny, est une pièce supposée. — 3.) Touchant l'origine des Rois de France de la troisième race. [Comme Belleforêt, Chiflet & Mabillon, du Moulinet fait descendre Robert-le-Fort de Welf, duc de Bavière.]

2280 Mémoires sur l'état de la noblesse de Bretagne, troisième et dernière partie, contenant un recueil alphabétique des noms et des armes de plusieurs gentils-hommes, suivant les arrests, tant de la Chambre Roïale établie par le Roi à Rennes, l'an 1668, Que du Conseil privé de sa Majesté, et des autres Cours Souveraines, où les instances ont été renvoïées par le même Conseil privé, par le R. P. *Toussaint* de S. Luc, Religieux carme de Bretagne, au Couvent du très-Saint Sacrement des Billettes, *Paris*, Vve Prignard & Claude Prignard fils 1781. — Un vol. petit in-8°, avec planches héraldiques.

2281 Mémoires sur l'état du Clergé et de la Noblesse de Bretagne, par le Révérend Père *Toussaint* DE SAINT-LUC, Carme de Bretagne, à *Paris*, chez la Veuve Prignard & Claude Prignard fils. M. D C. LXXXXI, 1 vol. in-8°, 2 parties en un vol.

2282 Lettres de déclarations du Roy, pour le restablissement du Sieur Duc de Vendosme, en son Gouuernement de Bretagne [à Orléans, 14 Juillet, 1614.] Avec l'Arrest de la Cour portant vérification & publication des dittes Lettres. Autres Lettres patentes du Roy, donnees sur les Remonstrances des Gens des trois-Estats du pays & Duché de Bretagne, auec les Responces de sa Majesté sur icelles. Verifiées en Parlement à Rennes, le 9 septembre, 1614. Jouxte la coppie imprimée à *Rennes*, par Tite Haran, 1614. In-12. — Pièce de 22 pages.

2283 Département de Lille & Vilaine. Décrété le 30 Janvier 1790, par l'assemblée nationale. Divisé en 6 Arrondissements, et en 44 Cantons. Revu, Corrigé et Augmenté en 1818, a *Paris*, chez J. B. Delaval, Co-propriétaire. Carte collée sur toile et pliée.

2284 Étrennes royales de Rennes & du Département d'Ille-&-Vilaine, pour l'an 1825. *Rennes*, Vᵉ Frout, 1825. In-32, 1 vol.

2285 Dernière relation de ce qui s'est passé à Rennes ; ou apologie des sentiments & de la conduite des Gens du Tiers-État de la ville de Rennes. *S. l. n. d.* (1789), In-8°. Pièce de 36 pages.

2286 Annuaire dédié aux Malouins, contenant des articles historiques sur la ville de Saint-Malo, et la biographie des hommes célèbres de cette cité. Année 1825. *Saint-Malo*, H. Rottier, imprimeur, près la Grand'Porte, 1825. In-32, 1 vol.

2287 Annuaire civil et commercial, dédié aux Malouins, contenant : 1). Le calendrier ; 2). La Maison régnante…

3). Une petite notice sur le département d'Ille & Vilaine & sur le chef-lieu de chacun des cantons de l'arrondissement de Saint-Malo. *Saint-Malo*, H. Rottier, impr. libraire, 1826, In-32, 1 vol.

M. le Marquis de Godefroy était sous-préfet de St-Malo en 1825 et 1826.

HISTOIRE DE FRANCE. — NIVERNAIS. — BOURBONNAIS. — BERRY. — AUVERGNE. — LYONNAIS. — FOREZ-BRESSE. — VIVARAIS.

2288 Histoire du Pays et Dvché de Nivernois, par Me *Gvy* COQUILLE, sieur, de ROMENAY. A *Paris*, chez la Vefue Abel L'Angelier, M D C XII. 1 vol in-4°, titre noir et rouge.

2289 Recherches historiques sur Nevers, par *Louis* de SAINTE-MARIE. A *Nevers*, De l'Imprimerie de Lefebvre le Jeune, 1810. In-8°, 1 vol.

2290 Lettre d'un Plaideur du Nivernois à son curé, au sujet d'une Diatribe publiée contre l'Evêque de Nevers. Lettre signée *Benoît* DE SOLOGNE. *Paris*, 1789. In-8°. Pièce de 7 pages.

2291 Histoire du Bourbonnais et des Bourbons qui l'ont possédé. Par M. DE COIFFIER-DEMORET. Seconde édition. *Paris* [imp. Cosson], Lecointe et Durey, M. DCCC. XXIV. In-8°, 2 vol.

2292 Histoire de Berry, contenant l'origine, antiquité, gestes, prouësses, priuileges, & libertés des Berrvyers: Auec particulière description dudit païs. Le tout recueilly par *Iean* CHAUMEAU, seigneur de Lassay, aduocat au siege presidial de Bourges. — A *Lyon*, par Antoine Gryphius, 1566. — Avec Priuilege du Roy. In-f°, 1 vol. de 4 ff. non cotés, 365 pp. chiffr., 1 feuillet blanc et 12 ff. de table et errata, tit. à encadrement gravé.

2293 Projet de discours d'un citoyen (le Comte DE GUIBERT), aux trois ordres de l'assemblée de Berry. *S. l.* 1789. In-8°. Pièce de 38 pages.

2294 Mémoires de FLÉCHIER sur les Grands-Jours d'Auvergne en 1665 annotés et augmentés d'un appendice par M. CHÉRUEL et précédés d'une notice par M. SAINTE-BEUVE de l'Académie Française. *Paris*, librairie de L. Hachette et Cie [impr. Ch. Lahure] 1856. In-8°, 1 vol., gravure en face du tit.

2295 Histoire [civile et ecclésiastique] de la Ville de Lyon, Ancienne et Moderne; avec les figvres de tovtes ses veües, par le R. P. *Iean* DE SAINT-AVBIN de la Compagnie de Iesvs. A *Lyon*, chez Benoist Coral, M.DC.LXVI. In-f°, 2 part en 1 vol., tit. rouge et noir, frontisp. gravé, gravures sur cuivre hors texte.

2296 Antiquitez de la ville de Lyon avec quelques singularitez remarquables présentées à Monseigneur le Duc de Bourgogne. Par le P. *Dominique* de COLONIA, de la Compagnie de Jésus. A *Lyon*, & se vendent à *Paris*, chez Jean Musier, M.DCCII. In-12, 1 vol.

2297 Récit véritable de la magnifique entrée de la reine de France en la ville de Lyon. Auec l'ordre des préparatifs, triomphes, & magnificences faictes à Sa Maiesté tant par monsieur d'Alincourt Gouuerneur, que par Messieurs les Préuost des Marchands & Escheuins de ladite ville. A *Paris*, chez Jean Martin, rue de la vieille Boucherie au gros Tournois M.DCC.XXII 1 br. 15 p. petit in-4°.

2298 Histoire du Forez, [suivie de Biographie et Bibliographie Foréziennes] par *Aug.* BERNARD jeune, *Montbrison*, imprimerie de Bernard aîné. M.DCCC.XXXV. In-8°, 3 tom. en 1 vol.

2299 Histoire de Bresse et de Bvgey, contenant ce qui s'y est passé de memorable sous les Romains, Roys de Bourgogne et d'Arles, empereurs, Sires de Baugé,

Comtes & Ducs de Sauoye, & Roys Tres Chrestiens, iusques à l'eschange du Marquisat de Saluces. Avec les Fondations des Abbayes, Prievrés, Chartreuses et Églises Collegiales, Origines des Villes, Chasteaux, Seigneuries, & principaux Fiefs & Genealogies de toutes les Familles Nobles. Iustifiée par Chartes, Titres, Chroniques, Manuscripts, Autheurs anciens & modernes & autres bonnes preuves. Par *Samvel* GVICHENON, Aduocat au Presidial de Bourg en Bresse, Conseiller & Historiographe du Roy. — A *Lyon*, Chez Iean Antoine Hvgvetan. &Marc Ant. Ravard, M. DC. L. Gr. In-f°, 1 fort vol. tit. rouge et noir.

2300 Arrêté des trois ordres du Pays de Vivarais, au sujet de l'élection de ses députés aux États-Généraux. *Bourg-Saint-Andéol* en Vivarais, 1788. In-8°. Pièce de 24 pages.

HISTOIRE DE FRANCE. — DAUPHINÉ. — PROVENCE. — COMTAT-VENAISSIN. — ORANGE.

2301 Histoire de Dauphiné et des Princes qui ont porté le nom de Dauphins, Particulièrement de ceux de la troisieme Race, descendus des Barons de la Tour-du-Pin, sous le dernier desquels a été fait le Transport de leurs Etats à la Couronne de France. On y trouve une Suite de Titres disposez selon l'ordre des Tems, pour servir de Preuves aux Evenemens, & dont on peut tirer divers éclaircissemens sur l'Histoire de France, des Papes d'Avignon, des Etats & Provinces voisines. Avec plusieurs Observations sur les Mœurs & Coûtumes anciennes, & sur les Familles, [par *Jean-Pierre* MORET DE BOURCHENU, marquis de Valbonnays, revue par *A.* LANCELOT. — A *Geneve*, Chez Fabri & Barrillot. M. DCC. XXII. In-f°, 2 tom. en 1 vol. carte et sceaux gravés.

2302 Histoire Généalogique & chronologique des Dauphins de Viennois. Depuis Gvigves I. iusques à Louis V, fils du Roy Louis le Grand. Embellie d'arbres généalogiques & de blasons par le sieur *L.* DE GAYA. *Paris*, Michallet, 1683. In-12, 1 vol.

2303 Histoire des Dauphins de Viennois, d'Auvergne et de France. Ouvrage posthume de feu M. [*Jacques*] LE QUIEN DE NEUVILLE, chevalier de l'ordre du Christ de la première classe, & Membre de l'Académie des Inscriptions & Belles-Lettres de Paris. Mis au jour par M. LE QUIEN DE LA NEUVILLE, petit-fils de l'auteur.. Augmenté par un homme de Lettres [*Élie-Cath.* FRÉRON] de l'Histoire de Louis IX du nom XXV Dauphin de France. *Paris*, G. Desprez, 1760. In-12, 2 vol.

On trouve la biographie de l'auteur dans la préface de l'ouvrage.

2304 Archives Dauphinoises. Histoire de la Réunion du Dauphiné à la France. Ouvrage couronné par l'Académie des Inscriptions et Belles-Lettres. Par *J.J.* GUIFFREY. *Paris*, Académie des Bibliophiles, 1868.

Ouvrage tiré à 525 exemplaires, N° 265.

2305 Plan pour la formation des Etats du Dauphiné, arrêté & rédigé par les Etats assemblés à Romans le 14 septembre 1788. *S. l.* In-8°. Pièce de 16 pages.

2306 Récit véritable de tovtes les cérémonies observées dans la ville de Grenoble a la protestation de foy de Monseigneur le Duc de l'Esdiguières, ensemble les cérémonies de sa réception à l'Estat de Connestable de France, & à celles de l'Ordre du Saint Esprit avec les magnificences & célébrités faites tant à Grenoble que par tout le Dauphiné sur ce subject. A *Paris*, Chez Joseph Bouillerot rue vieille Bouclerie, à l'Escu de Bretagne. M. DC. XXII. 1 br. 16 p. petit in-4°.

2307 Histoire de la ville de Vienne, durant l'époque gauloise, et la domination romaine dans l'Allobrogie, contenant une notice sur l'Allobrogie ; la traduction d'une histoire inédite de Vienne, sous les douze Césars, par Trebonius Rufinus, sénateur, et ancien décemvir de ladite ville ; et une chronique des Gaules jusqu'en l'an 438 de l'ère chrétienne. Par M. MERMET aîné. *Paris*, chez Firmin Didot père et fils, et chez les principaux libraires de Lyon, Grenoble et Vienne. 1828. In-8°, 1 vol.

2308 Statistique du département de la Drôme, par M. DELACROIX, membre du conseil général du département, ancien maire de Valence. Nouvelle édition, avec tableaux, cartes et dessins. A *Valence*, chez Borel, Marc Aurel frères, et Charvin, A *Paris*, chez Firmin-Didot, 1825. In-4°, 1 vol.

2309 Carte de Provence et des Terres Adjacentes par *Guillaume* DELISLE, premier Géographe du Roy de l'Academie des Sciences. A *Paris*, chez l'Auteur, avec privilège, octobre 1715. Carte coloriée Derozier fct.

2310 Histoire des Comtes de Provence. Enrichie de plusieurs de leurs Portraits, de leurs Sceaux, & des Monnoyes de leur temps, qui n'auoient pas encore veu le iour. Par M. *Antoine* de RVFFI Conseiller du Roy en ses Conseils d'Estat & Priué. — A *Aix*, Chez Iean Roize. M. DC. LIV. Gr. in-4°, 1 vol., tit. rouge et noir.

2311 Essai sur l'histoire des Comtes souverains de Provence Précédé d'un Précis historique des différentes dominations auxquelles la Provence a été soumise dans les temps anciens, antérieurs à l'époque du règne de ses Comtes ou Souverains particuliers. Par M. BOISSON DE LA SALLE, de la Société Académique d'Aix. — A *Aix*, Chez G[d] Mouret, 1820. In-8°, 1 vol.

2312 L'ancien Barreau du Parlement de Provence ou extraits d'une Correspondance inédite échangée pendant la peste de 1720 entre François Decormis et Pierre Saurin

Avocats au même Parlement par *Charles* de RIBBE. *Marseille*, Ve Marius Olive Edit. *Paris* Durand Lib. *Marseille*, Imp. Marius Olive 1861. 1 vol. pet. In-8°.

Cet ouvrage a été imprimé à 312 exemplaires.

2313 Histoire de l'incomparable administration de Romiev Grand Ministre d'Estat en Provence lors qvelle estoit en sovveraineté. Ou se voyent les grands effects d'vne grande sagesse, et d'vne rare fidélité, ensemble le vray modele d'vn grand Ministre d'estat et d'un surintendant des finances, par le Sr *Michel* BAVDIER, du Languedoc, gentilhomme de la maison du Roy, Coner et Historiographe de sa Majesté. *Paris*, Camuzet, 1635. Pet. in-12. Pièce de 82 pages.

Ce Romieu, tige de la maison de Villeneuve, se nommait le Pellerin. Il vivait en 1209.

2314 A la nation provençale. Par le Comte DE MIRABEAU. *S.l.*, 1789. In-8°. Pièce de 56 pages.

2315 Explication des Cérémonies de la Fête-Dieu d'Aix en Provence ornée de figures du Lieutenant de Prince d'Amour ; du Roi et Bâtonniers de la Bazoche ; de l'abbé de la Ville : & des jeux des diables, des Razcassetos des Apôtres de la Reine de Saba, des Tirassons, des Chevaux-frux. etc. etc. etc. et des airs notés, consacrés à cette fête (par GRÉGOIRE). A *Aix*, Esprit-David, Imp. MDCCLXXVII. 1 vol. in-12. frontispice & 13 planches 3 cartes.

2316 Étondue et principal trait du plan topographique de la ville de Marseille et d'une partie de son territoire, levé sur l'échelle de un à mille avec tous les détails de ses Maisons de Campagne ou Bastides, et avec les Plans particuliers de son Lazaret, de son Jardin Impérial de Botanique, et en général de tous ses principaux monumens et édifices commencé sous M. Ch. Delacroix, préfet des Bouches-du-Rhône, en 1808, sous les auspices de M. A. C. Thibeaudeau, son successeur, et sous ceux de M. Anthoine, maire de la ville de Marseille par *P.* DEMAREST, ancien élève de l'école polytechnique et Ingénieur-géographe du Ministère de l'Intérieur.

2317 Marseille ancienne et Moderne par M. GUYS, Auteur du Voyage littéraire de la Grèce. — *Paris*, Vve Duchesne Lib. *S. n. d'Imp.* MDCCLXXXVI. 1 vol. pet. in-8°.

2318 Histoire analytique et chronologique des actes et des délibérations du corps et du conseil de la municipalité de Marseille, depuis le Xme siècle jusqu'à nos jours, par *Louis* MÉRY, Archiviste de la Ville, et *F.* GUINDON, Attaché aux Archives. — *Marseille.* Typographie des hoirs Feissat aîné [*puis* Barlatier-Feissat] et Demonchy, 1841 [48]. In-8°, 6 vol.

2319 Relation historique de la peste de Marseille, en 1720. Nouvelle édition corrigée de plusieurs fautes. Par M. [*Jean Baptiste*] BERTRAND, docteur en Médecine, du Collège de Marseille & de l'Académie des Belles-Lettres de la même ville. *Marseille*, Jean Moissy, 1779. In-12. 1 vol.

Bertrand fit preuve d'un courage héroïque et d'un dévouement à toute épreuve pendant la durée de ce terrible fléau. Sa *Relation* fut attaquée dans le *Journal des Savants* et défendue par Astruc.

2320 Histoire de Sisteron tirée de ses archives ou l'on voit, par les institutions, les mœurs, les développements et les vicissitudes de cette ville, le sort et l'importance politique de la plupart des anciennes villes du midi de la France ; a laquelle on a joint deux Mémoires mentionnés honorablement par l'Académie royale des inscriptions et belles-lettres, au concours de 1840, sur les Origines et Révolutions des Noms de famille en Provence, et sur l'état et les progrès de la société dans cette même province, au quinzième siècle. Par M. *Ed.* DE LAPLANE, correspondant du ministère de l'instruction publique. *Digne*, Me Ve A. Guichard, 1843. In-8°, 2 vol., plan, carte et planches.

2321 Essai sur l'histoire municipale de la ville de Sisteron, ouvrage couronné par l'Académie des inscriptions, par M. *Ed.* DE LAPLANE, correspondant du ministère de l'instruction publique. *Paris*, Paulin, [et *Digne*, Imp. Ve Guichard] 1840. In-8°, 1 vol.

2322 Lettres Historiques sur le Comtat Venaissin et sur la Seigneurie d'Avignon. — A *Amsterdam*, [Paris] M. DCC.LXVIII. Pet. in-8°, 1 vol.

D'une note manuscrite de M. de Godefroy, il résulterait que cet ouvrage est, non pas de *J. N.* MOREAU, suivant l'attribution commune, mais de PFEFFEL, jurisconsulte aux affaires étrangères.

2323 Recherches historiques concernant les Droits du Pape Sur la Ville & l'Etat d'Avignon ; avec les pieces justificatives. [par *C. F.* PFEFFEL, jurisconsulte] — [*S. l. n. n.*] M.DCC.LXVIII. In-8°, 1 vol., *dono autoris.* (*sic*).

Deux exemplaires.

2324 Statvts de la cité d'Avignon, avec la Convention d'icelle en Latin et François respondans par deux colonnes l'une à l'autre pour ceux qui veulent avoir l'intelligence de l'vue d'icelles. En *Avignon* de l'Imprimerie de I. Bramereav M. D C XVII. 1 vol in-4°.

2325 Mémoires pour servir à l'histoire des Propriétés territoriales dans le Département de Vaucluse, et principalement dans la ville et le territoire d'Avignon. Suivis de l'examen de quatre questions sur les Rentes foncières. Par M. de FORTIA D'URBAN, A *Paris*, Chez Xhrouet Imprimeur, Déterville, Libraire, et à *Avignon*, chez Seguin frères, 1808. In-12, 1 vol.

2326 Tableau de l'histoire des Princes et Principavté d'Orange. Divisé en quatre Parties Selon les quatre Races qui y ont regné Souverainement depuis l'an 793. commençant a Gvillavme av Cornet Premier Prince d'Orange, jusques a Frederich Henry de Nassav à présent Regnant. Illustré de ses Genealogies & enrichi de plusieurs belles antiquités avec leurs Tailles douces.

[par *Joseph* DE LA PISE, seigneur de MAUCOIL] A *la Haye*, De l'imprimerie de Théodore Maire. M. DC. XL. In-f°, 1 vol., titre rouge et noir, frontisp. gravé.

2327 Histoire de la ville d'Orange & de ses antiquités, ornée de six gravures en taille douce, par M. [*Adrien-Étienne-Pierre* comte] DE GASPARIN, aîné. *Orange*, Bouchony, 1815, In-18, 1 vol.

LANGUEDOC. — ROUSSILLON.

2328 Histoire generale de Languedoc, Avec des Notes & les Pièces justificatives : Composée sur les Auteurs & les Titres originaux, & enrichie de divers Monumens. Par deux Religieux Benedictins de la Congregation de S. Maur. [*D. Claude* DE VIC et *D. Joseph* VAISSETTE, commencée par *D.* MARCHAND et *D.* BOYER, continuée et achevée par *D.* VAISSETTE seul.] A *Paris*, Chez Jacques Vincent, M. DCC. XXX. [XLV], In-f°, 5 vol., tit. rouge et noir, gravures dans le texte.

2329 Memoires de l'Histoire dv Langvedoc, cvrievsement et fidelement recveillis, de diuers Autheurs Grecs, Latins, François & Espagnols, & de plusieurs Titres & Chartes tirés des Archifs (*sic*) des villes & Communautez de la mesme Prouince, & autres circonuoisines, par Me *Gvillavme* DE CATEL, Conseiller du Roy, en sa Cour de Parlement de Tolose. Auec les Tables & Indices nécessaires. — A *Tolose*, Par Pierre Bosc, M. DC. XXXIII. In-f°, 1 fort vol., tit. rouge et noir.

2330 Recueils des Titres, Qualités, Blazons & Armes des Seigneurs, Barons & Etats de Languedoc tenus à Montpellier ; par *J.* BEJARD. — *Lyon*, 1657. In-f°, 1 vol. (manque le titre).

2331 Essai historique sur les États-Généraux de la province de Languedoc, avec cartes et gravures. Par le B^on^

Trouvé, ancien préfet du département de l'Aude. — A *Paris*, chez Firmin-Didot, 1818. In-4°, 1 vol.

2332 Les officiers des Etats de la Province de Languedoc par M. le Vicomte de Carrière, ancien Préfet, Chevalier de la Légion d'Honneur, publié par les soins de M. le Vicomte *Albert* de Carrière, son fils; ouvrage qui a obtenu une médaille d'argent à l'Académie des sciences de Toulouse. — *Paris*, chez Aubry Lib. Edit. Typ. Morris & Cie, 1865. Une broch. in-8° de 152 p.

2333 Second Mémoire sur les États-Généraux, par M. le Comte (*Emm.-L.-H.* Delaunay), d'Antraigues. En *Vivarais*, (1789) In-8°. Pièce de 112 pages.

Le Titre vrai de ce mémoire est : Mémoire sur la constitution des États de la province de Languedoc.

2334 Histoire du canal du Midi, connu précédemment sous le nom de canal du Languedoc, par *Fs*. Andreossy, Général de division et Inspecteur-général du Corps de l'Artillerie. A *Paris*, de l'imprimerie de F. Dufart, an VIII. In-8°, 1 vol.

2335 Histoire du Canal de Languedoc, rédigée sur les Pièces authentiques conservées à la Bibliothèque Impériale et aux Archives du Canal, par les descendants de Pierre-Paul Riquet de Bonrepos, [par M. de Caraman]. Cuique suum. De l'imprimerie de Crapelet. A *Paris*, chez Deterville, An XIII (1805). In-8°, 1 vol.

2336 Histoire de la ville de Toulouse, depuis la conquête des Romains jusqu'à nos jours ; par *J.-B.-A.* d'Aldéguier. — *Toulouse*, [impr. et libr. de] J.-B. Paya, M. DCCC. XXXIII. [XXXV]. In-8°, 4 vol.

2337 Histoire des Comtes de Toulouse, par le Général Moline de Saint-Yon. *Paris*, Arthus Bertrand, imprimerie Vve Bouchard-Huzard, *S. D.* 4 vol. in-8°, carte et plan.

2338 Brief Discovrs de la magnificence et entrée dv très-chrestien roy de France Charles IX, Faicte en la ville de Tholose, le deuxiesme jour de Féurier. MDLXV. A *Paris*, Par Guillaume de Nyuerd, Imprimeur. 1 br. non paginée 16 p. petit in-4°.

2339 Histoire de Montauban, par *H.* LE BREST, prévôt de l'église cathédrale de cette ville, en 1668; nouvelle édition revue et annotée d'après les documents originaux, par MM. l'abbé MARCELLIN et *Gabriel* RUCK. *Montauban*, Rethoré, libraire ; imp. de I. Renous et Comp., 1841. 2 tomes en 1 vol. gd in-8°.

2340 Description générale et statistique du département de l'Aude, avec carte et gravures. Par le Bon TROUVÉ, ancien préfet de ce département. A *Paris*, chez Firmin-Didot, 1818. In-4°, 1 vol.

2341 Cité de Carcassonne (Aude) par M. VIOLLET-LE-DUC, architecte du Gouvernement, Inspecteur général des Édifices diocésains. *Paris*, Gide, Lib. Edit. Imp. Claye, 1858. 1 broch. 52 pag. in-8° et un plan ; gravures dans le texte et hors texte.

2342 Histoire des antiquités de la ville de Nîmes et de ses environs par M. MENARD. A *Nismes* Chez Gaude fils, Imp.-Libraire, 1814, 1 br. 59 p. In-8°.

2343 Apothéose de la Ville de Nismes ; ou Sonnets sur ses Antiquités. Par M. l'Abbé VALETTE, A *Nismes*, Chez A. A. Belle, 1744. Pet. in-8°, 1 vol. de 31 pp. chiffrées.

2344 Eclaircissemens sur les Antiquités de la ville de Nismes, par Monsieur *** [*Ch.* CAUMETTE], Avocat de la même ville. Dernière édition. Avec figures. *Nismes*, C. Belle. 1781. In-12. Pièce de 56 pages et 4 planches.

2345 Traité du Comté de Castres des Seignevrs et Comtes d'icelvy ensemble des hommages recognoissances et autres droicts feodaux & Seigneuriaux, que Sa Magesté a accoustumé d'y prendre & leuer, Suiuant les vz & Coustumes par lesquelles le dit Comté est regy &

gouuerné auec la forme que les Sieurs Commissaires doiuent garder en procédant à la recherche des susdits droicts. Où est aussi plus particulièrement parlé du priuilège du franc-alleu sans titre, prétendu contre le Roy par ses Susbiects de la Prouince de Languedoc, par Maistre *David* DEFOS, Conseiller du Roy & Contrerolleur de son Domaine au Comté de Castres à *Tolose*, par Arnavd Colomer, Imp. ordinaire du Roy et de l'Vniversité, M. DC. XXXIII. 1 vol in-4°.

2346 Histoire politique, religieuse et littéraire du Midi de la France, depuis les temps les plus reculés jusqu'à nos jours par M. MARY-LAFON, membre de la Société royale des Antiquaires de France, etc. *Paris*, Paul Mellier, Lib. Edit. *Lyon*, Guyot père et fils, Lib. Imprimé par Béthune et Plon à Paris M. DCCCXLV. 4 vol. in-8°, divisés en 16 parties.

2347 Essai historique et militaire, sur la province du Roussillon; Suivi d'un Mémoire de Localité, & d'un projet de cession entre les couronnes de France & d'Espagne ; Avec des projets d'offensive et de défensive. Par M. le Chevalier *D. L. G.* [DE LA GRAVE]. A *Londres*. 1787. In-8°, 1 vol.

2348 Histoire de Roussillon comprenant l'Histoire du Royaume de Majorque par *M. D. M. J.* HENRY, Conservateur de la Bibliothèque de Perpignan. *Paris*, Imp. Royale, MDCCCXXXV. 2 vol. in-8°.

GUYENNE. — ROUERGUE. — BÉARN.

2349 Les Annalles Dacquitaine Faitz & gestes en sommaire des Roys de France et Dangleterre Et des pays de Naples et de Milan. Nouuellement corrigées auec aucunes additions de la duche de Bourgongne & côte de Flandres. *le reste du titre a disparu*] [auec les Antiquités de Poictiers, par *Jean* BOUCHET, procureur à

Poictiers. *Poitiers*, Marnef, 1525]. Pet. in-f°, caract. goth., 2 col., 1 vol. de 12 ff. non cotés et LXXII-LXXIX ff. cotés.

2350 Les Annales d'Aquitaine. Faicts & gestes en sommaire des Roys de France, & d'Angleterre, & païs de Naples & de Milan · reueuës & corrigées par l'Autheur mesmes [*Jean* BOUCHET] : iusques en l'an mil cinq cens cinquante & sept. Spe labor levis. N. Parvi Bellosanensis ad Aqvitanos distichon. Ad Gallos. Ad Pictones. Ad Episcopvm et Ecclesias Pictavenses. A *Poictiers*, Par Enguilbert de Marnef. M. D. LVII. In-f°, 1 vol.

2351 Rervm aqvitanicarvm Libri qvinqve qvi seqvvntvr quibus continentur gesta Regvm & Dvcvm Aquitaniæ, à Clodouco ad Eleënoram vsque. Autore, *Ant.* DADINO ALTESERRA antecessore Tolosano. *Tolosæ* apud Arnaldvm Colomerivm, Regis & Academiæ Tolosanæ Typographum, M. DCLVII. 1 vol. in-4°.

Les 5 livres de ce volume (numérotés de 6 à 10) ont été précédés de 5 autres sur l'histoire d'Aquitaine avant Clovis. Toulouse 1648.

2352 Histoire politique et statistique de l'Aquitaine, ou des pays compris entre la Loire et les Pyrénées, l'Océan et les Cévennes. Par M. DE VERNEILH-PUIRASEAU. A *Paris*, Chez M. P. Guyot [puis A. Guyot], *Ponthieu*, [1822-1827]. In-8°, 3 vol.

2353 Histoire des rois et des ducs d'Aquitaine et des comtes de Poitou, contenant l'histoire de l'Aquitaine en général et du Poitou en particulier, depuis la reconstitution de l'Aquitaine en royaume, par Karle-Magne, en 778, jusqu'à l'avènement d'Aliénor de Poitou au trone ducal d'Aquitaine, en 1137 ; Par *A.-D.* DE LA FONTENELLE DE VAUDORÉ, Correspondant de l'Institut et *J.-P.-M.* DUFOUR. Tome premier. *Paris*, Derache, Téchener 1842. In-8°, 1 vol., le seul paru.

2354 La Noblesse d'Armagnac en 1789, ses procès-verbaux et ses doléances avec une introduction historique et une table raisonnée des familles & des armoiries des électeurs par le Vicomte DE BASTARD D'ESTANG. *Paris* E. Dentu, Lib. Édit.-Imp. Simon Raçon et Cie, 1862. 1 vol. broché in-8°.

2355 Plan de la ville de Bordeaux avec les Projets principaux d'Alignements et de Redressements par M. PIERRUGUES et D. BÉRO dédié par la reconnoissance à Monsieur le Comte de Tournon, Préfet du Département de la Gironde. 1822, à *Bordeaux*, chez Filliâtre et Neveu. Collé sur toile et plié.

2356 Histoire de Bordeaux pendant le règne de Louis XVI; par *Henry* RIBADIEU précédée d'une notice sur la statue de Louis XVI à Bordeaux, par *Justin* DUPUY; avec gravure. A *Bordeaux* chez les principaux lib., Imp. Justin Dupuy & Cie, 1853. 1 vol. pet. in-8°.

2357 Mémoire sur la Constitution politique de la Ville et Cité de Périgueux, où l'on développe l'origine, le caractère & les droits de la Seigneurie qui lui appartient, & dont tous ses citoyens & Bourgeois sont propriétaires par indivis. A *Paris*, de l'Imprimerie de Quillau, 1775. 1 vol. in-4° avec un plan de la ville, et nombreuses pièces justificatives.

2358 Notice descriptive et historique de l'Eglise métropolitaine de Sainte Marie d'Auch, par *P.* SENTETZ, Conservateur de la Bibliothèque de la ville et membre du Conseil de Fabrique de la Métropole. IVe Édition, revue et corrigée. *Auch*, Veuve Duprat. Imp. 1825, 1 pet. vol. in-12.

2359 Essais historiques sur le Rouergue, par M. le Baron DE GAUJAL, correspondant de l'Institut royal de France, Académie des Inscriptions & Belles-Lettres, etc., etc., Tome premier. *Limoges* chez Bardou, Imp. 1824. 1 vol. in-8°. 1re partie. — Idée générale de l'Histoire du Rouergue. 2e partie. — Annales du Rouergue.

2360 Études historiques sur le Rouergue, par M. *A. F.* Baron DE GAUJAL, ouvrage donné par l'auteur au département de l'Aveyron, et publié après sa mort par ordre et sous les auspices du conseil général de l'Aveyron, avec une notice biographique sur le baron de Gaujal, par *Jules* DUVAL. *Paris*, imprimerie administrative de Paul Dupont, 1858-59. In-8°, 4 vol.

2361 Lettres à mes neveux sur l'histoire de l'Arrondissement d'Espalion par *Henri* AFFRE, auteur des simples récits historiques sur cette ville, membre de la Société des lettres, sciences et arts de l'Aveyron. *Villefranche* Imp. de Vve Cestan née Moins, 1858. 2 vol. in-8°.

2362 Essais historiques sur le Béarn, Par M. FAGET de BAURE. A *Paris*, chez Denugon, Alexis Tymery, 1818. In-8°, 1 vol.

POITOU. — ANGOUMOIS. — AUNIS. — SAINTONGE.

2363 De l'ancien Poitou et de sa Capitale, pour servir d'introduction a l'histoire de cette province, par *J. M.* DUFOUR, de la Société Royale des Antiquaires de France ornée de cartes et gravures. *Poitiers*, Mmes Loriot, *E. P. J.* Catineau, Doussin-Delys, [*Paris*, chez Lecointe et Durey, Béchet aîné, Charles Béchet, Saintes, Niort, Angoulême, Angers, etc.] 1826. In-8°, 1 vol.

[*Même vol.*] Mémoires sur les Antiquités du Poitou, (Aujourd'hui le Département de la Vienne), par *T. M.* SIAUVE. A *Paris*, Chez Garnery, et se trouve à Poitiers, chez Catineau, an XII (1804). In-8°, 12 planches à la fin.

2364 Histoire générale de Poitou, jusqu'à sa réunion à la couronne sous Philippe-Auguste ; précédée d'une introduction séparée, par *J. M.* DUFOUR, de la Société Royale des Antiquaires de France, etc. *Poitiers*, F. A. Saurin, 1828. In-8°, 1 vol.

[*Même vol.*] Le Siège de Poitiers, Drame lyrique, en trois Actes, en Vers, a grand spectacle ; [par PLUCHON-

DESTOUCHES] représenté pour la première fois, à Poitiers, le 14 janvier 1785. A *Poitiers*, de l'Imprimerie de Michel-Vincent Chevrier, et se trouve au théâtre. M. DCC. LXXXV. Pet. in-4° de XVI, 71 pages.

2365 Histoire Générale du Poitou, par *Joseph* GUERINIÈRE. *Poitiers*, chez Ch. Fradet, Lib. Imp. de F. A. Saurin, 1838-1840. 1 vol. in-4°, contenant 2 tomes et 6 parties.

2366 Documents inédits pour servir à l'histoire du Poitou publiés par la Société des Antiquaires de l'Ouest. *Poitiers*, chez tous les libraires, 1876, typ. de A. Dupré. 1 vol. In-8°

2367 [Bibliothèque Poitevine. Tome V]. Histoire des Comtes de Poictou et Ducs de Guyenne, contenant ce qui s'est passé de plus mémorable en France depuis l'an 811 jusques au roi Louis le Jeune, vérifiés par titres et par anciens historiens, par *Jean* BESLY, Conseiller et Advocat du Roi, honoraire, au Siège royal de Fontenoy-le-Comte Nouvelle édition. *Niort*, Robin et Cie, *Paris*, Dumoulin, 1840. In-8°, 1 vol.

2368 Histoire de la ville de Niort, depuis son Origine, jusqu'au règne de Louis-Philippe Ier, et récit des événemens les plus mémorables qui se sont passés dans les Deux-Sèvres ou même ailleurs, sous l'influence ou la direction d'un ou de plusieurs des habitans de ce département, avec une biographie des notabilités de cette portion de la France, par *Hilaire-Alexandre* BRIQUET, ancien professeur de belles-lettres, *Niort*, Robin, 1832. In-8°, 2 vol.

2369 Histoire de Chatelleraud (*sic*) et du Chatelleraudais, par M. l'abbé LALANNE, curé d'Oiré, membre de la Société des Antiquaires de l'Ouest *Châtellerault* chez A. Rivière, imprimeur, libraire, 1859. In-8°, 2 tom. en 1 vol., carte et lithographies.

2370 Chronique protestante de l'Angoumois. XVIe, XVIIe, XVIIIe siècles, par *Victor* BUJEAUD. *Paris*, Meyrueis,

Angoulême Goumard, [*Fontenay-le-Comte*, impr. Robuchon] 1860. In-8°, 1 vol.

2371 Histoire politique, civile et religieuse de la Saintonge et de l'Aunis, depuis les premiers temps historiques jusqu'à nos jours; précédée d'une introduction, par M. *D.* Massiou, membre de l'Institut historique de France, [etc.]. — [La 1ère période, jusqu'en 1152,1 vol., et la 2e de 1152 à 1548, 2 vol., à *la Rochelle*, impr. G. Mareschal, et à *Paris*, libr. Pannier, 1838; la 3e, de 1548 à 1685, 2 vol., à *Marennes*, typ. Raïssac, à *Paris*, libr. Lance, et à *la Rochelle*, libr. Lacurie, 1836; la 4e, de 1685 à nos jours. 1 vol. manque à cet exemplaire]. In-8°, 5 vol.

2372 Reception royalle faite à l'Entrée de la Reyne dans la Ville de la Rochelle avec la harangue à elle faite par le sieur de l'Escale, Lieutenant-Criminel & Juge de la Police de ladite Ville. A *Paris*, chez Jean Gvillemot, M. DCXXXII. 1 br. 8 p. petit in-4°.

Incomplet.

2373 Histoire de Rochefort contenant l'établissement de cette ville, de son port et arsenal de marine, et les antiquitez de son château, [par le P. *Théodore* de Blois, capucin]. *Paris*. Briasson, MDCCXXXIII. 1 vol. in-4°, front gravé.

BOURGOGNE. — FRANCHE-COMTÉ.

2374 Les mémoires historiques de la Répvblique Seqvanoise et des Princes de la Franche-Comte de Bovrgongne. Avec un Sommaire de l'Histoire des Catholiques Roys de Castille, & de Portugal, de la Maison des Princes, de Bourgongne. Par Maistre *Lovis* Gollvt, Aduocat au Parlement à Dole. Imprimés à *Dole*, en 1592. Et se vendent à Diion, chez Pierre Palliot, M. DC. XLVII. In-f°, 1 vol., tit. rouge et noir,

2375 Les Mémoires historiques de la République Séquanoise et des Princes de la Franche-Comté de Bourgongne, par M. *Loys* GOLLUT, nouvelle édition par M. *Ch.* DUVERNOY. Accompagnée de tables méthodiques destinées à faciliter les recherches, d'un glossaire et précédée d'une notice biographique sur l'auteur, par *Emm.* BOUSSON de MAIRET. *Arbois*, A Javel, 1846, 1 vol. grand in-8°.

2376 [Histoire du Comté de Bourgogne, autrement dit Franche-Comté, tomes I et II, savoir]:

Histoire des Sequanois, et de la Province Sequanoise, des Bourguignons et du premier Royaume de Bourgogne, de l'Église de Besançon jusques dans le sixième siècle, et des Abbayes nobles du comté de Bourgogne, Depuis leur Fondation jusqu'à présent. Par M. *F. I.* DUNOD, Ancien Avocat au Parlement, & Professeur Royal en l'Université de Besançon. A Dijon, [imp. De Fay,] et se vend A Paris, Chez Briasson, M. DCC. XXXV.

Histoire du second Royaume de Bourgogne, du comté de Bourgogne, sous les rois carlovingiens, des IIIe et IVe Royaumes de Bourgogne, et des comtes de Bourgogne, Montbéliard & Neufchatel. Avec une Description du Comté de Bourgogne, & plusieurs généalogies. Par M. *F. I.* DUNOD. A *Dijon*, Chez De Fay. M. DCC. XXXVII. in-4°, 2 vol., manque le t. III intitulé : *Mémoires pour servir à l'histoire du comté de Bourgogne.*

2377 Relatio Controuersiarum inter Serenissimos Principes, Albertum & Ysabellam, Archiduces Austriæ, vti Comites Burgundiæ, Actores, & prætendentes ex vna: & illustrissimum Dominum, Dominum Joannem Fridericum, Ducem Wirtembergensem, & Teccensem, Comitem Mompelgardi, & Dominum in Heydenheim, &c. reû, ex altera partibus: Jura superioritatis & feudi, quæ modo dicti Sereniss. Archiduces, super portione quâdam præfati Comitatus Monpelgardensis. *Montisbelgardi*, apvd Jacobvm Foillte, MDCXIII.

Cette relation est l'œuvre d'*Antoine* Buson.

En tête du volume on a ajouté: Lettre d'un jurisconsulte de Colmar à un conseiller de la Cour de Bareith; contenant le détail de la procédure faite en France au sujet de la succession du Prince de Montbéliard. 1er mars 1746.

2378 Annales de Bovrgongne par *Guillaume* Paradin de Cuy-Seaulx. Auec vne table des choses memorables contenues en ce présent liure. A *Lyon*, par Antoine Gryphius, 1566. Avec Priuilege du Roy pour dix ans. In-f°, 1 vol. de XI-995 pp. chiffr. et 18 ff. de table et errata, tit. à encadrement gravé.

2379 De l'Origine des Bovrgongnons, et Antiqvité des Estats de Bovrgongne, devx livres. Plvs, Des antiquitez d'Autun, liure 1; de Chalon, 2; de Mascon, 3; de l'abbaye & ville de Tournus, 1; par *Pierre* de Sainct Ivlien, de la maison de Balleurre, Doyen de Chalon. A *Paris*, chez Nicolas Chesneav, M. D. LXXXI. In-f°, 1 vol. impr. par Henry Thierry, plans et cartes gravés sur bois, rel. parchemin.

2380 Abregé chronologique de l'histoire ecclésiastique civile et littéraire de Bourgogne depuis l'établissement des Bourguignons dans les Gaules, jusqu'à l'année 1772. par M. Mille. — A *Dijon*, chez Causse Imp. et à *Paris* chez Delalain, Lib. M. DCC. LXXI-XXIII. 3 vol. In-8°, tranche dorée. Carte dans le 1er vol. après l'introduction.

Le 3e vol. est le dernier et finit avec la 1re moitié du 11e siècle, malgré la promesse du titre qui indique pour limite l'an 1772.

2381 Histoire de la Bourgogne pendant la période monarchique par M. Rossignol, conservateur des Archives de cette ancienne Province. Conquête de la Bourgogne après la mort de Charles-le-Téméraire, 1476-1483. *Dijon*, Lamarche et Drouelle. Lib. Imp. de Mme Noëllat, 1853. 1 vol. in-8°.

2382 Histoire des ducs de Bourgogne, par Monsieur [*Nicolas*] DE FABERT. A *Cologne*, chez Pierre Marteau, 1689. In-12, 2 vol.

Cette histoire commence en 1364 avec Philippe le Hardi et s'arrête à la mort de Charles-Quint, en 1558. — Une note de M. le Marquis de Godefroy-Ménilglaise, sur la garde du 2e vol. dit que Fabert est un pseudonyme & que l'auteur de l'ouvrage est J BRUSLÉ DE MONTPLEINCHAMP, Chanoine de Ste-Gudule de Bruxelles, mort en 1724. Je ne sais où M. de Godefroy a puisé ce renseignement, qui est en contradiction avec ceux qui se trouvent dans tous les bibliographes qu'il m'a été possible de consulter.

2383 Projet d'assassinat de Philippe-le-Bon par les Anglais (1424-1426) Mémoire historique par M. A. DESPLANQUE, Archiviste du Nord présenté à la séance de la classe des lettres de l'Académie royale de Belgique, le 4 juin 1866. *Bruxelles*, M. Hayez, Imp. 1867. 1 broch. in-4°, 78 pag.

Extrait du T. XXXIII des Mémoires Couronnés et Mémoires des Savants étrangers, publiés par l'Académie royale de Belgique.

2384 Le Bourguignon intéressé. Concordia res parvæ crescunt, Discordia magnæ dilabuntur. *Cologne*, van Egmont, *S. d* (1669)? Pet. in-12. Pièce de 157 pages & trois autres pour la table.

2385 Mémoires historiques sur la Franche-Comté, pendant la domination des ducs de Bourgogne de la maison de Valois. Avec un discours préliminaire et une introduction à l'histoire des Bourguignons depuis leur établissement dans les Gaules. Par DURONZIER de Besançon. *Besançon*, Charles Deis, 1833. 1 vol. in-8°.

2386 IOAN. IAC. CHIFFLETII Patricii, consvlaris, et Archiatri Vesontini Vesontio Civitas imperialis libera, Seqvanorvm metropolis, plvrimis, nec Vvlgaribvs Sacræ, Prophanæque historiæ monumentis illustrata, & in duas partes distincta. *Lugduni*, apvd Clavdivm Cayne, M.D C. VIII. 1 vol. in-4°.

Pars prima: de Civitatis origine, nomine, formâ Celticis ac Romanis Antiquitatibus, et statu sub Imperatoribus.

Pars altera, de Archiepiscopis Bisontinis et aliis Civitatis Bisontinæ Ecclesiasticis Rebvs.

Cet ouvrage renferme plusieurs gravures dans le texte et 3 planches, non compris le frontispice.

2387 Essai sur l'Histoire des Bourgeoisies du Roi, des Seigneurs et des Villes; ou Exposition abbrégée des changemens survenus dans l'administration de la Justice & de la Police, sous le Gouvernement municipal, & sous le Gouvernement féodal, depuis les derniers siècles de la République Romaine jusqu'à l'établissement des Bailliages inclusivement, & relativement à la Franche-Comté. Par M. Droz, fils aîné, Avocat. A *Besançon*, Chez Claude-Joseph Daclin, M. DCC. LX. In-8°, 1 vol., *dono auctoris*.

2388 Traicté des Pays & Comté du Charollois, & des droicts de Souueraineté, que la Couronne de France a eu de tout temps & ancienneté sur iceux. Par Me *Emanuel (sic) Philibert* de Rymon, Lieutenant Général, Ciuil et Criminel ez Baillages desdits Pays & Comté du Charollois. Dédié au Très-Chrestien Roy de France, & de Nauarre Lovys XIII. A *Paris*, Jean Richer, 1619. Pet. in-8°, 1 vol. de 50 feuillets, plus 10 non foliotés pour les pièces justificatives.

2389 Recherches historiques sur la Puisaye, Saint-Farjeau; Toucy (en Auxerrois) et leurs seigneurs de la maison de Bar (XIIIe, XIVe et XVe siècles), par le docteur *P. J. E.* de Smyttere (de Cassel) Médecin en chef honoraire, officier de l'Instruction publique. *Auxerre*, Imp. Gustave Perriquet, 1869. 1 broch. in-8°, 80 pag. 2 planches et une pl. en frontispice.

(Extrait du *Bulletin de la Société des Sciences historiques de l'Yonne, 2e Série, t. III, 1er trim. 1869*).

2390 Annuaire statistique du Département de l'Yonne : Recueil de documents authentiques destinés à former la statistique départementale. [Par REBOUL et *Ed.* PERRIQUET] Année 1839. *Auxerre*, Reboul et Ed. Perriquet, Editeurs. [imp. Ed. Perriquet], 1839. In-8°, 1 vol.

2391 Les Armes triomphantes de son Altesse, Monseignevr, le Dvc d'Espernon, pour le sviet de son hevrevse entrée faite dans la ville de Dijon, le huictième iour du mois de May, mil six cens quarante six. [Par *Bénigne* GRIGNETTE, avocat]. — A Diion, chez Philib. Chevance, Imprimeur & marchand Libraire, M. DC. LVI. In-f°, 1 vol., frontisp. gravé et 16 pl. gravées.

2392 Les arcs triomphavx erigez a l'honnevr dv Roy dans sa ville de Dijon. Où ont este representees la deffaite des Anglois & la Réduction de la Rochelle, &ª. A *Paris*, chez Iacqves Dvgast, 1629. — Pièce de 16 pages.

2393 Relation véritable du combat prodigieux des Oyseaux, donné dans la basse région de l'Air, entre les villes de Dôle & de Salins, le 26 Février dernier. Suivant les Lettres de Besançon le premier Mars 1676, 1 br. non paginée, 4 p. in-4°.

2394 Mémoire sur la nécessité de supprimer l'administration particulière du Maconnois. A *Paris*, de l'Imp. de Quillau, Imprimeur de S. A. S. Monseigneur le Prince de Conti M. DCC. LXXVIII. 1 br. 62 p. in-4°.

2395 L'illvstre Orbandale, ov l'Histoire ancienne & moderne de la Ville & Cité de Chalon sur Saône, enrichie de plusieurs recherches curieuses, & diuisée en éloges. [ov l'Histoire ecclésiastique de Chalon sur Saône, justifiée par plusieurs titres, le tout extraict fidellement des Chartulaires] [par *Léonard* BERTHAUD, *Pierre* CUSSET et *Bernard* DURAND]. Imprimé à *Lyon*, & se vend à *Chalon sur Saône*, chez Pierre Cvsset, M. DC. LXII. In-4°, 2 vol., tit. rouge et noir.

2396 Histoire politique & religieuse de Faverney depuis les temps les plus reculés jusqu'à nos jours, son Abbaye, sa Sainte Hostie, ouvrage orné de gravures. Par *E.* MANTELET, instituteur. *Paris*, chez l'auteur. [*Mirecourt*, imp. Humbert, 1864. In-8°, 1 vol.

FLANDRE FRANÇAISE. — HAINAUT. — CAMBRÉSIS. — GÉNÉRALITÉS. — HISTOIRE DE L'ANCIENNE PROVINCE ET DU DÉPARTEMENT DU NORD.

2397 Annales Gallo-Flandriæ : In quibus per annos ferè singulos ab annis plusquam mille & trecenis ea omnia enarrantur, quæ per Gallo-flandriam euenere, aut intra fines suos extrane Gallo-flandri gesserunt : Ac denique Regum Franciæ, qui supremum hic dominium habuere. Comitum Flandriæ, ad quos pertinet ditio, & Tornacensium atque Atrebatensium Episcoporum, qui præsertim sacrum in hanc regionem habent imperium, series ac successio contexitur. Cum Indice rerum omnium accuratissimo. Avctore *Ioanne* BVZELINO Cameracensi è Societate Iesv. *Duaci*, Ex Officinâ Marci Wyon Typographi Iurati, sub signo Phœnicis, Anno 1624. Cum Gratia & Priuilegio. In-f°, 1 vol. de 4 ff. non cotés, 629 pp. chiffr. et 7 ff. de tab., couvert. parch.

2398 Gallo-Flandria sacra et profana : in qva Vrbes, Oppida, Regivncvlæ, Mvnicipia, et Pagi præcipvi Gallo-Flandrici Tractus describvntvr ; horvmqve omnivm locorvm Antiqvitates, Religio, Mores, Sacra ædificia, Piæ fundationes, Principes, Gubernatores, & Magistratus proponuntur, dein Annales Gallo-Flandriæ. Auctore *Ioanne* BVZELINO Cameracensi è Societate Iesv. *Duaci*, Ex Officinâ Marci Wyon Typographi Iurati, sub signo Phœnicis. Anno 1625. Cum Gratia & Priuilegio. In-f°, couvert. parchemin, tit. rouge et noir, 4 ff. non cotés, 548 pp. chiffr. et 8 ff. de tables, errata et marque typogr., plus une table ms. des chap. en 5 feuillets

2399 État par ordre alphabétique des Villes, Bourgs, Villages & hameaux de la Généralité de Flandres et d'Artois, des Jurisdictions & Cours Souveraines dont ils relevent, des Diocèses dont ils dépendent, avec une Notice des Tribunaux, des principaux Établissemens, des Paroisses, des Couvens & des Maisons de Force qui se trouvent dans chaque Lieu, & des Observations sur les différens objets qui peuvent en exiger. Cet état a été formé par les Ordres de M. ESMANGART, Intendant de Flandres & d'Artois. A *Lille*, Chez C.-M. Peterinck-Cramé, Imprimeur ordinaire du Roi, rue Equermoise. M.DCC.LXXXVII. In-4° carré, 1 vol.

2400 Résumé de l'histoire de Flandre et d'Artois (Nord & Pas-de-Calais — Lys & Escaut). Par *Arnold* SCHEFFER. *Paris*, Lecointe & Durey Lib., Imp. Lebel, 1826. 1 pet. vol. broché in-18.

2401 Observations historiques sur les discussions respectives qui divisent les trois états des deux Flandres, sçavoir : la Flandres *(sic)* Autrichienne et la Flandres Gallicanne *(sic)*. Présentées à MM. du Clergé & de la Noblesse, & même à MM. du Tiers-Etat de la Généralité de la Flandres. [Par M. l'abbé DE LA MOTTE, ex-jésuite]. [*S. L.*] M.DCC.LXIII. In-8°, 1 vol.

2402 Mémoires des Intendants de la Flandre et du Hainaut français Sous Louis XIV publiés pour la première fois par M. *A.* DESPLANQUE, archiviste du Nord, tome X du *Bulletin de la Commission historique du Nord* (1868). Imp. L. Danel. 1 broch. 179 pag., petit in-8°.

2403 1° Département du Nord, Arrondissements de Lille, de Dunkerque et d'Hazebrouck, extrait de la carte topographique de la France, levée par les officiers d'état-major et gravée au Dépôt général de la Guerre, sous la direction du lieut.-g^al^ b^on^ Pelet, pair de France, publié avec l'autorisation du ministre de la guerre. *Paris*, 1840. 1 carte en 2 feuilles. 2° Département du Nord, Arrondissement de Cambrai, de Douai, de Valenciennes et d'Avesnes. *Paris*, 1840, 1 carte en 5 feuilles, collées sur toile et pliées.

2404 Études étymologiques, Historiques et Comparatives sur les noms des Villes, Bourgs et villages du Département du Nord, par *E.* MANNIER. *Paris*, Aug. Aubry, Lib.-Édit. *Lille*, imp. Reboux, 1861.

Dans le même vol. : Les Flamands à la Bataille de Cassel (1328). Noms des Flamands morts en cette journée, 1863. 1 vol. in-8°.

2405 Statistique du Département du Nord. Par Mr DIEUDONNÉ, Préfet. A *Douai*, Chez Marlier, Imprimeur de la Préfecture, An 12 (1804). In-8°, 3 vol.

2406 Annuaire Statistique du département du Nord rédigé par MM. DEMEUNYNCK et DEVAUX, Employés de la Préfecture, à *Lille*, chez L. Danel. Imp. 1830-1838. 9 vol. In-8°, depuis la 2e année 1830 à la 10e année 1838 (1830, Lille) (1831, Douai) (1832, Valenciennes) (1833, Cambrai) (1834, Hazebrouck) (1835, Dunkerque) (1836-37 & 38, Avesnes).

2407 Introduction à la Statistique Archéologique du département du Nord. *Lille*, Impr. L. Danel 1867. 1 broch. pet. in-8° de 111 pag.

2408 Le département du Nord pendant la Révolution française, septembre et octobre 1792. Bombardement de Lille. — *Lille*, chez les libraires, Douai, Imp. Crépeaux 1842. 1 broch. 96 pag. pet. in-8°.

2409 Table alphabétique, analytique et chronologique des matières contenues dans la collection des actes de la préfecture du département du Nord. Depuis 1800 jusqu'à

1826. A *Lille*, chez L. Danel, année 1829. In-8°, vol. de 366 pp. outre titre.

2410 Département du Nord. Tableau de Sous-répartition de la Contribution foncière pour 1839, présentant par Arrondissement & par Commune : 1° L'indication et la Contenance de chaque nature de propriété ainsi que le nombre des maisons & usines de chaque espèce ; 2° Leurs prix moyens ; 3° Le revenu net imposable conclu séparément par les prix moyens ; 4° Les anciens Contingens de chaque Commune ; 5° La proportion de ce Contingent avec le produit imposable arrêté par le Conseil Général ; 6° Les nouveaux Contingens résultant de la proportion générale de 0fr.07c, 216, 365. *Lille*, Imp. L. Danel 1839. 1 vol. In-4°.

2411 Adresse de remerciment de M. Coppens à l'assemblée électorale du département du Nord, lors de sa nomination à la présidence de ladite assemblée le 3 juillet 1790 *s. n. d'imp.* 1 br. 7 p. In-8°.

2412 Discours prononcé par le citoyen Lesage-Senault, Président de l'Assemblée Electorale du Département du Nord [Electeur de Lille, ex-conventionnel et nommé député au Conseil des Cinq-Cents, au premier tour de scrutin, par 315 suffrages sur 521 votans], pour la clôture de la session. *Douai*, impr. de la Société typogr. In-8°. — Pièce de 3 pages.

2413 État nominal par ordre alphabétique, des membres composant l'assemblée électorale du département du Nord, de l'An VI de la République Française, une & indivisible *S. l. n. d.* (*Douai*, an VI). In-4°. Pièce de 27 pages.

2414 Les électeurs de l'an VI, à leurs élus. Par un électeur de Nord-Libre. (Delzant, de Condé). *Douai*, Carpentier, An VI. In-8°. — Pièce de 3 pages.

2415 Liste générale des élections faites par l'Assemblée électorale du département du Nord, de l'an 6 de la République. *Douai*, Imp. de la Société typographique, an VI. In-4°. — Pièce de 4 pages.

2416 Adresse du Préfet du Nord à la Garde nationale du département, 13 Janvier 1810, *s. nom d'imp.* 1 feuillet.

2417 Discours prononcé par Mr DUPLEIX de MÉZY, président du Collège électoral du Nord, à l'ouverture de la session de 1818. A *Lille*, chez L. Danel, imp. 1 pièce 1 p. in-f°.

2418 Discours prononcé par M. DUPLEIX de MÉZY, député du Nord et président du Collège électoral de ce département à l'ouverture de la session de 1820. A *Lille*, chez L. Danel imp. du Roi, 1 br. non pag. 2 p. in-4°.

2419 La Flandre Wallonne aux 16e et 17e siècles par M. LEBON, suivie d'un rapport sur cet ouvrage et de notes historiques relatives à la Flandre Flamingante et principalement à la Ville de Bailleul durant la même époque. *Douai*, Imprim. de V. Adam, 1838. Partie d'un vol. in-8°.

2420 Mémoires sur l'Intendance de la Flandre, Dressez sur les Ecrits de M. DREUX-LOUIS DU GUÉ BAGNOLS, conseiller d'Etat & Intendant de la Flandre. [Par *Jean* GODEFROY S[r] D'AUMONT, directeur de la Chambre des Comptes de Lille & Procureur du Roy au Bureau des Finances, mort à Lille en 1731.]. *Bruxelles*, Claudinet, 1738. In-12, 1 vol.

2421 Copie de la lettre écrite par M. ESMANGART, Intendant de Flandres & d'Artois à MM. les Députés du Clergé de la Flandre Wallonne (relative au dénombrement des Biens des Ecclésiastiques) 6 avril 1787. *s. n. d'imp.* 1 pièce 1 p. in-4°.

2422 Procès-verbal de l'Assemblée générale du Clergé & de la Noblesse de la Flandre-Wallone, tenue, par ordre du Roy, en la Ville de Lille, le 21 Novembre 1787. A *Lille*, de l'Imp. de L. Danel, Imp. du Clergé et de la Noblesse. 1 br. 15 p. in-4°

2423 Procès-verbal de l'Assemblée générale du Clergé & de la Noblesse de la Flandre-Wallone, tenue, par ordre du Roy, en la Ville de Lille, le 21 Novembre 1787. A *Lille*, de l'imprimerie de Léonard Danel, Imprimeur des Ordres du Clergé & de la Noblesse. 1 br. 4 p. In-4°.

HISTOIRE DE FRANCE. — PARLEMENT DE FLANDRE. — GOUVERNANCE. — CHAMBRE DES COMPTES.

2424 Histoire du Parlement de Flandres, par M. *G. M. L.* PILLOT, conseiller à la Cour d'appel de Douai. *Douai*, Adam d'Aubers, 1849. 1 vol. gd In-8°.

2425 Traité des Jurisdictions & de l'Ordre Judiciaire pour les provinces du Ressort du Parlement de Flandre, principalement pour le Haynaut. Par Me DUMÉES, avocat au Parlement. A *Douay*, I. F. Willerval, 1762. In-12, 2 parties en 1 vol.

2426 Notes historiques relatives aux Offices et aux Officiers de la Cour de Parlement de Flandres. [Par *P.-A.-S.-J.* PLOUVAIN, conseiller à la cour impériale de Douai.] — A *Douai*, de l'Imprimerie de Deregnaucourt, 1809. In-4°, 1 vol. de 168 pp.

2427 Premier et second Recueil des Pièces justificatives produites par les Officiers de la Gouvernance du souverain Bailliage de Lille. [dans les procès qu'ils soutiennent contre les Prévôt, Échevins & autres Officiers municipaux de la même Ville, et contre les Bailli & Conseillers-Hommes de Fiefs du Bailliage de la Salle dudit Lille, pour faire connaître l'origine, la nature & les prérogatives jurisdictionnelles de ce Siège Royal.] A *Lille*, De l'Imprimerie de Léonard Danel, Rue des Manneliers, à la Sorbonne, M. DCC. LXXXVII. In-4°, 1 vol. comprenant faux-tit., tit., 46 pp., 1 feuillet blanc, nouveau tit., vi-114 pp. et lxxj pp. de table.

2428 Notes historiques relatives aux offices et aux officiers de la Gouvernance du Souverain Bailliage de Douai et Orchies. *Lille*, de l'Imprimerie de Marlier, 1810. 1 vol. in-4°.

2429 Calendrier de la Cour Impériale et de la Ville de Douai. Année 1813. — A *Douai*, De l'imprimerie de la veuve Wagrez Imprimeur de la Cour Impériale. In-12, 1 vol.

2430 La Flandre illustrée par l'institution de la Chambre du Ro à Lille, l'an 1385, par Philippe le Hardi, duc de Bourgogne &ca. Laquelle avoit sous sa jurisdiction les Provinces de Flandres, de Hainau, d'Arthois, de Namur, le Tournaisis, le Cambresis & la Seigneurie de Malines, et fut tranférée à Bruges l'an 1667, et de Bruges à Bruxelles en 1680. Avec les Ordonnances, Reglements & Instructions de ladite Chambre. Les noms des Présidens, maîtres ordinaires & extraordinaires et la liste des gages et pensions faits en l'an 1600, les érections des Terres et Personnes titrées enregistrées en ladite Chambre depuis l'an 1424 jusques 1713. Par M. *Jean* DE SEUR, escuyer, premier Greffier et commis à la Recepte de l'épargne du Ressort de ladite Chambre. A *Lille*, [*Bruxelles.*] *S. n. d'impr.*, 1713. In-12, 1 vol.

Deux exemplaires.

2431 Copie de l'acte de refus de Messieurs les Baillis et Magistrats de Lille, délivré au Sieur de Tourmignies, Greffier des Ordres du Clergé et de la Noblesse, sous enveloppe cachetée du cachet des Armes de la ville de Lille, le 10 Janvier 1761, Extrait du Registre aux Cahiers d'Aide commencé en 1749, *s. n. d'imp. s. d.* 1 br. 3 p. in-4°.

ARRONDISSEMENT DE LILLE. — VILLES, COMMUNES, INSTITUTIONS DIVERSES.

2432 Lille, Douay, Condé, Tournay. 1 carte collée sur toile et pliée. — Partie de la carte de Cassini.

2433 Les Chastelains de Lille, levr ancien Estat, Office & Famille, ensemble L'Estat des anciens Comtes de la République & Empire Romain, des Goths, Lombards, Bourguignons, François, & au regne d'iceux des Forestiers & Comtes anciens de Flandre : Avec vne particulière description de l'ancien Estat de la ville de Lille en Flandre, les trois changements signalez, tant d'icelle Ville que du Pays. Par *Floris* VAN DER HAER, Thresorier & Chanoine de S. Pierre à Lille. A *Lille*, De l'Imprimerie de Christofle Beys, Imprimeur & Libraire, ruë de la Clef, à l'Image de S. Luc. M. DCX. Auec Priuilege de leurs Altesses Serenissimes. In-4° car., 1 vol., 2 ff. de tit. et tab. et 299 pp. chiffrées, couverture parchemin.

2434 Statistique féodale du département du Nord. La Chatellenie de Lille (limitée à l'arrondissement actuel). Première partie par M. *Th.* LEURIDAN, Membre titulaire de la Commission historique. Lille, Imp. L. Danel, 1869. 1 broch. 88 pag. pet. in-8°.

Extrait du *Bulletin de la Commission historique du département du Nord*, tome XI.

2435 Les Chatelains de Lille par *Th.* LEURIDAN, Archiviste de la Ville de Roubaix. Extrait des Mémoires de la Société des Sciences de Lille. Années 1872 et 1873. Lille, Imp. L. Danel, 1873, 1 vol. in-8°.

2436 Histoire de Lille & de sa Châtellenie. Où on voit son origine, l'Estat ecclesiastique séculier, la suite des Souverains et les principaux événements qui regardent la Flandre Française, les Magistrats & autres Tribunaux de Justice, les Mœurs & génie des Habitants, le Commerce & Manufactures du Pays, le tout tiré des Auteurs du Pays & de plusieurs Manuscrits. Par le Sieur***. [*Jacques* TIROUX]. A *Lille*, chez Charles-Louis Prevost, Imprimeur, aux Armes de la Ville de Lille, rue de la Grande-Chaussée, 1730. In-12, 1 vol.

2437 Petit Dictionnaire historique et géographique de la Châtelenie de Lille. Où sont les principaux Evenemens qui s'y sont passés ; les Villes & Villages, avec le nombre des Bonniers dans chaque Village sujets à la Taille de Messieurs les Grands Baillifs, la division de ses Quartiers, & le cours des Rivieres : les Abbayes & Chapitres, les Dédicaces ou Carmesses, les Cures du Diocèse de Tournay, comme aussi les Bénéfices forains ou Chapelles, [par *J.-A.* PANCKOUCKE]. Edition nouvelle, 1733. A *Lille*, chez Lievin Danel, Libraire-Imprimeur sur la Grand-Place. Avec Permission. Pet. in-12, 1 vol. de 48 pp. chiffrées.

2438 Dedicaces et Carmesses des Villes et Chastellenie de Lille, Par Ordre Alphabétique, & selon les mois où elles arrivent. Troisième Edition. Augmentée d'une Description des principaux endroits, de ce qui s'y fait & s'y est passé de considérable, avec le tems des Fondations des Abbayes. Et les Cures du Diocèse de Tournay, divisées selon leurs Doyennez, avec leurs Patrons. Et les Antiquitez de la Ville de Lille. A *Lille*, Chez Gilles Pourchez, Libraire Imprimeur dans la Bourse. 1729. In-12, 46-12 pp. chiffrées. 1 vol.

2439 Histoire de la ville de Lille, depuis sa fondation, jusqu'en l'année 1434. Par M. de *M. C. D. S. P. D. L.* & de la Société Littéraire d'Arras. [*Charles-Antoine-Joseph* LECLERC DE MONTLINOT, chanoine de St Pierre de Lille]. *Paris*, Panckoucke, 1764. In-12. 1 vol. Dans le même volume, la critique de l'ouvrage de Montlinot, sous le titre de Observations sur l'Histoire de Lille [Par le P. WARTEL, religieux de l'Abbaye de Cisoing]. A *Avignon*. Emeritoni, 1765. In-12.

2440 Guide des étrangers à Lille, ou description de la ville & de ses environs, précédé d'un Abrégé de son établissement jusqu'à présent. A *Lille*, chez Jacquez, libraire, sur la Petite Place, Rang des Poteries, 1772. In-12, 1 vol.

2441 Histoire de Lille de 620 à 1804 avec annotations et tables par *Ed.* VAN HENDE. *Lille*, chez tous les Lib. Imp. L. Danel, 1874. 1 vol. in-8°, titre noir & rouge.

2442 Lille. Notes historiques et contemporaines par *Louis* DÉPRET. *Paris*, Libr. Hachette. *Lille*. Imp. J. Petit, 1867. 1 pet. broch. 32 pag.

2443 Articles proposés au Roy, Par les Députez de la ville de Lille, & Chastellenies de Lille, Douay & Orchies, Mannans & habitans d'icelles, & enclavement. 27 août 1667 *s.n. d'imp.* 1 br. 16 p. In-4°.

2444 Articles proposés au Roy, par les Députez de la Ville de Lille & Chastellenie de Lille, Douay et Orchies, Manans & Habitans d'icelles & enclauemens. Fait au camp devant Lille le 27e d'aoûst 1667. Signé Lovys. Acte de l'Emologation de la capitulation ci-dessus mentionnée, 11 avril 1669. Acte d'enterinement au Conseil souverain à Tournay, de l'émologation de la dite capitulation. 2 mai 1669. A *Lille*, de l'Impr. de Nicolas de Rache, à la Bible d'or. *S. d.* In-4°. Pièce de 19 pages.

2445 Articles Proposés par les Estats de la Ville de Lille, & Châtellenie dudit Lille 22 octobre 1708. A *Lille* Chez C. Malte, Imprimeur de Messieurs les Magistrats, 1 br. 15 p. In-4°.

Trois exemplaires.

2446 Capitulation militaire de la ville de Lille. A *Lille*, chez Ig. Fiévet & L. Danel, Imprimeurs sur la Grande Place 1 br. 8 p. in-4°.

Trois exemplaires.

2447 De la loi de la ville de Lille, Du premier Novembre 1774. A *Lille* Chez J. B. Henry. 1 br. 32 p. non pag. In-12.

2448 Renouvellement de la Loi de la Ville de Lille du 1er novembre 1785 pour l'année 1785 à 1786. Lille. Veuve Henry, Imprim.

A la suite : Calendrier pour l'année MDCCLXXXVI, 1 vol. pet. in-12.

2449 Cahier des plaintes et doléances communes de l'ordre du clergé des villes et châtellenie de Lille, du ressort de la gouvernance dudit Lille. A *Lille*, de l'Imp. de L. Danel. 1 br. 25 p. In-4°.

2450 Cahier des plaintes et doléances de l'ordre de la Noblesse du ressort de la gouvernance de Lille 1789. *Lille*, Imp. Léonard Danel. 1 broch. 24 pag. In-4°.

Deux exemplaires.

2451 Cahier des demandes, plaintes, doléances et remontrances du tiers-état des villes, bourgs et villages du bailliage de Lille. 24 Janvier 1789. A l'Imp. de Léon. Danel, Imprimeur des trois Ordres. 1 br. 17 p. in-4°.

2452 Arrêté et protestation des Membres du Tiers-Etat, de la Ville de Lille, ensuite du Mémoire présenté à leur Délibération, le 14 Janvier 1789. A *Lille*, de l'Imp. L. Danel. 1 br. 6 p. in-4°.

2453 Adresse à Messieurs les officiers civils & militaires de la Garde Nationale de la ville de Lille [au sujet de son *Mémoire sur quelques articles décrétés par l'Assemblée Nationale*, etc.] par *T. H. I.* Lefebvre. *Lille*, Léonard Danel, rue des Manneliers, 1789. In-4°. — Pièce de 4 pages.

2454 Discours de M. Vanhoenacker, Maire de Lille, élu Président de l'Assemblée Electorale au District. A *Lille*, de l'Imp. de Léonard Danel.-1 feuillet,

A la suite : Discours de M. Malus, Commissaire Ordonnateur des Guerres, élu Secrétaire de l'Assemblée Electorale du District.

Deux exemplaires.

2455 Discours prononcé à l'Assemblée Electorale du District de Lille, par M. Malus, pour la remercier de sa nomination à la place de Procureur Syndic du District. A *Lille*, de l'Imp. de Léonard Danel. 1 feuillet.

2456 Premiers désordres à Lille et dans ses environs, Mars à Décembre 1789. Extrait d'une Etude sur le mouvement Révolutionnaire de 1789, à Lille, 3ᵉ chapitre par M. *V.* Delerue, Membre de la Société des Sciences de Lille. *Lille*. Imp. L. Danel. 1 broch. de 15 pag.

Extrait des mémoires de la Société, année 1869, IIIᵉ Série, 7ᵉ vol.

2457 Confédération générale des Gardes nationales du Nord, du Pas-de-Calais & de la Somme le [6 juin 1790] (Par Delleville, secrétaire du bureau de la Garde Nationale de Lille), *Lille*, 1790. In-12. Pièce de 66 pages.

Un autre exemplaire de la même brochure.

2458 Tableau général du Maximum de toutes les denrées et marchandises qui se consomment ordinairement dans l'étendue du district de Lille, [arrêté par *F. J.* Vantourout, Agent National du District]. — A *Lille*, chez C. L. Boubers, [1ᵉʳ prairial an II]. Pet. in-4°, 1 vol. de VIII-335 pp.

2459 Recueil de lettres et autres pièces, adressées à la Municipalité ou au Conseil permanent de la Commune de Lille, à l'occasion du bombardement de cette Place commencé le 29 septembre 1792, l'an premier de la République Française. De l'Imprimerie de Jacquez, *s. d.* — 1 vol. In-4°.

On a joint dans ce volume : Journal précis de l'attaque de Lille du 24 septembre au 8 octobre 1792 l'an Iᵉʳ de la République Française, rédigé sous les yeux du Conseil de guerre.

2460 Pétition des citoyens, pères de famille, de la Ville de Lille, à Messieurs les Administrateurs composant le directoire du département du Nord. (*Lille*, Léonard Danel, 27 janvier 1792). In-4°. Pièce de 4 pages.

Contre une ordonnance de la Municipalité qui, par suite de ses délibérations des 13 & 15 janvier, ferme les écoles des Ursulines, des Conceptionnistes, des Sœurs-Grises & des Sœurs de St-François de Sales.

2461 Feuille de Lille, dép[t] du Nord. Affiches, annonces, avis divers, proclamations, arrêtés, nouvelles, etc. Mercredi 25 décembre 1805 (4 nivôse, an XIV). *Lille*, Léonard Danel. 1 br. 16 p. petit in-8°.

Contient une proclamation du général Jacqueminot à la Garde nationale de Lille.

2462 A MM. les électeurs du 3e collège du Nord (Lille extra-muros). Signé : Vicomte *Alban* de Villeneuve, membre de l'Institut, 11 juillet 1846. *Lille*, imp. de Cailleaux-Lecocq. 1 br. 6 p. in-8°.

2463 Recensement général des dépouillemens de scrutins faits par chacune des onze assemblées primaires de la commune de Lille pour la nomination de neuf officiers Municipaux, savoir de cinq pour deux années et de quatre pour une année. *s. n. d'imp. s. d.* 1 feuillet.

2464 Trivmphvs qvo SS. Victorem eivsq. socivm Martyres Romanos Perillustris & Reuerendissimus Dominus D. Michaël Desne Tornacensis Episcopus [die 23 a Januarii 1612] Insulensem in Vrbem gloriose intulit, & in templo Societatis Iesv D. Virgini Mariæ sacro collocauit. A. R. P. *Joanne* Bvzelino, eiusdem Societ. Sacerdote scriptus. Et ab eodem Reuerendissimo D. approbatus. *Insvlis*, Apvd Petrvm de Rache Bibliopolam, sub Bibliis aureis M. DC. XII. Pet. in-12. Pièce de 64 pages. A la fin : De S. Victore Carmen protrepticvm ad Insvlenses Eodem R. P. *Joanne* Buzelino Auctore. 7 pages non foliotées.

La relation du P. Buzelin est textuellement reproduite dans les *Acta Sanctorum*, à la date du 23 janvier. (Voir Januarii T. II pag. 554 & seqq)

2465 Le triomphe de la religion dans les glorieux ancestres de Louis-le-Grand, représenté à la procession de la ville de Lille, le 18 juin 1713. A *Lille*, de l'imp. de la veuve de I. C. Malte, au bon Pasteur, près de l'Hôtel de Ville. 1 broch. 8 p. in-4°.

2466 Description des arcs de triomphe dressés à la gloire du Roy Louis XV à son retour de sa campagne victorieuse le 5 septembre 1745, Par le Magistrat de la ville de Lille. A *Lille*, chez Jean-Baptiste Henry, Libraire-Imprimeur entre la grande & petite Place, 1745, 1 br. 15 p. in-4°.

2467 Ordonnance de l'Administration municipale de Lille pour les funérailles du Dauphin. De l'Imprimerie de J. B. Henry. Imprimeur de Messieurs du Magistrat, 1766. 1 br. 3 p. in-4°.

2468 Ordre des Cérémonies et de la Procession qui auront lieu le lundi de Pâques 7 avril 1817, pour l'inauguration et exaltation du Calvaire de Lille d'après les ordres de Monseigneur l'Evêque de Cambrai et sa délégation spéciale, et le consentement des Autorités Civiles. A *Lille*, chez L. Danel. Imp. 1 pet. broch. 16 pag.

2469 Liste des souscripteurs pour la médaille destinée à perpétuer le souvenir de la faveur qui a rendu la ville de Lille dépositaire des entrailles de Mgr le duc de Berri. Imprimerie de le Normant, rue de Seine *(Paris)*, 1 br. 12 p. in-4°, *s. d.*

2470 Présentation à Sa Majesté et aux princes de la Médaille frappée à Lille, et représentant le Monument élevé dans cette ville à la mémoire de Mgr le duc de Berri. Imprimerie de Reboux-Leroy, rue des Fossés, N° 12, à *Lille*. 1 br. 4 p. in-8°.

2471 Statuts de la confrérie de Notre-Dame de Lorette, instituée dans l'église de l'hôpital de Saint-Sauveur à Lille. A *Lille*, de l'Imprimerie de P. de Raçhe à la Bible d'or, 1633. 1 affiche.

2472 Règles et indulgences de la confrairie de S. Salvator et de S. Jacques, Etablie dans l'Église Paroissiale de S. Sauveur à Lille. 8 Août 1763. *S. nom d'imp.* 1 feuillet.

2473 Origine et progrez de la Confrérie des Ardants et de la chandelle miracvlevse dv Joyav, auec les règles de la Confrérie, & les Indulgences données par les Papes & Euesques aux Confrères. *Lille*, Imp. de Rache, 1660.
A la suite : Petit Office de Sainte Barbe, Vierge & Martyre. *Lille*, chez Ch. Maurice Cramé, MDCCXXIII. — Les Litanies de la Glorievse V. Marie p. 149 à 164. — Le Sacrilège pvny par la Justice diuine & humaine en la personne des larrons qui ont desrobé l'an 1641 les Reliques de S. Laurent & S. Blaise, le tout en un pet. vol. in-12. (1 gravure hors texte avant l'office de Ste Barbe).

La dernière pièce est incomplète et s'arrête à la page 16. Le 1er opuscule provient des Capucins de Lille.

2474 Ce qu'était Saint-Pierre de Lille, d'après un manuscrit inédit (*d'Antoine Joseph* Delécaille, rédigé en 1777. *Lille*, typ. Lefort. MDCCCLXVII. 1 broch. 62 pag. In-18.

Deux exemplaires.

2475 Essai historique sur la Collégiale de Saint-Pierre à Lille. *Lille*, Imp. Lefort, 1850. 1 vol broché pet. in-4°, frontispice et gravures hors texte.

2476 Quelques pièces concernant Saint-Pierre de Lille. *Lille*, Typog. Lefort, MDCCCLXXII. 1 pet. broch. 45 pag. pet. in-8°, texte latin et français.

2477 Compte-rendu de la fête solennelle célébrée dans la crypte de la Basilique de Notre-Dame de la Treille & Saint-Pierre le 2 août 1866 à l'occasion du VIIIe anniversaire séculaire de la Dédicace de la Collégiale de Saint-Pierre. *(Lille)*, Lib. de Lefort, Imp. Editeur, MDCCCLX VI. 1 broch. 46 pag. pet. in-8°.

2478 Allocution prononcée en l'Eglise de N. D. de la Treille & S. Pierre le 1er février 1872 par M. l'Abbé BERNARD, Vicaire général, à l'occasion du recouvrement d'une relique de Saint Eubert, apôtre de Lille et de la fête du Saint. *Lille*, Imp. Lefort, 1872. Une pet. broch. 21 pag.

2479 La Madeleine à Lille, fille de la Collégiale Saint-Pierre. *Lille*. J. Lefort, Imp. Lib. *S. d.* 1 pet. vol. in-18, gravure en frontispice.

2480 Note sur l'origine du nom des Bleuets de Lille et sur la fondation de Jacques Imbert Seigneur de Melle, Bourgeois de Lille, par M. le Comte DE FONTAINE DE RESBECQ. *Lille*, Imp. L. Danel. 1 broch. 12 pag. (hommage signé d'auteur sur la couverture).

Extrait du tome XIII du *Bulletin de la Commission historique du Nord*, 1876.

2481 Dé l'Assistance publique à Lille. L'Hôpital Saint-Sauveur par M. *Aimé* HOUZÉ DE L'AULNOIT, Avocat, Administrateur des Hospices et du Bureau de bienfaisance de Lille. Extrait des Mémoires de la Société Impériale des Sciences, de l'Agriculture et des Arts de Lille. *Lille*, imprimerie de L. Danel, 1866. In-8°, 1 vol. de 3 ff. 119 pp. et 1 feuillet, 3 plans.

2482 Le dernier Feuillet de mes Tablettes. Souvenirs Lillois, par M. DERODE, publiés dans le *Propagateur*. *Dunkerque*, typ. Belval, *s. d.* 1 broch. de 18 pag.

2483 Collection de brochures sur les intérêts publics de la Ville de Lille. N° V. La Rue des Etaques et l'Hôpital Général. *Lille*, L. Lefort. Imp. Lib., 1er mai 1833. 1 pet. broch. in-12, 36 pag. et 2 tableaux.

2484 Mélanges d'Histoire. — 1° Histoire populaire de Lille par *Henri* BRUNEEL. *Lille*, Danel, 1848. 2° Les principales fêtes & dévotions en usage dans les paroisses de Lille, avant la Révolution. *Lille*, Typ. Lefort, 1865. 3° De la détresse publique à *Lille*, en 1708-1709, lu à l'Association Lilloise, le 3 mars 1847 par le V° DE MELUN *Lille*. Imp. Cailleaux-Lecocq. 4° Rapport lu au Comité Communal d'Inst. primaire de la Ville de Lille, le 3 avril 1843, par *E*. GACHET membre du Comité. *Lille*, Imp. Lefort 1843. 5° Intérêts Communaux de la Ville de Lille (par M. KOLB-BERNARD). *Lille*, Imp. Reboux, 1852. 6° Question de l'agrandissement de la Ville de Lille (1859), note à l'occasion de la nouvelle enquête. *Lille*, Imp. Reboux, 1859. 7° Souvenirs historiques applicables aux nouvelles rues de Lille par le Cte. de MELUN (1863). *Lille*. Imp. L. Danel, 1863. 8° Rapport présenté à la Société des fouilles du Palais de Justice de Lille, au nom de la Commission chargée de la direction des Travaux (par M. BRUN-LAVAINNE 1834). Imp. Vanackère, *Lille*. 3 planches. 9° Histoire des États de Lille par M. de MELUN (2e partie). Imp. Horemans. 10° Notes historiques relatives aux offices et aux officiers du Bureau des Finances de la généralité de Lille par M. *Éléonore-Paul-Constant*, Baron du CHAMBGE DE LIESSART, commandeur de l'ordre Pontifical de S. Grégoire-le-Grand. *Lille*, Leleu, Lib. 1855. 1 grav. en frontispice.—Fragments de feuilleton (Jeanne de Lille), à la fin du volume. Le tout compris en 1 vol. pet. in-8° relié.

2485 Notices diverses : Mémoire sur la bataille de Bouvines en 1214, enrichi de remarques historiques, stratégiques et critiques, d'une liste raisonnée des auteurs consultés ; d'une table des personnes et des lieux, et du plan des opérations, par M. LEBON. *Paris*, Techener, Lib. *Lille*, Vanackere fils, Imp. Lib., 1835. — La Flandre Wallonne aux 16e et 17e siècles, par M. LEBON, suivie d'un rapport sur cet ouvrage et de notes historiques relatives à la Flandre Flamingante et principalement à la ville de

Bailleul, durant la même époque. *Douai*, Imp. Vve Adam 1838. — Extrait du rapport fait à la Société royale et centrale d'agriculture, sciences et arts de Douai, par M. QUENSON, sur les concours de poésie, économie publique et d'histoire, relatif à l'abrégé historique de la Flandre Wallonne, par M. LEBON. — Bailleul et ses environs, par M. LEROY. — Essai historique sur la collégiale de Saint-Pierre, à Lille. *Lille*, Lefort 1850. — Souvenirs des villes de Picardie par M. *H.* DUSEVEL, Montreuil-Doullens, avec un numéro du Journal l'Authie 1855-59. — Souvenirs du Logis du Roi d'Amiens par M. *H.* DUSEVEL, *Amiens*, Imp. Yvert 1857. — Notice historique sur les tombeaux de la Crypte de l'église Notre-Dame de Boulogne par l'abbé *D.* HAIGNERÉ. Boulogne, Imp. Aigre 1850. — Notice archéologique, historique et descriptive sur la crypte de l'église Notre-Dame de Boulogne par l'abbé D. HAIGNERÉ, *Boulogne-sur-Mer* Imp. Aigre 1851. — Notice sur la tour d'Ordre à Boulogne-sur-Mer. *Paris*, Imp. Pillet fils aîné. — Les matelots Boulonnais à Merck Saint-Liévin (Pas-de-Calais). *St-Omer*, Imp. Chauvin fils. — Guillaume de Normandie, en Flandre, Épisode de l'histoire des Comtes de Flandre en 1127-1128, par M. DE GIVENCHY, (lu à la séance solennelle des Antiquaires de la Morinie, le 8 avril 1839). — Notice sur Blankenberg, par *l'abbé* CARTON. Imp. de Vandecasteele-Werbrouck à *Bruges*, Imprimé sur papier bleu. Le tout en un volume in-8° avec gravures, cartes, & plans.

2486 Mémoire adressé au nom des habitans d'Armentières, à Son Excellence le Ministre de l'Intérieur, le 22 juillet, 1814, contre Bayart-Selosse, alors Maire de la même Ville. Octobre, 1815, *S. nom d'imp.* 1 br. 16 p. in-4°.

2487 Bondues. Histoire de cette commune depuis son origine, jusqu'à nos jours, par *Louis* DERVAUX. *Lille*, L. Lefort, imprimeur libraire, 1854. In-8°, 1 vol., de 224 pp., y compris faux-tit. et tit. orné de lithographies.

2488 Notes historiques sur Haubourdin et ses Seigneurs, par TIERCE, juge de Paix, Conseiller d'Arrondissement. *Lille*, Imp. de E. Reboux, 1860. 1 vol. in-8° avec 10 gravures hors texte et le portrait de M. Dieudonné Testelin en frontispice.

2489 Recherches sur la ville de la Bassée et ses environs, par *E.* MANNIER, *Paris*, imprimerie de H. Carion, père, 1854. In-8°, 1 vol., avec carte.

2490 Avis charitable. A *Liège*, chez la veuve de Jacques Sincerf, *(sic)*, 1749. In-12. Pièce de 38 pages.

Il s'agit de Marie-Hélène Vincre, de Roubaix ; cette servante, condamnée pour vol, par le Magistrat de Lille, en 1733, fit ensuite, en affectant la dévotion et un illuminisme du genre de celui de Molinos, un bon nombre de dupes dans le pays & fut entourée par ses adeptes, de toutes les jouissances que peut donner une grande fortune. — L'avis charitable découvre la supercherie de cette intrigante & s'efforce de montrer les dangers d'un pareil fanatisme.

Deux autres exemplaires, en format in-8°, de la même pièce.

2491 Histoire de Tourcoing, par *Ch.* ROUSSEL-DEFONTAINE, Ouvrage couronné par la Société Impériale des Sciences, de l'Agriculture et des Arts de Lille, dans la Séance publique du 15 Juin 1854. *Lille*, E. Vanackère Edit. Lib. *Tourcoing*, Mathon Lib. & Pruvost, Lib. *Lille*, Imp. Vanackère 1855. 1 vol. in-8° avec les armes de la ville en frontispice, deux cartes, une gravure hors texte et quelques dessins dans le texte.

ARRONDISSEMENT DE DOUAI. — VILLES, COMMUNES, INSTITUTIONS DIVERSES.

2492 Histoire ecclésiastique et monastique de Douai depuis l'établissement du christianisme. Par *H. R.* DUTHILLŒUL. *Douai*, 1861. A la Librairie de Madoux-Lucas rue du Canteleu. (Ve Adam imprimeur à Douai). In-8°, 1 vol. de 183 pp.

2493 Souvenirs à l'usage des habitans de Douai, ou Notes, pour servir à l'Histoire de cette ville, jusques & inclus l'année 1821. [Par M. Plouvain, Conseiller à la Cour]. *Douai*, Deregnaucourt, 1822, In-12., 1 vol.

2494 Ephémérides historiques de la ville de Douai. [Par M. Plouvain, Conseiller]. Seconde édition, corrigée & augmentée de faits inédits. *Douai*, Deregnaucourt, 1828. In-18, 1 vol.

2495 Histoire du College de Douay, à laquelle on a joint la Politique des Jésuites Anglois. Ouvrages traduits de la langue Angloise. *Londres. S. n. d'impr.*, 1762. In-12, 1 vol.

2496 Gayant ou le Géant de Douai sa Famille & sa Procession, par M. le Conseiller Quenson Membre de la Société Centrale de Douai et de plusieurs Sociétés savantes, etc. A *Douai*, chez Félix Robaut, Imp. Lith. et Lib. Éditeur. [et chez V. Adam, imprimeur, 1839]. In-8°, 1 vol., tit. lithographié et lithographies hors texte, envoi d'auteur du 9 juin 1845.

2497 Narratio eorvm qvæ Dvaci pro celebranda Sanctorvm Ignatii et Francisci canonizatione [die 12 Junii 1622] gesta svnt. *In fine : Dvaci*, typis Viduæ Petri Telv, svb signo Nativitatis, anno M. D. C. XXII. Petit in-12. — Pièce de 64 pages, avec onze grav. à l'eau forte hors texte.

2498 Articles accordez par le Roy aux corps & communautez tant Ecclésiastiques que Seculiers de la Ville de Douay. Au Camp devant Douay, le 6, jour de juillet 1667, signé Louis. — Articles accordez à Messieurs les Deputez des Ecclésiastiques, Nobles, Magistrats, Corps & Communautez des Villes & Cité d'Arras par les Généraux de l'armée du Roy suivant le pouvoir qu'ils en ont de qu'ils promettent de faire ratifier par sa Majesté. Faict & arresté au Camp devant Arras le 9 d'aoust 1640, *S. l. n. d.* In-12. Pièce de 16 pag. non foliotées.

2499 Articles particuliers Proposez pour la Cession du Fort de Scarpe près Douay *s. nom d'imp.* 26 Juin 1710, 1 br. 3 p. in-4°.

2500 Histoire de l'Abbaye de Flines par l'abbé *E.* HAUTCŒUR, Docteur en Théologie, Chanoine Honoraire de Cambrai, Aumonier des Dames de Flines. Ouvrage auquel la Société des Sciences de Lille a décerné le prix Wicar. *Paris*, J. B. Dumoulin. Lib. — *Lille*, Quarré Lib., *Douai*, Lafoscade, Lib., *Bruxelles*, Decq & Duhent Lib.; *Lille*. Imp. Lefebvre-Ducrocq, 1874. 1 vol. in-8°. Gravure en frontispice et portraits hors texte, papier vergé tranches non rognées, à la fin se trouvent 12 esquisses des Monuments funéraires qui se trouvaient autrefois dans l'abbaye de Flines, exécutées en 1601 par *Antoine* DE SUCCA (Hommage signé d'auteur).

2501 Lettre écrite à l'Assemblée Nationale par le Comité de Marchiennes le 10 janvier 1790 *s. n. d'imp.*, 1 br. 16 p. In-8°.

ARRONDISSEMENT D'HAZEBROUCK. — VILLES. — COMMUNES. — INSTITUTIONS DIVERSES.

2502 Merville, Hazebrouck, Aire, St-Omer, Béthune, Lens, St-Pol, Fruges, Hesdin, Desvre, Licque.

Carte collée sur toile et pliée. Partie de la carte de Cassini.

2503 Notice historique Sur l'établissement de Fontaines publiques, en la ville de Bailleul, département du Nord. Et relation de la Fête qui a eu lieu le 23 juin 1844, pour l'inauguration de la fontaine centrale. *Bailleul*, Dehaene, *Lille*, (imp. Vanackere, *s. d.*) 1844 In-8°, 1 vol. de 74 pp. 2 plans et 2 lithographies.

2504 Topographie historique, physique, statistique et médicale de la ville et des environs de Cassel. (Département du Nord) Avec cartes géographiques en taille-douce et vues lithographiées. Par *P. J.* DE SMYTITÈRE, Docteur en médecine. A *Paris*, Chez l'auteur. A *Lille*, chez MM. Vanackère, de l'imprimerie d'Adrien Moëssard, 1828. In-8°, 1 vol.

2505 Troubles de la Chatellenie de Cassel sous Philippe-le-Bon (1427-1431), par *A.* DESPLANQUE, ancien Elève de l'Ecole des Chartes, archiviste du Nord. *Lille*, Imp. Lefebvre Ducrocq, 1866. 1 broch. 68 pag. pet. in-8°.
(Hommage signé d'auteur sur la couverture).

2506 Cassel. Son ancien chateau-fort, et sa terrasse. Sa collégiale de Saint-Pierre, leurs ruines. Cassel, le 10 août 1867. (Signé: DE SMYTTERE) — Cassel, Souvenirs et espérances (Indicateur du 15 septembre 1867, signé GUERMONPREZ). Lettre de M. DE SMYTTERE à M. Guermonprez (Auxerre, le 30 septembre 1867). *Auxerre*, Imp. Ch. Gallot, 1 broch. de 12 pag.

ARRONDISSEMENT DE DUNKERQUE. — VILLES. — COMMUNES. — INSTITUTIONS DIVERSES.

2507 Dunkercke. 1 carte collée sur toile et pliée. Partie de la carte de Cassini.

2508 Histoire religieuse de la Flandre Maritime et en particulier de la ville de Dunkerque. Etudes Par *Victor* DERODE 1856. A *Paris*: Chez Didron, à *Dunkerque*: Chez tous les Libraires. *Dunkerque*, typographie Benjamin Kien, 1857. In-8°, 1 vol. Envoi d'auteur signé à M. Mario Proth.

2509 Description historique de Dunkerque Ville Maritime & Port de Mer très-fameux dans la Flandre Occidentale, contenant Son Origine & Progrés *(sic)*, la Conversion de ses Habitans au Christianisme, l'Institution de ses prémiers *(sic)* Magistrats, ses Privileges, ses Sièges longs & penibles, les Revolutions auxquelles elle a été sujette, & les Alienations qu'on en a faites en faveur de differens Princes, les grands hommes qu'elle a produits, Avec une Description exacte de ses principaux Edifices, Et enfin tout ce qu'il y a eu de remarquable. Par M. *Pierre* FAULCONNIER, Grand-Bailly Hereditaire de la Ville & Territoire de Dunkerque, A *Bruges en Flandres*, Chez Pierre vande Capelle, et André Wydts, M. D. C. C. XXX. In-f°, 2 tom. en 1 vol., frontisp. gravés, t. r. et n.

2510 Histoire de Dunkerque par *Victor* DERODE. A *Lille*, chez E. Reboux, Imp. Lib. ; à *Paris*, chez Vve Didron, Lib. Edit. ; à *Dunkerque*, chez Brasseur, Lib. et chez les principaux libraires de la France et de la Belgique, 1852. 1 vol. in-8°, armoiries de la ville en frontispice, 13 cartes ou plans, un fac-similé et les armes de Jean Bart hors texte.

2511 Le Furet ou offrande patriotique à la Commune de Dunkerque & à toutes celles de la Flandre. In secreto Senis ducam, quo fessus ab undis se recipit. *S. l.*, 1790. In-8°. Pièce de 76 pages.

2512 Histoire du Chateau et des Seigneurs d'Esquelbecq, en Flandre, par *Alphonse* BERGEROT, maire d'Esquelbecq, et *I.* DIEGERICK, archiviste de la ville d'Ypres. *Bruges*, Imprimerie de Vandecasteele-Worbrouck. 1857. In-4°, 1 fort vol., lithographies.

2513 Documents historiques sur la Flandre Maritime recueillis & publiés par *E.* DE COUSSEMAKER, Correspondant de l'Institut. Extraits des *Annales*, tome X et du *Bulletin*, tomes V & VI, du Comité flamand de France. *Lille* Imp. Lefebvre-Ducrocq, 1873. 1 vol. In-8° en, 4 fascicules. 1er fascicule : — Résumé analytique des chartes du grand Cartulaire de S-Bertin relatives à la Flandre maritime, avec table. 129 pag. 2e fascicule. — Rapport et dénombrement des Villes et Chatellenies de Dunkerque, Bourbourg & Warneton, en 1458, avec table. 102 pag. 3e fascicule. — Château de Bourbourg — Relations entre la Flandre & l'Angleterre à la fin du XIVe siècle. Nécessité de mettre en état de défense Dunkerque. Graveline & Bourbourg. Droit du Comte de Flandre sur les dunes. Confiscations de Philippe Le Bel, avec table, 113 pag. 4e fascicule : — Seigneurie & Famille du Wez, avec table, 116 p. [Sources du droit public & Coutumier de la Flandre Maritime, 1re Série : le Hoop. 114 pages. 2e Série : Privilèges, statuts, jurisdictions etc., 176 pages. — La Madeleine, maison de Lépreux-lez-Bergues, (Saint-Winoc). *Lille*. Imp. Lefebvre-Ducrocq, 1868, 23 pages.

A la Suite se trouvent : du Docteur DE SMYTTÈRE ; 1° Mémoire sur l'apanage de Robert de Cassel. 1320 ; planches et cart. 57 pag. Imp. Lefebvre-Ducrocq 1864. Hommage signé d'auteur. — 2° Recherches historiques sur les Seigneurs, Châtelains et Gouverneurs de Cassel des XIe, XIIe et XIIIe siècles par le Docteur DE SMYTTERE. *Lille*, Imp. L. Danel. 1866. 48 pages. (Hommage signé d'auteur).

2514 Précis Pour les Etats de la Flandre Maritime, & les Fermiers Généraux Contre les États d'Artois (Concernant les limites de la Flandre Maritime & de l'Artois). De l'Imprimerie de Breton, Imprimeur ord. du Roi, 1760. 1 br. 6 p. in-4°.

2515 Cahier de doléances de l'ordre de la noblesse de la Flandre Maritime, rédacté à leur assemblée à Bailleul du 6 au 9 Avril 1789. A *Dunkerque*, de l'Imp. de E. Laurenz. 1 br. 9 p. in-4°.

ARRONDISSEMENT DE VALENCIENNES. — VILLES. — COMMUNES, INSTITUTIONS DIVERSES.

2516 Valenciennes, Bavay, Maubeuge, Beaumont, Quesnoy. Chimay. 1 carte collée sur toile et pliée. Partie de la carte de Cassini.

2517 Histoire de la Ville et Comté de Valentiennes, divisée en IV parties. Par feu *Henri* d'Ovtreman Escuier, Seigneur de Rombies, Preuost de Valentiennes. Illustrée & augmentée par le R. P. *Pierre* d'Ovtreman de la Compagnie de Iesvs. A *Dovay*, de l'Imprimerie de la vefue Marc Wyon, à l'enseigne du Phœnix, l'An M. DC. XXXIX. In-f°, 1 vol., frontisp. gravé, tit. rouge et noir, cartes et écussons gravés, XXXII-588 pp. chiffr. et 24 ff. non cotés.

2518 Histoire Ecclésiastique de la Ville et Comté de Valentiennes, par Sire *Simon* Leboucq, Prévost. Reproduction du précieux manuscrit appartenant à la Bibliothèque publique de Valenciennes, illustrée par des gravures & des lithographies représentant les anciens monuments de la dite ville, dessinés par M. *Henri* Macaire publié par les soins de M. *A.* Prignet Imp., et précédée d'une notice sur l'auteur, par M. *Arthur* Dinaux. *Valenciennes*. Imp. Prignet 1842. 1 vol. in-4°, texte à 2 colonnes. — Lettres initiales illustrées.

2519 Abrégé de l'Histoire de Valenciennes depuis son origine jusques au temps de ses Comtes, tiré de divers auteurs, et particulièrement du P. Doutreman dans l'histoire de ce lieu. (par le sieur de Pret). A *Lille*, Imp. Balthasar Le Francq. Imp. du Roy & de Messieurs du Magistrat, M. DC. LXXXVIIJ. 1 vol. in-4°.

2520 Précis historique et statistique sur la ville de Valenciennes, par Desfontaines de [Preux] suivi d'un coup d'œil sur les usages anciens et modernes de la même ville.

[par *Gabriel-Antoine-Joseph* HÉCART]. A *Valenciennes* chez J. B. Henry, (1825). Pet.-in-4°, 1 vol.

2521 La devote et solennelle Procession, Quy se faict en la Ville de Valenciennes, le huictiesme iour de Septembre. Auec les Vies, les Festes, & la maniere d'hônorer les Saintes, les Reliques desquels se retrouuent és Eglises de la Ville, ou certes sont apportées de dehors, pour decorer la dite Procession. — A *Valenciennes*, De l'Imprimerie de Iean Vervliet, à la Bible d'or, 1614. In-8°, 1 vol. de 143 pp. chiffrées.

2522 Description des Fêtes populaires données à Valenciennes les 11, 12, 13 Mai 1851 par la Société des Incas, par *A.* DINAUX. *Lille*, Ernest Vanackère, Editeur Typograp. 1856. 1 vol. in-8°, frontispice, page de titre illustrée, texte encadré de filets verts — 23 grav. hors texte.

(Hommage signé d'auteur).

2523 Procès-verbal des séances de l'Assemblée provisoire de la Province du Hainaut [réunie, le 15 novembre 1787, dans une salle de l'Abbaye de St Jean en la ville de Valenciennes, sous la présidence du Duc de Croy, en vertu d'un ordre du Roi, daté de Fontainebleau, le 8 novembre précédent, qui, après avoir expédié en vingt séances les travaux relatifs aux objets dont elle avait été chargée, se separa le 15 décembre suivant.] *Paris*, Demonville, 1788, In-4°. — Pièce de 149 pages, à laquelle est joint un mémoire de l'Assemblée provisoire du Hainaut, lu dans la séance du 26 Novembre [au sujet de l'augmentation sur l'impôt des vingtièmes que les membres de l'Assemblée déclarent ne pouvoir pas supporter] 7 pages.

Un autre exemplaire de la même pièce.

2524 Sur le goût des habitans de Valenciennes pour les lettres et les arts. *Valenciennes*. Lemaître, Lib. Edit., Imp. Prignet fils, 1826. 1 pet. broch. 31 pag.

2525 Histoire de la Ville de Bouchain; recueillie par *Philippe* PETIT, de l'Ordre des Frères Prêcheurs. *Douay*, Wyon, 1659. Pet. in-8°, 1 vol. (Exemplaire sans titre. Le titre a été copié sur Fontette, n° 39065).

ARRONDISSEMENT DE CAMBRAI. — VILLES. — COMMUNES. — INSTITUTIONS DIVERSES.

2526 Glossaire topographique de l'ancien Cambrésis, suivi d'un recueil de chartres et diplômes pour servir à la topographie et à l'histoire de cette Province avec annotations et remarques par M. LE GLAY, correspondant de l'Institut. *Cambrai*, Fénelon Deligne et Ed. Lesne. Imp. Lib., 1849. 1 vol. In-8°. 2 cartes (notes manuscrites).

2527 Chronicon Cameracense & Atrebatense, sive historia vtrivsqve Eclesiæ III libris abhinc DC. fere annis conscripta a BALDERICO, Noviomensi et Tornacenci episcopo, nunc primum in lucem edita & notis illustrata per *Georgium* COLVENERIUM, S. Theol. Doctorem & in Academia Duacena Regium & ordinarium Professorem. *Dvaci*, ex officina Joannis Bogardi, 1615. In-8°, 1 vol.

2528 Chronique d'Arras et de Cambrai par BALDERIC, chantre de Térouane au XIe siècle, revue sur divers manuscrits et enrichie de deux supplémens, avec commentaires, glossaire et plusieurs index, par le docteur LE GLAY. *Paris*, chez Levrault, J. A. Merklein, Téchener. M D CCC XXXIV. In-8°, 1 vol.

Envoi signé d'auteur à M. de Godefroy.

2529 Histoire ecclésiastique & civile de la Ville de Cambrai & du Cambrésis. Comprenant la succession des Evêques, & les choses les plus remarquables arrivées dans ce Pays, par M. DUMONT, gradué en Théologie & C. R,

(Chanoine Régulier) de l'Abbaye de St-Aubert. *Cambrai*, S.Berthoud, *S. d.* (vers 1758). In-12. 3 vol.

Ce travail fut d'abord publié par fragments dans l'Almanach historique, militaire & civil de la Ville de Cambrai, édité par Samuel Berthoud, années 1759, 1760, 1762-65, et 1767. — Voir dans Fontette : T. 1, n° 8545 & surtout, T. III, n° 39042. où se trouve insérée une délibération de l'Echevinage de Cambrai, en date du 19 avril 1765, dans laquelle, le travail de Dumont est jugé & désavoué au nom de la Ville, comme renfermant le récit de faits « qui peuvent le plus nuire à la Ville & à son administration en commettant une réticence sensible sur ceux qui lui sont les plus favorables. »

2530 Histoire de Cambrai et du Cambrésis, par *Eugène* BOULY. *Cambrai*, [typogr. de P. Lévêque], Chez Hattu, 1842. In-8°, 2 tom. en 1 vol.

2531 Dictionnaire historique de la Ville de Cambrai, des Abbayes, des Châteaux-forts et des antiquités du Cambrésis. Ouvrage publié sous les auspices du Conseil municipal de Cambrai, par *Eugène* BOULY, Licencié en droit, ancien adjoint, ancien membre du Conseil municipal de la même ville. A *Cambrai*, chez les principaux Lib. A *Paris*, chez Dumoulin; *Cambrai*, typog. Regnier & Boutteau 1854. 1 vol. in-4°.

2532 Les sept Merveilles du Cambrésis, ou Légendes et Traditions populaires sur les monuments et les faits les plus remarquables de l'histoire de Cambrai. [poésies] Par M. *Henri* CARION. En vente : A *Cambrai*, chez l'Auteur [imp. Lesne-Daloin]. A *Arras*, chez Topino. A *Lille*, chez Vanackère père, 1836. In-8°, 1 vol.

2533 Cambray délivré dv Siège par les faveurs de la très-sainte Vierge Nostre Dame de Grace, et les armes de S. A. I. l'Archidvc Leopolde Gvillavme le troisième ivillet 1649. [Par *L.* LALLOUX, prêtre] (*s. l.*) imprimé l'an 1650, in-4°. — Pièce de 42 pages.

2534 Rapport du comité nommé par le Conseil général de la commune de Cambrai, pour examiner la pétition faite à la Municipalité de la même Ville, de souscrire pour l'acquisition des Biens du Clergé. A *Cambrai*, chez Samuel Berthoud, 1790. 1 br. 8 p. in-4°. 2 exemplaires.

2535 Discours Prononcé à Cambrai, le 17 Août 1806, à l'occasion de la fête des rosières, par Monsieur DEMASUR, sous-préfet de l'arrondissement. A *Cambrai*, de l'imprimerie de Défrémery et Raparlier. 1 br. 7 p. In-8°.

2536 Programme de la Fête Communale de Cambrai, précédé d'une notice sur les principales fêtes & cérémonies publiques qui ont eu lieu à Cambrai depuis le onzieme siècle jusqu'à nos jours. Seconde édition revue et augmentée. 15 Aout 1827. A *Cambrai*, chez Berthoud, Imp. 1 broch. de 52 pag. in-4°

ARRONDISSEMENT D'AVESNES. — VILLES. — COMMUNES. — INSTITUTIONS DIVERSES

2537 Précis de l'Histoire d'Avesnes, par M. *I.* LEBEAU, Président du Tribunal de l'Arrondissement, etc. *Avesnes*, Tiroux, 1836. In-18, 1 vol.

2538 Bavay et la Contrée qui l'environne. Par *L.* DELHAYE (de Bavay). *Douai*, L. Dechristé, imprimeur, rue Jean-de Bologne, 1869. In-8°, 1 vol. av. lithograph.

Envoi d'auteur signé.

HISTOIRE DES PAYS-BAS. — HISTOIRE GÉNÉRALE. — GÉOGRAPHIE.

2539 Nieut Kaert-boeck, vande XVII Nederlandse Provincie. Perfecter als ooyt voor desen, Begrypende mede de aengrensende Landen, Aldus in 20 Kaerten. Int licht gebracht door *F.* DE WIT. Tot *Amsterdam*, By Frederick de Widt, in de Calverstraet in de Witte Pascaert [*s. d*]. 1 vol. in-plano, comprenant 1 feuillet de tit. à gravure enluminée avec la table au v°, 7 ff. de texte et 20 grandes cartes numérotées, plus, entre la carte 15 et la carte 12, une carte de Flandre, gravée par *G.* DE L'ISLE à Paris, éditée par *T. C.* LOTTER, à Augsbourg, entre la carte 14 et la carte 15, une carte de Hainaut, Namur, et Cambrésis, gravée par *G.* de L'ISLE, à Paris, éditée par J. Wolff à Augsbourg, et après la carte 20, 6 cartes, éditées, 4 par N. Visscher, 1 par F. de Vit et 1 par Janssoon à Amsterdam.

2540 Carte Chorographique des Pays-Bas Autrichiens Dédiée à leurs Majestés Impériales et Royales par le Comte DE FERRARIS Lieutenant-Général de leurs Armées, gravée par *L. A.* DUPUIS géographe de S. A. R. Mgr le Duc Charles Alexandre de Lorraine et de Bar en 1777. 23 feuilles.

Manquent les 2 feuilles suivantes: 1° (13): Enghien. Binche. Charleroi. Namur. Jodoigne. Nivelles. Hal. 2° (18) Erquelines. Hirson. Rocroy. Givet. Dinant. Philippeville. Thuin.

2541 Atlas nouveau du voyageur pour les dix-sept Provinces des Païs-Bas avec la description géographique et une table, pour trouver facilement les villes, etc. par le S^r. SANSON. Géographe du Roy. A *Amsterdam*, chez Pierre Mortier Libraire (*s. d.*) Un volume petit in-4°, titre rouge et noir. Texte et 35 Cartes, eschelle et table.

2542 Nivelles. Charleroi. Enghien. Mons. Condé. Ath. Hal. 1 carte collée sur toile et pliée.

2543 Van t'Beghin der serster Volcken van Evropen, insonderheyt vanden Orspronck ende Saechen der Nederlandren, XXIII Boecken, Met betoonvande dwalinghen der Griecken ende Latinen op t'selue Beghin ende den ghemeynen Oorspronck. Ende dat de Neder-landren metten Ga-halen ende Twytschen t'samen in d'eerste tijden ghenaemt Kelten, gheeomen unten Hebréen;

verre te boven gaen den Griecken ende Romainen in ouderdoom ende spraecke. Af-beleet vanden Beghinne, totten tijd van Carolus Magnus; beschreven door *Adriaen* VAN SCRIECK, Heere van Rodorne t'*Ypre*, By François Bellet Boeck-drucker, Anno cIↄ. Iↄc. XIV. In-f°, 1 vol.

2544 Description De touts les Pays-Bas, Autrement appellez la Germanie Inférieure, ov Basse Allemagne; par Messire *Loys* GUICCIARDIN Gentil-Homme Florentin : Maintenant reveüe, & augmentée plus que de la moitié par le mesme Autheur, Avec toutes les Cartes Géographiques desdicts Pays, & plusieurs pourtraicts de Villes tirez au naturel. Derechef illustrée de plusieurs histoires & narrations remarquables. *Amstelodami* Apud Ioannem Ianssonium 1625. In-f°, 1 vol., frontisp. gravé.

2545 Description de la Gaule-Belgique selon les trois âges de l'Histoire, l'ancien, le moyen et le moderne, avec des cartes de géographie et de généalogie. Par le Père *Charles* WASTELAIN de la Compagnie de Jésus. *Lille*, chez la veuve de C. M. Cramé, 1761. 1 vol. in-4°.

2546 Dissertation sur les colonies Gomériennes répandues dans les Pays-Bas (par le P. *Grégoire* LAMBIEZ, Récollet à Lille). A *Lille*, chez C. L. Deboubers, Imprimeur-libraire, *S. d.* (1780), in-8°. — Pièce de 24 pages.

Fragment de l'*Histoire de Bavay*, T. 1, n° 2.

2547 Dissertation sur les Colonies Nerviennes répandues dans les Pays-Bas. (Par le P. *Grégoire* LAMBIEZ, Récollet de Lille). A *Lille*, chez C. L. Deboubers, imprimeur-lib., *S. d.* (1780), in-8°. — Pièce de 24 pages.

Fragment de l'*Histoire de Bavay*, T. III, n° 1.

2548 Dissertation sur les Gouverneurs établis par les Romains dans la Belgique. (Par le P. *Grégoire* LAMBIEZ, Récollet de Lille). A *Lille*, chez C. L. Deboubers, Imprimeur-Libraire. *S. d.* (1780), in-8°. — Pièce de 24 pages.

Fragment de l'*Histoire de Bavay*, T. IV, n° 2.

2549 Dictionnaire géographique, historique, statistique, ecclésiastique, administratif, judiciaire et postal des Communes, sections de Commune et Hameaux de Belgique ; Édition publiée au moyen de documents officiels et mise au courant jusqu'au 15 Juin 1844, par M. *J. M.* HAVARD. *Bruxelles*, Charles Hen, édit. Lib. *S. n. d'Imp.* 1844. 1 vol. in-8°, texte à 2 colonnes. Carte de la Belgique à la fin.

2550 La Belgique ancienne et ses origines Gauloises, Germaniques et Franques, par *H. G.* MOKE, professeur à l'université et à l'Athénée de Gand, membre de l'Académie Royale de Belgique. *Gand*, H. Hoste, imprimerie de L. Hebbelynck, 1855. 1 vol. in-8°, carte.

2551 L'histoire des Pays-Bas d'*Emmanuel* DE METEREN ou Recueil des guerres, et choses mémorables advenues tant és dits Pays, qu'és Pays voysins depuis l'an 1315 iusques à l'an 1612. Corrigé et augmenté par l'Autheur mesme et enrichi outre la carte du Pays-Bas de près de cent pourtraits des principaux Seigneurs desquels il est fait mention en ceste histoire. Traduit de Flamend en Françoys par *I. D. L.* HAYE avec la vie de l'Autheur. *La Haye*, Hillebrant Jacobz Wou, 1618. 1 vol in-f°.

2552 Histoire ancienne des Pays-Bas Autrichiens contenant des recherches sur la Belgique avant l'invasion des Romains, et la conquête qu'ils en ont faite avant J. C. Par M. DES ROCHES, dédiée a Sa Majesté Impériale. *Anvers*, J. Grangé, 1787. 1 vol. in-4° front, carte.

On a joint un avis de l'imprimeur annonçant aux souscripteurs que, par suite de la mort de M. Desroches. l'ouvrage ne serait pas continué.

2553 Mémoires sur la question : Quels étoient les endroits compris dans l'Etendue des Contrées qui composent aujourd'hui les Dix-sept Provinces des Pays-Bas & du Pays de Liège qui pouvaient passer pour villes avant le septiéme siècle, qui ont remporté le prix et les accessit de la société Littéraire de Bruxelles en 1769. *Bruxelles*, imprimerie royale, 1770. In 4°. Ces mémoires au nombre de trois sont de MM. DES ROCHES, l'abbé CAUSSIN et DE HESDIN ; ils sont suivis d'observations du P. WASTELAIN copiées sur l'original manuscrit qui est renfermé dans un volume de la Bibliothèque de St-Pierre.

Dans le même volume : Nouveau système du premier établissement des Francs dans les contrées Belgiques et du commencement de la Monarchie Françoise, où l'on découvre aussi l'ancienne existence des Arboriches dans la Taxandrie, par l'abbé LE PAIGE. *Gand*, Pierre de Goesin, 1770.

Mémoire sur la question : Quels ont été, depuis le commencement du septième siècle jusqu'au neuvieme siècle exclusivement, les Limites des différentes contrées Cantons, Pays, Comtés et Etats renfermés dans l'étendue qui compose aujourd'hui les Dix-sept Provinces des Pays-Bas et la Principauté de Liège qui a remporté le prix de la Société littéraire de Bruxelles en 1770, par M. *Jean* DES ROCHES. *Bruxelles*, imprimerie Royale 1771.

Mémoires sur la question : Quel étoit l'habillement, le langage, l'état de l'agriculture, du commerce, des lettres et des arts chez les peuples de la Belgique avant le septième siècle. 1er mémoire par M. DU RONDEAU, 2e mémoire en latin, par l'abbé DUJARDIN.

Ces mémoires ont remporté le prix en 1774. *Bruxelles*, Antoine d'Ours, 1774, 1 gravure.

Une dernière dissertation latine de CAELS sur les plantes nuisibles et vénéneuses est renfermée dans ce volume.

2554 Mémoires sur la question : Depuis quand le Droit Romain est-il connu dans les provinces des Pays-Bas Autrichiens, et depuis quand y a-t-il force de loi ? (Académie des Sciences et Belles-Lettres de Bruxelles).

1° Mémoire par *Rapédius* DE BERG.
2° Mémoire (en latin) par le Chanoine *A.* HEYLEN.
3° Mémoire (en latin) par le Dr *Montanus* HETTEMA.
4° Mémoire par d'OUTREPONT, avocat.
5° Mémoire (en flamand) par *W. F.* VERHOEVEN.
Bruxelles, imprimerie de l'Académie, 1782.

Dans le même volume :
Deux mémoires en Flamand sur la question : Indiquer les arbres et les plantes étrangères qu'on pourrait naturaliser utilement dans nos provinces. Par SEGHERS et DE BADTS

Mémoires sur la question des Principales émigrations des Belges dans les pays lointains. (1778) :
1° Mémoire par le marquis DU CHASTELER.
2° Mémoire par l'abbé DE MERSSEMAN.
3° Mémoire par M. MÉAN.
4° Mémoire par M. D'HOOP.

Concours de 1785. Question : Herman, époux de la Comtesse Richilde, a-t-il été Comte du Hainaut de son chef ou du chef de sa femme ?

Mémoire en latin de *Cornelius* SMET, prêtre.

2555 Les Pays-Bas avant et durant la domination romaine, ou Tableau historique, géographique, physique, statistique et archéologique de la Belgique et de la Hollande, depuis les premiers temps historiques jusqu'au 6me siècle ; par *A.-G.-B.* SCHAYES, employé de première classe aux archives générales de la Belgique. *Bruxelles*, Établissement Encyclographique, 1837. [-1838]. In-8°, 2 vol., 3 cartes à la fin du second.

2556 Annales, sive Historiæ Rervm Belgicarvm, à diversis Avctoribvs [*vid. Iac.* MEYERO Baliolano, *Hadr.* BARLANDO, *Gerhardo* GELDENHAURIO Noviomago, *Iac.* MARCHANTIO, *Lud.* GUICCIARDINO, *Ph.* GALLAEO, *Gerhardo* CANDIDO] ad hæc nostra vsqve tempora conscriptæ deductæ quibvs omnivm illarvm Provinciarum, Brabantiæ, Flandriæ, Hannoniæ, Hollandiæ, Selandiæ, Geldriæ, Frisiæ, aliarumq.; vicinarum Regionum res memorabiles comprehenduntur. Lectu cum vtilissimæ, tum incundissimæ: Cum Indice locupletissimo. *Francofurti ad Moenum*, expensis Sigismundi Feyerabendij, [typis Georgii Corvini] M. D. LXXX. In-f° 2 tom. en 1 vol., tit. orné.

2557 Rervm Belgicarvm Annales chronici et historici De bellis, vrbibus, situ & moribus Gentis antiqvi recentioresqve scriptores qvorvm pars magna hactenvs non edita; pars longè auctior nunc evulgatur. Eorvm Qui nunc primum è Bibliothecis producti sunt Tomvs primvs, *I. Iohannes* GERBRANDVS a Leydis, et II, *Reynervs* SNOYVS, Govdanvs de Comitibvs Hollandiæ, Zelandiæ, Frisiae, &c. III, *Ægidius a* ROYA, Abbas Cisterciensis et IV, Anonymvs, de Belgicis Rebvs; opera ac studio *Francisci* SWEERTII Antverpiani. — *Francofvrti* in officina Danielis ac Dauidis Aubriorum & Clementis Schleichi. An. M. DC. XX. In-f°, 1 vol.

2558 *Ferreoli* LOCRII Pavlinatis Chronicon Belgicvm ab anno CCLVIII. ad annum usque M.DC continuo perductum. Tomi tres, *Atrebati*, ex officina Gvilielmi Riverii, sub signo Boni Pastoris, M.DCXVI. 1 vol. in-4°, texte latin encadré d'un double filet.

*T. I*er. Anno ab orbe condito, ivxta LXX. 4886 Ivxta Vvlgatam et emendatam editionem 4280. Olympiadis 258. Anno 4 Ab V. C. secvndvm Varronem 1009. Christi Redemptoris nostri 258. Stephani papæ, ann 2. Valeriani et Gallieni Impp. 4.

T. II. Chronicon Belgicvm in qvo Flandrici comitatvs exordia et progressvs, maxime qva ad occasvm spectat continentvr.

T. III. Chronicon Belgicvm in qvo Artesiensis comitatvs origo et progressvs explicantur. (3 tomes en 1 vol.).

2559 *Avberti* Miraei Rervm Belgicarvm Chronicon ab Ivlii Cæsaris in Galiam adventv vsqve ad vulgarem Christi annvm M.DC.XXXVI. In qvo Belgarum res Ecclesiasticæ & Politicæ, per mille septingentos ferè annos cum exterorum Historia compositæ, ad exactum Temporum rationem reuocantur, reiectisque fabulis, ex fide classicorum cuiusque sæculi Scriptorum ac veterum Diplomatum, solidè adstruumtur, & variè illustrantur. Ad Ferdinandvm Avstriacvm. Hisp. Infantem Belgicæ Proregem. — *Antverpiæ*, Apud Guilielmum Lestænium. M.DC.XXXVI. gr. in-4°, 1 vol., couvert. parch.

2560 R. P. *Ægidii* Bucherii Atrebatis e Societate Iesv, Belgivm Romanvm ecclesiasticvm et civile in quo Historia Occidentalis universa, Celebres de Anno Nativitatis & Passionis Christi Quæstiones, Constantini ad Christi Fidem in Belgicà conversio, Romani in Occidente Imperii casus ac ruina, Francici in Gallià Regni successio continentur ; Tabulis Chronologicis & Indicibus necessariis illustrantur. A fine Commentariorum Cæsaris ad Annum Christi vulgarem 511 seu ad mortem Chlodovei primi. — *Leodii*, ex officina typographica Henrici et Joannis Mathiæ Hoviorum, M.DC.LV. = In-f°, 1 vol. tit. rouge et noir.

2561 Primæ Lineæ Collegii diplomatico-historico-politici, sistentes vetvs ivs pvblicvm belgicvm historice enarratvm, et ex antiqvis monvmentis et veteris ævi diplomatibvs illvstratvm avctore. *A.* Klvit, antiqvitatvm, et historiæ, imprimis diplomaticæ, Federati Belgii professore ordinario in Vniversitate Leidensi. — *Lvgdvni Batavorum*, apvd Corn. van Hoogeveen, ivn. MDCCLXXX. In-8°, 1 vol., av. tableaux synoptiques.

2562 Stemmata Principvm Belgii, ex diplomatibus ac tabulis publicis potissimum concinnata, Studio *Auberti* Miraei, Bruxellensis. *Bruxellis*, J. Meerbecius, 1626. In-12, 1 vol.

2563 Veridicvs Belgicvs, qvem avctor avxit, recensvit : e belgico latinvm addidit An. Dr. [Auctore *Carolo* SCRIBANI, Societatis Jesu]. Accessit APOCALYPSIS BATAVICA, item auctior, emendatior. *S. l.* 1626, in-12. — Pièce de 202 pages.

2564 Q. D. B. V. de vicariis imp. rom. germ. speciatim de vicariatu Germaniæ inferioris Eduardo III Angliæ regi A M DCCC XXX VIII commisso ex decreto illustris Jctorum ordinis pro licentia gradum doctoris consequendi ad D. XV januarii MDCCLXXIII publice disputabit *Johannes Wilhelmus* METZLER francofurtanus ad mœnum. *Argentorati*, Typis I. H. Heitzii, Universitatis typographi, 1 br. 88 p. in-4°.

2565 Vrbes Flandriæ & Brabantiæ. Auctore *Maximiliano* VRIENTIO, Belga Gandensi. *Lovanii*, G. Rivius, 1614. In-12. — Pièce de 100 pages foliotées.

Les 38 dernières pages donnent les inscriptions, chronogrammes & vers composés par *Maximilien* DE VRIENDT pour la Joyeuse entrée d'Albert & d'Isabelle à Gand, et qui ont été publiés à part à Anvers, chez Moretus, 1606, sous le titre : *Descriptio Pompæ & gratulationis publicæ Alberti & Isabellæ Belgii Principum, ad Inaugurationem a S. P. Q Gandavensi decretam.*

2566 Histoire générale de la Belgique depuis la conquête de César, Par Mr DEWEZ, sous-préfet de l'arrondissement de Saint-Hubert, Département de Sambre-et-Meuse. A *Bruxelles*, chez P. J. De Mat, imprimeur libraire, 1807. In-8°, 7 tom. en 4 vol.

2567 Histoire politique et militaire de la Belgique. Etudes et recherches sur la nationalité du peuple Belge depuis les temps les plus reculés jusqu'à nos jours, par M. *B.* RENARD, Lieutenant-Colonel au corps d'État-major, docteur ès Sciences. *Bruxelles.* Imp. de J. J. Stienon. 1847.

Tome 1er, un vol. in-8°, 2 planches.

Le 1er volume seul a paru.

2568 Collection de documens inédits concernant l'histoire de la Belgique publiée par *L. P.* GACHARD, archiviste du Royaume. Tome premier, *Bruxelles.* Louis Hauman & Cie, Lib. 1833. 1 vol. in-8°.

2569 Collection de documens inédits concernant l'histoire de la Belgique, publiée par *L. P.* GACHARD, archiviste du Royaume. *Bruxelles*, Louis Hauman et Cie, Lib., Imp. Hayez, 1833-1835. 3 vol. pet. in-8°.

2570 Lectures relatives à l'histoire des sciences, des arts, des lettres, des mœurs et de la politique en Belgique, et dans les pays limitrophes, commencées en 1818 et publiées en 1837, par M. *F.-V.* GOETHALS, bibliothécaire de la ville de Bruxelles, avec gravures à l'eau-forte et fac-similé. *Bruxelles*, se vend chez l'auteur, imp. Vandooren, 1837, puis imp. de Mat, 1838. 4 tomes en 2 vol. pet. in-4°.

2571 Histoire des États Généraux des Pays-Bas (1465-1790), par *Théodore* JUSTE. *Bruxelles*, Bruylant-Christophe & Cie, *Paris*, A Durand, 1864. In-8°, 2 tom. en 1 vol.

2572 Traduction du Mémoire du *S^r^. L. J. E.* PLUVIER en réponse à la question proposée par l'Académie Impériale royale et des sciences & Belles-Lettres de Bruxelles le 14 Octobre 1775 : Savoir, En quel temps, depuis le Commencement de la domination des Francs, jusqu'à la Naissance de Charles-Quint, peut-on dire que l'état de la Belgique ait été le plus florissant, les mœurs publiques les plus saines & le peuple le plus heureux. Mémoire couronné, broch. 30 pag. in-4°.

2573 Histoire de Belgique. Mémoire sur la part que les Flamands et d'autres Belges ont prise à la Conquête de l'Angleterre par les Normands, à l'établissement des vainqueurs dans ce pays et aux guerres dont il devint le théâtre sous les Rois Etienne et Henri II par *J.* GANTREL, docteur en Philosophie et ès-Lettres, Professeur de Poésie & d'histoire générale à l'Athénée de Gand. *Gand*, chez C. Annoot-Braeckman 1839. Partie d'un recueil in-8°.

2574 Les Belges aux Croisades, par *André* VAN HASSELT, [inspecteur général des écoles normales du Royaume]. *Bruxelles*, Jamar, 1848. In-12, 2 tom. en 1 vol. grav. de H. Hendrickx.

Cet ouvrage fait partie de la *Bibliothèque nationale* éditée par Jamar.

2575 Mœurs, usages, fêtes & solennités des Belges, par *(H. G.)* MOKE, [professeur à l'Université & à l'Athénée de Gand]. *Bruxelles*, Jamar 1849. In-12, 2 tom. en 1 vol. gravures de H. Hendrickx.

Cet ouvrage fait partie de la *Bibliothèque nationale* éditée par Jamar.

2576 Mémoire sur l'état de la Servitude au royaume des Pays-Bas, couronné par l'Académie royale des Sciences et Belles-Lettres de Bruxelles, par M. HOVERLANT DE BEAUWELAERE, ex-législateur, — *Courtrai*, Gambart de Courval, 1819. In-8°, 2 tom. en 1 vol.; manquent le tit. du t. 1er et le portr. de l'auteur.

2577 Essai historique sur les Usages, les Croyances, les Cérémonies & les pratiques religieuses et civiles des Belges anciens & modernes. Par *A. G. B.* SCHAYES, [conservateur du Musée Royal d'armures et d'antiquités de Belgique.] *Louvain*, chez l'auteur, 1834. In-18. 1 vol.

2578 Le prévot Bertulf. Extrait d'une Étude inédite sur l'époque de Charles-le-Bon, par l'abbé *G.* CARTON, Directeur de l'Institut des sourds-muets et des aveugles chev. DE l'ordre de Léopold. *Bruges* Imp. Vandecastel-Werbrouk, 1843, 1 broch. de 20 pag.

2579 Le dernier des Flamings. Notice par M. KERVYN DE LETTENHOVE. *Brux.*, Hayez. 1 broch, 25 pag. pet. in-8°. (Acad. Roy de Belgique. 2e série, tom. IV n° 5).

2580 Du Jugement que l'histoire doit porter sur Jacques d'Artevelde : par M. Kervyn de Lettenhove. 1 broch. 44 pag. pet. in-8° (extrait du Tom. XXIII n° 3, des bulletins de l'Académie royale de Belgique). Don de l'auteur.

HISTOIRE DES PAYS-BAS. — XVIe SIÈCLE ET SUIVANTS. — MATIÈRES DIVERSES ET MÉLANGES.

2581 Mélanges d'Histoire. Flandre.

Notice sur les Institutions Gallo-Frankes, 420-752, par M. Tailliar. *Douai*. Imp. Wagrez, 1835.

Mémoire sur la part que les Flamands et autres Belges ont prise à la Conquête de l'Angleterre par les Normands et aux guerres sous Étienne et Henri II, par *J.* Gantrel, 1839.

Dissertation sur l'émigration des Belges et Hollandais vers l'Allemagne au 12e siècle (traduite du latin) par *J.-B.* de Smet, 1851.

Relation historique des tentatives faites par les Gantois pour s'ouvrir une communication directe avec l'Océan par *Amand* de Bast, 1829.

Essai sur les amusemens du magistrat Communal de Gand au XVIIe siècle par *Prudent* Van Duyse, Archiviste Communal de Gand.

Description de la Ville et Comté d'Alost jusqu'en 1794, par *P. J.* de Smet, 1852.

Le tout en un volume in-8° orné de gravures & d'un plan.

2582 Histoire metallique des XVII Provinces des Pays-Bas, depuis l'abdication de Charles-Quint, jusqu'à la paix de Bade en MDCCXVI, traduite du hollandois de Monsieur *Gérard* Van Loon, [par l'abbé *A. F.* Prévost et *J.* Van Effen]. A *La Haye*, chez P. Gosse, J. Neaulme, P. de

Hondt. MDCCXXXII [-XXXVII]. In-f°, 5 vol., frontisp. gravé, tit. rouge et noir, gravures dans le texte.

2583 *Philippi* CAESII, à Zesen Leo Belgicvs, Hoc est, Succincta, ac dilucida Narratio Exordii, progressus ac denique ad summam perfectionem redacti stabiliminis, & interioris formæ, ac status, Reipublicæ fœderatarum Belgii Regionum, Cui accesserunt & Additamenta. *Amstelodami*, Apud Ludovicum & Danielem Elzevirios, cIↄ Iↄc LX. In-12, de 12 ff. non cotés, 346 pp. chiffrées et 18 ff. non cotés, faux-titre orné.

2584 *Ponti* HEVTERI, Delfii, Præpositi Arnhemensis, Opera Historica omnia; Bvrgvndica, Avstriaca, Belgica; De rebus à Principibus Bvrgvndis atque Avstriacis, qui Belgis imperarunt, pace belloq. praeclar. gestis. Insertus est eiusdem De Vetvstate et Nobilitate Familiæ Habspvrgicæ et Avstriacæ Liber singularis. Accessereque De Vetervm ac svi sæcvli Belgio Libri duo; aliàque. *Lovanii*, Ex Officina Ivsti Coppenii, cIↄ Iↄc XLIII. In-f°, 1 vol., couv. parch.

2585 Annales Belgiques ou des Pays-Bas, contenant les principaux évenemens de notre Histoire depuis la mort de Charles le Téméraire dernier Duc de Bourgogne, jusques à la paix d'Aix-la-Chapelle en 1668, par M. *Antoine-François-Jos.* DUMÉES, Avocat au Parlement. A *Douay*, chez Derbaix, M.DCC.LXI. In-12, 1 vol.

2586 Analecta Belgica, edidit *Petrus* BURMANNUS SECUNDUS. In-8°, 2 vol., savoir : [*Pars I*] *Casparis* SCHETI, Corvini, Wesemaliæ Baronis, Grobbendoncki Toparchæ, Commentarivs ineditvs de rebvs, quæ inter Joannem Austriacvm, ab eo tempore, qvo D. XXIV. Jvlii an. MDLXXVII. arcem Namurci intercepit. Accedit Ejvsdem Dialogvs de Pace, inter Philippvm II. Hispaniæ regem et Belgas inevnda : et alia opvscvla his adjecta. Edidit, & Dissertationem de Rebus sub J. Austriaci Præfectura in Belgio gestis Præfationi inseruit *Petrvs* BVRMANNVS Secvndvs. *Lvgdvni Batavorvm*, Apvd Corn. van Hoogeeven, Jvn. cIↄ Iↄ CCLXXII

[*Pars II*] *Rabodi Hermanni* SCHELII, Venebrvggæ et Welbergii Toparchæ, Opvscvla politica qvibvs comprehendvntvr Libertas pvblica ; Protrepticvs de Pace, et de Cavssis belli Anglici primi, ad principes christianos ; et de Ivre Imperii, insertis tribvs *Theoph.* HOCERRII orationibvs, qvibvs accedvnt *Joannis Georgii* GRÆVII oratio in obitum R. H. Schelii ; virorvm doctorvm carmina ad Schelivm ; ejvsdemqve et *N.* HEINSII epistolæ mvtvæ. Edidit, & Præfationem præfixit *Petrvs* BVRMANNVS Secvndvs. *Lvgdvni Batavorvm*, Apvd Corn. van Hoogeveen. Jvn. cIↄ Iↄ CCLXII.

2587 *Ioannis* MEVRSI Gvlielmvs Avriacvs. Sive, De rebus toto Belgio tam ab eo, quam ejus tempore, gestis, ad excessum Ludouici Requesensij. Pars Prima. Tributa in libros X. *Lvgdvni Batavorvm*, Apud Isaacum Elzevirivm, Academiæ Typographum. cIↄ Iↄ CXXI. In-4°, 1 vol. de 4 ff. non cotés, 418 pp. chiffr. et 10 ff. d'index, errata et marque d'imprimeur. Portr. de Guillaume d'Orange.

2588 Le pater noster des hènoyers, Flamâs & Brebansons. — *Au dessous* : Une aigle à deux têtes couronnée, aux ailes éployées. *S. l. n. d.* Petit in-8° goth. de 4 ff. à 25 lignes par page.

D'après M. Brunet cette pièce a été imprimée de 1520-1525. Voir : le *Catal. de la Vallière* n° 3071.

2589 *Florentii* VANDER HAER, de Initiis tvmvltvvm Belgicorvm. Ad. Serenissimum D. D. Alexandrvm, Farnesium Parmæ & Placentiæ Ducem, Libri dvo. Quibus eorum temporum historia continetur quæ a Caroli Quinti Cæsaris morte usque ad Ducis Albani adventum ; imperante Margareta Austriaca, per annos novem in Belgio extiterunt. *Dvaci*, J. Bogardus, 1587. In-8°. 1 vol.

2590 Origo et historia Belgicorvm tvmvltvvm, immanissimæque crudelitatis per Cliviam et Westphaliam patratæ, fidelissime conscripta et tabellis æneis repræsentata : Accedit Historia Tragica de furoribus Gallicis. Auctore *Ernesto* EREMVNDO Frisio (?). *Lvgdvni Batav.*, Van der Bild, 1619. In-8°. 1 vol.

Valère André & Foppens considèrent le nom d'Ernest Eremond, frison, comme le nom véritable de l'auteur de l'*Origo* & *historia* &ra ; Paquot, Fontette, le P. Nicéron, de Bure, Barbier & Brunet, le regardent comme un pseudonyme qui, selon les uns, couvre *Théodore* DE BÈZE &, selon les autres, FRANÇOIS HOTMANN. Quel qu'en soit l'auteur, tout le monde est d'accord pour y voir un pamphlet des plus violents, mais non pas une œuvre historique digne de ce nom. — Quant à l'*Historia Tragica*, sur le compte de laquelle on peut porter à juste titre un jugement semblable, elle est bien réellement due à la plume de *François* HOTMANN.

2591 Histoire des Troubles des Pays-Bas, par *L. J. J.* VANDER VYNCKT, Conseiller au Conseil de Flandre,... avec un discours préliminaire et des notes, par le baron de REIFFENBERG. Seconde édition. — *Bruxelles*, J.-M. Lacrosse, 1836. In-8°, 3 vol., en tête du 1er on a relié une petite notice (4 pp.) de M. GACHARD, extraite des *Bull. de l'Acad. Roy, de Brux.*

2592 *Nicolai* BVRGVNDII, I. C. & professoris Ordinarii codicis, in Academia Ingolstadiensi, Historia belgica ab anno 1558, [usque ad adventum Ducis Albani, anno 1566]. *Ingolstadii*, J. Bayr, 1733. In-12, 1 vol.

2593 *Hvgonis* GROTII Annales et Historiæ de Rebvs Belgicis. [ab anno 1566 ad annum 1609]. — *Amstelædami*, Ex Typographejo Joannis Blaev. M. DC. LVII. Gr. in-4°. 1 vol.

2594 Commentaires memorables de Don *Bernardin* DE MENDOCE, chevalier, Ambassadeur en France pour la Roy catholique, des Guerres de Flandres et pays-bas depuis l'an 1567 iusques à l'an mil cinq cens soixante et dix sept. Comprins en dix-huict liures fort utilles & conuenables à ceux qui suyvent le train de la guerre, font profession des armes et manient les affaires d'Estat. Auec une sommaire description des pays-bas. Dédié à la Noblesse catholique de France [par F. *Pierre* CRESPET, prieur du couvent des Célestins de Paris]. *Paris*, Chaudière, 1591. In-8°. 1 vol.

2595 Belgarvm aliarvmque Gentivm Annales [1559-1601]. *Auctore Everardo* REIDANO ; *Dionysio* VOSSIO Interprete. *Lvgdvni Batavorvm*, Ex officina Ioannis Maire. cIↃ. IↃ. C. XXXIII. Cum Privilegio. In-f°, 1 vol., tit. rouge et noir, couvert. parchemin.

2596 Histoire des guerres de Flandre, par le Cardinal [*Guy*] BENTIVOGLIO, Traduite de l'Italien par M. LOISEAU l'aîné, Chanoine de l'Église d'Orléans. *Paris*, Desaint, 1769, In-12. 4 vol.

2597 Histoire générale des Guerres de Flandres par le Cardinal BENTIVOGLIO. Traduction nouvelle. Seconde partie. A *Paris*, chez Charles Villery, MDC. LXIX. 1 vol. In-12.

2598 Histoire de la Guerre de Flandre de *Famianus* STRADA, traduite par *P.* DU Ryer. A *Paris*, cIↃIↃC LXV. 2 vol. in-8°, titre rouge et noir. Gravures hors texte.

2599 Supplément à l'Histoire des guerres civiles de Flandre sous Philippe II, Roi d'Espagne, du Père *Faminien* STRADA, et d'autres auteurs ; contenant les Procès criminels de Lamorald, comte d'Egmont, et de Philippe de Montmorency, comte de Hornes, auxquels le duc d'Albe a fait trancher la tête à Brusselle. [Recueil publié par *Jean* GODEFROY, s^r d'AUMONT, directeur de la Chambre des Comptes de Lille]. A *Amsterdam*, Pierre Michiels, 1729. In-12, 2 vol.

2600 Commentaire premier dv seig. *Alphonse* D'VLLOË, contenant le voyage du Duc d'Albe en Flandres, avec l'armée Espaignole et la punition faite du Comte d'Aiguemont, et autres : et la guerre comme elle s'est passée contre le Prince d'Orange, et autres rebelles, iusques à ce que ledit seig. Duc eut chassé des pays bas le susdict Prince, et s'en fut retourné a Bruxelles, l'an de grace

1568. [Traduit par *Francois* DE BELLEFOREST]. *Paris*, Dalier, 1570. In-8°, 1 vol.

2601 Le Miroir De la Cruelle, & horrible Tyrannie Espagnole perpetree au Pays Bas, par le Tyran Duc de Albe, & aultres Cōmandeurs de par le Roy Philippe le deuxiesme, [par *Jean-Everhardts* CLOPPENBURG]. On a adjoinct la deuxiesme partie de les Tyrannies commises aux Indes Occidentales par les Espagnols. [Mise en lumiere par un Evesque *Bartholome* DE LAS CASAS de l'Ordre de S. Dominic]. Nouvellement exorné avec taille douçe *(sic)* en cuyvre. tot *Amsterdam* Ghedruckt by Ian Evertss Cloppenburg, 1620. In-4°, 1 vol., comprenant tit. gravé et 3 ff. prél., 87 ff. chiff., et 68 ff. chiffr. dont un occupé par le tit. gravé de la 2e partie, nombreuses gravures dans le texte, couvert. parchemin.

2602 Le procès du Comte d'Egmont, avec pièces justificatives, d'après les manuscrits originaux trouvés à Mons; Par M. DE BAVAY, procureur général près la cour d'appel de Bruxelles. *Bruxelles*, librairie de C. Muquardt, [impr. Em. Devroye] Même maison à Gand et à Leipzig. 1854. In-8°, 1 vol. av. fac-similé.

2603 Histoire du soulèvement des Pays-Bas sous Philippe II, Roi d'Espagne; traduite de l'allemand de *F.* SCHILLER par M. DE CHATEAUGIRON, membre du Conseil général de la Seine. *Paris*, Sautelet et Cie Lib., Imp. Fournier, M.DCCC.XXVII. 2 tomes en 1 vol. in-8°.

2604 Recueil de quelques pièces relatives aux troubles des Pays-Bas (fin du XVIe siècle), savoir:

1) Response a vn petit Livret n'agveres pvblié, et intitvlé, Declaration de l'intention du Seigr Don Iehan d'Austrice: En laquelle la vraye intention dudit Sr Don Iehan est manifestement descouuerte. & l'origine des presentes guerres & troubles de pardeça bien clairement & à la verité exposee. A *Anvers*, De l'Impri-

merie de Christophle Plantin. M.D.LXXVIII. In-4°, 47 pp. chiffrées.

2) Responce veritable avx Lettres patentes et persvasions abvsives de Don Ian d'Austrice, donnees à Heure le XV. iour de Feburier M.D.LXXVIII. Par laquelle se voit ouuertement la bonne intention des Estats generaux, & le grand tort qui leur est faict, ensemble à tout le Pays bas, par les sinistres interpretations & detorsions du vray sens de leurs lettres & actions, A quoy sont ioinctes pour esclaircissement plus euident copies des lettres desdits Estats escrites à sa Ma^té^ ensemble de l'instruction & lettres enuoyees par sadite Ma^té^ en lieu de responce par le Baron de Selles. A *Anvers*, De l'Imprimerie de Christophle Plantin, M.D.LXXVIII. Pet. in-4°, 42 pp. chiffrées, plus le permis d'imprimer.

3) Accord et Alliance faicte entre Monseignevr le Duc d'Aniov, Alençon, &c. d'vne part : & les Prelats, Nobles & deputez des villes representans les Estatz generaulx des pays bas, d'autre part. En *Anvers*, De l'Imprimerie de Christofle Plantin, M.D.LXXVIII. Pet. in-4°, 12 ff. non cotés.

4) Responsio Ordinvm Germaniæ Inferioris, Ad propositionem Ill^i^ Ottonis-Henrici Comitis in Swart-Zenberg, Legati à Sacra Cæsarea Maiestate ad se missi. *Antverpiæ*, Ex officina Christophori Plantini, Architypographi Regij. M.D.LXXVIII. Pet. in-4°, 15 ff. non cotés.

5) Responce des Estats Generaulx dv Pays-Bas, A la proposition qui leur a esté faite au nom de la Sacree Maiesté Imperialle, par l'Illustre Seigneur Otto-Heynrich Comte de Schwartzenberg, &c. son Ambassadeur. A *Anvers*, De l'Imprimerie de Christofle Plantin, M.D. LXVIII. Pet. in-4°, 27 pp. ch.

6) Oratio Legatorum Ser^mi^ Principis Matthiæ Archiducis Austriæ, &c. Belgij Gubernatoris, & generalium Belgico-Germaniæ Ordinum : Habita in Conuentu Wor-

maciensi coram consiliariis à Principibus Electoribus, & reliquis S. R. Imperij Legatis. An. M.D.LXXVIII, die VII. mensis Maij. *Antverpiæ*, Ex officina Christophori Plantini, M.D.LXXVIII. Pet. in-4°, 26 ff. non cotés.

7) Lettres des Estats d'Artois, et des Deputés de Haynaut & Douay, aux Deputés des Estats generaux des païs bas, assemblés en la ville d'Anuers : Avec la responce svr icelles donnee par lesdits Deputés des Estats generaux. Par où lesdits Estats generaux sont purgés des crimes qu'on leur impose touchant l'infraction de la Pacification de Gand. A *Anvers*, De l'Imprimerie de Christofle Plantin, M.D.LXXIX. Pet. in-4°, 14 ff. non cotés.

8) Lettres interceptes *(sic)* dv Contador Alonso de Cvriel, av Prince de Parme. Par lesquelles on peult manifestement descouurir les faulx & doubles traits, dont l'Espagnol tasche d'abuser ceux de pardeça, pour les armer contre leur patrie. A *Anvers*, De l'Imprimerie de Christofle Plantin, M.D.LXXIX. Pet. in-4°, 20 ff. non cotés.

9) Apologie Chrestienne contre aucunes propositiõs pernicieuses, mises en auant en la ville d'Anuers, par quelques factieux perturbateurs de la vraye Religiõ & du repos publicq, traduicte de Flameng en François. Ezechiel. c. 13. Malediction sur les folz prophetes qui ēsuiuent leur esprit, & ne voyent rien : O Israel ! tes prophetes estoient cōme les renards es deserts. [*S. l.*, *Anvers*] Imprimé en l'an 1582, auec grace & priuilege. Pet. in-4°, 78 pp. chiffrées.

2605 Recueil factice, en 1 vol., de diverses pièces relatives aux troubles des Pays-Bas, de 1575 à 1588, savoir :

1) Copie d'une lettre escripte en la ville d'Anvers, le XVIII Ianvier 1583, contenant la defaicte des François. Imprimé L'an M. D. LXXXIII. In-4°, 4 feuillets.

2) Traicte et Accord faict et passe entre Monsievr le Baron de Montigny &c. et le Seigneur de la Motte; [du 6 avril 1579]. A *Dovay*, De l'Imprimerie de Iean Bogard, libraire-iuré, A la Bible d'or, l'An 1579. In-4°, 4 feuillets.

3) Paromoeon artificiosvm illvstriss. bellisiss. *(sic)* ac omni lavde digniss. (Domino D. Alexandro Farnesio Principi Parmensi bello Germanico a Philippo Rege Hispaniarum præfecto, ob Novesivm feliciter recuperatum, anno 1586, 26 Iulij. Congratulatorium, Authore M. *Hermanno* HASSALO Durbuto. Distichon Chronographicvm. *Coloniæ Aggrippinæ*, Excudebat Gerardus Campensis, Anno Christi cIↃ. IↃ. LXXVVI. In-4°, 4 feuillets encadrés.

4) Lettres venant d'Anvers d'ung amy incognv, adressant a avltre gentilhomme, qv'il appelle Sr de Belcovrt: par lesqvelles se descouurent de grandz secrets & practiques trainees entre le Duc d'Aniou & Prince d'Oranges, pour mettre en seruage les prouinces vnies selon leur repartition. [du 27 février 1583]. A *Dovay*, L'an D. M. LXXXIII *(sic)*. In-4°, 8 feuillets.

5) Advis d'vng bon bovrgois *(sic)* de la ville de Gand, qvi resent *(sic)* amerement des calamites de sa ville, du comté de Flandres, & en fin de tous les Païs-bas translaté de Flamen en François. Auec vn Aduertissement d'vn gentilhomme François à ses amis qui sont en Flandres, pour se donner garde des desseings de Monsieur le Duc d'Alencon *(sic)*, M. D. LXXXIII, In-4°, 8 feuillets.

6) Advis dv Prince d'Orange sur les trovbles exites *(sic)* par le Dvc d'Aniou es Païs-Bas le XVII de Ianvier 1583. Avec vng esclercissement tresutile pour bien comprendre ce qu'y pourroit *(sic)* estre obscur [*S. l. n. n.*] M. D. LXXXIII. In-4°, 40, pp. chiffrées.

7) Placart de Monseignevr le Dvc. Par lequel il est défendu de rien enuoyer aux ennemys, ni à leurs

adherens, & d'amener aussi par-deça quelques biens, denrées, ne marchandises des villes & places ou lieux occupés par iceux, ni de communiquer, traffiquer ou frequenter auec eux, soit auec licences ou autrement en quelque maniere que ce peust estre. A *Anvers*, De l'Imprimerie de Christophle Plantin. M. D. LXXXII. In-4°, 4 feuillets.

8) Copie d'une lettre de l'Ex^ce^ dv Prince de Parme, envoyée aux deputez des Prouinces de ces Pays-Bas, estans assemblez en la ville d'Anuers, Le douziesme de Mars, M. D. LXXIX. A *Lovain*, Chez Roger Velpius, M. D. LXXIX. Pet. in-4°, 2 feuillets.

9) Lettre d'advertissement a la noblesse et avltres depvtez des Estats Generaulx du Païs Bas, escrites par vn serviteur du Seigneur Don Iehan d'Austrice. [Autrement dictes Epistres Antibelgiques]. Auecq Leurs responses par lesquelles la vraye cause des troubles dudit païs est exposee, et le masque de don Iean & ses adherens leué. A *Francfort*, L'an M. D. LXXVIII. In-4°. 2 ff. non cotés, 77 pp. chiffrées et 2 ff. non cotés.

10) Liste des moyens generavx, resolvs par son Alteze, Monseignevr le Prince d'Oranges, le Conseil d'Estat, & les Estatz generaux. A *Anvers*, De l'Imprimerie de Christofle Plantin, M. D. LXXXVIII. In-4°, 14 ff. non cotés.

11) Ordonnance et Déclaration novvelle dv Roy svr l'entretenemêt de la Pacification de Gand, & asseurance y ensuyuie, de ne trafiquer ou communiquer auec l'ennemy, ne prescher ou proferer quelzques *(sic)* parolles ou actes scandaleux tendans à sedition ou distraction du respect et obeissance deuë à son Alteze, Monsieur le Prince d'Orenges *(sic)* & aux Etatz generaulx de par deçà ; ensemble de faire iurer à tous ladicte Pacification. [du 22 avril 1578]. En *Anvers*, De l'Imprimerie de Christofle Plantin. M. D. LXXVIII. In-4°. 25 ff. non cotés, le dernier blanc.

12) Ordonnance & Instruction, faicte sur la leuée & collectatiô des Moyens generaulx & Impostz, Par les Estatz generaulx des pays de par deçà, accordées & mises par consentement & auctorisation du Roy nostre Sire, pour l'espace de six Mois, sur diuerses especes de viures, buuraiges, fruicts & marchandises. Pour parce entre aultres furnir à la nécessité de la presente guerre, & ce qu'en dépend, [du 18 déc. 1576]. Imprimé en la Ville de *Bruxelles*, par Michiel de Hamont, l'An 1577. In-4°, 10 ff. non chiffrés.

13) Edict perpetuel sur l'accord, faict entre Messire Iehan d'Austrice, Cheualier de l'Ordre du Thoyson *(sic)* d'or, de la part et au nom du Roy Catholicque des Espaignes, &c. D'vne part, Et les Estatz generaulx de ces pays de par deça, d'aultre part, Pour l'appaisement des troubles suscitéz esdictz pays par la gendarmerie estrangiere, Publié à *Bruxelles* le xvij^{me} iour de Feurier, 1577. Imprimé en la Ville de *Bruxelles*, par Michiel de Hamont, l'An 1577. In-4°, 8 ff. non chiffrés, le dernier blanc.

14) Traicté *(sic)* de la Paix, faicte conclue & arrestée entre les Estatz de ces pays bas, assemblez en la Ville de Bruxelles, & le Sr Prince d'Orenges *(sic)* Estatz de Hollande & Zélande, auecq leurs associez. Et publiée le viij^{me} iour de Nouembre, 1576. Auecq l'agreation & confirmation du Roy nostre Sire sur ce ensuyuic. Imprimé en la Ville de *Bruxelles*, par Michiel de Hamont, l'An 1576. In-4°, 12 ff. non cotés.

15) Grace et Pardon general, donne par le Roy nostre Sire, A cause des troubles passez. [Madrid, 16 novembre 1569]. Imprimé en la Ville de *Bruxelles*, par Michiel de Hamont, M. D. LXX. In-4°, 8 ff. non cotés.

16) Ordonnâce & moderation de Lempereur Charles Cincquiesme, Sur le fait des monnoyes, selô laquelle se deburôt receuoir & allouer les deniers dor & dargêt contenuz en icelle, Par forme de prouision, & pour

certain temps, Assauoir doiz le premier Dauril prouchain. iusques au XVme de May, lan XVe cincquante trois enssuyuant. [*Bruxelles*, 23 mars 1552]. Imprimé à *Louuain*, par Seruais Sassenus. Lan de Grâce M. D. LII Auant pasques. In-4°, 4 ff. non cotés.

17) Remonstrances au Roy des Depvtez des trois Estats de son Duche de Bovrgoigne sur l'edict de la pacification, par ov se monstre qu'en vn Royaume deux religions ne se peuuent soustenir, & les maulx qui ordinairement aduiennent aux Roys & prouinces ou les heretiques sont permis et tolerez. En *Anvers*, Par Guillaume Silvius, imprimeur du Roy, M. D. LXIII. In-4°, 16 ff. cotés.

18) Confirmatiô du Roy nostre Sire, de lordonnâce et edict de Lempereur Charles le Quint : Pour l'extirpation des sectes, et conseruation de nostre saincte foy catholicque, en ses pays patrimoniaulx. [Gand. 20 août 1556] Imprimé à *Louuain*, par Seruaes Sassen, Lan de grace 1556, au mois de Septembre. In-4°, 16 ff. non chiffrés, le dernier blanc.

2606 Apologie ou Deffense de tres illvstre Prince Gvillavme, par la grace de Diev Prince d'Orange : Contre le Ban & Edict publié par le Roy d'Espaigne, par lequel il proscrit ledict Seigneur Prince ; Presentee à Messieurs les Estats generaulx des Païs-Bas [par *Pierre* LOYSELEUR de Villiers ?]. A *Delft*. [Imprimé par Ch. Sylvius], MDLXXXI, pet. in-4°, 1 vol.

2607 Actes des Etats-Généraux des Pays-Bas, 1576-1585. Notice chronologique et analytique, par M. GACHARD, Archiviste général du royaume [de Belgique], membre de l'Académie et de la Commission royale d'histoire. *Bruxelles*, M. Hayez, [1861-1866]. In-8°, 2 vol. publ. par la Commission royale d'histoire de l'Academie Royale de Belgique. (*N. B.* Ces deux vol. ne vont que du 6 septembre 1576 au 30 décembre 1580).

2608 Documents inédits concernant les troubles de la Belgique sous le règne de l'Empereur Charles VI, publiés avec des notes et une introduction par M. GACHARD, archiviste-général du Royaume. *Bruxelles*, Société typog. Belge. 1838-1839. 2 vol. in-8°.

2609 Documents historiques inédits concernant les Troubles des Pays-Bas, 1577-1584, publiés avec des notes biographiques et historiques, par *Ph.* KERVYN DE VOLKAERSBEKE et *J.* DIEGERICK. Avec des fac-simile. *Gand*, imprimerie de F. et E. Gyselynck, 1849-50. 2 vol. in-8°.

2610 Discours sommier des ivstes cavses et raisons qvi ont contrainct les Etats géneravlx des Païs bas de pourveoir à leur deffence contre le Seigneur Don Iehan d'Austrice ; Auecq plusieurs lettres missives interceptes (*sic*), en plus grand nombre ; & aultres ampliations & corrections tant des dites lettres que dudict discours, non comprinses en l'impression ja faicte en François & Flameng. Et pource que en plusieurs passages de ce discours lon se refere à la pacification de Gand & l'Edict perpetuel d'accord convenu avecq le Seigneur don Iehan, ils y sont adjoustez, avecq la ratification de sa Mat[é]. En *Anvers*, Par Guillaume Sylvius, Imprimeur du Roy, 1577. In-4° car., 1 vol. comprenant, outre titre, 120 pp. chiffr. et 1 feuillet, 95 pp. chiffr. et le revers sans chiffre, couv. parchemin.

2611 Accord et Alliance faicte entre Monseignevr le Dvc d'Aniov, Alençon, &c. d'vne part : & les Prelats, Nobles & deputez des villes representans les Estatz generaulx des pays bas, d'autre part : pour la defension desdicts païs bas. [23 août 1578] En *Anvers*, De l'Imprimerie de Christofle Plantin, M.D.LXXVIII. In-4°, 12 ff. non cotés. [*même vol.*] Lettres venant d'Anvers d'vng amy incognv, adressant a avltre gentilhomme, qv'il appelle S[r]. de Belcovrt : par lesqvelles se descouurent de grandz secretz & practiques trainees (*sic*) entre le Duc d'Aniou

& Prince d'Oranges, pour mettre en seruage les prouinces vnies selon leur repartition. [27 févr. 1583] A *Dovay*, L'an D. M. (*sic*), LXXXLI. In-4°, 8 ff. non cotés. (Voir n° 2605, 4).

Ordonnance et Declaration novvelle dv Roy svr l'entretenemêt de la Pacification de Gand, & asseurance y ensuyuie, de ne traficquer ou communiquer auec l'ennemy, ne prescher ou proferer quelzques parolles ou actes scandaleux tendans à sedition ou distraction du respect & obeissance deuë à son Alteze (*sic*), Monsieur le Prince d'Orenges (*sic*) & aux Estatz generaulx de pardeçà ; ensemble de faire iurer à tous ladicte Pacification. [22 avril 1578] En *Anvers*. De l'Imprimerie de Christofle Plantin. M.D.LXXVIII. In-4°, 21 ff. non cotés.

2612 Briefve Declaration faicte par Bovrgvemaistres, Eschevins et Conseil de la Ville d'Anuers, touchant l'entreprinse dressée contre ladite Ville le XVIJ. du present mois de Ianuir (*sic*) XV^c Quatre Vingt & Trois. Ensemble les Lettres de Credence & Instruction enuoyées par Son Alteze à ladicte Ville, & certaine Missiue enuoyée à Môsieur de Tempel. Imprimé en *Anuers* à l'imprimerie de Christoffle Plantin, XV^c. iiij. ^xx. trois Par Ordonnance de Messieurs. Ensemble certaine Missiue confirmant ladicte Declaration, outre ce qu'elle contient la specification des Personnaiges demourez à l'entreprinse du costé des François (*sic*). A *Coloigne*. [*s.d.* 1583] in-4° car., 1 vol. de 13 ff. non chiffr. couv. parchemin.

2613 Commentarivs brevis rervm in Orbe gestarvm, a capta Antwerpia, hoc est ab mense anni 1585, vsqve ad septembrim anni 1586, ex variis scriptis editisque libellis diligenter congestus. Per *Michaelem* AB ISSELT, Amerfortium. *Coloniæ*, G. Kempensis, 1586. In-8°, 1 vol.

2614 Mémoires gverriers de ce qv'y c'est passé avx Pays-Bas depuis le commencement de l'an 1600, iusques à la fin de l'année 1606, par *Charles Alexandre*, Sire et Dvc de Croy, marquis d'Hauré, Prince et Mareschal Héréditaire du St.Empire, Comte de Fontenoy & Chlr de l'ordre de la Toison d'or. En *Anuers* chez Hierosme Verdussen. 1642. Un vol. in-4°, avec 2 effigies & 33 Plans.

2615 Annalium sive Commentariorum de Bello Gallo-Belgico tomi III priores. In quibus ejus caussæ, initia, progressus et eventus, vere ac fideliter describuntur. Auctore *Caspare* Ensii. *Coloniæ*, G. Lutzenkirchen, 1606, In-12. 1 vol.

2616 De bello belgico, auspiciis Excell.mi ac generosissimi Ambrosii Spinolæ, Marchionis a Benaffro, Equitis Velleris Aurei &c. Ducis vniversi exercitus Regis Hispaniæ potentissimi Philippi III et Serenissimi Archiducis Alberti ab Austria, Belgii Principis. Cum expositione causarum & rationis confectæ Pacis seu Induciarum, additis articulis, & litteris principum ad ipsas inducias spectantibus. Autore *Joan.* Balino, Burgundione Vesulano. *Bruxellæ*, R. Velpius, 1609, In-12. 1 vol.

In eodem volumine : 1.) *Joannis* Balini, Poema elegiacum de Pace Belgica. Janus Bifrons Belgicus. — 2.) Veridicus Belgicvs qvem avctor (*Carolus* Scribani Soc. Jes.) auxit, Recensuit : e Belgico latinvm reddidit An. Dr. Accessit Apocalypsis Batavica, item auctiori emendatior. *s. l.* 1626. In-12.

Voir n° 2.564 un autre exemplaire de cette même production.

2617 Libri tres de Indvciis Belli Belgici. Avctore *Dominico* Bavdio, J. C. olim primario Historiarum Professore in Academia Leidensi ; secvnda editio. *Lugduni Batavorum*, L. Elzevier, 1617, in-12. 1 vol.

In eodem volumine : Dominici Bavdii orationes quæ extant omnes ex bibliotheca Jani Rutgersii, tertia editio, serio emendata. *Lugduni-Batavorum*, J. Marcus, 1620. In-12.

2618 *Leonis* ab AITZEMA Historia pacis a Fœderatis Belgis ab anno cIↄ Iↄc XXI ad hoc usque tempus tractatæ. *Lugduni Batavorum*, ex officinâ Joannes & Danielis Elsevier. cIↄ. Iↄc. LIV. 1 vol. In-4° titre noir et rouge, texte latin.

2619 Le Siège de la ville de Breda conqvise par les armes dv Roy Philippe IV, par la direction de l'Infante Isabelle Cl. Evg, par la valevr dv marqvis Amb. Spinola Traduict du Latin du Père *Hermannvs* HVGO de la Compagnie de Iesvs, par *Philippe* CHIFFLET Docteur es Droicts Ciuil et Canon, *Antverpiæ*, ex officina Plantiniana [Balthasaris Moreti], M. DC. XXXI. Gr. in-4°, 1 vol., tit. gravé.

2620 Hernek. Beracha Vallis Benedictionis. Sive Belgidos magnique illius & memorabilis Belli ; (quod anno domini Millesimo Sexcentesimo Vigesimo nono, in Belgio à Belgis Confœderatis, Cum mirabili successu et manifesto summi favoris & Benignitatis divinæ indicio, gestum est) narratio Evcharistica ; in sex libros digesta & edita à *Daniele* SOUTERIO. *Harlemi*, Excudebat Johannes Paschasius à Wefbufch, in foro, ad insigne Bibliorum Umbilicatorum, anno cIↄ. cI. c. XXXII. 1 vol. in-4°. Avec frontispice.

2621 Gouvernement politiqve des provinces du Pays-Bas soubs l'obéissance de sa Majesté Catholique. A *Leide*, chez Habraham Gogat, *s. d.* 1 vol. petit in-12.

2622 Recueil factice, en 1 vol. de format in-4° carré, de pièces diverses relatives à l'histoire des Pays-Bas, à savoir :

1) Ordonnance dv Roy sur le réglement de ses Monnoyes. [Bruxelles, 2 octobre 1647]. A *Anvers*, Chez Ierosme Verdvssen, Imprimeur des Monnoyes de sa Majesté, 1647. In-4° car., 12 ff. non cotés.

2) Maladie, Testament, & Mort dv fev Philippe IV. Roy d'Espagne ; Et le Commencement du Regne de Charles II de Castille, de Leon, d'Arragon, &c. — A

Lille : Chez Balthasar le Francq, Jouxte la copie imprimée à Bruxelles. 1665. 2 ff. non cotés.

3) Du Camp devant le Château de Namur, le 30 Juin 1692 ; à dix heures du matin. [Relation anonyme de la prise de Namur. — *S. l. n. d.*] 1 seul feuillet, sans titre.

4) Relation du Combat donné a Vange par l'armée du Roy, contre celle du Prince d'Orange, le 29 Juillet 1693. [*S. l. n. d.*] 4 pp. chiffr., dont une de titre et le v° de celle-ci en blanc.

5) Relation du Combat donné a Vange par l'armée du Roy, contre celle du Prince d'Orange, le 29 Juillet 1693. [*S. l. n. d.*] Tit. identique au précédent, mais relation différente, 4 pp. chiffr., dont une de tit., les 3 autres de récit.

6) Extrait des nouvelles de la Bataille de Marsaille en Piedmont, Gagnée sur M. de Savoye, par M. de Catinat. Le 4 d'Octobre 1693. — A *Lille*, Chez François Fievet, Imprimeur du Roy, à la Bible Royale, sur le Pont de Fin. [*s. d.*, 1693] Avec permission. 2 ff. non cotés.

7) Copie d'une Lettre Escrite à M. le Marquis de la Rabliere, du 4 Juin 1694. [*S. l. n. d.*] 1 feuillet.

8) Copie de plusieurs lettres Ecrites de Dunquerque [3 juill. 1694], sur l'heureuse arrivée de la Flôte (*sic*) de Bleds. [*S. l. n. d.*] 2 ff. non cotés.

9) Relation véritable de ce qui s'est passé au siege de Namur. [datée de Dinant, 31 juill. 1695]. A *Lille* : De l'Imprimerie de Balthasar Le Francq, sur la Grand'Place, près le Corps de Garde. 1695. Avec permission. 2 ff. non cotés.

10) Relation veritable de la prise de la ville de Gand par l'armée des puissans alliez Commandée par Milord Duc de Malborouçq, soutenue par le Prince Eugene de Savoye, Le 29 de Decembre 1708. [*S. l. n. d.*] 4 pp. chiffr.

11) Relation de la Ceremonie du Sacre et Couronnement du Roy, Faite en l'Eglise Metropolitaine de Reims le Dimanche vingt-cinq Octobre 1722. A *Lille*, De l'Imprimerie de C. M. Cramé, Imprimeur du Roy, ruë des Malades, au Compas d'Or. 1722. Avec permission de Monseigneur l'Intendant. 35 pp. chiffr., sign. A ij à la p. 5 et C à la p. 25.

12) Description du Feu d'artifice, Fait par ordre de Messieurs du Magistrat de la Ville de Lille le 30 septembre 1725, au sujet du mariage du Roy Louis quinzième avec la princesse Marie, fille du roy Stanislas, Contracté à Strasbourg le 15 Aoict (*sic*) 1725. A *Lille*, chez J. B. Henry, Imprimeur de Messieurs du Magistrat. [1725] Avec permission. In-4°, 8 pp. chiffr.

13) Observations sur une Maladie qui attaque les Bestes à Cornes dans la Generalité d'Auvergne, & qui s'est introduite sur la fin du mois d'Avril 1731 dans l'Election de Gannat, Generalité de Moulins. 1 feuillet, placard in-f°, imprimé à *Lille* par C. M. Cramé, imprimeur du roi, en 1731.

14) Particularités et Antiquités de la ville de Lille [de l'an 621 à l'an 1726]. 1 feuillet, placard in-f°, *s. l. n. d.* imprimé à *Lille*, avec permission.

15) Composition des Chambres [de la cour de Douay] Pour l'Année commençant au mois de Novembre 1764. 1 feuillet, placard in-f°, à encadrement, imp. à *Douay*, par J. F. Willerval, imprimeur du roi et de la cour de parlement, avec privilège, en 1764.

16) Avec permission de Monsieur le Commandant & le Magistrat de cette Ville Messieurs et Dames, [*etc.*] 1 feuillet imprimé sur le r° seul, prospectus du dentiste et pédicure Bertrand, établi à Lille, *s. l. n. d.*, Lille, 18e siècle.

17) La Goute Impériale, Remede nouvellement inventé par le Sr. Dupré Docteur en Médecine demeurant à

Lille [*etc.*] 1 feuillet imprimé sur le r° seul, prospectus, *s. l. n. d.*, Lille, 18e siècle.

18) Nous Rewart, Mayeur, Eschevins, Conseil et Huit Hommes de la ville de Lille. [*etc.*] 1 feuillet, placard in-f°, signé P. l. Ringuier, fait en conclave le 9 janvier 1757 à l'occasion de l'attentat de Damiens, et publié à Lille à son de trompe le lendemain 10 janvier. *Lille*, 1757.

19) Requête du Curé de Fontenoy, au Roy. [pièce en vers de huit syllabes par *J.-H.* MARCHAND] A *Lille*, Chez André-Joseph Panckoucke, Libraire, proche de l'Hôtel-de-Ville. [et chez Morel, imprimeur, vis-à-vis les Récolets] M. DCC. XLV. Avec permission. In-12, 12 pp. chiffr. y compris titre, en-tête gravé.

2623 Veteris ævi analecta seu vetera monumenta hactenus nondum visa quibus Continentur scriptores varii qui præcipue historiam Universalem, Expeditiones in Terram Sanctam, Res Germaniæ, Gelriæ, Hollandiæ, Ultrajecti, Frisæ, tam occidentalis quam orientalis & Groningæ ; ut et Gesta Equestris Ordinis Teutonici Dominorum de Brederode, de Culenbruch et de Arckel, Memoriæ prodiderunt ; præterea itineria, Testamenta vetera, et Doctorum Virorum Epistolæ. Primus in lucem edidit adjectis observationibus suis *Antonius* MATTHÆUS quondam Juris in illustri Academia Lugduno-Batava antecessor. Editio Secunda quinque tomis Comprehensa cui accedunt Editoris notæ, ejusdemque Indices accurati et locupletes. *Hagæ-Comitum*, apud Gerardum Block, MDCCXXXVIII. 5 vol. in-4°, le 1er contient en frontispice le portrait de l'auteur. Titre noir & rouge.

2624 *Cornelii Pauli* HOYNCK VAN PAPENDRECHT, Archipresbyteri Mechliniensis Analecta Belgica in sex partes divisa. Vita Viglii ab Aytta Zuichemi ab ipso VIGLIO scripta, Ejusque, nec non *Joachimi* HOPPERI et *Joannis*

Baptistæ TASSII opera historica aliaque analecta ad istoriam scissi Belgii Potissimum attinentia in sex partes divisa, Collegit, digessit, notisque illustravit *C. P.* HOYNCK VAN PAPENDRECHT. *Hagæ Comitum* apud Gerardum Block. MDCCXLIII. 3 v. in-4°, titre noir et rouge. 2 grav. en frontispice au tome I. On a ajouté une lettre d'envoi de l'auteur.

2625 Mémoires historiques et politiques des Pays-Bas Autrichiens. Nouvelle Edition imprimée d'après le manuscrit original de l'auteur [comte *P.-M.* DE NENY, refondue, corrigée & augmentée de plusieurs chapitres & articles qui sont omis dans l'édition en un volume de Neuchatel. A *Paris*, et se trouve à Bruxelles ; chez B. Le Francq. M.DCC.LXXXIV, pet. in-4°, 2 tom. en 1 vol., portr. de Joseph II.

2626 Congratvlatio Serenissimo Principi & Illustrissimo Cardinali Alberto Archidvci Austriæ etc. De fausto ac felici eius aduentu ad regimen Prouinciarum inferioris Germaniæ. Per R. in Christo *P. Jo.* LESLŒUM Episcopum Rossensem, Scotum. *Bruxellæ*, R. Velpius, 1596, in-8°. Pièce de 4 fol. non paginés qui servent d'introduction à la Pièce suivante : Series continua vitæ & Actionum R. in Christo Patris Jo. Leslæi ; Episcopi Rossensis in Scotia, per Attestationem complurium Prælatorum, Nobilium & aliorum Rhotomagi primum publica authoritate in ordinem digesta ; & ad *S. D. N.* Clementem viij misso anno 1593. Deinde instante serenissimo Principe Ernesto Archiduce Austriæ, Belgii Gubernatore renouata & eius mandato ad Sacram catholicam Maiestatem Philippi Regis Hispaniarum delata, mense Januario 1595, ut eidem Episcopo in Belgio prouideatur. Pièce de 27 pages.

John LESLEY, évêque de Ross, défenseur infatigable de Marie Stuart, mourut à Bruxelles en 1597. Il joua un grand rôle en Écosse pendant les troubles qui suivirent l'introduction du protestantisme en ce pays. La brochure que nous décrivons ici n'est citée par aucun bibliographe.

2627 Historica Narratio Profectionis et Inavgvrationis Serenissimorvm Belgii Principvm Alberti et Isabellæ Avstriæ Archidvcvm. Et eorum, optatissimi in Belgium Aduentus Rerumque gestarum et memorabilium, Gratulationum, Apparatuum, et Spectaculorum in ipsorum Susceptione et Inavgvratione hactenus editorum accurata Descriptio. Avctore *Ioanne* Bochio *S. P. Q. A.* à secretis. *Antverpiæ*, Ex Officina Plantiniana, apvd Ioannem Moretvm. cIɔ. Iɔcii. In-f°, 1 vol., tit. encadré et gravé, gravures dans le texte.

2628 Actus Electionis, siue Relatio historica, qva ratione illvstrissimvs, et potentissimvs princeps et Dominus, Dn. Matthias II. Hungariæ,& Bohemiæ, &c. Rex, Francofurti Anno 1612, die $\frac{13}{3}$ Iunij, in Regem Romanum electus fuerit. *S. l. n. d.* in-4° car., 1 vol. de 107 pp. chiffr., 8 grav. à la fin, manque la feuille de titre. Suivi de *Ioannis* Mevrsi Rervm Belgicarum Liber vnvs. In Quo Induciarum Historia, & anni noni reliqua. *Lvgdvni Batavorvm*, Apud Lvdovicvm Elzevirivm, Anno cIɔ. Iɔ. c. xii. in-4° car., 4 ff. non cotés et 87 pp. chiff.

2629 *Ioannis* Dilleni I. Cons[ti]. Panegyricvs Serenissimæ Isabellæ Claræ Evgeniæ Hispaniarum Infanti, & Belgicæ Principi scriptus. Additæ notæ: cum Exegesi rerum memorabilium, à Serenissimo Archiduce Alberto, gestarum. Et de origine Francorum, Eorumque antiquis regibus, & stemmate Habsburgi-austriacorum Archiducum, ab his diducto usque ad Serenissimos Albertum, & Isabellam nunc regnantem, Belgicæ Principes; Historicæ dissertationes. *Lovanii.* Typis Henrici Hastenij, 1623. In-4° car., 1 vol. de 188 pp. chiffr., couvert, parchemin.

2630 Trivmphvs invictissimo heroi Ambrosio Spinolæ Balbatiæ Marchioni Avrei Velleris Eqviti, Philippo IV. Hisp. Indiarvmqve Monarchæ a consiliis statvs, Supremo apud Belgos militiæ qua terra qua mari Præfecto, Hæresis,

Perfidiæ, Rebellionis Domitori, Vindici, Triumphatori. Panegyrico celebratus a *Balthasare* NARDO ARRETINO. *Brvxellæ*, Typis Ioannis Meerbecii. 1626. In-4° car. 1 vol., de 20 ff. non cotés et 125 pp. chiffr.

2631 Le triomphe de Monseigneur le Comte de Monterey, Lieutenant Général & Gouverneur des Pays-Bas & Bourgogne. A Liège, chez J. Pasquier, 1672, in-4°. Pièce de 72 pages.

Après le titre, on voit un magnifique portrait du Comte de Monterey, gravé par Gaspar Bouttats. Une note de Denys-Joseph Godefroy dit que cet écrit paraît avoir été fait par une femme. Il se termine en effet de cette sorte : « Après une suite d'années de sa glorieuse administration... il (Monterey) s'en ira en Espagne .... soutenir le fardeau de la monarchie, qui est le souhait de sa « très humble & très obéissante servante D. de Liège, ce dernier juin 1672 ».

2632 Apologie contre certain discovrs emis sovbs le nom des Etats generaux des Pays bas. Par laquelle sont rembarrées les cauillations et impostures dudict Discours. Auec vn recit veritable de ce que c'est passé (*sic*) des l'arriuee de son Altesse esdicts Pays. (Par *Philippe* LE FRANC, Ardenois) *S. l. n. d.* (l'Epître dédicatoire à Dom. Juan d'Autriche est datée des Roches, 9 novembre 1577. Une main du temps a biffé ce chiffre et l'a remplacé par la date de 1580). In-8°. Pièce de 270 pages, les trois dernières non chiffrées.

Autre exemplaire, auquel manquent le titre & l'Épitre dédicatoire.

2633 Les Heravlts des trois Etats du Pays bas. Au Roy leur Prince Souuerain. *S. l.* 1578, in-8°. (Pag. 2 : Le Heravlt des Seigneurs, chevaliers et Gentilshommes Catholiques; pag. 27 : Le Heravlt du Pevple ; pag. 41 : le Heravlt de l'Etat Ecclesiastiqve. Cette troisième partie s'arrête à la pag. 56, la fin manque).

2634 Instrvctie voor de ghedeleyuerde Rechters in de Chambre mi partie (une année à Malines & l'autre à Dordrecht), by de Coninck, ende de Heeren Staten Generael der

Vereenighde Nederlanden te samen gheërigeert. Tot *Brussel*, H. A. Velpius, 1654, in-4°.

La Traduction française de cette *Instruction* se trouve après le texte flamand. La *Chambre-mi-partie*, fut créée en exécution de l'art. 21 du Traité de Munster (30 Janv. 1648) pour « prendre esgard aux négociations des subjects desdits » Pays-Bas, & aux charges et impositions qui seront levées du part & d'aultre » sur les marchandises ».

2635 Remarques sur les impostures & insolences des ennemis, en leurs écrits publiques du 27 Juillet 1658. *S. n. d'imp. s. d.* 1 br. 8 p. in-4°.

2636 Responce des fidèles subjects de Sa Maiesté catholiqve, Aux Pays-Bas, au charitable advis de la France gémissante. *S. l. n. n. d'imp.* 20 May 1667. 1 br. 8 p. in-4°.

2637 Mémoire Que l'Envoyé Extraordinaire d'Espagne a donné à Messieurs les Estats Généraux, à la Haye le 24 May 1680. *S. l. n. n. d'imp.* 1 br. 3 p. in-4°.

2638 Carta de Monsieur F*** al Magistrado de la Ciudad de Amsterdam, Traducido del Flamenco en Espanol. *S. l. n. n. d'imp. s. d.* 1 br. 15 p. in-4°. (1701)

2639 Responce A la Lettre de la Conférence & au nouveau Règlement qui va cy-joint. *S. l. n. n. d'imp. s. d.* 1 br. non paginée in-4°, texte à 2 colonnes. *Dans la même brochure:* Ordonnance Et Intention du Conseil d'Estat que Sa Majesté la Reine de la Grande Bretagne & Leurs H. H. Puissances les Seigneurs Estats Généraux des Provinces-Unies, commettent provisionellement pour les matières affaires d'Estat & importantes, concernant la direction & conduite générale des Provinces de Brabant, de Flandres, & de Malines, & pareillement des autres Pays-Bas Espagnols qui se soumettront encore. Fait à *Bruxelles*, le 21 Juillet 1706.

2640 Recueil De ce qui s'est passé sur le Règlement présenté par les Deux Puissances au Conseil d'Etat à Bruxelles, Depuis le 21 Juillet 1706 jusques au 9 & 30 Octobre 1711. *S. l. n. n. d'imp.* 1 br. 47 p. in-8°.

2641 Donation des Pais-Bas catholiques faite par le roy d'Espagne Philippe V au sérénissime prince Maximilien Emanuel Duc de la Haute & Basse Bavière, etc. A *Namur*, chez Charles Albert, Libraire & Imprimeur, 1712. 1 br. 4 p. in-4°.

2642 *Ferdinand* RAPÉDIUS DE BERG, conseiller au conseil privé de Sa Majesté Impériale et Royale Apostolique. [1740-1800]. Mémoires et Documents pour servir à l'histoire de la Révolution Brabançonne, Par *P. A. F.* GÉRARD, membre correspondant de la Société des Sciences, des Arts et des Lettres du Hainaut. *Bruxelles*, imprimerie de Demanet, 1842 [-43]. Gr. in-8°, 2 tom. en 1 vol., 2 portr. de l'auteur.

2643 Calendrier general de la Flandre, du Brabant Et des Conquêtes du Roi. Contenant L'Etat Militaire, Civil & Ecclésiastique de ces Provinces, la description des Villes et endroits remarquables, les Bureaux des Traittes & Domaines, &c. [Par *A.-J.* PANCKOUCKE]. A *Lille*, chez l'Auteur, & à Paris, Chez Savoye, M.DCC.XLVIII. In-12, 1 vol., imp. à Paris, chez C. F. Simon, 1747.

2644 Collectio monumentorum, rerumque maxime insignium Belgii Fœderati : e Templo et Locis pub. Urbium & Academ. a Primordiis hucusque deducta, qualis nunquam antehac divulgata, exhibens Monumenta multa gloriosissima, lesæ libertatis, at fortissime assertæ : et in ejusdem assertione victoriarum ac triumphorum carmina et cætera Belgica latine reddita. Per *Phileleuterum* TIMARETEN. Pars prima. *Amstelodami*, apud viduam J. Brouning, 1784. In-8°, 1 vol.

C'est un relevé des inscriptions funéraires et autres qui se trouvent dans les églises et édifices publics des principales villes de Hollande.

2645 Lettres d'un Chanoine pénitencier de la métropole de *** [le P. *Pierre* DEDOYAR, S. J.] à un Chanoine théologal de la cathédrale de **, sur les affaires de la religion. Nouvelle Edition revue et corrigée. [*S. l. n. n.* M.DCC. LXXXVI. In-8°, 1 vol. de 142 pp. chiffrées.

2646 Lettre de Marie-Christine, et d'Albert-Casimir aux Lieutenans, Gouverneurs & Capitaines-Généraux des Pays-Bas. 9 Juillet 1787. *S. n. d'imp.*, 1 feuillet.

2647 Recueil de Pièces sur les Pays-Bas. 1° Livre des prières de l'Empereur Joseph Second. *Vienne*, MDCCLXXXVII. 2° Joseph II légitime Empereur malgré lui et malgré son conseil Aulique par le plus zélé de ses serviteurs. Imp. royale 1787. 3° Le Microscope double en Brabant 1787. 4° Lettre pastorale de M. l'Evêque de Namur. *Valenciennes*, Charles Bompart 1787. 5° à M. le P. de S. Bruxelles 10 may 1787. 6° Copie d'une lettre remise à M. N*** de Bruxelles l'un des Commissaires des neuf nations, par une femme ou fille habillée en Botresse Liégeoise, 16 mai 1787. 7° L'époque la plus mémorable des fastes Belgiques arrivée le 30 Mai 1787. *Bruxelles*, 1787. 8° Lettre échappée de la poche de Mad. R. S. 1er Juin 1787. 9° Retroactes concernant la démolition du bâtiment nommé Waeterhalle en la ville de Bruges sous la direction du Colonel de Brou. 10° Description de la Cavalcade, accompagnée de chars de triomphe, en Brabant de l'Imp. des Belges, le 15 Juin 1787. 11° Réponse à un Discours prétenduement prononcé dans l'assemblée des États de Brabant le 20 Juin 1787. 12° Copie d'une lettre écrite à M. le Comte d'A. à la cour de Versailles de *Bruxelles*, 20 Juin 1787. 13° Requêtes des Trépassés du Brabant, à Messeigneurs les États. 14° Lettre de M. le Comte de *** à M. le Baron de M*** sur différentes Cavalcades qui ont paru dans le courant des mois de Juin & Juillet 1787, à *Luxembourg* 1787. 15° Représentation faite aux Etats de Brabant, par les Députés du corps des Armateurs de la pêche nationale à Ostende. *Ostende* & *Bruxelles*, Collaer et de Lahaye, 1787. [titre seul]. 16° Lettre d'un Zélandois à un Brabançon ou considérations sur les véritables intérêts de la Province de Zélande. 1787. 17° Relation sincère et véritable de la prétendue révolte à Luxembourg. 18° Copie d'une lettre écrite de Vienne le 12 Juillet 1787 à un ami de son Eminence Monseigneur le Cardinal, archevêque de Malines. 19° Ode à l'assemblée générale des États à Bruxelles le 18 Juillet 1787. 20° A son Excellence Monseigneur le Comte de Murray de Melgum chevalier de l'ordre Militaire de Marie Thérèse, chambellan, assemblée générale tenue à Namur le 4 Juillet 1787. 21° Discours adressé à Monseigneur d'Aigneville de Millancour Évêque d'Amycles, suffragant de Cambrai etc., etc. à Mons le 24 Juillet 1787. 22° Lettre d'une sœur converse à sa reverende mère avec quelques motives (*sic*) relatifs au temps présent qui prouvent leur utilité, 1787, gravure. 23° Adresse au peuple et au Prince de Kaunits, 1787. 24° Avis satisfaisant à la nation 27 Août 1787. 25° Épitre à Amélie, écrite du camp d'Etterbeek près Bruxelles par un soldat du régiment de Ligne, le 1er septembre 1787. 26° Réfutation du discours sur l'administration de la Justice adressé aux États de Brabant le 12 septembre 1787, ou l'amour de la Vérité par un Avocat soupçonné d'erreurs. 27° Lettre des États du Comté de Namur à l'Empereur à Namur, chez Lafontaine Imp., 1787. 28° Réponse des Belges à la Raison du 18 octobre 1787. 29° Réponse à la note insérée dans le 8e volume du recueil des représentations, protestations etc. qui s'imprime à Liège chez Tutot par un ex-Conseiller des Tribunaux des Belges du 30 octobre 1787. 30° Observations sur la déclaration du 30 octobre 1785 et l'augmentation progressive des matières d'or et d'argent depuis le 1er Janvier 1726 par M. D. P. C. D. M. 1787. Fin du 1er volume.

Recueil de pièces sur les Pays-Bas (2e volume). 1° La Députation, Comédie parade, en un acte, 1787. 2° Discours adressé aux vrais patriotes des Pays-Bas 1787. 3° Microscope ecclésiastique, ou moien de voir clair à travers les tourbillons carthésiens, régénérés par des Philosophes souverains. 1788. 4° Dans toute la Belge, un fusil en vaut bien dix et néanmoins dix n'en valent pas un, paradoxe e falso verum. 5° Nouvelle Cavalcade emblématique et prophétique, vue en songe par Lucius Quintus, Cincinnatus, ancien sénateur Romain l'an de Rome 206, le jour même qu'il fut tiré de la Charrue pour être nommé Dictateur et prendre le commandement des armées, avec une superbe gravure. 1787. 6° Un défenseur du Peuple à l'Empereur Joseph II, sur son règlement concernant l'émigration, ses diverses réformes etc. Dublin, 1787. 7° Plan de réforme de S. M. L'Empereur Roi, concernant le nouvel impôt de 1785. *Vienne* 1787. 8° Réflexions d'un Catholique Romain sur les circonstances du tems. 1787. 9° Les visions politiques de Loyola sur quelques États de l'Europe et particulièrement sur les Provinces Belgiques, après que la Société de Jésus y aura été abolie, Avec figures, 1787. 10° Abregé historique des Révolutions des Pays-Bas pour l'an 1787 ou visions complètes du bienheureux Labre avec figures. 11° Lettre II du Conseiller R. S. à sa femme, 19 Juin 1787. 12° Relation authentique de la maladie, du Trépas, après Confession et des funérailles solennelles de Messire*** en Brabant, 1788. 13° Lettre de M. le Curé de*** à F. X. Burn. 14° Réfutation succinte d'un livre intitulé : *Traité de l'autorité du Pape* par *M. de Burigny*. A *Vienne*, chez Grœffer 1782 5 vol. in-12 ou lettre de M. le Prieur d'A*** à M. l'abbé I*** à *Avignon*. 1787. 15° Commentaire sur l'article LIX de la joyeuse entrée appuyé de l'article XLII et des principes du droit public d'où a été puisé la Constitution Belgique, à *Rome* 1787. 16° Vœu des patriotes adressé aux États du Hainaut par l'Avocat *PP. J.* HARMIGNIES. 17° L'ami de la Vérité et du bon Sens, par le philosophe FONTANIUS en Brabant 1787. 18° Liste des divers livres nouveaux dont la lecture peut convenir à tous ceux qui veulent se mettre au courant des affaires politiques & Ecclésiastiques dans les Pays-Bas Autrichiens. 19° Catalogue d'une Collection de tableaux de différents maîtres de l'École Flamamde, dont la vente se fera au 1er jour. 20° Réponse à la lettre d'un citoyen qui excuse le ci-devant Chancelier. 21° La raison aux Belges de l'Imp. de la Fraternité 1787. 22° Confession publique de M. Le Plat, docteur es droits dans l'université de Louvain, dédiée à deux de ses Collegues, Docteurs en Théologie, 1re édition ornée de notes, par le R. P. L. C. *Mastreicht* 1787. 23° Mémoire apologétique sur les droits de l'Eglise et sur ceux du Souverain, relativement au gouvernement de la Religion par R. P. L. R. *Bruxelles* 1787. 24° Le vœu exaucé des Brabançons ou description de la journée glorieuse ou leurs majestés ont été conduits en triomphe le 31 Mai 1787 avec figures 1787. Proposition d'une question importante, touchant le ci-devant Chancelier, 1787. 25° Quiesce. Conseils d'un Philosophe adressés à Marc-Aurèle. Extrait d'un Journal de Philadelphie 1787. 26° Lettre d'un ex-Capitaine de cercle à un de ses confrères. 1787. *Cologne*, le 16 octobre. 27° Le Triomphe du Brabant. 28° Fable par une Belge, Le Seigneur, son clerc et les faisans. 29° Vers, chansons à l'honneur des Volontaires Bruxellois, à l'occasion de la glorieuse journée du 20 Septembre 1787 (il y en a 18).

Le tout compris en 2 vol. format in-8°.

2648 Mémoires du baron DE CAPELLEN DE MARSCH, député extraordinaire à l'Assemblée de leurs Hautes-Puissances les États-Généraux des Provinces-Unies ; Condamné à perdre la tête, par une sentence de la Cour de Gueldre, du 8 Août 1788, après le bouleversement de la République par les troupes Prussiennes, traduit du hollandois par *Marc* CHAPPUIS *de Genève*. A *Paris*, de l'imprimerie de H. J. Jansen, 1791. In-8, 1 vol.

2649 Fragmens pour servir à l'histoire des Événemens qui se sont passés aux Pays-Bas depuis la fin de 1787 jusqu'en 1789, publiés par le Comte de TRAUTTMANSDORFF avec notes explicatives. A *Amsterdam*, chez Gabriel Dufour, Lib., 1792, 1 vol in-8°.

2650 Lettres de Mr (*Simon-Nicolas-Henri*) LINGUET au Comte de Trauttmansdorff, Ministre plénipotentiaire pour l'Empereur aux Pays-Bas, en 1788 & 1789. A *Bruxelles*, de l'Imprimerie de l'auteur & se trouve chez Lemaire, libraire, rue de l'Impératrice, 1790, in-8°. — Pièce de 40 f. liminaires & de 134 pages.

2651 Mémoire sur quelques articles décrétés par l'Assemblée nationale, & sur les inconvénients de leur exécution, relativement aux Provinces Belgiques. (Par *Théodore-Henri-Joseph* LEFEBVRE). *S. l. n. d.* (*Lille*, Léonard Danel, 1789). In-8°. Pièce de 34 pages.

Autre exemplaire du même Mémoire.

2652 Adresse aux Provinces Belgiques. *S. l.*, Janvier 1790, in-8°. Pièce de 26 pages.

L'auteur voudrait qu'on acceptât sans observations les décrets de l'Assemblée. Il semble avoir pour but de réfuter ce qu'il appelle « un petit écrit incendiaire, qui a pour titre : *Adresse aux citoyens de la ville d'Arras* ». & dont l'auteur n'a pas cru pouvoir prêter en conscience « le serment d'être fidèle à la Nation, à la Constitution à la Loi & au Roi ».

2653 Trompette anti-autrichienne ; ou le Prince déchu de sa souveraineté, & le sang des fidèles sujets ainsi que la Religion vengée de la tyrannie Autrichienne. Seconde édition corrigée et adaptée aux circonstances actuelles. Imprimée au commencement de l'année de la Liberté 1790, in-8°. Pièce de 16 pages.

2654 Livre Blanc ou Revolution Gordune *(sic)*. [par *Ch.* DIERICX, *B.* COPPENS et VERVIER.] Ut imperium evertant, libertatem præferunt : Si perverterint, libertatem ipsam aggredientur. Tacitus Lib. 16. N°. XXII. Annal. [*S. l. n. n.*, *Gand*] M. D. C. C. XCI. Pet. in-4°, 226 pp. chiffr., plus 1 feuillet de tit. et 2 ff. de table.

2655 Premier Supplement au Livre Blanc. [Par *Ch.* DIERICX, *B.* COPPENS et VERVIER. Irrupit omne nefas, fugêre pudor, verumque, fidesque, *(sic)* In quorum subiere locum fraudesque, doliquc, Insidiæque, & vis, & amor sceleratus habendi. Ovidius, Metam. lib. I. A *Lille*, chez J. J. Jacquez, Imprimeur-Libraire, petite Place, 1791.

Pet. in-4°, 202 pp. chiff. non cotés, y compris tit., 202 pp. chiff. et 1 feuillet d'approbation.

2656 Histoire de la Révolution Belge de 1790, précédée d'un tableau historique du règne de l'empereur Joseph II et suivie d'un coup d'œil sur la Révolution de 1830; par *Théodore* JUSTE. *Bruxelles*, A Jamar, 1846. In-12, 3 tom. en 1 vol., gravures.

2657 Histoire du Royaume des Pays-Bas, depuis 1814 jusqu'en 1830, précédée d'un coup d'œil sur notre ancien régime communal; sur les Révolutions Belges du XVIe et du XVIIIe siècle; et suivie d'une esquisse de l'Histoire du Royaume de Belgique, depuis la Révolution de 1830 jusqu'aujourd'hui, accompagnée de discours parlementaires, de notes et de pièces justificatives, par M. DE GERLACHE. ancien membre des États-Généraux du Royaume des Pays-Bas; *Bruxelles*, Hayez, Imprimeur, 1839, 2 vol. in-8°.

2658 La Belgique sous le règne de Léopold Ier. Études d'Histoire contemporaine, par *J. J.* THONISSEN, professeur à l'Université catholique de Louvain. *Liège*, Imp. de J.-G. Lardinois, éditeur, 1855-1858. 4 vol. in-18.

2659 Histoire des gardes Wallones au Service d'Espagne, par le Colonel GUILLAUME, Directeur du Personnel au Ministère de la Guerre, Officier de l'Ordre de Léopold de Belgique, *Bruxelles*, F. Parent, édit., Imp. Parent & fils, 1858. Un vol. in-12, avec gravure coloriée en frontispice et 5 portraits gravés.

2660 Correspondance de François de La Noue, surnommé Bras-de-Fer, accompagnée de notes historiques et précédée de la vie de ce grand capitaine, par *Ph.* KERVYN DE VOLKAERSBEKE. *Gand*, Duquesne; *Bruxelles*, Decq; *Paris*, Delahaye et Durand, 1854. In-4°. 1 vol., de l'impr. de Vanderhaeghen à *Gand*.

2661 De l'Origine des Communes Flamandes, et de l'époque de leur établissement, par *Jules* VAN PRAET, *Gand*, chez Le Roux, [impr. Hipp. Vandekerckhove] et à *Mons*, 1829. In-8°, 1 vol., suivi de : Essai sur l'histoire de la Littérature Néerlandaise, par *J.* DE GRAVENWEERT, membre de l'Institut des Pays-Bas, *Amsterdam*, [imp. Spin], S. Delachaux, 1830. In-8°.

2662 L'Institution des Communes dans la Belgique pendant les douzième et treizième siècles; suivie d'un Traité sur l'existence chimérique de nos Forestiers de Flandre; par M. *J.* DE BAST. *Gand*, J. N. Houdin, 1819. 1 vol. in-4°.

2663 Mémoire historique, politique et critique sur les Constitutions, la Religion, & les Droits de la Nation Belgique, avec des recherches sur l'Origine des Villes qui doivent leur existence et leur accroissement au Clergé Séculier & Régulier, &c., dédié A Messeigneurs les Etats des différentes Provinces de la Belgique Australe, &c., par *G. H.* VERHOEVEN, négociant, Secrétaire Perpétuel de la Ville de Malines. A *Liège*, chez Joseph Henri Stévenard, Impr.-Libr., MDCCXC. Pet. in-4°, 1 vol.

2664 Histoire du Système de la barrière. Mémoire couronné au concours universitaire de 1846-1847 par *Edmond* WILLEQUET. Extrait des Annales des Universités de Belgique, Tome VI. *Bruxelles*, Imp. de Th. Lesigne, 1849. 1 broch. in-8° avec une carte.

« La république des Provinces-Unies n'avait point encore affermi sa liberté par le traité de Munster, lorsqu'elle sentit la nécessité de se conserver, entre ses frontières et celles de la France, une barrière capable de la garantir contre les vues ambitieuses de cette couronne ». (Mémoires du comte de Nény).

2665 Rapport à Monsieur le Ministre de l'Intérieur sur les documents concernant l'histoire de la Belgique, qui existent dans les dépôts littéraires de Dijon et de Paris, par M. GACHARD, Archiviste général du Royaume [de Belgique] 1re partie. Archives de Dijon. *Bruxelles*, M. Hayez, 1843. In-8°, 1 vol.

HISTOIRE DES PAYS-BAS. — FLANDRE.

2666 Dictionnaires géographiques spéciaux des Provinces de la Belgique. Dictionnaire géographique de la Flandre Orientale, par *Ph.* VANDER MAELEN, membre de l'Académie royale des Sciences & belles-lettres de Bruxelles. [Précédé d'un Coup d'œil sur la Province de la Flandre orientale]. *Bruxelles*, à l'Établissement Géographique, Imp. de Ode et Wodon, 1834. 1 vol. in-4°.

2667 *Frederici* Comitis DE BYLANDT Hagæ Comitani, juris in Academia Lovaniensi studiosi Commentatio ad quæstionem ab ordine philosophorum et literatorum propositam : Qua postulatur descriptio Historico-Geographica Comitatus Flandriæ, quo tempore Margaretha, Ludovici Maleani filia, Philippo Audaci Burgundiæ Duci nupsit quæ præmio ornata est [*S. l. n. d. Lovanii*, MDCCCX XVII]. In-4°, 1 vol., av. carte géographique.

2668 Flandria illvstrata sive Descriptio Comitatus istius per totum terrarũ orbem Celeberrimi III tomis absoluta ab *Antonio* SANDERO Gandavensi, Eccl. Iprensis canonico Grad. affecto. *Coloniæ Agrippinæ*, sumptibus Cornelii ab Egmondt et Sociorum cIↃIↃcxxxx. et xxxxiiii. 2 vol. in-f°, nombreuses gravures dans le texte et hors texte, titre en cartouche.

2669 *Iacobi* MEYERI Baliolani Flandricarvm Rervm Tomi X. De origine Flandrorũ Tomus I. De Menapijs. To. I. De Morinis. To. I. De Tornacensibus. To. I. De Gandēsibus. To. I. De duacensibus. To. I. De catalogo Regum Franciæ ac Comitũ Flandriæ. To. I. De genealogia Comitũ. To. I. De situ ac morib. Flãdriæ. To. I. De nobilitate rebusq. alijs. To. I. cum Hymno de sanctissimo nomine Iesv *S. l. n. d.* [*Brugis*, apud Hubertum Crokum, 1531]. Pet. in-4°., 1 vol. de 60 feuillets chiffrés. *Fol. LX r°* : Excudebat Brugis Hubertus Crokus M. DXXXI, mense Iulio. *Nota typographica.*

2670 *Iacobi* Meyeri, Baliolani, Flandricarvm rervm tomi X. *Antverpiæ*, apud Guilielmum Vorstermannum, 1531. Pet. in-4°. 67 feuillets & 6, non foliotés, contenant un hymne au Saint Nom de Jésus & la table.

2671 Rerum Flandricarum Tomi X auctore *Jacobo* Meyero Balliolano. *Brugis*, typis Vandecasteele Werbrouck 1843. Partie d'un recueil de pièces en 1 vol in-4°. xxviii et 147 pp.

2672 *Iac.* Marchantii Flandria Commentariorvm Lib. IIII. descripta. In qvibvs De Flandriæ Origine, Commoditatibus, Oppidis, Castellaniis, Ordinibus, Magistratibus, Indigenisque ; tam à doctrina quam Nobilitate claris ; tum etiam de Principum Flandriæ stemmatibus, Ciuili armataque vita, aliisque memorabilibus breuiter dilucidèque tractatur. *Antverpiæ*, ex officina Plantiniana, Apud Viduam, & Ioannem Moretum, M. D. XCVI. In-8°, 1 vol., couv. parchemin.

2673 Historiæ Flandriæ Christianæ. Ab Anno Christi 500. Clodovæi I. Francorum Regis XVI (*sic*) Usque ad Annum 767. Pepini Regis Franc. XVI. Auctore *Oliverio* Vredio J. C. Brugensi. *Brugis* Flandrorum. Typis Petri van Pee. [*s. d.*, 1639] In-f°, 1 vol.

2674 Société d'émulation de Bruges. 25° anniversaire de sa fondation. Cronicque de Flandres. (précédée d'une préface par M. le Chanoine Van de Putte,) *Bruges*, Vandecasteele-Werbrouck Imp., 1864. 1 vol. in-4°. Cart. avec portrait de M. Carton, beau titre chromolithographié, majuscules et culs-de-lampe imp. en couleurs, texte encadré.

2675 Compendivm Chronicorvm Flandriæ, per *Iacobvm* Meyervm Balliolanvm. Opus nunc recens æditum (*sic*), anno M. D. XXXVIII. *Norimbergæ*, apud Io. Petreium. Cum Priuilegio Imperiali. In-4° car., 1 vol. de 13 ff. non cotés et 133 ff. cotés.

2676 Commentarii siue Annales rerum Flandricarum Libri Septendecin. Auctore *Iacobo* MEYERO Baliolano Opus nouum & nunquam antea typis euulgatum, Cum indice rerum & materiarum Copiosissimo. *Antverpiæ*, in ædibus Ioannis Steelsii, M. DLXI. Un vol grand in-8°.

2677 Comites Flandriæ, sive epitome Rerum Flandricarum, ex annalibus Jacobi Meyeri. Per *Antonium* MEYERUM, ejusdem ex Henrico fratre nepotem. Additum est Cameracvm, sive incomium Vrbis ac populi Cameracensis. *Antuerpiæ*, J. Steelsius, 1659. In-12.

2678 Croniqve de Flandres, anciennement composee par avtevr incertain, et novvellement mise en lvmiere [Continvation de l'histoire et Croniqve de Flandres, extraitte de plvsieurs bons Auteurs, Les Memoires de Messire *Olivier* DE LA MARCHE, premier maistre d'hostel de l'Archedvc (*sic*) Philippe d'Avstriche, Comte de Flandres, Nouuellement mis en lumière,] par *Denis* SAVVAGE de Fontenailles en Brie, Historiographe de Treschrestien Roy Henry, second de ce nom. A *Lyon*, par Gvillavme Roville, M. D. LXII. in-f°, 3 part. en 1 vol.

2679 Les Chroniqves et annales de Flandres Contenantes les heroicqves et tresuictorieux exploits des Forestiers, & Comtes de Flandres, & les singularités & choses mémorables aduenuës audict Flandres, depuis l'an de nostre Seigneur Iesus Christ VI & XX jusques à l'an M. CCC. LXXVI nouuellement composées & mises en lumière par *Pierre* D'OUDEGHERST, Docteur ès Lois, natif de la ville de Lille. A *Anvers*, chez C. Plantin M.DLXXI. 1 vol. in-4°, table incomplète manuscrite par Jean Godefroy & notes marginales.

2680 Annales de Flandre, de P. [*Pierre ou plutôt Jean*] D'OUDEGHERST, Enrichies de notes grammaticales, historiques & critiques & de plusieurs chartres (*sic*) & diplomes, qui n'ont jamais été imprimés. Avec un discours préliminaire servant d'introduction à ces annales, par M. Lesbroussart, Professeur de langues anciennes à l'école centrale du Département de la Dyle à Bruxelles. A *Gand*, Chez P. F. de Goesin-Verhaeghe, Et à *Paris*, chez Janet, [*s. d.*]. In-8°, 2 vol.

2681 Annales de Flandres par *Emanvel* Sveyro Sênor de Voorde, Fidalgo de la Real Casa de Su Magesta, y Entretenido cerca Cauallero del habito de Christo, persona de Su Alteza. En *Anvers*, En casa de Pedro, y Iuan Beleros. M. DC. XXIV. In-f°, 2 tom. en 1 vol., frontispice gravé.

2682 Abrégé chronologique de l'histoire de Flandre, contenant les traits remarquables de l'histoire des Comtes de Flandre, depuis Bauduin I, dit Bras-de-fer, Jusqu'à Charles II, Roi d'Espagne. Par *A. J.* Panckoucke, dédié à Monseigneur le Prince de Soubise. A *Dunkerque*, J. L. de Boubers, 1762, in-12. 1 vol.

2683 Les généalogies et anciennes descentes des Forestiers et Comtes de Flandre, avec brièves descriptions de levrs vies et gestes le tovt recveilly des plvs véritables, approvées et anciennes croniqves et Annales qvi se trovvent par *Corneille* Martĩ, Zélandoys et ornées de Portraits, figvres et habitz selõ les façons et gvises de levrs temps, ainsi qvelles ont esté trovvées es plvs anciens tableavx par *Pierre* Balthasar, et par lvi memes mises en lvmière. En *Anvers*, imprimez par André Bax (vers 1580). 1 vol. in-4° titre encadré dans le frontispice. — 1re édition de cet ouvrage. *Voir n° 2773.*

2684 Histoire de la Flandre et de de ses institutions civiles et politiques jusqu'à l'année 1305, par *L. A.* Warnkœnig, traduite de l'allemand, avec corrections et additions de l'auteur, par *A. T.* Gheldolf. *Bruxelles*, M. Hayez, et Paris 1835. [64]. In-8°, 5 vol. (T. I, II, Bruxelles, M. Hayez, 1835-36. T. III, Bruxelles, A. Vandale, 1846. T. IV, Bruxelles, Verbeyst, 1851. T. V. (Histoire de la ville et du ci-devant quartier d'Ypres), *Paris* lib. Internationale de A. Lacroix, Verbœckhoven et Cie, imp. à *Bruxelles* par les mêmes, 1864.

2685 Histoire de Flandre par KERVYN DE LETTENHOVE, *Bruxelles*. A Vandale, [imp. Delevingne et Callewaert] 1847-[1855] in-8°, 7 vol. savoir :

T. Ier. — Époque féodale, 792-1128, du gouvernement des forestiers à la mort de Guillaume de Normandie.

T. II. — Epoque communale, 1128-1304, de l'avènement de Thierri d'Alsace à la mort de Gui de Dampierre.

T. III. — Époque communale, 1304-84, du traité d'Athies à la bataille de Roosebeke.

T. IV. — Ducs de Bourgogne, 1383-1453, de l'avènement de Philippe le Hardi à la bataille de Gavre.

T. V. — Ducs de Bourgogne, 1453-1500, de la paix de Gavre aux traités de Damme et de Cadzand.

T. VI. — Temps modernes, 1500-1792, de la naissance de Charles-Quint à la mort de Léopold II.

T. VII. — Table analytique des matières.

2686 Histoire de Flandre, par M. KERVYN DE LETTENHOVE. — *Bruges*, Beyaert-Defoort, Editeur. [*Bruxelles*, impr. Delevingue et Callewaert]. 1853 [-54] In-12, 4 vol.

T. Ier. — 1700 av. J. C. à 1278 ap. J. C.

T. II. — 1278 à 1383. — *T. III.* — 1383 à 1453. —

T. IV. — 1453 à 1500, et table.

2687 Histoire de La Flandre depuis l'Invasion Romaine jusqu'au XIXe siècle par *P.* CLÉMENT. *Lille*, Baly. Vanackere fils. imp. lib., édit. 1836. *A la suite* : Discours sur l'utilité d'une histoire générale de Flandre et sur la manière de l'écrire par M. LAMOOT. Bibliot. de St-Pierre à Lille. A *Liège* chez Bassompierre lib. M DCC. LX. *A la suite* : Nouveau programme d'études historiques et archéologiques sur le Département du Nord par le Docteur LE GLAY. — *Lille* Vanackère fils., Imp. Lib., 1836. Le tout en 1 vol. pet. in-12.

2688 La Flandre, de Gui de Dampierre jusqu'à Louis de Male par *J.* QUICHERAT. *Bruges*. Imprimé chez Vandecasteele-Werbrouck, 1854, 1 broch. 17 p. in-8.°

2689 Histoire de la Flandre, depuis le comte Gui de Dampierre jusqu'aux ducs de Bourgogne. 1280-1383, par *Jules* VAN PRAET. *Bruxelles* [imp. Lebeau], H.Tarlier, 1828. Tr. pet. in-4°, 2 tom. en 1 vol. (manque le tit. du t. II).

2690 Tableau fidele des troubles et révolutions arrivés en Flandre et dans ses environs, depuis Charles, dit *Le Bon*, XIII comte & souverain de la susdite ci-devant florissante province jusqu'à l'an 1584, époque de la réconciliation avec Philippe II, roi d'Espagne, XXXI comte de Flandre par M. BEAUCOURT DE NOORTVELDE & DE TER-HEYDEN, Président & Avocat-Fiscal de la Judicature des droits et tonlieux de S. M. l'Empereur & Roi etc. Tome I. — A *Bruges*, chez Fr. Van Hese, 1792, pet. in-4°, 1 vol. (*Nota*. Le t. II n'a paru qu'en 1845, publié par la Société des Bibliophiles de Mons).

2691 Historiæ Flandricæ synopsis ab anonymo scriptore Flandriæ Generosæ titulo circa annum M.C.LXII exhibita: Anno M.DC.XLIII cum brevissimis *Georgii* GALOPINI scholiis primùm edita:cum iisdem nunc,aliisque amplioribus, et perpetuo usque ad annum M. CCCC. LXXXII supplemento luci reddita Studio *Joannis Natalis* PAQUOT. *Bruxellæ*, typis Josepho Ermens, 1781. 1 vol. in-4°.

2692 Exposition des trois États du païs et comté de Flandres, scavoir: Du Clergé, de la Noblesse, & des Communes, par *P.* ZAMAN, échevin de St-Nicolas [*S. l. Gand*]. M. DCC. XI. In-8°, 1 vol.

2693 Exposition des trois États du païs et comté de Flandres, scavoir (*sic*) Du Clergé, de la Noblesse, & des Communes [par *P.* de ZAMAN, échevin de Saint-Nicolas [*S. l. Gand*]. M. DCC. XI. In-8°, 1 vol. 2e exemplaire de l'ouvrage précédent.

2694 Vie de Charles-le-Bon, dissertation du Dr WEGENER, traduite du danois par un bollandiste [le R. P. *J.* VAN HŒCKE, *S. J.*]. *Bruges*, imprimé chez Vandecasteele-Werbrouck. [1864]. In-8°. 5 vol., grav. [*Même vol.* I]. Charles-le-Bon, causes de sa mort, ses vrais meurtriers; Thierry d'Alsace des comtes de Metz, seigneur de Bitche et comte de Flandre, par le Cte *F.* VAN DER STRATEN PONTHOZ. *Metz*, S. Lamort, 1853. In-8°, grav., envoi signé d'auteur à M. de G. M. [II]. Thierry d'Alsace. Étude sur le règne de ce prince, par *Alphonse* WAUTERS, Archiviste de la ville de Bruxelles, *Gand*, De Busscher frères, 1863. In-8°. [III] Histoire de Jeanne de Constantinople, comtesse de Flandre et de Hainaut, par *Edward* LE GLAY. *Lille*, Vanackere, imprimeur-libraire. 1841, in-8°. *Dono auctoris.*

2695 Charles-le-Bon, causes de sa mort, ses vrais meurtriers: Thierry d'Alsace des Comtes de Metz. Seigneur de Bitche et Comte de Flandre, par le *Cte F.* VAN DER STRATEN PONTHOZ. Appendice. *Metz*. S. Lamort Imprim., 1853. Une broch. petit in-4° avec frontispice et tableau généalogique.

2696 Académie royale de Belgique (extrait de tome XXI des mémoires). Mémoire historique et critique sur Philippe d'Alsace Comte de Flandre & de Vermandois (1157-1191), par M. le *Chanoine J. J.* DE SMET membre de la Commission royale d'histoire etc. Une broch. in-8° de 42 pag.

2697 De l'origine, des Progrès & de la Décadence des Chambres de Rhétorique, établies en Flandre; avec une Notice sur Jacques van Artevelde. Extrait d'un mémoire, lu le 27 juillet 1812, lors de la distribution solennelle des Prix au Grand Concours de la Rhétorique de Gand, par *N.* CORNELISSEN, secrétaire honoraire de l'Académie de dessin & des Beaux-Arts. Suivi du nom des Juges, de ceux des vainqueurs & du Discours prononcé par M. STROBBELAERS, Président de la Chambre. *Gand.* Begyn. (1812). In-8°, 1 vol.

Dans le même volume : 1) Eucharis et Télémaque, par M. David [description et étude esthétique de ce tableau, par *N.* CORNELISSEN]. *Gand*, Houdin, 1818. 2) Guillaume Ier intercédant en 1578, pour les catholiques, devant Hembyze et les factieux de Gand, tableau de M. Mathieu van Bree, avec la Description esthétique, par M. *Norbert* CORNELISSEN. *Gand*, Houdin, 1820. 3). Redevoering over den luyster. — [Du lustre que l'Académie Royale des beaux-arts de Gand a répandu sur les arts et les artistes des Pays-Bas, par l'institution d'un concours et l'inauguration de la salle d'exposition, Discours prononcé, le 11 août 1823, dans la distribution solennelle des Prix d'honneur, en présence des Membres de l'Assemblée Provinciale & de l'Échevinage, par *N.* CORNELISSEN, secrétaire honoraire de l'Académie], *Te Gent*, P.-F. de Goesin-Verhaeghe. 1823.

2698 Album du Cortège des Comtes de Flandre, personnages & Costumes dessinés par *Félix* DE VIGNE. Peintre d'Histoire et texte historique et descriptif par *Edmond* DE BUSSCHER, Secrétaire de la S^té^ royale des Beaux-Arts et de Littérature de Gand. *Gand*, Imp. Busscher frères, 1852. 1 vol. in-4°, frontispice. Nombreuses grav. hors texte, texte encadré d'un filet. — Chars du Cortège des Comtes de Flandre dessinés par *Félix* DE VIGNE avec texte historique et descriptif par *Edmond* DE BUSSCHER. *Gand*, Imp. de Busscher 1853, frontispice texte & planches.

2699 Gerardi Montivm sive altera imperialis Flandriæ Metropolis eivsqve Castellania. Avctore *Ioanne* VAN WAESBERGHE Ivrisconsulto Ecclesiæ Collegiatæ S. Audomari. *Bruxellæ*, Apud Ioannem Meerbecium M.DC.XXVII. In-4° car., 1 vol., rel. parchemin.

2700 Mémoires sur la ville de Gand, Par le Chevalier *Charles-Louis* DIERICX, membre du conseil-général du département de l'Escaut et directeur du jardin botanique. A *Gand*, De l'Imprimerie de P. F. de Goesin-Verhaeghe, 1814 [-15] in-8°, 2 vol.

2701 Chronique de S. Bavon à Gand par *Jean* DE THIELRODE (1298) d'après le ms. original appartenant à M. Lammens, Bibliothécaire de l'Université de cette Ville, avec un extrait de la chronique de S. Bavon du XVe Siècle, d'une chronique d'*Olivier* DE LANGE et d'un martyrologe (par M. VAN LOCKEREN). *Gand*, chez Vassas, rue des Champs, 13 Août 1835. Gand, Imp. Duvivier. 1 vol. broché pet. in-4° (texte latin).

2702 *Antonii* SANDERI Presbyteri Gandavvm Sive Gandavensivm Rervm Libri sex. *Bruxellis* apud Ioannem Pepermanvm, 1627, titre noir & rouge. *Sequitur*: De Statv Hominis veteris simvl ac novæ ecclesiæ et Infidelivm Conuersione libri tres. Authore *Davide* CAMERARIO Presbytero Scoto. *Catalavni* apud Jacob. Thevenym, Typ. MDC. XXVII. *Et in fine*: Liber Secvndus de virtutibvs reqvisitis in Concionatore Evangelico et ad Qvos spectet praecipve infidelibvs Euangelij prædicandi Prouincia. Authore *Davide* CAMERARIO presby. Scoto. *Catalavni*, apud Jacob. Thenenym. Typog. MDCX XVII. Ensemble un fort vol. in-4°.

2703 Mémoires de *Jean* d'HOLLANDER, Chanoine de Sainte Waudru, Sur la Revolte des Ganthois en l'an 1539 contre Charles V Empereur des Romains & monarque des Espagnes, leur legitime Seigneur, écrit l'an 1547. Ex Ms. Bibliothecæ D. Jo. B. Achil. Godefroy, Directoris Cameræ Rationalis Insulensis. A *la Haye*. Et se vend Chés Isaac Beauregard, M. D. CC. XLVII. In-4° car., 1 vol., tit. rouge et noir.

2704 Relation historique des tentatives faites par les Gantois, pendant plusieurs siècles pour s'ouvrir une Communication directe avec l'océan ; par *Amand* DE BAST aîné. *Gand*, chez Louis de Busscher, Imp. de la ville, 1829. 1 broch. petit in-4°, 80 pag.

2705 Recherches sur les corporations Gantoises, notamment sur celles des tisserands et des foulons, leur organisation civile, religieuse, militaire et commerciale, suivies d'un essai généalogique sur l'origine des familles de la Flandre, par *Jules* HUYTENS, Membre de l'Académie d'archéologie de Belgique. *Gand*, Léonard Herbelynck, 1861. In-4°, 1 vol., tiré à pet. nomb. non mis dans le commerce, orné de lithographies.

2706 Précis des Annales de Bruges, depuis les temps les plus reculés jusqu'au commencement du XVIIe siècle, augmenté d'une Notice sur l'Hôtel-de-Ville, avec 44 figures, et d'une Biographie des plus Illustres Brugeois, par *Joseph-Octave* DELEPIERRE, avocat et membre de la Société royale des beaux-arts et des lettres, de Gand. *Bruges*, Imprimerie de Vandecasteele-Werbrouck, 1835. In-4°, 1 vol., tit. rouge et noir encadré.

2707 La Tryumphante et Solemnelle entrée faicte sur le nouuel et ioyeux aduenement de très hault très puissant et très excellent Monsieur Charles prince des Hespaignes Archiduc d'Austrice duc de Bourgongne côte de Flandres en sa ville de Bruges, l'an 1515 le XVIIIe jour d'avril après Pasques rédigée en escrit par M. *Remy* DUPUYS. *Bruges*, Gilles de Gourmont, 1515. 1 vol. 74 pag. In-8°, gravures dans le texte et planches. Car. gothiques, (notice bibliographique manusc).

2708 Essai sur l'histoire du S. Sang depuis les premiers siécles du Christianisme. [par l'abbé *Ch.* CARTON]. *Bruges*, 1850. De l'Imprimerie de Vandecasteele-Werbrouck, In-8°, 116 pp.

2709 Album descriptif des fêtes et cérémonies religieuses a l'occasion du Jubilé de 700 ans du Saint-Sang, à Bruges, précédé de l'abrégé d'un essai sur l'histoire du Saint-

Sang, depuis les premiers siècles de l'Église jusqu'à nos jours, par l'abbé C. C. [*Charles* CARTON] Contenant 30 planches, ayant l'explication en regard. *Bruges*, imprimerie de Daveluy, 1850. In-4°, 1 vol.

2710 Recherches sur l'Église de Jérusalem a Bruges, Suivies de données historiques sur la Famille du Fondateur. Par *J.* GAILLIARD. Ouvrage enrichi de belles planches lithographiées. *Bruges*, Gailliard, [lith. De Lay. De Muyttere] 1843. Pet. In-4°, 1 vol., tit. lithographié.

2711 Confrérie de Notre-Dame de l'Arbre-Sec à Bruges, de l'Imprimerie de Vandecasteele-Werbrouck. M. DCCC. XLIV. 1 broch. 11 pag. Signée : CUSTIS. Une planche.

2712 Miscellanées. Curtracencia. De l'Imprim. de Vandecasteele-Werbrouck. M. DCCC. XLIV. 1 broch. de 18 pag. (signée) : DE COENE.

2713 Relation de la forme & des moiens, par lesquels S. A. le Sér^me^. prince Dom Jean a engagé les François à tenter la surprise de la place d'Ostende, pour les surprendre eux-mêmes. *Bruxelles*, imp. G. Scheybels, 1658. 1 br. 11 p. in-4°.

2714 Notice sur l'Eglise d'Horrues par l'abbé HUGUET, Curé de Néchin, membre de la Société historique et littéraire de Tournai. *Tournai*, Malo et Levasseur, Imprimeurs, 1872. 1 broch. pet. in-4°. 11 pag. 1 planche

(Extrait des bulletins tome XV de la Société historique et littéraire de Tournai). (don signé d'auteur sur la couverture).

2715 Rapport sur les fouilles faites sous la tour de l'Eglise de Damme pour retrouver le Tombeau de Jacques Van Maerlandt présenté au Comité Directeur de la Société d'émulation pour l'histoire et les antiquités de la Flandre Occidentale par l'abbé *C.* CARTON. *Bruges*, Imp. Vandecastel-Werbrouck, 1839. 1 broch de 16 pag.

2716 Responce générale de messire Wolffgang cheualier Noble de Plotho, Baron d'Ingelmunster, aux actions intentées par les nobles Sieurs Ernest, Sigfrid, Joachin, Christofle Werner de Wulffen, pour la baronnie d'Ingelmunster & les biens de feu Messire Otto Noble de Plotho, Colonel Viuant Baron d'Ingelmunster situez en Flandres. 1620. 1 vol. petit in-f°.

HISTOIRE DES PAYS-BAS. — HAINAUT. — TOURNAISIS.

2717 Dictionnaire géographique de la Province de Hainaut, par *Ph.* VANDER MAELEN, membre de l'Académie royale des sciences & belles-Lettres de Bruxelles. [précédé d'un coup d'œil sur la Province de Hainaut]. *Bruxelles*, à l'Établissement géographique, Imp. de Ode & Wodon 1833, 1 vol. in-4°.

2718 Givet. Mariembourg. Chimay. Rocroy. Hirson. Gravé par BRUNET, Écrit par LE ROY le J^ne^. Partie de la carte de Cassini. Collée sur toile et pliée.

2718bis 1) Histoire de Hainaut, par *Jacques* de GUYSE, traduite en français avec le texte latin en regard, et accompagnée de notes. [par le marquis DE FORTIA d'URBAN, membre de l'Institut.](Le texte est publié pour la première fois sur deux manuscrits de la Bibliothèque du Roi.) A *Paris*, chez A. Sautelet et Cie, [*puis* chez Paulin et chez l'auteur; impr. H. Fournier.] A *Bruxelles*, chez Arnold Lacrosse, M. DCCC. XXVI. [-XXXIII]. In-8°, 15 tom., le t. V en deux parties, en tout 16 vol.

2) Annales de Hainaut, par *Jean* LEFÈVRE, publiées pour la première fois, avec des notes, Par M. le Marquis DE FORTIA D'URBAN, de l'Académie des Inscriptions et Belles-Lettres de Paris, de l'Académie de Bruxelles, etc., etc.; pour servir de supplément aux Annales de Jacques de Guyse. A *Paris*, chez l'auteur, [impr. H. Fournier] 1835. [-1836]. In-8°, 4 vol.

3) Table générale, alphabétique et analytique, des matières contenues dans les quinze premiers tomes for-

mant seize volumes de l'histoire de Hainaut, de Jacques de Guyse ; Par M. le Marquis DE FORTIA D'URBAN. A *Paris*, chez l'auteur, [impr. H. Fournier] 1837. [-1838]. In-8°, 2 vol.

2719 GISLEBERTI Balduini quinti Hannoniæ Comitis Cancellarii Chronica Hannoniæ nunc primùm edita curâ et studio Marchionis DU CHASTELER, Bruxellensis Academiæ Socii. *Bruxellis*, typis Emmanuelis Flon. M. DCC. LXXXIV. In-4°, 1 vol., en tête duquel on a relié le prospectus de l'œuvre formant 2 ff.

2720 [Scriptores Rerum Germanicarum] GISLEBERTI Chronicon Hanoniense ex recensione *Wilhelmi* ARNDT. In usum scholarum ex Monumentis Germaniæ historicis recudi fecit *Georgius Heinricus* PERTZ Serenissimo Borussiæ Regi a consiliis regiminis intimis Bibliothecæ Regiæ Berolinensi Præfectus. *Hannoveræ* impensis Bibliopolii Hahniani [typis Culemannorum] 1869. In-8°, 1 vol., lettre autographe de G. Arndt à M. de Godefroy collée sur le feuillet de garde.

2721 Chronicon BALDUINI Avennensis toparchæ Bellimontis Sive historia genealogica comitum Hannoniæ Aliorumque Principum ante annos Quadringentos conscripta primùm nunc edita & notis historicis illustrata Studio *Iacobi Baronis* LE ROY et S. R. I. domini Sancti Lamberti. *Antverpiæ*, ex typog. Knobbariana, apud Franciscum Muller M. DCXCIII. Un vol. in-f°, avec une carte.

2722 Le premier [second, tiers] volume des Illustrations de la Gaulle belgique antiquitez du pays de Haynnau et de la grâd cite de Belges : a present dicte Bauay dont procedent les chaussees de Brunchault. Et de plusieurs princes q̃ ont regne et fonde plusieurs villes et citez audit pays et aultres choses singulieres et dignes de mémoire aduenues durât leurs regnes iusques au dûc Philippes de Bourgongne dernier decede. [Extraites des ouvrages latins de Jacques de Guyse par *Jean* LESSABÉE] Les aultres trois volumes sortiront de bref a lumiere. On les vend a *Paris*, en la grand rue Sainct Jaques en la boutique de Francois regnault marchant Libraire iure de Luniuersite de Paris deuant les Mathurins à l'enseigne de lelephant. m. d. xxxi. 3 tom. en 1 vol. pet. in-f°, car. goth., 2 col., tit. rouge et noir encadré, bois au v° du 1er feuillet, 6 ff. non cotés, CXLII ff. côtés et 1 bois; 4 ff. non cotés et LXXXII ff. cotés 6 ff. non cotés avec un bois au verso du 6e, et CVIII ff. cotés, parmi lesquels manquent les ff. 105 et 106 remplacés par 4 ff. mss, le 3e tome daté de 1532; il n'y a pas de 4e tome malgré l'annonce du titre.

2723 Annales de la Province et Comté d'Haynav ou l'on voit la svitte des Comtes depvis levr commencement, les Antiqvitez de la Religion, et de l'Estat depvis l'entrée de Jules Cesar dans le Pays ensemble les Evesqves de Cambray, qui y ont commandé les fondations pievses des eglises et monasteres et les descentes de la noblesse. Recueillies par feu *François* VINCHANT, Prestre. Augmentées & acheuées par le R. P. *Antoine* RVTEAV, de l'Ordre des PP. Minimes. A *Mons* en Haynav, De l'Imprimerie de Iean Havart, M. DC. XLVIII. In-f°, 1 vol., tit. rouge et noir.

2724 Histoire generale du Hainau (*sic*), comprenant les souverains depuis la conquête de Jules Cesar jusques aux Princes de l'Auguste Maison d'Autriche, les Evêques, tous les Saints de l'ancien diocese de Cambrai, & les choses les plus remarquables arrivées dans les Païs-Bas, en France & en Allemagne. Par le R. P. *M.* DELEWARDE, Prevôt de l'Oratoire du Païs Walon (*sic*). A *Mons*, Chez la Veuve Preud'homme & Jean Varret, [*puis* chez Jean Nicolas Varret, M. DCCXVIII. [-XXII. In-8°, 6 vol.

2725 Histoire ecclésiastique et profane du Hainaut, Par M. l'Abbé HOSSART. A *Mons*, Chez A. J. Lelong, Imprimeur, & se trouve chez N. J. Bocquet, 1792. In-8°, 2 tom. en 1 vol.

2726 Recherches sur le Hainaut ancien (Pagus Hainoensis) du VIIe au XIIe Siècle par *Ch.* Duvivier, Avocat à la Cour d'appel de Bruxelles, membre de plusieurs Sociétés Savantes. *Bruxelles*, Lib. ancienne de Fr. J. Olivier. *Mons*, Imp. Masquillier et Dequesne, 1865. 1 vol. petit in-4° contenant une carte du territoire de l'ancien Hainaut.

Ce mémoire a obtenu la médaille d'or au concours de 1860-1861, de la Société des Sciences, des Arts & des Lettres du Hainaut.

2727 Bibliothèque Nationale. Histoire du Comté de Hainaut par le baron de Reiffenberg, Membre de l'Académie de Belgique, de l'Institut de France, etc. [continuée par *J. T.* Vandervin, Professeur à l'Athénée de Gand]. *Bruxelles*, A. Jamar éditeur [*s. d.*]. Pet. in-8°, 3 tom. en 1 vol., lithographies.

2728 Droits primitifs des anciennes terres et Seigneuries du Pays & Comté de Haynaut Autrichien et François; et Connoissance exacte de la Mouvance des Fiefs qui relevoient du Comte de Haynaut en 1410 & 1473 avec tous les Arrières-fiefs par le Comte *Joseph* de St-Genois membre de la Chambre de la noblesse des Etats du Pays & Comté de Haynaut Tome 1er. *Paris*, Saillant M. DCCLXXXII. 1 vol. broché in-f° avec tableaux généalog. & gravures.

2729 Droits primitifs des anciennes terres et seigneuries du pays et comté de Haynaut Autrichien et François; et Connoissance exacte de la Mouvance des Fiefs qui relevoient du Comte de Haynaut en 1410 & 1473 avec tous les Arrières-fiefs par le Comte *Joseph* de St-Genois membre de la Chambre de la noblesse des Etats du Pays et Comté de Haynaut. Paris. Saillant. 1782. 2 vol. in-f°.

Ces volumes sont en deux parties; la première depuis la page 1 jusqu'à la page 462; la 2e depuis la page 463 jusqu'à la page 1071. Cette deuxième partie contient : 1° L'inventaire chronologique des titres des comtés de Flandres, d'Artois et de Namur déposés à la Chambre des comptes à Lille. 2° Un recueil intéressant pour Tournai et le Tournaisis. 3° Une table générale des noms de familles, villes, villages, terres, chartres etc., contenus dans les Monuments anciens recueillis par J. de St-Genois. Lille. Danel. 4° Une indication indispensable à ceux qui voudront faire des recherches dans cet ouvrage. 5° Une pièce intitulée : Ruine de Joseph de St-Genois, de son épouse et de ses 3 enfants prononcée par MM. Michaux président, Coremans, Fournier, Dimartinelli, Decaigny, Delecourt, Thiénot, juges de la 3ème section du tribunal d'appel du département de la Dyle le 13 fructidor an XII (31 août 1804). 6° Le prospectus du 2ème volume.

Cet ouvrage est le 1er volume de l'ouvrage intitulé Monumens anciens.

2730 Histoire du Conseil souverain de Hainaut par *Alexandre* PINCHART, attaché aux archives générales du royaume, membre de la Société de numismatique belge. *Bruxelles*, Hayez, Imprimeur. 1857. (mémoire couronné le 13 mai 1857). 1 broch. in-8°. 165 p.

2731 Introduction à l'Histoire administrative du Hainaut, depuis la première invasion française (7 novembre 1792); suivie de Pièces justificatives et d'une Notice biographique, par *Ch.* DELECOURT, Avocat. *Mons*, Leroux ; à *Gand*, même maison ; et à *Liège*, A Leroux et Cie. [impr. Masquillier et Lanier, à Mons] 1839. In-8°. 1 vol., tiré à 200 exemplaires.

2732 Etudes sur l'histoire de Haynaut de Jacques de Guyse traduite par M. le Marquis de Fortia d'Urban par *J. M. G.* BENEZECH, membre de la Société d'Agriculture, des Sciences & des Arts de Valenciennes. *Valenciennes*, Imp. Prignet 1839. 1 broch in-8°. 99 pag. avec cartes et fac similé.

2733 Première lettre sur Jacques de Guyse annaliste du Hainaut à Monsieur le Baron de Stassart, Gouverneur du Brabant, Directeur de l'Académie de Bruxelles, par M. *Adolp.* AUBENAS, membre de la Société royale des antiquaires de France. *Paris*, chez l'auteur ; Imp. Fournier & Cie, 1839. Une broch. 32 p. in-8°.

2734 Exposition du droit des curés de la province du Hainau concernant la Portion canonique, divisée en deux parties où sont rapportées plusieurs pièces intéressantes, entre autres une Consultation de la Faculté de Droit de Louvain [Signée par les Docteurs *Arn.* BUGGENHOUT, *H. A.* PORINGO, *C.* ROBERT, *L. J.* STREITHAGEN, *J.* POLSEMA et *P.* VAN BILLOEN]. *Bruxelles*, P. J. Lemmens, 1751, in-12. 1 vol.

(Cette Exposition est divisée en trois parties, ayant chacune une pagination particulière).

2735 Recueil factice de divers documents contemporains d'origine belge, à savoir :

1) Relation du Banquet patriotique offert aux Députés du Hainaut, le jour de la fête du roi, 24 août 1829. — *Tournay*, imprimerie de J. Casterman, aîné, [1829] pet. in-4°, 28 pp.

2) Rapport du Ministre de l'Intérieur sur l'instruction publique, suivi de plusieurs extraits de journaux du royaume. — *Tournay*, imprimerie de J. Casterman, aîné, 1829. In-8°, 64 pp. Le rapport est de VAN GOBBELSCHROY.

Deux exemplaires.

3) Lettre de remerciement a Messieurs les membres de la deuxième chambre des Etats-Généraux qui se sont prononcés contre le collège philosophique par quelques pères de famille, professant la religion catholique, apostolique et romaine. Deuxieme édition, suivie de la lettre adressée par Son Excellence le Directeur général des affaires du culte catholique [Goubau], à S. A. C. le Prince de Méan, archevêque de Malines. — *Bruxelles*, chez Lejeune Fils et Galand, [imp. Ch. Versé] 1826. In-8°, 44 pp.

2736 Histoire des choses plvs memorables, advenves depuis l'an onze cens XXX ivsqves a nostre siècle, digerees selon le temps & ordre qu'ont dominé les Seigneurs d'Enghien, terminez és familes (*sic*) de Luxembourg &

de Bourbon. Par *Pierre* Colins, cheualier & Seigneur d'Heetfelde. — A *Mons*, de l'imprimerie François de Wavdré, à la Bible. M. DC. XXXIV. In-4° car., 1 vol. de 8 ff. non cotés et 660 pp. chif.

2737 Histoire de la ville de Mons, ancienne et nouvelle; contenant tout ce qui s'est passé de plus curieux depuis son origine 650 jusqu'à présent 1725, la chronologie de Comtes de Hainau, la liste des magistrats; avec un très grand nombre de décrets des Souverains, concernant les privilèges de cette ville, son ancien Circuit, son Agrandissement, ses guerres, ses sièges, ses blocus, ses ruines, ses rétablissemens, ses incendies, ses tremblemens de terre, & autres évenemens surprenans. Par *Gilles-Joseph* de Boussu, Ecuyer, Licencié en droit. A *Mons*, chez Jean-Nicolas Varret. 1725. In-4°, 1 vol. frontisp. gravé.

2738 Mons sous les rapports historiques, statistiques, de mœurs, usages, littérature et beaux-arts. Par *F.* Paridaens, de la Société de littérature de Bruxelles. *Mons*, chez Leroux, [*Tournai*, imp. Casterman] 1819. In-12, 1 vol. orné de gravures.

2739 Histoire de la villle de St-Ghislain, contenant tout ce qui s'est passé de plus curieux depuis son origine. La liste des abbés & leurs faits principaux, avec une ample description des sièges, des ruines, des établissements, des fondations & autres evenemens tres-surprenans. Par le sieur *G. I.* de Boussu, écuyer. *Mons*, Varret, 1737. In-12. 1 vol.

2740 [Trois ouvrages en 1 volume, savoir: I.] Histoire de la terre et Vicomté de Sebourcq, Iadis possedée par les Comtes de Flandre & de Hainnault. Ensemble de leurs faicts héroïques & memorables, depuis descendue aux Tres-Illustres maisons de Witthem & Berghe. Par le sieur *Pierre* le Boucq, Escuyer, Licentié és droicts, Valentiennois. A *Bruxelles*, chez Iean Mommart. M.DC.

XLV. In-4°, 10 ff. non cotés, 210 pp. chiffrées et 1 feuillet.

[II] Gerardi Montivm sive altera Imperialis Flandriæ Metropolis eivsqve Castellania, avctore *Ioanne* VAN WAESBERGHE Ivris-Consvlto, ecclesiæ Collegiatæ S. Audomari Lilleriensis Canonico atque Scholastico. — *Brvxellæ*, Apud Ioannem Meerbecivm. M. DC. XXVIII. In-4°, 4 ff. non cotés, 248 pp. chiffr. 1 feuillet de tab. et 1 feuillet blanc.

[III] De tribvs Dagobertis Francorvm Regibvs Diatriba *Godefridi* HENSCHENII è Societate Iesv. In quâ horum Regum ac successorum genus, tempus, acta indicantur: Dagoberto II, S. Sigeberti filio, regnum Austrasiorum vindicatur, & chronologia ex conciliis & Episcoporum gestis illustratur. — *Antverpiæ*, Typis Iacobi Mevrsii, Anno CIƆIƆCLV. In-4°, 10 ff. non cotés, 254 pp. chiffr. et 13 ff. de tab. et approbations.

2741 Règlement donné à ceux de Soignies, le 23 octobre 1690 Auquel les Maires et Echevins de toutes les Communautés du pays de Hainaut doivent se conformer, autant que faire se peut, dans leurs assiettes de Tailles. Avec différens décrets, ordonnances & réglemens concernant les dits Maires, Echevins & communautés. Seconde édition augmentée de plusieurs autres placards très intéressans. Mons, M. Wilmet, 1766. In-12. 1 vol.

2742 Histoire de Tovrnay ov qvatre livres des chroniqves annales ov démonstrations dv christianisme de l'evesché de Tovrnay, par M. *Iean* COVSIN Tovrnésien, Licentié en théologie, & chanoine de l'église cathédrale de Tournay. A *Dovay*, de l'imp. de Marc Wyon, l'an M. DC. XIX. Deux vol. in-4° avec gravures hors texte dans le 1er vol. (titre noir & rouge).

2743 Exposition succincte des Constitutions de la Province de Tournay, Depuis Jules-César jusqu'à nos jours, Avec notice de ses Impositions et de ses Subsides ordinaires et extraordinaires, des Traités et des Capitulations concernant les Logemens des Gens de guerre, de leurs Rachats, des Sièges que Tournay a soutenus, de ses Dettes, de ses Revenus; avec des Observations sur les constitutions Belgiques, par Monsieur HOVERLANT DE BEAUWELAERE, propriétaire et ex-législateur, *Tournay*, Chez D. Casterman, 1814. In-8°, 1 vol.

2744 Histoire de la ville et cité de Tournai, capitale des Nerviens et premier siège de la monarchie françoise, contenant Le récit de ses événemens les plus mémorables sous chaque Regne des différentes Dominations où elle a passé, depuis que les Romains la conquirent par la défaite des Nerviens cinquante-six ans avant la naissance de J. C. jusqu'à l'année 1749. Avec L'Histoire particuliere de ses Accroissemens, de ses Magistrats, de ses Chatelains, de ses Avoüés, de ses Gouverneurs, & du Langage qu'on y a parlé dans les différens siècles: Un Essai de son Histoire Ecclésiastique, & quelques Suplémens (*sic*). [par N. POUTRAIN].. Avec figures. A *La Haye*, Chez Moetjens, Libraire. 1850. In-4°, 2 vol.

2745 Histoire de Tournai et du Tournésis, depuis les temps les plus reculés jusqu'à nos jours, Par *A. G.* CHOTIN, licencié en droit, juge de paix. *Tournai*, Massart et Janssens, 1840. Pet. in-4°, 2 vol.

2746 Tournai ancien et moderne ou Description historique et pittoresque de cette ville, de ses monuments, de ses institutions, depuis son origine jusqu'à nos jours, par *A. F. I.* BOZIÈRE. *Tournai*, typographie d'Adolphe Delmée, éditeur. 1864. In-4°, 1 vol. tit. rouge et noir, cartes et plans, nombreuses lithographies, photographies et chromolithographies hors texte.

2747 Histoire du Parlement de Tournay Contenant l'Établissement et les Progrès de ce Tribunal avec un détail des Edits, Ordonnances & Reglements concernants la Justice y envoyez. Par Messire *Matthieu* PINAULT Chevalier

Seigneur des Jaunaux Conseiller du Roy en ses Conseils Président à Mortier dudit Parlement. A *Valenciennes*, Chez Gabriel François Henry, Imprimeur du Roy. M. DCC. In-4°, 1 vol. de 5 ff. de tit., portr. du duc de Boufflers et dédicace, 17 ff. de tab., privilège et préface, et 282 pp. chiffr.

2748 Articles proposez au Roi par les depvtez des Trois Estats de la Ville de Tovrnay le 24ᵉ dv mois de jvin 1667, iovr de la redvction de ladite Ville à l'obéissance de sa Maiesté. *S. l.*, 1667. In-4°, pièce de 12 pages non foliotées.

2749 Etudes Tournaisiennes par *B. C.* DU MORTIER, membre de la chambre des Représentants, Fascicule II. Notice sur Philippe Mouskés. Pet. broch. foliotée de 52 à 86. Plus une planche. *S. n. d'imp. S. d.*

2750 Mélanges d'histoire et d'archéologie (Études Tournaisiennes) Fascicules III et IV). Notice sur l'âge de la Cathédrale de Tournay & nouvelles observations sur Notre-Dame de Tournay. Par *B. C.* DU MORTIER, membre de la chambre des représentants. 1 broch. foliotée de 90 à 138 plus 10 planches (*S. n. d'Imp. S. d.*).

HISTOIRE DES PAYS-BAS. — NAMUR. — LIMBOURG. — CLÈVES. — GUELDRES. — JULIERS.

2751 Dictionnaire géographique de la Province de Namur, par *Ph.* VANDER MAELEN, membre de l'Académie royale des sciences & belles-lettres de Bruxelles. *Bruxelles*, à l'Etablissement géographique, faubourg de Flandre. Imp. de Ode & Wodon, 1832. Un vol. in-4°.

2752 Histoire du Comté de Namur par le Père *Jean-Baptiste* DE MARNE de la Compagnie de Jésus. A *Liège*, chez Bassompierre, Lib., à *Bruxelles*, chez Vanden Berghen.

M. DCC LIV. 1 vol, in-4°, titre rouge & noir. *Le même volume comprend* un recueil chronologique des principaux événements concernant l'Histoire du Comté de Namur depuis la mort Philippe le Bon jusqu'à la paix d'Aix-la-Chapelle (1748); Dissertations historiques & critiques sur les premiers évêques des Tongrois.

2753 Histoire générale ecclésiastique & civile de la ville & province de Namur. Par M. GALLIOT, avocat au Conseil Provincial de Namur. *Liège, (Bruxelles)* Lemaire, 1788-1791. In-12. 6 vol.

2754 Dictionnaires géographiques spéciaux des Provinces de la Belgique. Dictionnaire géographique du Limbourg; par *P. H.* VANDER MAELEN; membre de l'Académie royale des Sciences & belles-lettres de Bruxelles. *Bruxelles*, à l'Établissement géographique, Imp. de Ode & Wodon, 1835. 1 vol, in-4°, précédé d'un coup d'œil sur la province de Limbourg.

2755 Géographie de la Province de Limbourg par *V. D M. Bruxelles*, A. Seres, Imprimeur, 1842. 1 pet. vol. in-18, table manuscrite la fin.

2756 Histoire du Limbourg, suivie de celle des comtes de Daelhem et de Fauquemont, des Annales de l'Abbaye de Rolduc, par M. *S. P.* ERNST, curé d'Afden, ancien chanoine de Rolduc, l'un des auteurs de l'Art de vérifier les dates. Publiée avec notes et appendices et précédée de la vie de l'auteur, par M. *Edouard* LAVALLEYE, agrégé à l'Université de Liège. *Liège*, librairie de P. Z. Collardin, [impr. N. Redoute] 1837 [-1847]. In-8°, 7 tom. en 6 vol.

2757 [Bibliothèque Nationale] Histoire du Duché de Limbourg, par *Marcellin* LAGARDE. *Bruxelles*, A. Jamar, éditeur, *s. d.* Pet. in-8°, 1 vol. lithographies. Ouvrage suivi de [Bibliothèque Nationale] Histoire du comté de Namur, par *Jules* BORGNET. *Bruxelles*, A. Jamar éditeur [*s. d.*]. Pet. in-8°.

2758 Mémoire démonstratif que la terre et château de la Rochette est scituée au duché de Limbourg, & qu'elle est incontestablement de la Souveraineté de sa Majesté Impériale et Catholique, comme duc de Limbourg; Ensemble un autre mémoire instructif que sa Majesté Impériale & Catholique est en droit de se servir de la voye d'arrêt, lorsqu'on empiéte sur sa souveraineté. ou lorsque par les voyes de fait on trouble sa possession incontestable, d'y exercer sa Juridiction par les Conseils Royaux, & que c'est un usage constamment pratiqué & observé en ces Pays-bas, servant de réponse à un Ecrit, intitulé, Memoriale nomine Reverendissimi & Celsissimi Domini, Domini Episcopi ac Principis Leodiensis. Imprimé à *Ratisbonne* l'an 1735, qui sera pareillement inséré. A *Bruxelles*, chez Georges Fricx, Imp. 1739. 1 vol. broch. in-4°.

2759 *Ioh. IsacI* PONTANI Historiæ Gelricæ Libri XIV. Deducta omnia ad ea usque tempora nostra, quibus firmata sub Ordinibus respublica. Præcedit, qui est liber primus, Ducatus Gelriæ et Comitatus Zvtphaniæ chorographica Descriptio. Cum chartis Geographicis. *Hardervici Gelrorvm* excudit Nicol. à Wieringen svmptibus Iohannis Iansonii Bibliopolæ Amsterodamensis. CIↃ.IↃ. CXXXIX. In-f°, 1 fort vol., tit., gravé, rel. parchemin.

2760 Annales Cliviæ-Jvliæ-Montiæ Marchiæ, Ravensbvrgiæ antiquæ et modernæ. Accessit ob vicinitatem, diversorumque conjugiorum et successionis hœreditariæ quondam unionem, Geldria et Zutphania etc. Auctore et Collectore *M.* WERNHERO Teschenmacher ab Elverfeldt Montano. *Arnhemii* ex officinâ Jacobi Biesy, cIↃ xxxviii, 1 vol. in-f°, cartes, front. gravé.

HISTOIRE DES PAYS-BAS. — BRABANT. — MALINES. — ANVERS

2761 *Joan-Bapt.* GRAMAYE Antiquitates illustrissimi Ducatus Brabantiæ, in quibus singularum urbium initia, incrementa, respublicæ, privilegia, opera, laudes : cœnobiarum fundationes, propagationes, sacri thesauri, encomia, viri clari: ecclesiarum patronatus, monumenta, reliquiæ sanctorum, collatores: pagorum dominia, domini familiæ, quantum quidem nunc fieri potuit, speciatim descripta Cum Indicibus Rerum & Locorum copiosis, Præfigitur ejusdem Authoris Compendium Historiæ Brabanticæ. *Lovanii*, apud Ægidium Denique. *Bruxellis*, apud Fratres Tserstevens. Anno M.DCC.VIII. Gr. in-4°. 1 vol., tit. rouge et noir.

[*In eod. vol*]. *Joan-Bapt*-GRAMAYE Antiquitates illustrissimi Comitatus Flandriæ, in quibus [*etc.*, *ut supra*, sequuntur *Davidis* LINDANI Gandavensis de Teneræmonda Libri tres, necnon *Nicolai* DE GUYSE, J. U. L. et Canonici Cameracensis, Mons Hannoniæ metropolis, interjecta Comitum Hannoniae chronologia]. *Lovanii*, *Bruxellis*, Anno M.DCC.VIII. Gr. in-4°, tit. rouge et noir.

2762 Topographia historica Gallo-Brabantiæ. Quà Romanduæ Oppida Municipia & Dominia illustrantur, atque Monasteria, Nobiliumque Prætoria Castellaque in æs incisa exhibentur. Auctore *Jacobo* Barone LE ROY, & S.R.I. Domino S. Lamberti &c. *Amstelædami*, Typis Hermanni Allardi. Anno M.D.C.XCII. In-f°. 1 vol, frontisp. gravé, belles gravures sur cuivre dans le texte.

2763 Le grand Theatre profane du Duché du Brabant, contenant La Description Générale & Abregée de ce Païs, la suite des Ducs de Brabant ; la Description des Villes, leur forme de Gouvernement & les evenemens les plus remarquables arrivez jusques à présent ; la Description des principaux Chateaux & Maisons Seigneuriales, le tout représenté au naturel, dessiné sur les lieux mêmes & gravé par les meilleurs Maîtres. A quoi l'on a ajouté la Description Topographique & Historique du Brabant Wallon, avec une Dissertation sur l'Anneau qui servoit de Sceau, Et un examen des Armes des Pepins. Composé Par M. *Jaques* LE ROY, Baron du St-Empire, Seigneur de St-Lambert &c. A *La Haye*, Chez Chrétien van Lom, MDCCXXX. Gr. in-f°, 1 vol., tit. rouge et noir, nombreuses gravures.

2764 *Antonii* SANDERI Presbyteri Chorographia Sacra Brabantiæ sive celebrivm aliqvot in ea provincia Ecclesiarum et Cœnobiorum Descriptio, imaginibvs æneis illvstrata ad Philippum IV, Brabantiæ Ducem, svmmvm orthodoxæ religionis vindicem, et christianæ fidei defensorem. *Brvxellæ*, Apud Philippum Vleugartium, Typog. juratum. 1659. [-62]. Gr. in-f°. à 2 col., 2 vol., portr. de l'auteur dans chacun, tit. rouge et noir, nombreuses gravures dans le texte.

1re édition de cet ouvrage, très rare complète.

2765 Trophees tant sacres que prophanes de la Dvché de Brabant. Tome I. Contenant L'origine, succession et Descendance des Ducs et Princes de ceste maison, aussi leurs actions plus signalées. Ensemble les genealogies de plusieurs Ducs, Princes, Comtes, Barons, Seigneurs et Nobles leurs vassals et subiects auec les preuues seruantes à entière vérification. Par *F. Cristopre* (*sic*) BVTKENS Prieur à S. Sauveur ordre de Cisteaux. L'An 1641. Imprimé à *Anvers* Chez Cristophre Leger, aux Despens de l'Autheur. In-f°, 1 vol. frontisp. gravé.

2766 Trophées tant sacrés que profanes du Duché de Brabant, contenant L'Origine, Succession & Descendence des Ducs & Princes Ensemble les Genealogies de plusieurs Nobles leurs Vassaux & Sujets. La Description des Villes, Franchises & Baronnies. Avec un Recueil de plusieurs terres mouvantes d'icelle. L'Institution du Conseil souverain de Brabant, Les Magistrats des quatre villes Capitales, Le Catalogue des principales Eglises., Avec les preuves par *F. Christophre* BUTKENS, Prieur du Monastere de S. Sauveur en Anvers. Enrichis d'un grand nombre de Figures gravées en taille-douce. A *La Haye*, Chez Chretien van Lom. MDCCXXIV. [-XXVI]. In-f°, 4 vol., les 2 dern. intit. *Supplément, etc.*, frontisp. gravé, tit. rouge et noir, rel. parchemin orné.

2767 Castella et Prætoria Nobilium Brabantiæ, Cœnobiaque celebriora ad vivum delineata, ærique incisa, in quatuor partes divisa. Complectentes agrum Lovaniensem, Bruxellensem, Antverpiensem, et Sylvæ-Ducensem. Cum brevi eorundem descriptione ex Museo *Iacobi* Baronis LE ROY et S. R. I. Toparchae S. Lamberti. *Antverpiæ*, sumptibus autoris. Anno MD. C. XCVII. In-f°. 4 part. en 1 vol., frontisp. gravé, nombreuses gravures sur cuivre.

2768 Rervm Brabanticarvm Libri XIX, avctore *Petro* DIVÆO Lovaniensi; Studio *Avberti* MIRÆI Canonici Antverpiensis primùm nunc editi, & illustrati. *Antverpiæ*, Ex Officina Hieronymi VerdvssI. cIɔ. Iɔc. x. In-4°. 1 vol.

2769 Monvmenta sepvlchralia et Inscriptiones publicæ privatæq. Dvcatvs Brabantiæ. *Franciscvs* SWERTIVS F. F. posteritati collegit. *Antverpiæ*, Apud Gasparem Bellervm, sub Aquila aurea, Anno M.DC.XIII. In-8°, 1 vol.

2770 Traité de l'origine des ducs & du Duché de Brabant, et de ses charges palatines et héréditaires, avec une Réponse à la Dépense des Fleurs-de-lys de France par le P. Ferrand. Par *Jean-Baptiste* DE VADDERE, prêtre, & chanoine d'Anderlecht. Nouvelle édition, retouchée d'un bout à l'autre pour le Style, & enrichie de Remarques historiques & critiques par *Jean-Noel* PAQUOT. *Bruxelles*, J. Ermens, 1784. In-12. 2 vol.

2771 Chroniqves des Dvcs de Brabant, composées par *Adrian* BARLANDE, Rhétoricien de Lovvain, et novvellement enrichies de leurs figures et pourtraits. Par la despense & vigilance de *Jean Bapt.* VRIENT. Aux princes serenissimes Albert et Isabelle Ducs de Brabant. *Anvers*, Jean-Baptiste Vrints, 1603. In-f°, nombreux portraits.

In eodem volumine : Les 2 Généalogies et Anciennes Descentes des Forestiers et Comtes de Flandre, avec brieves descriptions de leurs vies et gestes le tovt recveilly des plvs véritables, approvées et anciennes Croniqves et Annales qui se trovvent, par *Corneille* MARTĪ Zélandoys et ornées de portraicts figvres et habitz selô les façons et gvises de leurs temps, ainsi qv'elles ont esté trovvées es plvs anciens tableaux, par *Pierre* BALTHASAR, et par lui-mesme mises en lvmiere. *Anvers*, Robert Bruneau pour J. B. Vrients, 1608. 1 vol. in-f°, frontispice, portraits.

Voir n° 2684.

2772 *Francisci* HARÆI Annales Dvcvm sev Principvm Brabantiæ totivsq. Belgii. Tomi tres : Quorum Primo solius Brabantiæ, Secundo Belgii vniti Principvm res gestæ ; Tertio Belgici tvmvltvs, vsque ad Indvcias anno M. DC. IX. pactas enarrantur. Cum Dvcvm seu Principvm Imaginibus, et breui rerum per omnem Evropam illustrium narratione. *Antverpiæ*, ex Officina Plantiniana, Apud Balthasarem Moretum et Viduam Ioannis Moreti et Io. Meursium. M. DC. XXIII. In-f°, 3 tom. dont les 2 premiers en 1 vol. d'une seule série de pagination, tit. à encadrem. gravé, gravures sur cuivre hors texte.

2773 Historia Rerum gestarum a Brabantiæ Ducibus. Authore *Adriano* BARLANDO. Editio Nova. *Bruxellæ*, Typis Francisci Foppens, M. DC. LXV. In-12, 1 vol.

2774 Prœlivm Wœringanvm Ioannis I Lotharingiæ Brabantiæ dvcis et S. Imp Marchionis : Qvo memorabili, partâ

Victoriâ anno Dñi 1288 die V Ivnij ducatvs Limbvrgi ad Brabantiam accessio æternvm mansit obfirmata (à *Carolo* DE DONGELBERG). *Bruxellae*, apvd Godefridvm Schœvartivm, an. 1691. 1 vol. in-4°, titre encadré dans une gravure.

2775 Militia sacra dvcvm et Principvm Brabantiæ, auctore *Joanne* MOLANO, S. Theol. in Academia Lovan. doctore. Adiectæ sunt ad huius historiæ illustrationem Annotationes M. *Petri* LOUWII, Sylvæducensis, *Antverpiæ*. ex Officina Plantiniana, apud Viduam et Joannem Moretum, *S. d.* (1592), in-12. 1 vol. Titre gravé.

2776 Brevis et succincta Synopsis Rerum maxime memorabilium bello et pace gestarum ab serenissimis Lotharingiæ, Brabantiæ, & Limburgi Ducibus, ab anno post Christum natum sexagesimo Septimo supra millesimum ducentesimum, usque ad Annum millesimum sexcentesimum trigesimum tertium. Scriptore *Huberto* LOYENS Mosa-Trajectino, & in supremo Brabantiæ Senatu Secretario. Cujus etiam operâ & Stylo adjuncta sunt omnium ferè Dvcvm Pactiones inaugurales, è vernaculo in Latialem sermonem versæ. [opus XVII figuris æneis illustratum] *Bruxellis*, Typis Henrici Fricx, 1672. In-4°, 1 vol., tit. rouge et noir, couv. parchemin.

2777 [Belgicarum Rerum Scriptores decreto regio nunc primum in lucem editi.] *Petri* A THYMO vulgo VAN DER HEYDEN Historia Brabantiæ diplomatica regiis auspiciis nunc primum edidit *F. A.* baro AB REIFFENBERG. Tomus I. *Bruxellis*, Typis Normalibus. M DCCC XXX. In-8°, 1 vol. portr. de Charlemagne.

2778 Responsio præcursoria tractatui pleniori de vera origine Ducatus & Ducum Brabantiæ mox secuturo præmissa, ad Vindicias Pipinianas a sarcinatore quodam fabularum sub nomine veridici editas. (Auctore *Huberto* LOYENS in supremo Brabantiæ senatu secretario) *S. I. Bruxellis*, anno 1670, in-12. Pièce de 76 pages.

2779 L'Erection de toutes les Terres, Seigneuries et Familles titrées du Brabant. Prouvée par des extraits des lettres patentes, tirez des originaux et recueillies par Messire *Jacques* baron de LE ROY, et du St-Empire, Nouvelle Édition, suivant la vraye Copie de Leide. A *Amsterdam* M. DCC. VI. In-f°, 1 vol.

2780 Histoire abrégée du Tiers-État de Brabant, ou Mémoire historique. Dans lequel, après un coup-d'œil sur la Constitution des Villes en général au moyen âge; on voit l'Origine des Communes en Brabant, & les Occasions où elles se sont particulièrement distinguées, par M. [*Simon-Pierre*] ERNST, Chanoine Rég. de l'Abbaye de Rolduc, A. *Maestricht*, de l'Imprimerie & aux Dépens de P. L. Lekens. M. DCC. LXXXVIII. In-8°, 1 vol.

2781 Traité, Dans lequel on voit à quoi le Souverain s'oblige par sa Joyeuse Entrée en Brabant, les changemens qui y ont été faits de temps à autre, de quelle maniere les Ecclésiastiques ont obtenu le premier rang aux Etats, de quelles personnes l'ancien État de Brabant a été composé & comment on a accordé les Subsides ; les troubles qui sont survenus du commun peuple par le Tiers-État au sujet des consentemens,& généralement le devoir des dits États de Brabant, par Messire *N.* DE PAPE du Conseil d'État & Chef Président du Conseil Privé de S. M. I. & C. A *Malines*, Chez P. J. Hanicq, M. D. CC. LXXXVII. In-12, 1 vol de xx 204 pp. ch. outre tit. et f. tit.

[*Même vol.*] 1) L'Ami du Prince et de la Nation, ou Dissertation sur les points Constitutionnels communs à toutes les Provinces de la Belgique. [*S. l. n. n.*] 1815. In-8°, 42 pp. ch.

2) Réflexions sur la Constitution des Pays-Bas catholiques ; par *L. F. M. J.* des comtes de ROBIANO de BORSBEEK. A *Bruxelles*, de l'Imprimerie de P. J. de Haes, 1814. 10 pp. chiffr.

3) Les Auteurs secrets de la Révolution présente. [S. l. n. n.] 1789. 14 pp. chiffr.

4) Lettre de son excellence Pierre van Eupen, en son vivant secrétaire général du congrès belgique, a son excellence Henri vander Noot, Ci devant Père de la Patrie, etc. etc. etc. Seconde édition. A *Bruxelles*, chez Berthot, libraire, marché aux Bois. [s. d. 1851]?. In-8°, 15 pp. chiffr.

2782 Procès porté devant la cour d'assises du Brabant méridional contre L. de Potter, F. Tielemans, A Barthels. J. J. Coché-Mommens, E. Vanderstraeten, et J. B. de Nève, accusés d'avoir excité directement a un complot ou attentat ayant pour but de changer ou de détruire le gouvernement du royaume des Pays-Bas ; contenant la correspondance saisie chez les accusés et leurs interrogatoires donnant l'explication des dénominations insultantes par lesquelles sont désignés de hauts personnages, d'éminens fonctionnaires, et autres, etc., ainsi que nombre de pièces diverses des plus intéresssantes ; orné de deux lithographies, etc. *Bruxelles*, chez Brest van Kempen, [impr. Laurent freres 3 mai 1830. Pet. in-4°, 2 tom. en 1 vol.

2783 Le livre des feudataires de Jean III, duc de Brabant ; publié par *L.* Galesloot, chef de section aux archives générales du Royaume. *Bruxelles*, M. Hayez, Imprimeur, 1865. 1 vol. in-8°.

2784 *Eryci* Pvteani Bamelrodi Bruxella, incomparabili exemplo Septenaria, gripho palladio descripta : luminibvs historicis, Politicis, Miscellaneis distincta & explicata plenum item Vrbis Elogivm, velut loquens Imago. *Brvxellæ*, ex officinâ Ioannis Mommarti, M. DCXLVI, 1 vol. in-4°, avec gravures dans le texte & hors texte.

2785 Description de la Ville de Bruxelles, par *Georges* Fricx, imprimeur, qui dédie ce travail au Prince Charles-Alexandre de Lorraine, Lieutenant Gouverneur &

Capitaine Général des Pays-Bas Autrichiens en l'avisant que c'est l'ébauche d'un ouvrage plus étendu qu'on donnera plus tard au Public. A *Bruxelles*, G. Fricx, 1743. In-12. 1 vol. Titre gravé.

2786 Abrégé de l'histoire ecclésiastique, civile et naturelle de la ville de Bruxelles, et de ses environs; avec La Description de ce qui s'y trouve de plus remarquable. Par M. l'Abbé MANN. A *Bruxelles*, Chez Lemaire, M. DCC. LXXXV. In-8°, 3 tom. en 2 vol., gravures.

2787 Institution de la Chambre des Comptes du Roi en Brabant à Bruxelles, du 19 juin, l'an 1404, Par ANTHOINE, duc de Brabant, Comte de Réthel, etc. avec l'histoire de l'aliénation, engagère & vente des Seigneuries Domaines & Jurisdictions du Duché de Brabant, de Limbourg & Paiis d'Outre-Meuse. Par Mess. *Jaques* LE ROY, chevalier et libre Baron du S. Empire, etc.. A *Bruxelles*, chez T'Serstevens, Imp. 1716. 1 pet. vol. in-8°.

2788 Evenemens politiques de Bruxelles du 25 Août & jours suivans avec les proclamations et pièces officielles (1830). *Bruxelles*, Imp. de Gréef-Laduron 1830, 1 broch. 104 pag.

2789 Serenissimi Alberti Belgarum Principis elogium & funus. *Aubertus* MIRÆUS, bruxellensis Isabellæ Claræ Eugeniæ, Ser. Hisp. Infanti a Sacris Oratorii, & S. Th. L. publicabat. *Bruxellis*, J. Pepermannus, 1622. In-12. 1 vol, *In eodem volumine*: Isabellæ Sanctæ; Elisabetha Ioannis Bapt. mater, Elisabetha Andr. Regis Hung. filia, Isabella Regina Portugalliæ, Isabella, S. Lud. Galliæ Regis soror. *Aubertus* MIRÆUS..... publicabat. *Bruxellis*, J. Pepermannus, 1622.

2790 Theatre Fvnebre Ou sont representéez les funerailles de plusieurs Princes et La vie, trespas, & magnifiques obseques de Albert le Pie de tres haulte memoire Archidvc d'Avstrice, Dvc de Bovrgoigne, Brabant, &c. Faicts à Bruxelles le 12 de Mars, 1622. Par M. *Adrian* DE MEERBEECK d'Anvers. A *Bruxelles*, Chez Ferdinand de Hoy-Maecker, 1622. Pet. in-8°, 1 vol.

2791 Reception faite par l'ordonnance de son Altesse, la Sérénissime Infante, tant à Anvers qu'à Bruxelles, à son Excellence Frère Dom Lovys Gvillaume de Portvgal, fils du Sérenissime Prince Dom Emanuël de Portugal. Le tout extrait de l'original d'une Lettre qu'un certain Gentilhomme a enuoyée à un sien amy demeurant à Lire. A *Paris*, Chez Sebastien Lescuyer, sur le Pont-Neuf Jouxte la copie imprimée à Bruxelles 1625. 1 br. 8 p. Petit in-4°.

Incomplet.

2792 Le voyage du Prince Don Fernande *(sic)* Infant d'Espagne. Cardinal, Depuis le douzième d'Auril de l'an 1632 qu'il partit de Madrit *(sic)* pour Barçelone *(sic)* avec le Roy Philippe IV, son frère, jusques au jour de son entrée en la ville de Bruxelles le quatrième du mois de Novembre de l'an 1634. Tradvict de l'espagnol De Don *Diego* DE AEDO et GALLART, Conseiller & Secretaire de sa Majesté de la Chambre de son Altesse, & Receveur General de Brabant au quartier d'Anvers. Par le Sr *Ivle* CHIFFLET fils aisné de Messire Iean Iacqves Chifflet Chevalier. En *Anvers*, Chez Iean Cnobbaert, l'an M. DC. XXXV. In-4° car., 1 vol., frontisp. gravé.

2793 Bruxellensium Triumphus Serenissimo Principi, Hispaniarum Infanti, Ferdinando Archiduci Austriæ, S. R. T. Cardinali, Belgium ingredienti erectus. Describebat *Sebast.* TYCHONIUS, insignis Ecclesiæ Colleg. D. Gudilæ Sacellanus. *Bruxellis*, E. Typographeio Mommartiano CIↃ. IↃC. XXXV. In-4° car., 1 vol. de 4 ff. non cotés et 56 pp. chiffr.

2794 De Blyde Incomste van syne Majesteyt Carel den Tweeden, coninck van Spaignien als Hertogh van Brabant, verleent den 12 februarii, ende besworen den 24 der selver

Meandt in den jaere 1666. [La Joyeuse entrée de S. M. Charles II, roi d'Espagne, comme duc de Brabant, accordée le 12 févr. & jurée le 24 du même mois de l'année 1666.] Tot *Brussel*, by E. H. Fricx, 1702. In-4°, pièce de 28 pages.

Sur la garde se trouve l'annotation suivante : « Cet imprimé collationné contre » ioyeuse entrée enregistrée dans les archives des Etats de Braban peut tenir, » lieu de minute qui ne se trouve pas dans l'office de l'audience. Signé : BB. »

2795 Relation des cérémonies et solemnitez des serments faits par S. E. le marqvis Castel-Rodrigo gouverneur général de ces provinces, aux états de Brabant & de Limbourg, et par lesdits états av Roy Charles II. Imp. à *Bruxelles* le 2 mars 1666 par G. Scheybels. 1 br. 12 p. in-4°.

2796 Representatiô de lâciene et Soveraine Dvché de Brabant ses villes Dignitez et Dépendences côme Lothier, Limborch et Pays d'Oultre Mevse Sovbs le régime des Ser^es^ Princes Albert Et Elisabeth archidvcq d'Avstrice, A levr Hônevr dressée. *Henry* Lutg fecit. *S. n. d'imp.* 1 feuillet.

2797 Pompe funèbre de très-haut, très-puissant, très-auguste et très-invincible Monarque Charles VI. Empereur des Romains, etc, etc.. Contenant un détail exact des cérémonies observées pendant les vigiles et Exeques, célébrés dans la collégiale des SS. Michel et Gudule les 3 & 4 janvier 1741, l'estampe du catafalque, sa description, ses emblêmes, devises, et inscriptions et l'oraison funèbre. *Bruxelles*, F^ois^ Claudinot, Imp. *S d.* 1 vol. in-4°.

2798 Lovvain tres ancienne et Capitalle ville du Brabant représenté par I. *Nicolas* de Parival, Historiographe. A *Louvain*, chez George Lips, l'an 1667. 1 vol. pet. in-8°.

2799 Histoire de Louvain depuis son origine jusqu'aujourd'hui par *G. I. C.* Piot, avocat. *Louvain*, chez l'auteur & les principaux lib. de Belgique, 1839. Un vol. petit in-4° 1839. 1re partie : Histoire de la ville. Notice alphabétique sur les hommes distingués de Louvain. *Dans le même volume se trouve* Oratio quam die IV mensis novembris anni MDCCCXXXIV in æde metropolitana Mechliniensi Habuit *Petrus Franc. Xav.* DE RAM, quum illustrissimus ac reverendissimus dominus Engelbertus universitatem Catholicam inauguraret. Accedunt monumenta ad ejusdem universitatis Constitutionem spectantia. *Lovanii*, excudebant Vanlinthout et Vandenzande.

2800 Considérations sur l'histoire de l'Université de Louvain. (1425-1797). Discours prononcé à la Séance publique de la Classe des lettres de l'Académie royale de Belgique, le 10 Mai 1854 par M. le Chanoine DE RAM. *Bruxelles* Imp. Lib. Goemaere 1854. — Mémoire sur les Comtes de Louvain jusqu'à Godefroi le Barbu par M. ERNST, 1837. Généalogie des Châtelains de Dixmude et de leurs descendants connus sous le nom de famille de Dixmude par *F.* VAN DE PUTTE. *Ypres*, Imp. Simon Lafonteyne, 1861.

Histoire des avoueries en Belgique par le Baron *Jules* DE SAINT-GENOIS, *Bruxelles*, Hauman-Cattoir et Cie, *Gand* Imp. I. Rousseau, 1837.

Des Ghildes, origine, organisation, tirs, etc. Ghilde de St-Sébastien d'Ypres, par *Alp.* VANDENPEEREBOOM. *Ypres*, Imp. Simon Lafonteyne. 1861. 6 planches. — Conspiration de la noblesse Belge contre l'Espagne en 1632, Etude historique par *Théodore* JUSTE. *Bruxelles*, Imp. Em. Devroye et Cie, 1851.

Catalogue des Gentilshommes d'Artois, Flandre et Hainaut, par *Louis* DE LA ROQUE et *Edouard* DE BARTHÉLÉMY. *Paris*, Dentu et Aubry, Lib. 1865. Imp. Dubuisson. Le tout en un volume in-8°.

2801 Dictionnaire géographique de la Province d'Anvers par *Ph.* VANDER MAELEN, membre de l'Académie royale des Sciences & belles lettres de Bruxelles. *Bruxelles*, à l'Etablissement Géographique. Imp. Ode et Wodon 1834. 1 vol. pet in-4° (précédé d'un coup d'œil sur la province d'Anvers).

2802 Notitia Marchionatvs Sacri Romani Imperii hoc est Vrbis et Agri Antverpiensis Oppidorum, Dominiorum, Monasteriorum, Castellorumque sub eo, in qva origines et progressus illorum eruuntur Ex Archivis Regiis, Oppidanis, Monasticis, Principumque Diplomatibus & Sigillis, Ac sepulchralibus Episcoporum, Prælatorum, & Nobilium Monvmentis. Auctore *Iacobo* Le Roy de Brouchem, S. R. I. libero Barone, &c. *Amstelodami*, Typis Francisci Lammingæ, M. DC. LXXVIII. In-f°, 1 vol., frontisp. gravé, nombreuses gravures.

2803 Annales Antverpienses ab urbe condita ad annum M.DCC. collecti ex ipsius civitatis monumentis publicis privatisque latinæ ac patriæ linguæ usque fere manu exaratis auctore *Daniele* Papebrochio S. I. a cod. ms. ex Bibl. Regia quæ vulgo Burgundica vocatur ediderunt *F. H.* Mertens, bibliothecarius civitatis Antverpiæ et *Ern.* Buschmann, prof. histor. in Acad. Reg. Artium Antverpiensi. *Antverpiæ*, e typographia J.E. Buschmann. M.DCCC.XLV. [-XLVIII] In-8°, 5 tom. en 4 vol., gravures hors texte.

2804 Senatus Populique Antverpiensis Nobilitas sive septem Tribus patritiæ Antverpienses. (Auctore, ut videtur, *Carolo* Scribani, soc. Jesu). *Lugduni Batavorum*, P. Heghius, 1672. pet. in-8°. Pièce de 55 pages.

Une note de la main de Jean-Baptiste Achille Godefroy, placée sur la garde de cette brochure, dit « Je crois ce petit traité de Carolus Scribanius, Jesuite. » ; puis il transcrit le titre d'un ouvrage qui est bien certainement du P. Scribani, l'*Antuerpia*, publiée chez Moretus en 1610, et il ajoute : « ceci est un fragment ». Les frères de Backer ne citent néanmoins pas notre brochure parmi les nombreux écrits de Scribani. Les Sept familles patriciennes d'Anvers dont il est ici question sont : les Volcaerts, les Wilmars, les Hoboken, les Bode, les Aleyns, les Spapen & les Impegem. Les articles qui les concernent sont accompagnés de blasons admirablement gravés.

2805 Relation de ce qui s'est passé à Anvers, au rétablissement de la tranquillité publique altérée par quelques-uns du peuple. *Bruxelles*, par G. Scheybels. 1 br. 8 p. in-4°. 1659.

2806 Dissertatio Historico Juridica inauguralis de Supremo Mechliniense Concilio : præmissis observationibus generalioribus de antiquis institutis, præsertim Judiciariis apud Germanos et Francos, Quam Quod Deus bene vertat, ex auctoritate rectoris Magnifici Iodoci Heringæ, E. F. Theol. Doct. & Prof. amplissimique senatus Academici Consensu, et nobilissimæ facultatis juridicæ decreto, pro gradu doctoratus summisque in jure romano et hodierno honoribus ac privilegiis in Academia Rheno-Trajectina rite ac legitime Consequendis, publico et solemni examini submittit *Guilielmus Adrianus Gerardus* VAN MAANEN, Haga Batavus. die XIX Junii MDCCC XXIV, Hora XII. *Trajecti ad Rhenum*, ex off. Joh. Altheer. 1 vol. in-8°.

HISTOIRE DES PAYS-BAS. — LIÈGE. — LOOZ.

2807 Dictionnaire géographique de la Province de Liége précédé d'un fragment du Mémorial de l'Etablissement géographique de Bruxelles, fondé par *Ph.* VANDER MAELEN membre de l'Académie royale des Sciences & belles-Lettres de Bruxelles. [Suivi de documents statistiques]. *Bruxelles*, à l'Etablissement géographique, Imprim. de Ode & Wodon 1831. 1 vol. in-4°, avec plans et gravures hors texte.

2808 Histoire de Liége, depuis César jusqu'à Maximilien de Bavière, Par *E. C.* DE GERLACHE, premier président de la Cour de Cassation, directeur annuel de l'Académie Royale de Belgique. *Bruxelles*, chez M. Hayez, 1843. In-8°, 1 vol.

2809 Recherches sur l'histoire de la ci-devant Principauté de Liège ; Contenant l'origine, la formation, les accroissemens successifs de ce grand État de l'ancien Empire germanique ; le Tableau de sa constitution, le Récit des guerres civiles des Liégeois contre leurs Princes, etc.,

etc. ; et des Notices sur plusieurs artistes et sur quelques auteurs de la même nation, par l'auteur de l'histoire de Spa. [le baron DE VILLENFAGNE D'INGIHOUL]. A *Liège*, Chez P. J. Collardin, 1817. In-8°, 2 vol.

2810 Histoire de l'ancien Pays de Liège, par M. *L.* POLAIN conservateur des archives de la province de Liège. *Liège* Imp. de J. Ledoux, 1844-1847. 1 vol. in-8°. (2 tomes en un volume).

2811 Histoire du pays de Liège par *Ferd.* HENAUX. *Liège.* Imp. J. Desoer, MDCCCLI. 1 vol. in-8° avec une carte, suiv. d'un supplément sur la Constitution Liégeoise en 1788.

2812 Qui Gesta Pontificvm Tvngrensivm, Traiectensivm, et Leodiensivm scripserunt, avctores præcipvi, ad seriem rerum & temporum collocati, ac in tomos distincti. Nunc primum studio & industriâ R. D. *Ioannis* CHAPEAVILLI Canonici & Vicarij Leodiensis typis excusi, et annotationibus illustrati. Auctores sequens pagina indicabit. (T. I. & II) accessit venerabilis P. ÆGIDIJ e Societate Iesv de primis Tungrorum seu Leodiensium Episcopis historica disputatio, itemque chronologia posteriorum. *Leodii*, Typis Christiani Ouwerx iunioris, anno 1612-(1616). 3 vol. in-4°.

2813 Leodivm Ecclesiæ Cathedralis sive de Dominio, Regalibus, Mero, Mixtoque Imperio, ac Omnimodâ Iurisdictione Serenissimo Principi Ferdinando Bavaro Episcopo & Principi Eburonum Competentibus in Vrbe Leodiensi Sacro Romano Imperio mediatè subiectâ Remotis fabulis, erroribus, & vsurpationibus popularibus. Libri dvo. Authore *Stephano* RAVSINO, Viro Consulari Iureconsulto. *Namvrci*, Typis Ioannis van Milst, 1639. In-4°, car., 1 vol., rel. parchemin.

2814 *Bartholomæi* FISEN e Societate Iesv. Flores Ecclesiæ Leodiensis sive Vitæ vel Elogia Sanctorvm & aliorum qui illustriori virtute hanc diœcesim exornarunt. *Insvlis*,

E typographeo Nicolai de Rache. CIↃ IↃC XLVII. Gr. in-4°, 1 vol. de 6 ff. non cotés et 648 pp. chiff.

2815 *Bartholomæi* Fisen Leodiensis e societate Jesu Sancta Legia Romanæ Ecclesiæ Filia, sive Historiarum Ecclesiæ Leodiensis partes duæ, quarum prima ab ipso Autore aucta fuit, atque recognita ; & secunda nunc primum in lucem prodit. *Leodii*, apud Guilielmum Henricum Streel, Typ. M. DC XCVI. 2 vol. in-4° titre noir et rouge

2816 Historia Leodiensis, per Episcoporum et principum seriem digesta, Ab Origine Populi usque ad... [Episcopi ac Principis Georgii Ludovici A Bergis hodie regnantis administrationem] studio & accurato labore R.P. Foullon è Societate Jesu quondam deducta ; Nunc primum ex Eruditorum scriniis in lucem edita ; Et Doctorum quorundam curâ ad ætatem nostram suppleta. *Leodii*, Typis Everardi Kints, Bibliopolæ 1735-[1737]. In-f°, 3 vol., tit. rouge et noir, portraits gravés.

2817 Recueil heraldique des Bourguemestres de la noble cité de Liege ; Où l'on voit la genealogie des Evêques et Princes, de la Noblesse, & des principales Familles de ce Païs, avec leurs inscriptions et epitaphes. Le tout enrichi de leurs Armes & Blasons. par le généalogiste Abry, publié, avec une continuation en 10 pages, par *Jean Guillaume* Loyens, échevin de la haute-cour de Jupille. A *Liege*, Chez Jean-Philippe Gramme, M.D.CC. XX. In-f°, 1 vol., tit. rouge et noir.

2818 Ad Sacratissimam Cæsaream Majestatem Inclytæ Civitatis Leodiensis Delegatio. *Leodii*, Typis Christiani Ouwerx Iun. propè S. Dionysium sub signo Patientiæ. Anno M. DC. XXIX. De mandato expresso Amplissimorum Dominorum meorum Consulum, Juratorum, & Consilij Ciuici. In-4° car., 1 vol. de 113 ff. non chiffrés. (Suivent 5 ff. de délibérations du Conseil de la Cité de Liège, d'avril et mai 1637, imprimés à Liège, par Christian Ouwerx, 1637).

2819 Explanatio uberior et omnimoda Assertio excelsioris et supremi juris in Dvcatum et Arcem Bvlloniensem pro Serenissimo Maximiliano Henrico Vtriusque Bavariæ Duce &c., Episcopo & Principe Leodiensi, Duce Bullo-niensi, Marchione Franchimontensi, Comite Lossensi & Hornensi &c. ejusque Ecclesia et Capitvlo Cathedrali Leodiensi Adiunctis probationibus. *Leodii*, typis Ioannis Milstii, 1681. In-4° car., 1 vol.

2820 Dissertatio inauguralis historico-juridica de Celebri Leodiensium Tribunali Viginti duum quam, annuente Deo optimo Maximo ex auctoritate Rectoris Magnifici Joan. Mar. Baud publico examini submittit *Prosp. Alex. Car.* DE LATTE Aquisgranus die XVI Julii MDCCC XXVIII, Hora X. *Lovanii*, typis F. Michel. 1 broch. 85 pag. pet. in-4°.

2821 Henri de Dinant. Histoire de la Révolution Communale de Liége, au XIIIe siècle 1252-1257, par M. *L.* POLAIN, docteur en philosophie, ès lettres, conservateur des Archives de la Province de Liége etc. *Liège*, Félix Oudart, Imprim. 1843. Une broch. petit in-4° 111 pag.

2822 Discours prononcé dans le Conseil de S. A. S. M. l'évesque et prince de Liège, le 3 de janvier 1674 par M. DES CARRIÈRES estant & Resident à Liège pour les affaires du Roy, touchant la Neutralité du Pays. *S. n. d'imp.* 1 br. non pag. 4 p. in-4°. *A la suite* : 1° Response du Conseil privé de S. A. S. au discours de M. des Carrières. A *Liège*, par Jean F. de Milst, Imp. de S. A. S. 1 br. 4 p. in-4°.

2° Les sentimens d'un franc et véritable Liégeois sur le Discours de M. des Carrières touchant la Neutralité du Pays *S. n. d'imp. s. d.* 1 br. 24 p. in-4°.

3° Lettre d'un bourgeois sincère de la ville de Liège pour répondre aux sentimens imprimez, sous le nom d'un franc et véritable Liégeois, *S. n. d'imp. s. d.* 1 br. non pag. 4 p. in-4°.

4° Responce du franc et véritable Liégeois au bourgeois prétendu de la ville de Liège. *S. n. d'imp.s. d.* 1 br. 20 p. in-4°.

2823 *Fol. 1°. Une gravure en taille douce représentant un homme couché, la poitrine nue portant la marque de huit blessures & au-dessus : Effigies ILL. V Sebastiani de la Ruelle. Excoss. leodien.* τοῦ Μακαριτου XVI *apr. M. DCXXXVII insidioso epulo trucidati. Au-dessous de la gravure six distiques latins à la louange du bourgmestre de Liège massacré.. Fol. II* In nomine Domini, Amen. Nous soubsignez confessons la présente cartelle de l'action iniuste, meurtre et assasin faite a la personne de Monsieur le Bourguemaistre de la Rvelle, par quelques hommes, ou Soldats, à la sollicitation de M. le Comte de Warfusée. *Fol. IV verso* : Vos Religieux très humbles & obéissans Frère *Antonin* Evrard, Religieux indigne de S. Dominique. F. *Guilleaume* Loncin. *Au dessous* : S'ensuiuent les lettres trouvées dans le pourpoint du Comte de Warfusée. *S. l. n. d.* [*Liège*, 1637]. In-4°, pièce de 10 pages non foliotées.

On peut consulter sur ce tragique événement *l'Histoire de la ville & Pays de Liège*, par le P. Théodose Bouille, t III, pag. 123 & la relation manuscrite détaillée qui est jointe à l'exemplaire de cette *Histoire* appartenant à la Bibliothèque de Lille. — La gravure décrite plus haut se trouve en tête de cette relation. [V : Bibl. de Lille, *Catal. Hist.* n° 2626 & aussi n° 2628 *Esquisses hist. de l'Ancien pays de Liège*, par M. L, Polain, pag. 129].

2824 Constitution du pays de Liège tableau des institutions politiques, communales, judiciaires et religieuses de cet état en 1789, par *Ferd.* Henaux. Nouvelle édition. *Liège*, imprimerie de J. Desoer, libraire, 1858. In-8°, 1 vol.

2825 Révolutions de Liège sous Louis de Bourbon par M. de Gerlache. *Bruxelles*, M. Hayez Imp. 1831. 1 vol pet. in-8°.

(Le nom de l'auteur est manuscrit).

2826 Inventaire analytique et chronologique des Chartes du chapitre de Saint-Lambert, à Liége, publié par *J. G.* SCHOONBROODT, docteur en droit, conservateur des archives de l'État. *Liége*, imprimerie de J. Desoer, 1863. In-4°, 1 vol.

2827 Histoire de la bonne ville de Verviers par *Ferd.* HENAUX [extrait du Bulletin archiépiscopal liégeois]. *Liège*, F. Renard, *Paris*, A. Durand, *Leipzig*, Ch. Gnusé, 1859 [imp. J. G. Carmanne]. In-8°, 1 vol.

2828 Historiæ Lossensis Libri decem, Authore R. Patre *Joanne* MANTELIO, Augustiniano, sacræ Theologiæ Doctore, cui adjuncta sunt Diplomata Lossensia, Privilegia, Paces, Pacta, Donationes, Infeudationes, &c. necnon Recollectio Edictorum, Constitutionum, Declarationum, Jurium &c. cum Topographia Urbium, Pagorum & Locorum. Labore & studio clarissimi consultissimiquè Domini *Laurentii* ROBYNS, J. U. & Advocati Leodiensis. *Leodii*, Typis F. Alexandri Barchon, 1717. In-4° car. 3 tom. en 1 vol. tit. rouge et noir.

2829 Codex diplomaticus Lossensis ou Recueil et Analyse de Chartes servant de preuves à l'histoire de l'ancien Comté de Looz, par M. *J.* WOLTERS. — *Gand*, imprimerie de F. et E Gyselynck, 1849. In-8°, 1 vol. avec. 2 pl.

2830 Le livre des fiefs du Comté de Looz sous Jean d'Arckel publié par M. le Chevalier *C.* DE BORMAN. Docteur en droit, membre Correspondant de la Commission royale des Monuments. *Bruxelles*, F. Hayez, imp. 1875. 1 vol. in-8°.

HISTOIRE DES PAYS-BAS. — LUXEMBOURG. — CHINY.

2831 Dictionnaires géographiques spéciaux des Provinces de la Belgique.

Dictionnaire géographique de Luxembourg; par *Ph.* VANDERMAELEN; chevalier de l'ordre Léopold, membre de l'Académie royale des Sciences & belles-lettres de Bruxelles. — [précédé du Coup d'œil sur la province du Luxembourg]. *Bruxelles*, à l'Etablissement géographique, faub. de Flandre, Imp. encyclopédique, 1838.

2832 Historia Lvxembvrgensis, Seu Commentarivs qvo Dvcvm Lvxembvrgensivm ortvs, progressvs, ac res gestæ continvata serie ab ipso primario initiatore, vsqve ad præsentem illvtris. (sic) Archiducem Albertvm accuratè describuntur. Simvl et totivs Provinciæ Lvxembvrgensis Ducatus, Marchionatus, Baronatus, cæteraque Dominia succinctè perstringuntur: Adiunctum est sub finem Opusculum in quo de Gentilivm Deorvm cultu, vanisque sacrificijs enucleatè disseritur. Omnia summo studio, atque admiranda iucunditate à Rever. Patre *D. Ioanne* BERTELIO, Epternacensis Monasterij Abbate concinnata. *Coloniæ*, Apud Conradum Butgenium. Anno Domini M. D. C. V. In-4° car., 1 vol.

2833 Histoire ecclésiastique et civile du Duché de Luxembourg et Comté de Chiny. Par R. P. *Jean* BERTHOLET, De la Compagnie de Jésus. Depuis l'établissement des Romains dans les Gaules [jusqu'à la fin du XVIIe siècle]. — A *Luxembourg*, Chez André Chevalier, M. DCC. XLI. [- XLIII]. In- 4°, 8 vol.

2834 Lettre circulaire en forme de programme, au sujet de l'impression de l'Histoire Ecclésiastique & Civile du Duché de Luxembourg, & Comté de Chiny, qui se fait chez André Chevalier, Imprimeur de Sa Majesté la Reine de Hongrie & de Bohême, & Marchand Libraire audit Luxembourg (1741) *S. nom d'imp. S. d.* 1 br. 14 p. in-4°, plus 1 feuillet.

2835 Histoire du duché de Luxembourg par *Marcellin* LAGARDE. *Bruxelles*, Jamar, éditeur. *S. d.* Imp. Labroue et Cie. 2 tomes en 1 vol. in-12. 2 gravures teintées avant titres et grav. hors texte titre illustré.

2836 Histoire du Comté de Chiny et des Pays Haut-Wallons, par M. JEANTIN, Président du Tribunal civil de Montmédy (Meuse). *Paris*, Jules Tardieu, *Bruxelles*, F. Heussner, *Nancy*, Grimblot, veuve Raybois et comp, 1858 [-1859] In-8°, 2 vol., cartes et lithographies.

2837 Les Chroniques de l'Ardenne et des Woëpvres ou Revue et examen des traditions locales antérieures au onzième siècle, pour servir à l'histoire de l'ancien comté de Chiny, par M. JEANTIN, Président du Tribunal civil de Montmédy. — *Paris*, L. Maison, *Nancy*, Grimblot et Ve Raybois, 1851.[-1852]. In-8°, 2 vol., lithographies.

2838 Les Marches de l'Ardenne et des Woëpvres ou l'arène féodale à la naissance des grandes suzerainetés lotharingiennes, [le Barrois, le Wallon et le pays de Chiny, étudiés sur le sol, dans les chartes et par les noms de lieux] par M. JEANTIN, Président du tribunal civil de Montmédy, *Paris*, L. Maison, *Nancy*, Grimblot, et Ve Raybois, 1853- [1854]. In-8°, 2 vol.

2839 Manuel de la Meuse, histoire de Montmédy et des localités meusiennes de l'ancien comté de Chiny. Répertoire général des communes, villages, hameaux et autres écarts, anciennes censes-fièfes, principaux lieux dits et familles historiques de chaque localité, par M. JEANTIN, président du tribunal de Montmédy. *Nancy*, imprimerie de veuve Raybois. 1861 [-1863]. In-8°, 3 vol.

HISTOIRE DES PAYS-BAS. — HOLLANDE. — ZÉLANDE. — FRISE.

2840 La grande chroniqve ancienne et moderne de Hollande, Zélande, West-Frise, Vtrecht, Frise, Overyssel & Groeningen, jusques à la fin de l'an 1600, recüeillie tant des histoires desdites provinces, que de divers autres auteurs, par *Iean François* LE PETIT, Greffier de Béthune en Artois. — A *Dordrecht*, de l'Imp. de Iacob Canin et de Guillaume Guillemot. 1661. 2 vol. grand in-8°.

Titre encadré dans le frontispice & nombreux portraits.

2841 *Hadriani Ivnii* HORNANI, medici, Batavia. In qua præter gentis & insulæ antiquitatem, originem, decora, mores aliaque ad eam historiam pertinentia, declaratur quæ fuerit vetus Batavia, quæ Plinio, Tacito, & Ptolemæo cognita : quæ item genuina inclytae Francorum nationis fuerit sedes. — [*Antverpiæ*]. Ex officina Plantiniana Apud Franciscum Raphelengium. cIc. Iↄ. LXXXVIIII. In-4°, 1 vol. de 10 ff. non cotés et 411 pp. chiffr., rel. parchem. à ornements dorés, tr. dorées et ornées de gaufrages.

2842 *Mensonis* ALTING, Descriptio, secundum antiquos, Agri Batavi & Frisii ; una cum conterminis. Sive Notitia Germaniæ Inferioris Cis & ultra Rhenum ; Quà hodie est in Dicione VII Fœderatorum. Repræsentata tabulis geographicis V. & Commentario in loca omnia, hoc tractu, Romanis Scriptoribus & Monumentis quà Latinis quà Græcis, memorata : A C. Julio Cæsare, ad Justinianum Aug. Cuncta, ad litterarum ordinem, sic digesta, ut ipse Commentarius sit Tabularum quasi index, ex quo depromptu facillimum, quæ Lector desiderare poterit. — *Amstelædami*, Apud Henricum Wetstenium. ɔIↄ Iↄ. CXCVII. In-f°, 3 part. en 1 vol., tit. rouge et noir, cartes gravées, rel. parchemin.

2843 Prisci Bataviæ et Frisiæ reges. Item Lugduni Batavorum et Wassenaræ heroum, Vetustissimarum Hollandiæ gentium, Historia et genealogia *Petri Cornelissonii* BOCKENBERGII, Govdani. *Lvgdvni Batavorvm*, Paetsius, 1589. In-12. 1 vol.

In eodem volumine :) Egmvndanorvm, potentissimæ Hollandiæ gentis, Historia et genealogia, *Petri Cornelissonii* BOCKENBERGII, Goudani. *Lvgdvni Batavorvm*, Paetsius, 1589. — 2.) Historia et genealogia Brederodiorvm, illustrissimæ gentis Hollandiæ, *Petri Cornelissonii* BOCKENBERGII, Govdani. *Lvgduni Batavorum*, Paetsius, 1587. — 3.) Catalogvs et brevis historia Pontificvm Ultraiectensivm. Item Catalogvs & brevis historia antistitum Egmundanorum. Additis passim non tam eruditis quam lepidis, ex sepulchris eorum, Primorumque Hollandiæ, Zelandiæ & Frisiæ Principum epitaphiis. Auctore *Petro Cornelissonio* BOCKENBERGIO, Goudano. *Lvgduni Batavorum*, Paetsius, 1586.

2844 Inferioris Germaniæ provinciarvm Vnitarvm antiqvitates scilicet de Rheni tribus alveis ostiisque & de Toxandris Batavis, Caninefatibvs, Frisiis, Marsacis, alijsque populis adjectæ tabulæ geographicæ. item picturæ operum ac monumentorum veterum, nec non Comitvm Hollandiæ, Zelandiæ & Frisiæ Eicones, eorumdemque Historia ex musæo *Petri* SCRIVERII. *Lugdvni Batavorvm*, apud Ludovicum Elzevirium cIↄ. Iↄc. XI. 1 vol. in-4°.

Cartes, gravures et portraits.

2845 Mémoires pour servir à l'histoire de Hollande & des autres Provinces-Unies ; où l'on verra les véritables causes des divisions qui sont depuis soixante ans dans cette République, et qui la menacent de ruine. Par Messire *Louis* AUBÉRY, chevalier, seigneur du MAURIER. *Paris* (Imprimé à *La Flèche*), Vilette, 1697. In-12, 1 vol.

2846 Histoire générale des Provinces Unies, traduite en grande partie du latin de *Jean* WAGENAAR dédiée a Monseigneur le Duc d'Orléans, Premier Prince du Sang, Par MM. D*** [*Bénigne* DUJARDIN], ancien maître des Requêtes, S*** [*Godefroy* SELLIUS,] de l'Académie Impériale & de la Société Royale de Londres. — A *Paris*, Chez P. G. Simon, MDCCLVII. [LXX]. In-4°, 8 vol.

2847 Histoire des Provinces-Unies des Pays-Bas, Par M. LE CLERC, tome premier, qui contient ce qui s'est passé depuis l'An MDLX, jusqu'à l'An MDCXVIII. avec les principales medailles et leur explication, [par de LIMIERS Depuis le commencement jusqu'au Traité de Barriere conclu en 1716. A *Amsterdam*, Chez L'Honoré et Châtelain M D CC XXIII. in-f°, frontisp. gravé, tit. rouge et noir, 1 vol. (manquent les tom. II et III).

2848 Histoire abrégée des Provinces-Unies des Païs-Bas, ou l'on voit leurs progrès, leurs conquêtes, leur Gouvernement, et celui de leurs compagnies en Orient & en Occident. Comme aussi les Hommes illustres dans les Armes & les savans dans les lettres, enrichie d'un grand nombre de figures. A *Amsterdam*, chez Jean Malherbe, M. DCCI. In-f°, 1 vol.

2849 Remarques sur l'estat des Provinces-Unies des Pays-Bas faites en l'an 1672, par M. le chevalier [*William*] TEMPLE, seigneur de Shene, Baronet, Ambassadeur du Roy de la Grand'Bretagne auprès des Provinces-Unies et aux traités d'Aix la Chapelle, en l'an 1668 &a [Traduit de l'anglais par le Sr LEVASSEUR]. La HAYE, J. & D. Stencker, 1674. In-12, 1 vol.

2850 État présent de la République des Provinces-Unies et des païs qui en dépendent par M. *François Michel* JANIÇON, Agent de S. A. S. Monseigneur le Landgrave de Hesse-Cassel. A *la Haye* chez Jean van Duren. M. D. CC.XXIX. [M. D. CCXXXXI]. In-12, 2 vol, tit. rouge et noir.

Le tome II est de la troisième édition.

2851 Tableau de l'histoire générale des Provinces-Unies [Par *Antoine-Marie* CÉRISIER] *Utrecht*, Van Schoonhoven & Cie, 1777-1781. In-12, 7 vol.

Les trois derniers manquent.

2852 Révolutions des Provinces-Unies sous l'étendard des divers stadhouders, suivies des anecdotes modernes, ou tableau historique, topographique & politique des Provinces-Unies, de leur Commerce & possessions d'outre-mer les causes des crises que cet État éprouve aujourd'hui, [par *J.-H.* MANDRILLON] ? A *Nimegue*. 1788. In-8°, 3 vol.

2853 Mémoires pour servir a l'histoire de la République des Provinces-Unies et des Pays-Bas ; contenant Les Vies des Princes d'Orange, de Barneveld, d'Aersens & de Grotius. Par *Aubry* DU MOURIEZ] AUBERY DU MAURIER.] Donnés avec des Notes Politiques, Historiques & Critiques. Par AMELOT DE LA HOUSSAYE. A *Londres*, Aux dépens de la Compagnie. M. DCC. LIV. In-12, 2 vol.

2854 Historia Critica comitatvs Hollandiæ & Zeelandiae ab antiqvissimis inde dedvcta temporibus. Tom. I, Pars I Sistens Chronicon Hollandiæ vetvstissimvm anonymi monachi Egmondani ab anno IↃCXLVII ad annvm CIↃCCV notis VV. DD. *Mathæi* DOVZÆ aliorvmque necnon perpetvo editoris commentario illvstratvm. — Avctore *Adriano* KLVIT. T. I, Pars II Sistens Vberiores aliquot excvrsvs in chronicon Hollandiæ anonymi monachi Egmondani T. II. Pars II. Sistens Codicem diplomaticvm et probationes ad Chronicon Hollandiæ et eivs excvrsvs *Mediobvrgi*, apvd Petrvm Gilliosen & fils et Isaac de Winter, anno CIƆIƆCCLXXVII-CIƆIƆCCLXXXII. 2 vol. in-4° avec planches.

Au 1er volume est ajoutée une lettre d'envoi de Adrien Kluyt à Godefroy par laquelle il le remercie des renseignements qu'il lui a fournis.

2855 *Même ouvrage, même édition, mais vol. dépareillé comprenant la 1re partie du tome 1er seulement.*

2856 Conspectvs Historiæ criticæ Comitatvs Hollandiæ et Zeelandiæ, avctore *A*. KLVIT. Accedit Eivsdem Epistola ad Virvm amplissimvm P. H. Van de Wall, Delegatis Ordinvm Hollandiæ Adscriptum, De nonnullis, quæ in nupera Editione Chronici Vernacali Rhythmici Æmilii Stoke occurrunt. *Traiecti ad Rhenvm*, Apud Abrahamvm a Paddenbvrg, Academiæ Typographvm, CIↃ IↃCCL-XXIII. Pet. in-4°, 1 vol.

2857 Historia vetervm Episcoporvm Vltraiectinæ Sedis & Comitvm Hollandiæ, explicata chronico *Ioannis* DE BECA, Canonici Vltrajectini ab anno nativitatis Christi usque ad annum 1345 et Historia *Guilhelmi* HEDÆ praepositi Arnhemensis Auctoris nunquam editi, completa appendice usque ad annum Christi 1574 Auctore *Svffrido* PETRI Leovardiensi Frisio I. V. C. & Frisiorum Historico : *Bernardo* FUMERIO Leovardiensi frisio recensente et notis illustrante. *Franeqverae*, excudebat Rombertvs Royema CIϽ IϽ CXII. 1 vol. in-4°.

2858 *Ioannes* DE BEKA canonicus Ultrajectinus, et *Wilhelmus* HEDA præpositus Arnhemensis, de Episcopis Ultraiectinis, recogniti et notis historicis illustrati ab *Arn.* BUCHELIO Batavo I. C. — Accedunt *Lamb. Hortensii* MONTFORTII Secessionum ultraiectinarum libri, et *Siffridi* PETRI Frisij Appendix ad Historiam Ultrajectinam. *Ultraiecti.* — Ex officina Ioannis a Doorn cIↃ IↃc XLIII. 1643. 1 vol. in-4° (titre encadré dans une gravure en frontispice).

2859 *Gerhardi* DUMBAR Reipublicæ Daventriensi ab Actis Analecta, seu Vetera aliquot scripta inedita, [*vid. Rudolphi* DIER DE MUDEN, *Petri* HOORN, *Alberti* LUBECK, *Petri* TRAJECTI, *Gerardi* DE BUSCO, VAN EGMOND, *Wilhelmi* NAGGE, *Arnoldi* HEYMRICII, *Henrici* BRUMANI, *Alberti* SUAVEL, non ullorumque anonymorum Chronica] ab ipso publici juris facta. Tomus primus [secundus, tertius] in quo continentur. [etc., etc.] *Daventriae*, Apud Johannem van Wyk, 1719 [-1722. In-8°, 3 vol.

2860 Historia Sive Notitia Episcopatus Daventriensis Ex Ecclesiarum Membranis, Monasteriorum Tabulis Authenticis Annotatis & Classicis Authoribus eruta ac publici juris facta a *Joanne* LINDEBORNIO. — *Coloniæ Agrippinæ* Sumptibus Joachimi à Metelen. Anno 1670. Pet. in-8°. 1 vol.

2861 La Genealogie des Illustres Comtes de Nassav Novellement imprimée : avec La description de toutes les victoires lesquelles Dieu a octroiées Aux Nobles, Haults & Puissants Seigneurs, Messeigneurs les Estats Des Provinces Vnies du Païs-Bas, Sous la Conduite & Gouvernement de son Excellence, le Prince Mavrice de Nassav, [par *Iean* ORLERS, bourgmestre de Leyde] Deuxsiesme édition, A. *Leyden*, chez Iean Orlers en l'An cIↄ Iↄc xv. Avec Privileve de V ans. In-f°, 1 vol., tit. orné.

2862 Itinéraire en algemeene post kaart van het Koningrijk Holland 1810 Vereenigd met het Fransche Rijk. Carte collée sur toile et pliée.

2863 Chronicon Hollandiæ. De Hollandorum Repvb. Rebvs gestis Commentarii *Hvgonis* GROTII *Iani* DOUSAE PATRIS *Iani* DOVSAE FILII. *Lvgdvni Batavorvm*, apud Ioannem Maire. 1617. In-4°, 1 vol. rel. parchemin.

2864 Bataviæ Hollandiæq. Annales : à *Iano* DOVSA filio Concepti atque inchoati iam olim ; Nunc vero à Patre eidem cognomine ac superstite, Nordovici Domino, supremi Concilij Adsessore, tum Archiuorum in Batauì custodiæ Pfectoræ, recogniti, suppleti, nonaque octo librorum accessione ad integræ vsque Decadis finem perducti & continuati. Ad Illustres, Nobiles, Præpotentes, ac verè Magnificos Hollandiæ Westfrisiæqve Ordines. Ex Officina Plantiniana, Apvd Christophorum Raphelengivm, Academiæ *Lugduno-Batauæ* Typographum. cIↄ. Iↄ CI. In-4°, 1 vol.

2865 Chronicon Egmundanum seu Annales regalium Abbatium Egmundensium auctore *Fr. Joanne* [GERBRANDO] de Leydis Ordinis Praedicatorum Harlemi. Accedunt Præter *Theodorici* A LEYDIS Breviculos LEONIS Monachi Egmundensis Breviculi Majores Historiam Comitum continentes qui Egmundæ sepulti, Eruit hactenus latitantes collegit, & primus edidit adjectis Observationibus *Antonius*

MATTHÆUS, Juris in Illustri Academia Lugduno-Batava Antecessor. *Lugduni Batavorum*, Apud Fredericum Haaring, cIↄ Iↄ c x c i i. In-4°, 1 vol. tit. rouge et noir.

2866 *Iohannis* SMITH [VAN DER KETTEM] Oppidvm Batavorvm, Seu Noviomagvm. Liber singvlaris. Quo ostenditur, Batavorum oppidum Corn. Tacito lib. Hist. V, C. X I X, memoratum, esse Noviomagum, eâdemque operâ plurima traduntur quæ Batavorum originibus, historiæ, Reique publicæ & antiquariæ illustrandæ faciunt. *Amstelodami*, Ex Typographeio Iohannis Blaev, M D C X L I V. In-4°, car. 1 vol.

2867 Rerum Amorfortiarum Scriptores duo inediti. Alter, auctor incertus. Alter cui nomen, *Theodorus* VERHOEVEN. Utrumque primus edidit Observationes & quæ hactenus nondum visa, vetera aliquot monumenta diplomata & instrumenta & ex ineditis duobus chronicis AMORFORTII olim scriptis adjunxit supplementa *Antonius* MATTHÆUS, Juris in illustri Academia Lugduno-Batava Antecessor. *Lugduni Batavorum*, Apud Fredericum Haaringh. 1693. In-4°. 1 vol. tit. rouge et noir.

2868 Declaratio ordinum Hollandiæ West-Frisiæque ex ipsis fundamentis Regiminis Belgici desumpta, qua jus & potestas singularum Provinciarum cum externis Principibus contrahendi & de quibuscunq; negotiis constituendi proponitur. Qva Legitima & justa esse ostenditur Concessio Instrumenti Seclusionis Principis Auriaci Sicut à Nobil. & potentibus Ordin. Hollandiæ West-Frisiæque Anno cIↄ Iↄ CLIV, IV Maii decretum fuit; Versum Exemplar ex Belgico quod impressum est Hagæ Comitis. Cum privilegio, *Lugduni Batavorum*, Apud Joannem Maire, Et *Amstelodami* Apud Ludovicum Elzevirium cIↄ Iↄ CLIV. In-4° car. 1 vol.

2869 Historia Batavica ex optimis qvibvsque avtoribvs, authore *Gerardo* GELDENHAURIO Nouiomago collecta. Cum nonnullis alijs versa pagella demonstrandis antehac non visis [scilicet. 1.) De officio principis, auct. eodem GELDENHAURIO. 2.) *Chrysostomi* NEAPOLITANI, de Situ & moribus Olandiæ. 3) *Gerardi* LISTRII, Descriptio diœcesis Ultrajectinæ et quorumdam ejusdem diœcesis Episcoporum laudes. 4) Auris Batava, ex Chiliadibus ERASMI, de moribus & laudibus Batavorum] *Coloniæ*, ex officina Eucharii Cervicorni, 1541. Pet. in-8°, 11 feuil. lim. non chiffrés & 110 pages.

2870 Abrégé de l'histoire de la Hollande, formant aujourd'hui la partie septentrionale du royaume des Pays-Bas, ouvrage posthume de *Philippe* GIGOT, professeur de belles-lettres. *Bruxelles*, chez les frères Delemer co-éditeurs, 1820. 1 vol. in-12.

2871 Histoire des Contes d'Hollande, et Estat et Gouvernement des Provinces-Unies des Pays-Bas [trad. du latin de SCRIVERIUS ou *Pierre* SCHRYVER]. A la *Haye*, chez Adrian Vlaq. M. DC. LXIV. In-12, 1 vol.

2872 Le despotisme de la maison d'Orange prouvé par l'Histoire, par *Karel* VAN LIGTDAL. en *Hollande*, *s. d. ni nom d'imprimeur*. 1 vol. in-8°, s'arrête à la pag. 220.

2873 Relation succincte de tout ce qui s'est passé de plus considérable en la guerre que la Compagnie Hollandaise des Indes Orientales a euë contre le Roy & les autres Regences de Macassar, depuis l'an 1666 jusques à l'année 1669. Où l'on voit les glorieuses victoires qu'elle a remportées sur ce royaume-là sous la conduite du sieur Corneille Speelman, ci-devant gouverneur de la Coste de Coromandel, etc. Avec les articles de la Paix qui s'en est ensuivie. Traduit de la copie imprimée à Batavia, dans l'Isle de Iava. (*Amsterdam*), C. I. Zwoll, 1670, in-4°. — Pièce de 16 pages, sur deux colonnes.

2874 Le Mercure Hollandais contenant les choses les plus remarquables de toute la terre, Arrivées en l'an 1672 [et suivants jusqu'à 1684]. A *Amsterdam*, chez Henry &

Theodore Boom, l'An 1673 [1681] Petit in-12, 7 vol., avec fig. en taille-douce.

La collection complète est de 13 volumes à raison d'un par année. Les 7 vol. ci-dessus correspondent aux années 1672, 1673 et 1676 à 1680 ; il manque donc 1674, 1675 et 1681 à 1684.

2875 La veritable Religion des Hollandois. Avec une Apologie pour la Religion des États-Généraux des Provinces Unies Contre le Libelle Diffamatoire de Stoupe, Qui à *(sic)* pour titre la Religion des Hollandois, Par *Jean* Brun, Ministre du Roy des Armées. Cy est joint le Conseil d'Extorsion ou la Volerie des Francois. Exercée en la Ville de Nimegue par le Commissaire Methelet & ses Supôts *(sic)* [par I. B.] — A *Amsterdam*, chez Abraham Wolfgang, 1675. In-12, 20 ff. non cotés et 392-197 pp. chiffrées.

2876 Le Hollandois ou Lettres sur la Hollande ancienne & moderne. Par M. de la Barre de Beaumarchais. Suivant la copie imprimée à *Francfort*, chez Fr. Varrentrop, 1737. In-12. 1 vol.

2877 Relation du Voyage de Sa Majesté Britannique en Hollande, Et de la Reception qui luy a été faite. Enrichie de Planches très-curieuses. Avec un récit abregé de ce qui s'est passé de plus considérable depuis l'arrivée de Sa Majesté en Hollande le 31 de Janvier, jusqu'à son retour en Angleterre, au mois d'Avril 1691 & l'heureux succès de l'expédition d'Irlande, subjuguée par les Armes toujours victorieuses de Sa Majesté. Par *J.* Tronchin du Breuil] A *La Haye*, Chez Arnout Léers, MDCXCII. In-f°, 1 vol. de 6 ff. non cotés et 508 pp. chiffrées entremêlées de 15 planches gravées, frontisp. gravé, impression à grands caractères et grandes marges.

2878 Histoire du Différend Entre Leurs Nobles Puissances les États de la Province de Zelande, Et Son Altesse Sérénissime Guillaume-Charles-Henri-Friso, Prince d'Orange & de Nassau. &c. &c. &c. Au sujet du

Marquisat de Veere et de Flessingue. A *Londres*, Chez Samuel Harding MDCCXLII. In-8°, 1 vol. de 141 pp.

2879 La cour de Hollande sous le règne de Louis Bonaparte par un auditeur. Seconde édition, *Paris*, Charpentier & Cie,. Imp. Guiraudet, 1826, 1 vol. in-8°, gravure en frontispice

2880 Copie wt de Resolvtien ghenomen by de Heeren Staten Van Hollandt en West-Vrieslandt en de by de Heeren Staten van Zeeland &c. Extrait des Résolutions prises par les Etats de Hollande, Frise & Zeelande au sujet de la survivance & a succession du stathouderat déférée au jeune Prince Guillaume, fils du Prince Frédéric Henri, Prince d'Orange. *S' Gravenhage*, L. Breeckvelt, 1631, in-4°. Pièce de 8 pages non foliotées.

2881 Principes Hollandiæ & Zelandiæ, Auctore *Constantio* PEREGRINO. [*Balduino* DE JONGHE, religioso Regularis Observantiæ Ordinis S. Francisci, a Dordrecht oriundo] *Antverpiæ*, J. Mevrsivs, 1632, in-12. — Pièce de 135 pages.

V : Fontette T. III. N° 39596. — *A la page 54* : Serenissimi Belgarvm principis Alberti Pii, oratio funebris. — *A la page 94* : Exeqviæ ejusdem Principis. — Sous ce titre est donnée la description détaillée des cérémonies des obsèques d'Albert & le nom de toutes les personnes qui firent partie du cortège avec l'ordre dans lequel elles y étaient placées.

2882 Post date de la missive de Middelburg, donnant plus clairement à entendre les eschappatoires & raisons trompeuses que les François nous aduancent pour rompre la paix concluë entre l'Espagne & les Provinces Vnies. Traduit de Flamand en François, jouxte la copie imprimée à Middelburg. *S. l.* chez G. Verdussen, 1647. In-4°. — Pièce de 8 pages.

2883 Harangue de MONS. DE LA THUILLERYE, Ambass. extraord. En l'Assemblée des Estats-Généraux des Provinces Vnies, le 23 October 1647. A *Utrecht*, 1647, in-4°. — Pièce de 7 pages.

Gaspart Coignet de la Thuillerie était ambassadeur en Hollande quand se traitait la paix de Munster.

2884 Raisons (nommées Ingrédients par l'Ampliateur) que l'on doit représenter à Monsieur l'Ambassadeur de la Thuillerie suivant l'advis Provincial de la Hollande, & qui peuvent servir de réponse à sa derniere proposition delliurée à la Généralité le 17 mars 1648. — *Cela est le titre de la première colonne.* — *Sur l'autre :* Correctif des raisons (alias) Ingrédients cy-joints. *S. l. n. d.* (1648). in-4°. — Pièce de 12 pages non foliotées, impr. sur deux colonnes.

2885 Brief van de Hoogh-Mogende Heeren Staten Generale aen den Groot-Forst van Moscovien. [Lettre de L. H. P. les Etats-Généraux, à (Alexis Michalovitz) grand duc de Moscovie, le 16 juin 1663] *S. l. n. d.* In-4°. — Pièce de 3 pages imp. en caract. goth.

2886 Mémoires de M. le Compte (*sic*) de Montbas. [*Jean* BARTON DE MONTBAS] sur les affaires de Hollande ou réponses aux calomnies de ses ennemis. A *Colongne*, 1673, pet. in-12. — Pièce de 47 pages.

2887 Don Francisco Antonio de Agvrto, Marquis de Gastanaga, Chevalier de l'Ordre d'Alcantara, Lieutenant Gouverneur & Capitaine Général des Pays-Bas, A *Bruxelles*, chez Iean Théodor Antoine Velpius, Imprimeur de Sa Majesté, 1689, 1 feuillet (Réponse à la déclaration de guerre de la France.) Placard.

2888 Lettre du Conseil d'Estat des Provinces Unies, à leurs Hautes Puissances Messieurs les Estats Généraux. Le 6 Juillet 1689, 1 br. non-paginée in-4° (touchant une lettre écrite par le Prince de Waldeck sur les réquisitions de Charrettes).

2889 Extract Uyt het Register der Resolutien van de Hoog Mog : Heeren Staten Generael der Vereenigde Nederlanden. *Lunæ* den 21 February, 1701 *s. n. d'imp.* 1 feuillet.

2890 Extrait du Registre des Resolutions de L. H. P. Messieurs les Estats Généraux des Provinces Unies ; du Vendredy 15 Juillet 1701 *s. n. d'imp. s. d.* 1 feuillet.

2891 Manifeste Contenant les raisons qui obligent les Hauts & Puissants Seigneurs les Etats Généraux des Provinces-Unies des Pais-Bas, de déclarer la Guerre à la France & à l'Espagne ; publié le 15 May 1702. A *la Haye*, Chez Paul Scheltus, Imprimeur ordinaire des Hauts & Puissants Seigneurs les Etats Généraux des Provinces Unies des Pais-Bas, l'an 1702. 1 br. 4 p. in-4°. Texte à 2 colonnes.

2892 Quatrième lettre d'un ami d'Allemagne à un ami de Hollande. Touchant les Conférences de Gertruydenberg Ce 12 avril 1710, *s. n. d'imp.* 1 br. 3 p. in-4°.

2893 A leurs Hautes Puissances Messeigneurs les Etats Généraux des Provinces-Unies. *S. n. d'imp. s. d.* 1 br. non pag. in-f°. (1712).

2894 Suite des réflexions sur l'Estenduë de Limites dans la Flandre Espagnole, pretenduë par les Etats-Généraux des Provinces-Unies. A *Cologne*, 1714. In-4°. Pièce de 12 pages.

2895 Pétition générale du Conseil d'État aux États Généraux pour l'année 1726. Présentée le 28 Novembre 1725. *S. n. d'imp.* 1 br. 20 p. in-4°.

2896 Pétition générale du Conseil d'État à leurs hautes puissances les États généraux des Provinces Unies pour l'année 1727 Présentée le 17 Décembre 1726. Imprimé sur la copie de la Haye *S. n. d'imp.* 1 br. 18 p. in-4°.

2897 Recueil de pièces secrettes et interessantes, tirées des Regîtres des Etats Généraux, des Etats de Hollande, & particulièrement de ceux du Grand Conseil de Dordrecht, la première ville à l'Assemblée de ladite Province ; *Pour & Contre la fameuse Question*, Si les Provinces Unies sont obligées de remplir la garantie qui résulte du Traité de Vienne de 1731 ; quoique la Cour de Vienne n'y ait point satisfait. Tome Premier. *A Londres*, chez Iohn Nourse, à l'Agneau, près du Temple Bar, 1743. In-12. Pièce de 188 pages, & 4 pages non foliotées, pour la table.

Au bas de la page 188, on lit : Fin du Tome Premier. & ensuite, cette note : Le second est sous presse, et contiendra des Pièces aussi importantes. Ce second volume, si jamais il a vu le jour, nous manque.

2898 Réfutation des lettres circulaires que la cour de Vienne A publiées en date du 29 d'Août, du 16 & du 19 de Septembre 1742. A *la Haye* Chez Jean Van Duren MDCCXLIII, 1 br. 28 p. in-4°.

2899 Lettre d'un seigneur hollandois à un de ses amis à la Haye, Sur le nouveau Secours prêté par la Hollande à la Reine de Hongrie avec des Eclaircissements sur les différents intérêts des Alliés de la Cour de Vienne. *s. n. d'imp. s. n. d'aut.* M. DCC. XLIV 1 br. 16 p. in-4°.

2900 La conduite des Hollandois justifiée dans une lettre d'un membre des États Généraux, à un membre député au parlement de la Grande Bretagne, traduit de l'anglois. A *Amsterdam*, chez Jean-François Joly, dans le Pylsteeg, M D CC XLIV. 1 br. 14 p. in-8°.

2901 La conduite des Hollandois justifiée dans une lettre d'un membre des États-Généraux, à un membre député du Parlement de la Grande Bretagne. Traduit de l'anglois. A *Amsterdam*, J. F. Joly, 1744. In-8°. — Pièce de 14 pages. *Voir le n° précédent.*

2902 Seconde lettre sur la conduite des Hollandois justifiée. A *Amsterdam*, ce 1 décembre 1744. Signé : Batavus, *s. n. d'imp.* MDCCXLV, 1 br. 16 p. in-8°.

2903 Discours que M. VANHAREN Député de la part de la Province de Frise au Conseil d'Etat des Provinces Unies, prononça dans l'Assemblée des Etats Généraux le 29 Décembre 1746 lorsqu'à la tête du Conseil d'Etat il présenta à Leurs Hautes Puissances la pétition générale concernant l'Etat de guerre pour l'année 1747, *s. n. d'imp.* 1 br. 8 p. in-4°.

2904 Extrait d'une lettre de la Haye. A *Lille*, De l'Imprimerie de Pierre-Simon Lalau M. D. CC. XLVII. 1 br. 7 p. in-8°.

2905 Lettre d'un bourgeois de Dorth à un bourgeois de Rotterdam 1747, *sans nom d'imp. s. nom. d'aut.* 1 br. 47 pages in-4°. *A la suite* : Lettre d'un ami à un ami, 1747, 8 p. in-4°.

2906 Lettre d'un ministre d'une puissance étrangère en Hollande, à un sénateur de Zurich, Sur la Réponse des Hollandois du 5 Novembre 1747 à la Déclaration du Roi de France du 17 Avril de la même année M. DCC. XLVIII. *n. d'imp. s. n. d'aut.* 1 br. 28 p. in-4°.

2907 Le renversement des maximes de l'Etat de Hollande, par le présent gouvernement traduit du Mémoire Hollandois intitulé, de Omkeering Vande grande Regels des Straat, Van Halland, Door de Teegenwordege Regeering. A *Cologne s. n. d'imp.* MDCCXLVIII, 1 br. 17 p. in-4.°

2908 Documens historiques et Réflexions sur le Gouvernement de la Hollonde, par *Louis* BONAPARTE, ex-roi de Hollande. A *Paris*, chez Aillaud, Fantin, [impr. Fain] Samuel Delachaux, à *Amsterdam*, 1820. In-8°, 3 vol.

2909 Amsterdam. Te *S. Gravenhage* bij de gebroeders Van Cleef, Te *Amsterdam*, by de gebroeders Van Cleef, Te *Rotterdam*, by A. H. Krap. Plan imprimé sur toile glacée.

2910 Plan nouveau & très-exact de la ville d'Amsterdam, Nieuwe platte grond der stad Amsterdam, Te *Amsterdam* bij Mortier, Covens en Zoon 1809 ; à gauche en bas, on lit : Gegraveerd door G. VAN BAARGEL, Amst. 1795, gecorrigeerd 1806. Carte collée sur toile et pliée.

2911 Chronici Zelandiæ libri duo Auctore *Iacobo* TYNDIO, domino Hæmstede, etc. *Middelburgi*, ex officina mouler tiana, M. DC. XXXIX. In-4° car., 1 vol. tit. gravé.

2912 Académie royale. — Bruxelles (extrait du tome XVIII des mémoires). — Mémoire sur la guerre de Zélande (1303-1305) par *J. J.* DE SMET, chanoine de St-Bavon à Gand, membre de la commission royale d'Histoire etc. lu à la séance du 3 décembre 143. 1 broch. in-4° 39 p.

2913 Mémoire sur la guerre de Zélande (1303-1305) par *J. J.* DE SMET, chanoine de St-Bavon, lu à la séance du 3 décembre 1843 (Acad. roy. de Bruxelles. Extrait du tom. XVIII des mémoires) 1 broch. 39 pag. in-4°. *Voir le n° précédent.*

2914 *Martini* HAMCONII, Frisia sev de Viris Rebvsqve Frisiæ illustribus Libri dvo. Opus ab Authore recognitum, auctum, & Imaginibus Regum, Potestatum, ac Principum exornatum. Adiecti svnt Pontifices Frisiorvm Ethnici, Diplomataque, & Monumenta aliquot Pontificum, Cæsarum, ac aliorum heroum ; *Franekeræ*, Excudebat Ioannes Lamrinck, suis et Ioannis Starteri Bibliopolæ sumptibus anno M. DC. XX. In-4° car., 1 vol., tit. rouge et noir, grav. sur bois, 18 ff. non cotés, 135 ff. chiffr. (le dernier coté à tort 127), et 4 ff. d'index.

2915 *Martini* HAMCONII Frisia. seu de Viris Rebusque Frisiæ illustribus Libri duo Opus ab Authore recognitum, auctum, et Imaginibus Regum, Potestatum, ac Principum exornatum. Adiecti sunt Pontifices Frisiorum Ethnici, seu Præfecti Druydum : Episcopi Ultraiectini : Comites Hollandiæ et Zelandiæ : Diplomataque, et Monumenta aliquot Pontificum, Cæsarum, ac aliorum heroum; Virtutem Frisiorum declarâtia. — *Amstelodami*, Apud Joannem Janssoninun Anno 1623. In-4° car., 1 vol., tit. gravé, nombreux bois dans le texte.

ALLEMAGNE. — HISTOIRE GÉNÉRALE.

2916 Descriptio Germaniæ vtrivsqve Tam superioris quàm inferioris ; Auctoribus *Bilibaldo* PIRCKEIMERO & cæteris quorum nomina sequenti pagina continentur. [*vid.* GERARDO NOVIOMAGO, *Her.* COMITE NUENARIO, *Hub.* THOMA LEODIO, *Petro* DIVÆO, *Abr.* ORTELIO et *Joan.* VIVIANO] *Antverpiæ*, Ex officina Christophori Plantini, M. D. LXXXV. 1 vol. pet. in-8° de 544 pp. chiffr.

2917 Karte des Rheinlaufes von Mannheim bis Düsseldorf von der Bergstrasse den Main u. Lahn Gegenden und den Bädern am Taunus nach den besten Hülfs mitteln bearbeitet von *F. J.* STEINER *Coblenz.*

Carte collée sur toile et pliée.

2918 *Ioh. Georgii* ECCARDI V. C. de origine Germanorvm eorvmqve vetvstissimis coloniis, migrationibvs ac rebvs gestis libri dvo ex schedis manvscriptis viri illvstris edidit, figuras aeri incisas adiecit et præfatvs est christianvs Lvdovicvs Scheidivs i. c. *Gœttingæ*, Sumptibvs Ioh. Gvil. Schmidii vnivers. Bibliop. A. S. H. CIↃ IↃ CCL. 1 vol. in-4°, titre rouge et noir, avec planches et annotations manuscrites.

2919 Notitia Germaniæ antiqvæ ab ortv reipublicæ ad regnorvm Germanicorvm in Romanis provinciis stabilimenta Germaniæ et Germanicorvm Civitatvm statvm et conditionem plene declarans *Jacobvs Carolvs* SPENER ex fide dignis monvmentis argvmentvm perfecit et novis tabvlis Geographicis instrvxit, accessit conspectvs Germaniæ mediæ qvalis secvlo VI et post pavlo seqventibvs secvlis fvit adiecti svnt indices copiosissimi. *Halæ Magdebvrgicæ*, sumptibus bibliopolii novi apud Felicem du Serre, CIↃIↃCCXVII. 1 vol. in-4°. Cartes.

2920 *Burcardi Gotthelffii* STRUVII Syntagma Historiæ Germaniæ a prima gentis origine ad annvm vsque MDCC

XVI. ex genvinis historiarum docvmentis, et coævorvm scriptorvm monumentis illvstratvm. *Jenæ* apvd Io. Felicem Bielekivm MDCCXVI. 2 vol. in-4°.

Portrait de l'auteur en frontispice au 1er vol.

2921 Études Germaniques pour servir a l'histoire des Francs, [t. I. et II, *savoir* :] Les Germains avant le Christianisme. Recherches sur les origines, les traditions, les institutions des peuples germaniques, et sur leur établissement dans l'empire romain, par *A. F.* OZANAM, professeur de littérature étrangère à la Faculté des Lettres de Paris. *Liège*, imprimerie de J. G. Lardinois, 1850. La Civilisation chrétienne chez les Francs. Recherches sur l'histoire ecclésiastique, politique et littéraire dès temps mérovingiens, et sur le règne de Charlemagne, par *A. F.* OZANAM. *Liège*, Lardinois, 1850 In-8°, 2 vol., de la *Bibliothèque historique, philosophique et littéraire*.

2922 Nouvel abrégé chronolgique de l'Histoire & du droit public d'Allemagne, par M. PLEFFEL, Jurisconsulte du Roi Département des affaires Étrangères. *Paris*, Delalain, 1777, In-12. 2 vol.

2923 Histoire d'Allemagne, depuis les temps les plus reculés jusqu'à nos jours, d'après les sources, avec deux cartes ethnographiques ; par *J. C.* PFISTER, docteur en philosophie, membre de plusieurs sociétés savantes ; traduite de l'allemand par M. PAQUIS, membre de plusieurs sociétés savantes. *Paris*, chez Beauvais, éditeur. MDCCC XXXVII [XXXVIII] In-8°, 11 vol., de l'impr, de Béthune et Plon à Paris.

2924 *P.* BERTII Commentariorvm Rervm Germanicarvm Libri Tres. Primus est Germaniæ veteris, secundus, Germaniæ à Karolo Magno posterioris ad nostra vsqz tempora, cum Principum Genealogijs. Tertius est præcipuarum Germaniæ vrbium cum earum Iconismis et Descriptionibus. *Amstelodami* apud Joannem Janssonium Anno 1616.

In-4° obl., 1 vol. de 6 ff. non cotés, 732 pp. chiffr. et 1 feuillet d'errata et privilège, tit. orné, nombreuses gravures sur bois représentant les principales villes d'Allemagne rangées parordre alphabétique.

2925 *Jacobi Wilhelmi* IMHOFII Notitia S. Rom. Germanici Imperii Procerum Tam Ecclesiasticorum Quam Secularium historico-heraldico-genealogica Ad Hodiernum Imperii Statum accommodata, Et in Supplementum Operis genealogici Rittershusiani initio adornata, Editio quarta Cui accedit De Proceribus Aulæ Cæsareæ Mantissa. *Stutgardiæ*, Sumptibus Joh. Georgii Cottæ, Typis Melchioris Gerhardi Lorberi. Anno MDCXCIX. In-f. 1 vol., tit. rouge et noir.

2926 Germaniæ topo-chrono-stemmato-graphica sacra et profana, in qua brevi compendio regnorvm et provinciarvm eivsdem amplitvdo, sitvs et qualitas designantvr. Chronologica dein relatione, sacra profanæ Historiæ utiliter commiscetur, & juxta varios rerum successus propagatum per vivos Apostolicos Christi Regnum, promota per eruditos res Litteraria, aliaque memoratu digniora describuntur. Recensentur ex ordine Cathedralium Ecclesiarum Pontifices & ab illis præclarè gesta, obiter memorantur, diversorum, Abbatiali maximè titulo illustrium, Cænobiorum *(sic)* Catalogus teritur, & nonnullorum Præsides enumerantur. Germaniæ demum Nobilitatis eminentia commendatur & tabulis variis Stemmatographicis, contra receptissimam multorum opinionem, è vetustissimis monumentis, familiarum præcipuarum origines docentur. & generationes deducuntur. Opera et studio *R. P. F. Gabrielis* BVCELINI, Ord. S. P. Benedicti Monachi Theologi Imperialis Monasterii Weingarttensis Prioris S. Ioan. Bapt. in oppido Rhætiæ superæ Veldtkirchensi. Cum Licentiâ & facultate Superiorum. Anno Christi M. DC. LV. [LXXVIII] *Avgvstæ Vindelicorvm*, Typis Ioannis Prætorii. [*Ulmæ*, apud Iohannem Gorlinum ;*Francofurti, ad Mœnum*. sumptibus Chr. Balth. Kühnen, Bibliopolæ Ulmensis; Ulmæ, sumptibus ejusdem, *etc*]. In-f°, 6 vol., blasons gravés, tit. rouge et noir.

2927 Germanicarvm Rervm qvatvor celebriores vetvstioresqve Chronographi, earvm descriptionem ab orbe condito vsqve ad tempora Henrici IIII, Imperatoris in lucem reuocati, & longè emendatius quàm antea impressi, [curante *Simone* Schardio, J. C.] qvorvm nomina svnt: *Iohannes* Tvrpinvs de Vita Caroli Magni et Rolandi Rhegino Abbas Prvmiensis Diocesis Treviren. Sigebertvs Gemblacensis eivsqve continvantur *Robertvs* de Monte. Lambertvs Schaffnabvrgensis, alias Hirsfeldensis dictvs. Impressvm *Francofvrti ad Mœnvm*, [apud Georgium Corvinum, Sigismundum Feyrabend et Hæredes Wigandi Galli] Anno Domini M. D. LXVI. In-f°, 1 vol.

2928 Rervm Germanicarvm veteres iam primvm pvblicati Scriptores VI. In quibus. [Magnum Chronicon,] Wippo de Conradi Salici Imp. Vita: & tres Antiquitatum Fvldensivm, diu desiderati libri, [Augustanum Chronicon auctore Sigismundo religioso, Chronicon Episcopatus Constantiensis, inchoatum a *Jacobo* Manlio, denique Chronicon Episcoporum Mindensium inueniuntur. Ex Reuerendiss. Nobilissimi & Clariss. Viri *D. Ioannis* Pistorii, Eccles. Cathedr. Vratislauiensis præpositi, & S. C. M. consiliarii bibliotheca, eruti & vindicati. *Francofvrti* Apud Claudium Marnium, & heredes Iohannis Aubrii. MDCVII. In-f°, 1 vol. t. III de la collection intit. *Illustrium veterum Scriptorum de rebus Germanicis t. III (1583-1607).*

2929 Rerum Germanicarum Tomi III. - I. Historicos Germanicos ab *H*, Meibomio *Seniore* primun editos & illustratos, nunc auctiores. II. Historicos Germanicos ab *Henrico* Meibomio *Juniore* é MStis nunc primum editos & illustratos. III. Dissertationes historicas varii argumenti utriusque Meibomii continet. Cum Indicibus copiosissimis

Omnia recensuit & edidit *Henricus* MEIBOMIUS *Junior Helmæstadii*, Typis & Sumptibus Georgii Wolffgangii Hammii. Anno MDCLXXXVIII. In-f°, 3 tom. en 2 vol. portrait et pl. grav.

2930 Vetervm Scriptorvm, qvi Cæsarvm et Imperatorvm Germanicorvm res per aliqvot sæcula gestas litteris mandarvnt, [scilicet EGINHARDI, *Joannis* TURPINI *(falso)* LUITPRANDI, HROSVITAE, ROBERTI Monachi, BOHEMONDI, LIGURINI, CONRADI *Episcopi*, *Conradi* VECERII, *Nicolaï* Episcopi, *Albertini* MUSSATI, *Richardi* BARTHOLINI, nonnullorumque anonymorum Tomvs vnvs a *Ivsto* REVBERO olim editvs, nova hac editione diligente recognitvs, et lvcvlentis accessionibvs avctvs, cvrante *Georgio Christiano* IOANNIS, *Francofvrti ad Mœnvm*, impensis vidvæ B. Ioan. Maximil. a Sande. Anno MDCCXXVI. In-f°, 1 fort vol., tit. rouge et noir.

2931 Rerum Alamannicarum Scriptores aliqvot vetvsti, à quibus Alamannorum qui nunc partim Suevis, partim Helvetiis cessere, Historiæ tam sæculares quam ecclesiasticæ traditæ sunt. Tribus Tomis divisi, cvm glossis rervm et verborvm difficiliorvm, Ex Bibliotheca *Melchioris Haiminsfeldii* GOLDASTI. Cum Indice rerum & verborum accuratissimo. *Francofvrti*, Impensis Johann-Martini Porssii, Typis Johannis Georgii Spörlin Anno M. DC. LXI. In-f°, 3 tom. en 1 vol., tit. rouge et noir, rel. parchemin.

T. I. HEPIDANNUS *Cœnobita*, RATPERTUL *Turingiensis*, EKKEHARDUS *junior*, BURCKHAKDUS *Monachus*, CIMRADUS DE FABARIA, BERTHOLDUS *Monachus*, *Joachimus* VADIANUS TIUSBURGIUS *Monachus*, *Johannes Georgius* TICIANUS WALAFRIDUS STRABUS, ISO *Magister*, *S.* THEODORUS *Eremita*, ERMENRICUS *Eleuvangeliensis*, EKKEHARDUS *Minimus*, *etc.*

T. II. Lex Alamannorum, Chartarum diversi Scriptores, inter quos WENILO, RABANUS MAURUS, WALAFRIDUS

STRABUS, KERO *Monachus, etc*, REMEDIUS *Curiensis* Episcopus, NOTINGUS *Constantiensis* Episcopus, Alamannicæ Ecclesiæ Symbolum, Confessio, Litania, Benedictiones, Anniversaria, *etc*.

T. III.—Joachimus VADIANUS, *Bartholomæus* SCHOBINGERUS, *Johannes* COMANDER, *Johannes* ZWICKIUS, *Leo* JUDÆ. *Johannes* KESSLERUS.

2932 Rervm Germanicarvm Scriptores aliquot insignes, Qui gesta sub Regibus & Imperatoribus Teutonicis, jam inde à Carolo M. vsque ad Fridericum III. Imp. perpetua ferè serie, suis quique seculis, litteris mandata posteritati reliquerunt. Tomvs... Ex Bibliotheca *Marqvardi* FREHERI Consiliarii Palatini, Olim Editus, nvnc denvo recognitvs additis scriptoribvs aliis antea ineditis. Cum Glossario, Locis aliorum Auctorum parallelis, Notis ac Indice rerum & verborum copiosissimo. Editio Tertia, Reliquis locupletior & emendatior. Curante *Burcardo Gotthelffio* STRUVIO, Consiliario et Historico Saxonico. *Argentorati*, Sumptibus Johannis Reinholdi Dulsseckeri, Anno MDC CXVII. In-f°, 3 vol., tit. rouge et noir.

In his voluminibus continentur :

1° Annales Francorum Fuldenses ;

2° Annales Nazariani ;

3° Chronicon Laurishamense ;

4° BRUNONIS Historia Belli Saxonici ;

5° WALTRAMI Liber de Unitate Ecclesiæ ;

6° BURCARDI Epistola de Excidio Mediolanensi ;

7° GODEFRIDI *Monachi* Annales ;

8° TAGENONIS Descriptio Expeditionis Asiaticæ Friderici I ;

9° Chronicon Australe antiquum ;

10° Chronicon Augustense

11° STERONIS Annales ;

12° REBDORFFII Annales ;

13° Historia Mortis Henrici VII,

14° LUDOVICI BAVARI Imp. Scripta publica ;

15° Chronicon Elwangense ;

necnon ÆNEÆ SYLVII, *Conradi* WENGERI, *Henrici* GLAREANI permultorumque aliorum scripta historica varia quæ in indice cujusque tomi accurate collata reperias.

2933 *Conradi* A LICHTENAW Vrspergensis cœnobii, Ordinis Præmonstratens. Chronicon : quo omnes fere veteres, potissimum vero rerum Germanicarum: & Gallicarum Historici succinctè continentur : & à Nino Assyriorum rege, usq. ad Friderici II, Imperatoris German. tempora præcipuæ historiæ ac res gestæ enarrantur. Cui annexa sunt Paraleipomena rerum memorabilium, a Friderico II. usqz ad Carolum V. Augustum. Accesserunt huic Editioni duorum antiquissimorum Historicorum Annales, RHEGINONIS Abbatis Brumiensis : & LAMBERTI Schaffnaburgensis Monachi. *Argentorati*, Sumptibus Lazari Zetzneri Bibliopol. Anno M. DC. IX. In-f°, 1 vol.

2934 Histoire de l'empire d'Occident de la traduction de Monsieur COUSIN, Président en la Cour des Monnoyes. A Paris, chez Claude Barbin, M. DCLXXXIII. 2 vol. in-12.

HISTOIRE D'ALLEMAGNE. — XVIe SIÈCLE ET SUIVANTS.

2935 Histoire de la Guerre des Paysans (seizième siècle) par M. le Vicomte DE BUSSIERRE, *Plancy*, Société de Saint-Victor. *Arras*, *Paris*, Sagnier et Bray, [*Troyes*, typog. Cardon] 1852. In-8°, 2 tom. en 1 vol.

2936 Commentario dello Illvstre Signor Don D'AUILA, & ZUNIGA commendator maggior d'Alcantara, Nella guerra della Germania fatta dal felicissimo, e massimo Carlo V Imperator Romano Re de Spagna, Del 1546 e 1547. Tradotto di Spagnuolo in lingua toscana, corretto, e emendato per *l'istesso Auttore*, & aggiuntoui nel fine, il successo di Bohemia. *In Vinegia*, nel 1549, Con privilegio. Pet. in-8°, 1 vol.

2937 Commentaire de l'illvstre seignevr Don *Loys* d'AVILA et CVNIGA grand commandeur d'Alcantara, De la guerre d'Allemaigne faicte par Charles cincquiesme, trés grand Empereur des Romains, Roy d'Espaigne, &c. En lan M. D. XLVI. & . MD. XLVII. Nouuellement traduict d'Espaignol en François, par *Matthieu* VAULCHIER dict FRANCHECONTÉ, Herault d'armes de sa maiesté Imperiale. Imprimé en *Anuers*, pour Nicolas Torcy, libraire iuré de la Court de sa dicte maiesté. 1500. Avec privilege. Pet. in-4°, 1 vol.

2938 Clarissimi Viri D. *Lvdovici* AB AVILA et ZVNNIGA, Militiæ Alcantarensis præfecti, Commentariorum de bello Germanico, a Carolo V Cæsare Maximo gesto, libri duo a *Gulielmo* MALINÆO, brugensi latine redditi et iconibus ad historiam accommodatis illustrati. *Antverpiæ*, J. Steelsius, 1550. In-8. 1 vol.

Guillaume de MALINES était chambellan de Charles-Quint. Le titre annonce des gravures. Il n'y en a qu'une seule, la vue de Wittemberg.

2939 *Michaelis* AB ISSELT, [AMORFORTIUS], de bello Coloniensi libri qvatuor. Hoc est rerum ab electione Gebhardi Trvchsesii in archiepiscopum Coloniensem (1598), usque ad recuperatam ab Ernesto duce Bavariæ, eius successore Westphaliam, tota diœcesi gestarum, vera ac succincta narratio. Ex ipsis archiuis autographis, fideliquo eorum qui rebus gestis interfuerunt narratione transcripta, et viris præcipuorum locorum imaginibus illustrata, cum indice locupletissimo. *Coloniæ Agrippinæ*, apud Godefridum Kempensem, 1584. In-8°. 1 vol.

2940 Histoire de la Gverre de Cologne. Contenant briefuement ce qui n'agueres s'est passé. Depuis l'Election de Guebbard de Truchsez [Gebhard de Truchsess] iusques a l'Election d'Ernesto Duc de Bauiere son Successeur, A Monsievr le Reverendiss. Abbé de Saincte Geneuiefue, [dédicace signée *Ios.* DE CANTAREL]. * * * A *Paris*, par Robin Thierry, M. D. LXXXVIII. In-12, 1 vol. 4 ff. de titre et dédicace, 133 ff. chiffrés et 7 ff. de table.

2941 Cancellaria Hispanica. Adiecta sunt Acta publica, Hoc est: Scripta et Epistolæ avthenticæ, é quibus partim infelicis belli in Germania, partim Proscriptionis in Electorem Palatinum scopus præcipuus apparet. Adiecti sunt sub finem Flores Scoppiani, (*sic pro* SCIOPPIANI) ex Classico belli Sacri [auctore *Ludovico* CAMERARIO]. *Freistadii*, Anno M. DC. XXII. In-4° car., couv. parchemin.

2942 Secreta Principis Anhaltini Cancellaria. Hoc est, vera ac germana Detectio clandestinarvm deliberationvm, consiliorvm, ac perniciosarvm machinationvm &c. quas correspondentia Vnionis capita & Directores durantibus adhuc in toto S. Rom. Imperio motibus bellicis in non leue Regni Bohemici, &, respectiue, Augustissimæ domus Austriacæ, exterorum Principum, adeoq; vniuersi S. Rom. Imperii, præiudicium & euersionem tam in publico quam Ecclesiastico statu, inter se inuicem commutarunt; Nvnc tam exteris qvam inqvilinis Principibvs, omnibvsqve totivs S. Rom. Imperii Ordinibus, ac Rebus publicis, communicata. A. P. A. [*S. l. n. d.*] Anno M. DC. XXI. In-4° car., 1 vol. de 208 pp. chif. et 2 ff. d'index, couv. parchemin.

2943 De bello Bohemico Ferdinandi II Cæsaris avspiciis feliciter gesto commentarivs, ex quo seditiosissimum Caluinianæ sectæ genium et præsentem Europæ statum licet agnoscere : Auctore *Auberto* MIRÆO Bruxellensi. Editio altera auctior et emendatior. *Coloniæ Agrippinæ*, Krafft, 1622. In-12. 1 vol.

2944 Florus Germanicus *Everhardi* WASSENBERGII Embricensis Commentariorvm, de Bello Inter Invictissimos Imperatores Ferdinandos II. & III. et eorum hostes. Præsertim Fridericvm Palatinum, Gabrielem Bethlenum Daniæ, Sveciæ, Franciæ, Reges Gesto. Liber singvlaris. Ad hunc vsque Annum 1641. absolutus. Editio quinta, & vltima, *Antverpiæ*, Apud Petrvm Bellervm. M. DC. XXXXI. Pet. in-12, 1 vol., faux tit. orné.

2945 Nova Apocalysis in qua innocentia Cæsaris Avgvsti Et fidelivm Imperio Principvm Et noxa rebellivm Contra-Mysten Calvino-Tvrcicæ iniqvitatis rebellionisqve Advocatum, Ivstvm, inivstissme Ivstinvm dictvm, revelatvr. A *Lvcio* VERO Clarimontano I. V. D. in F. B. legato. *Lvcebvrgi* apvd Germanvm Meser. Anno Partvs Virginei M. DC.XXVI. In-4° car., 1 vol. de 267 pp. chiffr., couv. parchemin.

2946 Germana ad Germaniæ trivm provinciarvm Imperio exemtos Nobiles, Svedici Remonstratio fæderis (*sic*). [data in Castris Cæsareis XVI Iuli A° 1633]. [*S. l. n. n.*] Anno Domini M. DC. XXXIV. In-4° car., 1 vol. de 24 ff. non cotés (le dernier blanc), couv. parchemin.

2947 Dissertatio oratoria de Cavsa Belli Germanici, inter dvos oratores Cæsarvm & Svecvm. Stylo *Nicolai* VERNVLÆI Historiographi Regij, & publici Eloquentiæ Professoris Louanij. *Lovanii*, Typis Philippi Dormalii, Cum Priuilegio, 1635. In-4° car., 1 vol. de 28 ff. non cotés, couvert. parchemin.

2948 *Petri Baptistæ* BVRGI Genvensis Mars Sveco Germanicvs, sive Rerum à Gvstavo Adolpho Sueciæ Rege gestarum Libri tres. Qvibvs Belli Sveco-Germanici initia, progressus, & adhuc pendentes exitus, vna cum dicti Regis moribus, disciplina militari, & fatali tandem occasu fidelissimè referuntur. *Coloniæ Agrippinæ*, Ex officina Andreæ Binghi. Anno M. DC. XLI. Pet. in-12, 1 vol., frontispice gravé.

2949 Declaratio Qva armorvm avgvstissimæ Domvs Avstriacæ Æqvitas ostenditvr : simvl et ad illam Qvæ Regis Galliæ nomine evvlgata est responsio. *Antverpiæ*, M. DC. X-XXV. 1 vol. In-4°.

2950 Lavrea Avstriaca Hoc est, Commentariorvm de Statv Reipvblicæ nostri temporis, sive de Bello Germanico eiusq ; causis, inter Diuum Matthiam, & Inuictissimum Ferdinandvm II Romm. Impp. nec non Fridericum V.

Palatinum aliosque cum Imperii tum exteros Reges Principesque, gloriose vincente Aquila Cæsarea, gesto Libri XII. Quibvs Ivs Haereditarivm Inclytæ Familiæ Avstriacæ ad Successionem Regnorvm Hvngarici & Bohemici solidè demonstratur, & omnia, quæ ab Anno Salutis M.DC.XVII. vsque ad Annum M.DC.XXVIII. contigerunt, repræsentatur. Avctore et Interprete *Ivlio* Bello Icto, & Historiarum Secretario. *Francofvrti* Typis Erasmi Kempfferi, Sumptibus Ioh. Theobaldi Schönwetteri. Anno M. DC XXVII. In-f°, 1 vol. tit. plans, cartes, et portraits gravés sur cuivre.

2951 *Jo. Georgii* Layriz ad ædem aulicam Diaconi et Historiæ Sacræ ac civilis professoris publici de Bellis inter Austriacos et Gallos Historia ad præsentem usqve ætatem deducta anno M D C L X X X V I. *Baruthi*, typis & sumptibus Jo. Gebhardi. 1 vol. in-4°.

2952 Le Reveille matin des Alliez par entretien de la Barque de Liege. Ou l'on decouvre les trahisons du temps present. [*la Sphère*] A *Cologne*, Chez Pierre l'Indiscret, à l'enseigne du Cocq qui chante. 1693. Pet. in-12, 1 vol. de 98 pp chiffrées.

2953 Copie d'une lettre écrite de Munich le 10 Septembre 1702 par Monsieur *** à Monsieur *** au sujet de l'entreprise d'Ulm. *s. n. d'imp. s. d.* 1 br. 4 p. in-4°.

2954 Manifeste de son Altesse Electorale de Bavière [par l'abbé *J. B.* du Bos]; La lettre de son Altesse Electorale de Cologne à sa Majesté impériale du 19 mars 1702. En latin et en français. Avec des Additions [depuis la page 45, par le Baron Kerg abbé du Mont-S-Michel, Grand-Chancelier et premier Ministre de l'Électeur de Cologne] ou il est parlé très solidement des Régaux des Princes de l'Empire, & de leurs droits de souveraineté, qui ont esté rétablis à la Paix de Westphalie par la couronne de France, et auxquels la Cour de Vienne s'efforce depuis ce temps là de donner chaque jour quelque nouvelle atteinte. *s. l. n. nom d'imp.* 1705. In-12, 1 vol.

2955 Histoire de la dernière guerre de Bohème. [Par *Eléazar* MAUVILLON] *Francfort*, Paul l'Enclume, 1745-1747. In-12, 3 tom. en 2 vol. 9 plans.

2956 Geschichte des letzten Kriegs in Teutschland Zwischen dem Konige von Preussen und der Kayserin Konigin und ihren Alhirten in den Feldzügen in den Iahren 1756 und 1757. Mit den Planen der in diesen Iahren vorgefallenen Schlachten Von Eine.... der Verschiedene Feldzuge hindurch bey der Osterreichischen Armee gedienet. Aus dem Englischen ubersetzt. *Francfurt* und *Leipzig* 177... 1 vol. in-8°.

2957 Geschichte des Siebenjährigen Krieges in Deutschland Von *J. W.* VON ARCHENHOLTZ vormahls Koniglich Preuszischem Hauptmann (Erster band). *Frankfurt*, und *Leipzig* 1793. 1 vol. In-12.

2958 Extrait d'une lettre de M. le Général LOUDON, à M. le Maréchal de Daun, en date du 30 Août 1758. *S. n. d'imp.* 1 br. non paginée, 4 p. in-4°.

2959 Neue und volkomene Postkarte durch ganz Teutschland nach Italien, Franckreich, Niederland, Preussen, Polen, und Ungarn. *Wien* zufinden bey Artaria Compagnie 1788.

Carte collée sur toile et pliée.

2960 Post karte durch ganz Deutschland, nach den allerneuften Nachrichten entworfen zu haben bei *Joh.* WALCH in Augsburg 1795.

Carte collée sur toile et pliée.

2961 Post und Reise-Karte von Deutschland und den anliegenden Ländern für Extraposten, Couriere, Diligencen, und Eilwagen-Nach *F. M.* DIEZ, unter dessen Leitung durchgängig mit Beachtung des neuesten Zustandes entworfen u. gez. von *J. C.* BAR. *Gotha*, bey J. Perthes, 1835.

Carte collée sur toile et pliée.

2962 Plan von Cassel Haupt-u-Residenz stadt vom Kurfürstenthum Helsen St Königlichen Hoheit Wilhelm II allerunterthänigst zugeeignet von *O. C.* KOPPEN KURH Civil-Bauconducteur. 1830.

Plan collé sur toile et plié.

HISTOIRE D'ALLEMAGNE. — L'EMPIRE.

2963 Abregé de l'histoire De l'Empire d'Allemagne, Son Origine, ses revolutions. Avec les Vies succinctes de tous ses Empereurs jusques a present. Par le Sr *J. B.* DE ROCOLES, Historiographe de France et de Brandebourg. A *Cologne*, Chez Pierre Marteau, l'An 1679. In-12, 1 vol.

2964 Histoire de l'Empire, contenant son origine, son progrès, ses révolutions, la forme de son gouvernement, sa politique, ses alliances, ses négociations, & les nouveaux réglemens qui ont été faits par les Traités de Westphalie. Par le sieur HEISS. [Le titre du tome II est moins détaillé. Celui du tome III porte : Divers Traitéz de Paix conclus et signes a Munster et a Ornabrug en Westphalie Le 24 Octobre 1648, comme aussi ceux qui furent faits à Nuremberg en execution des premiers touchant la satisfaction des milices, l'evacuation des places, et le licenciement des troupes En l'année 1650. avec le Bref de Nostre Saint Pere le Pape, contenant sa Protestation contre ces Traitez. Servant de preuves à l'Histoire de l'Empire] A *la Haye*, chez Adrian Moetjens et Henri van Bulderen, M. DC. LXXXV. In-12, 3 vol.

2965 Imperatorum Germanicorum Historia [versibus heroicis concinnata] *Melchiore* NEOFANIO [Pastore Ecclesiæ Brunsvicensis] Avtore. [*s. l. n. n.*] Anno M. D. LXX XVIII. In-4° car., 1 vol. de 12 ff. prélim. non cotés et 130 ff. non cotés, tit. encadré.

2966 Histoire de la lutte des Papes et des Empereurs de la maison de Souabe, de ses causes et de ses effets, par *C.* DE CHERRIER, Membre de l'Institut, 2e Édition revue, corrigée et augmentée. *Paris*, Furne et Cie Editeurs, Imprim. Claye M D C C C L V I I I. 3 volumes in-8°, tranche dorée.

2967 Dissertatio de Ratione Status in Imperio nostro Romano Germanico. In qua, Tum, qualisnam reverà in eo Status sit; tum quæ ratio Status observanda quidem, sed magno cum Patriæ Libertatis detrimento, neglecta hucusque fuerit; tum denique, quibusnam mediis antiquus Status restaurari ac firmari possit, dilucidè explicatur. Autore *Hippolitho (sic)* A LAPIDE [id. e. *Phil. Boge. slav.* CHEMNITZIO]. *Freistadii.* Anno 1647. In-16, 1 vol. faux titre gravé.

Voir n° 2974.

2968 De S. Rom. Imperii Circvlis, Seu De statu & conditione Circulorum S. Romani Imperii in Germania Tractatvs. Auctore Domin. *Ioanne Angelo* WERDENHAGEN I. C. C. celeberrimo. *Amstelodami* Apud Ioann. Ianssonivm Anno Christi M D C X X X V I. Pet. In-12, 1 vol.

2969 Corpvs Constitutionum Imperialium Das ist Alle des Heiligen Römischen Reichs Auffgerichte Reichs: und Deputations Abschied Zu sambt der Guldenen Bull Concordatis Germaniae, Reichs Hof Raths: und Cam̃er Gerichts: auch Kayser Caroli V. Peinlicher Hals-Gerichts-Ordnung Reichs-Matricul de Anno 1521. und deren Enderung Passawischen Vertrag wie nicht weniger dem Pragerischen und Münsterischen Frieden Schlusz und Kayserl. Wahl-Capitulation, dem Alphabet nach in solche gute Ordnung gebracht dasz ein jede Materi, ausz allen solchen Constitutionen auszgezogen auffeinmal ohne Mühe ganz beysammen gefunden und gelesen werden kan. Durch *Herna Frantz Fridrichen* EDLEN Herrn von Andlern Rittern der Romischen Kayserlichen Majestat Reichs-Hoff-Rath.

Regenspurg Gedruckt in Leonhardt Christophen Lochners Buch-Druckerei. Anno M D C L X X V. In-f° 1 vol. frontisp. gravé, 2 ff. non cotés après titre et 1457 pp. chiffrées, rel. à dent. or tr. dor.

2970 Tractatvs svccinctvs et exactvs de Electione Regis sive Imperatoris Romanorvm, eivsq; reqvisitis, et solemnitatibvs, ad Aureæ Bvllæ Caroli IV. Romani Imperatoris Legem Imperii fvndamentalem, Methodicè conscriptus, & publicæ omnium publici iuris indagatorum censuræ expositus ab *Avgvsto* VISCHERO Dresda-Misnico, Ivreconsvlto, & in inclyta quondam Treuerorum Vniuersitate Professore Iuris Canonici & Ciuilis publico, iam Eminentissimi & Reuerendissimi Archiepiscopi Treuerensis, & Principis Electoris Consiliario, etc. *Parisiis*, Apud Dionysivm Moreav, M. DC. X X X III. In-4° 1 vol. couvert. parchemin.

2971 L'Origine des Princes Electevrs, avxqvels sevls appartient l'election dv Roy des Romains. Verifié par les anciens Historiographes. Ensemble les Privileges et autres Droicts concernans tant l'Empereur que les dits Electeurs. Par *Iean Paul* DE WINDECK Docteur en la S. Theologie & Professeur à Fribourg. Traduit en Frãçois par *Christofle* BEYS. A *Lille*, De l'Imprimerie de Christofle Beys, 1632. Pet. In-8°, 1 vol.

2972 *Samvelis* L. B. DE PVFENDORF, sive antea *Severini* DE MONZAMBANO, de Statv Imperii Germanici liber vnvs, ex autographo B. autoris recognitvs, cvm prioribvs editionibvs collatvs, ac selectis variorvm notis illvstratvs curante D. *Gottlieb Gerard* TITIO. *Lipsiæ*, Fritsch, 1708 In-8°, 1 vol.

Ce nom de Severin de Monzambano, conservé au titre de cette édition, est le pseudonyme sous lequel Pufendorf publia son ouvrage.

2973 L'Estat de l'Empire d'Allemagne de MONZAMBANE, Traduit par le Sieur *Fr. S.* D'ALQUIE [d'Alquié] [*la Sphère*] *A Amsterdam*, Chés Jean J. Schipper, Anno 1669. Pet. In-12, 1 vol. faux-titre gravé.

2974 Intérêt des princes d'Allemagne. Où l'on voit ce que c'est que cet Empire, la Raison d'Etat suivant laquelle il devroit être gouverné, les fautes qui s'y commettent contre la Politique, dont on y néglige les véritables Maximes, et les moyens sûrs et faciles de le rétablir en son ancienne splendeur, et de l'y conserver. Sous le nom d'*Hippolitus* A LAPIDE par *Joachim* DE TRANSÉE, ambassadeur de Suède près de l'Electeur de Brandebourg; traduit par Mr BOURGEOIS DU CHASTENET A *Freistade*, *s. n. d'imp.* 1712. In-12, 2 vol.

Cet ouvrage fut d'abord donné en latin sous le titre de : *Dissertatio de ratione Status in Imperio nostro Romano Germanico*, auctore Hippolito a Lapide. Freistadii, 1647, In-16. — D'après une note de M. le Marquis de Godefroy-Ménilglaise, l'auteur ne serait pas Joachim de Transée comme le porte le titre; mais *Bogeslas-Phillippe CHEMNITZ*, né à Stettin en 1605, mort en 1678, auteur d'une Histoire exacte et estimée de la guerre des Suédois en Allemagne.

Voir nº 2967.

2975 Description du Gouvernement présent du Corps Germanique appelé communément le St Empire Romain, tirée des Loix fondamentales, de l'Histoire et des meilleurs auteurs du Droit Public d'Allemagne. [Par *Charles-Frédéric* NECKER DE CUSTRIN]. *S. l. d'imp. ni. n. d'imp. (Genève)*, 1741, In-8º. 1 vol.

L'auteur est le père du ministre de Louis XVI.

2976 Mémoires instructifs, I. Sur la Vacance du Trône impérial. II. Les droits des Electeurs de l'Empire. III. La Capitulation impériale. IV. L'Election, le serment et le couronnement. V. Addition, de la Capitulation perpétuelle & du Suffrage de Bohème. Par le Baron de D**. (*Jean* ROUSSET DE MISSY) Ministre à la Diète de Ratisbonne. *Amsterdam*. P. Mortier, 1741. In-12. 1 vol.

2977 Le Droit public Germanique. Où l'on voit l'Etat présent de l'Empire, [*etc.*, *etc.*, par *Eléazar* DE MAUVILLON] Tome second. A *Amsterdam*, Chez Pierre Mortier. MDCCXLIX. pet. In-8º, 1 vol. tit. rouge et noir (le T. Ier manque).

2978 La Capitulation de l'Empereur Charles VII. avec des remarques instructives touchant l'Etat et le Gouvernement actuel de l'Empire, ainsi que sur les questions du droit public d'Allemagne les plus remarquables. [par le baron DE SPON]. *A Francfort sur le Meyn*, Chez François Varrentrapp, MDCCXXXXIII. In-4°. car. à grandes marges, 1 vol.

2979 Mémoires de nos jours ou Reflexions politiques arrivès (*sic*) après la mort de l'Empereur Charles VII. *Liège*, aux dépens de la Compagnie, 1745. In-12. 1 vol.

2980 Grundrisz der Staatsveränderungen des Teutschen Reich vom geheimen Justitzrath Pütter zu Göttingen zum Gebrauche in seinen Lehrstunden. Sechste groszentheils umgearbeitete Ausgabe. *Gòttingen* in Vandenhoek und Ruprechtischem Verlage 1789. In-8°, 1 vol.

2981 Das Teutsche Reich vor der französischen Revolution und nach dem Frieden zu Luneville. Eine geographisch: statistische parallele, nebst einigen Urkunden und einer Karte, von *Karl Ern. Adolf* VON HOFF, herzogl. Sachs. Gothaischen Legations-Secretaire. *Gotha*, bei Iustus Perthes. 1801. 2 parties en un volume in-8° avec carte hors texte.

2982 Staatsund Address-Handbuch der Staaten des Rheinischen Bundes für das Iahr 1811. von D^r^. *Heinrich* SCHORCH. Mit Kupfern und Tabellen. *Weimar*, im verlage des Landes-Industrie Comptoirs. 1811. 1 vol. In-8° avec planches.

2983 Còmentarium, sev potivs diarivm Expeditionis Tvnicæ, a Carolo V. Imperatore semper Augusto, Anno M.D.XX XV. Susceptæ. *Iohanne* ETROBIO interprete. [et *Joanne* BEROTIO, Valencenate, editore, ut patet ex epistola dedicatoria] *Lovanii*, J. Batius, 1547. Pet. in-8°. 138 pages non fol.

Suivant Valère André, Jean Etrobius & Jean Berotius ou Jean Bérot, de Valenciennes seraient une seule & même personne. Paquot dans les *Mém. pour servir à l'hist. litt. des Pays-Bas* T. 1 pg. 322, dit que c'est probable, mais il fournit des raisons qui, selon nous, ôtent à cette opinion toute probabilité.

2984 Selectum Historicum, hoc est, electionis et coronationis invictissimi qvondam imperatoris Caroli V accvrata descriptio, illius per *Georgium* SABINUM, huius per HARTINANUM MAURUM Imperialis quondam Cameræ Assessorem, 'Elect. Colon, Consiliarium. *Francofurti* Typis et impensis Joannis Bringeri. MDC.XII. 1 vol. 124 p. in-4°.

2985 Copie de la lettre de l'Empereur, écrite à l'électeur de Mayence touchant sa bonne inclination à la paix, contre ce qui en a été publié faussement par les Suédois. *Bruxelles*, imp. G. Scheybels. 1 br. 8 p. In-4° 1659.

2986 Relation de ce qui s'est passé en l'élection dv Roi des Romains, faite à Francfort le 18 Juillet 1658. *Bruxelles*, imp. G. Scheybels. 1 br. 7 p. in-4°.

2987 Relation des cérémonies de l'audience de Mahomet Bassa ambassadeur de la Porte, auprès de l'Empereur, à Vienne le 8 Juin 1665, *s. nom d'imp.* 1 br. 8 p. in-4°.

Manquent les 4 premières pages.

2988 L'Empereur & l'Empire trahis, & par qui & comment. (Par *Jean-Paul* comte DE CERDAN). A *Cologne*, P. Marteau, 1680. Pièce de 168 pages.

Autre exemplaire de la même brochure.

2989 Copie des trois mandemens avocatoires et inhibitoires Decretez par Sa Majesté Impériale Ensuite des résolutions prises au sujet de cette Guerre contre la France Par les Electeurs, Princes & Estats de l'Empire. *s. n. d'imp.* M.DC.LXXXIX. 1 br. 16 p. in-4°.

HISTOIRE D'ALLEMAGNE. — MAISON D'AUTRICHE.

2990 Histoire générale de l'auguste maison d'Autriche, contenant Une description exacte de tous ses Empereurs, Rois,

Ducs, Archiducs & autres Princes, tant Ecclésiastiques que Seculiers : l'Acquisition de tous leurs royaumes, Principautés et pays héréditaires : leurs Guerres, Traités de Paix, Alliances & Mariages, Depuis son origine jusqu'à présent, ornée de tous les Portraits des Princes qui sont parvenus à l'âge de Majorité ; Tirée de plusieurs Auteurs anciens & modernes, & redigée selon l'ordre du temps, Par *Jean Laurent* KRAFFT. A *Brusselles* Chez la Veuve de G. Jacobs, 1744. [— 45]. Gr. in-4°, 3 vol., tit. rouge et noir, frontisp. gravé.

2991 Histoire de la maison d'Autriche depuis Rodolphe de Hapsbourg, jusqu'à la mort de Léopold II. (1218-1792) Par *William* COXE, Archidiacre de Wiltz, recteur de Bemerton, etc. traduite de l'anglais par *P. F.* HENRY. A *Paris*, chez Nicolle, Imp. Egron. MDCCCIX-X. 5 vol. pet. in-8°.

2992 Avstria ex Archivis Mellicensibvs illvstrata. Libri III. — I. continet Nvclevm historico-genealogicvm, Diplomatvm, Chartarvm, Privilegiorvm, et aliorvm eivsmodi vetervm Monvmentorvm. — II. complectitvr Sigilla Romanorvm Pontificvm, Principvm, Sacrorvm Antistitvm, Nobilivm, &c. — III. exhibet Collectanea pro tabvlis quibvsdam genealogicis Principvm, &c serie alphabetica concinnata. Accessit triplex Appendix, qvarvm prior offert perbrevem topographiam diplomatico-avstriacam. — Posterior exhibet specimina diversarvm medii aevi scriptvrarvm. Postrema qvasdam sacras et profanas antiqvitates, repræsentat. Edidit R. D. P. *Philibertvs* HVEBER, Avstriacvs Viennensis, antiqvissimi et exempli Monasterii Mellicensis Ord. S. Bened. in Avstria Inferiore Professvs, et Archivarivs. — *Lipsiæ*, svmptibvs Joh. Frid. Gleditschii B. filii, anno MDCCXXII. In-f°, 1 vol., frontisp. gravé, planches gravées.

2993 Codex epistolaris Rudolphi I. Romanorum Regis locupletior ex Mss. Bibliothecæ Cæs. Vindobonensis editus ac Commentario illustratus. Præmittuntur Fasti Rudolphini seu Rerum gestarum Gloria, ex ipsis cum epistolis, tum aliis antiquis monumentis et scriptoribus. Accedunt Auctaria Diplomatum, cum indice. Opera *Martini* GERBERTI, Congregationis San-Blasianæ in Silva Nigra Abbatis, S. Q. R. I. P. — Typis San-Blasianis. MDCCL XXII. Gr. in-f°, 1 vol., tit. rouge et noir, frontisp. gravé.

2994 Tables généalogiques des augustes maisons d'Autriche et de Lorraine, Et leurs Alliances avec l'Auguste Maison de France ; précédée d'un Mémoire Sur les Comtes de Habspourg *(sic)*, Tiges de la Maison d'Autriche. [Par *B.-F.-A.-J.-D.* DE ZUR-LAUBEN, baron de la Tour Châtillon]. — A *Paris*, Chez Desaint, M. DCC. LXX. In-8°, 1 vol., rel. veau, tr. dor.

2995 Commentariorum in Genealogiam Austriacam libri duo : in qvibvs præter vetvstatem, nobilitatem atqve arborem rectà ascendentem inclytæ gentis Habspurgice, Propagines etiam ad latera diffunduntur eorum, qui & ips non minus quam Austriades ex Habspurgicis egressi sunt. Autore *Wolfgango* LAZIO Viennen. S. Rom. Imp. M. Consiliario, Historico, ac Gymnasij Viennen. primario Professore & Superintendente. *Basileæ*, per Ioannem Oporinum, & Nicolaum Episcopium. [Anno MDXLVI. Mense Septembri.] In-f°, 1 vol.

2996 Origines serenissimæ ac potentissimæ Familiæ Habsbvrgo Avstriacæ ex monvmentis veteribvs, scriptoribvs coætaneis, diplomatibvs, chartisque nvnc primvm continva serie ab origine prima ad Rvdolfvm Imp. vsqve demonstratæ, et S. Cæsareæ ac Catholicæ Majestati devotissime oblatæ a *Jo. Georgio* ECCARDO. — *Lipsiæ*, svmptibvs Joh. Frid. Gleditschii B. filii, anno MDCC XXI. In-f°, 1 vol.

2997 *Francisci* GVILLIMANNI Habsbvrgiaca Sive de antiqva et vera origine domvs Avstriæ vita et rebvs gestis Comitvm Vindonissensium Siue Altenburgiensium in primis

Habsbvrgiorvm libri septem ad Rvdolfvm II Habsbvrgi, Avstriacvm imperatorem semper Avgustvm. *Mediolani*, ex officina regia Pandulphi et M. Tullij Malatestæ, 1605. 1 vol in-4°.

2998 De la vraye origine de la maison d'Avstriche contre l'opinion de cevx qvi la font descendre en ligne masculine des Rois de France de la première race dicte des Merovingiens. (Par *Théodore* GODEFROY) M. DCXXIV 1 vol in-4°.

Corrections et annotations de la propre main de l'auteur.

2999 *Nicolai* VERNVLÆI Apologia pro avgvstissima, serenissima, et potentissima Gente Avstriaca, In qua illius Magnitudo, Imperium, Virtus aduersus eius hoc tempore Æmulos asseritur. — *Lovanii*, Apud Franciscvm Simonis, & Iacobvm Zegers. Anno 1635. In-4° car., 1 vol.

[*In eod. vol.*] Mvnvs Parentale piis manibvs gloriosissimæ memoriæ serenissimi principis Ferdinandi D. G. Infantis Hispaniarvm S. R. E. Cardinalis Belgii Bvrgvndiæqve Gvbernatoris Sacrvm A Rhetoribus Academicis Collegij Porcensis Lovanij exhibitum. Stylo *Nicolai* VERNVLÆI Historiographi Regij, publici Eloquentiæ Professoris. — *Lovanii*, Apud Iacobvm Zegers A° 1642. In-4° car., rel. parchemin.

3000 La Politique de la Maison d'Avtriche, avec un Discours sur la conjoncture presente des affaires d'Allemagne. De l'Election & Couronnement des Empereurs & des Roys des Romains par le S^r. DE BONAIR. [*Antoine* VARILLAS] Suivant la Copie imprimée a *Paris* Chez Antoine de Sommaville, M.DC.LVIII. Pet. in-12, 1 vol.

3001 L'Histoire et la politiqve de l'avgvste Maison d'Avtriche. Où se voit (*sic*) ses établissemens sur les Trônes de l'Empire de Boheme & d'Hongrie. La justice de ses pretentions, & l'injustice des pretentions de la Porte sur la Transiluanie, Ses démeslez auec les Roys de France & les Grands Seigneurs, Ses guerres auec les Protestans & auec les Princes de l'Empire. Ses disputes pour la Préseance auec la France. Ses agrandissemens par les Alliances, par les intrigues, & par la guerre, jusques à present. Par le Sieur DE BOSC DE MONTANDRÉ. *A Paris*, Chez Estienne Loyson, M.DC.LXIII. In-4°, 3 part. en 1 vol., rel. parchemin.

3002 Discovrs de ce qvi c'est (*sic*) passé (à Ferrare) en la celebration dv mariage d'entre le Roy d'Espagne & Marguerite d'Austriche, & la Serenissime Isabel d'Espagne, auec l'Archiduc Albert. A *Paris*, chez Guillaume le Noir. 1599. Pièce in-8° de 14 pages.

3003 Annvs Avstriacvs, sev ephemeris historica, continens per singvlos anni dies aliquid, quod in serenissima Avstriaca familia accidit. [Auctore *Nicolas* VERNULÆO]. *Lovanii*, P. Dormalius, 1628. Pet. in-12. 1 vol.

In eodem volumine: 1 — D.O.M. Svpplex Colonia, sive admiranda præ sæculis anteactis SS. Corporvm, Cleri et Populi Agrippinensis in publicum Processio octo continuos dies celebrata anno 1634, qui fuit Imperio periculosissimus, Nunc vero cum breui et authentica Sanctorvm Coloniensivm historia exhibetur. Per R. D. *Ægidium* GELENIUM, SS. Theol. Licent. ad D. Andreæ canonicum. Accessit ordo servatus Processionis similis hoc anno 29 Junii habitæ, quæ superiori fuit multo ordinatior et solemnior. *Coloniæ*, B. Gualterus, 1639 — 2, Iubilæum nationale pro Germania ad divinam opem in præsentibus Germaniæ necessitatibus implorandum. [Sub hoc titulo invenies: Bullam Urbani VIII Jubilæum hoc concedentem & Mandatum Ferdinandi Bavari, archiepiscopi Coloniensis præscribens ordinem processionis die 29 Junii 1639 habendæ].

3004 Epitome regii ac vetvstissimi ortvs Caroli V. Imp. Ferdinandi regis Hungariæ ac Bohemiæ &a. omnivmqve Archidvcvm Avstriæ, et Comitvm Habsbvrgensivm.

Auctore *Hieronymo* GEBVILERO. *Lovanii*, typis H. Nempæi, 1650. In-12. Pièce de 215 pages, les 7 dernières non chiffrées.

3005 Relation de l'entrée solemnelle de l'emperevr Léopolde I faite à Vienne le 1 Octobre 1658. *Bruxelles*, imp. G. Scheybels. 1 br. 8 p. In-4°.

3006 Relation Des cérémonies & solemnitez dv covronnement de l'empereur Léopolde I fait à Francfort sur le mayn le 1 Août 1658. *Bruxelles*. imp. G. Scheybels 1 br. 8 p. in-4°.

3007 Le Véritable Avant-Coureur du manifeste de Sa Majesté Impériale, ou Recueil de quelques droits de la Maison d'Autriche à la succession d'Espagne. *S. L.* suivant la copie imprimée à Vienne. In-4°. Pièce de 15 pages.

3008 Les droits de l'Auguste Maison d'Autriche sur la Monarchie d'Espagne. (en Hollande). Imprimé sur la copie de Vienne. 1701. In-12. Pièce de 104 pages.

Voir : *Lelong* & *Fontette* n° 28936. Il y est dit que cette brochure est la traduction du manifeste intitulé : *Jus austriacum in Monarchiam Hispanicam assertum de J. F.* BUDDEE, que Struvius, dans sa *Biblioth. historica*, pag. 293, attribue à *L. B.* DE SEILERN, conseiller d'état de l'Empereur & Sous-chancelier.

3009 Défense du droit de la maison d'Autriche à la succession d'Espagne & la vérification du Partage du Lion de la Fable dans les conséquences de l'Intrusion du Duc d'Anjou. Avec la réfutation des libelles répandus dans le public en faveur de cette Intrusion. *Cologne*, P. Marteau, 1703. In-12. 1 vol.

Barbier attribue ce livre au Baron DE LISOLA. Cela paraît inexact. Le testament de Charles II, sur lequel on discute, ne pouvait être connu d'un écrivain mort en 1674.

3010 De Brusselle Le 30 Septembre 1717 s. n. d'imp. 1 feuillet (Fixation du jour de l'Inauguration de Sa Majesté Impériale et Catholique).

3011 Pièces citées dans la réponse au manifeste d'Espagne. A *Vienne* en Autriche, de l'imprimerie impériale. Chez

Jean Pierre Van Ghelen. 1734, 1 br. 86 pages in-4°, *s. nom d'aut.*

3012 Remarques de la cour de Bavière, sur le troisième rescrit circulaire Datté de Vienne du 10 Décembre 1740. Au sujet de la Succession actuelle aux Etats de la Maison d'Autriche. *S. n. d'imp. s. n. d'aut.* M.DCC.XLI. 1 br. 31 p. in-4°.

3013 Histoire de l'Empereur Charles VI de glorieuse mémoire; contenant ce qui s'est passé de plus mémorable en Europe, depuis sa naissance jusqu'à sa mort. Tirée de Mémoires & autres pièces anthentiques, Manuscriptes & autres, desquelles on a puisé des Anecdotes très-curieuses & qui n'avaient pas encore paru. Par le Sieur *P. A.* LA LANDE. *La Haye*, J. Neaulme, 1743. In-12. 6 vol.

3014 Histoire de l'Empereur Charles VI & des Révolutions arrivées dans l'Empire sous le Règne des Princes de l'Auguste Maison d'Autriche, depuis Rodolphe de Habsbourg jusqu'à présent. Par M.L.D.M. [M. le docteur (*Pierre*) MASSUET]. Avec le différend survenu entre la Reine de Hongrie et le Roi de Prusse, au sujet de la Silésie. *Amsterdam*, F. L'Honoré, 1747. In-12. 2 vol.

3015 Annales du Règne de Marie-Thérèse, Impératrice Douairière, Reine de Hongrie & de Bohême, Archiduchesse d'Autriche etc. etc. Dédiées à la Reine. Par M. (l'abbé) FROMAGEOT, Prieur Commendataire, Seigneur de Goudargues, Ussel etc. *Liège*, Tutot, 1775. In-12. 1 vol.

3016 Histoire du Règne de Marie-Thérèse, Impératrice, Reine de Hongrie et de Bohême, Archiduchesse d'Autriche &c. Précédée de Tables généalogiques et chronologiques. Pour servir de Suite à *l'Abrégé chronologique de l'Histoire d'Allemagne* par M. Pfeffel, jusqu'à la fin de l'année 1780. [Par l'abbé *Théodore-Augustin* MANN]. *Bruxelles*, Lemaire, 1781. In-12. 1 vol.

3017 Histoire de l'occupation de la Bavière par les Autrichiens, en 1778 et 1779, Contenant les détails de la guerre et des négociations que ce différent (*sic*) occasionna, et qui furent terminées en 1779, par la paix de Teschen. Par *N.* FRANÇOIS (DE NEUF-CHATEAU). *A Paris*, de limprimerie (*sic*) impériale. Brumaire an XIV. in-8°, 1 vol.

3018 *Nicolai* VERNVLÆI Cæsarei Regijque Historiographi, & publici Eloquentiæ Professoris Lovanij. Virtvtvm Avgvstissimæ Gentis Avstriacæ Libri tres Solis Cæsarum, Regum, Principumque Austriacorum exemplis adornati. Vnà cum Monitis Ethicis Politicisque. *Lovanii*, Typis Iacobi Zegeri. Anno M.D.C.XL. In-4° car., 1 vol.

HISTOIRE D'ALLEMAGNE. — ETATS PARTICULIERS.

3019 Novvm Volvmen Scriptorvm Rervm Germanicarvm, plvrimam partem nvnc primvm editorvm ex Cod. msct. Cvm Præfatione et Indice locupletissimo. Cvra *Ioan. Petr.* LUDEWIG ICti, Regalis Cvriæ et Regiminis Consiliarii, ivrivm atque historiarvm Professoris ac Archivarii in Tabvlario Magdebvrgico. *Francofvrti & Lipsiæ.* Anno CIƆ IƆ CC XVIII. In-f°, 2 vol., tit. rouge et noir.

In his voluminibus continentur :

1° HOFMANNI Annales Bambergenses ;
2° GRETSERI Divi Bambergenses ;
3° IASCHII Vita Ottonis ;
4° HOFMANNI Urbs Bamberga ;
5° VERACI Consuetudines Bambergenses ;
6° GOLDMEYERI Origines Bambergenses ;
7° Continuatio Episcoporum Bambergensium ;
8° Diplomatum Bambergensium Codicillus ;
9° SALVERI Icones Episcoporum ;
10° Chronicon Schwarzacense ;
11° Origines Banzenses ;
12° DINNERI Vita Burcardi Abbatis ;
13° Chronicon Reichersbergense ;
14° AVENTINI Origines Œtingenses ;

15° Origines Cœnobii Murensis ;
16° Acta Murensia et Habsburgicæ Origines ;
17° Wiæ Notitia Episcopatus Caminensis.

3020 Natalicia divi Caroli Friderici Badarum quondam Magni Ducis die XXII novembris MDCCCLV ab Academia Heidelbergensi rite pieque Celebrata simulque præmia commissionibus victricibus decreta novasque quæstiones propositas renuntiat *Joannes Christianus Felix* Baehr. *Heidelbergæ*, typis Georgii Mohr. MDCCCLV. 1 broch. in-4°, 33 pag. (donum auctoris).

3021 Rerum Boicarum Scriptores nusquam antehac editi scilicet Andreas *Ratisponensis*, Otto Prior *Waldsassensis*, *Angelus* umpelerus, *Laurentius* Hobhwarlius *Burckardus* Zenggius *Johannes* Elran de Wildenberg, *Georgius* Schamdocher Bertoldus *Abbas*, Colmannus *Monachus*, *Hartmannus* Schedelius, *F. Chrstophorus* Hofmannus, *Jacobus* Parfuesius, *Nicolaus* Burgmannus, *Joannes* Gairius, *Hermannus* Contractus, Bernoldus *Constansiensis*, Hermannus Abbas *Altahæ*, Henricus Præpositus *Œttingensis*, *Joannes* Aventinus, *Bertoldus* de Tulttitgen, *Augustinus* Kœlnerus, *Michael* Arodenius, *Andreas* Zaynerus, Volcmarus Abbas, *Ladislaus* Sunthemivs, Luildodus Presbyter, *Joannes* Vetterus, Bonizo Episcopus, plurimique alii anonymi] quibus vicinarum quoque Gentium nec non Germaniæ universæ Historiæ ex monumentis geminis historicis et diplomaticis plurimum illustrantur. Ex Membranis & Chartis vetustis collegit, descripsit ac Monitis prœviis Indiceque copiosissimo instruxit atque edidit *Andreas Felix* Oefelius Monacensis. *Augustæ Vindelicorum* Sumptibus Ignatii Adami & Francisci Antonii Veith Bibliopolarum. Anno MDCCLXIII. In-f°, 2 vol., frontispice gravé, tit. rouge et noir.

3022 *Ioannis* Aventini Annalivm Boiorvm Libri VII cvm doctissimorvm virorvm qvibvscvmqve editionibus collati ; emendativs avctivsqve excvsi, Qvibvs eivsdem

AVENTINI Abacvs, simvl ac perrarvs *Francisci* GVILLIMANNI de Helvetia, sev rebvs Helvetiorvm Tractatvs lectoris cvriosi commodo accesservnt, præfationem cvrante *Nicolao Hieronymo* GVNDLINGIO I. V. D. Consiliario Regio. *Lipsiæ*, Sumptibus Ioannis Friderici Bravnii, Anno MDCCX. Gr. in-4°, 1 vol., tit. rouge et noir.

3023 Reverendissimi ac Serenissimi Principis Ernesti, vtrivsqve Bavariæ Dvcis, in Leodiensium Principem χειροτονια illiusque in suam Civitatem, ac reliquas Leodinæ Patriæ Vrbes, solennis Inavgvratio. In quibus omnibus, præter optimi Principis, populique officiosissimi Studia, variæ etiam Eburonum Prouinciæ antiquitates, cæteraque id genus memoratu digna, tum carmine, tum soluta oratione explicantur. His accessit Tractatus de Boiorum origine, rebus gestis, & Bauariæ præstantia. A. *Iohanne* POLITO, Leodio. *Coloniæ Agrippinæ*, Io. Gymnicus, 1583, in-8°. Pièce de 118 pages.

3024 Manifeste de son altesse Electorale de Bavière. (Par *Jean-Baptiste* DUBOS). Avec une addition de ce qui est le plus essentiel dans le Manifeste de l'Electeur de Cologne. Envoïé en latin a sa Majesté Impériale, le 19 mars 1702. (rédigé par le baron DE KERG, abbé du Mont-St. Michel). Où il est parlé très solidement des Regaux des Princes, de l'Empire, & de leurs Droits de Souveraineté, qui ont été retablis à la Paix de Westphalie par la Couronne de France, & ausquels la Cour de Vienne s'efforce depuis ce temps-la de donner chaque jour quelque nouvelle atteinte. *S. l.* 1704. In-12. — Pièce de 158 pages.

3025 *Joh. Christophori* WAGENSEILII De Sacri Rom. Imperii Libera Civitate Noribergensi Commentatio. Accedit, De Germaniæ Phonascorvm Von Der Meister-Singer Origine, Præstantia, Vtilitate, et Institvtis, sermone vernacvlo liber. *Altdorfi Noricorvm* Typis Impensisqve Jodoci Wilhelmi Kohlesii CIↃ IↃCXCVII. In-4°

car., 1 vol., tit. rouge et noir, portr. d'auteur et grav. sur bois.

3026 Commentarii de Rebvs Franciæ Orientalis et Episcopatvs Vvircebvrgensis, in quibus Regvm et Imperatorvm Franciæ veteris Germaniæqve, Episcoporvm Vvircebvrgensivm et Dvcvm Franciæ Orientalis Gesta ex scriptoribus coævis, bullis et diplomatibus genuinis, sigillis, nummis, gemmis, veteribus picturis, monumentisque aliis exponuntur et figuris æri incisis illustrantur auctore *Ioanne Georgio* AB ECKHART, Principis et Episcopi Wirceburg. Consiliario Intimo. *Wircebvrgi*, Sumptibus almæ Vniversitatis Juliæ, Typis Henrici Engmann [et Nicolai Rausch], MDCCXXIX. In-f°, 2 vol., tit. rouge et noir.

3027 Mémoires pour servir a l'histoire de la maison de Brandebourg. [par FRÉDÉRIC II, roi de Prusse] *Au Donjon du Chasteau*, M. DCC. L. Avec Privilège d'Apollon. In-8°, 1 vol. de XIV, 416 pp. chiffr., avec 2 tableaux, sans gravures.

3028 Scriptores Rervm Brvnsvicensivm illvstrationi inservientes, antiqvi omnes et religionis reformatione priores: Opvs, in qvo nonnvlla Chronica hvivs vicinarvmqve regionvm et vrbivm episcopatvvmqve ac monasteriorvm, præsertim Ostfaliæ Res etiam Atestinorvm Longobardiæ, et Gvelforvm Svperioris Germaniæ; Vitæ item Hominvm illvstrivm avt Principvm; omnia magno stvdio svmtvqve conqvisita, qvaedam nvnc primvm ex manvscriptis ervta, pars avctiora plvrimvm vel emendatiora, nonnvlla deniqve ex latebris avt libellis fvgientibvs ob raritatem in corpvs asserta, diplomatibvs passim interstincta; continentur, cvra *Godefride (sic) Gvilielmi* LEIBNITII. *Hanoveræ*, Sumptibus Nicolai Fœrsteri, anno MDCCVII. [XI] In-f°, 3 vol., tit. rouge et noir.

3029 Specimen archontologiæ Carinthiæ, Conscriptvm ab *Erasmo* FRÖLICH. Soc. Iesv Sacerd. *Viennæ Pragæ* et *Tergesti*. Typis Ioannis Thomæ Trattner. Cæs. Reg. Maiest. Avlæ, Typographi et Bibliopolæ. MDCCLVIII. 1 vol. in-4°.

3030 Origines Gvelficæ qvibvs potentissimæ gentis primordia, magnitvdo variaque fortvna vsqve ad Ottonem qvem vvlgo Pvervm dicvnt, primvm Brvnsvicensivm et Lvnebvrgensivm Dvcem ex æqvalivm scriptorvm testimoniis, instrvmentis pvblicis, statvis, lapidibvs, gemmis, sigillis, nvmis, aliisqve monvmentis svperstitibvs dedvcvntvr, et in compendio exhibentvr. Opvs præevnte Dn. *Godofredo Gvilielmo* LEIBNITIO stilo Dn. *Ioh. Georgii* ECCARDI litteris consignatvm, postea a Dn. *Ioh. Daniele* GRVBERO novis probationibvs instrvctvm, variisqve pernecessariis animadversionibvs castigatvm, iam vero in lvcem emissvm a *Christiano Lvdovico* SCHEIDIO, I. C. Serenissimæ Familiæ Gvelficæ a scribenda historia. *Hanoveræ* svmptibvs Orphanotrophei Moringensis excvdebat Henricvs Ernestvs Christophorvs Schlütervs. MDCCL. [LII] Gr. in-f°, 3 vol., frontisp. gravés, tit. rouge et noir, impr. à 2 col.

3031 Genealogisch historisches Handbuch von dem Kur und Fürstlichen Hause Hessen, von dessen eigentlichem Ursprunge an bis auf-gegenwärtige Zeiten. *Cassel*, bey Johann Heinrich Martin Aubel. 1804. In-8°, 1 vol.

3032 Landgräflich Hessischer Staats und Adresz Kalender auf das Jahr 1805. Im Verlag der Invaliden Anstalt. *Darmstadt*, gedruckt bei L. C. Wittich. Pet. in-8°, 1 vol.

3033 Groszherzoglich Hessischer Civil Etat mit angehängtem Amts und Orts Register vom Jahr 1812. Jm Verlage der Invaliden Anstalt. *Darmstadt*, gedruckt bei L. C. Wittich, [1812] In-8°, 1 vol.

3034 Avis aux Hessois & autres peuples d'Allemagne vendus par leurs Princes à l'Angleterre (en qualité de mercenaires). A *Cleves*, chez Bertol, 1777, in-8°. — Pièce de 16 pages.

3035 Scriptores Rerum Lusaticarum Antiqui & recentiores, Seu Opus, In quo Lusaticæ gentis Origines, Res gestæ, Temporum vices, & alia ad Slavicarum Lusaticarum & vicinarum Gentium Antiquitates & Historiam pertinentia Monumenta recensentur, quidam nunc primum ex Manuscriptis eruti, inter quos *Christophori* MANLII Rerum Lusaticarum Commentarii diu desiderati deprehenduntur, nonnulli vero ex Libellis fugientibus, ob raritatem in Corpus conjecti, ex Bibliotheca Senatus Zittaviensis editi. Præfationem & in Scriptores Introductionem præmisit *Christ Godofred.* HOFFMANNUS, J. U. D. & in Acad. Lips. Juris Naturæ & Gentium Professor. — *Lipsiae* & *Budissae*, Sumpt, Davidis Richteri, Bibliopolæ, 1719. Literis Andreæ Zeidlers. In f°, 3 vol., tit. rouge et noir.

3036 *Petri* LINDEBERGII P. [œtae] L. [aureati] Civis Rostochiensis Chronicon Rostochiense Posthumum quinque libris absolutum. — *Rostochii*, Imprimebatur typis Stephani Myliandri. Anno CIƆ IƆ XCVI. In-4° car., 1 vol., rel. parchemin.

3037 Fortitudo Leonina in vtraqve fortvna Maximiliani Emmanuelis, V. B. ac Sup. Palat. Ducis, Comitis Palatini Rheni, S. R. I. Archi-Dapiferi, et Electoris, Landgrav. Levchtenbergensis, &c. Secundùm Heroica Majorum suorum Exempla Herculeis Laboribus repræsentata, Eidemque Post Felicissimum Suum, Suorumque in Patriam Reditum Demississimè D. D. D. Ab Universa Societatis Jesu per Superiorem Germaniam Provincia Anno CIƆ IƆCCXV. — *Monachii*, Apud Mariam Suzannam Jæklinin, Joannis Jæklini, Electoralis Typographi, & Bibliopolæ Hæredem Per Sebastianum Haufer. Gr. in-f°, 1 vol. composé de frontisp. gravé, tit., 14 ff. non cotés, 232 pp. chif., suivies de 2 tabl. généalog. et d'une grande grav., et 124 pp. chiffr.,, belles gravures et vignettes dans le texte.

3038 Pomi Palæstini evaporatio, hoc est : Enodatio responsorum & rescriptorum in causa Palatina nuper satorum. Cum annexa brevi demonstratione nullitatum, quibus clandestinæ de translatione Electoralis Palatinæ dignitatis et ditionum in Bavaricam gentem dispositiones laborare ostenduntur. (auctore *Volrado* A FRUBACH.) *Londini*, 1641, in-4°. Pièce de 55 pages.

3039 Copie de la lettre des Electeurs, Princes & Etats du St-Empire, écrite de Francfort, le 5 Octobre 1660 aux Etats-Généraux des Provinces-Unies, touchant le différent qui est entre l'Evêque de Munster, Prince du St-Empire &ra & sa ville municipale de Munster. *Bruxelles*, G. Scheybels, 1660. In-4°. Pièce de 4 pages.

3040 Copie de trois pièces considérables ; Premiérement, de la lettre de Monsr de Monclar, lieutenant Général de Sa Maj. Très-Chrestien : Escrite à son altesse électorale palatine, touchant la cession du Chasteau de Falckenbourg. Secondement, De la Réponse de sa dit Altesse Électorale A Monsr de Monclar. Et Troisièmement De la Lettre que le dite Électeur a escrit A Mons. le Marquis de Croissy Secrétaire d'État de Sa Majesté T. C. Concernant Le mesme subject les procédures des François, Contre Les États & Pays dudit Electeur. Dans le mois de Juin 1680. *S. n. d'imp.* 1 br. 8 p. in-4°.

3041 Mémoire Contenant les griefs faits à Son Altesse Électorale Palatine par les Officiers du Roy Très-Chrétien, en Alsace, avec les mémoires, et Papiers y apartenans nos 1, 2, 3, 4, 5, présenté par le Sr. Baron D'ECK. Envoyé Extraordinaire de S. A. Électle palatine à la Cour de France. *s. n. d'imp. s. n. d'aut.* 1 br. 60. p. in-4°.

3042 Mémoire pour prouver que les sérénissimes princesses de Sultzbach petites filles de l'électeur palatin aujourd'hui régnant ont des droits bien fondez au possessoire de succéder aux états de Juliers et de Bergh après la mort de son altesse sérénissime électorale palatine. *S. n. d'imp. S. n. d'aut.* M.DCC.XXXX. 1 br. 29 p. in-4°.

3043 Histoire secréte de la cour de Berlin, ou correspondance d'un voyageur François, depuis le 5 Juillet 1786, jusqu'au 19 Janvier 1787. Ouvrage postume. [Par *Honoré-Gabriel* RIQUETTI, comte DE MIRABEAU]. A Basle en Suisse, chez G. Tomassin (*Alençon*, Malassis), 1789. In-12, 2 tom. en 1 vol.

Libelle condamné par le Parlement à être brûlé par la main du bourreau.

3044 Mémoire sur la conduite des cours de Vienne & de Saxe et sur leurs desseins dangereux contre Sa Majesté le Roi de Prusse ; avec les Pièces originales & justificatives qui en fournissent les preuves. (Par le comte *Ewald-Fréd.* DE HERTZBERG, ministre d'Etat.) à *Berlin*, 1756. in-12. — Pièce de 120 pages.

Il est vraisemblable que c'est pour répondre à cet écrit que l'abbé de la Coste publia l'année suivante la *Lettre d'un baron Saxon.* — Au verso du titre du *Mémoire*, une note d'un des Godefroy signale une lettre de l'Electeur Roi de Pologne aux Etats-Généraux de Hollande, lettre datée de Varsovie le 20 décembre 1756, & imprimée dans la *Gazette d'Utrecht*, de laquelle on doit conclure que les deux premières des pièces justificatives du *Mémoire* sont authentiques.

3045 Aqvisgranvm, Regia S. R. Imperii et Coronationis Cæsarvm Sedes ac Metropolis, Matthiæ Imperatoris avthoritate, catholico ac legitimo magistratvi svo restitvtvm : eidem semper avgvsto Imperatori perpetvæ memoriæ et observantiæ ergo cvm elogiis imprimis cælitvm : Deinde principvm atqve illustrivm virorvm, qui in æquissimum hoc opus opem ac operam suam contulerunt, ab Aqvisgranensi Collegio Societatis Iesv Carmine descriptum, iure merito dedicatum. Permissv Svperiorvm. — *Coloniæ Agrippinæ*, Sumptibus Bernardi Gualtheri. Anno M. DC. XV. In-4°, 1 vol., tit. et texte encadrés.

3046 De admiranda, sacra, et civili magnitvdine Coloniæ Clavdiæ Agrippinensis Avgvstæ Vbiorum Vrbis. Libri IV.—I. Vbiorum originem, Historiam, explicat. II Insignia & Ortvm Vbiæ Nobilitatis, deducit. III. Vrbis est Sacrarivm, proferens ecclesiarum fundationes, & quandoque claros Viros. IV. Sacros & pios Fastos Ciuitatis exbibet. Avthore *Aegidio* GELENIO SS. Th. L. ad. S. Andreæ Canonico, Consiliario Ecclesiastico & Historiographo Archiepiscopali. — *Coloniæ Agrippinæ*, Apud Iodocvm Kalcovivm. Anno M. DC. XLV. In-4° car., 1 vol. de 8 ff. non côtés et 759 pp. chiffr., frontisp. gravé, rel. parchemin.

3047 Volvmen primvm [et secvndvm] Rervm Mogvntiacarvm, qvo continentvr *Nicolai* SERARII, Societatis Iesv Theologi, Rervm Mogvntinensivm Libri qvinqve, annotationibvs et schematibvs genearchicis emendati tvm illvstrati, vna cvm Svpplemento ad præsens vsqve tempvs, et indicibvs locvpletissimis, [item Excerpta ex PP. Antverpiensivm Actis Sanctorvm, nec non *Ioannis* MABILLON Actis Sanctorvm Ordinis Benedictini, ad qvorvndam Sanctorvm & Antistitvm Mogvntinensivm Historiam facientia; tvm vero Anonymi cvivsdam de Cæde Arnoldi Archiepiscopi Libellvs, CHRISTIANI II Archiepiscopi Chronicon Mogvntinvm, *Georgii* Helwichii Mogvntia devicta, Iacobi Manlii Historia collatae Dignitatis Cardinalitiae in Albertvm I, *Georgii* HELWICHII Elenchvs Nobilitatis Ecclesiæ Mogvntinæ, eivsdem Chronicon Santalbanense, *Ioannis AntonI* WITLICHII Catalogvs abbatvm D. Iacobi in Monte Specioso. Quibvs ivsto ordine & loco accessere Prælatorvm & Canonicorvm Metropolitanæ Mogvntiæ, Svffraganeorvm Mogvntinensivm, Collegialivm & Monasteriorvm, qvæ Mogvntiæ svnt, Catalogi, Chronica, Descriptiones, omnia recens concinnata, variisque docvmentis & diplomatibvs ανεκδοτοις illvstrata,] accvrante *Georgio Christiano* IOANNIS. — *Francofvrti ad Mœnvm* apvd Ioannem Maximilianvm a Sande. Anno MDCCXXII. In-f°, 2 vol. tit. rouge et noir, plus un 3e vol. sans tit., contenant les tableaux généalogiques annexes du t. Ier.

3048 Monumenta Paderbornensia, ex Historia Romana, Francica Saxonica eruta, et novis inscriptionibus, figuris tabulis geographicis & notis illustrata. Accedunt Caroli M. Capitulatio de partibus Saxoniæ, ex antiquissimo M S. Palatino Bibliothecæ Vaticanæ, & Panegyricus Paderbornensis [auctore principe *Ferdinando* FURSTENBERGIO, episcopo Paderbornensi] Editio altera. *Amstelodami*, Apud Danielem Elsevirium, cIↄ Iↄc LXXII. In-4°, 1 vol., frontisp. gravé et gravures sur cuivre.

3049 Histoire de la ville de Hambourg, de sa religion, de son gouvernement et de son commerce. A *Paris*, 1809. Se vend chez MM. Treuttel et Würtz, libraires, Bossange, Masson et Besson, libr., Tourneisen fils libraire. A *Leipsic*, chez M. Besson, libraire. In-8, 2 vol., dédiés à S. A. S. Mgr le Prince Duc de Ponte-Corvo.

3050 *Ioh. Angelij* WERDENHAGEN, I. C. de Rebuspublicis Hanseaticis Tractatus generalis. Cum Privilegio. *Lugduni Batavorum*, Ex officina Ioannis Maire. cIↄ Iↄ XXXI. Tr. pet. in-8°, 2 vol., tit du 1er orné d'une belle gravure.

3051 *Ioh. Angelii* WERDENHAGEN I. C. C. de Rebvs pvblicis Hanseaticis et earum nob. Confœderationne Tractatus specialis. *Lvgdvni Batavorum*. Ex Officina Ioannis Maire. Anno 1639. Tr. pet. in-8°, 2 vol., tit. du 1er orné d'une belle gravure.

3052 De La Ligue Hanséatique. de son origine, ses progrès, sa puissance et sa constitution politique jusqu'à son déclin au seizième siècle ; Par *P. H.* MALLET, ancien Professeur d'Histoire. A *Genève*, chez G. J. Manget de l'Imprimerie de Luc Sestié, 1805. In-8°, 1 vol.

3053 *Petri* LAMBECII Origines Hamburgenses, sive Rerum Hamburgensium liber primus, Cum appendice, quæ duplicem continet S. Anscharii primi Archiepiscopi Hamburgensis Vitam, Accedunt in hac editione Breviarium Vitæ S. Anscharii & excerpta Chronologica à *Claudio* ARRHENIO Historiar. Prof. in Acad. Upsal. composita, Tum Hymni & Collectæ Veteres in S. Anscharii memoriam. Præterea Catalogus scriptorum Lambecii integer. *Hamburgi*, Sumptu Christiani Liebezeit, Anno 1706. In-f°, 1 vol.

[*In eod. vol.* I]. *Petri* LAMBECII Hamburgensis Rerum Hamburgensium, liber secundus, Cui accedunt Chronologia et Auctarium libri primi. *Hamburgi*, Sumptibus Christiani Liebezeitii. *Leoburgi*, Excudebat Christian-Albrecht. Pfeiffer. Anno M DCC VI. In-f°.

[II]. Inscriptiones Antiqvissimæ & celeberrimæ urbis patriæ Hamburgensis Editæ pridem à *Theodoro* ANCKELMANNO, Heidelbergæ. Nunc cum novo auctario recuso. *Hamburgi*, [*etc.*, *ut supra*]. In-f°.

[III.] *Erpoldi* LINDERBROGII Scriptores Rerum Germanicarum Septentrionalium, vicinorumque populorum, veteres diversi, quibus Continentur Historia ecclesiastica et Religionis Propagatio Gestaque Saxonum, Sclavorum, Wandalorum, Danorum, Norwegorum, Svedorum &c. Situs denique & Natura omnium quæ in Septentrione sunt Regionum, ipsarumque gentium vetustis Temporibus Mores ac Religiones. Præterea variorum Pontificum, Imperatorum, Regum et Ducum Diplomata et Privilegia, præfixa. Præfatio *Jo-Alberti* FABRICII, D, & Prof. Publ. in Gymnasio Hamburgensi. *Hamburgi*, Sumptu Christiani Liebezeit, Anno 1706. In-f°, tit. rouge et noir.

3054 Nobilis & Amplissimi Viri, WIGULEI HUND A SULZEMOS, J. C. ac Supremi Bojorum Senatus Monachii Præsidis, Metropolis Salisburgensis Tomus. Continens.... Accesse runt Præter Diplomata Summor. PP. Impp. Regum,

Principum &c historiæ insuper continuationem, Notæ *Christophori* Gewoldi, J. U. D. Sereniss. Bojor. Duc. à Consiliis. *Ratisponæ*, Impensis Johannis Zachariæ Seidelii, Typ. Johannis Georgii Hofmanni. Anno MDCC-XIX. In-f°, 3 vol.

3055 D. *Nicol-Hieron* Gvndlingii serenissimi Borvssiæ Regis Consiliarii de Henrico Avcvpe Franciæ Orientalis Saxonvmque Rege Liber singvlaris in qvo reipvblicæ facies ex genvinis rervm docvmentis in lvce collocatur errores, confvtantvr mvlta nova, dedvcvntvr ac cognita illvstrantvr. *Halæ Magdeb.* A. cIↃ IↃcc xi. Prostat in officina Rengeriana. In-4°, 1 vol.

[*In eod. volum.* I] Commentatio historica de Coronis, tam antiqvis, qvam modernis iisqve regiis speciatim de Origine et Fatis sacræ, angelicæ et apostolicæ Regni Hvngariæ Coronæ cvm figvris æneis, Avctore *Martino* Schmeizel, Corona-Transilvano Saxone. *Ienæ*, Apud Joh. Martin Gollnervm. Anno MDCCXIII. In-4° tit. rouge et noir.

[II] *Merici* Casavboni de Enthvsiasmo Commentarivs, qvem Latine ex Anglico reddi ediqve cvravit D. *Io. Frid.* Mayer, Acad. Regiæ Pomeran. Vice-Cancellarius. *Gryphiswaldiæ*, Apvd Io. Wolfg. Fickweiler. Anno M DCC VIII. In-4°.

[III] D. *Thomæ* Ittigii, P. P. & Superintend. Lips. Historia concilii Nicæni, observationibus maxime recentiorum scriptorum illustrata. *L. Christianus* ludovici, P. P. recensuit, cujus cura et studio præfatio, annotationes, et reliqua accesserunt. *Lipsiæ*, Apud hæredes Tarnovianos, M. DCC. XII. In-4°, tit. rouge et noir.

3056 Origines Doringicæ Sive Monumenta Svevorvm in Doringia Investigata Studio & Opera *Martini Christophori* Laurentii Scholæ Senat. Naumburg. Rectoris. — *Numburgi*, Typis Balthasaris Bossoegelii. [*s. d.*, 1706] In-4° car., 1 vol.

3057 Antiquitatum et Annalivm Trevirensivm Libri XXV dvobvs tomis comprehensi, auctoribus RR. PP. Soc. Jesu, P. *Christophoro* Browero Geldro Arnheimiensi, et *P. Jacobo* Masenio Juliaco Dalensi. Quorum Ille Proparasceven, cum Libris XXII Annalium scripsit: Hic, praeter Additamenta Proparasceves & Historiæ, III reliquos Annalium libros, cum luculentis Indicibus, Adjecit. Opus variis Antiquitatum monumentis æri & ligno incisis adornatum. — *Leodii*, ex officina typographica Jo. Matthæi Hovii, M. DC. LXXI. In-f°, 2 vol., frontisp. gravé, tit. rouge et noir, texte encadré à 2 col., gravures dans le texte.

3058 Annales sive Commentarii de Origine et Statv antiqvissimæ Civitatis Avgvstæ Treverorvm. Authore *Wilhelmo* Kyriandro Ivliacensi J. V. Doctore, & Syndico Treverensi, ex ipsis Archivis fideliter conscripti. Quæ in iis ab anno â creatione Mundi 1966. usque ad nostram ætatem contineantur, proxima pagina docebit. — *Biponti*, Per Casparvm Wittelivm. Anno Christi MDCIII. In-f°. 1 vol., rel. parchem.

[*In eod. volum.*]. Ottenis Episcopi Frisingiensis Leopoldi Pii Marchionis Avstriæ Chronicon, sive Rervm ab orbe Condito ad sua vsqz tempora gestarum, Libri octo. Eiusdem de gestis Friderici I. Cæs. Aug. Libri duo. Radeuici Frising. Canonici de eiusdem Frid. gestis Libri II. priorib. additi. Guntheri poëtæ Ligurinus, siue de gestis Friderici I, Libri X. [Conradi Episcopi Chronicon, Alberti *Argentinensis* Chronicon, etc.] *Basileæ*, apvd Petrvm Pernam, M. D. LXIX.

3059 Historia Westfaliæ In qua imprimis de origine gentis, de priscis hujus regionis populis, De bellis, quæ cum Romanis pro libertate gesserunt: de inde de origine Francorum, tum de Saxonia Christiana, Summâ fide atque diligentiâ tractatur. Opus posthumum auctore R. P. *Nicolao* Schaten Societatis Jesu. *Nevhvsii*, sumptibus Joannis Todt, Anno M. DC. LXXXX. In-f°, 1 vol., tit. rouge et noir, reliure veau gaufré à froid.

HISTOIRE. — BOHÊME. — HONGRIE. — POLOGNE.

3060 *Io.* DVBRAVII Olomvzensis Episcopi Historia Boiemica à *Cl. V. Thoma* IORDANO Medico nouis Genealogiarum, Episcoporum, Regum, Ducum Catalogis necessariis. quinetiam Annotationibvs sic ornata & illustrata, vt nunc demùm edita dici possit. *Basileæ* apvd Petrvm Pernam, M D LXXV. In-f°, 1 vol., couvert. parchemin.

3061 Histoire des Bohémiens, ou Tableau des mœurs, usages et coutumes de ce peuple nomade ; suivie de recherches historiques sur leur origine, leur langage et leur première apparition en Europe. Par *H. M. G.* GRELLMANN. Trad. de l'Allemand sur la deuxième édition. Par M. J. A *Paris*, Chez Joseph Chaumerot, Chaumerot jeune, 1810. In-8°, 1 vol.

3062 Informatio fvndamentalis svper hodierno Bohemiæ statv, vbi & svccessionis ivra liqvide dedvcvntvr, et ad ocvlvm describvntvr quæ Invictissimus & gloriosissimus Imperator Ferdinandvs II, & Sereniss. domvs Avstriaca in dicto regno habent ; Daniæ et Norwegiæ &[ra] regi Christiano IV. nec non Superiori & Inferiori circulo Saxoniæ, Imperii Status Communicata a Sacræ Cæsareæ Majestatis suæ Legatis, D. D. Henrico Ivlio Saxoniæ, Angariæ & Westphaliæ Duci, Cubicvlario & militum Præfecto Cæsareo &[a] et *Hieronymo* VON CLUMEN, consiliario imperiali aulico. *Antverpiæ*, Io. Cnobbart, 1620. In-4°. Pièce de 39 pages.

3063 Informatio fvndamentalis svper hodierno Bohemiæ statv : vbi et svccessionis jvra liqvide dedvcvntur, et ad oculum describuntur, quæ Inuictissimus & Gloriosissimus Imperator Ferdinandus II et sereniss, domvs avstriaca indicto regno habent; Daniæ et Norwegiæ, etc regi Christiano IV nec non in superiori & inferiori circulo Saxonico, Imperii statibus communicata a Sacræ Cæsareæ Maiestatis suæ Legatis D. D. Henrico Ivlio Saxoniæ, Angariæ & Westphaliæ Duci, Cubiculario, & militum Præfecto Cæsareo, & *Hiéronymo* VON CLUMEN Consiliario Imperiali aulico. *Francofurti*, apud Ioh. Theobaldum Schonwetterum Anno MDCXX. 1 br. 39 p. in-4°.

3064 Réfutation par les loix fondamentales de l'empire, du rescrit Datté de Vienne, du 20 Décembre 1740 touchant l'Exercice actuel du Droit de Suffrage de l'Electorat de Bohème. *S. n. d'imp. S. n. d'aut.*, 1741. 1 br. 12 p. in-4°.

3065 Tableau géographique et politique des Royaumes de Hongrie, d'Esclavonie, de Croatie, et de la grande principauté de Transilvanie; par M. DEMIAN officier Autrichien traduit de l'Allemand publié par MM. ROTH & RAYMOND, éditeurs de la statistique générale de la Monarchie Autrichienne. *Paris* chez l'Huillier Lib., Imp. Ve Jeunehomme. 1809. 2 vol. in-8°.

3066 *Antonii* BONFINII Rervm Vngaricarvm Decades qvatvor, cvm dimidia. Qvarvm Tres priores, ante annos XX, Martini Brenneri Bistriciensis industria editæ, iamque diuersorum aliquot codicum manuscriptorum collatione multis in locis emendatiores: Quarta uerò Decas, cum Quinta dimidia, nunquam ante excusæ, *Ioan.* SAMBVCI Tanauiensis, Cæs. Maiest. Historici, &c. opera ac studio nunc demum in lucem proferuntur; Vnà cum rerum ad nostra usque tempora gestarum Appendicibus Accessit etiam locuples Index. *Basileæ*, ex Officina Oporiniana. 1568. In-f°, 1 vol.

3067 Florus Hungaricus. Sive Rerum Hungaricarum Ab ipso exordio ad Ignatium Leopoldum deductarum Compendium Auctore *Johanne* NADANYI DE KERES NADANI.

Amstelodami, Ex Officinâ Joannis à Waesberge, Anno cIↄ Iↄ c LXIII. In-12, 1 vol.

3068 Histoire d'Attila et de ses successeurs jusqu'à l'établissement des Hongrois en Europe, suivie des légendes et traditions par M. *Amédée* THIERRY, Sénateur et membre de l'Institut. Nouvelle Édition revue & augmentée de documents nouveaux. *Paris*, Didier et Cie Lib. Edit. Claye Imp. 1864. 2 vol. in-8°.

3069 Histoire des Révolutions de Hongrie, où l'on donne une idée juste de son légitime Gouvernement, [par l'abbé BRENNER, publiée par *Prosper* MARCHAND] avec les mémoires du Prince *François* RAKOSZY sur la guerre de Hongrie, depuis 1703, jusqu'à sa fin et ceux du Comte BETLEM NIKLOS sur les affaires de Transsilvanie. A *La Haye*, chez Jean Neaulme. M. DCC. XXXIX. In-4°, 2 vol. tit. rouge et noir, portr. de Rakoszy et carte de Hongrie.

3070 Relation du siége & de la prise de Strigonie ou Gran, capitale du Royaume d'Hongrie. Par les armees chrétiennes, le 27 octobre 1783. A *Besançon*, chez Louis Rigoine (1683). Pet. in-12. — Pièce de 27 pages.

3071 Lettre historique à Madame la Comtesse de ***, sur la mort de sa Majesté l'impératrice Reine de Hongrie; par M. *Louis-Antoine* DE CARACCIOLI. *Paris*, Desaint, 1781. In-8°. — Pièce de 47 pages.

3072 Tableau de la Pologne ancienne et moderne, sous les rapports géographiques, statistiques, géologiques, politiques, moraux, historiques, législatifs, scientifiques. et littéraires; publié en un volume par MALTE-BRUN. Nouvelle édition, entièrement refondue, augmentée et ornée de cartes: par *Léonard* CHODZKO, ancien élève de l'Université de Wilna; membre de l'Ac d ie royale de Nancy. *Paris*, Aimé-André, [imp. H. Fournier] Bruxelles à la Librairie Parisienne, 1830. In-8°, 2 vol.

3073 Histoire de Pologne et du Grand Duché de Lituanie. Depuis la fondation de la Monarchie jusques à present où l'on voit une relation fidéle de ce qui s'est passé à la dernière élection. [par *J. G.* JOLLY]. *A Amsterdam*, chez Daniel Pain, 1698. In-12, 1 vol. tit. rouge et noir.

3074 Histoire de Pologne depuis son origine jusqu'à nos jours par M. L. S... *Paris*, Debécourt Lib. Edit. Imp. de Béthune, 1833. 2 tomes en 5 parties, le tout en un vol. in-18.

3075 État de la Pologne, avec un abrégé de son droit public, & les nouvelles constitutions. [Par *Christian-Frédéric* PFEFFEL, de Colmar, Jurisconsulte du Roi pour les affaires étrangères]. *Paris*, Herissant, fils, 1770. In-12, 1 vol.

3076 Histoire de Pologne avant et sous le Roi Jean Sobieski par *F. A.* DE SALVANDY. seconde édition. *Paris*, A Sautelet et Cie Lib. Edit., Alex. Mesnier Lib., *Bruxelles*, Lib. Parisienne, française et étrangére, à *Varsovie* chez Gluhksberg, Lib., *S. Pétersbourg*, Bellizard et Cie, *Moscou*, Urbain Lib., *Paris*, Imp. Fournier, MDCC CXXX. Ensemble 3 vol. in-8°.

3077 Histoire de Jean Sobieski, roi de Pologne par M. l'abbé [*Gabriel-François*] COYER. A *Varsovie* & se trouve à *Paris*, chez Duchesne, 1761. In-12. 3 vol.

Portrait de Sobieski, gravé Chenu, en tête du 1er vol.

3078 Les obseqves & fvnérailles de Sigismond Auguste Roy de Pologne, dernier défunct. Plus l'Entree, Sacre et Couronnement de Henry, à présent Roy de Pologne. Le tout fait a Cracouie, ville capitale dudict roiaume au mois de Féburier, 1574, & recité par deux lettres missives d'un Gentil-homme François GELLÉE DE VIELEMONTÉE. A *Paris*, par Denis du Pré Imprimeur.... 1574. Avec Privilege. — Pièce in-8° de 62 pages.

3079 A. O. (*André* OLSZOWSKI, évêque de Culm). Censure ou discours politiqve, touchant les prétendants à la couronne de Pologne [savoir ; le Moscovite, le Neubourg, le Prince de Condé, le Lorrain, le Polonais nommé Piasti]. A *Cologne* (Hollande) P. Marteau, 1670. Pet. in-12. Pièce de 132 pages. —*A la page 119e commence la* Harangue des Ambassadeurs du Serenissime Prince de Lorraine, prononcée le 12 Juin 1669, en présence des États de la Sérénissime République de Pologne [composée en latin pour Gaspard Comte de Chavagnac, ambassadeur d'Autriche en Pologne, par l'abbé RIQUET son secrétaire.

3080 Exposé sincère des élections à la couronne de Pologne, Faites en faveur du sérénissime Stanislas Lesczynski, et du sérénissime Frédéric Auguste, électeur de Saxe, avec un parallèle de l'une et de l'autre. A *la Haye*, Chez Jean Van Buren, M D CC XXX III, *s. nom d'aut.* 1 br. 12 p. In-4°.

3081 Motifs des resolutions du Roy. (Au sujet de l'élection du, roi de Pologne). *Lille*, C. M. Cramé. *S. D.* In-4°. Pièce de 8 pages.

3082 Lettre de l'Empereur au Primat du 14 Avril 1733. *S. n. d'imp.* 1 br. 18 p. in-4°, texte à 2 colonnes, latin et traduction française.

3083 Osservazioni sopra I Motivi delle Risoluzioni del Ré di Francia, A *Vienne* en Autriche, de l'imprimerie Impériale Chez Jean Pierre Van Ghelen, 1733. 1 br. 18 pages doubles, in-4°, texte à 2 colonnes : italien et français.

3084 Risposta alla scrittura intitolata : Motivi delle Risoluzioni del Ré di Francia, A *Vienne* en Autriche, de l'Imprimerie Impériale, Chez Jean Pierre Van Ghelen, 1733. 1 br. 44 pages doubles, in-4°, texte italien et français.

3085 Examen et solution de la question, La Guerre, où l'Empereur se trouve engagé avec la France, est elle un Casus Fœderis par rapport aux Alliés de Sa Majesté Impériale? *S. n. d'imp. s. n. nom d'aut. s. d.* 1 br. 20 pages in-4°.

3086 Eclaircissemens sur le décret de commission impériale à Ratisbonne, au sujet de la Déclaration de Guerre de la France, & d'un autre écrit portant pour titre: Réponse aux Motifs de la France. *S. n. d'imp. s. d.* 1 br. 40 pages in-4°.

3087 Lettre sur les affaires présentes de Pologne. A *la Haye*, Chez Jean Van Duren M. D. C. C. XXXIV. 1 br. 34 pages in-4°.

3088 Lettre du Palatin de *** à un de ses amis. Traduite du Polonois. A *Varsovie* le 20 Janvier 1748. *S. n. d'imp. s. n. d'aut.* 1 br. 11 p. in-4°.

3089 Observations sur les déclarations des Cours de Vienne de Pétersbourg et de Berlin, au sujet du Démembrement de la Pologne, nouvelle édition. Augmentée de notes historiques & politiques. *Londres*, 1773. In-8°. Pièce de 46 pages.

Écrit favorable à la cause polonaise. Il y va de l'intérêt des puissances de second ordre, auxquelles l'auteur donne le conseil de se confédérer pour rompre la ligue des trois Cours spoliatrices.

3090 Le Partage de la Pologne en sept dialogues en forme de drame, ou conversation entre des Personnages distingués, dans laquelle on fait parler les interlocuteurs conformément à leurs principes & à leur conduite. Par *Gotlieb* PANSMOUSER, neveu du baron de ce nom (LINDSEY) Traduit de l'Anglois par Miladi *** Duchesse de *** (*J. M.* GÉRARD DE RAYNEVAL). *A Londres*, P. Elmsy, (1774). In-8°. Pièce de 68 pages.

HISTOIRE. — ESPAGNE. — PORTUGAL EN GÉNÉRAL.

3091 Carte routière des royaumes d'Espagne et de Portugal, dressée par *Hubert* JAILLOT où l'on voit la partie des Frontieres Méridionales de l'empire français revue, corrigée et augmentée par *P.* LONGCHAMPS, fils d'après les Cartes de Lopez. A *Paris*, chez Basset (1800).

3092 1° Carte des routes de postes et itinéraires d'Espagne et de Portugal par *Ch.* PICQUET géographe ordinaire du Roi et de S. A. S. Mgr le Duc d'Orléans. Dressée par LAPIE, Ingr Géographe d'après les Cartes de Lopez, Tofino et autres documents authentiques. 1820.

2° Carte d'une partie du Royaume de Séville d'après celle de Lopez. Lithographie Commerciale de E. I. L. Guyot. *Paris*, 1820.

2 Cartes collées sur toile et pliées.

3093 Abbrege de l'histoire d'Espagne, de Portvgal et de Navarre, contenant les choses plus memorables qui se sont passées en ces trois Royaumes, depuis leur origine jusqu'à présent : Recueillies de plusieurs Memoires. [Par Mr M. [*Claude* MALINGRE ? ou *Eudes* DE MÉZERAY ?] Historiographe de France. *A Paris*, Chez Lovys Chamhovdry, M. DC. L II. In-12, 1 vol.

3094 Abrégé chronologique de l'Histoire d'Espagne & de Portugal, divisé en huit périodes : Avec des Remarques particulières à la fin de chaque période sur le génie, les mœurs, le commerce, les finances de ces Monarchies ; ensemble la notice des Princes contemporains, & un Précis historique sur les Savans illustres [Par *Jacques* LACOMBE & *Philippe* MACQUER sous la direction du Président *Charles-Jean-François* HÉNAULT]. *Paris*, Hérissant, 1765. In-12, 2 vol.

3095 Histoire generale d'Espagne, comprise en XXXVI. livres. esqvels se voyent les origines et antiqvitez Espagnoles, les entreprises de diverses nations en celle region, dès le commencement : Les guerres des Romains tant contre les Carthaginois, & naturels Espagnols, que celles qui se sont demenees entr'eux en Espagne durant leurs dissensions ciuiles : le regne des Visigots : inuasion des Arabes, & Sarrazins : ressource des Chrestiens, & naissance & progrez des Royaumes d'Oviedo & Leon, Navarre, Castille, Arragon, Portvgal, Granade, jusqu'au deceds de Philippes II. En fin dv Livre sont les Genealogies des Princes qui ont dominé en Espagne. Par *Loys* DE MAYERNE TVRQVET, Lyonnois. *A Paris*, Chez Samvel Thibovst. M.DC.XXXV. In-f°, 2 vol., tit. rouge et noir.

3096 Inventaire général de l'histoire d'Espagne. Extraict de Mariana Turquet, et d'autres autheurs qui en ont escrit de temps en temps. Et continuée iusque à présent. Par P. M. L. H. *A Paris*, chez la veufe Mathieu Guillemot au Palais, et Mathieu Guillemot rue S. Jacques à la bibliotheque, 1628. 1 vol. in-4°. front. gravé.

3097 *Th.* CAMPANELLA. De Monarchia Hispanica. Editio nouissima, aucta & emendata ut præfatio ad lectorem indicat. *Amsterodami*, Apud Ludouicum Elzeuirium. A°. 1541. Tr. pet. in-8°. 1 vol., tit. orné, 4 ff. de tit. et tab. et 376 pp. chiffrées, la dernière cotée 379.

3098 Précis de l'histoire d'Espagne depuis les temps les plus reculés jusqu'au commencement de la Révolution actuelle, traduit de l'Espagnol d'ASCARGORTA par M. L. G***. A *Paris*, chez Fanjat aîné Lib., se trouve aussi chez Fantin, Imprim. Cellot. 1823. 2 vol. pet. in-8°.

3099 L'Espagne Historique, littéraire & monumentale par M, *P. A.* GAUZENCE DE LASTOURS, illustrée de gravures sur acier. *Toulouse*, Delsol, Lib. Edit. & Imp. 1846. 1 vol. in-4°, texte à 2 colonnes, lettre initiale de chaque chapitre illustrée.

3100 Essai sur l'Histoire des Arabes et des Mores d'Espagne, par *Louis* VIARDOT. *Paris*, Paulin, [impr. Auffray] 1833. In-8°. 2 tom. en 1 vol.

3101 Histoire de la Domination des Arabes et des Maures en Espagne et en Portugal, depuis l'invasion de ces peuples jusqu'à leur expulsion définitive ; Redigée sur l'histoire, traduite de l'arabe en espagnol de *M. Joseph* CONDE, bibliothécaire de l'Escurial. Par M. DE MARLÈS. *Paris*, [imprim. Cosson] Alexis Eymery, 1825. In-8°, 3 vol.

3102 De l'Ibérie, ou Essai critique sur l'origine des premières populations de l'Espagne par *L. F.* GRASLIN, Ancien Consul de France à Santander. *Paris*, Leleux, [Sceaux, imp. Dépée] 1838. In-8°, 1 vol.

3103 Histoire des Révolutions d'Espagne, depuis la destruction de l'Empire des Goths, jusqu'à l'entière et parfaite réunion des Royaumes de Castille & d'Arragon en une seule Monarchie. Par le *P. Joseph* D'ORLÉANS de la Compagnie de Jésus revûë et publiée par les P. P. ROUILLÉ & BRUMOY de la même Compagnie. *Paris*, Rollin fils, MDCCXXXIV. 3 vol. in-4°.

3104 Théorie des Cortès. Histoire des grandes Assemblées Nationales d'Espagne ; Depuis l'origine de cette Monarchie jusqu'à nos jours ; avec quelques observations sur la constitution de 1812 ; Par Don *Francisco* MARTINEZ MARINA, Député aux Cortès. Traduit de l'Espagnol par *P. L. F.* FLEURY. Seconde édition. *Paris*, Dondey-Dupré père et fils, 1824. In-8°, 2 vol.

3105 Expédition des Catalans et des Arragonais contre les Turcs et les Grecs ; par MONCADA ; traduit de l'espagnol par M. le comte DE CHAMPFEU. *A Paris*, Chez C. J. Trouvé, Ponthieu et Cie, 1828. In-8°, 1 vol.

3106 La politique de Ferdinand le Catholique, Roy d'Espagne par Monsieur [*Antoine*] VARILLAS. In-12, 3 tom. en 1 vol.

3107 Histoire critique de l'Inquisition d'Espagne, Depuis l'époque de son établissement par Ferdinand V, jusqu'au règne de Ferdinand VII, tirée des pièces originales des archives du Conseil de la Suprême et de celles des Tribunaux subalternes du Saint Office. Par D. *Jean Antoine* LLORENTE, Ancien Secrétaire de l'Inquisition de la Cour. Traduite de l'espagnol sur le manuscrit et sous les yeux de l'Auteur ; Par *Alexis* PELLIER. A *Paris*, Chez Treuttel et Wurtz, Delaunay, P. Mongie aîné, [impr. Plassan] 1817-18. In-8°. 4 vol., portr. de l'auteur. (En tête du 1er on a relié une lettre de M. Llorente au Directeur du *Magasin Encyclopédique*, annonçant la publication de cet ouvrage, 2 pp. imp).

3108 Les Communeros. Chronique Castillane du XVIe siècle d'après l'histoire inédite de *Pédro* de ALCOCER par *Henri* TERNAUX. *Paris*. [impr. Grégoire] Paulin, 1834. In-8°, 1 vol.

3109 L'Histoire du règne de l'Empereur Charles-Quint précédée d'un tableau des progrès de la Société en Europe, depuis la destruction de l'Empire Romain jusqu'au commencement du Seizième siècle, par M. ROBERTSON, docteur en Théologie, Principal de l'Université d'Edimbourg & Historiographe de sa Majeste Britannique pour l'Ecosse. Traduit de l'anglais. *Paris*, Saillant et Nyon, Pissot, Desaint, Panckoucke. MDCCLXXI. Ensemble 4 vol. in-12.

3110 La vie de l'Empereur Charles V. Traduite de l'italien de [*Gregorio*] LETI, [par Melles LETI, filles de l'auteur]. *Bruxelles*, De Grieck, 1710. In-12, 4 vol.

3111 Vita di Carlo Qvinto Imp. descritta da M. *Lodovico* DOLCE. In *Vinegia* appresso Gabriel Giolito ∞ DLXVII. 1 vol. in-4°, titre encadré dans une gravure en frontispice.

3112 Carolea inchiridion, qve trata de la vida y Hechos del Inuictissimo Emperador don Carlos Quinto de este Nombre, y de muchas notables cosas en ella sucedidas hasta el Ano de 1555. Dirigida al Excelentissimo Sênor Don Alvaro de Baçan Marques de Sancta Cruz, Comendador mayor de Leon, del Consejo de su Magèstad, y su Capitan general del Mar Oceano y Reynos de Portugal.

Recopilada en dos partes par *Iuan* OCHOA DE LA SALDE, Prior perpetuo de Sant Iuan de Letran. Impressa anno de M.D.LXXXV. 1 vol. in-4°.

3113 Charles-Quint et Marguerite d'Autriche. Étude sur la minorité, l'émancipation et l'avènement de Charles-Quint a l'Empire ; par M. *Théodore* JUSTE, Correspondant de l'Académie royale, etc. [Extr. du t. VII des Mémoires de l'Académie Royale de Belgique. *Bruxelles*, M. Hayez, 1858]. In-8°, 1 vol. de ix-173 pp.

3114 Charles-Quint, son abdication, son séjour et sa mort au monastère de Yuste. Par M. MIGNET, membre de l'Académie Française. Deuxième édition. *Paris* [typogr. Plon] Paulin, Lheureux et Cie, 1854. In-8°, 1 vol.

3115 Retraite et Mort de Charles-Quint au monastère de Yuste. Lettres inédites publiées d'après les originaux conservés dans les archives royales de Simancas ; par M. GACHARD, Archiviste général du Royaume [de Belgique.] *Bruxelles*, M. Hayez, 1854. [55] In-8°, 2 vol., publ. par la Commiss. Royale d'Hist. de Belgique.

3116 Retraite et mort de Charles-Quint au Monastère de Yuste, Lettres inédites publiées d'après les originaux conservés dans les archives royales de Simancas par M. GACHARD archiviste général du Royaume. Introduction. *Bruxelles*, Hayez, Imp., 1854. 1 vol. pet. in-8°.

3117 Histoire politique des grandes querelles entre l'Empereur Charles V et François 1er roi de France avec une introduction contenant l'état de la milice et la description de l'art de la guerre, avant & sous le règne de ces deux Monarques. Ensemble une notice des plus célèbres sçavans qui ont contribué par leurs lumieres à la renaissance des Lettres. Par M. DE G. (GOETZMAN) de la Société royale des sciences et des arts, de Metz. *Paris*, au jardin du Palais-royal et chez les marchands de nouveautés 1777. 2 vol. in-8°.

3118 Correspondenz des Kaisers Karl V. Aus dem Königlichen Archiv und der Bibliothèque de Bourgogne zu Brüssel mitgetheilt von Dr. *Karl* LANZ. *Leipzig* : F. A. Brockhaus. 1844. [-46-] In-8°, 3 vol., lettre autographe de l'auteur à M. Le Glay, archiviste du Nord, 8 oct. 1840.

3119 Correspondance de Charles-Quint et d'Adrien VI, publiée, pour la première fois, par M. GACHARD, Archiviste général du Royaume [de Belgique]. [publication de la Commission royale d'histoire de l'Académie de Belgique] *Bruxelles*, M. Hayez, 1859. In-8°, 1 vol.

3120 Commentaires de Charles-Quint publiés pour la première fois par le baron KERVYN DE LETTENHOVE membre de l'Académie Royale de Belgique. *Bruxelles*. F.Heussner, [impr. Ve Parent] 1862. In-8°, 1 vol.

3121 Relations des Ambassadeurs Vénitiens sur Charles-Quint et Philippe II ; par M. GACHARD, Membre de l'Académie [de Belgique] et de la Commission royale d'histoire. [publication de la Commission royale] *Bruxelles*, M. Hayez, 1855. In-8°, 1 vol.

3122 Règne de Charles Quint. Recueil factice de pièces diverses. In-4°, 1 vol.
Contenu du Recueil : 1). Recueil daucunes lectres et escriptures. Par lesquelles se comprend la vérité des choses passees entre la Maieste de Lempereur Charles cinquiesme et François Roy de France, premier de ce nom, et dont par icelles se peult tesmoigner, justiffier et cognoistre que le dict Roy de France est seul occasion de la guerre presentement meue.... Imprime en la ville *Danuers* le xxviij^{e} iour de juing l'an M. CCCCC xxvj, par la vefue de Martin Lempereur. Caract. goth. 72 f. non chiffrés. 2). Apparitionvm divinarvm dvarvm, eivs qvæ de rvbo, et proximæ quæ in Ægyptvm revertenti in diversorio Mosi facta. Historia accvratissime considerata et explicata...

Avctore *Franc.* MONCEIO, FRIDEVALLIANO. [*Francois* DE MONCHEAUX S^r DE FROIDVAL, receveur des finances en Artois]. *Rigiaci Atrebativm*, A. Baldvinvs, 1597. — 3). Edict perpetvel svr l'accord faict entre Messire Iehan d'Avstrice.... au nom du Roy catholique des Espaignes d'une part et les Estatz generaulx de ces pays de pardeça d'aultre part pour l'appaisement des troubles suscitez esdictx pays par la gendarmerie estrangiere. Publié a Bruxelles le xvij^me iour de feburier 1577. *Douay*, Jacques Boscart, 1577. 6 fol. — 4). Ordonnance et instruction faicte sur la levée et collectation des moyens generaulx et Impostz, par les Estatz generaulx des pays de pardeça... pour l'espace de six mois sur diverses especes de vivres, buurages, fruictz et marchandises pour furnir a la necessité de la presente guerre A Bruxelles 18 dec. 1576. *Douay* Boscart, 1577. 10 fol. —5). Responce a vn petit livret n'agveres pvblié, et intitvlé Declaration de l'intention du Seig^r. Don Iehan d'Austrice: En laquelle la vraye intention du dit S^r... et l'origine des presentes guerres et troubles de pardeça est bien clairement et à la verité exposee. *Anvers*, Christophle Plantin, 1578. 41 pg. — 6). La mendicite spirituelle. Les meditations de lame [Par *Jean* GERSON]. Le consolatif de tristesse.... lequel traictie a est faict et compose par ung venerable religieux de lordre des celestins. *A la fin :* Cy finist le consolatif de tristesse et tribulation Imprime a *Paris* pour Antoine Verard.... (Sans date). Goth. 76 fol. non chiffrés. — 7). Parmensis Belli cavssarvm vera explicatio. In qva præterea, cvm de Petri Aloisii [Farnesii] cæde, deque Placentia ac Mirandula, tum etiam Henrici II Francorum Regis aduersus Cæsarem Carolum V machinationibus variis, ac bello demum iniuste moto disseritur. Adiunctum est exemplum literarum quibus Cæsar Imperii Sacri Ordines de violata a Gallis pace, belloque... illato certiores reddit. Omnia de Germanico in Latinum conversa. *Lovanii*, S. Sassenus, 1551, 11 — fol. 8). Avrea Bvlla Caroli qvarti Romanorvm

Imper. et Regis Bohemiæ & cæt. *Lovanii*, typ. R. Velpii, an. 1551. 24 fol. —9). Affirmation dv droict que Charles cinqviesme de ce nom Empereur des Ro. a en la Duce de Geldres. et en la Conte de Zutphen, exhibee a la Iournee tenue a Raynsborg en Almaigne en lan 1541, avec la confutation des oppositions produictes par Guillaume Duc de Cleues a Francfoort en lan 1539, translatee de Latin en Francois. *Anvers*, M. Vermeyre, 1541. 50 fol. — 10). L. Cœlii Lactantii Firmiani, de Opificio Dei, Sine de Formatione hominis, liber unus... per *Des.* Erasmum, Roterodamum, accurate recognitus, et, additis scholiis, illustratus. *Lovanii*, R. Rescius, 1554. 32. fol. — 11). Concordata nationis Germaniæ cvm Sancta Sede apostolica pro ipsivs Ecclesiæ Vnione ac pace... inita conclusa et accepta, cvm svmmariis aliqvot. *Lovanii*, A. M. Bergagne, 1554. 12. fol. — 12). Acta et decreta Synodi diœcesanæ Leodiensis, præsidente R. in Christo Patre.... D. Georgio ad Avstria, Episcopo Leodiensi... celebratæ an. 1548, VIIe nov. *Lovanii* Batius, 1549. 20 fol. — 13). *Hadrianus* Barlandus de Hollandiæ Principibus. *Antverpiæ*, J. Theobaldus, 1519, 14 fol. — 14). Confirmatie der Coninckljcker..... [Confirmation de sa Royale Majesté de l'Ordonnance & édit de l'Empereur Charles V pour l'extirpation des sectes et la conservation de la vraie foi catholique aux Pays-Bas]. Geprint te *Louen* [*Louvain*, S. Van Sassen], 1556. 15 fol. goth. — 15). Ordonnantien ende Statuten... [Ordonnances & Statuts concernant les banqueroutiers et concernant beaucoup d'autres points de police]. Bruxelles 48bre 1551. *Anvers*, 6 fol. goth. — 16). Afscheydt ende determinatie... [Conclusions & Résolutions arrêtées par l'Empereur et les Etats de l'Empire a la diète d'Ausbourg le 14 fév. 1551]. *Anvers*, de H. Laet, 1551. 32. fol. goth.

3123 Pro Invictiss. Cæsare Carolo Augusto, Hispaniarum Rege Catholico &c. ad Epistolam Franci Regis ad Principes

Imperij transmissam, necnon ad Apologiam Madriciæ conuentionis dissuasoriam, responsio, ac erudita admodum refutatio. Cum alijs nônullis lectu dignissimis, quorum omnium catalogum uersa indicabit pagella. *Antverpiæ* apvd Michaelem Hillenium. Anno M. D. XXVII. Mense Augusto. In-8°, 76 ff. non cotés. [*In eod. volum.*]. Epistolæ dvæ, altera CLEMENTIS VII. Papæ ad Karolum V. Imperatorem Aug. &c. Altera Karoli V, Imp. Aug. &c. Clementi respondentis. Legisse iuvabit. [Excusum *Coloniæ*] Anno domini M. D. XXVII. Mense Martio. In-8°, 48 ff. non cotés.

3124 Electio & coronatio Caroli V Imp. Avg. docte et eleganter per *Georgium* SABINUM, Brandeburgen. Conscripta... Ei accessit iam recens ad calcem gestorum eiusdem Caroli V Cæsaris ab initio Imperii, usque huc compendiosa ac perstricta relatio, per *Nicolaum* MAMERANUM, Lucemburgensem. *Coloniæ*, H. Mameranus, (1550). In-12. 1 vol.

In eodem Volumine: 1). Catalogvs Familiæ totius Aulæ Cæsareæ per expeditionem adversus inobedientes usque Augustam Rheticam, omniumque Principum, Comitum, Baronum, Statuum, Ordinumque Imperii et extra Imperium cum suis consiliariis et nobilibus ibidem in Comitiis anno 1547 et 1548 præsentium. Per *Nicolaum* MAMERANUM... *Coloniæ*, H. MAMERANUS, 1550. — 2). Catalogvs omnivm Generalivm, Tribvnorvm, Dvcum, Primorumque totius exercitûs Caroli V Imp. Aug. & Ferdinandi Regis Roman. Super rebelleis et inobedienteis quosdam Principes ac Civitates Conscripti anno 1546. Auct, *Nicolao* MAMERANO. — 3). Catalogvs expeditionis Rebellivm Principum & Civitatum Germa. sub duobus potissimum generalib. Præfectis, Johanne Friderico Duce Electore Saxoniæ et Philippo Landtgravio Hessiæ contra Carolum V.... conscriptæ et productæ an. 1546. Per *N.* MAMERANUM. *Coloniæ*, H. Mameranus, 1550.

3125 Rerum a Carolo V Cæsare Avgusto in Africa bello gestarum commentarii [a *Cornelio* SCHEPPERO, Dunkerka oriundo, collecti] elegantissimis iconibus ad historiam accommodis illustrati, [quæ quidem nostro exemplari desunt]. *Antverpiæ*, J. Bellerus, 1555. In-12, 1 vol. Elenchus Auctorum : 1). *Cornelii* SCEPPERI ad lectorem Præfatio. 2). *Joanni-Christophori* CALVETE STELLÆ, ad Carolum V encomium. 3). Diarium Expeditionis Tunetanæ, an. 1535 susceptæ, *Joanne* ETROBIO auctore. 4). *Pauli* JOVII, fragmentum Historiarum declarans quibus artibus Barbarussa regno Tunetano potitus sit. 5). Ejusdem de Caroli V in Tunetum expeditione. 6). Caroli V expeditio in Africam, per *Nicolaum* VILLAGAGNONEM, equitem Rhodium. 7). *Jean. Chr.* CALVETE STELLÆ, de Aphrodisio seu Africa expugnato.

3126 Recueil des Actions et Parolles memorables de Philippe second Roy d'Espagne, surnommé le Prudent. Traduit de l'Espagnol. [la Sphère] A *Cologne*, Chez Pierre Marteau, M. D C. LXXI. Pet-in-12, 1 vol., de 340 pp. non compris 4 feuillets de titre et dédicace signée D.

3127 Portrait de Philippe II, roi d'Espagne [par *Louis-Sébastien* MERCIER, qui plus tard écrivit le *Tableau de Paris*]. A *Amsterdam*, 1785. In-12, 1 vol.

3128 Don Carlos et Philippe II, par M. GACHARD, de l'Académie royale des sciences, des lettres et des beaux-arts et de la Commission royale d'histoire de Belgique. *Bruxelles*, Emm. Devroye, 1863. In-8°, 2 vol., portr. de D. Carlos.

3129 Antonio Perez et Philippe II par M. MIGNET membre de l'Académie Française secrétaire perpétuel de l'Académie des Sciences morales et politiques. *Paris*, Imprimerie Royale, MDCCCXLV. [Paulin, éditeur ; extr. du Journal des Savants]. In-8°, 1 vol.

3130 Relaciones de *Antonio* PEREZ Secretario de Estado, qve fue del Rey de Espâna Don Phelippe II. deste nombre.

Segun la Copia Imprimida en *Paris*, MDCXXIV. 1 vol. in-4°.

3131 Histoire d'Élisabeth de Valois, reine d'Espagne (1545-1568), par le marquis DU PRAT. *Paris* Techener, [typ. Henri Plon] 1859. In-8°, 1 vol., tit. rouge et noir.

3132 La Reception faicte par les députez du Roy d'Espaigne, de la Royne leur souueraine Dame [Elisabeth, fille aînée de Henri II.], a la délivrance qui leur en a este faicte en l'Abbaye de Rôceuaux, au païs de Nauarrois, par les Roy de Nauarre & Cardinal de Bourbon : et les triumphes, hôneurs et solennitez qui y furent faictes et obseruees, tant d'vne part que d'autre. A *Paris*. Pour Vincent Sertenas. [1560]. Avec Privilege. Pièce in-8° de 22 pages non foliotées.

3133 Les Estats d'Espagne tenvz à Tolede l'an M. D. LX. Par le mandement du Roy Philippe II. de ce nom. Traduits de l'Espagnol en François par *G. A.* D. V. (*G. A.* DU VILLARS). *Paris*, Nicolas Edoard, 1563. In-4°, pièce de 104 pages.

3134 De rebvs Hispanicis, Lvsitanicis, Aragonicis, Indicis & Aethiopicis. *Damiani* GOES, lusitani ; *Hieronymi* PAULI, barcinonensis ; *Hieronymi* POLANCI, cæsaraugustani et *Jacobi* TEUII, lusitani Opera. *Coloniæ Agrippinæ*, Birckmann. 1602. In-12. 1 vol.

Après l'épître dédicatoire on voit un portrait de Damien de Gœs et on trouve l'histoire de sa vie et de ses nombreux écrits.

3135 Les cérémonies obseruees av serment dv Serenissime Prince d'Espagne, Philippe IIII de ce nom, en la ville de Madril. De nouueau mises en françois selon la Coppie Espagnole. A *Paris*, 1608, avec priuilege du Roy. Pièce de 32 pages.

3136 Les cérémonies observées av serment dv Sérénissime Prince d'Espagne, Philippe IIII de ce nom, en la ville de Madril. De nouveaux mises en François selon la coppie

Espagnole. A *Paris*, Se vendent au bout du pont S-Michel près le marché Neuf, à la Croix de Lorraine, 1608. 1 br. 24 p. petit in-4°.

Incomplet de huit pages.

3137 Recit des grandes magnificences faicte au Tres-Illvstre Legat (François Barberin, neveu du Pape Urbain VIII). à son arriuee en Espagne. Auec les cérémonies & Pompes faictes au Baptesme de la Serenissime Infante, fille du Roy Catholique. Ensemble la lettre enuoyée par sa Sainctetéà la trés-Auguste Royne des Espagnes. A *Paris*, par I. Bovrriqvant. Iouxte la coppie imprimée à Madrid. Avec Permission. 1626. In-4°. Pièce de 16 pages.

3138 Histoire de tovt ce qvi s'est passé en la Catalogne, depvis qv'elle a secoüé le joug de l'Espagnol, contenant Le Progrez de la Guerre de Catalogne és années 1640 & 1641, auec la signalée Victoire de Monjuique. Les Secrets Publics de la Catalogne, ou la Pierre de touche des intentions de l'Ennemy, auec un éclaircissement de la Vérité et L'Appuy de la Verité Catalane, oppugnée par vn Libelle, qui commence, La Ivstification Royalle. [par F. *Gaspard* SALA, trad. par *Pierre* LA CAVALLERA]. A *Roven*, Chez Iean Berthelin, M. DC. XLII. Pet. in-4° car., 1 vol.

3139 Historia de las Gverras civiles de Granada. En Paris Ivan Dehovrry, 1660. In-8°. 1 vol.

3140 Voyage d'Espagne. Contenant entre plusieurs particularitez de ce Royaume, Trois Discours Politiques sur les affaires du Protecteur d'Angleterre, la Reine de Suede, & du Duc de Lorraine. [par AARSENS DE SOMMERDYCK]. Reveu Corrigé & Augmenté Sur le M. S. Avec Une relation de l'estat & Gouvernement de cette Monarchie [par DE SAINT-MAURICE] ; & une relation particuliere de Madrid. [par *R. A.* DE BONNECASE] [*la Sphère*] A *Cologne*, chez Pierre Marteau, 1666. Pet. in-12, 1 vol.

3141 Relation des Differents (*sic*) arrivez en Espagne entre D. Jean d'Austriche et le Cardinal Nitard [*la Sphère*] A *Cologne*, chez Pierre Marteau. M. DC. LXXVII. Pet. in-12, 2 tom. en 1 vol.

In eod. volum. Suite des Particularitez arrivées a la Cour d'Espagne. Depuis le 16 Novembre de l'Année 1675. [*la Sphère*] A *Cologne*, chez Pierre Marteau. M. DC. LXXVIII. Pet. in-12, 176 pp. (en réalité 156, car on saute de la p. 36 à la p. 57.

3142 La Sœur Marie d'Agreda & Philippe IV roi d'Espagne: Correspondance inédite traduite de l'Espagnol d'apres un Manuscrit de la Bibliothèque Impériale par [*Léopold-Alfred-Gabriel*] Germond de Lavigne. *Paris*, J. B. Pélagaud, *S. d.* (1855). In-18. 1 vol.

3143 Relation des succés de l'armée Roiale en Portugal, après la levée du siège de Badajos, & au commencement de celui d'Elvas jusques au 26 Octobre 1658 avec les derniers advis du siège de Monçon aux frontières de Gallice. *Bruxelles*, imp. G. Scheybels, 1658. 1 br. 8 p. in-4°.

3144 Déclaration du Roy d'Espagne, Que Tous les Pays & Sujets, que la France a usurpé par voye de fait, luy appartienent come à leur souverain, après la Déclaration de Guerre, faite par la France.

Der Koniglichen Majestat in hispanien Erklarung worinnsie alle Landen und Unterthanen welche von der Cron Franckreich gewaltthâtig occupirt worden nach der von Franckreich geschesener Kriegs Ankûndigung fur die Jhrige er Kennen. *S. n. d'imp.* 1689. 1 br. 4 p. in-4°. Texte français & allemand.

3145 Testament et codicile de Charles II Roy d'Espagne. Fait le 2 d'octobre 1700 avec plusieurs pièces curieuses concernant ledit Testament. A *Paris*, De l'Imprimerie de Frédéric Léonard, Imprimeur ordinaire du Roy, MDCC. 76 p. in-4°, plus le privilège.

3146 Copia del testamento cerrado, qve en dos de octvbre de mil y setecientos, y del codicilo, qve en cinco del mismo mes, y ano hizo le Magestad del Senor Rey D. Carlos II (qve esta en gloria) debaxo de cvya disposicion fallecio en primero de Noviembre siguiente y tambien copia del papel que cita el Testamento. *Madrid.* Ano de 1700. Por Iuan Garcia Infançon, Impressor de la Santa Cruzada. 1 br. 27 p. in-4°.

3147 Réponse Écrite à la Reine d'Espagne par la Majesté très Chrétienne au sujet de l'Acceptation du Testament de Sa Majesté Catholique de glorieuse mémoire, fait en faveur de Monseigneur le Duc d'Anjou. *S. n. d'imp. s. d.* 1 br. 4 p. in-4°. Copia de carta del Rey Christianissimo Luis Dezimoquarto à la Reyna nuestra senora, y senores del Gouierno. Dada en Fontaynebleau à 12 dias del mes de Noviebre de 1700. 1 b., 4 p. in-4°.

3148 Lettre Écrite d'Anvers le 29 Décembre 1700 par Monsieur F** à Monsieur P** en Hollande, au sujet du Testament de Charles II Roi d'Espagne. *S. n. d'imp. s. d.* 1 br. 12 p. in-4°.

3149 Relation des funérailles de Charles II roy d'Espagne De glorieuse mémoire. Célébrées en la grande Eglise de Sainte Gudule à Brusselle les 17 & 18 de janvier 1701. *S. n. d'imp. s. d.* 1 br. 4 p. in-4°.

3150 Aclamacion del Rey nuestro senor, Felipe V, (que Dios guarde) en la impérial, y coronada Villa de Madrid, Miercoles à 24 de Noviembre de 1700. En *Madrid* : Por Antonio Bizarron. 1 br. non paginée, in-4°.

3151 Réflexiones sobre los verdaderos intereses de los españoles en la presente conyuntura, dirigido a los grandes, señores, titulos, y mas personas eclesiasticas, y seglares, de toda la monarquia de España. Reflexions sur les véritables intérêts des Espagnols en la présente conjoncture, dirigées aux grands, seigneurs, titrez, personnes ecclesiastiques, et seculiers de toute la monarchie d'Espagne (1702). *S. n. d'imp. s. d.* texte à 2 colonnes, espagnol et français. 1 br. 15 p. in-4°.

3152 Noticias extraordinarias, y diario del feliz viage del rey n. señor, desde el dia 8 de Abril, que se embarco en Barcelona, hasta el dia 16 del mismo mes. que llegõ dichosamente à Napoles. Publicadas el dia 3 de Mayo de 1702. En *Madrid*: Por Antonio Bizarron. 1 br. non pag. in-4°. 4 pages.

3153 Gouvernement de Charles III, roi d'Espagne, ou Instruction réservée transmise a la Junte d'État, par ordre de ce monarque; publiée par don *Andrès* Muriel. A *Paris*, chez Crozet, [impr. Crapelet] 1839. In-8°, 1 vol.

3154 Etat présent de l'Espagne, où l'on voit une geographie historique du pays. L'établissement de la Monarchie, ses révolutions... ses accroissements. Les prérogatives de la couronne... la forme du gouvernement ecclésiastique, militaire, civil & politique... les mœurs, coutumes & usages des Espagnols... par M. l'abbé [*Jean*] de Vayrac. *Paris*, Deshayes, 1718. In-12, 3 tom. en 4 vol.

3155 Lettre du roy d'Espagne Philippe VI à son fils le roy Louis I, Ecrite à St-Ildefonse, le 14 janvier 1724. *S. n. d'imp.* 1 broch. 4 p. in-4°.

3156 Exposé des moyens employés par l'empereur Napoléon pour usurper la couronne d'Espagne, par Don *Pedro* Cevallos, premier secrétaire d'état et de dépêches de S. M. C. Ferdinand VII. Publié à Madrid, le 1er septembre 1808, et traduit par M. Nettement, ancien secrétaire de la légation française à Londres, avec des notes historiques, suivi des pièces officielles. Troisième édition. A *Paris*, chez Petit., L. G. Michaud. M. DCCC. XIV. In-8°, 1 vol.

3157 Exposé des motifs qui ont engagé en 1808 S. M. C. Ferdinand VII à se rendre à Bayonne ; présenté à l'Espagne et à l'Europe par D. *Juan* ESCOIQUIZ, conseiller d'Etat commandeur de l'ordre de Charles III etc., traduit librement de l'Espagnol en Français augmenté de notices historiques sur D. Juan Escoiquiz, ainsi que sur plusieurs ministres et grands Seigneurs Espagnols, et où l'on trouvera des pièces authentiques concernant le massacre de Madrid. Orné du portrait de l'auteur. *Paris*, Michaud, imp., M. DCCC. XVI. 1 vol. in-8°.

3158 Histoire de la guerre de la Péninsule (années 1808 et suivantes) par le lieutenant-général *Charles William* VANE, Marquis de Londonderry [traduite de l'anglais par RAYMOND, commis de la maison Rothschild, et annotée par le général TOLOSÉ]. *Paris*, A Bossange, [imp. de J. Didot de l'aîné] 1828. In-8°, 2 vol.

3159 L'Espagne sous Buonaparte, recueil factice, en 2 vol. de quelques pièces relatives aux affaires d'Espagne, savoir : [T. I] 1) Constitution politique de la Monarchie Espagnole promulgée à Cadix, le 19 de mars 1812. Traduit de l'Espagnol par *P.* DE LASTEYRIE. *Paris*, J. G. Dentu, 1814. In-8°, 70 pp. outre titre. 2) Représentacion del Consejero de Estado Español Don *Francisco* AMOROS a S.M. el Rey Don Fernando VII, Quejandose de la persecucion que experimenta su muger Dòna Maria de Theran, de parte del Capitan general de Castilla la Nueva, Don Valentin Belbis, y defendiendo La conducta que ha tenido Amoros en las convulsionnes politicas de su patria ; acompañada de documentes justificativos. En la imprenta de P. N. Rougeron. En *Paris*, se vende en casa de Renard, Favre, Alex, Johanneau, 1814. In-8°, 197-149 pp., traduction française en regard du texte.

[T. II] 1) Exposé fidèle des raisons qui déterminèrent le roi Ferdinand VII a se rendre à Bayonne dans le mois d'avril 1808, présenté à l'Espagne et à l'Europe, par son excellence Don *Jean* d'Escoiquiz, suivi d'un récit succint (*sic*) des événemens et des négociations qui ont eu lieu à Valençay jusqu'au retour de S. M. en Espagne ; traduit par le docteur Raynal. A *Bourges*, chez Gille, [*Paris*, Belin-Leprieur, Delaunay ; *Lyon*, Cormon et Blanc ; *Bayonne*, Bonzom, imp. Souchois] 1814. In-8°, XII-240 pp. outre tit. et faux-tit, manque le portr. de l'auteur.

2) Exposé des moyens qui ont été employés par l'empereur Napoléon pour usurper la couronne d'Espagne, par Don *Pedro* Cevallos, premier secrétaire d'état et de dépêches de S. M. C. Ferdinand VII publié à Madrid, le 1er septembre 1808 et traduit par M. Nettement, ancien secrétaire de la légation française à Londres, avec des notes historiques. A *Paris*, chez Petit, de l'imprimerie de L. G. Michaud, 2 avril 1814. In-8°, 64 pp.

Voir un autre exemplaire du même ouvrage, n° 3157.

3) Derniers efforts de la politique de Buonaparte pour séparer l'Espagne de la coalition formée contre lui, ou Manifeste des Cortés de la Nation Espagnole sur le traité proposé par Buonaparte dans le mois de décembre 1813, et sur les motifs de la conduite magnanime de la Nation, dans ce mémorable événement, traduit par *T.* Nunez de Taboada, directeur chef de l'Interprétation-générale des langues. A *Paris*, a l'Interprétation-générale des langnes, chez Firmin Didot et chez Delaunay, 1814. In-8°, 76 pp. outre titre et faux-titre.

3160 Histoire du soulèvement, de la guerre et de la Révolution d'Espagne, [1806-1814] par M. le comte de Toréno, traduite de l'Espagnol par *L.* Viardot, d'Ayllon et *F.* Bascans. *Paris*, Paulin. [imp. Dezauche, *puis* Delanchy] 1836 [1838]. In-8°, 5 vol.

3161 Histoire de la guerre de la Péninsule sous Napoléon, précédée d'un tableau politique et militaire des puissances belligérantes, par le général Foy, publiés par

Mme la comtesse Foy. *Paris*, Baudouin frères, imp. J. Tastu, 1828 [27]. In-8°, 4 tom. en 2 vol. (le t. 1er de la 3e édition), portr. de l'auteur, cartes et plans.

3162 Mémoires sur la Guerre des Français en Espagne; par M. de Rocca, officier de hussards. Seconde édition, de l'imprimerie de J. Gratiot. *Paris*, Gide fils, H. Nicolle. M.DCCC. XIV. In-8°, 1 vol.

3163 Mémoires historiques sur la Révolution d'Espagne; par l'auteur du congrès de Vienne, etc. etc. (M. de Pradt, ancien archevêque de Malines). A *Paris*, chez Rosa, et chez Mme Ve Perronneau [et Ad. Egron, 1816. In-8°, 1 vol.

3164 Essais historiques et critiques pour servir à l'Histoire d'Espagne de 1820 à 1823 par le *Marquis* de Miraflores Comte de Villapaterna, procer du Royaume. Traduits par *A. F.* Couturier de Vienne. *Paris*, Imprim. Bourgogne & Martinet, 1836. 2 vol. in-8°.

3165 Essai historique sur la Révolution d'Espagne et sur l'intervention de 1823, par M. le Vicomte de Martignac. Tome premier. *Paris*, A. Pinard. Imp. Libr. 1832 (notes bibliographiques mss.). 1 vol. pet. in-8°.

3166 Histoire de Navarre, Contenant l'Origine, les Vies & conquestes de ses Roys, depuis leur commencement iusques a present, Ensemble ce qui s'est passé de plus remarquable durant leurs regnes en France, Espagne, et ailleurs, Par *André* Favyn Parisien Aduocat en Parlement. A *Paris*, Chez Laurent Sonnius, Pierre Mettayer, Pierre Cheuallier. Auec priuilege du Roy. L. Gaultier sculpsit 1612. In-f°, 1 fort vol., contenant 2 ff. de frontisp. gravé et dédicace, 1340 pp. chiffr. et 20 ff. de table.

3167 *Joh. Danielis* Schoepflini diatriba de origine, fatis et successione regni Navarræ ad nostra usque tempora. Adjecta est tabula genealogica et index. *Argentorati*, sumptibus Joannis Reinholdi Dulsseckeri. MDCCXX. 1 vol. pet. in-4°.

3168 Le Soldat Navarrois (Probablement par *Pierre* L'HOSTAL s^r^ DE ROQUEBONNE). *Au-dessous, une gravure sur bois representant un soldat. Plus bas ces quatre vers :*

L'Honneur pousse mon bras, la Justice mes armes :
Je meurs dans mes travaux, & si je ne meurs pas :
Je couppe mes lauriers au milieu des alarmes,
Et tire bien-heureux la vie du trépas.

S. l. n. d (1605). In-12. Pièce de 272 pages.

3169 Mémoires sur la guerre de la Navarre et des Provinces Basques, Depuis son origine en 1833, jusqu'au traité de Bergara en 1839, accompagnée du portrait de Maroto. Par le Vte *Alph.* DE BARRIS DU MOLARD, Colonel d'état-major au service de S. M. Charles V, *Paris*, [imp. L. Perrin] Dentu, 1842. In-8°, 1 vol.

3170 Mémoires sur Zumalacarregui et sur les premières campagnes de Navarre, par *C. T.* HENNINGSEN, capitaine de lanciers au service de don Carlos. Traduit de l'Anglais. *Paris*, librairie et imprimerie de H. Fournier, MDCCCXXXVI. In-8°, 2 vol.

3171 Vie de Zumalacarregui duc de la Victoire Capitaine-général de l'armée de Charles V ; par le général *D. J. A.* ZARATIEGUI, traduite par *Alexandre* HOURNON. *Paris*, Imp. Lacour et Cie, 1845. 1 vol. in-8°, portrait en frontispice, plan et carte.

3172 Du Mariage d'Isabelle d'Espagne, par l'auteur des droits directs et éventuels des Bourbons d'Espagne, de Naples et de Parme. Août 1843. *Paris*, chez Dentu, Lib., *Lille*, Imprimerie de Cailleaux-Lecocq. 1 broch. in-8°, 23 p.

3173 L'Espagne au point de vue du Mariage d'Isabelle. A *Paris*, chez G. Dentu Lib., Imprimerie Poussielgue, 1843. 1 broch. in-8°, 47 Pag.

3174 La pratique de l'éducation des princes par Monsieur VARILLAS. *A Paris*, chez Claude Barbin, 1684, 1 vol. in-4°.

(Nombreuses notes manuscrites en marge).

3175 Particion de la Hahzienda de la Magestad cess. de la Emp. N. S. entre sus herederos. (titre mss sur la couverture). (Fol. 1 : En la villa de Madrid a quinze dias del mes de Febrero de mil y seyscientos y ocho años, ante el señor Don Francisco de Contreras del Consejo Real de Castilla de su Magestad, por ante mi Christoual Ferroche escriano publico de su Magestad en odos sus Reynos y señorios, los Testamentarios de la Magestad Cesarea de la Emperatriz Dona Maria, ya difunta, presentaron la petition siguiente. *S. n. d'imp.* signatures manuscrites à la fin. 1 vol. in-4° folioté au recto, reliure parch.

3176 L'Histoire de Portvgal comprise en deux volumes, contenans infinies choses memorables auenues depuis l'an du Seigneur 1090 iusques à l'an 1610 sous le règne de vingt Roys. Descrite en vingt livres recueillis de diuers autheurs & dont le contenu se void au long à la troisième page suivante. [Traduit du latin de *Jérôme* OSORIUS, évêque de Sylva & de *Lopez* DE CASTAGNÈDE, par *Simon* GOULART, de Senlis]. *Cologne*. S. Crespin, 1610. In-8°. 2 vol.

3177 Histoire générale de Portugal par M. LEQUIEN DE LA NEUFVILLE. *Paris*, Anisson, Directeur de l'Imp. Royale M D CC. 2 vol. in-4°, divisés en 8 livres avec gravures en tête de chaque livre.

3178 De Rebus gestis Joannis II. Lusitanorum Regis, Optimi Principis nuncupati ad Augustissimum Regem Petrum II, auctore *Emmanuele* TELLESIO SYLVIO, Marchione Alegretensi, Regi à Sanctioribus Consiliis. *Ulyssipone*, excudebat Michael Manescal, M. DC. L XXX I X. Pet. In-4°, 1 vol.

3179 L'Vnion dv Royavme de Portvgal à la covronne de Castille. Contenant les dernières guerres des Portugais, contre les Maures d'Afrique, la fin de la Maison de Portugal & changement de son Empire iusques à Philippe III à présent régnant. Avec la description du Portugal, & les principales villes Chasteaux, Places Rivières, Ponds.... aussi des Indes d'Orient, Isles Tercères... Auec une table des choses plus remarquables. Traduit de l'Italien, [de *Girolamo* FRANCHI CONESTAGGIO] en François, par M. *Thomas* NARDIN, docteur en droits, Reueu & augmenté de nouveau en cette seconde édition. A *Besançon*, N de Moingesse, 1601. In-8°, 1 vol.

Le titre de l'ouvrage de Conestaggio, imprimé pour la première fois à Gênes en 1585, est *Storia dell' unione del Regno di Portogallo alla Carona di Castiglia* d'après Tiraboschi, (*Storia della letter ital.* T. VII, pg. 1019). Cet ouvrage pourrait bien être, non pas de Conestaggio, mais bien de Jean de Sylva comte de Portallègre, ambassadeur du Roi d'Espagne auprès de l'infortuné Roi Dom Sébastien..

3180 Lvsitania liberata Ab Injusto Castellanorum dominio. Restitvta Legitimo Principi, Serenissimo Joanni IV. Lusitaniæ, Algarbiorum, Africæ, Arabiæ, Persiæ, Indiæ, Brasiliæ, &c. Regi Potentissimo. Summo Pontifici, Imperio, Regibus, Rebus-publicis, cæterisque Orbis Christiani Principibus Demonstrata Per D. *Antonium* DE SOUSA DE MACEDO Lusitanum, Aulæ Generosum, in supremo Lusitaniæ Senatu Senatorem, Opvs Historico-juridicum, materiarum varietate jucundum. Complectens, ultra principale institutum, omnes Lusitaniæ notitias notatu digniores; nec non plurimas aliarum Provinciarum. Cum duplici Indice. *Londini*, in Officinâ Richardi Heron, Ann. Dom. 1645. Gr. in-4°, 1 vol. frontisp. gravé.

3181 Essai statistique sur le Royaume de Portugal et d'Algarve comparé aux autres Etats de l'Europe, et suivi d'un coup d'œil sur l'état actuel des sciences, des lettres et des beaux-arts parmi les Portugais des deux hémisphères. Dédié a Sa Majesté Très-Fidèle, Par *Adrien*

BALBI, *Paris*, [imp. Cosson] chez Rey et Gravier, 1822. In-8°, 2 vol.

3182 Relation Des Troubles arrivez dans la Cour de Portugal en l'année 1667, & en l'année 1668. Où l'on voit la renonciation d'Alfonse VI à la Couronne ; la dissolution de son mariage avec la Princesse Marie Françoise Isabelle de Savoye ; le mariage de la mesme Princesse avec le Prince D. Pedro Regent de ce Royaume; & les raisons qui en ont esté alleguées à Rome pour en avoir dispense. [*à la Sphère*] A *Amsterdam*, suivant la copie, 1674. Pet. in-12, 1 vol. attrib. à BLOUIN DE LA PIQUETIERRE.

3183 Relation de la Cour de Portugal sous D. Pedro II à présent régnant. Avec des remarques sur les intérêts de cette Couronne par rapport aux autres Souverains & l'Histoire des plus considérables traités qu'elle a faits avec eux. Traduite de l'Anglois [de COLBATCH]. *Amsterdam*, Lombrail, 1702. In-12, 2 tom. en 1 vol.

3184 Prétentions de Don Carlos, avec un examen de la nature des fiefs, et du traité de Séville. Traduit de l'Anglais. A *la Haye*, Chez Jean Van Duren, M. D CC XXX. 1 br. 22 p. in-4°.

3185 Anecdotes du Ministere de Sébastien Joseph Carvalho, Comte d'Oyeras, Marquis de Pombal, Sous le Regne de Joseph I, Roi de Portugal. Nouvelle édition revue & vérifiée sur les Décrets émanés du Trône, sur d'autres Pieces justificatives & sur le témoignage des Auteurs impartiaux. A *Varsovie*, chez Janosrovicki, Imprimeur Libraire. M. DCC. LXXXIV. In-8°, 1 vol.

3186 Mémoires de *Sébastien Joseph* DE CARVALHO et MÉLO, Comte d'Oyeras, marquis de Pombal, secrétaire d'Etat & Premier Ministre du Roi de Portugal Joseph I. [Composés en italien par *François* GUSTA, jésuite espagnol, qui après la suppression de la compagnie vécut en Italie & rentra dans l'Ordre aussitôt que Pie VII l'eut rétabli; traduits en français par *Claude Marie* GATTEL]. *S. l. d'imp.* 1784. 4 vol. in-12.

3187 Justification de Don *Fernando* TELLEZ DE FARO, ambassadeur de Portugal en Hollande, des reproches et des accusations de M. de Thou, Comte de Meslay, datée de Cologne, le 6 juin 1659. *s. l. n. d.* In-4°, pièce de 18 pages, en espagnol.

3188 Remarques sur la réponse faite par le Roy d'Espagne au bref écrit par Sa Sainteté, pour l'exhorter à la Paix. Le 10 May 1692 *s. n. d'imp.* 1 br. 4 p. in-4°.

3189 Description des tremblemens de terre. — Le tableau des Calamités ou description exacte & fidèle de l'extinction de Lisbonne, par les tremblemens de terre, l'incendie & la cruë excessive des eaux, par un spectateur de ces désastres (*G.* RAPIN). Avec la Relation la plus exacte de ce qui s'est passé à Cadix le 1 Novembre 1755, où l'auteur a été depuis, y joint quelques particularités relatives au même sujet, & une idée physique sur la nature des tremblemens. *S. l. d'imp.* 1756. In-12. — Pièce de 75 pages.

HISTOIRE. — GRÈCE MODERNE.

3190 Recherches et Matériaux pour servir a une Histoire de la Domination Française aux XIIIe, XIVe et XVe siècles dans les Provinces démembrées de l'Empire Grec à la suite de la quatrième Croisade. Par *J. A. C.* BUCHON. Première partie. Eclaircissemens historiques, généalogiques et numismatiques sur la Principauté Française de Morée et ses douze Pairies, avec neuf planches de sceaux, monnaies et médailles, et tables généalogiques. Deuxième partie. Chronique des Empereurs Baudouin et Henri de Constantinople, par *Geoffroy* de VILLE-

HARDOIN et *Henri* DE VALENCIENNES, revue sur les manuscrits avec variantes, et notes historiques. Imprimé aux frais de l'auteur. *Paris*, Auguste Desrez, M. DCCC XL. In-4°, 2 tom. en 1 vol.

3191 Lascaris, ou les Grecs du quinzième siècle, suivi d'un Essai historique sur l'état des Grecs, depuis la conquête musulmane jusqu'a nos jours; Par M. VILLEMAIN, de l'Académie Française. Troisième édition, augmentée d'un essai sur les Romans grecs, et ornée d'une carte. A *Paris* chez Ladvocat. A *Bruxelles*, 1826. In-18, 2 tom. en 1 vol., imp. par Fain.

3192 Histoire de la Régénération de la Grèce, comprenant le précis des événements depuis 1740 jusqu'en 1824. Par *F. C. H. L.* FOUQUEVILLE, Ancien Consul-Général de France auprès d'Ali pacha de Janina, correspondant de l'Académie royale des Inscriptions et Belles-Lettres de l'Institut de France. Avec cartes et portraits. Deuxième édition. *Paris*, chez Firmin Didot père et fils, MDCCC-XXV. In-8°, 4 vol.

3193 Mémoires sur la Grèce et l'Albanie pendant le gouvernement d'Ali-Pacha; par IBRAHIM - MANZOUR - EFENDI, commandant du génie, au service de ce visir, ouvrage pouvant servir de complément a celui de M. de Pouqueville. [précédé d'une notice sur l'auteur]. Seconde édition. *Paris*, chez J. N. Barra, [imp. Aug. Barthélemy] 1828. In-8°, 1 vol. portr. d'Ali-Pacha.

3194 Recherches historiques sur la Principauté Française de Morée, et ses hautes Baronnies. Le livre de la Conqueste de la Princée de la Morée, publié pour la première fois d'après un manuscrit de la Bibliothèque des ducs de Bourgogne à Bruxelles, avec notes et éclaircissements. Par BUCHON. Première époque, conquête et établissement féodal de l'an 1205 à l'an 1333. Tome Ier. Recherches historiques sur la ΒΙΒΛΙΟΝ ΤΗΣ ΚΟΥΓΚΕΣΑΣ et autre poème grec inédit. Suivi du code diplomatique de la Princée de Morée. Publiés pour la première fois d'après les manuscrits de Copenhague et de Venise et les archives de Florence, Naples, Corfou, Céphalonie, etc. Avec une carte de la Principauté d'Achaïe par BUCHON. Première époque. Tome second. *Paris*, Lib. Jules Renouard & Cie, Imp. Plon frères, 1845. 2 vol. in-8°.

3195 Nouvelles recherches historiques sur la principauté Française de Morée et ses hautes baronnies à la suite de la quatrième Croisade, faisant suite aux éclaircissements historiques, généalogiques & numismatiques sur la principauté Française de Morée par BUCHON. *Paris*, au comptoir des Imprimeurs unis, Imprimé par Béthune et Plon MDCCCXLIII. 2 vol. in-8°.

3196 De la langue et de la Nationalité Grecques. Réflexions sur quelques documents historiques du temps de la prise de Constantinople par les Turcs, par M. EGGER, lues à la Séance publique annuelle des Académies le 16 Août 1864. *Paris*, typ. Firmin Didot frères. 1 broch. 21 pag.

3197 Lacedemone ancienne et nouvelle, Où l'on voit les Mœurs, & les Coûtumes des Grecs Modernes, des Mahometans, & des Iuifs du Pays. Et quelques particularitez du Seiour que le Sultan Mahomet IV a fait dans la Thessalie. Avec le Plan de la Ville de Lacedemone. Par le Sieur DE LA GUILLETIERE. A *Paris*, Chez Pierre Traboüillet, M. DC. LXXVI. In-12, 2 vol.

3198 Athenes ancienne et nouvelle et l'estat present de l'Empire des Turcs, contenant la vie du sultan Mahomet IV. Le Ministere de Coprogli Achmet Pacha, Grand Vizir, & son Campement devant Candie. Avec le Plan de la Ville d'Athenes. Par le Sr. DE LA GUILLETIERE. Troisième Edition. A *Paris*, Chez Estienne Michallet, M. DC. LXXVI. In-12, 1 vol.

3199 Voyage littéraire de la Grèce, ou Lettres sur les Grecs, anciens et modernes, avec un parallele de leurs mœurs. Par M. *Guys*, Sécrétaire du Roi. Troisième Edition, Tome quatrième. A *Paris*, Chez la Veuve Duchesne, MDCCLXXXIII. In-8°, 1 vol.

Ce tome dépareillé, le dernier de l'ouvrage complet, comprend un essai sur Tibulle, la traduction en vers de ses élégies, le poème des Saisons, et quelques poésies légères.

ILES BRITANNIQUES. — HISTOIRE GÉNÉRALE ET CONSTITUTIONNELLE.

3200 The roads of Great Britain by *William* FADEN. 1781. *London*, published as the act directs, Jan Y. Jst 1781, by Wm Faden, Succ^r to the late T. Jefferys. Geog^r to the king. Charing Cross.

Carte collée sur toile et pliée.

3201 Tableau de la Grande-Bretagne, de l'Irlande, et des Possessions Angloises dans les quatre parties du monde [par le baron *A. B. F. de P.* DE BAERT]. A *Paris*, chez H. J. Jansen, l'an 8me. In-8°, 4 vol., gravures et tableaux statistiques hors texte.

3202 RUTGERI HERMANNIDÆ Britannia Magna. Sive Angliæ, Scotiæ, Hiberniæ & adjacentium Insularum Geographico-historica Descriptio. *Amstelodami*, Sumptibus Ægidii Jansonii Valckenier. Anno M D C LXI. In-12, 1 fort vol., faux titre orné.

3203 Glossarium Antiquitatum Britannicarum, sive Syllabus Etymologicus Antiquitatum Veteris Britanniæ atque Iberniæ, Temporibus Romanorum, auctore *Willielmo* BAXTER, Cornavio, Scholæ Merciariorum Præfecto. Accedunt Viri *Cl. D. Edvardi* LUIDII, Cimeliarchæ Ashmol. Oxon. de Fluviorum, Montium, Urbium, &c. In Britanniâ Nominibus, Adversaria posthuma. Editio Secunda. *Londini :* Impensis T. Woodward, C. Davis,

J. Hazard, W. Bickerton & R. Chandler. MDCCXXXIII. In-8°. 1 vol., rel. veau, tr. dor.

3204 Angleterre ancienne, ou tableau des Mœurs, usages armes, habillemens, etc. des anciens habitans de l'Angleterre; c'est à dire, des anciens Bretons des Anglo-Saxons, des Danois & des Normands. Ouvrage traduit de l'Anglois de M. *Joseph*. STRUTT, par M. BOULARD, et pouvant servir de suite aux recueils de Montfaucon & de Caylus. *Paris*, chez Maradan Lib., Imp Vve Hérissant, MDCCLXXXIX. 2 vol. in-4° dont un pour le texte, et un pour les 67 planches.

3205 Anglica, Hibernica, Normannica, Cambrica, a veteribvs scripta : Ex quibus ASSER *Meneuensis*, Anonymus de vita Gulielmi Conquestoris, *Thomas* WALSINGHAM; *Thomas* DE LA MORE, GULIELMUS *Gemiticensis*, GIRALDUS *Cambrensis* Plerique nunc primum in lucem editi, ex Bibliotheca *Gvilielmi* CAMDENI. Cvm indice, tvm verborvm, tvm rervm locupletissimo. *Francofvrti*, Impensis Claudij Marnij, & hæredum Iohannis Aubrij, Anno M. D C II. In-f°, 1 vol.

3206 Histoire générale d'Angleterre, d'Ecosse, et d'Irlande, contenant les choses memorables & remarquables aue-nuës aux Isles & Royaumes de la grande Bretagne, d'Irlande, de Man, & autres adjacentes: Durant seize cents années, & plus, tant de la domination des anciens Bretons & Romains, que souz les règnes des Saxons, Anglois, Pictes, Escossois, Irlandois, Danois & Normans. Jusques à Jacqves I. Ensemble l'estat et svcces des affaires des Anglois en France, Syrie, Castille, Portugal, Gallice, & autres Prouinces estrangeres. Le tout fidellement recueilly par *André* DV CHESNE Tourangeau. A *Paris*, Chez Jean Petit-Pas, M. D. C. XIV. In-f°, 1 fort vol., tit rouge et noir.

3207 Histoire d'Angleterre, d'Ecosse, et d'Irlande; Avec un abregé des évenemens les plus remarquables arrivez dans les autres Etats [depuis l'ancien règne des Bretons jusqu'à Guillaume III inclusivement] Par Monsieur DE LARREY, Conseiller d'Ambassade de son Altesse Electorale de Brandebourg. Enrichi des Portraits des Rois, Reines, & autres Personnes illustres. A *Rotterdam*, Chez Reinier Leers, [puis chez Fritsch & Böhm] MDCXCVII. [MDCCXIII]. In-f°, 4 vol., frontisp. gravé, nombreuses gravures.

3208 Tableaux synoptiques de l'Histoire d'Angleterre et de l'histoire générale comparées depuis la première invasion des Romains en Angleterre l'an 55 av. J. C. jusqu'au Couronnement de la Reine Victoria, en 1837. Division de l'ouvrage : Précis raisonné des annales du royaume-uni partagé en 9 périodes, avec des observations philosophiques sur chacune d'elles, et en regard 1° Les synchronismes de l'histoire générale. 2° Les dynasties des principaux Souverains de l'Europe. 3° Les Célébrités nationales et étrangères. 4° Les Institutions, les découvertes, les progrès des arts et de l'industrie. Ouvrage composé sur un nouveau plan et d'après les meilleurs écrivains nationaux, terminé par une table généalogique des maisons royales d'Angleterre, depuis Guillaume le Conquérant et par une carte historico-géographique du Royaume-uni de la G. Bretagne avec une Statistique des possessions et forces de l'Empire Britannique par *A.* BOUTRUCHE. *Paris*, Daubrée Lib. Edit. 1843. Atlas in-4° oblong.

3209 Nouvel abregé chronologique de l'Histoire d'Angleterre contenant Les Evénemens qui y sont relatifs, depuis l'invasion des Romains jusqu'à la quinzième année de George II, les Actes du parlement, les Créations, les Guerres, les Batailles, les Sièges, &c. Traduit de l'Anglois de M. SALMON, Auteur de l'Histoire moderne, &c. [par l'abbé GARRIGUES DE FROMENT]. A *Paris*, Chez Rollin Fils, Ch. Ant. Jombert, M.DCC.LI. In-8°, 2 vol.

3210 Notice historique des descentes qui ont été faites dans les isles Britanniques, depuis Guillaume-le-Conquérant jusqu'à l'an VI de la république française; avec une carte enluminée gravée par *P. F.* TARDIEU. A *Paris*, de l'Imprimerie de Crapelet, an VI. 1 vol. in-4°.

(Attribué à Mr. *Stanislas* DE GIRARDIN député sous la Restauration).

3211 Histoire de la Conquête de l'Angleterre par les Normands de ses causes et de ses suites jusqu'à nos jours en Angleterre, en Ecosse, en Irlande et sur le Continent, par *Augustin* THIERRY. membre de l'Institut. Onzième édition revue et corrigée. *Paris*, Furne et Cie, Editeurs. *Corbeil*, Imp. Crété, MDCCCLXVI. 4 vol. pet. in-8°. Portrait de l'auteur en frontispice au 1er vol.

3212 Histoire navale d'Angleterre, depuis la conquête des Normands en 1066, jusqu'à la fin de l'année 1734. Tirée des Historiens les plus approuvés, des Manuscrits originaux, des Actes publics, des Traités & des Journaux, avec un grand nombre de faits et d'observations. Traduite de l'Anglois de *Thomas* LEDIARD, ci-devant Secretaire du Roi d'Angleterre, [par *Philippe-Florent* DE PUISIEUX]. A *Lyon*, Chez les Fréres Duplain, M.DCC.LI. In-4°, 3 vol., tit. rouges et noirs, frontisp. gravé.

3213 Histoire des Anglo-Saxons par Sir *Francis* PALGRAVE, Conservateur des archives du Trésor royal de l'Echiquier, traduite de l'Anglais par *Alexandre* LICQUET. *Rouen*, Edouard Fréres Edit., Imp. Baudry, 1836. 1 vol. pet. in-8°, grav. en frontispice.

3214 Histoire Veritable & Secrette des Vies & des Regnes de tous les Rois & Reines d'Angleterre. Depuis Guillaume I, surnommé le Conquerant, jusqu'à la fin du Regne de Reine Anne. Où l'on a joint un Abregé de l'Histoire Generale de chaque Regne, tirée principalement des Manuscrits Originaux, des meilleurs Memoires Anecdotes, & Historiens Authentiques. Traduite de l'Anglois. A *Amsterdam*, Chez les Wetsteins & Smith. MDCCXXIX. In-12, 3 vol., tit .rouge et noir.

3215 Antiquæ Constitutiones Regni Angliæ, sub Regibus Joanne, Henrico Tertio, et Edoardo Primo, circa Jurisdictionem et Potestatem Ecclesiasticam. Ex Archivis Regïs in Turri Londinensi fideliter Collectæ. Per *Gul.* PRYNNE, Eorundem Archivorum Custodem. *Londini*, Impensis Authoris. MDCLXXII. In-f°, 1 fort vol.

3216 Constitution de l'Angleterre, ou État du Gouvernement Anglais, comparé avec la forme républicaine & avec les autres monarchies de l'Europe. Par M. [I. L.] DE LOLME, Membre du Conseil des Deux-Cent (*sic*) de la République de Genève. Nouvelle édition entièrement revue & corrigée sur la quatrième édition anglaise, dédiée au Roi d'Angre. & ornée du portrait de l'Auteur. A *Genève*, Chez Barde, Mangel & Compagnie, Et à *Paris*, chez les principaux Libraires. M.DCC.XC. In-8°. 2 tom. en 1 vol.

3217 Essai historique sur la Constitution et le Gouvernement Anglais, par Lord *John* RUSSELL, Membre de la Chambre des Communes. Traduit de l'Anglais par *A.* ROY. A *Paris* chez A. Chasseriau, A *Londres*, chez le traducteur, 1821. In-8°, 1 vol.

3218 Histoire constitutionnelle d'Angleterre, depuis l'avènement de Henri VII jusqu'à la mort de George II, par *Henri* HALLAM; traduction revue et publiée par M. GUIZOT, et précédée d'une préface de l'éditeur. *Paris*, Guibert, H. Fournier Je, [impr. H. Fournier] MDCCC XXVIII. [-XXIX] In-8°, 5 vol.

3219 Précis de l'Histoire de la Constitution d'Angleterre, depuis Henri VII jusqu'à Georges II ; D'après HALLAM, par *A. R.* BORGHERS. *Paris*, Ponthieu et Cie., [impr Ducessois] *Leipsick*, Ponthieu, Michelsen et Cie, 1828. In-8°, 1 vol.

3220 Traité du pouvoir des Rois de la Grande Bretagne, Où l'on fait voir quel a été de tout tems le Gouvernement

Monarchique, & où l'on justifie par les Autorités des Anciens & des Modernes les Principes qui ont causé la Révolution en 1689. Traduit de l'Anglois. A *Amsterdam*, Chez Jean Frederic Bernard. MDCCXIV. Pet. in-8°, 1 vol. de 210 pp., tit. rouge et noir.

In eod. volum.: Réponse au Traité du Pouvoir des Rois de la Grande Bretagne, Où l'on fait voir que ce Traité autorise la Revolte & la Trahison, & rend odieux le Pouvoir du Souverain. Traduit de l'Anglois. A *Amsterdam*, Chez Jean Frederic Bernard. MDCCXIV. Pet. in-8°, 48 pp., tit. rouge et noir.

3221 Les Institutions politiques, judiciaires et administratives de l'Angleterre par *Charles* DE FRANQUEVILLE auditeur au Conseil d'État avocat a la Cour impériale. *Paris*, librairie de L. Hachette et Cie [impr. Ch. Lahure] 1863. In-8°, 1 vol.

3222 Question: Si le Gouvernement de la Grande Bretagne est en droit de rendre publiques les Harangues faites en parlement, les Adresses des deux Chambres, & autres Discours, & Mémoires de la Nation Britanique, qui pouroient intéresser l'honneur des Puissances Etrangères, en présuposant qu'elles seraient entré dans des engagemens contraires au maintien de la Paix, & de l'amitié respective: Sans que lesdites Puissances, pour lever des défiances si peu fondées puissent par leurs Ministres Residents à Londres, user de la même liberté de faire publier les Mémoires présentés en leur Nom à Sa Majesté Britanique, en vue de prévenir une rupture. *S. n. d'imp. s. d.* 1 br. 8 p. in-4°.

3223 Tableau de l'Administration intérieure de la Grande Bretagne par M. le Baron DE VINCKE et exposé de son système de contributions par M. DE RAUMER, traduits de l'allemand. *Paris*, Lib. Gide fils. Imp. Egron, 1819. 1 vol. pet. in-8°.

ILES BRITANNIQUES. — HISTOIRE PAR ÉPOQUES JUSQU'AU XVIIe SIÈCLE.

3224 Historiarvm Britanniæ Liber septimvs. Quo verus ad eam Insulam Saxonum ingressus, & permansio declaratur. Ad Amplissimum Domnum Philippum de Caverel electum Abbatem Vedastinum. A. *R.* VITO BASINSTOCHIO conscriptus. *Dvaci*, Apud Carolum Boscardum Typographum iuratum. M. D. C. Pet. in-8°, 1 vol. de 8 et 96 pp.

3225 Rervm Anglicarvm Libri qvinqve, Recens ceu è tenebris eruti, & in studiosorum gratiam in lucem dati : Auctore *Gvlielmo* LITTLE Nevbrigensi. Cum rerum memorabilium luculentissimo Indice. *Antverpiæ*, Ex officina Gulielmi Silvij, typographi Regij. M. D. LXVII. Pet. in-8°, 1 vol.

3226 Essais historiques et critiques sur Richard III, roi d'Angleterre ; Par M. *J.* REY. A *Paris*, Chez Ant.-Aug. Renouard, Et chez Potey [impr. Crapelet] 1818. In-8°, 1 vol. Envoi d'auteur signé à M. de Godefroy.

3227 Histoire de Jean-sans-Terre, roi d'Angleterre, par le docteur *J.* BERINGTON, traduit de l'anglais par M. *Théodore* PEIN, ancien receveur-général des finances. A *Paris*, chez Mme Dufriche, et chez Peytieux. 1821. In-8°.

[*Même vol.*] Notice historique sur l'arrondissement des Andelys, par *F.-G.* DE LA ROCHEFOUCAULD, sous-préfet des Andelys. *Paris*, Chez Alexis Eymery Delaunay, Martinet, [impr. Porthmann] M. MCCC. XIII. In-8°.

3228 Oratio Philippica Ad excitandos contra Galliam Britannos; Maximè verò, Ne de Pace cum Victis præmaturè agatur : Sanctiori Anglorum Concilio exhibita, Anno à Christo nato 1514. Authore *Matthæo* [SCHINNER] Cardinale Sedunensi ; Qui Gallorum ungues non resecandos, sed penitùs evellendos esse voluit. Publicâ luce, Diatribâ præliminari, & Annotationibus donavit *Joannes* TOLANDUS. Accedit Ejusdem Gallus Aretalogus, odium orbis & ludibrium. *Amstelædami*, Ex Officina Wetsteniana, cIↄ Iↄ cc IX. Pet. in-8°, 1 vol., tit. rouge et noir.

3229 Histoire du règne de Henry VII, Roy d'Angleterre. Traduite du Latin de Messire *François* BACON, [Par LA TOUR HOTMAN]. *Bruges*, Wydts, 1724. In-12, 1 vol. Beau portrait du roi gravé par N. Heylbroeck.

3230 Histoire du divorce de Henry VIII roy d'Angleterre, & de Catherine d'Arragon : Avec la défense de SANDERUS, la Réfutation des deux premiers livres de l'Histoire de la Réformation de M. BURNET & les Preuves [Par l'abbé *Joachim* LE GRAND]. Paris, E. Martin, 1688. In-12, 3 vol.

3231 The Life of Thomas Egerton, Lord Chancellor of England. [by sir *Francis Henry* EGERTON BRYDGEWATER, Prince of the Holy Roman Empire, etc. *S. l. n. d.. Paris*, vers 1815. 1 vol. in-f° de 508 pp. chif., sans feuille de titre ni fin, non mis dans le commerce.

3232 Lettre de M. [*Gilbert*] BURNET a M. Thevenot, contenant une courte critique de l'histoire du divorce de Henri VIII, écrite par M. [*Joachim*] LE GRAND, Nouvelle édition, Augmentée d'un Avertissement et des remarques de M. L.-G. [*Joachim*] LE GRAND qui servent de Réponse à cette lettre. *Paris*, E. Martin & Boudot, 1688. In-12, 1 vol.

3233 Lettres de M. [l'abbé *Joachim*] LEGRAND a M. Burnet touchant l'Histoire des Variations, l'Histoire du Divorce de Henry VIII & de Catherine d'Arragon. *Paris*, Boudot 1691. In-12. 1 vol.

3234 Histoire d'Élisabeth, Reine d'Angleterre, Tirée des écrits originaux anglais, d'actes, titres, lettres & autres pièces manuscrites qui n'ont pas encore paru. Par Mademoiselle DE KERALIO. [de l'Académie d'Arras]. A *Paris*, chez l'Auteur, & Lagrange, M.DCC. LXXXVI. [LXXXVIII]. In-8°, 5 vol., portr. d'Elisabeth.

3235 Annales Rervm Anglicarvm, et Hibernicarvm, regnante Elizabetha. Autore *Gvil.* CAMDENO. Prima pars emendatior, altera nunc primum in lucem edita. *Lvg. Batavorvm*, Ex officina Elzeviriana. cIↃ IↃc xxv. In-8°, 1 vol. de 8 ff. non cotés, XVI-855 pp. chiffr. et 40 pp. d'index, tit. orné, portr. d'Elisabeth gravé sur bois.

3236 Elizabethæ Angliæ Reginæ Hæresim Calvinianam propvgnantis, sævissimvm in Catholicos sui Regni edictum, quod in alios quoque Reip. Christianæ Principes contumelias continet indignissimas : Promulgatum Londini 29 Novemb. 1591. Cvm Responsione ad singvla capita : qua non tantum sævitia, et impietas tam iniqui edicti, sed mendacia quoque et fraudes ac imposturæ deteguntur et confutantur. Par D. *Andræam* PHILOPATRVM, presbyterum ac Theologum Romanum, ex Anglis olim oriundum. *Augustæ*, apud Joannem Fabrum, anno D. 1592, mense Octobri. In-12, 1 vol.

3237 Fragmenta regalia, ou le caractère veritable d'Elisabeth reyne d'Angleterre & de ses Favoris. Traduit de l'anglois de *Robert* NAUNTON, chevalier, secretaire d'Etat & Maître de la Cour des Gardiens sous le roy Jacques. Par *Jean* LE PELLETIER. Rouen, la Ve de J. Lucas, 1683. In-12, 1 vol.

3238 Traite de la Paix et Confederation, faicte l'an M.DC.XXX. entre les serenissimes Philippe IV roi des Espagnes et Charles roy de la Grande Bretagne. A *Bruxelles*, Chez la Vefue de Hubert Anthoine, Imprimeur juré de la Cour, à l'Aigle d'or pres du Palais, 1631. Auec Privilege. In-4°, 1 vol. de 14 ff. non cotés.

3239 Harangve dv chancelier d'Angleterre sur la proposition baillée par la Royne au Conseil, s'il conuiendroit assister ouvertement le Prince d'Oranges, & les Estatz.

du Pays-Bas contre le roi d'Espaigne. En laquelle se void l'estat présent de l'Angleterre. A *Coloigne*, 1581, in-4°. — Pièce de 20 pages, non foliotées.

ILES BRITANNIQUES. — XVIIe SIÈCLE.

3240 Procès et meurtre de Charles premier, roi d'Angleterre. — Procès des vingt-neuf Régicides Mis en justice après la restauration de Charles II. Traduction de l'anglais, Accompagnée d'un Précis historique du règne de Charles 1er, d'un autre Précis des événements arrivés depuis la mort de ce Prince jusqu'au rétablissement de la royauté, et de diverses Notices et Notes, par le traducteur [*P.-Fr.* HENRY]. *Paris*, H. Nicolle, [impr. C.-F. Patris] MDCCCXVI. In-8°, 1 vol.

3241 Histoire entiere et véritable du Procez de Charles Stuard (*sic*), roi d'Angleterre. Contenant, en forme de Journal, tout ce qui s'est faict et passé sur ce sujet dans le Parlement, et en la Haute Cour de Justice ; Et la façon en laquelle il a été mis à mort. Au mois de Janvier, 1648 et 49. Seconde édition. Le tout fidellement recueilly des pièces autentiques (*sic*) et traduit de l'Anglois. A *Paris*, Réimprimé Par Chaudrillié, rue de Rohan N° 16, sur l'édition de J. G. imprimée à Londres en 1650. In-8°, 221 pp. chiffr., y compris tit., plus 2 pp. de tab., grav. en face du tit.

3242 Histoire de Charles-Edouard dernier Prince de la Maison de Stuart précédée d'une histoire de la rivalité de l'Angleterre et de l'Ecosse par *Amédée* PICHOT D. M. Nouvelle Edition. *Paris*, Lib. Gosselin., Imp. Everat, 1833. 2 vol. pet. in-8°.

3243 [*(Deest titulus generalis :)* Sylloge variorum Tractatuum, de Caroli I, Britanniæ Regis, Judicio, Carolo II, filio ejus, dedicata, translatore I. V. A. R., videlicet :] in-4°,

1 vol. [I] Responsvm svæ Majestatis Ad Librum editum, inscriptum, Remonstrantia aut Declaratio Dominorum & Communium nunc congregatorum in Parlamento. XXVI Maij 1642. *Eboraci*, Apud Robertvm Barkervm &c. Ex Anglico in Latinum translatum. In-4°, 29 pp. cotées 1-29.

[II] Majestatis svæ Declaratio Ad omnes suos dilectos Subditos, occasione falsa & Scandalosa Imputationis impositæ suæ Majestati, quod intendat movere bellum contra suum Parlamentum & copias in illum finem congreget, Publicata in Palatio ejus Eboraci XVI. Iun. 1641. *Eboraci* Impress. per Robertvm Barcker &c CIↃ IↃC XLII. In-4°, 14 pp. cotées 31-44, suivies de *Regis Oratio ad utramque Domum Parlamenti (V Jul. 1641)*. 2 pp. cotées 45-46.

[III] *Davidis* IENKINS Ivdicis in Walliæ principatv Lex Terræ. In qua ex intimis penetralibus Iuris Anglicani doctissimé explicat Regimen ab omnibus seculis in Anglia usitatum : Simvlqve Demonstrat quam iniqué posterius hoc Parlamentum egerit cum Rege. *Londini*, Anno CIↃ IↃC XLVIII. In-4°, 40 pp.

[IV] Historia Independentiæ. In qua Describitur Ortus, Incrementum & fraudes potentissimæ & inquietissimæ Factionis Quæ Regem obtruncavit, Regnum pene evertit, & nunc intolerabilem in omnes regnicolas exercet Tyrannidem. Ad exemplar impressum *Londini*, CIↃ IↃC XLVIII. In-4°, 56 pp.

[V] Seria ac fidelis Repræsentatio Indiciorum Ministrorum Euangelii In Provincia Londinensi, Contenta In Epistola eorum ad Generalem & Consilium ejus Bellicum. Tradita Excellentiæ ipsius à quibusdam subscriptorum, Ianuar. $\frac{1648}{1649}$. Editum *Londini*, Apud M. B. pro Samuele Gellibrand, & Rad. Smith. 1649. Sequuntur Excerpta quædam ex *Wilhelmi* SEDWICK Remonstrantia ad Generalem Oliverium Cromwell, et Examen diversorum Votorum Dominorum et Communium congregatorum in Parlamento, auctore anonymo, denique religiosa Protestatio *Ioann.* GAUDEN, S. Theol. Doct., adversus proposita ad judicandum Regem *(cujus desunt VIII primæ paginæ)*]. In-4°, 55 pp.

[VI] Breve Memento ad Præsens nonparlamentarivm conventicvlvm Tangens ipsorum præsentes Intentiones & Processus ad deponendum & supplicio officiendum Carolvm Stewardvm Legitimum suum Regem : Per *Gvilielmvm* PRYNNIVM, Armigerum, membrum Domus Communium. *Londini* Impressum, 1648. In-4°, 24 pp.

[VII] Ivdicivm Vniversitatis Oxoniensis, De 1. Solenn Liga & Fœdere. 2. Iuramento Negativo. 3. Ordinationibus Parlamenti circa Disciplinam, & Cultum. In plena Convocatione 1 Iunii 1647. Prostant, apud Ri : Royston, sub insigni Angeli, MDCXLVIII. In-4°, tit., 52 pp. cotées 43-94 et 1 feuillet blanc.

[VIII] Plenvm Responsvm ad famosvm et proditorivm libellvm, Inscriptum, (Declaratio Communium Angliæ congregatorum) in Parlamento, explicans rationes, propter quas nuper statuerint non ampliùs agere cum Rege,) Impressum pro R. Royston, 1648. In-4°, 4 ff. prélim. et 148 pp.

[IX] Perfecta Narratio Totius Processus Svpremi Tribvnalis Ivstitiæ in Examine Regis In Aula Westmonasteriensi, die Saturni XX & die Lunæ XXII hujus præsentis Ianuarii. Cum singulis Orationibus Regis, Domini Præsidis, & Sollicitatoris Generalis. Publicatum Authoritate ad prævortendum falsas & incongruas Relationes. Sequuntur Majestatis suæ Rationes adversus Supremi Tribunalis prætensam Jurisdictionem, et Caroli Regis Oratio habita immediatò ante Executionem Die Martis XXX Ian. $\frac{1648}{1649}$. Impressum *Londini*, 1649. In-4°, 24 pp.

[X] Responsvm pernecessarivm ad Declamationem Seu Provocationem Mr Ioanis Cooke. Auctore I. V. A. R. [*S. l. n. d.*] In-4°, 64 pp.

3244 *Ioannis* MILTONI Angli pro Popvlo Anglicano Defensio, Contra Clavdii Anonymi, aliàs Salmasii, Defensionem Regiam. — *Londini*, Typis Dv Gardianis, Anno Domini 1651. In-12, 1 vol.

3245 Défense du Peuple Anglais, sur le jugement et la condamnation de Charles premier, roi d'Angleterre. Par MILTON. Ouvrage propre à éclairer sur la circonstance actuelle où se trouve la France. Réimprimé aux frais des Administrateurs du Département de la Drôme. — A *Valence*, Chez P. Aurel, 1792. In-8°, 1 vol.

3246 Collection des Mémoires relatifs a la Révolution d'Angleterre. [Publiée par *François* GUIZOT] *Paris*. [impr. A. Belin] Pichon-Béchet, 1827. In-8°, 25 vol., savoir :

[T. I] Mémoires de sir *Philippe* WARWICK sur le règne de Charles 1er, et ce qui s'est passé depuis la mort de Charles 1er jusqu'à la restauration des Stuarts. 1 vol.

[T. II-III] Histoire du Long-Parlement, convoqué par Charles 1er en 1640 ; par *Thomas* MAY, secrétaire du parlement. 2 vol.

[T. IV] Mémoires de *John* PRICE, chapelain de Monk, sur la restauration des Stuart. 1 vol.

[T. V] Mémoires de HOLLIS. — Mémoires de HUNTINGTON. — Mémoires de FAIRFAX. 1 vol.

[T. VI-VII] Mémoires de LUDLOW. 3 vol.

[T. IX] Procès de Charles 1er. — Eikon Basilikè, apologie attribuée à Charles 1er. — Mémoires de CHARLES II, sur sa fuite après la bataille de Worcester. 1 vol.

[T. X-XI] Mémoires de *Mistriss* HUTCHINSON. 2 vol.

[T. XII-VX.] Mémoires de lord CLARENDON, grand-chancelier d'Angleterre sous le règne de Charles II. 4 vol.

[T. XVI] Journal de lord *Henri* CLARENDON, fils du comte de Clarendon, grand-chancelier d'Angleterre, sur les années 1687, 1688, 1689, et 1690. 1 vol.

[T. XVII-XX] Histoire de mon temps, par BURNET, évêque de Salisbury. 4 vol.

[T. XXI] Mémoires de sir *John* RERESBY. — Mémoires du duc de BUCKINGHAM. 1 vol.

[T. XXII-XXV] Mémoires de JACQUES II. 4 vol.

3247 Histoire de la Révolution d'Angleterre depuis l'avènement de Charles I Jusqu'à sa mort. Par M. *(François)* GUIZOT. Quatrième édition précédée d'un Discours sur l'Histoire de la Révolution d'Angleterre. *Bruxelles*, Rozez, 1850. In-12, 2 vol.

3248 Monk. Chute de la république et rétablissement de la monarchie en Angleterre, en 1660. Etude historique par M. GUIZOT. Deuxième édition. — *Paris*, Didier, [impr. Bonaventure et Ducessois] 1851. In-8°, 1 vol., portr. de Monk.

3249 Etudes biographiques sur la révolution d'Angleterre. Parlementaires. — Cavaliers. — Républicains. Niveleurs. Par M. GUIZOT. *Paris*, Didier, [imp. Bonaventure et Ducessois] 1851. In-8°, 1 vol.

3250 Memoires pour servir à l'histoire de la Grande-Bretagne, sous les Regnes de Charles II et de Jacques II avec une introduction, depuis le commencement du Regne de Jacques I, jusqu'au rétablissement de la Famille Royale ; traduits de l'Anglois de *Gilbert* BURNET, évêque de Salisbury. A *Londres*, chez Thomas Ward, MDCCXXV. In-12, 3 vol. tit. rouge et noir.

3251 Tableau politique des Règnes de Charles II et de Jacques II, derniers rois de la maison de Stuart ; précédé d'une troisième édition de l'essai sur les causes qui, en 1649, amenèrent en Angleterre l'établissement de la république ; sur celles qui devaient l'y consolider ; sur celles qui l'y firent périr [par *A.-J.-C.-J.-* BOULAY, de la Meurthe]. A *Paris*, chez Foulon et comp^e^, 1818. Chez Tastu père et fils, à *Perpignan*. [*La Haye*, de l'imprimerie Belgique]. In-8°, 2 tom. en 1 vol.

3252 Description exacte de tout ce qui s'est passé dans les guerres entre le roy d'Angleterre, le roy de France, les Estats des Provinces Unies du Pays-bas, & l'Evesque de Munster commençant de l'An 1664 & finissant avec la conclusion de Paix, faite à Bredà (*sic*) en l'an 1667, avec une introduction préliminaire, contenant l'Exile (*sic*) & la Restitution du present roy d'Angleterre &c. Avec diverses Figures en taille douce. A *Amsterdam*. chez Jacques Benjamin, 1668. In-4°, 1 vol. de 241 pp. chiffr. et 2 pp. de tab.

3253 Mémoires de la Grande-Bretagne et de l'Irlande, depuis la dissolution du dernier Parlement de Charles II, jusqu'à la bataille navale de la Hogue. Traduits de l'anglois du chevalier *Jean* D'ALRYMPLE, sur la seconde Edition, [par l'abbé *J. L.* BLAVET]. A *Londres*, M. DCC. LXXV. [LXXVI]. In-8°, 2 vol.

3254 Histoire des deux derniers rois de la maison de Stuart, par *Ch. J.* FOX. Suivie de pièces originales & justificatives, ouvrage traduit de l'anglais, auquel on a joint une notice sur la vie de l'auteur. *Paris*, chez H. Nicolle et chez Giguet & Michaud, de l'imp. de Mame frères, 1809. 2 tom. en 1 vol. in-8°.

3255 L'Estat present de l'Angleterre, avec plusieurs reflexions sur son ancien estat ; traduit de l'anglais d'*Eduard* CHAMBERLAYNE de la société Royale. Seconde partie. A *Amsterdam*, chez Jean Blaeu, MDCLXXII. 1 vol. in-12.

3256 Elenchus Motuum Nuperorum in Anglia : or, A short Historical Account of The Rise and Progress of the Late Troubles in England in two parts Written in Latin by Dr. *George* BATES, Principal Physician to K. Charles the I. and. K. Charles the II. — Motus compositi : or, the History of the composing the affaires of England By the Restauration of K. Charles the second, And the Punishment of the Regicides : And other principal occurrents to the Year 1669. Written in Latin by *Tho.* SKINNER, M. D. — Made

English. [*by J.* LOWELL] To which is added a Preface and several choice Original Papers. *London*, Printed for Abel Swalle, 1685. In-8°, 1 vol. frontisp. gravé.

3257 Histoire de la révolution de 1688, en Angleterre, par *F. A. J.* MAZURE, inspecteur général des études. *Paris*, librairie de Charles Gosselin, [impr. Firmin Didot. *Londres*, Colburn, Bossange, Trenttel et Wurtz; *Leipsig*, Bossange, Zirgès] MDCCCXXV. In-8°, 3 vol.

3258 La relation de trois ambassades de Monseigneur le Comte de Carlisle de la part du Sérénissine et très puissant Prince Charles II Roi de la Grande-Bretagne vers leurs Sérenissimes Majestés Alexey Michailovitz Czar de Suède et Frédéric III, roi de Danemarck et de Norvège. Commencées en l'an 1663 et finies sur la fin de 1664. Nouvelle édition revue et annotée par le Prince *Augustin* GALITZIN. *Paris*, Jannet, lib. imp. Guirausd et Jouaust MDCCCLVII. 1 vol. pet. in-8°.

3259 Procez criminel fait aux nommés Robert Charnock, Edouard Kina & Thomas Keys. Pour avoir conspiré d'assassiner la personne Sacrée du roy Guillaume III, afin ensuite de favoriser les François dans l'invasion du Royaume d'Angleterre, qu'ils avoient dessein de faire. Traduit de l'Anglois (par *Louis* DELAFAYE). A quoy on a ajouté ce qu'ils ont donné par écrit aux Sheriffs au lieu de l'exécution. Suivant la copie imprimée à *Londres S. D.* (1696), in-8°. Pièce de 144 pages.

3260 L'ordre et cérémonies obseruées au Baptesme du Prince d'Angleterre. A *Paris*, Chez Jean Martin, Maistre Imprimeur, demeurant Sur le Pont S. Michel à l'Anchre double, M DC XXX. 1 br. 15p. petit in-4°.

Quatre exemplaires.

3261 La Tyrannie heureuse ou Cromwel politique, Avec ses artifices & intrigues dans tout le cours de sa conduite, par le sieur DE GALARDI [*la Sphère*]. A *Leyde*, chez Jean Pauwels, 1671. In-12, 8 ff. non cotés et 108 pp.

chiffrées, faux-titre gravé. [*In eod. volum.*] I. L'Histoire du Iansenisme, contenant Sa Conception, Sa Naissance, Son Accroissement, Et Son Agonie, par le R. P. *Moise* DV BOVRG, de la compagnie de Iesvs. Auec la Constitution de Nostre S. P. Alexandre VII confirmative de celle d'Innocent X, contre les cinq Propositions de Iansenius. A *Bovrdeavx*, par I. Mongiron Millanges, M. DC. LVIII. Pet. in-8°, 149 pp. chiffr.

[II] A. O. [*André* OLSZOWSKI, évêque de Culm, Censure ou Discours politique touchant les Pretendans à la Couronne de Pologne, [traduit du latin] [*la Sphère*]. A *Colongne*, chez Pierre du Marteau. M. DC. LXXVI. In-12, 6 ff. non cotés, et 132 pp. chiffrées.

[III] Memoire povr servir à l'histoire du Temps. Lisez la page suivante [*la Sphère*]. A *Cologne*. M. DC. LXXVI. In-12, 95 pp. chiffrées, outre titre.

[IV] Le cabinet du roy Lovis XI contenant plusieurs fragmens, lettres missiues, & secretes Intrigues du Regne de ce Monarque, & autres Pieces très curieuses, & non encore veuës. Receüillies (*sic*) de diuerses Archiues & Tresors. A *Paris*, chez Gabriel Gvinet. M. DC. LXI. In-12, 3 ff. non cotés, 122 pp. chiffr. et 1 feuillet de privilège.

[V] Le voyage de Candie fait par l'Armée de France en l'année 1669. Par M. DES REAVX DE LA RICHARDIERE. A *Paris*, chez André Pralard, M. DC. LXXI. Pet. in-8°, 148 pp. chiffrées, outre titre.

3262 Een verclaringe van de officieren ende Compagnie van het zee-volck, oft matrosen op syne Majesteyts Schepen... met een aenlockinghe van de reste van de vloot, ende derselve Broederen, aen landt zynde, om met hun te voeghen in derselve gherechtig voornemen. *S. l.* 1648. In-4° de 8 pages.

Traduction hollandaise d'une Déclaration des officiers & matelots de la flotte anglaise tenant la mer, adressée à leurs compagnons qui sont à terre. Le texte anglais est à la suite de la traduction.

3263 Advis de Londres contenant la solennelle & magnifique entrée dv Roi de la Grand-Bretagne en cette ville-là. *Bruxelles.* imp. G. Scheybels, 1660. 1 br. 4 p. in-4°.

3264 Narration véritable de l'Execrable Conspiration du Parti Papiste, contre la vie de sa Sacree Majesté, le Gouvernement d'Angleterre, & la Religion Protestante. Avec une liste des noms de plusieurs Nobles, Gentilshommes & autres Conjurés, des principaux officiers tant civils que Militaires, qui doivent contribuer à son exécution. Publiée par l'ordre des très-honorables Seigneurs Spirituels & Temporels assemblez et Parlement. Humblement présentée à sa tres-excellente Majesté. Par *Tite* Oates, Docteur en Theologie. Suivant la Copie de *Londres*, 1679. Pet. in-12. Pièce de 120 pages.

3265 Raisons qui ont obligé le Roy d'Angleterre à se retirer de Rochester, Ecrites de sa propre main & publiées par son ordre : Avec la lettre de sa majesté aux Seigneurs & autres de son Conseil Privé. Iouxte la copie imprimée à Paris, à *Lille*, François Fievet, à la Bible Royale, sur le Pont de Fin, 1689. In-4°. Pièce de 8 pages.

3266 Preuves convainquantes qui font voir qu'on doit quelquefois s'opposer à l'autorité du Souverain, & qu'on le fait avec justice dans la présente conjoncture. Traduit de l'anglois. *S. l.* d'impression, 1688. In-4°. Pièce de 9 pages.

3267 La couronne usurpee & le Prince supposé, ou Traité dans lequel on prouve manifestement par des pièces authentiques : I. Que le Duc d'Iork par les Loix d'Angleterre, & par la Loi de Dieu n'avoit aucun droit à la Couronne, & n'y pouvoit point prétendre. II. Que le Prince d'Orange étoit le vrai & légitime Successeur de Charles II & que la Couronne d'Angleterre lui apartenoit par un droit incontestable. III. Que le Parlement ayant contre les Loix reconnu le Duc d'Iork pour Roi, & ce Prince violé son serment, ce que le Parlement a fait est comme non avenu, & un autre Parlement a droit de casser tout ce qui a été fait. IV. Que le pretendu Prince de Galles est un enfant supposé, & n'a point de droit à la Couronne d'Angleterre. A *Londres*, traduit de l'anglois, 1688. In-12. Pièce de 88 pages.

3268 Histoire secrette du Voyage de Jacques II à Calais pour passer en Angleterre, ou l'on voit les Voyes cachées que ce prince a tenu pour ce dessein. Et la manière que le Conseil Privé de Louis XIV en avoit ordonné suivant le Decret des reverends Peres Jesuites & son retour a Boulogne. A *Cologne*, chés André Pitou, 1696. Pet. in-12. Pièce de 214 pages.

ILES BRITANNIQUES. — XVIIIe ET XIXe SIÈCLES.

3269 L'Angleterre au dix-huitième siècle. Études et Portraits pour servir à l'histoire du gouvernement anglais depuis la fin du règne de Guillaume III par M. *Charles* DE RÉMUSAT. *Paris*, Didier et Ce, [impr. Bonaventure et Ducessois] 1856. In-8°, 2 vol.

3270 Déclaration de guerre De Sa Majesté la Reine de la Grande Bretagne, contre la France et l'Espagne. Fait à la cour de Kinsingston, 15 Mey 1702. Declaratie van Oorlogh, Van haere Majesteyt de Koninginne van groot Britannien teghens Vranckryck en Spanien. Gedaen in't Hof van Kinsinghston den 15 Mey 1702. Dans la même brochure : Testament Fait & signé par Sa Majesté Guillaume III Roi de la Grande Bretagne, et prince d'Orange, &c. le 18 Octobre 1695. *S. n. d'imp.* 1 br. non paginée. In-4°, 8 pages.

3271 Extrait des nouvelles de Londres. De Brusselle le 29 Mars 1708. *S. n. d'imp.* 1 br. 7 p. in-4°.

3272 Fautes des deux Costez, par rapport à ce qui s'est passé depuis peu en Angleterre. Traduit de l'Anglois. *Rotterdam*, Fritsch et Böhm, 1711. In-12, 1 vol.

3273 Les avocats pour et contre le Dr Sacheverell. Avec plusieurs pièces importantes concernant le procès de ce Docteur. Traduit de l'Anglois. *Amsterdam*, Pierre Humbert, 1711. Pet. in-12, 1 vol.

Pièces contenues dans ce Recueil: 1.) Articles de l'accusation formée contre le Dr Henri Sacheverell le 21 janvier 1710. — 2.) Réponse du Dr *Henri* SACHEVERELL auxdits Articles. — 3.) Discours de [*Gilbert* BURNET], évêque de Salisbury à la Chambre des Lords sur l'art. I de l'accusation. — 4.) Discours de [*William* TALBOT], évêque d'Oxford. — 5.) Discours de [*William* WEAK], évêque de Lincoln, sur l'art. II de l'accusation. — 6.) Discours [du Dr TRIMMEL], évêque de Norwich, sur le même article. — 7.) Les avocats pour et contre le Docteur Sacheverell, ou Relation de ce qui se dit à cet égard dans les caffez de Child & de Thomas.

Sacheverel s'attira ce procès par deux sermons qu'il débita en 1709, dans l'Eglise du Sauveur à Londres. Il soutenait la thèse de l'obéissance passive à l'autorité royale. Les Whigs, alors au pouvoir, le condamnèrent à être privé pour trois ans du droit de prêcher. Cette affaire passionna tout le pays ; il y eut des désordres à Londres qu'il fallut réprimer par la force. Les Tories en tirèrent habilement parti, et, dans l'année même du procès, la Reine congédia ses Ministres Whigs & le Parlement qui les soutenait.

3274 Défence du présent Ministère d'Angleterre, avec une pièce Curieuse concernant les evenemens de cette Guerre. Traduit de l'Anglois. A *Utrecht*, chez Leonard de Putte, 1712. In-16, pièce de 78 pages.

3275 Effigies Magnæ Britanniæ Reginæ eCCe MeDIatrIX. *S. n. d'imp. s. d.*, 1 feuillet.

3276 Harangue de la reine de la Grande Bretagne. Faite à son Parlement Vendredi 17 Juin 1712. *S. n. d'imp. s. d.* 1 br. 4 p. in-4°.

3277 La Crise, ou Discours, ou l'on démontre, par les Actes les plus Authentiques, les justes causes de l'Heureuse Révolution ; avec Les différentes Dispositions des Couronnes d'Angleterre & d'Ecosse en faveur de S. M. la Reine Anne, & après son décès sans Enfans, en faveur de la Très-illustre Princesse Sophie, & ses Descendans & Heritiers Protestans, et quelques remarques nécessaires dans la Conjoncture présente, sur le Danger d'un Successeur Papiste. Traduit de l'Anglois de Mr. *Richard* STEELE. — A *Amsterdam*, Chez David Mortier, Libraire. MDCCXIV. Pet. in-8°, 1 vol.

[*In eod. volum.* :] L'esprit des Whigs, Manifesté, par le genéreux Encouragement qu'ils donnent à l'Auteur de la Crise. Avec quelques remarques Sur la Publication faite à propos, la Candeur, l'Erudition & le Stile de cette Pièce. Traduit de l'Anglois. A *Londres*, Chez Jean Morphew, Libraire. MDCCXIV. Pet. in-8°, tit. rouge et noir.

3278 Lettre du chevalier *Guillaume* BURNET à Mylord Halyfax. Sur la nécessité qu'il y a d'informer contre le Procédé du précédent Ministère d'Angleterre. A *La Haye*, chez Pierre Husson, marchand libraire sur le Kappelbrug, 1715. In-12. Pièce de 38 pages.

3279 La conduite de Son Altesse Le Prince et Duc de Marlborough, Dans la Présente Guerre, avec plusieurs Pièces Originales. Traduit de l'Anglois. A *Amsterdam*, chez Pierre de Coup, M DCC XII. In-8°, 1 vol. tit. rouge et noir.

3280 Histoire secrete des intrigues de la France en diverses Cours de l'Europe où l'on voit que l'accroissement du Pouvoir de cette Couronne est dû au succès de ces intrigues, plutôt qu'à ses propres forces, & à l'habileté de ses Ministres d'État, etc. Le tout extrait fidellement de plusieurs Mémoires autentiques tant manuscrits qu'imprimés. On a joint à la tête de l'ouvrage la lettre d'un Wigg à un Tory sur la conjecture présente, (traduit de l'Anglais). *Londres*, M. DCCXIII. 3 tomes en 1 vol. in-8°, titre rouge & noir.

3281 Le Masque de la Trahison levé, ou Histoire du Droit hereditaire de la Couronne de la Grande Bretagne. Écrit en faveur du Prince de Galles, Par quelqu'un de son parti, & pour laquelle le docteur Bedford A été condamné depuis peu à Westmunster *(sic)*. Refutée par des remarques, sur le véritable droit de la Reine, les justes motifs de la Révolution, et la succession dans l'illustre Maison d'Hanover. Traduite de l'Anglois. A *La Haye*, Chez Pierre Husson, 1754. In-8°, 2 tom. en 1 vol.

3282 Rapport du Comitté *(sic)* secret Nommé par la Chambre Basse du Parlement de la Grande Bretagne Pour faire l'examen des Livres & Papiers qui roulent sur les Négociations de la derniere Paix & du Traité de Commerce &c. Fait le 9 Juin V. S. 1715. Par le Sieur *Robert* WALPOLE, Président du Committé *(sic)*. Avec tous les Mémoires, Lettres Secretes & autres Papiers transigés entre les Ministres d'Angleterre & ceux de France. Imprimé par Ordre du Parlement. Traduit de l'Anglois. A *Amsterdam*, Chez les Freres Wetsteim. 1715. In-8°, 2 tom. en 1 vol. d'une seule série de pagination, tit. rouge et noir.

3283 Mémoires du sieur *Jean* MACHY, Ecuyer: contenant principalement les caractères de la cour d'Angleterre sous les regnes de Guillaume III et d'Anne I; tracés à la réquisition de S. A. R. Sophie. Traduits de l'Anglois [la dédicace est signée A. R.]. A *la Haye*, chez P. Gosse & J. Neaulme, M. DCC.XXXIII. In-12, tit. rouge et noir.

3284 La Vie d'Anne Stuart Reine de la Grand-Bretagne, de France, & d'Irlande. Traduite de l'Anglois. — A *Amsterdam*, Chez Pierre Humbert. M. DCC. XVI. Pet. in-8°, 1 vol., tit. rouge et noir.

3285 Lettre Ecrite à l'un des Membres du Parlement de la Grande Bretagne au sujet des adresses présentées au

Roi par les deux Chambres le 18 & 19 Janvier v. st., 1 & 2 Février n. st. 1726 & des Discours qu'on y a tenus en cette occasion. *S. n. d'imp.* 1 br. 20 p. in-4°.

3286 Lettres de Mr. le Marquis DE LA PAZ Secrétaire d'Etat de sa Majesté Catholique, & de M. le Colonel STANHOPE Ambassadeur de Sa Majesté Britannique avec Quelques Remarques sur la conduite du Ministère Britannique dans la situation des affaires de l'Europe. *S. n. d'imp. s. d.* 1 br. 15 p. in-4° (vers 1726).

3287 Suite des lettres De Mr. le Colonel STANHOPE, Ambassadeur de sa Majesté Britannique à la Cour d'Espagne, & de Mr. le Marquis DE POZO-BUENO Ambassadeur de sa Majesté Catholique à la Cour de Londres avec Quelques Remarques sur la conduite du Ministère Britannique dans la situation présente des affaires de l'Europe. *S. n. d'imp. s. d.* 1 br. 24 p. in-4° (vers 1726).

3288 Lettre Du Chevalier à Mylord à Londres, traduite de l'Anglais. *S. n. d'imp.* 1 br. 9 p. in-4° (vers 1726).

3289 Repræsentatio Serenissino Regi Magnæ Britanniæ super ejusdem Allocutionem die 28 Januarii 1727 ad Status Regni in Parlamento habitam a D. de Palm Residente Cæsareo facta. Traduction du Mémoire présenté en Latin au Roi de la Grande Bretagne par le Résident Impérial M. DE PALM sur la Harangue, que Sa Majesté Britannique a faite aux deux Chambres de son Parlement le 28 Janvier 1727. *S. n. d'Imp.* 1 br. 5 p. in-4°. Texte à 2 col : latin et français.

3290 Repræsentatio Serenissimo Regi Magnæ Britanniæ super ejusdem Allocutionem die 28 Janurii 1727 ad Status Regni in Parlamento habitam à. D. DE PALM Residente Cæsareo facta. *S. nom d'imp. s. d.* texte à 2 colonnes (latin et français). 1 br. 5 p. in-4°.

A la suite : Lettre écrite par Mr. le Comte DE SINZENDORFF, Chancelier de la Cour de Sa M. I. T. C. au Résident Impérial à la cour Britt. Mr. de Palm, datée de Vienne du 20 Février 1727. *S. nom d'imp. s. d.* 1 br. 3 p. in-4°.

3291 L'Esprit de la présente guerre. Discours de M. de G. dans la Chambre des C. pour et contre les deux Opinions dominantes dans le Parlement de la Grande Bretagne, en faveur du commerce britannique et de la paix. *S. l.* de l'Imprimerie du Futur-Congrès, à l'Olivier verd. 1759. In-12. Pièce de 99 pages.

3292 Lettres de JUNIUS, traduites de l'anglais avec des notes historiques et politiques, par *J. T.* PARISOT, Ancien officier de marine. Nouvelle édition. *Paris*, [impr. Decourchant] Pichon et Didier, 1830. In-8°, 2 tom. en 1 vol.

3293 Vicomte DE LUDRE FROLOIS. Dix années de la Cour de George II. 1727-1737. *Paris*, Librairie Nouvelle, 1860. In-18. 1 vol.

3294 Histoire d'Angleterre, depuis le Traité d'Aix-la-Chapelle en 1748, jusqu'au Traité de Paris en 1763, pour servir de continuation aux Histoires de MM. Smollett et Hume. Par M. TARGE, Ancien Professeur de Mathématiques de l'Ecole Royale-Militaire. A *Londres*, et se trouve à *Paris*, chez Desaint, Saillant, M. DCC. LXVIII. In-12, 5 vol.

3295 Histoire de l'administration de lord North, Ministre des Finances en Angleterre, depuis 1770 jusqu'en 1782, et de la guerre de l'Amérique septentrionale, jusqu'à la paix : Suivie du Tableau Historique des finances d'Angleterre, depuis Guillaume III jusqu'en 1784. [par HILLIARD D'AUBERTEUIL] A *Londres*, et se trouve à *Paris*, Chez L'Auteur, Couturier, Imprimeur Libraire, M. DCC. LXXXIV. In-8°, 2 tom. en 1 vol.

3296 Remarques sur les avantages & les désavantages de la France et de la Gr. Bretagne, par rapport au Commerce

& aux autres sources de la puissance des Etats. Traduction de l'Anglois du chevalier *John* NICKOLLS. [Pseudome de PLUMARD DE DANGEUL, auteur de l'ouvrage. C'est par supercherie qu'on le dit traduit de l'Anglais]. *Paris*, Estienne, 1754. In-12. 1 vol.

3297 Essai sur l'état du Commerce d'Angleterre [Traduit de l'anglais de *John* CARY avec des remaniements et de notables additions, par *Geor. Mar.* BUTEL-DUMONT]. *Paris*, Nyon, 1755. In-12. 2 vol.

3298 L'Angleterre, vue a Londres et dans ses provinces, pendant un séjour de dix années, dont six comme prisonnier de guerre ; Par M. le Maréchal-de-camp PILLET. *Paris*, chez Alexis Eymery, [impr. Ant. Beraud] 1815. In-8°, 1 vol.

3299 Osservazioni semi-serie di un esule sull'Inghilterra [da *Giuseppe* PECCHIO]. *Lugano*, Ruggia, 1831. In-12, 1 vol.

3300 La Grande-Bretagne en 1840, ou Annuaire financier, commercial et statistique du Royaume-Uni ; contenant Des Notices sur les progrès des chemins de fer, le mouvement de la population, la statistique des maladies rédigé sur des documents officiels. Par F. S. C. [*F. S.* CONSTANCIO]. *Paris*, Charpentier, 1841. In-18, 1 vol.

3301 Études sur l'Angleterre par M. *Léon* FAUCHER. *Paris*, librairie de Guillaumin, [*Corbeil,* impr. Crété] 1845. In-8°, 2 vol.

3302 Recueil des Discours prononcés au Parlement d'Angleterre par *George* CANNING ; traduit de l'anglais par M. HAUDRY DE JANVRY, ancien receveur général des finances. *Paris*, L. Tenré, libraire, [impr. Casimir] 1832. In-8°, 2 vol., portr. de Canning.

3303 Cruchley's new plan of London in miniature, improved to 1838 : shewing all the newand intented improvements to the present time containing a table of references to upwards of 500 of the principal Streets, Squares, Public

Buildings, &c. Engraved and published By Cruchley, Mapseller. Plan collé sur toile et plié.

3304 A New Plan of the City of London and Borough of Southwark exhibiting all the New Streets, Roads, &c. Not extant in any other Plan — Ensemble : A new Plan of the City and Liberty of Westminster, exhibiting all the new streets, & Roads, with the Residences of the Principal Nobility, Public Offices &c.. Not extant in any other plan. Plan collé sur toile et plié.

3305 Tegg's new plan of London and Westminster, including the borough of Southwark, with 360 references to the principal streets, &c. 1829. Plan collé sur toile et plié.

ILES BRITANNIQUES. — ECOSSE. — IRLANDE. — ILES DIVERSES. COLONIES.

3306 Rerum Scoticarum Historia, Auctore *Georgio* Buchanano Scoto, ad Jacobum VI, Scotorum Regem. Accessit de Jure Regni apud Scotos Dialogus, eodem Georgio Buchanano auctore. *Ultrajecti.* Apud Petrum Elzevirium, CIƆIƆC LXVIII. Pet. in-8°, tit. rouge et noir.

1 vol., tr. incompl. (Les pages 561 à 735 de l'*Historia* manquent, et l'on a intercalé le *De Jure* dans la lacune.

3307 Adversvs Georgii Bvchanani dialogvm, de Ivre Regni apvd Scotos, pro Regibvs apologia, qua regii nominis amplitudo, et imperii maiestas ab hæreticorum famosis libellis, et perduellium iniuria vindicatur. Per *Adamum* Blacvodæum, Pictaviensis curiæ consiliarum regium. *Parisiis*, A. Sittart, 1588. In-8° 1 vol.

3308 Marie Stuart d'après les documents Conservés au château d'Hatfield. par M. le Bon Kervyn de Lettenhove Membre de l'Académie Royale de Belgique.

Bruxelles, Imp. Hayez. 1 broch 34 pag. pet. in-8° plus 2 fac-simile.

(Ext. des bulletins de l'Acad. Roy. de Belg. 2e Série t. XXXIV. n° 7° 1872.)

3309 Martyre de la Royne d'Escosse Douairière de France, Contenant le vray discours des traïsons à elles faictes à la suscitation d'Elizabet Angloise, par lequel les mensonges, calomnies & faulses accusations dressées contre ceste très vertueuse, très catholique et très illustre Princesse sont éclaircies & son innocence aueree. Sont adioustees deux Oraisons funèbres, l'vne Latine et l'autre Françoise : et vn liure de Poëmes Latins et François. Le tout sur le mesme subiect. [Par *Adam* BLACKWOOD.] En *Anvers*, Chez Gaspar Fleysben. M. D. LXXXVIII. Pet. in-8°, 1 vol.

3310 Recherches historiques & critiques sur les principales preuves de l'accusation intentée contre Marie Stuart, Reine d'Ecosse. Avec un examen des histoires du Docteur Robertson, & de M. Hume, par rapport à ces preuves. [Par *William* TYTLER]. Ouvrage traduit de l'Anglois [Par *L.* AVRIL, dit l'abbé MAI, ancien Jésuite]. *Paris*, Edme, 1772. In-12, 1 vol.

3311 Histoire du Prétendant. — Les revers & les disgrâces du prince Charles-Edouard Stuart, en Ecosse. (Par *J. M.* DUREZ DE MORSAN). *S. l.*, 1756. In-12. — Pièce de 96 pages.

3312 Histoire d'Irlande, depuis l'invasion d'Henri II, Avec un Discours préliminaire sur l'ancien état de ce Royaume. Par *Thomas* LELAND, Docteur en Théologie, Traduite de l'Anglois. A *Maestricht*, Chez Jean-Edme Dufour & Phil. Roux, M. DCC. LXXIX. In-12, 7 vol.

3313 Lettres sur les élections anglaises, et sur la situation de l'Irlande. [par *Prosper* DUVERGIER DE HAURANNE] *Paris*, Sautelet, [imp. Guiraudet] 1827. In-8°, 1 vol.

3314 Extrait d'une lettre du Camp du Prince Royal d'Ecosse le 4/15 Octobre 1745 au sujet d'une Bataille gagnée par les Orcadiens & leurs Chiens, contre les Hollandois débarqués à Berwyck. *S. nom d'imp.* 1 br. non pag., 3 p. in-4°.

3315 Histoire détaillée des Iles de Jersey et Guernesey, traduite de l'anglois. Par M. Le Rouge, Ingénieur Géographe du Roi. A *Paris*, Chez la Veuve Delaguette, Duchesne, M. DCC. LVII. In-12, 1 vol.

3316 Précis de l'Abolition de l'Esclavage dans les Colonies Anglaises [par *Frédéric-Victor-Charles* Chassériau] imprimé par ordre de M. l'amiral baron Duperré pair de France, ministre secrétaire d'état de la marine et des colonies. *Paris*, Imprimerie Royale M DCCC XL. In-8°, 1 vol.

ITALIE. — HISTOIRE GÉNÉRALE.

3317 Carte statistique, politique et minéralogique de l'Italie où sont tracées toutes les routes, relais, et distances de postes, & les nouvelles Limites, d'après les derniers traités, dressée, gravée, et dédiée à S. M. l'Empereur d'Autriche, Roi de Hongrie, de Bohëme, et d'Italie, &c. &c. par son très humble & très obéissant serviteur *S. A.* Orgiazzi, graveur du dépôt général de la Guerre. *Paris*, 1816. Carte collée sur toile et pliée. [Iles Ioniennes-Morée.]

3318 Carte statistique, politique, et minéralogique de l'Italie où sont tracées toutes les routes, relais, et distances de postes, & les nouvelles Limites, d'après les derniers traités, dressée, gravée, et dediée, à S. M. l'empereur d'Autriche, Roi de Hongrie, de Bohëme et d'Italie. &c. &c. par son Trés Humble & trés obéissant Serviteur *T. A.* Orgiazzi graveur du Dépôt général de la Guerre.

Paris, 1816. 2 feuilles : 1° Milan 2° Naples, collées sur toile et pliées.

3319 Abrégé chronologique de l'Histoire générale d'Italie, Depuis la chûte de l'Empire Romain en Occident, c'est-à-dire depuis l'an 476 de l'Ere Chretiène, jusqu'au Traité d'Aix-la Chapelle en 1748. Par M. DE SAINT-MARC, *Ch. Hug.* LE FEBVRE de l'Académie de la Rochelle. A *Paris*, Chez Jean-Thomas Hérissant, [le t. VI chez N. A. Delalain] M. DCC. LXI. [LXX]. Pet. in-8°, 6 vol.

L'ouvrage, interrompu par la mort de l'auteur, s'arrête en 1314.

3320 [Collection d'Histoires complètes de tous les Etats Européens]. Histoire d'Italie pendant le moyen âge, par le docteur *Henri* LEO, professeur d'histoire à l'université de Halle. Traduite de l'allemand par M. DOCHEZ. *Paris*, Parent-Desbarres. [*St-Cloud*, imp. Belin-Mandar] 1837 [-1839]. In-4° à 2 col., 3 vol.

3321 Histoire d'Italie, par ROUX DE ROCHELLE, ancien ministre plénipotentiaire. *Paris*, chez Firmin Didot frères, MDC CCXLVII. In-8°, 2 vol.

3322 Dissertazioni sopra le Antichita italiane gia composte e pubblicate in latino dal proposto *Lodovico Antonio* MURATORI e da esso poscia Compendiate e trasportate nell'Italiana Favella opera postuma, data in luce dal Proposto *Gianfrancesco* SOLI MURATORI suo nipote. seconda edizione Napolitana accresciuta di prefazioni e note opportune dal l'Abate *Gaetano* CENNI, con indice piu copioso divisa in tre tomi. — In *Napoli*, MDCCLXXXIII. 3 volumes in-4°, avec 9 planches.

3323 Histoire de Théodoric le Grand roi d'Italie précédée d'une revue préliminaire de ses auteurs et conduite jusqu'à la fin de la monarchie ostrogothique par *L. M.* DU ROURE. *Paris*, chez Téchener, [impr. E. Duverger] 1846. In-8°, 2 vol.

3324 Histoire des Conquètes (*sic*) des Normands, en Italie, en Sicile, et en Grèce, accompagnée d'un atlas, par *E.* GAUTTIER D'ARC, 1016-1085. *Paris*, chez L. de Bure, [imp. A. Firmin Didot, 1830. In-8°, 1 vol.

[*Même vol.*]. De la Politique des Normands pendant la conquête des Deux-Siciles par M. PETIT DE BARONCOURT, professeur d'histoire au collége royal Bourbon. *Paris*, chez Chamerot, et chez Amyot, [impr. Guiraudet et Jouaust], 1846. In-8°.

Atlas de l'Histoire des Conquètes des Normands en Italie, en Sicile, et en Grèce et de leur établissement en Italie et en Sicile, de l'année 1016 à 1140, par *E.* GAUTTIER D'ARC. *Paris*, chez L. de Bure, Lib., 1830., Imp. Firmin Didot. 10 planches.

3325 Chronicon Placentinum et Chronicon de Rebus in Italia gestis historiæ stirpis imperatoriæ Suevorum illustrandæ aptissima, ad fidem Parisiensis etLondinensis Codicum nunc primum recensuit, edidit et præfatione instruxit *J. L. A.* HUILLARD-BRÉHOLLES. Auspiciis et sumptibus H. de Albertis de Luynes. *Parisiis*, excudebat Henricus Plon, MDCCCLVI. In-4° à grandes marges, 1 vol.

3326 Documenti di Storia Italiana capiati su gli originali autentici e per lo più autografi esistenti in Parigi da Giuseppe Molini già Bibliotecario Palatino. Con Note. *Firenze*, tipografia all'insegna di Dante, M. DCCC. XXXVI. [XX XVII]. In-8°, 2 vol.

3327 Histoire des Peuples d'Italie, par *Charles-(Joseph-Guillaume)* BOTTA. [Traduite de l'italien, par *François-Isidore* LICQUET, bibliothécaire de la ville de Rouen]. *Paris*, Raymond, 1825. In-18, 3 tom. rel. en 1 vol.

Cette édition fait partie de la Bibliothèque du XIXe Siècle. Un décret du II Juin 1827 met cet ouvrage à l'Index *donec corrigatur*! (Note de M. le Marquis de Godefroy-Ménilglaise).

3328 Delle Rivoluzioni d'Italia libri venticinque di *Carlo* DENINA con giunte e correzioni inedite [ed il ritratto] dell'autore. *Firenze*, dalla stamperia Piatti 1820. In-8°, 5 vol.

3329 Istoria della Italia Occidentale di *Carlo* DENINA. *Torino*, Presso Gaetano Balbino Michelangelo Morano, Librai Domenico Pane e Comp. Stampatori 1809. In-8°, 6 vol.

3330 Histoire des Gverres d'Italie, Composée par M. *François* GVICHARDIN Gentilhomme Florentin, & traduite d'Italien en François, par *Hierosme* CHOMEDEY Parisien. Nouvelle edition, diligemment reueue & corrigée, à laquelle ont esté adioustées les observations Politiques, militaires & du Sievr DE LA NOVE. Autres Obseruations recueillies des instructions & auis du mesme Seigneur. Deux amples Indices. [*Paris*], par les heritiers d'Eustache Vignon. M. D. XCIII. In-8°, 2 forts vol. couv. parchemin.

3331 *Galeatii* CAPELLÆ de rebvs nvper in Italia gestis libri octo *S. nom d'imp.* anno MDXXXIII. 1 br. 8 doubles pages petit in-4°.

Incomplet.

3332 Quelques advis d'Italie touchant l'état des armées amies & ennemies en ce païs-là. *Bruxelles*, imp. G. Scheybels. 1 br. 4 p. in-4°, 1658.

3333 Lettre du Pape à l'empereur. Donné à Rome le 4 de janvier 1707. *S. n. d'imp.* 1 br. 16 p. in-8°.

3334 Storia d'Italia Continuata da quella del Guicciardini sino al 1789 di *Carlo* BOTTA. *Capolago*, presso Mendrisio Tipog. Elvetica, MDCCCXXXII-XXXIII. Ens. 12 vol, pet. in-8°, (portrait de C. Botta en frontispice au tome 1er).

3335 Storia d'Italia dal 1789 al 1814, scritta da *Carlo* BOTTA. *Italia* [*Pisa*, Capuro]. MDCCXXIV. Pet. in-12, 10 tom. en 5 vol.

3336 Supplemento alla Storia d'Italia di *Carlo* BOTTA contenente la corrispondenza del governo francese col général Bonaparte. Italia [*Pisa*, Capuro] MDCCCXXV. Vendesi da Pasquale Pagni in Firenze. Pet. in-12, 2 tom. en 1 vol.

3337 Mémoires sur la cour du prince Eugène, et sur le royaume d'Italie pendant la domination de Napoléon Bonaparte, par un Français attaché a la cour du vice-roi d'Italie, [*Charles Jean* LAFOLIE.] *Paris*. [imp. Guiraudet], Audin. Urbain Canel, 1824. In-8°, 1 vol.

3338 Orazione a Bonaparte pel Congresso di Lione di Ugo Foscolo. *Lugano*, Coi Fipi di G. Ruggia e Comp. 1829. 1 broch. 50 pag. Pet. in-8°.

HISTOIRE D'ITALIE. — SAVOIE. — PIÉMONT. — ITALIE SEPTENTRIONALE.

3339 De Gallorvm Cisalpinorvm Antiquitate, ac origine Hac recentiori editione, rerum notabilium copioso Indice nouisque Annotationibus Opus expolitum, & auctum. *Gavdentio* MERVLA Avtore. *Bergomi* Typis Comini Venturæ, CIƆ IƆ XCIII. Sumptibus Sp. Viri D. Antonij. In-8° car., 1 vol., couv. parchemin.

3340 *Nicolai* MACHIAVELLI Florentini Historiæ Florentinæ libri octo. *Lugduni Batavorum* apud Hieronymum de Vogel, 1645. *A la suite* : Castrvccii Castracani Lvccensis vita a *Nicolao* MACHIAVELLO descripta. *Lugduni Batavorum*, apud Philippum de Croy, anno 1645. Le tout en un pet. vol. in-12, titre illustré, reliure parchemin.

3341 Dvcatvs Mantvæ, Siue Disqvisitio jvridica Articulis octo comprehensa, Ex Iuris vtriusque & Feudalis fontibus eruta, & edita pro Serenissimo Principe Carolo, Dvce Mantvæ & Montisferrati, legitimo svccessore in eisdem Ducatibus. Avthore *Francisco* NIGRO Cyriaco, IC. Mantuano, & in Patria Senatore. Accessit Disqvisitio alia articvlis aliquot distincta in eadem causa conscripta à *Friderico* Bosio, I.C. Cameræ Avditore, & Consil. Mantuano Duc. Prostat *Francofurti*, apud Joannem Beyervm. Anno M. DC. XXIX. In-4°, 1 vol. de 230 pp. chiffrées.

3342 L'historia di Milano volgarmente scritta dall'eccellentissimo oratore M. *Bernardino* Corio, Gentil'hvomo Milanese. Nella quale non solamente si veggono l'origine, i fatti, & le fortune di essa Città, nello spatio di due mille cento anni; magli accidenti, & le resolutioni di quasi tutta l'Italia, & di molte Prouincie, & Regni del Mondo ancora. Con le Vite insieme di tvtti gli Imperatori, incominciando da Giulio Cesare, fino à Federico Barbarossa, scritte dal medesimo. Di nuouo ristampata, & in molti luoghi riformata, & ristorata. In *Padoa*, Nella Stamparia di Paolo Frambotto. 1646. In-4°, 1 fort vol., rel. parchemin.

3343 Storia di Milano.

Tomo primo. — In cui si narrano le vicende della citta incominciando dai più rimoti principi sino alla fine del dominio dei Visconti.

Tomo secondo. — In cui si descrive lo stato della republica Milanese, il dominio degli Sforza edé successivi Sourani sino al principi del Pontificato di S. Carlo Borromeo. In *Milano*, Giuseppe Narelli 1783. 2 vol. in-4°. 7 planches gravées. Cet ouvrage est l'œuvre de *Picto* Verri.

3344 Memorandum Storico politico del conte *Clemente* Solaro della Margarita ministro e primo Segretario di Stato per gli Affari Estori del Ro Carlo Alberto dol 7 Febbraio 1835 al 9 ottobre 1847. *Torino*, dal tipog. Lib. Speirani e Tortone, 1851. 1 vol. in-8°.

3345 Histoire des Communes Lombardes depuis leur origine jusqu'à la fin du XIIIe siècle par M. *Prosper* de

HAULLEVILLE, docteur en droit. *Paris*, Didier, *Gand*, impr. C. Annoot-Braekman] 1857 [-58]. In-4°, 2 vol.

3346 Degli Stati Generali e d'altre Istituzioni politiche del Piemonte e della Savoia Saggio storico corredato di documenti di *Federigo* SCLOPIS. *Torino*, Stamperia Reale, 1851. In-4°, 1 vol.

3347 Histoire de la persécution des Valées de Piemont, contenant ce qui s'est passé dans la dissipation des Eglises & des habitans de ces Valees, arrivée en 1686. *Roterdam*, Archer, 1688. In-12. Pièce de 124 pages.

3348 Simple récit des événemens arrivés en Piémont dans les mois de mars et d'avril 1821, par un officier piémontais. A *Paris*, chez Méquignon, fils ainé [et Méquignon junior, imp. Demonville ; à *Lyon*, chez Périsse frères] M. DCCC XXII. In-8°, 1 vol.

3349 Recherches sur l'ancienne constitution de la Monarchie de Savoie, ouvrage composé sur des documens pour la plupart inédits, traduit de l'italien de M. *L*s CIBRARIO, de l'Académie royale des sciences de Turin, par M. *A*. BOULLÉE, de l'académie royale de Lyon. *Paris*, Moutardier, [*Lyon*, imp. G. Rossary] 1833. In-8°, 1 vol.

3350 Chronique de Yolande de France, Duchesse de Savoie, Sœur de Louis XI. Documents inédits, recueillis et mis en ordre par M. *Léon* MÉNABRÉA secrétaire perpétuel de l'Académie royale de Savoie. *Paris*, Chamerot lib., *Chambéry*, imp. Puthod fils, 1859. 1 vol. in-8°.

(Extrait des doc. pub. par l'Acad. roy. de Savoie).

3351 Procès-verbal de la reconnaissance des sépultures :

1° de Marguerite de Bourbon, Duchesse de Savoie ; 2° de Philibert-le-Beau, Duc de Savoie ; 3° de Marguerite d'Autriche, sa femme ; et de la translation dans de nouveaux cercueils des restes mortels des deux Princesses. *Bourg en Bresse*, Imp. de Millet-Bottier 1857. 1 broch. de 8 pag. in-4°, texte à 2 colonnes.

HISTOIRE D'ITALIE. — GÊNES.

3352 Storia della Repubblica di Genova, dalla sua origine sino al 1814; scritta da *Carlo* VARESE. *Genova*, dalla tipografia d'Yves Gravier, 1835 [1838]. In-8°, 8 vol.

3353 Histoire des Revolutions de Gènes, depuis son établissement jusqu'à la conclusion de la paix de 1748 [par *Louis-George* OUDARD-FEUDRIX DE BRÉQUIGNY]. *Paris*, Nyon, 1750. In-12, 3 vol.

3354 De Dominio Serenissimæ Genvensis Reipvblicæ in mari Ligustico. *Petrus-Baptista* BURGUS (2 livres en 1 volume) *Romæ*, excudebat Dominicus Marcianus cIɔIɔcXLI. 1 volume in-4°. Grav. en frontispice.

3355 Extrait d'une lettre de Gênes, le 10 décembre 1746 à 5 heures du matin (Expulsion des Autrichiens). Se vend & s'imprime, à *Lille*, chez P. S. Lalau, sur la petite Place. 1 br. non paginée, 4 p. in-4°.

HISTOIRE D'ITALIE.— VÉNÉTIE.

3356 Historia della Repvblica veneta di *Battista* NANI cavaliere, e procuratore di San Marco. Seconda impressione in *Venetia*. M. DC. LXIII, per Combi & La Nou. 1 vol. in-4°.

3357 Histoire de la République de Venise par *P.* DARU de l'Académie Française. Seconde édition, revue et corrigée. *Paris*, imp. Firmin Didot Père & fils, 1821. 8 vol. petit in-8°. Noticemanuscrite sur la 1ère page du tome 1er. Cartes dans les 6 premiers volumes.

3358 Dell'origine di Venetia et antiqvissime Memorie de i barbari, che distrvssero per tutto, i mondo l'imperio di Roma. Onde hebbe principio la Città di Venetia libri vndeci. Con vn cronico, che serve alle nationi ricordato in essi, di nvovo revisti, et corretti e regolati et agiontovi molte parte tratte dalli Originali [da *Niccolo* ZENO, il giovane]. In *Venetia*, per Francesco Marcolini, 1558. In-12, 1 vol.

3359 *Casparis* CONTARENI Patricii Veneti, De magistratibus, & repub. Venetorum libri quinqz. Froben. *Basileæ*, anno. M. D. XLVII. Cum priuilegio Imp. Maiestatis. Pet. in-8°, 1 vol. *In fine* : Basileæ apvd Frobenium & Episcopium Anno M.D. XLVII.

3360 La Politique civile et militaire des Vénitiens [par DE LAHAYE] [*la Sphère*]. A *Cologne*, chez Pierre Michel, M. DC, LXIX. Pet. in-12, 1 vol de 154 pp. non compris 12 ff. de titre, dédicace (signée), table et avant-propos.

3361 L'entreprise de venise avec les villes cytes chataulx fortresses et places que usurpent lesd venitiês : des roys prîces et seigneurs cristiens. — *Au dessous de ce titre, une gravure sur bois représentant un chevalier armé, à genoux les bras levés vers le Christ qui lui apparaît dans un nuage & le bénit. A la fin :* Il est dit par ordonàce de iustice que nul ne pourra îprimer ne vendre ce présent traictie fors ceux a qui piere gregoire acteur et compositeur dicelluy les baillera et distribura et ce sur peine de cöffiscatiö des ditz liures imprimez et damende arbitraire iusque aprez le iour de pasques prochainement venans. Pet. in-8° goth. de 4 ff. (*S. l. n. d.*) vers 1509.

Cette pièce curieuse diffère de l'exemplaire décrit dans le *Manuel du libraire*. *Pierre* GRINGOIRE avait, dit M. Chassang, la prétention de se mêler de politique & c'est en faveur de la ligue de Cambrai qu'il composa *l'Entreprise de Venise*.

3362 Histoire de la Guerre qvi c'est passée entre les Vénitiens et la saincte ligue contre les Turcs pour l'Isle de Cypre, és annees 1570, 1571 & 1572. Faicte en latin par *Pierre* BIZARRE, et mise en Françoys par (*François*) DE BELLE-

FOREST, commingeois. *Paris*, N. Chesneau, 1573. In-8°, 1 vol.

3363 Venetia Citta nobilissima, et singolare, Descritta in XIIII. Libri da M. *Francesco* SANSOVINO nella qvale si contengono tvtte Le guerre passate, con l'Attioni Illustri di molti Senatori. Le Vite de i Principi, & gli Scrittori Veneti del tempo loro. Le Chiese, Fabriche, Edifici, & Palazzi publichi, & primati. Le Leggi, gli ordini, & gli Vsi antichi, et moderni, con altre cose apresso Notabili, & degne di Memoria. — Con Aggivnta Di tutte le Cose Notabili della stessa Città, fatte, & occorse, dall'Anno 1580 fino al presente 1663, da D. *Givstiniano* MARTINIONI primo Prete titolato in SS. Apostoli. Doue vi sono poste quelle del Stringa. In *Venetia* Appresso Steffano Curti. M. DC.LXIII. In-4°, 1 vol. frontisp. gravé.

3364 Histoire des differens entre le Pape Pavl V et la Repvblique de Venise. Es années 1605 et 1607 traduite de l'Italien [de Fra *Paolo* SARPI] en François [par *Jean* DE CORDES, chanoine de Limoges] *S. l. n. n. d'impr.*, 1625. In-12, 1 vol.

3365 Controversiæ memorabilis inter Paulum V Pontificem Max. & Venetos; de excommunicatione contra eosdem Venetos Romæ promulgata XVII aprilis anno cIɔIɔcvI acta et scripta varia summa fide ex Italico in Latinum Sermonem Conuersa prout Romæ et Venetiis excusa prodierunt. In villa *Sanvincentiana*, apud Paulum Marcellum, Sumptibus Caldorianæ Societatis anno CIↃ IↃCVII. 1 vol. in-8°.

3366 Mémoires historiques et politiques sur la République de Venise rédigés en 1792 par *Léopold* CURTI, Revus, corrigés et enrichis de notes par lui-même. *Paris*, Charles Pougens, An XI, 1802. In-8°, 2 vol.

3367 La Verona Illustrata [di *Scipione* MAFFEI] ridotta in compendio principalmente per uso de forestieri. Con varie

Aggiunte. Premessa in ristretto la Vita del Marchese Scipione Maffei. In *Verona*, Nella Stamperia Moroni CIϽIϽCCLXXI. In-8°, 2 tom. en 1 vol. av. gravures.

3368 Descrizione dell'anfiteatro di Verona tratta dalla Verona illustrata di *Scipione* MAFFEI con aggiunte. *Verona*, dalla tipografia G. Sanvido, MDCCCXXXXIII. 1 broch. petit in-4°, 23 pag. avec frontispice.

HISTOIRE D'ITALIE. — TOSCANE.

3369 La Toscane Françoise, contenant les Eloges Historiques & Genealogiques des Princes, Seigneurs & grands Capitaines de la Toscane, lesquels ont esté affectionnez à la couronne de France. Ensemble leurs armes grauées & blasonnées en taille douce, par Messire *Iean Baptiste* L'HERMITE DE SOLIERS, dit Tristan, Chevalier de l'ordre du roy, & l'vn des Gentils-hommes seruans de sa Majesté. A *Paris*, chez Iean Piot. M. DC. LXI. In-4°, 1 vol. blasons gravés, rel. parchemin.

3370 Relazione del Contagio stato in Firenze L'Anno 1630 e 1633. Con vn breue ragguaglio della Miracolosa Immagine della Madonna del l'Impruneta [da *Francesco* RONDINELLI] Al Serenissimo Ferdinando II, Grandvca di Toscana. In *Fiorēza* per Gio. Batista Landini MDCXXXIV. In- 4°, 1 vol.

3371 Delle Istorie Fiorentine di *Niccolô* MACHIAVELLI, volume unico [della Biblioteca Storica di tutte le Nazioni]. *Milano*, per Nicolò Bettoni, M. DCCC. XXIII. In-8°, 1 vol.

3372 Storie Florentine di Messer *Bernardo* SEGNI, Gentiluomo Fiorentino dall'anno M. DXXVII al MDLV. Colla Vita di Nicollo Capponi gonfaloniere della republica di Firenze, descritta dal medesimo SEGNI suo nipote.

Milano, dalla Società tipografica de classici Italiani contrada di S. Margherita, anno 1805. 3 vol. in-8°.

3373 Istorie Fiorentine di *Giovanni* VILLANI [con introduzione d'*Achille* MAURI]. *Milano* per Nicolò Bettoni e Comp. M. DCCC. XXXIV. In-4° à 2 col., 1 vol.

3374 Eseqvie fatte in Venetia dalla Natione Fiorentina al serenissimo D. Cosimo II qvarto gran dvca di Toscana il di 25 di Maggio 1621. In *Venetia*, Appresso il [Gio.-Bat.] Ciotti [1621]. Pet-in-f°, 1 vol., tit. gravé, 24 ff. cotés, le v° des 19 premiers occupé par une gravure.

3375 Cronica di *Matteo* e *Filippo* VILLANI con le Vite d'Uomini illustri Fiorentini di Filippo e la Cronica di DINO COMPAGNI [con introduzione d'*Achille* MAURI]. *Milano*, per Nicolò Bettoni e Comp. M. DCCC. XXXIV. In-4° à 2 col., 1 vol.

3376 Chroniques Siennoises traduites de l'Italien, précédées d'une introduction et accompagnées de notes par le duc de DINO. *Paris*, L. Curmer Lib. Imp. Rignoux, 1846. 1 vol in-8°, avec frontispice, trois fac-simile et une gravure.

3377 Anecdotorum medii ævi maximam partem ex Archivis Pistoriensibus Collectio a *Francisco Antonio* ZACARIA Societatis Jesu, Nunc Estensi Bibliothecæ Præfecto, adornata, adcedunt I. Breve Chronicon rerum ad historiam sacram, profanamque spectantium, quæ in Anecdotis continentur. II. Series Episcoporum Pistoriensium a *Ferdinando* UGHELLIO primum contexta, a *Nicolao* COLETIO deinde aliquantulum aucta, nunc ab eodem horum Anecdotorum editore ex his ipsis monumentis restituta. — *Augustæ Taurinorum*, MDCCLV. Ex Typographia Regia. In-f°, 1 vol.

3378 Esequie dell'Altezza Reale del Serenissimo Giovan Gastone Gran Duca di Toscana fatte celebrare in Firenze nella Chiesa di san Lorenzo dall'Altezza Reale del Serenissimo Francesco III, duca di Lorena, e di Bar, & Granduca di Toscana descritte da bindo *Simone* PERVZZI. In *Firenze* l'anno MDCCXXXVII, per Giovan Gaetano Tartini, e Santi Franchi. . 48 pages.

A la suite : Delle Lodi dell'Altezza Reale del Serenissimo Gio : Gastone VII Gran Duca di Toscana Orazione funerale dell'abate *Giuseppe* BUONDELMONTI detta nelle Solenni Esequie Celebrate in Firenze il di 9. Ottobre 1737. In *Firenze* l'anno MDCCXXXVII. 1 vol. in-8°.

HISTOIRE D'ITALIE. — ETATS ROMAINS.

3379 Etudes statistiques sur Rome et la partie occidentale des Etats Romains contenant une description topographique et des recherches sur la population, l'agriculture, les manufactures, le commerce, le gouvernement, les Etablissements publics : et une notice sur les travaux exécutés par l'Administration française par le Comte DE TOURNON, Pair de France, grand officier de la Légion d'Honneur... préfet de Rome de 1810 à 1814. *Paris*, Treuttel & Würtz, Imp. Fournier, MDCCCXXXI. 2 vol. in-8° et un atlas, 2 cartes & 32 planches.

3380 Rome, son souverain et ses institutions par *F.* MAGUIRE, membre du Parlement, traduit pour la première fois de l'anglais, avec l'autorisation de l'auteur et des Editeurs, par M. l'abbé *Ed.* MOLLE, prêtre du diocèse de Tournay, Belgique. Chez J. Meyers à *Liège*. A *Paris*, chez Detielleux, à *Bois-le-Duc*, chez Verhoeven. *(s. d).* 1 volume in-8°, orné du portrait de Pie IX en frontispice.

3381 Les Merveilles et antiquitez de la Ville de Rome où il est traité des Eglises et des corps des Saints qui y sont. Le tout enrichi d'un grand nombre de figures, qui représentent les temples anciens et modernes avec les figures des sept merveilles du Monde. A *Rouen*, chez Jean Oursel. *s. d.* Un vol. petit in-8°.

3382 Le Gouvernement des Papes et les Révolutions dans les Etats de l'Église d'après les documents authentiques extraits des archives secrètes du Vatican et autres sources italiennes [dédié au P. Theiner] par *Henri* DE L'ÉPINOIS [ancien élève de l'Ecole des chartes]. Deuxième édition. *Paris*, Librairie Académique Didier et Cie, [typ. Pillet fils aîné] 1867. In-12, 1 vol.

3383 Sac de Rome écrit en 1527 par *Jacques* BONAPARTE témoin oculaire. Traduction de l'Italien par. N. L. B. *Florence*, Imprimerie Granducale, 1830. 1 vol. in-8°. Avec gravures hors texte.

3384 De rebus Romæ nuper gestis, Epistolæ *(S. l. n. d)*. Pièce in-8° de 7 pages.

Ce sont deux lettres écrites au sujet des cérémonies qui eurent lieu à S. Pierre le 17 7bre 1595, quand Clément VIII leva l'excommunication encourue par Henri IV, l'une de *Nicolas* PRUSTUS, à Fed. Morel, professeur royal ; l'autre, de *Fed.* MOREL à N. Prustus.

3385 Advis veritable envoyé de Rome, touchant la magnifique entree de Monseigneur le Duc de Luxembourg, Ambassadeur pour le Tres-Chrestien Roy de France, & de Navarre, Henry de Bourbon, quatriesme du nom, vers la Sainteté de nostre Saint Pere le Pape, Clement huitiesme, en sa ville de Rome, le 26. iour du moys d'Auril, 1597. Ensemble l'interpretation d'aucunes peintures representees au Palais preparé pour ledit Seigneur Ambassadeur. A *Paris*, par François Dv Chesne imprimeur... Iouxte la coppie imprimee à Lyon, par les Héritiers de Benoist Rigaud. 1597. Auec Permission... Pièce in-8° de 15 pages.

Au dessous du titre, les Armes de France & de Navarre ; au verso de la page 15, les Armes de Clément VIII.

Un autre exemplaire, du même ADUIS VERITABLE, auquel le titre manque. L'impression de cette pièce, de 15 pages comme la précédente, diffère de celle de François Dv Chesne. Au verso de la page 15, les armes de France & de Navarre.

3386 Relation de la venve & entrée solemnelle en la ville de Rome au 25 du mois de Novembre 1608, De Très illustre & Très magnanime Prince Charles de Gonsague de Cleues, Duc de Neuers & de Rethelois, Pair de France, Prince souverain d'Arches, Prince de Porcian, Marquis d'Isle, Comte de Sainct Manuldes, Gouverneur & Lieutenant général pour sa Majesté Très-chrestienne aux Provinces de Champagne et Brie. Traduites d'Italien en Français sur la copie imprimee a Rome, chez Iacques Mascardi en l'annee 1608 par L. S. D. D. A *Paris*, par par François Hvby, à S. Iacques au soufflet verd, 1609. Avec privilege du Roy. — Pièce de 24 pages.

L'auteur italien de cette Relation est *Georges* PORTIO.

3387 Relatione della Corte di Roma, E dè Riti che si osseruano in essa, suoi Magistrati, Offitij, e loro giurisdittione. Dal Signor Caualier *Girolamo* LVNADORO Già data in luce, & hora da altri accresciuta, e megliorata. In *Genova*, Per il Calenzani. Con licenza dè Superiori 1656. In-12, 1 vol.

3388 Relation des cérémonies & solemnitez faites en l'Eglise de S. Pierre à Rome povr la canonisation de S. Tomas de Villanova de l'ordre de S. Avgvstin le 1 Novembre 1658. *Bruxelles*, imp. G. Scheybels. 1 br. 8 p. in-4°, 1658.

3389 Relation des réjouissances faites à Rome le 20 Janvier 1658, pour la naissance du Seizième Prince Infant Filippe Prospère. *Bruxelles*, imp. G. Scheybels. 1 br. 4 p. in-4°, 1658.

3390 Le différend des Barberins avec le Pape Innocent X par P. DE LINAGE DE VAVCIENNES. *Paris*, D. Thierry, 1678. In-12, 1 vol.

3391 *Iusti* FONTANINI Forojuliensis de antiquitatibus Hortæ Coloniæ Etruscorum Libri duo accedunt acta vetera, inter quæ decretum sincerum Gelasii I ex insigni codice

Vaticano. *Romæ*, Apud Franciscum Gonzagam, MDCCV-III. 1 vol. in-4° cum appendice. gravures en frontispice et hors texte.

Exemplaire ayant appartenu à Montfaucou, avec sa signature sur le titre.

3392 Le Sagre Memorie di Ravenna antica descrizione delle Chiese le loro origini, i Corpi, e Reliquie de Santi, e loro Vite i Sepolcri, Epitafi, Iscrizioni, Pitture E Scolture gli Ordini Regolari E. Monasteri li Rauennati Illustri Chiesa di Rauenna, e suoi Arciuescoui. Le scrisse *Girolamo* FABRI Di Sagra Teologia, e d'ell'vna, e l'altra legge Dottore Protonotario Apostolico, e della Santa Chiesa Metropolitana di Rauenna Canonico Teologo. In *Venetia*, M. DC. LXIV, per Francesco Valuasense. In-4°, 2 part. en 1 vol.

3393 Histoire du Patrimoine de Saint Pierre depuis les temps apostoliques jusqu'à nos jours par M. l'abbé BRASSEUR DE BOURBOURG. *Paris*, Librairie Saint-Germain des Près, Putois-Cretté, [*S. Germain-en-Laye*, imp. Beau] 1860. In-8°, 1 vol.

3394 Annuario politico, statistico, topografico e commerciale del Dipartimento di Roma per l'anno 1812 Compilato per ordine del signor Baron de Tournon, Prefetto del Dipartimento, Da *Jh* MARTINET Capo del Bureau delle Contribuzioni. *Roma*, presso Paolo Salviucci e figlio [1812]. In-4°, 1 vol.

3395 *Jules* AMIGUES. — L'État Romain depuis 1815 jusqu'à nos jours avec des notes et documents historiques recueillis par M. *L. C.* FARINI, Ministre d'État du Royaume d'Italie. — *Paris*, E. Dentu, [imp. Tinterlin] 1862. In-8°, 1 vol. *suivi de* Organisation administrative des Etats de l'Église Mémoire du Gouvernement Pontifical communiqué par le Nonce du Saint-Siège au Cabinet français le 12 janvier 1863, avec préface et introduction par le chevalier *Louis* DEBRAUZ DE SALDAPENNA. *Paris*, Amyot, [imp. Ch. Lahure] janvier 1863. In-8°.

HISTOIRE D'ITALIE. — ROYAUME DE NAPLES.

3396 Biblioteca storica di Tutte le nazioni. Istoria civile del regno di Napoli di *Pietro* GIANNONE. *Milano*, per Nicolo Bettoni 1821. 9 vol. in-8°.

3397 *Julii Cæsaris* CAPACII Urbis Neapolis a secretis et Civis Historiæ Neapolitanæ Libri duo, in quibus Antiquitas Ædificii, Civium, Reipublicæ, Ducum, Religionis Bellorum, Lapidum, Locorumque adjacentium, qui totam fere Campaniam complectuntur, continetur. *Neapoli*, Sumptibus Joannis Gravier, MDCCLXXI. In-4°, 2 tom. en 1 vol. rel. veau marbré, armoiries sur les plats, doré sur tr.

3398 Histoire de la Conquête de Naples par Charles d'Anjou, frère de saint Louis, par le comte *Alexis* DE SAINT-PRIEST, pair de France. *Paris*, Amyot, rue de la Paix [imp. Crapelet, 1847-48]. In-8°, 4 vol.

3399 Histoire des Trovbles advenvs av Royavme de Naples, sous le regne de Ferdinand I, depuis l'an 1480, iusques en l'an 1487. Recueillie par le Sr *Camille* PORTIO, et traduicte d'Italien en François [par l'abbé DE CORDES] sur l'exemplaire imprimé à Rome, l'an 1565. A *Paris*, en la bovtiqve de l'Angelier, chez Clavde Cramoisy, M. DC. XXVII. In-8°, 1 vol.

3400 Histoire de la Révolution du Royaume de Naples, dans les années 1647 et 1648. Par Mademoiselle DE LUSSAN, [ou, selon d'autres, par BAUDOT DE JUILLY]. *Paris*, Pissot, 1757. In-12, 4 vol.

3401 Histoire des Révolvtions et movvemens de Naples, arriuées pendant les années mil six cens quarante-sept ; & mil Six cens Quarante-huit. Traduite de l'Italien du Comte *Galeazzo* GVALDO priorato. A *Paris*, chez Siméon Piget MDCLIV. 1 vol. in-4°. *A la suite*: L'académie des princes, ov les rois apprennent l'art de regner de la bouche des Roys. Ouvrage tiré de l'Histoire tant ancienne que nouuelle; & traduit par *Pierre* MÉNARD. *Paris*, Lib. & Gab. Cramoisy, 1646.

3402 Histoire des Rois des Deux Siciles de la Maison de France, Contenant ce qu'il y a de plus interessant dans l'Histoire de Naples, depuis la fondation de la Monarchie jusqu'à présent. Par M. D'EGLY. A *Paris*, Chez Nyon fils, M. DCC. XLI. In-12, 4 vol., tit. rouge et noir.

3403 [Etudes diplomatiques] Négociations relatives a l'établissement de la Maison de Bourbon sur le trône des Deux-Siciles par *Charles* GAY. Ouvrage entièrement rédigé d'après les documents originaux. *Paris*, Allouard et Kaeppelin. [Impr. J.-B. Gros] 1853. In-8°, 1 vol.

3404 Histoire de Naples depuis Charles VI jusqu'à Ferdinand IV, 1734-1825, par le Général COLLETTA; traduite de l'italien par M. M. B. et LEFEBVRE. *Paris*, librairie Ladvocat; impr. Schneider et Langrand, 1840. 4 vol. in-8°.

3405 Relation des Evénemens politiques et militaires qui ont eu lieu à Naples en 1820 et 1821, adressée à S. M. le roi des Deux-Siciles, Par le Général *Guillaume* PÉPÉ; avec des remarques et des explications sur la conduite des Napolitains en général, et sur celle de l'auteur en particulier pendant cette époque; suivie d'un recueil de documens officiels, la plupart inédits. A *Paris*, [imp. P.-N. Rougeron] chez les principaux libraires, 1822. In-8°, 1 vol.

3406 Res Napolitanæ, id est Historiæ *Pandulphi* COLLENUTII, J. C. Pisauriensis, et *Johannis Joviniani* PONTANI, conscriptæ ab ultima memoria usque ad annum Christi 1492, à quo anno Historiæ Francisci Guicciardini incipit *(sic)* cum accurato indice in utrumque scriptorem *Dvrdrechti*, Berrevvout, 1618. In-12, 1 vol.

3407 De Regni Neapolitani Ivre, pro Tremollio Dvce, [auctore *Davide* BLONDEL. *Parisiis*, apud Paulum Deshayes, 1648. In-f°, 1 vol. de 102 pp. chiffr. outre titre.

HISTOIRE D'ITALIE. — ILES. — SICILE. — CORSE. — MALTE. — SARDAIGNE.

3408 Histoire de la Sicile sous la domination des Normands depuis la conquête de l'ile jusqu'à l'établissement de la monarchie par le baron DE BAZANCOURT. *Paris*, librairie d'Amyot, [impr. Crapelet, et *Coulommiers* impr. A. Moussin] 1846. In-8°, 2 vol., dont les titres ont été transposés à la reliure.

3409 Les Chevaliers Normands en Italie et en Sicile ; et Considérations générales sur l'histoire de la chevalerie, et particulièrement sur celle de la chevalerie en France. Par Mme. V. DE C********. [*Victorine* DE CHASTENAY]. A *Paris*, Chez Maradan, [impr. Fain] 1816. In-8°, 1 vol.

3410 Les Vèpres Siliciennes ou Histoire de l'Italie au XIIIe siècle: par *H.* POSSIEN et *J.* CHANTREL. *Paris*. [impr. E.-J. Bailly] Debécourt, 1843. In-8°, 1 vol.

[*Même vol.* :] Révolution de Sicile en 1820, par *C.* FAMIN, ex-chancelier du consulat général de France dans le royaume des Deux-Siciles. Dédié a M. le Comte Anatole de Montesquiou. *Paris*. [impr. Everat] Abel Ledoux, 1832. In-8°.

3411 Défense de la Monarchie de Sicile contre les entreprises de la Cour de Rome. [Par *Louis Elliez* DUPIN]. *(Amsterdam), S. n. d'impr.*, 1716. In-12, 1 vol.

3412 Discorsi intorno alla Sicilia di *Rosario* DI GREGORIO Abbate di S. Maria di Roccadia, Professore del diritto publico Siciliano nella R. Università di Palermo. Con Discorsi inediti. *Palermo*, Pedone e Muratori, 1821. Pet. in-12, 2 tom. en 1 vol.

Divers travaux sur l'histoire, la géographie, l'histoire naturelle, l'économie publique, les arts & les lettres de la Sicile, à toutes les époques. A la fin du Tome 1er se trouvent imprimées pour la première fois, un assez grand nombre de poésies d'anciens auteurs Siciliens, notamment la traduction des Odes d'ANACRÉON, par *Mariano* VALGUARNERA, né à Palerme en 1564. Ainsi que le remarque M. le Marquis de Godefroy-Ménilglaise, ces deux volumes sont pleins de recherches intéressantes.

3413 De la Sicile, et de ses rapports avec l'Angleterre a l'époque de la Constitution de 1812, ou Mémoires historiques sur les principaux événements de ce temps, avec la réfutation de l'Histoire d'Italie, par M. BOTTA pour les parties qui ont rapport à ces mêmes évènements; suivis d'un appendice de pièces justificatives; par un membre des différens parlemens de Sicile. *Paris*, Ponthieu et Cie, *Londres*, Treuttel et Wurtz, 1827. In-8°, 1 vol.

Deux exemplaires.

3414 Un Periodo delle istorie Siciliane del secolo XIII Scritto, da *Michele* AMARI. *Palermo*, Poligrafia Empedocle, 1842. 1 vol. in-4° texte italien. Appendice et documenti sequuntur.

Ce volume porte en *marge quelques corrections manuscrites.*

3415 Relation des mouvemens de la Ville de Messine, depuis l'année M. DC. LXXI jusque à présent. A *Lyon*, M. DC. LXXVI. In-12, 1 vol.

3416 Histoire générale de la Corse depuis les premiers temps jusqu'a nos jours (1835). Avec une introduction contenant un aperçu topographique de l'ile, le précis de son histoire naturelle et une notice bibliographique des principaux auteurs qui en ont parlé. Ouvrage enrichi d'une carte géographique et d'un grand nombre de documents inédits par *J. M.* JACOBI, avocat. *Paris*, Aimé André, [imp. E. Duverger] 1835. In-8°, 2 vol.

3417 Histoire [philosophique et politique] de l'isle de Corse, [par *François-René-Jean* POMMEREUL]. *Berne*, chez la Société Typographique. M. DCC. LXXIX. In-8°, 2 tom. en 1 vol.

3418 Histoire de Malte par M^{r}. MIEGE, ancien Consul de France à Malte, membre de la société de Statistique de Marseille etc. *Paris*, Paulin Lib. typog. Lacrampe et Cie, 1840. 3 vol. in-8°. Tome Ier Statistique Tomes II et III Histoire.

3419 Istoria del regno di Sardegna scritta dal dottore *Giovacchino* CAMBIAGI *Fiorentino*. Tomo primo contenente le Cose occorse dai piu remoti tempi sino al MDCCLVII. In *Firenze* l'anno M. DCCLXXXV per Gaetano Cambiagi Stampatore granducale. 1 vol. in-4°.

Une note inscrite sur la garde dit que le premier volume seul a paru.

3420 Histoire de Sardaigne ou la Sardaigne ancienne et moderne, considérée dans ses lois, sa topographie, ses productions et ses mœurs. Avec Cartes et Figures. Par M. MINAUT, ancien consul de France en Sardaigne. *Paris*, J. J. Blaise, Pélicier, [impr. Hipp. Tillard] 1825. In-8°, 2 vol.

HISTOIRE. — ROYAUMES DU NORD. — DANEMARCK. — SUÈDE. — NORWÈGE.

3421 Historia de Gentibvs Septentrionalibvs. *Authore* OLAO MAGNO, Gotho, Archiepiscopo Vpsalensi, Suetiæ & Gothiæ Primate. A *Cornelio* SCRIBONIO GRAPHEO, præclaræ vrbi Antuerpianæ à secretis, sic in Epitomen redacta, vt non minus clarè quàm breuiter quicquid apud Septentrionâles scitu dignum est complectatur. *Antverpiœ*, Apud Ioannem Bellerum, sub insigni Falconis. M. D. LXII. Pet. in-8°, 1 vol. de 8 ff. non cotés et 192 ff. cotés.

3422 Abrégé chronologique de l'Histoire du Nord, ou des Etats de Dannemarck, de Russie, de Suède, de Pologne, de Prusse, de Courlande etc. Avec des remarques particulières sur le génie, les mœurs, les usages de ces Nations.... Ensemble un précis historique concernant la Laponie, les Tartares, les Cosaques, les Ordres Militaires des Chevaliers Teutoniques & Livoniens; la Notice des savants illustres; des Metropolites, des Patriarches de Russie, des Archevêchés & Evêchés de Pologne; des Princes contemporains; etc. etc. Par M. [*Jacques*] LACOMBE, avocat. *Paris*, Humblot, 1777. Pet. in-8°. 2 vol.

3423 Regnorvm Daniæ & Norwegiæ, ut & Ducatuum Slesvici & Holsatiæ, regionvmqve Ad ea spectantium, Descriptio nova. Iconibus Præcipuarum Civitatum adornata. Cum Præfatione de Rebus gestis Normannorum. Auctore *Martino* ZEILLERO. *Amstelodami*, Apud Aegidivm Janssonivm Valckenier. 1655. In-12. 1 vol., faux-titre orné.

3424 Histoire de Dannemarc, Par Mr. *P. H.* MALLET, Ci-devant Professeur Royal à Copenhague, Professeur honoraire de l'Académie de Genève. Troisième Edition Revue, corrigée & considérablement augmentée. A *Genève*, Chez Barde, Manget & Compagnie, Et à *Paris*, chez Buisson, MDCCLXXXVII. [LXXXVIII]. In-12, 9 vol.

3425 Rerum Danicarum Historia, Libris X Unoqz Tomo ad Domum usqz Oldenburgicam deducta, Authore *Ioh. Isacio* PONTANO Regio Historiographo. Accedit Chorographica Regni Daniæ tractusqz eius universi borealis Vrbiumqz Descriptio eodem Authore. Cum Indicibus locupletissimis. *Amstelodami*, Sumptibus Ioannis Ianssonii, Anno 1631. In-f°, 1 vol. tit. gravé.

3426 *Ioannis* MEVRSI Historica; Danica pariter, & Belgica; uno Tomo comprehensa operum Omnium tomvs primvs. *Amstelodami*, Apud Gvilielmvm & Ioannem Blaev, cIↃ IↃ C XXXVIII. Gr. in-4°, 1 vol.

In hoc volumine continentur :
1° Historiæ Danicæ libri V priores ;
2° Historiæ Danicæ libri V posteriores ;
3° Historiæ Danicæ libri III ;
4° *Gulielmus* AURIACUS, de rebus toto Belgio gestis, pars Iª.
5° *Ferdinandus* ALBANUS, de rebus in Belgio gestis, libri IV, additur de induciis liber singularis.

3427 Hypotyposis arcium Palatiorum librorum, Pyramidum, obeliscorum, cipporum, molarum, fontium, monumentorum et Epitaphiorum ab illustri & Strenu Viro *Henrico* RANZOVIO. Prorege & Equite Holfato, conditorum cum nonnullis eorum Ectypis partim æneis, partim ligneis & in fine additis epigrammatibus, conscripta & edita à *Petro* LINDEBERGIO ROST. *Francofurti* apud Ioannem Wechelum, anno cIↃ IↃ XCII. *In eodem volumine* : Epistolæ consolatoriæ Regvm, principvm, Comitum, Baronvm, Nobilivm aliorvmque clarissimorvm et doctissimorum virorum ad Henricvm Ranzovivm, Regis Daniæ prodvcem Cimbricvm ex patris, liberorum & consanguineorum suorum morte luctu affectum, eo quo sequuntur ordine maximâ ex parte scriptæ : ac ipsius ad plerasque responsiones : & præterea quædam cognati argumenti accessiones : opera & studio M. *Georgii Lvdovici* FROBENII collectæ. Accessit index Epistolarum locupletissimus. Altera editio auctior & vberior. Excvsa typis Christophori Axini, anno cIↃ IↃ XCIII. 1 vol. in-4°.

3428 Manifeste dv Roi de Dannemarc Contenant les raisons pour lesquelles il a déclaré la guerre au Roi de Suède. *Bruxelles*, imp. G. Scheybels 1657. 1 br. 7 p. in-4°

3429 Jus feciale armatœ Daniæ addita brevi delineatione gravissimarum causarum qvibus Sacra Regia Majestas Daniæ, Norvegiæ Wandalorum, Gothorumque &ʳᵃ injectæ necessitatis telo, impulsa Regi Carolo Gustavo & Regno Sueciæ… bellum terra marique per fecialem, propitio Gentium jure, indicit & omnem ex vicinia amicitiam remittit. *Hafniæ*, P. Morsingius, 1657. In-4°. Pièce de 16 pages non foliotées.

3430 Relation De la victoire remportée par le Roi de Dannemark svr les Suédois. En Hallandt le 13 Octobre 1657 Avec quelques advis de Dantzic & de Hambourg. Imp. à *Bruxelles*, le 17 Novembre 1657 par G. Scheybels. 1 br. 4 p. in-4°.

3431 Relation De la victoire gaignée sur les Suédois par les armes dv Roi de Dannemark en Norvegue, le 19 octobre 1657 et Les articles du Traitté fait et conclu à Koningsberg & ratifie à Bromberg le 6 Novembre 1657 Entre le Roi de Polougne & l'Electeur de Brandebourg. Imp. à *Bruxelles* le 8 Décembre 1657, par G. Scheybels. 1 br. 4 p. in-4°.

3432 Relation de la prise de l'isle d'Alsen en Dannemarc et de la Forteresse de Sunderbourg par l'Electeur de Brandebourg, le 14 Décembre 1658. *Bruxelles*, imp. G. Scheybels. 1 br. 4 p. in-4°, 1659.

3433 Mémorial dv résident dannois, avec une lettre du Roi de Dannemarc aux régents des provinces unies. *Bruxelles*, imp. G. Scheybels. 1 br. 8 p. in-4°. 1659.

3434 Copie d'une lettre écrite de Coppenhague par une personne de condition à un sien ami, en datte du 2 Mars 1659, contenant succintement les plus véritables circomstances de l'assaut, donné par les Suédois à ladite ville de Coppehague le 21 Février. *Bruxelles*, imp. G. Scheybels. 1 br. non pag. 4 p. in-4°. 1659.

3435 Deffense du Danemark ou Examen d'un Libelle [de Molesworth], qui a pour titre, Relation de l'Etat de Danemark comme il était en l'an M. DC. XCII. Traduit de l'Anglois. [*William* KING]. Avec les Additions du Traducteur. A *Cologne*, [Hollande] Chez Jacques L'Equitable. M. DC.XCVI. In-12, 1 vol., tit. rouge et noir, édition. orig.

3436 Mémoires historiques et inédits sur les révolutions arrivées en Danemarck et en Suède, pendant les années 1770, 1771, 1772; suivis d'anecdotes sur le pape Ganganelli, et le conclave tenu après sa mort; et d'un récit historique sur l'abdication de Victor Amédée, roi de Savoie; Par feu l'abbé ROMAN, Témoin oculaire, et imprimés sur ses Manuscrits autographes; ornés du portrait de Gustave III. [et précédés d'une notice historique sur l'auteur par *Auguste* COUVRET]. A *Paris*, Chez Léopold Collin, [impr. Vve Jeunehomme] 1807. In-8°, 1 vol.

3437 La Révolution danoise de 1848. Traduit de l'Allemand d'après l'histoire diplomatique de la politique Danoise, de MM. DROYSEN & SAMWER. *Paris*, Firmin Didot frères, Lib. Editeurs et typog. 1850. 1 vol. pet. in-8°.

3438 Svecia, siue de Suecorum Regis Dominiis et opibus. Commentarius Politicus. [Auctoribus *Henrico* SOTERO et *Andrea* BUREO, Suecis]. *Lvgd. Batav.* Ex officina Elzeviriana, 1533. Cum Priuilegio. Tr. pet. in-8° 1 vol., tit. orné.

3439 Histoire de Suède, par *Erik-Gustave* GEYER, professeur a l'Université d'Upsala, traduite par *J. F.* DE LUNDBLAD, ancien conseiller de légation de Suède, et membre de l'Institut Historique de France. *Paris*, Parent-Desbarres, 1839. Gr. in-8°, à 2 col., 1 vol.

3440 Histoire de Suède, avant et depuis la fondation de la monarchie. Par Mr. le Baron DE PUFENDORFF. Nouvelle Edition, Plus correcte que les précédentes, & continuée jusqu'à l'année 1730. A *Amsterdam*, Chez Zacharie Chatelain. M. DCC. XXXII. In-12, 3 vol., tit. rouge et noir.

3441 La Suède et le Saint-Siège sous les rois Jean III, Sigismond III et Charles IX, d'après des documens trouvés dans les archives du Vatican, par *Augustin* THEINER. Traduit de l'allemand par *Jean* COHEN, Bibliothécaire à à Sainte-Geneviève. *Paris*, Debécourt, [impr. E. J Bailly] 1842. In-8°, 3 vol.

3442 Histoire du règne de Gustave III, roi de Suède, des Goths, etc., etc. dédiée au roi, par le chevalier d'AGUILA, Ancien Secrétaire d'une mission pour le Roi et les Princes à Vienne, Dresde et Stockholm. Seconde édition. *Paris*, A. Belin, M. DCCC. XV. In-8°, 2 vol.

3443 Continuation de l'Histoire des révolutions de Suède de M. l'abbé DE VERTOT. Histoire d'Eric XIV, Roi de Suède. Ecrite sur les actes du temps par M. *Olof* CELSIUS, premier pasteur & président du Consistoire métropolitain de la Ville de Stockholm, et traduite du Suédois par Mr. GENET LE FILS. A *Paris*, rue des Poitevins, Hôtel de Thou, MDCCLXXVII. 2 tomes en 1 vol. in-12, tranches dorées.

3444 Le soldat Svedois, ov Histoire véritable de ce qui s'est passé depuis l'auenüe du Roy de Suède en Allemagne iusques à sa mort. (Par *Frédéric* SPANHEIM). A *Rouen*, Caillové, 1633. In-8°. 1 vol.

3445 Mémoires De ce qui s'est passé en Suède, et aux provinces voisines, Depuis l'année 1645 jusques en l'année 1655 ; Ensemble le démêlé de la Suède avec la Pologne, Tirez des Depesches de Monsieur Chanut Ambassadeur pour le Roy en Suède, Par *P.* LINAGE DE VAUCIENNES. A *Cologne*, Chez Pierre du Marteau. M. DC. LXXVII. In-12, 3 vol.

3446 Relations de la marche dv Roi de Suède, avec une partie de son armée, de la Prusse en Poméramie, depuis le 3 jusques au 26 Juillet 1657, de la prise de Bremervoort par les Dannois le 19 du même mois, Et en suite, du siège de Stade par les mêmes avec la retraite du prince Ragotski vers Cracovie. *Bruxelles*, imp. G. Scheybels. 1 br. 8 p. in- 4°.

3447 Manifeste de l'éléctevr de Brandebovrg touchant la marche de son armée avec l'Impériale & la Polonnoise vers le païs de Holstein. Du 17 Septembre 1658. Imp. à *Bruxelles* le 19 Octobre 1658, par G. Scheybels. 1 br. 8 p. in-4°.

3448 Copie d'une Lettre du Roi de Svède, av général Dvglas Touchant son dessein sur le Duché de Curlande et relations de ce qui s'est passé en Norwègue au mois de Septembre 1658. Imp. à *Bruxelles*, le 7 Novembre 1658, par G. Scheybels. 1 br. 8 p. in-4°.

3449 Annotata ad manifestum Caroli XII Suedorum regis Sub dat. Benderæ d. 28 Jan. 1711 A Nobili Quodam Polono in lucem emissa. Remarques sur le manifeste du roi Charles XII roi de Suède Donné à Bender le 12 Janvier 1711 mises au jour par un Gentilhomme Polonais. A *Irenopole*, chez Alitophile. 1 br. 48 p. in-4°, texte à 2 colonnes.

3450 Lettre d'un Gentilhomme de Mecklenbourg à son Ami à Copenhague. Swerin le 23 Octobre 1716. *s, n. d'imp. s. n. d'aut.* 1 br. 13 p. in-4°.

3451 Réponse à la lettre de Philalète à un ami à la campagne, Traduite de l'Allemand. *s. n. d'imp. s. n. d'aut.* 1 br. 14 pages in-4°. (1734 ?)

3452 Les Cours du Nord, ou Mémoires originaux sur les souverains de la Suède et du Danemarck, depuis 1766; traduits de l'anglais de *John* BROWN, par J. COHEN. On a joint à ces Mémoires l'Histoire de la Révolution de Suède, de 1772, composée par le traducteur, sur des documens authentiques et secrets ; et la relation de la déposition de Gustave IV Adolphe, écrite par lui-même, pièce inédite. Cette édition est ornée de [2 vues et 7 portraits]. *Paris*, [imp. A, Egron] chez Arthus Bertrand 1820 [19-20]. In-8°, 3 vol.

3453 Histoire des Révolutions de Norwège, suivie du tableau de l'état actuel de ce pays, et de ses rapports avec la Suède ; par *J. P. G.* CATTEAU-CALLEVILLE, membre de l'Académie de Stockholm, etc., avec une carte. A *Paris*, chez Pillet, 1818. In-8°, 2 vol.

HISTOIRE. — RUSSIE.

3454 Tableaux historiques, chronologiques, géographiques et statistiques de l'empire de Russie, avec une carte généalogique par *Alexandre* DE WEYDEMEYER. *St-Pétersbourg*, chez Bellizard & Cie Lib. et chez les principaux lib. de la Capitale. Typ de Vve Pluchart Imp. Lib. 1828. 1 vol. in-f°.

3455 Histoire de l'Empire de Russie, par M. KARAMSIN ; traduite Par MM. ST-THOMAS et JAUFFRET. [*puis* par M. DE ST-THOMAS seul, *puis* par M. DE DIVOFF, conseiller d'état actuel et chambellan de l'empereur de Russie]. *Paris*, de l'imprimerie de A. Belin. [*puis* Lottin de St-Germain ; Paris, Strasbourg et Londres, libr. Treuttel et Wurtz ; Paris, Bossange père, Bossange frères ; Londres, Martin Bossange ; St-Pétersbourg, Moscou, Varsovie, Vilna et Vienne], 1859 [1826]. In-8°, 11 vol.

3456 La Chronique de NESTOR traduite en français d'après l'édition impériale de Pétersbourg (Manuscrit de Kœnigsberg) accompagnée de notes et d'un recueil de pièces inédites touchant les anciennes relations de la Russie avec la France ; Par *Louis* PARIS. *Paris*, [impr. Moëssard] Heideloff et Campé, 1834 [-35]. In-8°, 2 tom. en 1 vol., suivis d'une *Table des Origines et Singularités de la Russie.*

3457 Estat de l'Empire de Rvssie et Grande dvché de Moscovie. Avec ce qui s'y est passé de plus mémorable et Tragique, pendant le règne des quatre Empereurs : à scavoir depuis l'an 1590 jusques en l'an 1606 en septembre. Par le capitaine MARGERET. A *Paris,* chez Iacques Langlois, fils, au Mont St Hilaire, rue d'Ecosse aux trois Cramillières, 1669. Avec Privilège du Roy. Réimprimé sans changements, sur l'édit, de 1669, par les soins de M. Klaproth *Paris*, Imp. de Fain, 1821, In-12, 1 vol.

Cette relation de *Jacques* MARGERET, imprimée pour la première fois à Paris en 1607, eut une seconde édition en 1663. C'est celle que reproduisit M. Jules Klaproth, aux frais d'un prince Gargarin en 1821. Il n'a été tiré que cent exemplaires de cette réimpression.

3458 Historisch-Statistisches Gemälde des Russischen Reichs am Ende desachtzehnten von [Ritter], *Heinrich* STORCH. Erster Theil. Mit illuminirten Karten. *Riga*, Hartknoch, 1797. In-12, 1 vol.

Première partie du *Tableau historique & Statistique de l'Empire de Russie*. L'ouvrage est complet en six parties, et deux parties supplémentaires, publiées de 1797 à 1803. Nous n'avons que la première.

3459 Moscovia *Antonii* POSSEVINI, Societatis Iesv. *Antverpiæ*, Christ. Plantinus, 1587. In-8°, 1 vol.

3460 Tableau de la Puissance militaire et politique de la Russie en 1817, par sir *Robert* WILSON, traduit de l'Anglais sur la 2e édition ; augmenté de plusieurs pièces importantes qui n'ont paru jusqu'a ce jour que dans les journaux anglais, Orné d'une carte représentant les accroissemens successifs de la Russie en 1800, 1808 et 1817. *Paris*, J. G. Dentu, 1817. In-8°, 1 vol.

3461 Avènement au trone de l'Empereur Nicolas 1er ouvrage rédigé d'après l'ordre de l'Empereur Alexandre II par le Secrétaire d'Etat de sa Majesté *Baron* DE KORF traduit du Russe. *Paris*, Benjamin Duprat. Lib. *Paris*, Imprim. de W. Remquet et Cie, 1857. 1 vol. in-8°.

3462 La Russie en 1839 par le *Marquis* DE CUSTINE. Seconde édition, revue, corrigée et augmentée. *Paris*, Lib. Amyot, Imp. Crapelet, 1843. 4 vol. in-12.

3463 Mémoires pour servir à l'Histoire de l'Empire Russien, sous le règne de Pierre le Grand : où l'on traite du Gouvernement civil & ecclésiastique du Pays ; des troupes de terre & de mer du Czar ; de ses finances... et de tout ce qui s'est passé de plus remarquacle dans sa Cour et dans ses Etats, depuis l'année 1700 jusqu'en 1720. Par un Ministre étranger, résident en cette cour. [WEBER, ministre de Saxe à Moscou. Traduit par le P. MALASSIS, de la Cie de Jésus, non cité dans la *Bibliothèque* des Frcs de Backer]. *La Haye*, E. Johnson et J. van Duren, 1725. In-12, 1 vol.

3464 Histoire ou Anecdotes sur la Révolution de Russie en 1762 par M. DE RULHIÈRE, A *Paris*, 1797. In-12, 1 vol.

3465 Carte de Sébastopol avec ses fortifications, ses batteries et la portée de ses canons. Dressé d'après les documens anglais et russes les plus récents. *Paris*, Garnier fréres, lib. éditeurs, typ. Simon Raçon et Cie.

HISTOIRE. — SUISSE.

3466 Nouvelle Description générale et particulière des Glacieres, Vallées de glace et Glaciers qui forment la grande chaîne des Alpes de Suisse, d'Italie & de Savoye. Par M. BOURRIT, Chantre de l'Église Cathédrale de Genève. Nouvelle édition. Ouvrage enrichi de tableaux dessinés sur les lieux par l'Auteur, & gravés par les meilleurs Artistes. A *Genève*, Chez Paul Barde, MDCCLXXXV. In-8°, 3 vol.

3467 Etat & délices de la Suisse, ou description helvetique et geographique des XIII cantons Suisses & de leurs alliés. [Par *Jean-Georges* ALTMANN]. Nouvelle édit. corrigée & considérablement augmentée. Enrichie de figures en Taille-douce et de Cartes géographiques. A *Basle*, Tourneisen, 1776. In-12, 4 vol.

3468 Statistique de la Suisse, ou Etat de ce pays et des vingt-deux Cantons dont il se compose, sous le rapport de leur situation, de leur étendue, de leur climat.... de leur histoire, de leurs antiquités.... &c. Par *Jean* Picot de Genève, Professeur d'Histoire dans l'Académie de cette ville. *Genève*, Paschoud, 1819. In-12, 1 vol.

3469 *H.* Keller 's reise charte der Schweiz, Carte routière de de la Suisse. Road Map of Switzerland. Publiée par l'auteur à *Zurich* 1813, augmentée et corrigée jusqu'à 1819. Carte collée sur toile et pliée.

3470 *H.* Keller 's reise charte der Schweiz. Carte routière de la Suisse. Road Map of Switzerland. Augmentée et corrigée jusqu'à 1834. Publiée à *Milan* par *Pierre* et *Joseph* Wallardi. Carte collée sur toile et pliée.

3471 Keller 's zweyte Reise Karte der Schweiz. Deuxième Carte routiere de la Suisse par Henri Keller. Keller 's, Second road Map of Switzerland. Gravée par J. Scheurmann publiée par *Henri* Keller, Géographe. *Zurich*, 1833. Carte collée sur toile et pliée.

3472 Lettres de M. *Wiliam* Coxe a M. W. Melmoth, sur l'état politique, civil et naturel de la Suisse ; Traduites de l'Anglois [par *L.-F.-E.* Ramond de Carbonnières], Et augmentées des Observations faites dans le même Pays, par le Traducteur. Nouvelle édition. A *Paris*, chez Belin, M. DCC. LXXXII. In-8°, 2 vol.

3473 Histoire des Suisses, Traduite de l'Allemand de *Jean* Muller [conseiller aulique et bibliothécaire de l'Electeur de Mayence, etc., le t. 1er par *N.* Boileau, les tom. II à IX par *A.* Labaume, continuée à partir du t. X par *P. H.* Mallet, ancien professeur des Académies d'Upsal, de Cassel, etc., le t. XII et dernier, par le même, intitulé Esquisse des Événemens qui ont amené et opéré la dissolution de la Confédération Helvétique. A *Lausanne* en Suisse, Chez J. Mourer Libraire. A *Paris*, Chez Bossange, Masson & Besson. An III. de la Rép^{e} Fr^{se} (1795) [1803]. In-8°, 12 vol.

3474 La Répvblique des Svisses. Comprinse en deux liures, contenans le gouuernement de la Suisse, L'estat public des treize cantons et de leurs confederez, en général et en particulier, leurs bailliages et iurisdictions, l'origine et les conditions de toutes leurs alliances, leurs batailles, victoires, conquestes, et autres gestes memorables, depuis l'Empereur Raoul de Habspourg *(sic)* iusqu'à Charles V. Descrite en latin par *Iosia* SIMLER de Zurich, et nouvellement mise en François. Avec le pourtraict des villes des treize Cantons. A *Paris,* Jacques du Puys, 1578. In-8°, 1 vol.

3475 La Repvbliqve des Svisses comprinse en deux livres, contenans le gouuernement de Suisse, l'estat public des treize Cantons & de leurs Confédérez en général & en particulier, leurs balliages, leurs iurisdictions, l'origine et les conditions de toutes leurs alliances, leurs batailles, victoires, conquestes et autres gestes memorables, depuis l'Empereur Rodolphe de Habspourg, iusques à Charles le Quint. Descrite en latin par *Iosias* SIMLER, de Zurich & mise en François. Cinquiesme edition reveve et augmentée à la fin de quelques particularitez: Spécialement d'une Exhortation aux Suisses, pour leur conservation. *(Zurich)* Gabriel Cartier, 1607. In-12, 1 vol.

L'Exhortation, mentionnée au titre se trouve après la table des matières de la *République,* avec une pagination spéciale.

3476 Historia motvvm et bellorvm postremis hisce annis in Rhætia excitatorvm et gestorvm. Auspiciis vero Christianissimi Galliarum Regis, Lvdovici XIII. Serenissimæ Reip. Venetæ, & Serenissimi item Ducis Sabaudiæ, Caroli Emanvelis, confectorum. Avthore *Fortvnato* SPRECHERO A. BERNECK J. V. D. Equite aurato. *Genevæ,* ex typographiâ Petri Chouët. CIƆ. IƆC. XXIX. 1 vol. in-4°.

3477 Le Mercvre Svisse [par *Frédéric* SPANHEIM] A *Geneue,* Par Pierre Albert. M. DC. XXXV. Pet. in-8°, 1 vol.

3478 Lettre d'un Officier Suisse aux députez des cantons assemblez à la diette Qui se tient à Bade. A *Basle*, le 20 Mars 1689. 1 br. 5 p. in-4°.

3479 Remonstrance faite aux cantons de Suisse, par Monsr. AMELOT, ambassadeur du Roy de France, à Soleure le 14 Janvier, 1690 Avec l'harangue, De Monsieur COCK, Envoyé Extraordinaire de Sa Majesté Britannique, Prononcée Dans l'Assemblée des Députés des Cantons Suisses Protestans, qui s'est tenue à Zurich, le 31 Janv. 1690. *s. n. d'imp.* 1 br. non paginée. In-4°, 8 pages.

3480 Les privilèges des Suisses, contenant les traités de paix et d'Alliances, les édits, lettres patentes &. arrêts des rois de France qui les ont établis & confirmés jusqu'à présent. A *Paris*, Chez Pierre Prault, Imprimeur des Fermes & Droits du Roi, MDCCLV. 1 br. 64 p. in-4°. *A la suite* : Différentes pièces concernant les privilèges de la nation suisse. 8 p. in-4°.

3481 L'Etat de la Suisse, écrit en 1714. Traduit de l'anglois [d'*Abraham* TEMPLE STANYAN]. A *Amsterdam*, Chez les Frères Wetstein, 1714. Pet. in-8°, 1 vol., tit. rouge et noir.

3482 Histoire de la Révolution Helvétique, de 1797 a 1803 ; par M. *Raoul* ROCHETTE. *Paris*, Nepveu, libraire, [impr. Rignoux] M DCCC XXIII. In-8°, 1 vol., av. carte.

3483 Histoire Militaire des Suisses au service de la France, Avec les pièces Justificatives ; dédiée a S. A. S. Monseigneur le Prince de Dombes, Colonel Général des Suisses et Grisons. Par M. le baron DE ZUR-LAUBEN, Chevalier de l'Ordre Militaire de S. Louis. A *Paris*, Chez Desaint et Saillant, M. DCC. LI. In-12, 8 vol.

3484 Légendes et Chroniques Suisses par *G.* DE VALAYRE précédées d'une introduction par M. LE ROUX DE LINCY. *Paris*, Colomb de Batines J. Belin-Leprieur fils, MDCCC XLII. In-12, 1 vol.

3485 **Histoire de la Ville Et de l'Estat de Geneve.** Depuis les premiers Siecles de la fondation de la Ville jusqu'à présent : Tirée fidellement des Manuscrits, Par *Iac.* SPON, Docteur Medecin Aggregé au College de Lyon. A *Lyon*, Chez Thomas Amaulry, M. DC. LXXX. In-12, 2 vol., frontisp. et portrait.

3486 Histoire de Geneve, Par M. SPON. Rectifiée & augmentée par d'amples Notes. Avec les actes et autres pièces Servant de Preuves à cette Histoire. A *Geneve*, Chez Fabri & Barillot. M. DCC. XXX. In-4° car., 2 vol., tit. rouge et noir, cartes et plans.

Deux exemplaires.

3487 Deux Députations Genevoises aux Provinces-Unies des Pays-Bas pendant le dix-septième siècle. Mémoire lu à la Société d'histoire et d'archéologie de Genève par *Théophile* HEYER. *Genève*, imprimerie Bamboz et Schuchardt 1863. Br. in-8° de 76 pp.

3488 Chronologie historique des Comtes de Genevois, contenant celle des Evêques-Princes, & les faits relatifs à la Constitution Politique & au Gouvernement de la Ville Impériale et République de Geneve, depuis son Origine jusqu'à l'établissement de la Réformation en l'année 1535. Par M. LÉVRIER, Lieutenant-Général du Bailliage Royal de Meullent. A *Orléans*, De l'Imprimerie de Couret de Villeneuve, [*Genève*, Barde Manget et Cie ; *Paris*, Nyon, Cuchet, Dessaine, Royez, Née de la Rochelle, Belin ; *Versailles*, Blaisot] M. DCC. LXXXV. In-8°, 2 tom. en 1 vol.

3489 Histoire du Sonderbund par *J.* CRÉTINEAU-JOLY. *Paris*, Plon frères, 1850. In-8°, 2 vol.

3490 Mémoire instructif, touchant la Compétence des trois Estats de la Souveraineté de Neuf-Chastel, pour la décision des differens qui regardent la succession de cette Souveraineté ov l'on voit aussi tout ce qui s'est passé sur ce sujet entre Madame la Duchesse de Longueville, Curatrice de Monsieur son fils, & Madame la Duchesse de Nemours (on donne à ce mémoire la date de 1674 et on l'attribue à M. *Gabriel* ARGOU, avocat au Parlement de Paris). 1 vol. in-4°.

HISTOIRE. — EMPIRE OTTOMAN. — PRINCIPAUTÉS DANUBIENNES.

3491 Carte de l'empire ottoman en Europe, en Asie et en Afrique dressée par le chevalier LAPIE, Commandant au Corps Royal des Ingénieurs Géographes, gravée, publiée et dediée à Sa Majesté l'Empereur de toutes les Russies Par son très humble et très obéissant serviteur *T. A.* ORGIAZZI graveur du Dépôt général de la Guerre. *Paris*, 1822. Carte collée sur toile et pliée.

3492 De la Republique des Turcs : là ou l'occasion s'offrera, des meurs & loy de tous Muhamedistes, par *Gvillaume* POSTEL Cosmopolite. *Poitiers*, Enguibert de Marnef, 1560. 3 parties en 1 vol. in-4°.

2me partie : Histoire et consideration de l'origine, loy et covstume des Tartares, Persiens, Arabes, Turcs, & tous autres Ismaelites ou Muhamediques, dits par nous Mahometains, ou Sarrazins.

3me partie : La tierce partie des orientales histoires, ov est exposée la condition, puissance et revenus de l'Empire Turquesque.

3493 Memorie Istoriche de Monarchi Ottomani, di *Giovanni*, SAGREDO cavaliere. Dedicate All'Illustriss. Sig. Sig. e Padron Colendiss. il Sig. Conte Givlio Antonio Bolognini. In *Bologna*, M. DC. LXXIV. Per Gio. Recaldini. Con licenza de Superiori. In-4° car., 1 vol. de 4 ff. non cotés et 657 pp. chiffr.

3494 Histoire de l'empire Othoman, où se voyent les causes de son aggrandissement et de sa décadence. Avec des notes très instructives. Par S. A. S. *Démétrius* CANTIMIR, Prince de Moldavie. Traduite en François par M. DE JONCQUIÈRES, Commandeur, Chanoine régulier de l'Ordre Hospitalier du Saint-Esprit de Montpellier. *Paris*, Despilly, MDCCXLIII. 2 tomes en 1 vol. in-4°.

3495 Tableau général de l'Empire Othoman, divisé en deux parties, Dont l'une comprend la Législation Mahométane; l'autre, l'Histoire de l'Empire Othoman. Dédié au roi de Suède, par M. de M*** [*Ignace* MOURADJA] D'OHSSON, Secretaire de S. M. le roi de Suède, ci-devant son Interprète, et chargé d'affaires à la Cour de Constantinople. Ouvrage enrichi de figures. A *Paris*, de l'Imprimerie de Monsieur, M. DCC. LXXXVIII. [XCI]. In-8°, 4 vol.

3496 Histoire de l'état present de l'Empire Ottoman contenant les maximes politiques des Turcs ; les principaux points de la religion Mahométane, les Sectes, ses hérésies, & ses diverses sortes de Religieux ; leur discipline militaire avec une supputation exacte de leurs forces par mer et par terre, et du revenu de l'Etat. Traduite de l'anglais de M. RICAVT. par M. BRIOT. *Paris*, Sébastien Mabre-Cramoisy, 1670. 1 vol. in-4°, Gravures dans le texte, front.

3497 L'Etat présent de la Puissance Ottomane, avec les causes de son Accroissement, & celles de sa Décadence. .. Par le S^r^. DU VIGNAU, escuyer Sieur des Joanots, cy-devant secretaire d'un Ambassadeur de France à la Porte.... *Paris*, Hortemels, 1687. In-12, 1 vol.

3498 Histoire de l'Empire Ottoman depuis 1792 jusqu'en 1844 par le Bon JUCHEREAU DE St DENYS, Maréchal de Camp, Ministre de France en Grèce en l'année 1828, ancien Directeur du Génie Militaire de l'Empire Ottoman. *Paris*, au Comptoir des Imprimeurs-Unis, Imprimerie de Guiraudet et Jouaust, 1844. 4 tomes en 2 vol. in-8°.

3499 Révolutions de l'Empire Ottoman, Et Observations sur ses progrès, sur ses revers, & sur l'état présent de cet Empire ; Par M. DE CHÉNIER, Ancien Consul général, & chargé des affaires du Roi auprès de l'Empereur de Maroc. [père d'André et de Marie-Joseph]. A *Paris*, Chez Moutardier, An V M.DCC. LXXXVI. In-8°, 1 vol.

3500 Abrégé de l'Histoire des Turcs, contenant tout ce qui s'est passé de plus remarquable sous le règne de vingt trois Empereurs. Recueilly tres soigneusement par le Sieur [GILBERT SAULDIER] DV VERDIER, Historiographe de France. Enrichy en cette quatrième Edition de leurs Portraits en taille-douce ; Et augmentée de plusieurs belles remarques curieuses sur l'Etat présent de l'Empire Othoman qui n'ont point esté insérées dans les autres. *Paris*, de Luyne, 1676. In-12, 3 vol. Titre gravé.

3501 Extrait dũe Lettre que ung chrestien q̃ demeure en turquie a escript et eñoye a ung siẽ cousin crestien, Et de lestat que lon tient en turquie. Escript le premier iour de Decembre. Lan mil cinq cens. xxvii. *A la fin :* Escript andernopel. Le premier iour de Decembre. Mil cinq cens xxvii. H. J. G. G. —Pet. in-8° goth., 8 ff. non foliotés & signés A, par 4, & B par 4. — Pièce rare & curieuse.

S'il faut s'en rapporter à ce que dit l'auteur au verso du premier feuillet, la lettre émanerait d'un allemand, & nous aurions ici une traduction. « Vous scavez, « dit-il, que je ne suis pas venu de riche lieu.... ce considere fus mis a aprendre « mestier et fus mys a Ulme en Schwabe.... et de la me vins en Hongrie.... « Je me transportai par deça en la turquie ou que dieu me donna ceste grace « que vins a servir ung fort homme de bien.... et m'a donne une de ses filles « en mariage. » Les renseignements que donne la lettre « de l'estat que l'on tient en turquie » sont intéressants & naïvement exprimés. Il termine en disant : « Si « l'entreprise de larmee de nostre empereur va en auant sus cestuy este, vous « pourrez plus amplement veoir et cognoistre laffaire que je vous en escriptz. » C'est une allusion à l'expédition de Charles-Quint contre Soliman II.

3502 Histoire des trois derniers Empereurs des Turcs, depuis 1623 jusqu'en 1677 Traduite de l'Anglois du S^r [*Paul*]

RICAUT, [Par *Pierre* BRIOT]. *(Hollande à là sphère)* suivant la copie imprimée à Paris, chez la Ve L. Billaine, 1683. In-12, 2 tom. en 1 vol.

3503 *Henrici* TURRII, vicecomitis de Tourenne, ad Regem Christianissimum de bello Turcico Oratio habita, Marsalii 31. august. 1663. *S. l. n. d.* In-4°. Pièce de 12 pages non foliotées.

3504 Relations du succès de la bataille navale donnée aux Dardanelles entre les Vénitiens & les Turcs le 17 Juillet 1657. *Bruxelles*, imp. J. Scheybels. 1 br. 8 p. in-4°, 1657.

3505 Manifestum seu declaratio De perfida Pacis violatione, Sultani Turcarum Achemetis Contra Suam Csaream Majestatem. Ad mandatum Suæ Majestatis in lucem data, Anno 1711, Februarii die 22. Interpretata ad normam Originalis. *S. n. d'imp.* 1 br. 15 p. et in-4°.

3506 Relation Du grand avantage que la République de Venise vient de remporter sur les Turcs, par la levée du Siège de Corfou & la fuite honteuse des Turcs hors de l'Ile, suivant les Lettres de Venise du 11 Septembre 1716. A *Brusselle*, Avec Privilège de Sa Majesté Imp. & Cath. 1716. *S. n. d'imp.* 1 br. 4 p. in-4°.

3507 Lettre Ecrite du Camp devant Belgrade le 16 Août 1717 Contenant l'état du Siège & la Relation de la Bataille entre l'Armée de Sa Majesté Impériale & Catholique sous les ordres de Son Altesse Sérénissime Monseigneur le Prince Eugène de Savoie & celle des Turcs commandée par le Grand Visir. A *Brusselle*, avec privilège de Sa Majesté, Imp. & Cath. 1 br. 4 p. in-4°.

3508 Mœurs et Usages des Turcs, leur Religion, leur Gouvernement civil, militaire et politique, Avec un abregé de l'Histoire Ottomane, Par M. GUER, Avocat. A *Paris*, Chez Coustelier, [*puis* Morigot et Piget] M. DCC. XLVI. [-XLVII] In-4°, 2 vol., tit. rouges et noirs, frontisp. gravés, gravures hors texte.

3509 Mémoires du baron DE TOTT, sur les Turcs et les Tartares. A *Amsterdam*, M. DCC. LXXXV. In-8°, 4 tom. en 2 vol. [*A la fin du 2e vol :*] Lettre de M. DE PEYSSONNEL, Ancien Consul-Général à Smyrne, à M. le Marquis de N. Contenant quelques Observations relatives aux Mémoires qui ont paru sous le nom de M. le Baron de Tott. A *Amsterdam*, M. DCC. LXXXV. In-8°, 130 pp. et 1 feuillet d'errata.

3510 Précis historique de la Guerre des Turcs contre les Russes, depuis l'année 1769 jusqu'a l'année 1774, tiré des annales de l'historien turc VASSIF EFENDI, par *P. A.* CAUSSIN DE PERCEVAL, professeur d'arabe vulgaire a l'école des langues orientales vivantes. A *Paris*, chez Le Normant. [N. Pichard, Treuttel et Würtz, Ponthieu] M DCCCXXII. In-8°, 1 vol.

3511 Révolutions de Constantinople en 1807 et 1808, précédées d'observations générales sur l'état actuel de l'Empire Ottoman ; par *A.* DE JUCHEREAU de Saint-Denys, Colonel au Corps royal d'état-major. *Paris*, A la librairie de Brissot-Thivars, [impr. P. F. Dupont] 1819. In-8°, 2 vol.

3512 Essai historique sur le commerce et la navigation de la Mer-Noire, ou Voyage et entreprises pour établir des rapports commerciaux et maritimes entre les ports de la Mer-Noire et ceux de la Méditerranée. Ouvrage enrichi d'une carte, par M. ANTHOINE, baron de Saint-Joseph, ancien maire de Marseille. Seconde édition. A *Paris*, chez Mme Ve Agasse, Treuttel et Wurtz, Et Arthus-Bertrand, 1820. In-8°, 1 vol.

3513 La Mer-Noire au moyen age. Caffa et les Colonies Génoises de la Crimée, par SAINTE-MARIE MÉVIL. *Paris* [imp. Paul Dupont], E. Dentu, 1856. Br. de 36 pp. chiffrées sans signatures.

3514 Histoire politique et sociale des Principautés Danubiennes par M. *Elias* REGNAULT. *Paris*, Paulin et Le Chevalier, [impr. Cosson] 1855. In-8°, 1 vol.

3515 L'oppvgnation de la noble et Cheualeureuse Cité de Rhodes assiégée et prinse par Sultan Seliman a présent Grand Turcq. Redigée et escripte par frère *Jacques*, bastard DE BOURBON Cômandeur de Sainct Mauluiz Doysemont & Fonteynes au Prieuré de Frâce. [Paris 1525.] Se vend à *Paris* Rue S-Jaques à l'enseigne des troys Couronnes. 1 vol. in-4°. Titre et texte en caractères gothiques. Notice manuscrite à la fin du vol.

ASIE. — HISTOIRE GÉNÉRALE. — ARMÉNIE. — ARABIE. — SYRIE.

3516 Bibliothèque Orientale, ou Dictionnaire universel, contenant généralement Tout ce qui regarde la connoissance des Peuples de l'Orient; leurs Histoires et Traditions véritables ou fabuleuses; leurs Religions, Sectes et Politique, leurs Gouvernement, Loix, Coutumes, Mœurs, Guerres, & les Révolutions de leurs Empires; leurs Sciences et leurs Arts, leurs Théologie, Mythologie, Magie, Physique, Morale, Médecine, Mathématiques, Histoire naturelle, Chronologie, Géographie, Observations Astronomiques, Grammaire, & Réthorique (*sic*); les Vies et Actions remarquables de tous leurs Saints, Docteurs, Philosophes, Historiens, Poëtes, Capitaines, & de tous ceux qui se sont rendus illustres parmi eux, par leur Vertu ou par leur Savoir; des Jugemens critiques, et des Extraits de tous leurs Ouvrages, de leurs Traités, Traductions, Commentaires, Abrégés, Recueils de Fables, de Sentences, de Maximes, de Proverbes, de Contes, de bons Mots, & de tous leurs Livres écrits en Arabe, en Persan, ou en Turc, sur toutes sortes de Sciences, d'Arts, & de Professions, par Monsieur [*Barthélemii*] D'HERBELOT [Interprète des Langues

Orientales]. *Maestricht*, chez J. E. Dufour & Ph. Roux, M. DCC. LXXVI. Gr. in-f° à 2 col. 1 vol. tit. rouge noir.

3517 Bibliothèque Orientale, ou Dictionnaire universel contenant tout ce qui fait connoître les Peuples de l'Orient leurs Histoires et Traditions, leurs Religions et leurs Sectes, leurs Gouvernemens, Politique, Loix, Mœurs, Coûtumes, et les Révolutions de leurs Empires, les Arts et les Sciences, les Vies de leurs Saints, des Jugemens critiques et des Extraits de leurs Livres, [laquelle peut servir aussi de suite à celle de M. Barthélemi d'Herbelot par Messieurs *C.* VISDELOU et *A.* GALAND. A *La Haye*, Aux Depens de J. Neaulme ; & se trouve chez Nicolas van Daalen, Libraire. MDCCLXXIX. Gr. in-f°, 1 vol., tit. rouge et noir, encadré ainsi que le texte, portr. de d'Herbelot en frontispice.

3518 De l'Asie, ou Considérations religieuses, philosophiques et littéraires sur l'Asie, ouvrage composé et dédié a M. le baron Sylvestre de Sacy, par Mme V**** de C***. *Victorine* DE CHASTENAY] *Paris*, Jules Renouard, Dondey-Dupré. [*Châtillon-sur-Seine*, imp. Cornillac, et *Dijon*, V. Lagier] 1832. Pet. in-4°, 4 tom. en 2 vol.

3519 Les Nouvelles découvertes des Russes, entre l'Asie & l'Amérique, avec l'Histoire de la Conquête de la Sibérie et du Commerce des Russes & des Chinois. Ouvrage traduit de l'Anglois de *M.* COXE (par DEMEUNIER). A *Paris* Hôtel de Thou MDCCLXXXI. 1 vol. in-4° contenant 5 cartes ou plans.

3520 Description de l'Arabie, d'après les observations et recherches faites dans le pays même par M. NIEBUHR, Capitaine d'Ingénieurs, Membre de la Société royale de Gottingen. Nouvelle édition, revue et corrigée. A *Paris*, chez Brunet Libr. M. DCCLXXIX, Imp. Michel Lambert, à Paris. 2 tomes en un vol. in-4° avec 25 cartes ou figures.

3521 Soulèvement national de l'Arménie chrétienne au Ve siècle contre la loi de Zoroastre, sous le commandement du prince Vartan le Mamigonien. Ouvrage écrit par *Elisée* VARTABED, contemporain, sur la demande de David le Mamigonien, son collègue; traduit en français par M. l'abbé *Grégoire* KABARAGY GARABED, de l'Académie Arménienne de Venise. *Paris*, Imprimeurs-Unis, [imp. P. Renouard] 1844. In-8°, 1 vol.

3522 La Syrie en 1861. Condition des Chrétiens en Orient par M. SAINT-MARC GIRARDIN de l'Académie Française. *Paris*, Librairie Académique Didier et Cie, [impr. Bonaventure et Ducessois] 1862. In-12, 1 vol.

3523 Histoire de l'Ordre des Assassins, par *J.* DE HAMMER; ouvrage traduit de l'allemand et augmenté de pièces justificatives, par *J. J.* HELLET et *P. A.* DE LA NOURAIS. *Paris*, Paulin, [imp. Auffray] mars 1833. In-8°, 1 vol.

3524 Histoire des Sarrasins contenant leurs premières Conquêtes et ce qu'ils ont fait de plus remarquable sous les onze premiers Khalifes ou successeurs de Mahomet. Traduit de l'Anglois de *Simon* OCKLEY professeur en langue arabe dans l'université de Cambrige. *Paris*, chez Nyon fils. Imp. Le Breton, 1748. 2 vol. in-12, tranche dorée.

3525 Commentaire géographique sur l'Exode et les Nombres, par *Léon* DE LABORDE. *Paris* [typ. de Firmin Didot frères] et *Leipzig*, Jules Renouard et Compagnie, 1841. In-f° à 2 col. et grandes marges, 1 vol. 13 grandes cartes hors texte, croquis géographiques dans le texte.

HISTOIRE. — PERSE.

3526 Histoire de la Perse depuis les temps les plus anciens jusqu'à l'époque actuelle; suivie d'observations sur la religion, le gouvernement, les usages et les mœurs des habitans de cette contrée. Traduit de l'anglais de sir *John* MALCOLM, ancien ministre plénipotentiaire du gouvernement supérieur de l'Inde a la cour de Perse [par BENOIST, directeur général des contributions indirectes, et continuée par *L. M.* LANGLÈS, auteur des notes]. Ouvrage orné d'une carte générale de la Perse, du Portrait du Prince régnant et de six planches. A *Paris* chez Pillet ainé, 1821. In-8°, 4 vol.

3527 Estat present du Royaume de Perse. [Par SANSON, missionnaire]. — A *Paris*, chez Jacques Langlois, M.DC. XCIV... In-12, 1 vol.

3528 Etat actuel de la Perse par *Mir Davoud Zadour* DE MÉLIK SCHAHNAZAR, envoyé en France en 1816. Imprimé en Persan, et traduit en Armenien et en François par *J.* CHAHAN DE CIRBIED, Professeur d'Armenien à l'école des Langues orientales. Augmenté d'une notice historique sur ce Royaume et sur son Souverain. [par *L.* LANGLÈS, conservateur des manuscrits orientaux à la Bibliothèque du Roi, notice également traduite en arménien]. *Paris*, Ne veu, [Impr. Roy.] 1817. In-12, 1 vol. de 360 pp. chiffr. outre titres ; caractères persans et arméniens d'une rare élégance.

HISTOIRE. — INDES ORIENTALES ET INDOUSTAN.

3529 Histoire générale de l'Inde ancienne et moderne, depuis l'an 2000 avant J. C. jusqu'a nos jours ; précédée d'une notice géographique et de traités spéciaux sur la chronologie, la religion, la philosophie, la législation, la littérature, les sciences, les arts et le commerce des Hindous, par M. DE MARLÈS, avec une carte de l'Inde ancienne et moderne. *Paris*, [impr. Cosson] Emler frères, A. Johanneau, [et Dondey-Dupré], 1828. In-8°, 6 vol.

3530 Histoire du christianisme des Indes ; par *M*. V. LA CROZE [*Mathurin* VEYSSIÈRE LA CROZE]. *La Haye*, Vaillant, 1724. In-12, 1 vol.

3531 Histoire de l'Inde Anglaise. Conquête de l'Inde par l'Angleterre. Par le Bon BARCHOU DE PENHOËN, Membre de l'Institut, Représentant du Peuple. *Paris* [impr. Guiraudet et Jouaust] au comptoir des imprimeurs-unis, 1850. In-8°, 6 vol.

3532 L'Inde sous la Domination Anglaise par le baron BARCHOU DE PENHOËN auteur de l'Histoire de la Conquête de l'Inde par l'Angleterre. Publication de Guiraudet et Jouaust. *Paris*, Au comptoir des imprimeurs-unis, 1844. In-8°, 2 vol.

3533 Les Anglais et l'Inde avec notes, pièces justificatives et tableaux statistiques par *E*. DE VALLEZEN. *Paris*, Michel Levy frères, [imp. Bonaventure et Duccessois] 1857. In-8°, 1 vol.

3534 Recherches historiques sur la connaissance que les anciens avoient de l'Inde Et sur les progrès du commerce avec cette partie du monde avant la découverte du passage par le Cap de Bonne-Espérance ; Suivies d'un appendix contenant des Observations sur l'état civil, les loix et les formalités judiciaires, les arts, les sciences, et les institutions religieuses des Indiens. Traduit de l'Anglois de *W*. ROBERTSON, historiographe de Sa M. B. Avec deux grandes Cartes. A *Paris*, Chez Buisson, 1792. In-8°, 1 vol.

3535 Origine et Progrès de la puissance des Sikks dans le Peujab et Histoire du Maha-radja Randjit Singh, suivis de détails sur l'état actuel, la religion, les lois, les mœurs et les coutumes des Sikks, d'après le manuscrit du capitaine *William* MURRAY, par *H. T*. PRINSEP, agent du gouvernement anglais dans le Bengale. Ouvrage traduit de l'anglais par *Xavier* RAYMOND. Orné des portraits de Randjit Singh et du général Allard ; et d'une Carte de l'Asie centrale. *Paris*, [impr. A. Pihan de la Forest] Arthus Bertrand, 1836. In-8°, 1 vol.

3536 Conformité des coutumes des Indiens orientaux, avec celles des juifs et des autres Peuples de l'Antiquité, par Mr. DE LA C**** [DE LA CREQUINIÈRE]. A *Brusselles*, de Backer, *s. d.* (1704). In-12, 1 vol.

3537 Mœurs, Institutions et Ceremonies des Peuples de l'Inde ; Par M. l'Abbé *J. A.* DUBOIS, ci-devant missionnaire dans le Moissour. [*Paris*, libr. J. S. Merlin] Imprimerie Royale. M. D. CCC. XXV. In-8° car., 2 vol.

3538 Hitoire des Français dans l'Inde depuis la fondation de Pondichéry jusqu'à la prise de cette Ville (1674-1761) par le Lieutenant-Colonel MALLESON companion of the most exalted order of the star of India. Traduction de Mme. *S.* LE PAGE. *Paris*, Librairie de la Société Bibliographique. *Saint-Quentin*, Imprim. Jules Moureau 1874. 1 vol. in-8° avec une carte.

3539 Vies des Gouverneurs généraux, avec l'abrégé de l'histoire des Etablissemens Hollandois aux Indes Orientales ; Ouvrage où l'on trouve l'Origine de la Compagnie des Provinces Unies, ses premiers Traités de Commerce, la Fondation de Batavia, les Conquêtes des Hollandois, leurs Guerres, leurs Alliances, leurs Progrès, leurs Désastres. & en général tous les Evènemens, relatifs aux Affaires des Indes, arrivés depuis un Siècle & demi, sous l'Administration de chacun des Chefs de la Nation Hollandoise en Asie ; orné de leurs portraits. Enrichi de plusieurs Cartes, Plans & Figures nécessaires, & suivi des Considérations sur l'Etat present de la Compagnie par Monsieur le Baron D'IMHOFF, ci-devant son Gouverneur Général aux Indes-Orientales. Par *J. P. I.* DU BOIS, Secretaire *(sic)* Privé de S. M. le Roi de Pologne, Electeur de Saxe, en

Hollande. A *la Haye*, Chez Pierre De Hondt, M DCC. LXIII. In-4°, 1 vol. tit. rouge et noir, cartes, plans, vignettes et gravures.

3540 Histoire de l'Isle de Ceylan, ecrite par le Capitaine *Jean* RIBEYRO, & presentée au Roy de Portugal en 1685. Traduite du Portugais en François [par l'abbé *Joachim* LEGRAND]. A *Trevoux*, & se vend a Paris, chez Jean Boudot, M. DCCI. In-12, 1 vol. avec cartes.

3541 Description historique et géographique de l'Indostan; Par *James* RENNELL, ingénieur général dans le Bengale: Traduite de l'Anglais par *J. B.* BOUCHESEICHE, à laquelle on a joint des mélanges d'Histoire et de statistique sur l'Inde, traduits par *J.* CASTÉRA. A *Leipzic*, chez Treuttel et Würtz, Barth, 1800. In-8°, 3 vol.

3542 Histoire de la Conquête des Isles Moluques par les Espagnols, par les Portugais & par les Hollandais. Traduite de l'Espagnol d'ARGENSOLA, et Enrichie des Figures & Cartes Géographiques pour l'intelligence de cet Ouvrage. A *Amsterdam*, chez Jacques Desbordes, M. D. CCVI. In-12, 3 vol. tit. rouge et noir.

HISTOIRE. — TARTARES ET MOGOLS.

3543 Traicté des Tartares, de leur Origine, Pays, peuples, mœurs, religion, guerres, conquestes, Empire & son étendue; de la suite de leurs Chams & Empereurs; Estats & Hordes diverses iusqu'auiourd'huy, Par *Pierre* BERGERON, Parisien. *Paris*, Soly, 1634. In-8°, 1 vol.

Dans le même volume: Abrégé de l'Histoire des Sarasins et Mahometans ou il est traité de leur origine, peuples, mœurs, Religion, guerres, conquestes, califes, Rois, Soudans, Cherifs, Emires et de leurs divers Empires et Estats établis var le monde. Par P. B. P. (*Pierre* BERGERON, Parisien). *Paris*, Soly, 1634.

3544 Histoire du Grand Genghizcan, premier Empereur des anciens Mogols et Tartares. Divisée en quatre livres. Contenant la vie de ce grand Can, son Elévation, ses conquêtes avec l'Histoire abrégée de ses successeurs qui règnent encore à présent. Les mœurs, les coutumes les lois des anciens Mogols & Tartares et la géographie des vastes païs de Mogolistan, Turquestan, Capschac, Yugurestan & la Tartarie Orientale et Occidentale. Traduite et compilée de plusieurs auteurs Orientaux et voyageurs européens, dont on voit les noms à la fin avec un abrégé de leurs vies. Par feu M. [*François*] PÉTIS DE LA CROIX, secrétaire interprète du Roy ès langues Turquesque et Arabesque [éditée par *François II* PÉTIS DE LA CROIX, fils de l'auteur]. *Paris*, Cl. Barbin (Jombert) 1710. In-12, 1 vol.

3545 Histoire de la derniere Revolution des Estats du Grand Mogol, Dediée au Roy, Par le Sieur *F.* BERNIER, medecin de la Faculté de Montpellier. Edition nouvelle. [*Le tome II intitulé*: Evenemens particuliers, ou ce qui s'est passé de plus considérable après la guerre pendant cinq ans, ou environ, dans les Etats du grand Mogol. Avec une lettre de l'étenduë de l'Hindoustan suivant l'imprimé a *Paris*, chez Claude Barbin M. DC. LXXI. In-12, 2 tom. en 1 vol.

3546 Suite des Mémoires du sieur BERNIER sur l'Empire du grand Mogol. Relation du voyage fait en 1664 à la suite du grand Mogol. Aureng. Zebe, allant avec son armée ; de Dehli capitale de l'Hindoustan, à Lahor, de Lahor à Bember & de Bember au Royaume de Kachemire, que les Mogols appellent ordinairement le Paradis Terrestre des Indes. Dédiez au Roy, Tom. IIme A *la Haye*, chez Arnout Leers, le fils. MDCLXXII. Sur la copie imprimée à Paris. 1 vol. pet. in-12.

HISTOIRE. — SIAM.

3547 Relation de l'Ambassade de M. le Chevalier DE CHAUMONT, à la Cour du Roi de Siam. Avec ce qui s'est passé de plus remarquable durant son voiage. *Paris*, Seneuze, 1687. In-12, 1 vol.

« Cette relation a été traduite en Hollandais et en Allemand. Elle est moins « étendue que celle du Missionnaire Tachard et plus sérieuse que celle de l'abbé « de Choisy, elle contient des détails intéressants qui ne sont pas dans les deux « autres ». (Note de M. le Marquis de Godefroy Ménilglaise.)

3548 Voyage du Comte de Forbin a Siam suivi de quelques détails extraits des Mémoires de l'abbé DE CHOISY (1685-1688) — *Paris*, librairie de L. Hachette et Cie, [imp. Ch Lahure] 1853. Pet. in-8°, 1 vol. de la *Bibl. des chem. de fer.*

3549 Histoire de la Revolution de Siam arrivée en l'année 1688 [par VOLLANT DES VERQUAINS]. A *Lille*, chez Jean Chrysostome Malte, 1691. Pet. in-8°, 1 vol.

3550 Voyage de Siam des Pères Jesuites, envoyés par le Roy, aux Indes à la Chine. Avec leurs Observations astronomiques, et leurs Remarques de Physique, de Géographie, d'Hydrographie & d'Histoire [Par le P. *Guy* TACHARD de la Compagnie de Jésus]. Enrichi de figures. *Amsterdam*, P. Mortier, 1688. In-12, 1 vol.

3551 Histoire de M. Constance, premier Ministre du Roy de Siam, & de la dernière Révolution de cet Etat. Par le P. [*Pierre-Joseph*] D'ORLÉANS, de la Compagnie de Jésus [Rédigée en partie sur les Relations et les Memoires du P. *Guy* TACHARD, missionnaire aux Indes]. *Tours*, Masson, 1690. In-12, 1 vol.

HISTOIRE. — CHINE. — THIBET.

3552 Historia Tartaro-Sinica nova. Authore P. *Francisco* DE ROUGEMONT, societatis Jesv, Belga, Evangelii apud Sinas præcone. Curiose complectens ab anno 1660 aulicam bellicamque inter Sinas disciplinam, sacrorum jura et sacrificulorum ; Christianæ Religionis prospera adversaque, singulari fide, elegantia facili, idoneis testimoniis breviter et clare describens. *Lovanii*, Hullegaerde, 1673. In-12, 1 vol.

3553 Histoire de ce qvi s'est passé a la Chine. Tirée des lettres escrites és années 1619, 1620 & 1621. Adressées au R. P. Mvtio Vitelleschi General de la Compagnie de Iesvs. Traduite de l'Italien en François par le P. *Pierre* MORIN de la mesme Compagnie. A *Paris*, Chez Sébastien Cramoisy, M. DC. XXV. Pet. in-8°, 1 vol.

3554 Nouveaux mémoires sur l'Etat présent de la Chine. Par le P. *Louis* LE COMTE, de la Compagnie de Jésus, mathématicien du Roy. *Paris*, Anisson, 1696. In-12, 2 vol.

3555 Histoire de l'Edit de l'Empereur de la Chine en faveur de la Religion Chrestienne : avec un éclaircissement sur les honneurs que les Chinois rendent à Confucius & aux Morts. Par le P. *Charles* LE GOBIEN, de la Compagnie de Jésus. *Paris*, I. Anisson, 1698. In-12, 1 vol.

3556 Histoire de l'Empereur de la Chine, présentée au Roy, par le P. *Joachim* BOUVET, [du Mans], de la Compagnie de Jésus, Missionnaire de la Chine. *La Haye*, Meyndert Uytwerf, 1699. In-12, 1 vol. Avec le portrait de Cany-Hy.

3557 Missions de Chine. Mémoires sur l'état actuel de la Mission du Kiang-Nan 1842-1855. Par le *R. P.* BROUILLON de la Cie de Jésus suivi de lettres relatives à l'insurrection 1851-1855. *Paris*, Julien Lanier et Cie Edit, *Le Mans*, Imp. Julien Lanier & Cie, 1855. 1 vol. in-8°.

3558 Histoire de ce qvi s'est passé av Royavme dv Tibet. Tirée des Lettres escriptes en l'année 1626, [par le R.P. *Ant.* d'ANDRADE, S. J.] Addressée au R. P. Mvtio Vitelleschi Général de la Compagnie de Iesvs. Traduite d'Italien en François par un Père de la mesme Compagnie. A *Paris*, Chez Sebastien Cramoisy, M. DC. XXIX. Pet. in-8°, 1 vol. de 4 ff. non cotés et 104 pp. chiffr.

HISTOIRE. — JAPON.

3559 Histoire naturelle, civile & ecclésiastique de l'Empire du Japon : composée en Allemand par *Engelbert* KÆMPFER, docteur en médecine à Lemgow ; et traduite en François, sur la version angloise de *Jean-Gaspar* SCHEUCHZER, membre de la Société Royale et du Collège des Médecins de Londres. [Par NAUDÉ, français réfugié à Londres]. Ouvrage enrichi des Plans & Cartes nécessaires. *Amsterdam*, H. Uytwerf, 1722. In-12, 3 vol.

A la suite de *l'Histoire du Japon*, qui s'arrête à la pag. 230 du troisième volume, le traducteur, sous le titre de *Supplément à l'Histoire du Japon*, a ajouté le cinquième fascicule des *Amœnitatum exoticarum physico-politico-medicarum* que Kæmpfer publia à Lemgo, en 1712, et qui renferme la description des plantes japonaises, recueillies par l'auteur et ses disciples indigènes dans le Nippon. Il y a de plus sous le titre *Appendice second*, un extrait d'un *Journal authentique du voyage que les Anglais firent au Japon en l'an 1673*, qui confirme les renseignements, contenus dans l'ouvrage de Kæmpfer.

3560 Histoire de l'établissement, des progrès et de la décadence du Christianisme dans l'empire du Japon, ou l'on voit les différentes révolutions qui ont agité cette monarchie pendant plus d'un siècle. Par le R. P. DE CHARLEVOIX, de la Compagnie de Jésus. Bibliothèque Catholique de la Belgique. *Louvain*, chez Vanlinthout et Vandenzande, 1828. [1829]. In-8°, 2 vol.

3561 Histoire de ce qui s'est passé au Royaume dv Iapon l'année 1624. Traduicte d'Italien en Français, par vn Pere de la Compagnie de Iesvs. [le R. P. *J.* VIREAU ?] A *Paris*, Chez Sebastien Chappelet M. DC. XXVIII. Pet. in-8°, 1 vol.

3562 Histoire de ce qvi s'est passé av Royavme dv Iapon, Es Années 1625-1626 & 1627. Tirée des lettres adressées au R. P. Mvtio Viteleschi *(sic)*, General de la Compaguie de Iesvs. Traduite d'Italien en François par vn Père de la mesme Compagnie. [le R. P. *Jean* VIREAU.] A *Paris*, Chez Sebastien Cramoisy, M. DC. XXXIII. Pet. in-8°, 1 vol.

3563 Cérémonies usitées au Japon pour les Mariages et les funérailles. Planches. A *Paris*, chez Nepveu. Lib. M. DCCCXIX. Petit atlas contenant 19 planches.

HISTOIRE. — AFRIQUE.

3564 Description de l'Afrique, contenant les Noms, la Situation & les Confins de toutes ses Parties, leurs Rivières, leurs Villes & leurs Habitations, leurs Plantes et leurs Animaux; les Mœurs, les Coûtumes, la Langue, les Richesses, la Religion & le Gouvernement de ses Peuples Avec Des Cartes des Etats, des Provinces & des Villes, & des Figures en taille douce, qui représentent les habits & les principales Ceremonies des Habitans, les Plantes & les Animaux les moins connus. Traduite du Flamand d'*O.* DAPPER, D. M. A *Amsterdam*, Chez Wolfgang, Waesberge, Boom & van Someren, M. DC. LXXXVI. In-f°, 1 vol.

3565 Mélanges sur l'Afrique, par M. le Général DE BROSSARD. *Perpignan*, imprimerie de J. B. Alzine, 1838. 1 br. 80 p. in-8° : *A la suite :* Postcriptum, 8 p. in-8°.

3566 Relation historique d'Abissinie du R. P. *Jerome* LOBO de la Compagnie de Jésus traduite du Portugais, continuée et augmentée de plusieurs dissertations lettres et mémoires par M. LE GRAND, Prieur de Neuville-les-Dames & de Prevessin. A *Paris*, chez la veuve d'Antoine Urbain Constelier et Jacques Guérin libraire, MDCCXXVIII. 1 vol. in-4° contenant 2 cartes.

3567 L'expédition d'Abyssinie en 1868 par M. *Louis* D'HENDECOURT. Extrait de la Revue des deux mondes. Livraison du 1er avril 1869. Paris, J. Claye, Imprimeur, 1864. 1 broch. 36 pages.

3568 Histoire des états Barbaresques qui exercent la piraterie, contenant l'Origine, les Révolutions, & l'État présent des Royaumes d'Alger, de Tunis, de Tripoli et de Maroc, avec leurs forces, leurs revenus, leur politique et leur commerce. Par un auteur qui y a résidé plusieurs années avec caractère public [LAUGIER DE TASSY] traduite de l'Anglois [par *Pierre* BOYER DE PREBANDIER]. *Paris* Chaubert, 1757. In-12, 2 tomes reliés en 1 vol.

Laugier de Tassy, voyageur français, né dans la seconde moitié du XVIIe siècle fut attaché pendant plusieurs années au Consulat de France à Alger. Envoyé ensuite en Hollande, il y publia, en 1725, *L'Histoire du Royaume d'Alger, avec l'état présent de son Gouvernement* &c. 1 vol. in-12 avec une carte. Un anglais la traduisit dans sa langue et la publia, sans citer le nom de l'auteur sous ce titre *A complete history of the Piratical states of Barbary*, Londres, 1750, in-8°. C'est sur cette traduction, qu'il considérait comme une œuvre originale, que Boyer de Prebandier donna sa version. Ant. Alex. Barbier publia, dans le *Magasin Encyclopédique* de 1805, une note sur l'histoire assez étrange du livre de Laugier qui selon lui, est moins bien écrite que la traduction de Boyer.

3569 Histoire du Royaume d'Alger, avec l'état présent de son gouvernement, de ses forces de Terre & de mer, de ses revenus, police, justice politique & commerce par M. LAUGIER DE TASSY, commissaire de la Marine pour sa Majesté Très-Chretienne en Hollande. *Amsterdam*, H. du Sauzet, 1725. In-12, 1 vol. Carte.

3570 Fondation de la Régence d'Alger, histoire des Barberousse chronique arabe du XVIe siècle, publié *(sic)* sur un manuscrit de la Bibliothèque royale, avec un appendice et des notes. Expédition de Charles-Quint. Aperçu historique et statistique du port d'Alger orné de deux portraits et d'un plan par MM. SANDER RANG, officier supérieur de la Marine, et *Ferdinand* DENIS. *Paris*, J. Angé, *Versailles* et à la librairie orientale de Mme Dondey Dupré [imp. Maulde et Renou] 1837. In-8°, 2 vol.

3571 De la Domination Turque dans l'ancienne Régence d'Alger, par M. *Walsin* ESTERHAZY, capitaine d'artillerie. *Paris*, librairie de Charles Gosselin, [imp. Dondey-Dupré] 1840. In-8°, 1 vol.

3572 Tableau de l'Égypte, pendant le séjour de l'armée française. Ouvrage où l'on traite des mœurs, usages et caractère des Egyptiens ; de notre position et de nos rapports avec ce peuple; des monumens et autres curiosités du pays, des chefs-lieux, de leur position et de leur distance respective. On y a joint la procédure de l'assassin du général en chef Kléber, quelques idées sur l'économie politique, un apperçu *(sic)* sur les monnaies, poids et mesures du Kaire, un tableau de la crue progressive du Nil, et la nouvelle division de l'Égypte sous les Français : suivi de l'état militaire et civil de l'armée d'Orient par *A.* GALLAND, membre de la commission des Sciences et Arts séant au Kaire. A *Paris*, chez Galland, an XIII. 1804. In-8°, 2 vol.

3573 Lettres sur l'Égypte, Où l'on offre le parallèle des mœurs anciennes et modernes de ses habitans; où l'on décrit l'état, le commerce, l'agriculture, le gouvernement, l'ancienne religion du pays, et la descente de St-Louis à Damiette, tirée de Joinville et des Auteurs Arabes; avec des Cartes Géographiques. Par M. [*Nicolas*] SAVARY. Nouvelle Edition, A *Amsterdam*, *Leide*, *Roterdam* et *Utrecht*. Chez les libraires associés. MDCCLXXXVII. In-12, 3 tom. en 2 vol.

3574 Les origines du Nil par M. VIRLET D'AOUST ingénieur civil (extrait du journal « les Mondes » du 28 novembre et du 5 décembre 1872). *Paris*, typog. Walder 1872. 1 broch. de 12 pag.

3575 Description historique et géographique des plaines d'Heliopolis et de Memphis [par *Claude-Louis* FOURMONT]. A *Paris*, chez Briasson, Duchesne. M. DCC. LV. In-12, 1 vol.

3576 *Iobi* LVDOLFI aliàs LEUT-HOLF dicti Historia Æthiopica, Sive Brevis & succincta descriptio Regni Habessinorvm, Quod vulgò malè Presbyteri Iohannis vocatur. I. De natura & indole regionis & incolarum. II. De Regimine politico, Regum successione, &c. III. De statu Ecclesiastico, initio & progressu religionis Christianæ &c. IV. De rebus privatis, literaturà, œconomiâ, &c. *Francofurti ad Mœnum*, Prostat apud Joh. David. Wustii Sen. A. S. C. cIↃ IↃc LXXXI. In-f°, 1 vol. tit. rouge et noir, les mots de la langue abyssinienne imprimées en caractères éthiopiens.

3577 Fides, Religio, moresqve Æthiopvm svb imperio preciosi Joannis (quem vulgò presbyterum Ioannem vocant) degentium, vnà cum enarratione confœderationis ac amicitiæ inter ipsos Æthiopum Imperatores & Reges Lusitaniæ initæ, *Damiano* A GOES Equite Lusitano autore ac interprete. *Parisiis*, apud Christianum Wechelum sub scuto Basiliensi in vico Jacobæo : et sub Pegaso, in vico Bellouacensi : M. DXLI. Un vol. petit in-8°.

3578 Histoire de ce qvi s'est passé av Royaume d'Ethiopie Es années 1624-1625 & 1626. Tirées (*sic*) des letres (*sic*) écrites et adressées au R. P. Mvtio Viteleschi, General de la Compagnie de Iesvs. Traduite de l'Italien en François par vn père de la mesme Compagnie [le R.P. *Jean* DARDE ?]. A *Paris*, Chez Sebastien Cramoisy M. DC. XXIX. Pet. in-8°, 1 vol.

3579 Recherches historiques sur les Maures, et Histoire de l'Empire de Maroc, par M. *Louis* DE CHÉNIER, chargé des Affaires du Roi auprès de l'empereur de Maroc. A *Paris*, chez l'Auteur, Bailly, Roger, et à l'Imprimerie Polytype, M. DCC. LXXXVII. In-8°, 3 vol.

3580 Mémoire sur les Mœris, par *David* LEROY, de l'Institut national. *Paris*, Stoupe, Messidor an X, in-8°. Pièce de 28 pages, avec une carte du Cours du Nil entre Thebeica Phylace, à présent Tharout-Ischorif, et Memphis.

3581 Essais sur les isles fortunées et l'antique Atlantide ou Précis de l'Histoire générale de l'Archipel des Canaries par *J. B. P. M.* BORY DE St VINCENT officier français. *Paris*, Baudouin, Imp., Germinal an XI. 1 vol. in-4° contenant 3 cartes et 7 planches.

3582 Notes sur l'Ile de la Réunion (Bourbon) par *L.* MAILLARD, ingénieur colonial en retraite. Deuxième édition. *Paris*, Dentu, *St. Cloud* imp. Ve Belin, 1863. In-8°, 2 tom. en 1 vol., manque l'atlas.

AMÉRIQUE. — HISTOIRE GÉNÉRALE.

3583 Recherches historiques et géographiques sur le Nouveau-Monde, par *Jean-Benoît* SCHERER, Pensionnaire du Roi. A *Paris*, chez Brunet, M. DCC. LXXVII. In-8°, 1 vol.

3584 Lettres Américaines, Dans lesquelles on examine l'Origine, l'Etat Civil, Politique, Militaire & Religieux, les Arts, l'Industrie, les Sciences, les Mœurs, les Usages des anciens Habitans de l'Amérique; les grandes Epoques de la Nature, l'ancienne Communication de deux Hémisphères, & la dernière Révolution qui a fait disparoître l'Atlantide : pour servir de suite aux Mémoires de D. Ulloa. Par M. le Comte *J. R.* CARLI, Avec des Observations & Additions du Traducteur [*J. B.* LEFEBVRE DE VILLENEUVE. A *Boston*, et se trouve à *Paris*, chez Buisson, M. DCC LXXXVIII. In-8°, 2 vol.

3585 Histoire des Guerres civiles des Espagnols dans les Indes, par *Garcilasso* DE LA VEGA, traduite par *Gérard* KUIPER. *Paris*, imprimé aux frais du gouvernement pour procurer du travail aux ouvriers typographes, août 1830. In-8°, 4 tom. en 2 vol.

3586 Histoire des Avanturiers Flibustiers qui se sont signalez dans les Indes. Contenant ce qu'ils y ont fait de remarquable, avec La Vie, les Mœurs & les Coutumes des Boucaniers, & des Habitants de S. Domingue et de la Tortue ; Une Description exacte de ces lieux ; Et un Etat des Offices tant Ecclésiastiques que Séculieres, & ce que les plus grands Princes de l'Europe y possèdent. Par *Alexandre-Olivier* OEXMELIN (EXQUEMELIN), Traduite par M. DE FONTIGNIÈRES. Nouvelle Edition. A *Trevoux*, Par la Compagnie. M. DCC. XLIV. In-12, 4 vol.

T. I-II : Histoire des Avanturiers, etc.—T. III ; Histoire des Avanturiers contenant le Journal du Voyage à la mer du Sud, par le Sieur RAVENEAU DE LUSSAN. — T. IV : Histoire des Pirates Anglais du Capitaine *Charles* JOHNSON.

3587 Le mythe de Votan. Etude sur les origines asiatiques de la Civilisation américaine par *H.* DE CHARENCEY. *Alençon*, Imp. de E. de Broise, 1871. 1 broch. 144 pag. in-8°.

HISTOIRE. — AMÉRIQUE SEPTENTRIONALE.

3588 Recueil des Plans [et Cartes] de l'Amerique Septentrionale. A *Paris*, Chez Le Sr Le Rouge, Ingenieur Geographe du Roy, et de S. A. S. M. le Comte de Clermont, Ruë des Augustins, 1755. In-f°, 1 vol. de 23 cartes outre titre.

3589 Nouveau voyage dans l'Amérique septentrionale en l'année 1781 et Campagne de l'armée de M. le Comte de Rochambeau, par M. l'abbé *(Claude)* ROBIN [docteur en théologie, ancien recteur de l'Université d'Angers, aumônier du corps auxiliaire de Rochambeau]. A *Philadelphie*, (*Paris*), Moutard, 1782. In-12. Pièce de 192 pages.

3590 Histoire naturelle et morale des îles Antilles de l'Amérique enrichi de plusieurs belles figures des raretez les plus considérables qui y sont décrites avec un Vocabulaire Caraïbe. A *Roterdam*, chez Arnould Leers, MDCLVIII (Ouvrage attribué à *César* DE ROCHEFORT ou plutôt à *Louis* DE POINCY. 1 vol. in-4°, front. gr., fig. dans le texte.

3591 Le Canada. Essai auquel le premier prix a été adjugé par le Comité Canadien de l'Exposition de Paris, par *J.* SHERIDAN HOGAN. *Montreal*, de l'imprimerie de John Lovell, 1855. In-8°, 1 vol., 2 grandes cartes.

3592 United States of Nth America. Carte des Etats-Unis de l'Amérique Septentrionale, Copiée et Gravée sur celle d'ARROWSMITH. Corrigée et considérablement augmentée d'après les renseignemens les plus authentiques par *P. F.* TARDIEU, graveur, Editeur-propriétaire à *Paris*, 1812. 4 feuilles collées sur toile et pliées.

3593 Storia della Guerra dell Independenza degli Stati Uniti d'America. Scritta da *Carlo* BOTTA. *Parigi*, per D. Colas, stampatore, e librajo, Anno 1809. In-8°, 4 vol.

3594 Complot d'Arnold et de sir Henry Clinton contre les États-Unis d'Amérique et contre le général Washington, septembre 1780. Orné de deux portraits et d'une carte. [par le comte *Fr.* DE BARBÉ-MARBOIS]. Chez P. Didot l'ainé, à *Paris*, MDCCCXVI. In-8°, 1 vol.

3595 Histoire de la Guerre entre les États-Unis d'Amérique et l'Angleterre, pendant les années 1812, 13, 14 et 15 ; Par *H. M.* BRACKENRIDGE, citoyen américain ; Traduite sur la seconde édition par *A.* DE DALMAS. avec une carte du théatre de la guerre. *Paris*, Chez Corbet, [impr. C. F. Patris] 1820. In-8°, 2 vol.

3596 The Diplomacy of the Revolution : an Historical Study by *William Henry* TRESCOT. *New-York* ; D. Appleton & C° ; MDCCCLII. 1 vol. in-12.

3597 Histoire de la Conquête (*sic*) de la Floride ou Relation de ce qui s'est passé dans la découverte de ce Pays par

Ferdinand de Soto, Composée en Espagnol par l'Inca GARCILASSO DE LA VEGA, et traduite en François, Par *P. P.* RICHELET. A *Paris*, Geoffroi Nyon. M. DCC. IX. Histoire de la Floride, ou Relation de la Conquête De ce Pays par Ferdinand de Soto. Seconde partie. M. DCC. VII. In-12, 2 vol.

3598 Description de la Louisiane, nouvellement découverte au sud ouest de la nouvelle France, par ordre du Roy. Avec la carte du Pays : Les Mœurs & la Manière de vivre des Sauvages. Dédiée à Sa Majesté, par le R. P. *Louis* HENNEPIN, Missionnaire Récollet & Notaire Apostolique. *Paris*, Auroy, 1688. In-12, 1 vol.

3599 Histoire de la Louisiane et de la cession de cette colonie par la France aux États-Unis de l'Amérique septentrionale ; précédée d'un discours sur la constitution et le gouvernement des États-Unis. Par M. BARBÉ-MARBOIS, avec une carte relative à l'étendue des pays cédés. *Paris*, imprimerie de Firmin Didot, 1829. In-8°, 1 vol.

3600 L'Empire Mexicain Histoire des Toltèques, des Chichimèques, des Aztèques et de la Conquête Espagnole par le vicomte M. *Th.* DE BUSSIERRE. *Paris*, Henri Plon, 1863. In-8°, 1 vol.

3601 Correspondance de *Fernand* CORTEZ avec l'Empereur Charles-Quint, sur la Conquête du Mexique. Traduite par M. le Vicomte [*Gratien-Jean-Baptiste-Louis*] DE FLAVIGNY, Lieutenant-Colonel de Dragons & chevalier de l'ordre... de St. Louis. *Paris*, Collot & Jombert, (1778). In-12, 1 vol.

3602 Le Mexique en 1823, ou Relation d'un Voyage dans la Nouvelle-Espagne, contenant des notions exactes et peu connues sur la situation physique, morale et politique de ce pays ; accompagnée d'un atlas de vingt planches ; par M. BEULLOCH, Propriétaire du Musée mexicain établi à Londres ; ouvrage traduit de l'anglais par M*** [Mlle

A. SOBRY. Précédé d'une introduction et enrichi de piéces justificatives et de notes; par sir *John* BYERLEY. *Pàris*, Alexis Eymery, [imp. Cosson] 1824. 2 vol. in-8°, et un atlas obl.

3603 Essai politique sur le Royaume de la Nouvelle-Espagne, par *Al.* DE HUMBOLDT. A *Paris*, Chez F. Schoell, [imp. J. H. Stône] 1811. In-8°, 5 vol.

3604 Précis historique de la révolution de Saint-Domingue. Réfutation de certains ouvrages publiés sur les causes de cette révolution. De l'état actuel de cette colonie, et de la nécessité d'en recouvrer la possession. Par *L. J.* CLAUSSON, ancien magistrat au Port-au-Prince. A *Paris*, chez Pillet ainé, 1819. In-8°, 1 vol.

HISTOIRE. — AMÉRIQUE MÉRIDIONALE.

3605 Relation historique et descriptive d'un séjour de vingt ans dans l'Amérique du Sud, ou Voyage en Araucanie, au Chili, au Pérou et dans la Colombie; suivie d'un précis des révolutions des Colonies espagnoles de l'Amérique du Sud; traduite de l'anglais de *W. B.* STEVENSON, ancien secrétaire du président de Quito, et augmentée de la suite des révolutions de ces colonies depuis 1823 jusqu'a ce jour: par SÉTIER. *Paris,* [impr. Sétier] A. J. Kilian, 1826. In-8°, 3 vol.

3606 L'Empire du Brésil. Monographie complète de l'Empire Sud-Américain, ouvrage dédié a S. M. I. Dom Pedro II et orné d'un magnifique portrait de ce souverain par *V. L.* BARIL, comte de La Hure. *Paris*, Ferdinand Sartorius, [impr. Simon Raçon] 1862. In-8°, 1 vol.

3607 Histoire naturelle, civile et geographique de l'Orenoque, Et des principales Rivières qui s'y jettent. Dans laquelle on traite du Gouvernement, des Usages & des Coûtumes des Indiens qui l'habitent, des Animaux, des Arbres, des Fruits, des Résines, des Herbes & des Racines Médicinales qui naissent dans le Païs. Par le *P. Joseph* GUMILLA, de la Compagnie de Jesus, Supérieur des Missions de l'Orenoque. Traduite de l'Espagnol sur la seconde édition, par M. TIDOUS, ci-devant Ingénieur des Armées de S. M. C. A *Avignon*, et se vend à *Marseille*, Chez Jean Mossy M. DCC. LVIII. In-12, 3 vol.

3608 *Gasparis* BARLÆI [*Gaspar* VAN BAERLE], rerum per octennivm in Brasilia et alibi gestarum, sub præfectura illustrissimi Comitis I Mauritii Nassaviæ &ª Comitis historia. Editio secunda. Cui accesserunt *Gulielmi* PISONIS medici Amstelædamensis, Tractatus de Aeribus, aquis & locis Brasiliæ. 2.) de Arundine saccharifera. 3.) de Melle silvestri. 4.) de Radice altili Mandioca. *Clivis*, Silberling, 1660. In-12, 1 vol. Cartes et planches et un beau portrait du Comte de Nassau gravé par C. V. Dalen.

3609 Histoire ecclésiastique, politique et littéraire du Chili par M. l'abbé EYZAGUIRRE, Doyen de la Faculté de Théologie de l'Université Nationale et vice-président de la Chambre des Députés du Chili. Traduite par *L.* POILLON... *Lille*, L. Lefort, imprimeur-libraire, 1855. In-8°, 3 vol.

3610 Esquisses historiques, politiques et statistiques, de Buenos-Ayres, des autres provinces unies du Rio de la Plata, et de la république de Bolivar, avec un appendice sur l'usurpation de Montévidéo par les gouvernemens portugais et brésilien, et sur la guerre qui l'a suivie. Par M. *Ignacio* NUNEZ, ancien premier secrétaire du ministère des affaires étrangères et de l'intérieur à Buenos-Ayres. Traduit de l'espagnol, avec des notes et des additions, par M. VARAIGNE. A *Paris*, chez Ponthieu, et chez Guiraudet, 1826. In-8°, 1 vol.

3611 Essai historique sur la Révolution du Paraguay, et le Gouvernement dictatorial du docteur Francia, par MM. RENGGER et LONGCHAMP, docteurs en médecine,

Parïs, Hector Bossange, [impr. Lachevardière fils] 1827. In-8°, 1 vol., av. carte.

3612 Histoire des Incas rois du Pérou. Par GARCILASSO DE LA VEGA. *Paris*, imprimé aux frais du gouvernement pour procuror du travail aux ouvriers typographes, août 1830. In-8°, 3 vol.

3613 Histoire de la découverte et de la conquête du Pérou, traduite de l'espagnol d'*Augustin* DE ZARATE. par S. D. C. *Paris*, imprimé aux frais du gouvernement pour procurer du travail aux ouvriers typographes. Août 1830. In-8°, 2 tom. en 1 vol.

3614 Lettre a Madame *** sur l'Emeute populaire excitée En la Ville de Cuenca au Perou, le 29 d'Août 1739, contre les académiciens de sciences envoyés pour la mesure de la Terre. [par *C. M.* DE LA CONDAMINE] [*S. l., Paris*] M. DCC. XLVI. In-8°, 1 vol., av. une gravure.

3615 Civilisation & barbarie; mœurs, coutumes, caractères des Peuples Argentins. Facundo Quiroga & Aldao, Par *Domingo* F. SARMIENTO. Traduit de l'Espagnol & enrichi de Notes, par *A.* GIRAUD, enseigne de Vaisseau. *Paris*, Arthus Bertrand, 1853. In-12, 1 vol.

HISTOIRE DE LA NOBLESSE & DE LA CHEVALERIE. — GÉNÉRALITÉS. — BLASON.

3616 *Ioannis* D'HOLLANDERI Belgæ Gandensis Protonot. Apostol. ac Canonici D. Waldetrvdis Montibvs Hannoniæ de Nobilitate Liber prodromvs Ex Schædis I Dionys Hardvini collectus. Ad Illustrissimum & Excellentissimum D. D. Ludouicum de Velasco Marchionem de Belueder &c. *Antverpiæ*, Apud Gvlielmvm a Tongris. Anno 1621. In-4°, 1 vol.

3617 *Antonii* MATTHÆI Juris in Illustri Academia Lugduno-Batava Antecessoris de Nobilitate, de Principibus, de Ducibus, de Comitibus, de Baronibus, de Militibus, Equitibus, Ministerialibus, Armigeris, Barscalcis, Marscalcis, Adelscalcis, de Advocatis Ecclesiæ de Comitatu Hollandiæ et Dioecesi Ultraiectina Libri quatuor In quibus passim Diplomata & Acta hactenus nondum visa. *Amstelodami & Lugd.-Batavor.* Apud Janssonio-Waesbergios & Felicem Lopez. MDC LXXXVI. In-4°, 1 fort vol., tit. rouge et noir.

3618 Notæ et Observationes ad Antonii Matthæi, Juris in illustri Academia Lugduno-Batava quondam Antecessoris, Libros quatuor, de Nobilitate &c. Adjunctus est index plerarumque rerum, ac verborum, quæ in dictis libris continentur. Auctore *Jano Jacobo* VAN HASSELT, JCto. *Trajecti ad Rhenum*, Apud Abrahamum van Paddenburg. MDCCLXXVII. In-4° car., 1 vol.

3619 Recherches historiques sur les Croisades et les Templiers, l'origine de la Noblesse et de l'ancienne Chevalerie ; les cours d'amour ; les Tournois ; les duels ou combats judiciaires ; les tribunaux secrets ; suivies de la description de l'ancien musée ou dépôt central de l'Artillerie de France, à Paris, par le Chevalier JACOB, membre de la Légion d'honneur et de plusieurs sociétés savantes. Ouvrage orné de quatre figures au trait. *Paris*, Everat, Imp. Lib. 1828. 1 vol. in-8°.

3620 Traité des Tovrnois, Iovstes, Carrovsels, et avtres Spectacles publics, [par le R. P. *Claude-François* MENESTRIER, S. J.] A *Lyon*, Chez Iacques Mvgvet, MDC. LXIX. In-4°, 1 vol., grav. dans le texte, rel. parchemin.

3621 Abrégé chronologique d'Edits, Déclarations, Réglemens Arrèts & Lettres-patentes des rois de France de la troisième race, concernant le fait de Noblesse, précédé d'un discours sur l'origine de la Noblesse, ses différentes espèces, ses droits & prérogatives, la manière d'en dresser les preuves, & les causes de sa décadence, par *L. N. H.* CHÉRIN, Conseiller de la cour des Aides & généalogiste des ordres du Roi. A *Paris*, chez Royez, MDCCLXXX VIII. 1 vol. in-12.

3622 Traité de la Noblesse, et de toutes ses differentes Especes. Nouvelle Edition, augmentée Des Traités du Blason des Armoiries de France : de l'Origine des Noms Sur-Noms : & du Ban & Arrière-Ban. Par Mr [*Gilles-André*] DE LA ROQUE. A *Rouen*, Chez Pierre Le Boucher et Jore pere et fils, MDCCXXXIV. In-4°, 1 vol.

3623 Traité des Nobles et des Vertvs dont ils sont formés : levr charge, vocation, rang & degré : des Marques, genealogie & diuerses especes d'iceus : De l'origine des Fiefs & des Armoiries. Auec vne histoire & description genealogique de la Tres-illustre & Tres-ancienne Maison de Couci, & de ses Alliances. Le tout distribué en Quatre Liures. Par *François* DE L'ALOUETE, Bailli de la Comté de Vertu. A *Paris*, Chez Guillaume de la Nouë, M.D.LXXVII. In-4°, 1 vol., tableaux généalogiques.

3624 Le Fondement et Origine des Tiltres de Noblesse & excellẽs estats de tous Nobles & Illustres quant a la difference des Empires, Royaulmes, Duchez, Comtez, & aultres seigneuries. Et la maniere cõment elles ont este erigees pour la deffence & gouuernement de la chose publicque. Auecques la maniere de faire les Roys d'armes Heraulx & Poursuvuans (*sic*). Ensemble le parfond secret de l'ard (*sic*) d'armayrie, Auec l'instruction de faire les combatz contenant la difference diceulx. Faict en l'hõneur & exaltatiõ de tous nobles princes. [Par *Symphorien* CHAMPIER, médecin] [suivi du Dyalogue de Noblesse, du même auteur] 1535. On les vend a *Paris*, en la rue neufue nostre dame a l'enseigne de sainct Iehan baptiste pres saincte Geneuiefue des ardans. Pet. in-8°, 1 vol. de 40 ff. non chiffrés, avec encadrements et bois, y compris titre rouge et noir encadré.

In eodem volumine : Le prothocolle des secretaires et aultres gens desirans scauoir lart et maniere de dicter en bon francoys toutes lettres missiues et epistres en prose nouuellement Imprime à *Paris*, Avec priuilege. On les vend au palays en la gallerie, Comme on va en la chancellerie par Jehan longis. Et en la rue neufue nostre dame a lenseigne Sainct Nicolas. Pet. in-8° de 96 ff. chiffrés, y compris titre rouge et noir, impression gothique.

F° 1 : recto, titre ci-dessus ; *verso*, Prologue de lacteur (*sic*). — *F° 96 : recto*, Cy finist le formulaire et Prothocolle des secretaires, *etc.*; *verso*, *Nota Typographi.*

3625 Remarques sur la Noblesse, dédiées aux assemblées provinciales. Par M. [*Antoine*] MAUGARD, Généalogiste. Seconde édition, avec supplément, dissertations, et notes historiques. *Paris*, chez Lamy et Gattey, 1788. In-8°, 1 vol.

3626 Les Nobles dans les Tribunaux, traité de droit enrichi de plusieurs curiositez utiles de l'histoire et du Blazon, où les questions qui conviennent aux Nobles sont succinctement agitées & définies sur toutes les matières les plus importantes & les plus choisies, dans lesquelles l'escole et le barreav prennent des égards à la qualité du Gentilhomme. Par *Herman François* DE MALTE, Conseiller de S. A. S. en sa Souveraine Cour Feodale du Païs & Eveché de Liege. A *Liege*, chez Guillaume Henry Streel, M.D.CLXXX. In-f°, 1 vol. tit. rouge et noir.

3627 Dictionnaire de titres originaux, pour les fiefs, le domaine du roi, l'histoire, la généalogie & généralement tous les objets qui concernent le gouvernement de l'Etat ou inventaire général du Cabinet du chevalier BLONDEAU DE CHARNAGE, Pensionnaire du Roi. *Paris*, Imp. N. Fr. Valleyre le jeune. MDCCLXXIV. 1 vol. in-12.

(Ouvrage incomplet.)

3628 Mémoire sur les rangs et les honneurs de la Cour ; pour servir de réponse aux trois derniers chapitres du Traité des Preuves qui servent à établir la vérité de l'Histoire, par le P. *Henri* GRIFFET. 1 vol. in-8°, *s.d.*

3629 L'Estat et Comportement des Armes. Livre autant util (*sic*), que nécessaire à tous Gentilshommes, Héraux & Officiers d'Armes. Par M. *Iean* SCOHIER, Beaumontois, Protonotaire Apostolique, Chanoine de Berghes, &c. A *Bruxelles*, de l'Imprimerie de Iean Mommart. M.DC. XXIX. In-4° car., 1 vol., tit. rouge et noir.

Deux exemplaires.

3630 Le trophée d'armes Héraldiques ou la science du Blason avec les figvres en taille dovce et les armoiries de plusieurs familles, qui n'ont point esté encore imprimées. *Paris*, chez la veuve Nicolas de la Coste. MDCLXXII. 1 vol. in-4° avec frontispice.

3631 La vraye et parfaite Science des Armoiries, ov l'Indice Armorial de fev maistre *Lovvan* GELIOT, advocat av parlement de Bovrgongne, apprenant, et expliquant sommairement les Mots & Figures, dont on se sert au Blason des Armoiries, & l'origine d'icelles, avgmenté de nombre de termes, & enrichy de grande multitude d'exemples des Armes de familles tant Françoise qu'estrangeres ; Ouvrage vtile à la Noblesse comme aussi aux Peintres, qui trauaillent en Armoiries. Par *Pierre* PALLIOT, Parisien, Historiographe du Roy,& Généalogiste. A *Dijon*, chez l'Autheur. A *Paris*, chez Frederic Leonard, M.D.CLXIV. In-f°. 1 vol., frontisp. et blasons gravés.

3632 La Science Heroiqve [*sic*, Heraldique], traitant de la Noblesse, et de l'Origine des Armes ; de leurs Blasons, & Symboles ; des Timbres, Borlets, Couronnes, Cimiers, Lambrequins, Supports, Tenans, & autres ornemens de l'Ecu ; de la Devise, & du Cry de guerre ; de l'Ecu pendant, des Pas, & Emprises des Anciens Chevaliers,

& des formes differentes de leurs Tombeaux : Et enfin, des marques exterieures de l'Ecu de nos Rois, des Reines, Enfants de France, & des Officiers de la Couronne, & de la maison du Roy. Par *Marc* DE WLSON, *Sieur* DE LA COLOMBIERE, Chevalier de l'Ordre de S. Michel & Gentilhomme ordinaire de la maison du Roy. Seconde Edition. A *Paris*, chez Sébastien Mabre-Cramoisy, M.DC.LXIX. In-f°, 1 vol. blasons gravés.

3633 La nouvelle méthode raisonnée du blason pour l'apprendre d'une manière aisée ; réduite en leçons par demandes et par réponses, par le P. *C.-F.* MENESTRIER, de la Compagnie de Jesus, enrichie de figures en taille douce. *Lyon*, chez Pierre Bruys et Ponthus. MDCCLXI. 1 vol. in-12.

3634 *Ioannis Michaelis* HEINECCII, S.S. Theol. Doctoris, de veteribvs Germanorvm aliarvmqve Nationvm Sigillis, eorvmqve vsv et præstantia, Syntagma historicvm, in-qvo cvm de re sigillari in vniversvm agitvr, tvm imprimis sigilla imperatorvm, regvm, describvntvr et passim cvm nvmis (*sic*) solidis æqve ac bracteatis confervntvr, et hinc inde ex diplomatibvs variisqve observationibvs historicis illvstrantur, accedvnt sigillorvm icones tabvlis æneis [XIIX] comprehensæ. — *Francof.* & *Lipsiæ*, svmtibvs Nicolai Foersteri, anno MDCCIX. In-f°, 1 vol., frontisp. gravé,

3635 Dedvction Sur la défence des Armoiries tymbrées d'un tymbre clos ou fermé, & du port des hachements sans heaume pour le capitaine Plaetzart en qualité de Roy & Héraut d'armes du Roy à tiltre de Malines. 1 br. 18 p. in-4°.

3636 Armorial de Flandre, du Hainaut et du Cambrésis, recueil officiel dressé par les ordres de Louis XIV, 1696-1710, publié d'après les manuscrits de la Bibliothèque impériale par M. BOREL D'AUTERIVE, Professeur et secrétaire de l'Ecole Impériale des Chartes. Tome premier de l'Armorial général de France. *Paris*, au bureau de l'Annuaire de la Noblesse, Dentu, Lib. Dumoulin, Lib. Typ. Simon Raçon & Cie, 1856. 1 vol. grand in-8° broché, une planche en frontispice.

3637 Armorial d'Artois et de Picardie, Généralité d'Amiens, recueil officiel dressé par les ordres de Louis XIV, 1696-1710, publié d'après les manuscrits de la Bibliothèque impériale et suivi d'un Nobiliaire de Flandre et d'Artois, par M. BOREL D'AUTERIVE, archiviste paléographe. Tome deuxième, de l'Armorial général de France. *Paris*, au bureau de l'Annuaire de la Noblesse, Dentu, Libr. Dumoulin Lib., Typ. Simon Raçon & Cie, 1866. 1 vol. grand in-8° avec une planche d'écussons en frontispice.

3638 Devises Heroïqves, Par M. *Claude* PARADIN, Chanoine de Beaujeu. A *Lion* par Ian de Tovrnes, et Gvil. Gazeav. M.D.LVII. Avec Priuilege du Roy. Pet. in-8°, 1 vol. de 361 pp. (manquent pp. 241-242 et 255-258), tit. encadré, bois dans le texte.

ORDRES DE CHEVALERIE CIVILS ET MILITAIRES.

3639 Le Théatre d'honnevr et de chevalerie, ou l'histoire des ordres militaires des Roys, & Princes de la chrestienté, & leur généalogie : De l'Institution des Armes et Blasons ; Roys Hérauldds, & Poursuiuants d'armes ; Duels, Joustes, & Tournois, & de tout ce qui concerne le faict du cheualier de l'ordre. Avec les figures en taille douce naïuement représentées et deux tables : l'vne des choses remarquables : et l'autre des armes des illustres familles de la Chrestienneté, par *André* FAVYN, Parisien, Aduocat en la cour de Parlement. *Paris*, Robert Foüet, MDCXX. 2 vol. in-4°, titre noir & rouge.

3640 Code des Ordres de Chevalerie du royaume, dédié au Roi. Ouvrage rédigé sur les documens authentiques conservés dans les Archives et Bibliothèques publiques; contenant les Statuts fondamentaux des Ordres existans actuellement en France, les Lois, et autres Actes administratifs qui les concernent, une Notice historique sur chacun d'eux, orné de gravures représentant les décorations [par le comte *G.* DE SAINT-ANGE]. Paris, Belin Leprieur, Delaunay. [Impr. J. Gratiot] 1819. In-8°, 1 vol.

3641 Mémoires sur l'Ancienne chevalerie ; considérée comme un établissement politique et militaire. Par M. [*Jean-Baptiste* DE LA CURNE DE SAINTE-PALAYE, de l'Académie Française, de celle des Inscriptions & Belles-Lettres, et des Académies de Nancy et de la Crusca. [Edités par *Hubert-Pascal* AMEILHON]. *Paris*, Nic. Bon. Duchesne, 1781. In-12, 3 vol.

3642 Les Mystères de la Chevalerie et de l'Amour Platonique au Moyen Age, par *E.* AROUX. *Paris*, librairie de Veuve Jules Renouard, [impr. W. Remquet] 1858. In-8°. 1 vol.

3643 Histoire de la Chevalerie Française, ou Recherches historiques sur la Chevalerie, depuis la fondation de la monarchie jusqu'à Napoléon-le-Grand ; contenant : 1° L'origine de la chevalerie, ses statuts ; 2° Les différens Ordres ; 3° Une notice descriptive des joutes, lices, pas d'armes, tournois et carrousels ; 4° Un Abrégé historique sur les Chevaliers troubadours, les Chevaliers errans, et sur ceux de la Table-Ronde ; 5° Les Rois, les Hérauts, les Poursuivans d'armes, le Blason, les Devises et le Cri de guerre ; 6° L'explication et symboles des couleurs, par *J. M.* GASSIER. *Paris*, chez Germain Mathiot, [impr. Marre-Roguin] 1814. In-8°. 1 vol.

3644 Le premier volume de la Thoison d'Or. Composé par reuerend père en Dieu GUILLAUME par la permission diuine jadis Euesque de Tournay abbé de Sainct Bertin et chancellier de l'ordre de la Thoison dor du bon Duc

Philippe de Bourgongne. Auquel soubz les vertus de magnanimité et iustice appartenans à l'estaf de Noblesse sont contenus les haulx vertueux & magnanimes faitcz tant des tres chrestienes maisons de France, Bourgôgne et Flandres que d'autres roys et princes de l'ancien et nouueau testament. Nouuellement imprimé. Le second volume de la Thoison dOr traictant de la vertu de iustice et des autres vertus qui delle dépendent et procèdent. On les vend à Paris en la rue Saint Iacques à l'enseigne du Loup devant les Maturins. Imprimé à *Troies* par Nicolas Lerouge, Imp. & lib. l'an 1530 le 21 avril. 1 vol. in-4°. Orné de gravures sur bois, titre noir & rouge.

Caractères gothiques, 2 colonnes. Au folio 76 se trouve une gravure refaite à la main.

3645 Le Blason Des Armoiries de tous les Chevaliers de l'Ordre de la Toison d'Or depuis la première institvtion ivsqves à present. Avec leurs noms, surnoms titres et, cartiers, Ensemble leurs Eloges descrites en bref, le tout recueilly, par *Jean-Baptiste* MAVRICE, Heraut & Roy d'Armes de sa Maiesté Catholique. A *La Haye*, Chez Jean Rammazeyn Imprimeur. 1665. Il est à vendre en Anvers chez Julien Montfort. In-f°. 1 vol., frontisp. gravé, blasons gravés.

3646 Le Mausolée de la Toison d'Or ou les Tombeaux des Chefs et des Chevaliers du Noble Ordre de la Toison d'Or Contenant leurs Eloges, Inscriptions, Epitaphes, Alliances, Simboles, Emblemes, Medailles, Devises, Epithétes, & crys de Guerre. A *Amsterdam,* chez Henry Desbordes, 1689. Et se vendent à Bruxelles, chez Gille Serstevens. Pet. in-8°, 1 vol.

3647 Fête de la Toison d'Or célébrée à Bruges, en 1478. *Bruges*, Imprim. de Vandecasteele-Werbrouck, 1842. 1 vol. in-8°, 16 pag. 4 planches.

3648 Les Armes & Blasons des Chevaliers de l'Ordre du Sainct Esprit creez par Lovys XIII Roy de France et de Nauarre. Par *Jacques* MORIN escuier Sieur de la Masserie. A *Paris*, chez Pierre firens rue St Iacques a limprimerie de taille doulce [1623]. Auec priuilege du Roy. Petit in-f°, 84 ff. non cotés ni signés, un blason gravé au r° de chacun, le v° blanc, tit. gravé, rel. parchemin.

3649 La Relation historiqve des Pompes & magnifiqves ceremonies obseruees à la reception des Cheualiers de l'Ordre du Sainct Esprit. Faitz cette année mil six cens vingt par Lovys XIII du nom, surnommé le Ivste, Roy de France et de Nauarre. Par *Pierre* BOITEL sieur DE GAVBERTIN. *Paris*, Billaine, 1620. In-12, 1 vol.

3650 Statuts et Catalogue des Chevaliers, Commandeurs & officiers de l'Ordre du Saint Esprit, Avec leurs Noms, Qualitez & Posteritez, depuis l'Institution jusqu'à present. [par le P. ANSELME (*Pierre* DE GUIBOURS), Augustin déchaussé, M. *Honoré* CAILLE DU FOURNY, auditeur de la chambre des comptes, le P. *Ange* DE STE-ROSALIE (*François* RAFFARD) et le P. SIMPLICIEN, Augustins déchaussés, formant le t. IX de l'*Histoire généalogique* de ces auteurs.]—[*Paris*, Imp. Roy.] MDCCXXXIII. In-f°, 1 vol., tit. rouge et noir, plats aux armes royales On a ajouté à la fin 20 ff. mss, contenant un catalogue supplémentaire des membres de l'Ordre, de 1733 à 1778.

3651 Les Noms, Surnoms, Qvalites, Armez et Blasons des Chevaliers et Officiers de l'ordre dv S. Esprit, Créez par Lovis le Iuste, XIII dv nom, Roy de France et de Navarre, A Fontainebleau, le 14 May 1633. Auec les Figures en Tailles-douces, curieusement grauées, et representant au vray les Ceremonie et Vestements desdits Sieurs Chevaliers : et vn ample discours sur ce qui s'y est passé. Le tout recueilly par le sieur D'HOZIER, Gentilhomme ordinaire de la Maison de sa Majesté. A *Paris*,

Chez Melchior Tavernier, MDCXXXIV. Pet. in-f°, 1 vol., fronstisp. gravé, 4 grav. hors texte et nombr. grav. dans le texte.

Voir les nos 3664 et 3665.

3652 Anacephalæosis ceu Brevis res diplomatica supremi Angelici Constantiniani Heracliani, primi, ordinis S. Georgii; cujus (jure sanguinis) magnus Magister perpetuus, D. Ioannes Antonius Angelus Flavius Comnenus Lascaris Palæologus etc. Dat, dicatque *Laurentius* VIRGILIUS DE NICOLLIS sacerd. nob. Trident. indultu superiorum. *In eodem volumine :* Cæremoniale observandum in dando habitu, et cruce equitibus Sacri supremi Angelici Constantiniani Heracliani, primi, ordinis S. Georgii; *Posonii*, typis Ioannis Pauli Royer, anno Christi MDCCXXII. 1 vol. in-4°. 3 grav. hors texte et un arbre généalogique.

3653 Statuts de l'ordre de St Michel. De l'imp. Royale MDCC XXV. 1 vol. in-4°. Le titre est imprimé dans la gravure formant frontispice. En tête des statuts se trouve une gravure représentant la tenue d'un chapitre de 1548 entre les pages 170-171, une gravure représente la réception d'un chevalier; à la page 376 est représenté le sceau de l'ordre tel qu'il est en usage aujourd'huy. Les vignettes sont chargées des attributs de l'ordre.

3654 Histoire de l'Ordre héréditaire du Cigne, Dit l'Ordre Souverain de *Clèves*, ou du Cordon d'Or. Par M. le Comte DE BAR. A *Bâle*, et se trouve à *Clèves*, chez Hoffman. M.DCC.XXX. In-8°, 1 vol., portrait et gravures.

[*Même vol.*] Apologie de l'Histoire de l'ordre héréditaire de Clèves, dit du Cigne. A *Bâle*, et se trouve à *Clèves*, chez Hoffman. M.D.CC.LXXX. XI pp., 2 grav.

3655 Deliciæ Eqvestrivm siue Militarivm Ordinvm, et eorundem Origines, Statvta, Symbola et Insignia, Iconibvs additis genuinis. Hac editione, multorum Ordinum quotquot extitêre, accessione locupletata, serieqz temporum distributa. Studio et Industria *Francisci* MENNENII

Antverp. *Coloniæ Agrippinæ*, Apud Ioannem Kinckium sub Monocerote. Anno M.DC.XIII. Pet. in-8°, 1 vol.

3656 Histoire de l'Ordre royal et militaire de Saint-Louis depuis son institution en 1693 jusqu'en 1830 ; par *Alex.* MAZAS, ancien officier d'état-major, terminée par *Théodore* ANNE, ancien garde du corps du Roi. Deuxième édition. *Paris*, Firmin Didot frères, fils et Compagnie, E. Dentu, 1860 [-61]. In-8°, 3 vol.

3657 Histoire de l'Ordre royal et militaire de Saint-Louis, Par M. d'ASPECT, Historiographe dudit Ordre. A *Paris*, chez la Veuve Duchesne, [impr. Benoît Morin] M.DCC.LXXX. In-8°, 3 vol.

3658 Notice sur l'Eglise de Longué. Les membres de la Légion d'Honneur à leur collègue Monsieur Massonneau, Curé de Longué (Maine-et-Loire). *Angers*, Imp. de Lainé frères 1858. 1 broch. in-12. 139 pag. 1 gravure en frontispice.

NOBLESSE DE FRANCE.

3659 Excellentium Familiarum in Gallia Genealogiæ a prima earumdem origine usque ad præsens ævum deductæ, et notis historicis, Quibus memorabilia regni Galliæ, regumque et clarorum toga et sago virorum facta moresque ac dignitates recensentur, illustratæ, Cum Iconibus insignium & Indicibus necessariis. Auctore *Jacobo Wilhelmo* IM HOFF. *Norimbergæ*, Sumtibus Joh. Andreæ Endteri Filiorum. Anno cIↃ IↃc LXXXVIII. In-f°, 1 vol., tit. rouge et noir, frontisp. gravé, blasons.

3660 *Philippi Jacobi* SPENERI SS. Theol. Doct. Ser. Elect. Saxon. Consiliarii Ecclesiastici & Concionatoris Aulici primarii illustriores Galliæ Stirpes tabulis genealogicis comprehensæ et nunc primum in lucem editæ. *Franco-*

furti ad Mœnum, Impensis Johannis Davidis Zunneri, Anno M DC LXXXIX. In-f°, 1 vol., tit. rouge et noir.

3661 Les Blasons des Armes de la Royale maison de Bourbon & de ses alliances Recerchees (*sic*) par le Sieur DE LA ROCQVE. le Tout graue en taille doulce. Dedie av Roy. A *Paris*, Chez Pierre Firens ruë S. Iacques a lin- (*sic*) primerie de taille doulce. 1.6. — 2.6. In-f°. 1 vol., de 4 ff. prélim. et 121 ff. chiffr. imprimés sur le r° seulement, avec blasons gravés, tit. gravé, etc.

3662 Seconde partie dv Promptvaire armorial et general: dans laqvelle sont representez les Heros & les Hommes Illustres qui se sont signalez sous chaque Regne; leurs Noms, & quelque partie de leurs belles Actions; avec leurs Armes & Blazons, depuis le Roy Pharamond, iusques à nostre inuincible Monarque Lovis XIV. Dieu-Donné. Suiuis des Noms, Qualitez, & Representations des Armes & Blazons des tres-Illustres Cheualiers des Ordres suiuantes : Du S. Esprit, De la Toison d'Or, De la Iartière, de l'Annonciade. Le tout Dressé & Recueilly par *Iean* BOISSEAU, Enlumineur du Roy pour les Cartes Geographiques. A *Paris*, Chez l'avthevr, M. DC. LIX. In-f°, 1 vol., couv. parch.

3663 Tableaux Genealogiques, ou les Seize Quartiers De nos Rois depuis Saint Loüis jusqu'à present, des Princes & Princesses qui vivent, & de plusieurs Seigneurs Ecclesiastiques de ce Royaume. Par Monsieur LE LABOVREVR. Avec un Traité préliminaire de l'Origine & de l'Vsage des Quartiers pour les preuves de Noblesse. Par le P. MENESTRIER de la Compagnie de Iesus. A *Paris*, Chez François Coustelier M. DC. LXXXIII. In-f°, un vol., blasons gravés.

3664 Histoire genealogique et chronologique de la Maison Royale de France, des Grands Officiers de la Couronne et de la Maison du Roy avec les qualitez, l'origine et le progrès de leurs Familles, ensemble les Statuts et le

Catalogue des Chevaliers, Commandeurs, & Officiers de l'Ordre du Saint Esprit, le tout dressé sur les Titres originaux, Registres des Chartes du Roy, du Parlement, de la Chambre des Comptes, & du Châtelet de Paris, Cartulaires d'Églises, Manuscrits & Memoires de la Bibliotheque du Roy & autres. Par le P. ANSELME, [*Pierre* DE GUIBOURS], Augustin déchaussé. Reveuë, corrigée & augmentée par l'Auteur & après son décès continuée jusques à present par un de ses Amis [*Honoré* CAILLE DU FOURNY], auditeur de la Chambre des Comptes. A *Paris*, Par la Compagnie des Libraires. M. DCC. XII. In-f°, 3 vol.

3665 Histoire genealogique et chronologique de la Maison Royale de France, des Pairs, des Grands Officiers de la Couronne & de la Maison du Roy, des anciens Barons du Royaume, avec les Qualitez, l'Origine, le Progrès & les Armes de toutes leurs Familles, Ensemble les Statuts & le Catalogue des Chevaliers, Commandeurs & Officiers de l'Ordre du S. Esprit. Le tout dressé sur Titres originaux, sur les Registres des Chartes du Roy, du Parlement, de la Chambre des Comptes & du Châtelet de Paris, Cartulaires, Manuscrits ds la Bibliothèque du Roy, & d'autres Cabinets curieux. Par le P. ANSELME, [*Pierre* DE GUIBOURS], Augustin déchaussé, continuée par M. [*Honoré*] DU FOURNY, [auditeur de la chambre des comptes]. Troisième édition. Revûë, corrigée & augmentée par le P. ANGE, [*François* RAFFARD], [et le P. SIMPLICIEN (*Pierre* LUCAS), Augustins déchaussés.] A *Paris*, Par la Compagnie des Libraires M. DCC. XXV. [-XXXIII]. Gr. in-f°, 9 vol., tit. rouge et noir.

3666 Histoire genealogique de la Maison de France, reveve et avgmentee en cette Edition des deux precedentes Maisons Royales. Auec les illustres Familles qui sortent des Roynes & Princesses du sang. Divisee en devx tomes. Par *Scevole* & *Lovis* DE SAINCTE-MARTHE freres iumeaux

Aduocats en Parlement, & Historiographes du Roy. A *Paris*, Chez Sebastien Cramoisy, M. DC.XXVIII. In-f°, 2 forts vol. tit. rouge et noir.

3667 Indicateur du grand Armorial général de France, recueil officiel dressé en vertu de l'édit de 1696, par *Charles* D'HOZIER, juge d'armes, publié par le *Cabinet Historique* [sous la direction de *Louis* PARIS]. *Paris*, au bureau du *Cabinet Historique* [impr. Pillet fils ainé] MD. CCC.-LXVI. In-8°, 2 tom. en 1 vol.

3668 Indicateur nobiliaire ou table alphabétique des noms des familles nobles susceptibles d'être enregistrées dans l'armorial général de feu M. D'HOZIER. A *Paris*, de l'imp. de Doublet 1818. 1 br. 16 p. in-8°.

3669 2e Prospectus fixant au 1er novembre prochain la clôture définitive des souscriptions à la nouvelle édition de l'armorial général ou registres de la noblesse de France de feu M. D'HOZIER, imprimée à l'imprimerie royale, 1818. 1 br. 11 p. in-4°.

3670 Trésor Généalogique, ou Extraits des Titres anciens qui concernent les maisons & Familles de France & des environs, connues en 1400 & auparavant. Par Dom CAFFIAUX, Religieux Bénédictin de la Congrégation de Saint-Maur, Dédié a la Reine. Ouvrage proposé par Souscriptions, en dix Volumes in-4°. [T.1er.A-B]. A *Paris*, de l'imprimerie de Phillippe-Denys Pierres, M.DCC.LXXVII. In-4°, 1 vol.

3671 Les Armoiries des Connestables, Grands Maistres, Chanceliers, Admiravx, Mareschavx de France & Preuosts de Paris, depvis levr premier establissement ivsqves av tres Chrestien Roy de France & de Navarre Lovys XIII. Auec leurs noms, surnoms, tiltres, faicts & vies. Œuure premierement composé & mis en lumiere par *Iean* LE FERON, & depuis reueu, corrigé & augmenté en ceste derniere edition, par *Clavde* MOREL, Imprimeur ordinaire du Roy. A *Paris*, Chez Charles fils de Clavde Morel, M.DC.XXVIII. In-f°, 1 vol. tit. rouge et noir, blasons gravés dans le texte, rel. parchemin.

3672 Tables Genealogiques des Maisons des Ducs et Pairs de France et des Seigneurs Illustres qui en descendent par alliance. Dédiées av Roy [dressées par DE SAINT-MARTIN, chevalier d'armes, et gravées par Fr. de la Pointe]. A *Paris*, Par Robert Ballard, M.D.C.LXIIII. In-f°. 1 vol., frontisp. et blasons.

3673 Lettres sur l'origine de la Noblesse Française, & sur la manière dont elle s'est conservée jusqu'à nos jours, [par l'Abbé *Etienne* MIGNOT DE BUSSY. *Lyon*, J. de Ville, 1763. In-12, 1 vol.

Dans le même volume : Recherches sur l'Origine de la Noblesse, sur les Caractères propres ou accidentels à la Noblesse, sur les Preuves de la Noblesse, sur les Moyens de rendre son éclat à l'Ordre de la Noblesse. [Par le Vicomte DE TOUSTAIN-RICHEBOURG, lieutenant des Maréchaux de France]. *S.l.n.d.* (vers 1779).

3674 Calendrier des Princes et de la Noblesse de France, contenant aussi dans une seconde partie L'état actuel des Maisons souveraines, Princes & Seigneurs de l'Europe. Par l'auteur du Dictionnaire généalogique [*Aubert* DE LA CHESNAYE DES BOIS] pour l'année 1763 [et 1767, 1768]. A *Paris*, chez Duchesne puis la Veuve Duchesne, M. DCC. LXIII [-LXVII-LXVIII. In-12, 3 vol.

(La collection complète comprend 8 vol. de 1752 à 1769).

3675 Étrennes de la Noblesse, ou État actuel des familles Nobles de France, & des Maisons & Princes Souverains de l'Europe pour l'année M. DCC. LXXI.-[LXXV]. A *Paris*, chez Des Ventes de la Doué. In-12, 2 vol.

(La collection complète comprend 9 vol. de 1771 à 1780. Suite du précédent).

3676 État de la Noblesse, année M. DCC. LXXXII, contenant [*etc., etc., etc.*,] [par le comte *L. Ch.* DE WAROQUIER DE

COMBLES]. A *Paris*, chez Le Boucher, Onfroy, Lamy, M. DCC. XXXII. In-12, 4 vol.

(Suite de l'ouvrage précédent. L'année 1782 de cette collection comprend en fait 5 vol., les 3 derniers intitulés *Armorial de France*, etc. et rédigés par DUBUISSON et GASTELIER DE LA TOUR ; mais le t. 2 manque à cet exemplaire).

3677 Armorial de France, 2e partie, 3e partie, tom. IV et V de la collection précédente, en double. *Paris*, 1782. 2 vol. in-12.

3678 Table alphabétique des noms de toutes les familles dont nous avons donné l'état actuel dans les quinze volumes de la collection des Étrennes à la Noblesse (y compris l'Etat de la Noblesse et l'Armorial de France, ci-dessus, 1771 à 1782). *Paris*, 1782, 1 vol. in-12.

3679 État de la France, ou les vrais Marquis, Comtes, Vicomtes & Barons, enrichi de Gravures ; précédé d'un Traité sur les Dignités Féodales & Politiques, les Dignités des Ecclésiastiques, les dignités des Vidames attachés à l'Eglise, [*etc.*, *etc.*, *etc.*,]. Par M. le Comte DE WAROQUIER DE COMBLES, officier d'infanterie. A *Paris*, Maison de l'Auteur, Chez Clousier, La veuve Duchesne [*etc.*] M. DCC. LXXXV. In-12, 1 vol.

3680 Tablettes historiques, genealogiques et chronologiques, [par *L.* CHAZOT DE NANTIGNY]. A *Paris*, chez Giffart, Savoys, Duchesne, Veuve Le Gras, Guillyn, M.DCC.-XLIX. [-LVI]. Pet. in-12, 6 vol. (*manquent les tomes IV et VIII*).

3681 Dictionnaire des ennoblissemens, ou recueil des lettres de Noblesse depuis leur origine, tiré des Registres de la Chambre des Comptes & de la Cour des Aides de Paris. Tome Second. A *Paris*, au Palais Marchand MDCCLXXXVIII. 1 vol. petit in-4°.

3682 Dictionnaire des Fiefs, Seigneuries, Chatellenies, etc., de l'ancienne France, contenant : les noms des terres et ceux des familles qui les ont possédées, leur situation provinciale, les dates de possession, de transmission ou d'érection en terres titrées, etc., etc., par *H.* GOURDON DE GENOUILLAC. *Paris*, E. Dentu, [impr. Bonaventure et Ducessois] 1862. In-8° à 2 col., 1 vol., tit. rouge et noir.

3683 La France Héraldique par *Ch.* POPLIMONT, chevalier de l'ordre des Saints Maurice et Lazare. Réimpression (pour le Ier volume). *St-Germain.* Imp. Eugène Heutte 1874-1875 pour les Ier VIIe & VIIIe volumes. *Paris*, Imp. Antonio Azur pour les Tomes II et III, 1873. *Paris*, Imp. Jules Boyer 1874 pour les Tomes IV, V, & VI. 8 vol. in-8°.

3684 Annuaire de la Noblesse de France et des Maisons souveraines de l'Europe, publié par M. BOREL D'HAUTERIVE, secrétaire de l'école des chartes, archiviste paléographe. *Paris*, au bureau de la publication Dentu, Diard, [puis Sauton, Amyot, etc., typogr. Plon, 1843-1877]. In-12, 33 vol. (les années 1849-50 n'en formant qu'une, ainsi que les années 1871-1872), planches de blasons hors texte.

3685 *J. François* D'HOZIER. L'Impôt du Sang ou la Noblesse de France sur les champs de bataille, publié par *Louis* PARIS, sur le manuscrit unique de la Bibliothèque du Louvre, brûlé dans la nuit du 23 au 24 mai 1871, sous le règne de la Commune. *Paris*, au Cabinet Historique, et chez L. Techener [les 2 dern. vol. chez H. Champion, impr. Pillet fils aîné, puis Donnaud, puis Martinet] 1874 [à 1881]. In-8°, 3 tom. divisés chacun en 2 part., en tout 6 vol.

3686 Histoire genealogique de la Maison d'Auvergne justifiée par Chartes, Titres, Histoires anciennes, & autres preuves authentiques. Par Monsieur [*Étienne*] BALUZE. A *Paris*, Chez Antoine Dezallier, MDCCVIII. In-f°, 2 vol., blasons gravés, gravures sur cuivre hors texte.

3687 Histoire genealogique des familles de Bonne, de Crequy, de Blanchefort, d'Agout, de Vesc, de Montlor, de

Maubec, et de Montauban. Par M. *Gvy* Allard, Conseiller du Roy, President en l'Election de Grenoble & Genealogiste de Dauphiné. A *Grenoble*, Chez P. Charvys, & de l'Imprimerie de Laurant Gilibert M.DC.LXXII. In-4°, 1 vol.

[*Même vol.*] Les Histoires des anciens Comtes d'Anjou, et de la Construction d'Amboise; Avec des Remarques sur chaque Ouvrage [et les Généalogies d'Amboise, de Sainte-Maure, de Montbazon, de Montrésor de Palluau, etc., par *Jean* de Marmoutier et l'abbé *Michel* de Marolles. A *Paris*, Chez Jacques Langlois, M.DC.LXXXI. In-4°.

3688 Histoire des Roys, Dvcs, et Comtes de Bovrgongne, et d'Arles, extraicte de diverses Chartes & Chroniques anciennes, & diuisée en IIII. Liures. Par *André* dv Chesne Tovrangeav. A *Paris*, en la Bovtiqve de Nivelle, Chez Sebastien Cramoisy, M.DC.XIX. In-4°, 1 vol., tit. rouge et noir.

3689 Histoire genealogique des Dvcs de Bovrgongne de la Maison de France, a laqvelle sont adiovstez les Seigneurs de Montagu, de Sombernon, & de Conches, issus des mesmes Ducs : et plvsievrs avtres Princes et Princesses du sang Royal incognus iusques à present. [Histoire des Comtes d'Albon, et Davfins de Viennois. Histoire genealogiqve des Comtes de Valentinois et de Diois, Seignevrs de Saint Valier, de Vadans & de la Ferté, de la Maison de Poitiers.] Le tovt ivstifié par tiltres, histoires, & autres bonnes preuues. Par *André* dv Chesne, Tovrangeav, Geographe du Roy. A *Paris*, Chez Sebastien Cramoisy M.DC.XXVIII. In-4°, 6 tom. en 1 fort vol., tit. rouge et noir, rel. parchemin.

3690 Histoire genealogiqve de plvsievrs maisons illvstres de Bretagne, enrichie des armes et blasons d'icelles de diuerses fondations d'Abbayes & de Prieurez, et d'vne infinité de recherches ignorees jusques à ce temps, avec l'histoire chronologique des Euesques de tous les Dioceses de Bretagne. Par Fr. *Avgvstin* DU PAZ, Docteur en Theologie. A *Paris*, Chez Nicolas Buon, M.DCXIX. In-f°, 1 vol., tit. rouge et noir.

3691 Histoire genealogiqve de la Maison des Briçoñets, Representant les plus heroiques actions des personnages tracez au naturel en ce tableau. Par *Guy* BRETONNEAU, Pontoisien, Chanoine de Sainct Laurens au Chasteau de Plancy. A *Paris*, Chez Iean Daumalle, M.DC.XXI. In-4°, 1 vol., tit. orné de portr. gravés.

3692 Histoire genealogiqve de la maison des Chasteigners, Seignevrs de la Chasteigneraye, de la Rochepozay, de Saint Georges de Rexe, de Lindoys, de la Rochefaton, & autres lieux, ivstifiee par Chartes de diverses Eglises, Arrests de la Cour de Parlement, Tiltres domestiques, & autres bonnes Preuues. Par *André* DV CHESNE, Geographe dv Roy. A *Paris*, Chez Sebastien Cramoisy, M.DC.XXXIV. In-f°, 1 vol., tit. rouge et noir.

3693 Histoire de la maison de Chastillon svr Marne. Avec les Genealogies et Armes des illustres Familles de France & des Pays-bas lesquelles y ont esté alliées. Le tout diuisé en XII. Liures, & iustifié par Chartes, Tiltres, Arrests, & Auctoritez des plus fidelles Historiens. Par *André* DV CHESNE, Tourangeau, Geographe du Roy. A *Paris*, en la Bovtiqve de Nivelle, Chez Sebastien Cramoisy, 1621. In-f°, 1 vol., tit. orné de grav. en encadrements.

3694 Mémoires pour servir à l'histoire de la Maison de Condé. Cet ouvrage, imprimé sur les manuscrits autographes, contient la vie du grand Condé, écrite par feu Monseigneur le Prince de Condé, la correspondance de ce prince avec tous les Souverains et princes des familles royales de l'Europe. *Paris*, Imprimerie Anth. Boucher MDCCCXX. 2 vol. in-8°, gravures & fac-simile, notes manuscrites.

3695 Memoires historiques ; I. Sur la Maison de Coucy. II. Sur la Dame de Faïel. III. Sur Eustache de Saint-Pierre. Par M. DE BELLOY, Citoyen de Calais. A *Paris*, Chez la Veuve Duchesne M.DCC.LXX. In-8°, 1 vol.

3696 Histoire genealogiqve de la Maison Royale de Covrtenay, ivstifiee par plvsievrs Chartes de diuerses Eglises, Arrests du Parlement, Titres du Tresor du Roy & de la Chambre des Comptes, Histoires imprimées & manuscriptes, & autres Preuues dignes de foy. Par Monsieur DV BOVCHET, Cheualier de l'Ordre du Roy, son Conseiller & Maistre d'Hotel ordinaire. A *Paris*, Chez François Prevveray, M. DC.LXI. In-f°, 2 tom. en 1 vol., tit. rouge et noir.

3697 Histoire genealogiqve de la maison royale de Drevx, et de qvelqves avtres familles illustres, qui en sont descenduës par Femmes, [Bar-le-Duc, Luxembourg, Limbourg, du Plessis de Richelieu, Broyes et Chasteauvillain], le tovt ivstifié par Chartes de diuerses Eglises, Tiltres, Arrests, Histoires, & autres bonnes Preuues. Par *André* DV CHESNE, Tovrangeav, Geographe du Roy. A *Paris*, Chez Sebastien Cramoisy, M.DC.XXXI. In-f°, 1 vol., tit. rouge et noir.

3698 Histoire genealogiqve des maisons de Gvines, d'Ardres, de Gand, et de Covcy, et de qvelqves avtres familles illustres, qui y ont esté alliées, le tovt ivstifié par Chartes de diuerses Eglises, Tiltres, Histoires anciennes, & autres bonnes Preuues. Par *André* DV CHESNE, Tovrangeav, Geographe du Roy. A *Paris*, Chez Sebastien Cramoisy, M.DC.XXXI. In-f°, 2 parties en 1 vol., tit. rouge et noir.

3699 Anecdote moderne, historique françoise, & relative aux circonstances présentes ; avec quelques poésies légères. Par M. (*Pierre*) DE LA PLACE. *Paris,* Maradan 1789. In-8°. Pièce de 79 pages.

L'*Anecdote moderne* est l'Histoire généalogique de la maison de l'auteur.

3700 Généalogie et alliances de la maison des sievrs de Larbovr, dits depvis de Combavld, sortie autrefois puisnée de la première race de Bourbon non Royalle, dès deuant l'an mil deux cens : En apres renduë aisnée d'icelle par la cheute en femmes des deux branches aisnées : Et auiourd'huy par l'extinction de toutes les autres, seule restée de la ligne masculine. Iustifiée par histoires manuscrites & imprimées, Chartres d'Eglises, Titres publics & particuliers, et par autres bonnes et certaines preuues dont la pluspart est enoncée dans l'arrest de la Cour des Aydes de Paris, donné auec légitime contradicteur, pour la confirmation & maintenuë de la Noblesse de cette famille, insérée en la seconde partie du liure. Par le sieur D'HOZIER, Cheualier de l'ordre du Roy, Seigneur de la Garde, etc. A *Paris*, chez Mathvrin Henavlt M.DCXXIX. Un vol. in-4° avec écussons dans le texte.

Dédicace manuscrite signée d'Hozier.

3701 Histoire de la maison de Lvxembovrg ov sont plvsievrs occvrrences de guerres & affaires tant d'Afrique & d'Asie, que d'Europe. Par Me *Nicolas* VIGNER, Médecin & Historiographe des Rois de France, illvstree de notes. Avec une continuation jusques à present & en fin les tables genealogiques des Princes de cette illustre maison. *Paris*, chez Thomas Blaise, M.DC.XIX. In-4°, 1 vol., tit. rouge et noir.

3702 Extrait de la généalogie de la maison de Mailly suivi de l'Histoire de la Branche des Comtes de Mailly, Marquis d'Haucourt et de celle des Marquis du Quesnoy, dressé sur les titres Originaux sous les yeux de M. de Clairambaut, Généalogiste des ordres du Roy, et pour l'Histoire par M*** [*Paul* LUCAS, dit le P. SIMPLICIEN. [*Paris*], de l'imprimerie de Ballard 1757. In-f°, 1 vol., tit. gravé et orné.

3703 Généalogie de la maison de Montesquiou-Fezensac, suivie de ses preuves, [par *L.-N.-H* CHÉRIN, généalogiste, et

N. VERGÈS]. A *Paris*, de l'imprimerie de Valade, M. DCC. LXXXIV. In-4°, 1 vol.

3704 Histoire genealogiqve de la maison de Montmorency et de Laval, ivstifiee par chartes, tiltres, arrests, & autres bonnes & certaines preuues, enrichie de plvsievrs figvres, & diuisée en XII. Liures par *André* DV CHESNE, Tovrangeav, geographe du Roy [suivie des preuues de l'histoire de la maison de Montmorency, par le même]. A *Paris*, chez Sebastien Cramoisy, M.DC.XXIII. Gr. in-4°, 1 vol., tit. rouge et noir.

3705 Histoire de la maison de Montmorenci par M. DESORMEAUX. A *Paris*, chez Desaint & Saillant, M.DCC.LXIV. In-12, 5 vol.

Tomes : 1er, de 960 à 1531 ; II, de 1494 à 1579 ; III, de 1547 à 1632 ; IV, de 1628 à 1679 ; V, de 1679 à 1695.

3706 Histoire genealogique de la Maison de Surgeres en Poitou, De laquelle sont issus Les Sires de Surgeres en Aunis, les Seigneurs d'Azay sur Cher, de la Floceliere, de Granges & de Puychenin, de la Gord & de Cerveaux, de Montfernier, de Puiguyon, de la Gregoriere, à present la Floceliere, des Bigotieres & de la Fouchardiere. Dressée sur plusieurs Titres & Memoires. Par Messire *Loüis* VIALART, Prêtre, Prieur de Montournois en Poitou. A *Paris*, Chez Jacques Chardon, MDCCXVII. In-f°, 1 vol.

3707 Histoire généalogiqve de la Maison de Vergy ivstifiée par chartes, tiltres, arrests, & autres bonnes et certaines preuues, enrichie de plvsievrs figvres & diuisée en dix Liures, par *André* DV CHESNE, Tovrangeav, Geographe dv Roy. A *Paris*, Sebastien Cramoisy MDCXXV. 1 vol. in-f°, notice bibliographique manuscrite en tête du vol.

3708 Histoire des Ducs d'Orléans, par M. [*Pierre-Sébastien*] LAURENTIE, [publiciste et historien]. *Paris*, chez Béthune, imprimeur, et chez Bricon, libraire. A *Marseille*, même maison, 1832. In-8°, 4 vol.

3709 Recueil de mémoires et autres pieces produites dans un procès intenté au Conseil d'Artois par une famille du nom de Briois, convoquée aux Etats de ladite Province contre une autre famille du mesme nom dont la noblesse était nouvelle, suivi des pièces justificatives et de huit pages manuscrites intitulées : « Extrait d'un compte des nouveaux acquets de la Province d'Artois pour l'année 1407, reposant en la Chambre des Comptes du Roi à Lille. 1 vol. in-4°, *sans date.*

3710 Armorial général de France de D'HOZIER (complément). Notice généalogique sur la famille Droullin de Menilglaise. Extrait du VIIe registre complémentaire). *Paris*, Firmin Didot frères, fils & Cie, Imprimeurs, MDCCCLXIX. 2 pag. in-f°.

Deux exemplaires.

3711 Notice sur les familles du Faure et de Gimel, dans l'ancienne Généralité de Limoges, par *Elie* DUFAURE, Docteur en droit, Avocat à la Cour impériale de Paris. *Versailles*, Typ. C. Dufaure, 1854. 1 vol. in-8°.

3712 Les La Boderie. Etude sur une famille Normande, par M. le Comte de LA FERRIÈRE-PERCY, membre de la Société des antiquaires de Normandie. *Paris*, chez Aug. Aubry, lib., à *Caen*, chez Hardel ; Le Gost-Clérisse, *Caen*, Typ. Hardel 1857. 1 vol. in-8° tiré à 350 exemp.

Deux exemplaires.

3713 Les Tombeaux des Richelieu à la Sorbonne par un membre de la Société d'archéologie de Seine-&-Marne, de l'Académie d'Arras, etc. (Le Comte DE FONTAINE DE RESBECQ). *Paris*, Ernest Thorin, lib. Edit. *Coulommiers*, typ. Moussin 1867. 1 broch. de 38 p. in-8°.

(Don signé d'auteur sur la couverture).

3714 Notice sur Hector de Maniquet, Seigneur du Fayet en Dauphiné, suivie de documents inédits relatifs à sa maison en Allemagne, par *Anatole* DE GALLIER. *Valence*, imp.

de Chenevier et Chavet, 1866. 1 broch 31 pag. Hommage signé d'auteur.

Extrait du bulletin de la Société départementale d'archéologie et de statistique de la Drôme (deux exemplaires).

3715 (Billet de faire part de l'Office anniversaire de Mlle de Madre de Monchy) (25 janvier 1818). A *Lille*, chez L. Danel, imprimeur du Roi et de la Préfecture. 1 feuillet.

NOBLESSE DES PAYS-BAS.

3716 Jvrisprvdentia Heroica sive de Jure Belgarum circa Nobilitatem et Insignia Demonstrato in Commentario ad Edictum Serenissimorum Belgii Principum Alberti et Isabellæ Emulgatum (*sic*) 14. Decembris 1616. In quo Interpretationes seu Declarationes Regiæ ejusdem Edicti, leges Romanæ, variæ supremorum Senatuum Decisiones, Historiæ, Antiquitates, Fragmenta genealogica, Tituli & Ordines Equestres à Rege Catholico concedi soliti, Belgiique & aliarum gentium mores confirmantur, confutantur, & illustrantur. [Auctore *P.* CHRISTIANÆO]. *Bruxellis,* Sumptibus Balthazaris Vivien, 1668. In-f°, 2 tom. en 1 vol., frontisp. gravé, tit. rouge et noir, blasons gravés dans le texte.

3717 Probationes Genealogiæ Flandricæ. [*Ol.* VREDIO auctore, Comitum Flandriæ tomus II. *Brugis*, Kerchovius, 1643]. Pet. in-f°, 1 vol.

3718 Prevves de la Maison de Flandre. Par *Olivier* VREDIUS (DE WRÉE). (*Manque la page de titre de la 1ere partie*). Devxiesme partie : de la Généalogie des Comtes de Flandre contenant les preuves des XII tables postérieures, par lesquelles, outre autres, sont esclaircies les Maisons de Bovrgongne et d'Avstriche par *Olivier* DE WRÉE. I.C Brugeois. A *Brvge* en Flandre, Chez Iean-Baptiste & Lucas Vandenkerchove, anno 1644. 1 vol. in-4°.

3719 Recherche des Antiqvitez et Noblesse de Flandres, contenant l'histoire genealogiqve des Comtes de Flandres, auec vne description curieuse dudit pays, la svitte des govvernevrs de Flandres, des grands-baillys, maistres des eaves, & autres officiers principaux des villes, vn recueil des nobles et riches chastellenies, la police qvi y at (*sic*) esté observée en la condvitte & gouuernement de l'Estat, & villes, auec un abregé particulier de ceux qui ont esté commis aux Magistrats de la tres noble ville de Gand. Iustifiée par bonnes preuues tirées des chartes & tiltres. Enrichie de plusieurs figures, & diuisée en deux liures. Par *Philippe* DE L'ESPINOY, Escuier. A *Dovay*, de l'Imprimerie de la vefue Marc Wyon, MDCXXXII. Gr. in-4°, tit. rouge et noir, frontisp. gravé, 20-1010-22 pp.

3720 Recueil chronologique de tous les Placards, Edits, Décrets, Réglemens, Ordonnances, Instructions et Traités, concernant les Titres & Marques d'Honneur ou de Noblesse, Port d'Armes, d'Armoiries & autres Distinctions, depuis l'année 1431 jusqu'au mois de Mai 1785, avec des Tables chronologique et alphabétique. A *Bruxelles*, Chez Jos. Ermens, M.DCC.LXXXV. Pet. in-8°, 2 tom. en 1 vol. d'une seule série de pagination.

3721 Listes des Titres de Noblesse, Chevalerie, et autres marques d'honneur, octroyés par Philippe IV, Charles II, Philippe V, Charles VI, depuis 1659 jusques et compris 1733. A *Bruxelles*, chez G. Fricx. 1 br. non paginée, 39 p. in-4°.

3722 Liste des titres de noblesse, chevalerie, et autres marques d'honneur, octroyées par le Roy Philippe V [de 1701 à 1737], examiné, enregistré, et approuvé (*sic*) en conformité des Placcarts & Ordonnances sur ce decretez, & nommément celui du 10 Fevrier 1726 à peine de nullité, [certifiée par *A. F.* JAERENS, Roy et Herault d'Armes de S. M. I. & C. *Bruxelles*, Harrewijn, 1738]. In-f°, 1 vol. de 37 pp. chiffr. de texte et 9 ff. d'écussons gravés.

3723 Histoire genealogique de la Noblesse des Païs-Bas, ou Histoire de Cambray, et du Cambresis, contenant Ce qui s'y est passé sous les Empereurs, & les Rois de France & d'Espagne ; enrichi Des Genealogies, Eloges, & Armes des Comtes, Ducs, Evesques, & Archevesques, & presque de quatre mille Familles Nobles, Corrigée & augmentée depuis la première impression de l'an 1664, jusques à present, & justifiée par Chartes, Titres, Epitaphes, & Chroniques, & embelli (*sic*) de plusieurs riches Memoires de l'Antiquité, qui servent grandement aux Nobles, & aux Curieux. Par *Jean* LE CHARPENTIER, Historiographe. A *Leide*, Chez l'Autheur M.DC.LXVIII. In-4°, 2 vol., tit. rouge et noir.

3724 Nobiliaire des Pays-Bas, et du Comté de Bourgogne, contenant Les Villes, Terres & Seigneuries, érigées en titre de Principauté, Duché, Marquisat, Comté, Vicomté & Baronnie : Les Personnes qui ont été honorées de la dignité de Chevalier : Les Familles nobles, qui ont obtenu des Ornemens à leurs Armes, & le Nom & les Armes de ceux qui ont été annoblis ou réhabilités ; par les Princes des augustes maisons d'Autriche et de Bourgogne Depuis le Règne de Philippe le Bon, jusqu'à la mort de l'Empereur Charles VI. Par M. D**** S. D. H** DE VEGIANO, seigneur de Hovel. A *Louvain*, Chez Jean Jacobs, 1760. In-12, 2 vol.

3725 Melanges de genealogie et de Chronologie, avec le Blason des Armoiries, Pour servir de Corrections & d'Additions au Nobiliaire ou Armorial des Pays-Bas et de Bourgogne. [par HOLLEBER]. A *Bruxelles*, Chez Jean Leonard, M.D.C.C.LXXI. Pet. in-8°, 1 vol.

3726 Supplement au Nobiliaire des Pays-Bas & de Bourgogne, ou Mélanges de Généalogie & de Chronologie, avec le blason des Armoiries. Seconde edition. [Par *Philippe* BAERT]. *Louvain*, 1772. In-12, 1 vol.

3727 Le vrai Supplément aux deux volumes du Nobiliaire des Pays-Bas et de Bourgogne, ou Melanges de généalogie & de Chronologie, avec le blason des Armoiries. [Par *Ph.* BAERT]. A *Louvain*, Chez J. P. G. Michel, 1774. Pet. in-4°, 1 vol.

3728 Suite du Supplément au Nobiliaire des Pays-Bas et du Comté de Bourgogne, par M. D**** S. D. H.** 1555-1614. [1614-1630, 1661-1686]. A *Malines*, Chez P. J. Hanicq, M.DCC.LXIX. Pet. in-8°, 3 vol. Manquent les parties qui correspondent aux années 1631-1660.

3729 Mémoires généalogiques, pour servir a l'histoire des familles des Pays-Bas, [par le comte *Joseph* DE SAINT-GENOIS]. *Amsterdam* M.DCCLXXX.-[LXXXI]. In-8°, 2 vol., *dono autoris* (*sic*).

3730 Généalogies de quelques Familles des Pays-Bas, Dressées en partie sur titres, & en partie tirées des Manuscrits de *T. A.* CASETTA ; de *H.* BUTKENS ; de *P.* D'ASSIGNIES, Moine de Cambron ; de *L.* LE BLON, & d'autres fameux Généalogistes ; comme aussi des Auteurs les plus accrédités. [DUMONT, official des Etats de Brabant (?) ou par *P. J.* DE CASTRO Y TOLEDO, haut échevin du pays de Waes (?). A *Amsterdam*, M. DCC. LXXIV. In-8°, 1 vol.

[*Même vol.*] Recueil généalogique de Familles originaires des Pays-Bas ou y établies, [par DUMONT, ou par CASTRO Y TOLEDO, en tous cas par le même auteur que le précédent. *Rotterdam*, M.DCC.LXXV. In-8°, 1 tome, manque le t. 2, Rotterdam 1778.

3731 Recueil généalogique de familles originaires des Pays-Bas ou y établies, [par DUMONT]. *Rotterdam*. M. DCC. LXXV. In-8°, 1 vol. (manque la 2e partie, qui a paru en 1778).

3732 Monumens anciens recueillis et annoncés par souscription en 1782, par le Comte *Joseph* DE SAINT-GENOIS. Prospectus du deuxième volume présenté à MM. les Préfets de Jemmapes, de la Dyle, de l'Escaut, des Deux-Néthes et de la Lys, qui ont honoré le 1er volume de leur souscription 15 juin 1806, *s. n. d'imp.* 1 broch. 16 p. in-f°.

3733 Monumens anciens recueillis et annoncés par souscription en 1782, par le Comte *Joseph* DE SAINT-GENOIS. Deuxième volume présenté à S.A.S. Mgr le prince Cambacérés. A *Bruxelles*, de l'imp. de Weissenbruch, 1806. 3 vol. 170 p. in-f°. Incomplet, s'arrête à la page 268.

3734 Premier cahier du recueil général des mariages du département de Jemmappes, précédé du cartulaire des fiefs qui relevaient du Comté de Hainaut en 1410, par *J.* DE SAINT-GENOIS, de Grandbreucq. *Bruxelles*, chez P. H. Heyvaert, Veuve F. Pauwels, 1809. 1 vol. XXXXIV et 32 p. in-4°.

3735 6e Cahier des Monumens anciens du Comte DE SAINT-GENOIS, contenant : les Pairies du Hainaut. Incomplet *s. n. d'imp. s. d.* paginé de cclxxiii à ccciii. In-f°.

3736 Table provisoire de quelques noms de villes, terres, familles, qui se trouvent dans les six premiers Cahiers de l'Ouvrage qui a pour titre Monumens anciens par *J.* DE SAINT-GENOIS, de Grandbreucq, 1810. 1 br. 12 p. in-4°, *s. n. d'imp.*

3737 Prolégomenes ou notes du Comte *Joseph* DE SAINT GENOIS, Baron du St-Empire, pair de Mortagne, ci-devant Député de la Noblesse des Etats du Hainaut, Seigneur de Grandbreucq, etc. Au sujet de son emprisonnement, arrivé le 21 Juin 1790, adressés au peuple des Provinces Belgiques. A *Lille*, Imp. L. Danel, *s. d.* 1 vol. in-4° avec tableaux et plans hors texte, tranches dorées.

Deux exemplaires

3738 Amusements généalogiques du comte *Joseph* DE SAINT-GENOIS. *Vienne*, de l'imp. de M. Gay, 1788. 1 br. 94 p. in-f°. Inventaire des contrats de mariage, testamens et additions d'héritages, déposés à la table du droit du Pays de la Basse-Autriche à Vienne.

3739 Le Theatre de la Noblesse du Brabant representant Les Erections des Terres, Seigneuries, & Noms des Personnes, & des Familles Titrées, les Creations des Chevaleries, & Octroys des Marques d'Honneur & de Noblesse. Accordez Par les Princes souverains Ducs de Brabant, jusques au Roy Philippe V, a present regnant. Divisé en trois Parties, Enrichies de Genealogies, Alliances, Quartiers, Epitaphes, & d'autres Recherches Anciennes & Modernes, [par *Joseph* VAN DER LEENE, premier roi d'armes du Pays-Bas. A *Liege*, Chez Jean Francois (*sic*) Broncaert, M.DCC V. In-4°, 1 fort vol.

3740 Miroir des Nobles de Hasbaye, composé en forme de Chronicque, par *Jacques* DE HENRICOURT, Chevalier de S. Jean de Jerusalem, L'an M. CCC. LIII. Où il traite des Genealogies de l'Ancienne Noblesse de Liege & des environs, depuis l'an 1102, jusques en l'an 1398. Avec l'Histoire des Guerres Civiles dudit Pays, qui ont duré l'espace de quarante cinq ans, Mis du vieux, en nouveau Langage, Enrichy d'un grand nombre de Figures en Taille-Douce, Par le Sr. DE SALBRAY. A *Bruxelles*, Chez E. Henry Fricx, M. DC. LXXIII. In-f°, 1 vol., frontisp. gravés, blasons.

3741 Recueil de la Noblesse de Bourgogne, Limbourg, Luxembourg, Gueldres, Flandres, Artois, Haynau, Hollande, Zeelande, Namur, Malines, Et autres Provinces de sa Majesté Catholique. Commençant en l'an 1424 & continué jusques à l'an 1714. Par *J.* LE ROUX, Roy d'Armes au titre de la Province & Comté de Flandre. A *Lille*, M.DCC.XV. A *Bruxelles*, Chez Simon t'Serstevens. In-4° car., 1 vol. de 12 ff. non cotés, 408 pp. chiffr. et 8 ff. de tab.

(D'après une note manuscrite de M. de Godefroy cet ouvrage serait absolument sans valeur).

Deux exemplaires.

3742 La Généalogie et Descente, de la très illvstre maison de Croy. Par M. *Jean* SCOHIER, Beavmontois. A *Douay*, de l'Imprimerie de la vefve Jacques Boscard. A l'Escu de Bourgongne, l'an CIƆ IƆ LXXXIX. 1 vol. in-4°. Blasons coloriés.

Manque les pages 15 et 16.

3743 Notice sur le Mausolée de la famille de Gros, avec des données historiques sur cette famille, Par l'Abbé *F.* VAN DE PUTTE, Régent du Collège à Bruges. *Bruges*, chez J. Gailliard, [*Gand*, impr. C. Annoot-Braeckman] 1842. In-4°, 1 vol. de 51 pp. et 1 lithographie.

3744 Généalogie de la famille de Jonghe, extraite du Dictionnaire Généalogique et Héraldique des Familles Nobles de Belgique ; par M. *F.-V.* GOETHALS, bibliothécaire de l'ancienne bibliothèque communale de la ville de Bruxelles. *Bruxelles*, imprimerie de Polack-Duvivier, 1850. In-4°, 1 vol.

3745 La Maison et Famille de Routart, prouvée Tres-Noble passez plus de Six cens Ans, et alliée aux principales Familles du Pays-Bas, d'Espagne, &c. Publiée par *Richard* ROUTART). A *Bruxelles*, chez Jean Mommart, 1668. 1 vol. pet. in-f°, front. et port.

In eodem volumine : Ruremunda vigens, ardens, renascens. Auctore *Gulielmo* DE BLITTERSWYCK, magni apud Mechlinienses Consilii Senatore. 1666.

Titre manuscrit.

NOBLESSE DES AUTRES PAYS D'EUROPE.

3746 Genealogia Imperatorvm, Regvm, Principvm, Comitvm, Baronvm et Dynastarvm Germanorvm totius Orbis Christiani, Siue Opvs Genealogicvm Catholicvm, in qvo præcipvæ familiæ Βασιλικαί, maximè verò Regum ac Principum Germanorum in toto orbe Christiano dilatatorum stirpes ac prosapiæ, inde ab earum origine vsq; ad præsentem ætatem continentur; Concinnatum atque editum summo studio & singulari industriâ *Eliæ* Revsneri Leorini Medicinæ Licentiati, Professoris Historiarum & Poeseos in Academia Ienensi. *Francofvrti*, Impensis Ioannis Trevtelii, M.DC.XII. In-f°, 1 vol., couvert. parchemin.

3747 Genealogiæ Imperatorum, Regvm, Dvcvm, Comitvm, præcipuorumque aliorum Procerum Orbis Christiani; Deductæ Ab Anno Christi MCCCC. Continuatæ Ad Annum MDCLXIV. à *Nicolao* Rittershusio. Editio tertia. *Tubingæ*, Impensis Johannis Georgii Cottæ, Typis Johannis Henrici Reirii. Anno MDCLXIV. In-f°, 1 vol., tit. rouge et noir, couvert. parchemin.

3748 Principvm Christianorvm Stemmata ab *Antonio* Albizio Nobili Florentino collecta: Et cum brevibus eiusdem notationibus ex Archivis Principum descripta: nvnc adiecto Stemmate Orthomanico, consentiente Dn. Autore ex optimis autoribus locupletata & emendatiora reddita. *Argentorati*, Ære & typis Hæredum Christophori ab Heyden. [Anno M.DC.XXVII.] Tr. gr. in-f°, 1 vol., tit. à encadrem. gravé, blasons et arbres généalogiques gravés dans le texte.

3749 Principvm Christianorvm Stemmata ab *Antonio* Albizio Nobilj Florentino collecta Cum breuibus eiusdem notationib. pars ex Archivis Pp. desc. Adiecto stemate Othomannico Opera et Impens. Dominici Custodis Antuerp. nunc Ciui[s] Aug.[nj] aerj incisa. *Augustæ*

Vindelicor. A. CIϽ.IϽCIIX. [*Campiduni*, typis Christophori Craus, A. C. N. M.DC.IX.] Cum priuileg. S. C. M^tis ad an. decem. Editio Secvnda. Gr. in-f°. 1 vol., tit. à encadrement gravé, blasons et arbres généalogiques gravés sur cuivre dans le texte.

3750 Illustrations de la Noblesse européenne par M. l'Abbé D'ORMANCEY, Vicomte de Fréjacques. Ouvrage orné de 21 blasons magnifiquement coloriés d'après les émaux. *Paris*, 1848. Imp. de Gustave Gratiot. 1 vol. in-4°, texte encadré d'un ornement.

3751 Le Palais de l'Honnevr; contenant les généalogies historiques des illustres Maisons de Lorraine de Sauoye, et de plusieurs Nobles Familles de France, Ensemble l'origine & explication des armes, Deuises & tournois; l'institution des ordres militaires & des principales charges & dignitez de la couronne, avec un traité fort curieux pour apprendre parfaitement la Science du blazon, par le Père ANSELME. *Paris*, chez Pierre Bessin M.DC.LXIII. 1 v. in-4° avec frontispice et 12 planches.

3752 Quartiers genealogiques des illustres et nobles Familles d'Espagne, d'Allemagne, d'Italie, de France, de Bourgogne, de Loraine, & des XVII Provinces. Avec leurs qualités & Titres, les Armes blasonnées, les Timbres, Couronnes & Cimiers, &c. Par *Laurent* LE BLOND, Genealogiste celebre à Valenciennes. A *Bruxelles*, chez Simon t'Serstevens 1721. In-4° car., 1 vol.

3753 Quartiers généalogiques des illustres et nobles Familles d'Espagne, d'Allemagne, d'Italie, de France, de Bourgogne, de Lorraine et des XVII Provinces. Avec leurs qualités, titres, &c. Par *Laurent* LE BLOND, généalogiste célèbre à Valenciennes. Nouvelle édition, A *Bruxelles*, Chez Jos. Ermens, (*s. d.*) In-8°, 2 tom. en 1 vol. d'une seule pagination.

3754 Regum Pariumque Magnæ Britanniæ Historia genealogica qua veterum juxta ac recentium in illa Familiarum Origines, Stemmata, & Res Memorabiliores, Ordine ad novissimum Angliæ statum aptato, recensentur atque explicantur, additis æneis insignium tabulis et indice necessario Studio ac opera *Jacobi Wilhelmi* IM-HOFF. *Norinbergæ*, Sumptibus Johannis Andreæ Endteri Filiorum. Anno M DC XC. Gr. in-4°, 1 vol., tit. rouge et noir, frontisp. gravé.

3755 Precis historique de la Maison Imperiale des Comnenes, ou l'on trouve l'origine, les mœurs et les usages des Maniotes, Précédé d'une Filiation directe & reconnue par Lettres-Patentes du Roi du mois d'Avril 1782, depuis David, dernier Empereur de Trébisonde, jusqu'à Demetrius Comnène, actuellement Capitaine de Cavalerie en France. [par ledit *Démétrius* COMNÈNE, aidé du comte DE MIRABEAU ?] A *Amsterdam*, M. DCC. LXXXIV. In-8°, 1 vol.

3756 Papiers des Pot de Rhodes 1520-1648 avec une introduction et des notes par le Président HIVER. *Paris*, Aug. Aubry, Lib. 1864. 1 vol. p. in-4°, avec un appendice, une table des matières et une table des noms propres.

3757 Historia Italiæ et Hispaniæ genealogica exhibens instar prodromi Stemma Desiderianum ab ima radice cum suis stirpibus ac ramis, unde Italiæ & Hispaniæ Reges Proceresque, pullularunt, deductum exegesi historica perpetua illustratum insigniumque iconibus exornatum. Accessit Familiæ Sfortianæ genealogia, recensente *Jacobo Wilhelmo* IM-HOF. *Norimbergæ*, Sumtibus Joannis Hoffmanni Vid. & Engelberti Streckii, Literis Abrahami de Werth, Anno M. DCC I. In-f°, 1 vol., tit. rouge et noir, frontisp. gravé. Le *prodomus* et la généalogie de Sforza sont seuls de cette date et de cette impression ; le corps de l'ouvrage est de 1702, typis J. T. Adelbulneri,

3758 Genealogiæ viginti illustrium in Italia Familiarum in tres classes Secundum totidem Italiæ Regiones Superiorem, Mediam & Inferiorem divisæ, & Exegesi historica perpetua Illustratæ insigniumque iconibus exornatæ Studio ac Opera *Jacobi Wilhelmi* Imhoff Consiliarii & Quæstoris ærarii Norimbergensis. Accedunt in fine de Genealogia & Insignibus familiæ de Mediolano Vicecomitum In Belgio jam florentis Epistolæ duæ ab Illustri Viro ex ea orto ad Autorem hujus operis scriptæ. *Amstelodami*, Ex Officina Fratrum Chatelain. Anno M. D. CCX. In-f°, 1 vol., portr. de l'auteur, blasons gravés, tit. rouge et noir.

3759 Histoire de la famille de S. Evrard, Comte, Marquis, Dvc de Friovle, beav-fils de Lovys le Debonnaire Emperevr, Espovx de la B. Princesse Gisle, pere dv Roy et Emperevr Berengaire, &a. Fondateur de la Tres-celebre Abbaye des chanoines reguliers de Cisoin : ioint la vie & translation dv grand pontife & martyr Saint Calixte avdit Monastere par son S. fondatevr ; recüeillies par feu le R. P. *Jean* Bvzelin, de la compagnie de Jesvs. A *Dovay*, de l'imprimerie de la Vefue Marc Wyon, à l'enseigne du Phœnix, l'an 1637. In-4°. Pièce de 111 pages.

3760 Le livre d'or du Capitole, Catalogue officiel de la Noblesse Romaine, annoté par le comte de Tournon. *Paris*, Jacques Lecoffre. *Lyon*, Girard & Josserand. *Lyon*, Imp. Louis Perrin 1864. 1 broch. in-8°, 78 p.

3761 Le Monarque de la Sagesse, son tombeau et sa famille, par M. Borel d'Hauterive, archiviste paléographe, sous-bibliothécaire à la Bibliothèque Ste-Geneviève. *Paris*, Bachelin-Deflorenne, Imp. Claye, 1869. 1 broch. in-8°, titre noir et rouge. 47 pag.

3762 Les Genealogies des tresillvstres et trespuissans Princes les Ducz de Lorraine Marchis, auec le discours des alliâces & traictez de mariages en icelle maison de

Lorraine, iusques au duc Francoys dernier decedé, Dedié a tresillustre prince Charles tiers de ce nom, Duc de Lorraine marchis, Par *Emond* DE BOULLAY son premier Herault, & Roy d'armes. Auec priuilege. A *Paris*, On les vend au Palais, en la gallerie comme on va en la Chancellerie, en la boutique de Iehan Longis. 1549. Pet. in-8°, 1 vol. de 72 ff. non cotés y compris tit., blasons gravés sur bois dans le texte, couvert. parchemin.

3763 Stemmatvm Lotharingiæ ac Barri Dvcvm Tomi septem. Ab Antenore, Trojanarum reliquiarum ad paludes Mæotidas Rege, ad hæc vsque illustrissimi, potentissimi & serenissimi Caroli Tertii, Ducis Lotharingiæ tempora. In qvibvs præterea habes totius orbis nobiliorum familiarum, ac rerum vbique gentium præclarè gestarum.... Perutile compendium, vt instar Bibliothecæ Omnium Historiarvm esse possit. Authore *Francisco* DE ROSIERES, Nobili & Patricio Barroducæo, Archidiacono Tullensi. *Parisiis*, Apud Guilielmum Chaudiere, 1580. In-f°, 1 vol.

3764 Memoire pour établir en faveur des Princes de Ligne, le droit de succéder aux États de Lorraine & de Bar, supposé que la Ligne directe de Son Altesse Royale, Duc de Lorraine, du Sérénissime Prince Charles son frere, & des Sérénissimes Princesses leurs sœurs, vînt à manquer ; Et pour prouver que le même ordre de succession doit être conservé par rapport au Grand Duché de Toscane, [par M^e^ DE LAVERDY, Avocat en Parlement]. A *Paris*, de l'Imprimerie de Charles Osmont, M. DCC.XXXIX. In-4°, 1 vol., av. tabl. généalogiques.

3765 Généalogie des Dix hvict premiers Roys de Portvgal qvi ont regné iusques en l'an MDLXXX lesquels estoient issus en ligne masculine de la maison de France qui régne aujourd'hui. 1 tableau.

3766 *Jacobi Guilielmi* IMHOF, Stemma Regium Lusitanicum, sive Historia genealogica Familiæ Regiæ Portugallicæ.

A prima origine usque ad præsens ævum deductæ et narratione rerum in Portugallia à condito regno gestarum, ac factorum memorabiliorum illustratæ Insigniumque Iconibus exornatæ. *Amstælodami*, Apud Zachariam Chatelain, Anno MDCCVIII. In-f°, 1 vol., tit. rouge et noir, blasons gravés.

3767 Lettre écrite à un jurisconsulte de la ville de .... Au sujet des dispositions faites par l'Empereur Ferdinand I dans son Testament du premier Juin 1543 dans le Contrat de mariage de l'Archiduchesse Anne sa fille aînée, du 19 Juin 1546 & dans son Codicille du premier Février 1547 pour régler la succession à plusieurs États de la Maison d'Autriche. *s. n. d'imp*, *s. n. d'aut.* M. DCC. XLI. 1 br. 22 p. in-4°.

3768 Des droits directs & éventuels des Bourbons d'Espagne, de Naples & de Parme. (Par *Victor* DE CARRIÈRE, Rédacteur de la Gazette de Flandre & d'Artois). *Paris*, Dentu. *Lille*, Impr. de Cailleaux-Lecocq, rue Marais, 1840. In-8°. Pièce de 131 pages avec un tableau généalogique & un Appendice de 8 pages.

ANTIQUITÉS. — ARCHÉOLOGIE. — GÉNÉRALITÉS.

3769 L'Antiquité expliquée et représentée en figures. Par Dom *Bernard* DE MONTFAUCON, Religieux Bénédictin de la Congrégation de S. Maur. A *Paris*, chez Florentin Delaulne, Hilaire Foucault, Michel Clousier, Jean-Geoffroy Nyon, Étienne Ganeau, Nicolas Gosselin, Et Pierre-François Giffart. M. DCCXIX. Gr. in-f°, 5 tom., en 2 part. chacun, en tout 10 vol., tit. rouge et noir. nombr. gravures.

T. Ier (1. 2) : Dieux des Grecs et des Romains. T. II (1) : Culte des Grecs et des Romains ; (2) : Culte des autres peuples de l'antiquité. T. III (1. 2) : les Usages de la Vie.

T. IV (1. 2): Guerre, Chemins, Ponts, Aqueducs, Navigation, etc. T. V (1. 2): Funérailles, Lampes, Supplices, etc., des Grecs, des Romains et des Barbares.

3770 Antiquités. Recueil de gravures. 142 planches. In-f°.

3771 Spicilegium Antiqvitatis sive Variarum Ex Antiquitate Elegantiarum vel Novis luminibus Illustratarum vel Recens etiam editarum Fasciculi, Exhibente *L.* BEGERO, Serenissimi Electoris Brandenburgici Consiliario ab Antiquitatibus & Bibliotheca. *Coloniæ Brandenburgicæ*, Typis Ulrici Liebperti, Anno M. DC XCII. In-f°, 1 vol.

3772 *Philippi* RVBENI Electorvm Libri II. In quibus antiqui Ritus, Emendationes, Censuræ. Eivsdem ad Ivstvm Lipsivm Poëmatia (*sic*). *Antverpiæ*, ex Officina Plantiniana, Apud Ioannem Moretum. cIↄ. IↄC. VIII. In-4°, 1 vol. de 8 ff. non cotés, 124 pp. chiffr. et 2 ff. de privilège et marque d'imprimeur, belles gravures sur cuivre de Corn. Galle hors texte, rel. parchemin.

3773 Dictionnaire abrégé d'antiquités pour servir à l'intelligence de l'histoire ancienne, tant sacrée que profane & à celle des auteurs grecs et latins, par DE MONCHABLON. Nouvelle Edition. *Paris*, Saillant et Nyon et Vve Desaint. Imp. Michel Lambert M DCC LXXIII. 1 vol. pet. in-12.

3774 La Patine des silex travaillés de main d'homme et quelques recherches sur les questions diluviale et alluviale. Chap. V^{e} d'un mémoire intitulé: Le bassin hydrographique du Couzeau, par *Ch.* DES MOULINS, S. Directeur de l'Institut des Provinces pour le S. O. (extrait des actes de la Société Linnéenne de Bordeaux, 3e série, tom. XXV. 2e livr. Octobre 1864). *Bordeaux*, Coderc, Degréteau et Poujol. Imprimerie Degréteau 1864. 1 broch. in-8°. 30 pag. & la table.

3775 Indication des signes conventionnels à employer pour les cartes archéologiques. *S. n. d'imp. s. d.* 1 feuillet.

ANTIQUITÉS SACRÉES. — ARCHÉOLOGIE SACRÉE.

3776 Antiquitates sacræ veterum Hebræorum breviter delineatæ ab *Hadriano* RELANDO. Editio quarta. *Trajecti ad Rhenum* Ex Libraria Ioannis Broedelet, MDCCXLI. In-4° car., 1 vol., tit. rouge et noir, beau frontispice gravé.

3777 Dictionnaire des antiquités chrétiennes contenant le résumé de tout ce qu'il est essentiel de connaître sur les origines chrétiennes, jusqu'au moyen âge exclusivement. I° Étude des mœurs et coutumes des premiers chrétiens. II Études des monuments figurés. III Vêtements et meubles, par M. *L'Abbé* MAREIGNY, curé archiprêtre de Bagé, ouvrage accompagné de 270 gravures. *Paris*, Lib. de L. Hachette et Compagnie. Imp. Lahure 1875. 1 vol. in-8°.

3778 Nouvelle Encyclopédie Théologique. Dictionnaire d'Archéologie sacrée, contenant, par ordre alphabétique, des notions sûres et complètes sur les antiquités et les arts ecclésiastiques, savoir : l'Architecture, la Sculpture, la Peinture, la Mosaïque, les Émaux, les vitraux peints, l'Orfévrerie, la Céramique, etc ...... etc., par M. *JJ.* BOURASSÉ. *Paris*, impr. J. P. Migne, 1851. 1 vol. in-4°.

3779 Cours d'Archéologie sacrée à l'usage des séminaires et de MM. les curés, accompagné d'un grand nombre de Dessins, par M. l'Abbé GODARD, prêtre, professeur d'histoire ecclésiastique et d'archéologie au grand séminaire de Langres. Ouvrage approuvé par Monseigneur Parisis, évêque de Langres. Seconde édition. Guyot, frères. *Paris*, *Lyon*, [*Besançon*, typogr. d'Outhenin Chalandre fils] 1853. In-8°, 1 vol.

[*Même vol*]. 1) Notice sur les Cryptes de l'Abbaye Saint-Victor-lez-Marseille. Précis historique. Description de ces souterrains, [par *Ch.* ROTHEN]. *Marseille*, typographie Veuve Marius Olive 1864. 2) Notice archéologique historique et descriptive sur la Crypte de l'église cathédrale Notre-Dame de Boulogne, par M. l'abbé *D.* HAIGNERÉ, Archiviste de la ville de Boulogne. 3me édition, *Boulogne-sur-Mer*, au dépôt des objets de piété et souvenirs de pèlerinage. [*Arras*, typogr. Rousseau-Leroy] 1863. In-8°, lithographies.

3780 Cippi hebraici, sive Hebræorum, tam Veterum Prophetarum, Patriarcharum; quam recentiorum Tannæorum, Amoræorum, Rabbinorum monumenta, Hebraice a Iudæo quodam, Vesse oculato, tum intra, tum etiam extra Terram Sanctam observata et conscripta; nunc Vero Latinitate donata notisque illustrata *Joh. Henrico* HOTTINGERO, D. *Ejusdem* accedunt: I. Dissertatio de Nummis Orientalium, Hebræorum maxime & Arabum. — II. Præfatio de variis Orientis monumentis, Mensuris & inscriptionibus. — III. Elenchus Tractatuum ab autore eodem editorum. *Heidelbergæ,* Broun, 1659. Pet. in-12. 1 vol. planches.

3781 *Jvsti* LIPSII de Crvce Libri tres Ad sacram profonamque (*sic*) historiam utiles. Unà cum Notis. Editio ultima, seriò castigata. *Amstelodami,* Sumptibus Andreæ Frisii. M.DC.LXX. Pet. in-12, 1 vol., tit. orné.

In eod. volum.: Titvlvs Sanctæ Crvcis, sev Historia et Mysterivm Titvli Sanctæ Crvcis Domini nostri Iesu Christi. Libri dvo. Authore *Honorato* NICQVETO è Societate Iesv. *Antverpiæ,* Sumptibus Andreæ Frisii M.DC.LXX. Pet. in-12.

3782 De Sessorianis præcipuis passionis D.N.J.C. Reliquiis Commentarius. *Romæ,* apud Franciscum Bourliacum cIↃ IↃ. xxxccc. 1 vol. in-8°.

3783 *F. Corneli* CVRTI Avgvstiniani de Clavis Dominicis Liber. Curæ secundæ. Editio novissima aucta, emendata, & figuris æneis exornata. *Antverpiæ*, Sumptibus Andreæ Frisii. M.DC.LXX. In-12, 1 vol., faux-titre gravé.

3784 *Io. Iac.* CHIFFLET de Linteis sepvlchralibus Christi Servatoris Crisis historica. *Antverpiæ*, ex officina Plantiniana, Apud Balthasarem Moretum, & Viduam Ioannis Moreti, & Io. Meursium. M. DC XXIV. In-4° car. 1 vol. de 8 ff. non cotés, 228 pp. ch. et 7 ff. de tab., approb. et marque typogr.

3785 Hagioglypta sive Picturæ et Sculpturæ sacræ antiquiores præsertim quæ Romæ reperiuntur explicatæ a *Joanne* L'HEUREUX (MACARIO) [Edidit *Raphael* GARRUCCI, ex Soc. Jesu sacerdos, Academicus Herculanensis.] *Lutetiæ Parisiorum.* J. A. Toulouse, [excudebant Firmin Didot fratres] MDCCCLVI. In-8°, 1 vol., grav. dans le texte.

3786 Essai sur le Pavage des églises antérieurement au Quinzième siècle, par *L.* DESCHAMPS DE PAS, ingénieur des Ponts et Chaussées. *Paris*, librairie Didron, imprimerie J. Claye & Cie, 1851. 1 vol. in-4°, 5 planches en couleur.

3787 De Sacris inscriptionibvs, qvibvs tabella D. Virginis Cameracensis illvstratvr, lvcvbrativncvla ; auctore *Ioanne* CHIFLETIO Sacerdote. *Antverpiæ*, ex officina Plantiniana Balthasaris Moreti MDCXLIX. 1 volume in-4° avec une gravure.

Dédicace manuscrite de l'auteur à François Vilain de Gand, évêque de Tournai.

3788 Première Lettre a M. le duc de Luynes, membre de l'Institut, sur quelques types de l'art chrétien dessinés par ses soins dans le département de la Somme, [par *H.* DUSEVEL]. *Abbeville*, imprimerie de T. Jeunet, M D CCC LIII. In-4°, 1 vol. de 33 pp., envoi signé d'auteur à M. de Godefroy.

3789 Spiegazione e Riflessioni del *P. Giuseppe* ALLEGRANZA, Domenicano sopra alcuni sacri Monumenti antichi di Milano. In *Milano*, per Beniamino Sirtori, stampatore arcivescovile. M D CC LVII. In-4°, 1 vol., 8 pl. gravées sur cuivre.

ANTIQUITÉS GRECQUES ET ROMAINES.

3790 Antiquitatum Homericarum Libri IV ab *Everardo* FEITHIO quondam scripti, nunc primum in lucem prodeunt. *Lugduni-Batavorum*, apud Adrianum Severinum cIↃ IↃ CLXXVIII. 1 vol. in-12.

3791 Antiquités grecques ou Notice et Mémoire sur des recherches faites en Grèce, dans l'Ionie et dans l'Archipel grec, en 1799, et années suivantes, par le comte d'ELGIN, alors ambassadeur de S. M. Britannique près la Porte Ottomane, avec trois appendices publiés à Londres en 1811, et deux appendices nouveaux. *Bruxelles*, chez Weissenbruch, Imp. 1820. 1 vol. in-8°.

3792 Archæologia Græca, sive vetervm Græcorvm, præcipve vero Atheniensivm, Ritvs civiles, religiosi, militares et domestici, fvsivs explicati per *Joannem* POTTERVM. *Lvgdvni Batavorvm,* Excudit Petrvs Vander Aa, Bibliop. MDCCII. In-f°, 1 vol., tit. rouge et noir, gravures hors texte.

3793 *Gisb.* CUPERI Harpocrates, sive Explicatio imagunculæ argenteæ perantiquæ; quæ in figuram Harpocratis formata represontat (*sic*) Solem. Ejusdem Monumenta antiqua inedita. Multi Auctorum loci, multæ Inscriptiones, Marmora, Nummi, Gemmæ, varii ritus, & Antiquitates in utroque Opusculo emendantur & illustrantur. Accedit *Stephani* LE MOINE, Epistola de Melanophoris. *Trajecti ad Rhenum*, Apud Franciscum Halma, Anno M. DC. LXXXVII. In-4° car., 1 vol., tit. rouge et noir.

3794 Introduction a la Connoissance des Antiquitez Romaines, Traduite en partie d'un petit ouvrage Latin de Cellarius, & en partie tirée des meilleurs Auteurs anciens & modernes, par *Louis* VASLET. A *la Haye*, chez les Frères Vaillant, & Prevost. M. DCC. XXIII. Pet. in-8°, 1 vol.

3795 Romanarvm antiqvitatvm libri decem ex variis scriptoribvs svmma fide singularique diligentia collecti. A *Joanne* ROSINO Bartholomæi F. Isennacensi Thuringo cum indicibus locupletissimis Editio vltima. Omnium, quæ hactenus prodierunt, tersissima. *Lugdvni*, ex officina Hvg. A Porta, sumptibus Samvelis Girard. M. D. CIX. 1 vol. in-4°, titre noir & rouge.

3796 NovvsThesavrvsAntiqvitatvm Romanarvm, [complectens *Julii* MINUTOLI, *Lucii* FAUNI, *J.-M.* SUARESII, *And.* ALCIATI, *Laurentii* JOUBERTI, *F. Henrici* NORIS, *Felicis* CONTELORII, *Th.* REINESII, *Fr.* DE REBATU, *J.-J.* CHIFFLETII, *H.-Th.* CHIFFLETII, *Cl.* CHIFFLETII, *Georgii* GREENII, ALDI MANUTII, *Pauli* JOVII, *J.-B.* DONII, GAILLARDI GUIRANI, *Jacobi* GRASSERI, *Chr. W.* EYBENII, *Joannis* SERVILII, *Ph.-L.* HANNEKENII, *And.* CIRINO, *Cl.* SALMASII, *Octavii* FERRARII, *Nicolai* CALLIACHII, *J.-Ant.* ASTORII, *J.-A.* CRUSII, *P.* BERTII, *L.-F.* COMITIS MARSILLI, *P.* PETAVII, *Car.* BRETI, *Hier.* MAGII, *F. Angeli* ROCCHÆ, *Hier.* BOSSII, *Gisberti* CUPERI, *Jac.* GUTHERII, *H.-F.* SALOMON, *P.* LANZONI, *Hier.* BARUFFALDI, *Laur. J.* MOLIN, *Phil.* A TURRE. *P. D. Purpurini* A FAVENTIA, *Dominici* AULISII, *Cl.-Fr.* MENESTRIER, *Raphaelis* VOLATERRANI, *Jani* GULIELMI, *Georgii* VAUCHOPII, *Æ.* PRÆVOTII, *H.* BEBELII. *P.* FABRI, *Erycii* PUTEANI, *Herm.* CONRINGII, *Chistophori* CELLARII, et incerti cujusdam scriptoris, de Antiquitatibus Romanis, Dissertationes diversas] congestvs ab *Alberto Henrico* DE SALLENGRE, Serenissimæ Principis Aravsionensis Consiliario. Cum figuris æneis. *Hagæ-Comitvm,* Apud Henricvm dv Savzet, [deinde Petrum Gosse] et *Parisiis* apvd

Antonium Vrbanvm Covstelier. MDCCXVI. [-XXIV]. In-f°, 3 vol., tit. rouges et noirs, fronsp. gravés, nombreuses gravures.

3797 Lettres de PACIAUDI, bibliothécaire et antiquaire du duc de Parme, au comte de Caylus ; avec un Appendice, des Notes et un Essai sur la vie et les écrits de cet antiquaire italien, dédiées au général Murat, par *A.* SÉRIEYS, bibliothécaire du Prytanée, ornées de deux planches, gravées par Tardieu l'aîné. A *Paris*, chez Henri Tardieu, [impr. A. Egron] An XI (1802). In-8°, 1 vol.

3798 Histoire des grands chemins de l'Empire Romain, contenant l'origine, progrès, & estenduë quasi incroyable des chemins militaires, pauez depuis la ville de Rome iusques aux extrémitez de son Empire, où se voit la grandeur et la puissance incomparable des Romains ; Ensemble l'esclaircissement de l'itinéraire d'Antonin, et de la Carte de Peutinger, par *Nicolas* BERGIER, advocat au siege présidial de Reims. A *Paris,* chez C. Morel, Imp. MDCXXII. 1 vol. in-4°, titre rouge et noir.

3799 *Onvphrii* PANVINII Veronensis Augustiniani Reipvblicæ Romanæ Commentariorvm Libri tres Recogniti, & indicibus aucti. Accesserunt in hac editione *Sex. Ivlii* FRONTINI Commentarii de Aquædvctibvs et Coloniis : Itemque alia veterum Scriptorum, quorum seriem decima pagella indicabit [*Sex.* RUFI et *P.* VICTORIS de regionibus Urbis, *Rut.* NUMATIANI itineraria, origo gentis Romanæ incerto auctore, *P. Vell.* PATERCULI et ULPIANI fragmenta, *M. P.* CATONIS originum liber, *Q.* FABII PICTORIS de aureo seculo, *C.* SEMPRONII de divisione Italiæ, MYRSILI LESBII de origine Italiæ, etc]. *Parisiis*, Apud Egidium et Nicolaum Gillios, M. D. LXXXVIII. Pet. in-8°, 3 tomes en 1 vol.

3800 Calcografia della Colonna Antonina Divisa in 150 Tavole, Ovvero La veduta, l'elevazione, lo spaccato ed i belli bassi-rilievi di questo celebre monumento, Che vedesi in Roma da più di 1500 anni in quà nella piazza dell' istesso nome. In *Roma* MDCCLXXIX. Nella Stamperia (*sic*) di Arcangelo Casaletti Appreso Gaetano Quojani. In-fol. obl., 3 part. en 1 vol., 144 pl. grav. sur cuivre, sans autre texte que les titres et tables.

3801 Colonna Traiana eretta dal Senato e Populo, Romano all' Imperatore Traiana Avgvsto nel svo foro in Roma. scolpita con l'Historie della Gverra Dacica la prima e la seconda Espeditione, e Vittoria contro il re Decebalo nuovamente disegnata, et intagliata da *Pietro Santi* Bartoli. Con l'espositione latina *d'Alfonso* Ciaccone compendiata nella vvlgare lingva sotto ciascuna immagine, accrescivta di medaglie, inscrittioni, e trofei, da *Gio. Pietro* Bellori Con diligente cura, e spera ridotta à perfettione, e data in luce da *Gio. Giacomo* de Rossi dalle rue stampe in Roma, alla Pace con Priuilegio del S. Pontefice. [*s. d.*, fin du XVIIe siècle ou commencement du XVIIIe]. 1 vol. in-f^{o} obl., comprenant tit., dédicace, 6 pl. non cotées et 119 pl. cotées.

3802 Marmora taurinensia dissertationibus, et notis illustrata ex recens. *Ant.* Rivautellæ & *Jo. Pauli* Ricolvi. Pars prima et Pars altera cui addita est appendix inscriptionum, quæ perierunt & quarum memoria ab uno nobis Pingonio Servata. *Augustæ Taurinorum*, ex typographia Regia M. DCCXLIII-MDCCXLVII. 1 vol. grand in-8°, avec nombreuses planches & gravures dans le texte.

3803 *Hadriani* Relandi de Spoliis Templi Hierosolymitani in Arcu Titiano Romæ conspicuis Liber singularis. *Trajecti ad Rhenum*, Ex libraria Guilielmi Broedelet, CIↃIↃCCXVI. In-12, 1 vol., tit. rouge et noir.

Deux exemplaires.

3804 Roma Subterranea novissima in qva post Antonivm Bosivm Antesignanum, Jo: Severanum Congreg. Oratorii presbyterum, Et celebres alios Scriptores Antiqua

Christianorum Et præcipue Martyrum Cœmeteria, Tituli, Monimenta, Epitaphia, Inscriptiones, ac nobiliora Sanctorum Sepulchra sex libris distincta illustrantur et iconibus graphice describuntur, Opera et studio *Pauli* ARINGHI Romani Congreg. ejusdem presbyteri. Cum duplici Indice. *Coloniæ* & veneunt *Lvtetiæ Parisiorvm*, M D C LIX. In-f°, 2 tom. en 1 vol., frontisp. gravé, gravures dans le texte.

3805 Les Catacombes de Rome. Notes pour servir de complément aux cours d'archéologie chrétienne avec dessins, par *Henri* DE L'EPINOIS chevalier de l'ordre de St. Grégoire Le Grand, ancien Elève de l'École des chartes. *Paris*, Libr. de la Société Bibliographique. *Toulouse*, Imp. Hébrail et Delpuech, 1875. 1 vol. in-18, frontispice.

3806 Vetera Monimenta, In quibus præcipuè Musiva Opera Sacrarum, Profanarumque Ædium Structura, Ac nonnulli antiqui Ritus, Dissertationibus, Iconibusque illustrantur. *Joannis* CIAMPINI Romani, Ac literarum Apostolicarum Majoris Abbreviatoris, necnon in utraque Signatura Referendarii. *Romæ*, M DCXC. [-XCIX] Ex Typographia Joannis Jacobi Komarck Bohemi, [*tum* Bernabo]. In-f°, 2 vol., frontispices gravés et 77-35 pl. gravées.

3807 Marmor Pisanvm de honore Bisellii. Parergon inferitur de Veterum sellis, synopsis appenditur de Re Donatica antiquorum, quam brevi spondet Auctor *Val.* CHIMENTELLIVS I. C. in Pisano Eloq. et Politic. Professor. Accedit Myiodia, sive de muscis odoris Pisanis epistola. *Bononiæ*, M. DC. LXVI. Ex typographia hæredis Victorii Benatii. 1 vol. in-4°, planches gravées.

3808 Le Palais de Scaurus, ou Description d'une maison romaine, fragment d'un voyage fait a Rome, vers la fin de la république, par Mérovir, prince des Suèves, [par *François* MAZOIS, architecte]. Seconde édition. *Paris*, de l'imprimerie de Firmin Didot, [Treuttel et Würtz, lib. à Paris, Strasbourg et Londres] 1822. In-8°, 1 vol., avec planches.

3809 Le Antichità d'Aquileja profane e sacre per la maggior parte finora in edite, raccolte, disegnate, ed illustrate da *Giandomenico* BERTOLI de' Signori di Bribir, Canonico d'Aquileja. In *Venezia* presso Giambatista Albrizzi. MDCCXXXIX. Gr. in-f°, 1 vol., frontispice gravé, tit. rouge et noir, nombreuses gravures dans le texte.

3810 Recherches sur les Ruines d'Herculanum ; et sur les lumieres qui peuvent en résulter, relativement à l'état présent des Sciences & des Arts : avec un traité sur la Fabrique des Mosaïques. Par M. FOUGEROUX DE BONDAROY, de l'Académie Royale des Sciences, A *Paris*, Chez Desaint, M.DCC.LXX. Pet. in-8°, 1 vol.

3811 Plan de Pompéi, et Remarques sur ses Édifices par le chanoine DE JORIO. *Naples*, de l'imprimerie française 1828. In-8°, 1 vol., 4 planches gravées.

3812 Découverte de la maison de campagne d'Horace. Ouvrage utile pour l'intelligence de cet Auteur, & qui donne occasion de traiter d'une suite considérable de lieux antiques. Par M. l'Abbé CAPMARTIN DE CHAVPY. A *Rome*, de l'imprimerie de Zempel [*puis* Komareck], chez Jean Ughetti. M.DCC.LXVII. [-LXIX]. In-8°, 3 vol.

3813 *Hyeronymi* MAGII, Anglarensis de Tintinabulis, liber postumus. *Franciscus* SWEERTZIUS F. Antverp. Notis illustrabat. *Amstelodami*, Frisius, 1664, In-12. 1 vol. Titre gravé par P. Philip.

3814 *Petrus Ciacconius* TOLETANVS de Triclinio Sive De modo convivandi apud priscos Romanos, & de conviviorum apparatu. Accedit *Fulvi* URSINI Appendix, & *Hier.* MERCURIALIS. De accubitus in cena antiquorum origine dissertatio. In his Scriptores veteres quam plurimi explicantur, & emendantur, nec non res ipsæ adjectis æneis figuris illustrantur. *Amstelodami*, Apud Andream Frisium. 1664. Pet. in-12, 1 vol., tit. orné.

3815 Inscriptiones Romanæ Infimi Ævi Romæ exstantes opera et cura *D. Petri Aloysii* GALLETTI Romani monachi Casinensis in Biblioth. Vatic. linguæ latinæ professoris collectæ. Typis JO. Generosi Salomoni, *Romæ* 1760. 3 vol. in-4°, front.

3816 *Johan.* KIRCHMANNI Lubecensis de Funeribus Romanorum Libri quatuor cum Appendice, Nitidissimis Figuris illustrati. Accessit et Funus Parasiticum *Nicolai* RIGALTII. *Lugd. Batav.* Apud Hackios, 1672. Pet. in-12, 1 vol. de 23 feuillets non chiffrés, 641 pages cotées, et 23 feuillets d'index, suivi de : I. Funus Parasiticum sive L. Biberii Curculionis Parasiti, Mortualia. Ad ritum prisci Funeris. Auctore *Nicolao* RIGALTIO. *Lugd. Batav.* Apud Hackios, 1672. 24 pp. II. *Johannis* KIRCHMANNI in Funere V.Cl. Pavli G.F.P.N. MERVLÆ Historiarum Professoris In Academia Batavorum, Oratio, In qua de vita scriptisque ejus disseritur. *Lugd. Batav.* Ex Officina Hackiana, 1672. Pet. in-8°, 64 pp.

3817 De Satvrnalibvs ampl. Philosoph. ord. avctoritate D. XXIV novembr. a. c. MDCCLI. *Ge. Theophilvs* BOERNERVS artivm magister ac *Zacharias* RICHTERVS dispvtabvnt. *Lipsiæ*, ex officina Breitkopfia. Un vol. in-4°.

3818 Dispvtatio altera de Ornamentis Librorvm apvd veteres vsitatis qvam in inclvta Lipsiensiv m (*sic*) Academia indvltv et avctoritate amplissimi philosophorum ordinis pro loco in eodem obtinendo pvblicæ ervditorvm disqvisitioni svbiicit M. *Christianvs Gotl.* SCHWARZ Scholæ Nicolaitanæ Collega III ad D XX Novembr. A.R.S. cIↃ IↃ CCVI. Qvartvm recvsa a Iod. Gvil Kohlesio, A. cIↃ IↃ CCXXXIIII [*Lipsiæ*]. In-4° car., 1 vol. de 33 ff. non cotés et une planche.

3819 *Athanasii* Kircheri è Soc. Jesu Latium. id est, nova & parallela Latii tum veteris tum novi Descriptio. qua Quæcumque vel Natura, vel Veterum Romanorum Ingenium admiranda effecit, Geographico-Historico-Physico Ratiocinio, juxta rerum gestarum, Temporumque seriem exponitur & enucleatur. *Amstelodami*, Apud Joannem Janssonium à Waesberge, & Hæredes Elizei Weyerstraet, Anno I cIↃ IↃↃLXXI. In-f°, 1 vol., et nombreuses gravures.

3820 Symbolique Romaine des Couleurs affectées aux Cochers du Cirque, par M. *H.* de Charencey, membre correspondant de l'Académie des Sciences, Arts & Belles-Lettres de *Caen*, Typ. Le Blanc-Hardel. Lib. 1876. 1 broch. in-18.

3821 *Ioh. Frederici* Gronovii, de Sestertiis, sev svbcesivorvm pecvniæ veteris Græcæ et Romanæ libri IV. Accesservnt *L.* Volvsivs Mæcianvs I. C. & Balbvs Mensor, de Asse ; item *Pascasii* Grosippi, Tabulæ nummariæ. *Amstelodami* apud Ludov. et Dan. Elzevirios, 1656. In-8°. 1 vol.

Deux exemplaires.

3822 L. Fenestellæ [re vera *Andreæ Dominici* Fiocco seu Fiocchi, canonici Florentini, Eugenii IV Papæ a Secretis] de Magistratibus, sacerdotiisque Romanorum libellus, iamprimum nitori restitutus. — Pomponii Læti, Itidem de Magistratibus & Sacerdotiis, & præterea de diversis legibus Rom. — Item Valerii Probi, grammatici, de litteris antiquis opusculum. [*Parisiis*, 1544]. Pet. in-4°.1 vol.

In eodem volumine : Imperatorvm Romanorvm libellvs. Vna cum imaginibus ad uiuam effigiem expressis [auctore *Joanne* Huttichio]. *Argentorati*, W. Cæphalæus, 1526.

ANTIQUITÉS DE DIVERS PAYS.

3823 Antiqvitates Germanorvm potissimvm Septentrionalivm selectæ qvibvs mvltæ ad rem sacram et domesticam spectantia illvstrantvr atqve explicantvr avctore *Jo. Christoph.* CLEFFELIO. *Francof.* & *Lipsiæ*, impensis Vidvæ B. Pavlli, bibliopol. Hafniensis. 1733. In-12. 1 vol.

3824 Notes archéologiques recueillies dans un voyage en Allemagne, pendant l'année 1833, et adressées à M. Ludovic Vitet, Inspecteur général des monuments historiques de France, par E. GRILLE DE BEUZELIN. 2e édition. *Blois*, Félix Jahyer. Imp. MDCCCXXXIV. 1 broch. 53 pag. pet. in-8°.

3825 Antiqvitez, Memoires, & Observations remarqvables, d'Epitaphes, Tombeavx, Colosses, Obelisqves, Histoires, Arcs triomphaux, Oraisons, Dictiers, & Inscriptions, tant antiques, que modernes, veües & annotées en plusieurs Villes & endroits, tant du Royaume de France, Duché & Comté de Bourgogne, Sauoye, Piedmont, que d'Italie & d'Allemagne. Par Me *Pierre* LE MONNIER, Notaire & Bourgeois de la Ville de Lille en Flâdre, ayant voiagé esdits quartiers en l'an cinquante septiesme de son âge, ès années 1609, & 1610. Auec vne briefue description des lieux d'aspect, & inspection. Œuure non moins laborieux que de seruice et contentement tant à.. Pour l'ornement d'vne bonne Republique. A *Lille*, de l'Imprimerie de Christofle Beys, 1614. Aux despens de l'Autheur. Pet. in-8°, 1 vol., tit. rouge et noir.

3826 Sur les antiquités de la Flandre occidentale, par *Jules* DE SAINT-GENOIS, extrait du tom. V, n° 8 des bulletins de l'Académie royale de Bruxelles. *S. n. d'Imp. S. d.* 1 pet. broch. 12 pag.

3827 *Laurentii* PIGNORII Patavini mensa Isiaca, qva Sacrorum apud Ægyptios ratio & simulacra subjectis tabulis æneis simul exhibentur & explicantur. Accessit ejusdem authoris de Magna Deum Matre discursus, & sigillorum, gemmarum, amuletorum aliquot figuræ et earundem ex Kirchero Chifletioque interpretatio. Nec non *Jacobi Philippi* TOMASINI Manus Ænea, & de vita rebusque Pignorii dissertatio. *Amstelodami*, sumptibus Andreæ Frisii. cIɔ Iɔ c LXIX. 1 vol. in-4°, planches gravées.

3828 L'Obélisque de Luxor. Histoire de sa translation à Paris, description des travaux auxquels il a donné lieu, avec un appendice sur les calculs des appareils d'abattage, d'embarquement, de halage et d'érection ; détails pris sur les lieux, et relatifs au sol, aux sciences, aux mœurs et aux usages de l'Egypte ancienne et moderne, suivi d'un extrait de l'ouvrage de Fontana, sur la translation de l'Obélisque du Vatican, par M. *A*. LEBAS, ingénieur de la marine, conservateur du musée naval. *Paris*, Carillian-Gœury et Vr Dalmont, [impr. de Fain] 1839. Tr. gr. in-4° à grandes marges, 1 vol., av. 10 pl.

3829 Etudes sur le grand monument funéraire Egyptien du Musée de Boulogne, par M. l'abbé *E*. VAN DRIVAL, membre de la Société asiatique de Paris. Extrait des annales Boulonnaises. *Boulogne*, Berge frères. Imp. Edit. 1850. 1 vol. in-8° avec planches hors texte.

3830 Coup d'œil sur les antiquités Skandinaves ou Aperçu général des diverses sortes de monuments archéologiques de la Suède, du Danemarck et de la Norvège, par *Pierre* VICTOR, avec vignettes gravées sur bois. *Paris*, Challamel, Edit., Imp. Ducessois, MDCCCVLI. 1 broch. 68 pag. in 8°.

3831 Sur d'anciennes Constructions en bois sculpté de l'intérieur de la Norvêge, par *Pierre* VICTOR, avec trois planches de dessins, *Paris*, Challamel, Edit., Imp. Ducessois, 1842. 1 broch. de 15 pag.

3832 Magnæ Deum matris idææ & attidis initia Ex Vetustis monumentis nuper Tornaci nerviorum erutis. Auctore

Laurentio PIGNORIO Canonico Tarvisino. *Amstelodami*, sumptibus Andreæ Frisi. MDCLXIX. 2 gravures hors texte et quelques gravures dans le texte. *In eodem volumine*: Mansus Æneæ Cecropii votum referentis dilucidatio auctore *Jacobo Philippo* TOMASINO æmoniæ præsule. *Amstelodami*, Sumptibus Andreæ Frisii cIↄ cIↄ LXIX. 1 gravure hors texte et quelques-unes dans le texte. 1 vol. in-4°.

ANTIQUITÉS ET ARCHÉOLOGIE FRANÇAISES.

3833 Abécédaire ou Rudiment d'Archéologie, par M. DE CAUMONT, Directeur de la Société française pour la conservation des monuments historiques. Ouvrage approuvé par l'Institut des Provinces de France pour l'enseignement de cette science dans les Collèges, les Séminaires et les Maisons d'éducation des deux sexes. *Paris*, Derache, *Caen*, Hardel, imprimeur, *Rouen*, Le Brument, 1850. In-8°, 1 vol., figures dans le texte.

3834 Manuel élémentaire d'Archéologie nationale par l'abbé *Jules* CORBLET, Membre de plusieurs Sociétés savantes. Dessins de M. E. Breton, Membre de la Société des Antiquaires de France. Ouvrage faisant partie de la collection des livres classiques publiée sous la direction de M. l'abbé *P. M.* CRUICE. Perisse frères, *Paris*, *Lyon*, [*Corbeil*, impr. Crété] 1851. In-8°. 1 vol.

3835 Cours d'Antiquités monumentales professé à Caen par M. DE CAUMONT, secrétaire de la Société des Antiquaires de Normandie. Histoire de l'Art dans l'Ouest de la France, depuis les temps les plus reculés jusqu'au XVIIe siècle. *Paris*, chez Lance, [*puis* Derache], *Caen*, T. Chalopin, [*puis* A. Hardel], *Rouen*, Frère, 1830. [-1841]. In-8°, 6 vol., savoir :

T. Ier : Ère Celtique. T. II-III : Ère Gallo-Romaine. T. IV : Moyen âge, architecture religieuse. T. V : Moyen âge, architecture militaire et civile. T. VI : Moyen âge, peinture, arts divers.

3836 Antiquités nationales ou recueil de monuments pour servir à l'Histoire générale et particulière de l'Empire François, tels que Tombeaux, Inscriptions, Statues, Vitraux, Fresques, etc: tirés des Abbayes, Monastères, Chateaux et autres lieux devenus domaines nationaux, par *Aubin-Louis* MILLIN, présenté à l'Assemblée Nationale et accueilli favorablement par elle le 9 Xbre 1790. A *Paris,* chez Drouhin, Edit., de l'Imprimerie de Testu. 1790 à l'an VI. 5 vol. in-4°, nombreuses planches dans chaque volume.

3837 Recueil de Monumens antiques, la plupart inédits, et découverts dans l'ancienne Gaule. Ouvrage enrichi de [trois] cartes et [40] planches en taille-douce, qui peut faire suite aux Recueils du Comte de Caylus, et de la Sauvagère ; par GRIVAUD DE LA VINCELLE, Membre de plusieurs Académies. *Paris,* [impr. Gillé]. Chez l'Auteur, Treuttel et Wurtz, lib. à Paris, à Strasbourg et à Londres. 1817. In-4°, 2 tom. en 1 vol.

3838 La Sépulture chrétienne en France, d'après les monuments du XIe au XVIe siècle, avec de belles gravures sur acier, par *Arthur* MURCIER, archiviste-paléographe. *Paris,* librairie de Louis Vivès [typ. Adr. Delcambre] 1855. In-8°, 1 vol.

3839 Le Tombeau de Childéric 1er, roi des Francs, restitué à l'aide de l'archéologie et des découvertes récentes faites en France, en Belgique, en Suisse, en Allemagne et en Angleterre, par M. l'Abbé COCHET, Inspecteur des monuments historiques de la Seine-Inférieure. *Paris,* Derache, Didron, A. Durand, H. Bossange, *Londres,* John. et H. Parker. *Rouen,* A. Lebrument. *Dieppe,* Marais. *Dieppe* ; Emile Delevoye, Imp. 1859. 1 vol. in-8°, avec gravures dans le texte.

3840 Antiquités de la Bretagne, par M. le Chevalier DE FREMINVILLE, Capitaine des Frégates du Roi. Finistère [et Côtes-du-Nord]. A *Brest*, Chez Lefournier et Deperiers, 1832 [-37]. In-8°, 2 vol., portr. grav.

3841 Archéologie armoricaine : Description et explication d'un ancien édifice nommé le Temple de Lauleff, département des Côtes du Nord. *Paris*, Dentu, *S. Brieuc*, Imp. Prud'homme 1824. 1 broch. 20 pag. in-4°, grav. en frontispice.

3842 Archéologie préhistorique. Le Camp de Catenoy (Oise), station de l'homme à l'époque dite de la pierre polie, par *N*. PONTHIEUX. 6e Livraison. Juillet 1872. *Beauvais*, typog. Laffineur 1873. Pagination de 81 à 96. 3 planches numérotées XII-XIII & XIV.

3843 Histoire des Antiquités de la ville de Nismes et de ses environs, par M. MÉNARD. Nouvelle édition augmentée du résultat des fouilles faites depuis 1821 jusqu'à ce jour, de tous les monumens, inscriptions et fragmens découverts a la fin de l'année 1825 ; Ornée des gravures de tous les monumens, et de celle des plus riches fragmens, par *J. F. A. P* [PERROT]. *Nismes*, chez Aury, [*Alais*, imp. J. Martin] 1826. Pet. in-4°, 1 vol. On a relié dans ce vol : 1° *au commencement*, 16 pp. in-8° obl. de l'impr. Durand-Belle, *sans lieu, ni date, ni nom d'auteur*, intitulées Monumens antiques de Nîmes, et suivies de 9 gravures ; 2° *à la fin*, une notice sur l'établissement thermal de Vernet, près Prades (Pyr.-Or.), 32 pp. in-8° de l'impr. Lacrampe, *sans lieu ni date ni nom d'auteur*, avec une gravure.

3844 Antiquités & monuments du Département de Vaucluse, contenant l'Histoire des Cavares & du Passage d'Annibal par le Département de Vaucluse. Par M. [*Agricole-Joseph-François-Xavier-Pierre-Esprit-Simon--Paul Antoine* marquis] DE FORTIA D'URBAN. *Paris* & *Avignon*, Séguin frères, 1808. In-8°, 2 parties en 1 vol.

3845 La Normandie souterraine ou notice sur des Cimetières Romains et des cimetières Francs explorés en Normandie par M. *l'Abbé* COCHET, Inspecteur des Monuments historiques de la Seine-Inférieure. Ouvrage couronné par l'Institut en 1854. Seconde édition. *Paris*, Derache, V. Didron. *Londres*, Otto Marcus. *Oxford*, W. Parker. *Rouen*, Lebrument, Fleury, Herpin et Lanctin, Libraires. *Dieppe*, Marais. *Dieppe*, Emile Delevoye Imp. 1855. 1 vol. in-8° orné du portrait de l'auteur, de 18 planches et figures dans le texte.

3846 Sépultures Gauloises, Romaines, Franques et Normandes, faisant suite à la Normandie souterraine, par M. *l'Abbé* COCHET, Inspecteur des monuments historiques de la Seine-Inférieure. *Paris,* Derache, V. Didron. *Londres*, W. Parker, J. Russell Smith. *Rouen*, Lebrument, Fleury, Herpin et Lanctin, Libraires. *Dieppe*, Marais, *Dieppe*, Imprimerie Delevoye 1857. 1 vol. in-8°, une gravure en frontispice et une planche. Nombreuses gravures dans le texte et hors texte.

3847 Hotel d'Artois à Paris. Cte *Achmet* d'HÉRICOURT. Extrait de la Statistique monumentale du Pas-de-Calais. *Arras*, Typ. d'Aug. Tierny 1863. 1 broch. 8 pag. avec une planche détachée.

Don de l'auteur.

3848 Note sur les Tombeaux et les Cryptes de Jouarre (Seine-&-Marne) par M. DE CAUMONT, Directeur de la Société française pour la conservation et la description des monuments historiques. *Caen,* Imp. Hardel 1843. 1 broch. 16 pag. 1 planche & gravures dans le texte.

3849 Vases Gallo-Romains trouvés à Souchez, canton de Vimy (Pas-de-Calais), par le Cte *Achmet* d'HÉRICOURT. Imprimerie Chablaisienne de Thonon, J. Dessaix, Directeur. *Arras*, 1866. 1 planche détachée et 4 pag. de texte.

(Extrait du bulletin de la Commission des antiquités départementales).

3850 Pierres d'Acques ou notice historique sur quelques anciens monumens des environs d'Arras, avec dessin lithographié, par M. QUENSON, Conseiller à la Cour royale de Douai, et membre de la Société royale et centrale d'Agriculture, Sciences et arts de cette ville. *Douai*, Imp. Wagrez aîné 1830. 1 broch. in-4°.

3851 Un mot sur les ruines de Saint-Bertin à Saint-Omer. 1851. Lu à la séance annuelle de la Commission des Monuments historiques du Pas-de-Calais, à Arras, le 25 juillet 1851, par M. *Henri* DE LAPLANE, Inspecteur des monuments historiques, secrétaire perpétuel de la Société des Antiquaires de la Morinie &a. *Arras*. E. Lefranc & Cie, 1851. In-18. Pièce de 28 pages.

3852 Rapport sur des fouilles archéologiques faites à Cassel (Nord) et à Wissant (Pas-de-Calais), par M. *L.* COUSIN. Extrait du XXVIe volume de la Société française d'Archéologie. *Caen*, Hardel. Imp. Lib. 1863. 1 broch. pet. in-8°, 40 pag. plus 1 carte à la fin.

3853 Conseil général du département de la Marne. Rapport sur les Monuments historiques présenté à ce Conseil le 31 Août 1857 par M. le Baron DE CHAUBRY. *Châlons*, Imp. Laurent. 1 broch. 8 pag.

3854 Rapport verbal sur une excursion dans le Midi de la France, fait à la Société française pour la conservation des monuments, le 23 Octobre 1852, par M. DE CAUMONT. (Extrait du bulletin monumental publié à Caen par M. de Caumont). *Paris*, Derache. *Caen*, Imp. Hardel, 1853. 1 vol. broché 120 pag. pet. in-8°, gravures dans le texte & hors texte.

3855 Rapport verbal fait à la Société française d'archéologie sur divers Monuments dans les Séances du 30 Août 1863, du 30 Novembre 1864 et des 20 Août & 25 octobre 1865, par M. DE CAUMONT. *Caen*, Typ. Le Blanc-Hardel, Imp. 1866. 1 broch. 152 pag. pet. in-8°, nombreuses gravures dans le texte et hors texte.

3856 La Cassette de Saint Louis, Roi de France, donnee par Philippe le Bel à l'Abbaye du Lys. Reproduction en or et en couleurs, grandeur de l'original, par les procédés chromolithographiques, accompagnée d'une notice historique et archéologique sur cette œuvre remarquable de l'art civil du moyen âge, par *Edmond* GANNERON. *Paris*, de l'Imprimerie de J. Claye et Cie MDCCCLV. 1 vol in-f°.

3857 Lettre de M. Pot, de Elleb, à M. G..... Demeurant à Gessoriacum.

A la suite : Lettre de M. G..... En envoyant celle ci-devant à un de ses amis. *S. n. d'imp.* 1 br. 12 p. in-4°.

(Attribué au *P. Grégoire* LAMBIEZ, récollet à Lille).

3858 Description de la mosaïque de M. Macors, par *F.* ARTAUD. A *Lyon*, de l'imp. de Ballanche, père et fils, 1806. 1 br. 14 p. in-8°.

NUMISMATIQUE. — SIGILLOGRAPHIE.

3859 La Science des Medailles pour L'Instruction de ceux qui s'appliquent à la connoissance des Medailles Antiques & Modernes. [Par le P. *Louis* JOBERT]. A *Paris*, Chez la Veuve Mabre Cramoisy. M.DC.XCIII. Pet. in-12, 1 vol.

3860 Traité élémentaire de Numismatique ancienne, grecque et romaine, composé d'après celui d'Eckhel, augmenté d'un grand nombre d'articles, de remarques et observations des meilleurs auteurs modernes, avec VII planches de médailles, par *Gèrard Jacobk.* [KOLB]. *Paris*, chez Aimé-André Desplaces [impr. Everat] et se trouve à *Rheims*, chez Fremau, 1825. In-8°, 2 tom. en 1 vol.

3861 Dictionnaire de Numismatique et de Sigillographie religieuses contenant des notions générales et des descriptions particulières des monnaies, médailles, sceaux, jetons et mereaux des Papes, des Conciles, des cardinaux, des légats apostoliques, des évêques, des abbés, des chapitres, des ordres militaires et religieux, du Jubilé, des vacances du St-Siège; des notices particulières sur les monnaies anciennes et modernes de la France et des principaux Etats de l'Europe; la description des principales monnaies battues par les Princes croisés en Terre Sainte, en Chypre et en Morée; des notions sur les procédés anciens et modernes du monnayage, sur la valeur comparée des différentes monnaies du globe, sur les principales questions historiques du droit, de la fabrication, du commerce et du change des monnaies, d'après les traités ou recueils d'Abot de Bazinghem, de Tobiésen Duby, Saverio Scilla. Vignoli, Floravanti, Venuti, Bonanni, Sébastien Paoli, la Revue de Numismatique, le Trésor de Glyptique et de Numismatique, et autres ouvrages modernes par M. Z***, membre de plusieurs Sociétés savantes, publié par M. l'abbé MIGNE. S'imprime et se vend chez J. P. Migne, Edit. 1852. 1 vol. in-8°.

3862 Essai historique et critique sur les Monnaies d'argent de la ligue Achéenne, accompagné de recherches sur les monnaies de Corinthe, de Sicyone et de Carthage, qui ont eu cours pour le service de cette fédération; par M. *T.* COUSINÉRY, ancien consul général de France dans la Thessalie, la Macédoine et la Thrace. A *Paris*, chez A.-A. Renouard, [impr. Crapelet] 1825. In-4°, 1 vol. 4 pl. de monnaies.

3863 Imperatorvm Romanorvm Nvmismata Avrea A Julio Cæsare ad Heraclium continua serie collecta et edita ex Musæo Excell[mi] Principis Caroli Croyi Ducis Arschotani &c. Industria et manu *Jabobi* DE BIE, in æs incisa : et à *Joanne* HEMELARIO, Canonico Cath. Eccl. Antwerp. brevi et historico Commentario explicata. *Antwerpiæ*, apud Petrum et Joannem Belleros A° M. DCXXVII. Titre et frontispice gravés, 63 planches.

3864 Leçons élémentaires de Numismatique Romaine, puisées dans l'examen d'une collection particulière, par [*J.-Fr.-C.* DE PÉNA, marquis DE SAINT-DIDIER, maire de Grenoble et député]. *Paris,* de l'imprimerie de C. J. Trouvé. Chez Potey, 1823. In-8°, 1 vol., *dono autoris* (sic) *7 jun. 1828.*

3865 Sylloge Nvmismatvm elegantiorvm Quæ Diuersi Impp. Reges, Principes Comites Respublicæ Diuersas ob causas ab anno 1500 ad Annum usq. 1600 cudi fecerunt Concinnata & Historica narratione (sed breui) illustrata opera ac studio *Ioannis Iacobi* LVCKII argentoratensis. Cum gratia et priuilegio Sacræ Cæsareæ Maiestatis. *Argentinæ,* Typis Reppianis 1620. (Texte latin). 1 vol. in-4° avec nombreux médaillons dans le texte, gravé frontispice.

3866 Médales illustrées des anciens Emperevrs et impératrices de Rome, par *Jean-Baptiste* LE MENESTRIER, Conseiller du Roy & Controlleur de l'artillerie au Duché de Bourgongne. A *Dijon,* chez Pierre Palliot Imp. du Roy MDCXLII. Un vol. in-4°.

3867 Recherches Numismatiques concernant principalement les Médailles Celtibériennes, par *Gust. Dan.* DE LORICHS, chambellan et chargé d'affaires de S. M. le roi de Suède et de Norwège près S. M. Catholique, etc. Tome premier. *Paris,* Firmin Didot frères, 1852. Gr. in-4° à toutes marges, 81 planches. (Le tome II n'a point paru).

3868 Mémoire sur la valeur des Monnaies de compte chez les peuples de l'antiquité. Par M. le Comte *Germain* GARNIER, associé libre de l'académie royale des inscriptions et belles-lettres, lu à l'académie, dans les séances des 21, 28 février et 7 mars 1817. *Paris,* de l'imprimerie de Mme Ve Agasse, 1817. In-4°, 1 vol.

3869 Revue de Numismatique Françoise dirigée par *E.* CARTIER et *L.* DE LA SAUSSAYE, de la Société Royale des

Antiquaires de France, et de plusieurs autres Sociétés archéologiques françaises et étrangères. Années : 1836 à 1841. *Paris*. Téchener. 6 vol. in-8°, planches.

3870 Numismatique du Moyen-Age, considérée sous le rapport du type ; accompagnée d'un atlas, composé de tables chronologiques, de cartes géographiques et de figures de monnaie, gravées sur cuivre ; par *Joachim* LELEWEL, ouvrage publié par *Joseph* STRASZÉWICZ. *Paris*, chez l'éditeur, et à la Librairie Polonaise, imprimerie de Bourgogne et Martinet, 1835. In-8°, 2 tom. en 1 vol. et un atlas pet. in-f° obl. de 37 tab. et 25 pl.

3871 Histoire dv Roy Lovis le Grand Par les Medailles, Emblêmes (*sic*), Deuises, Jettons, Inscriptions, Armoiries, et autres Monumens Publics, Recuëillis et Expliquéz par le Pere *Clavde-Francois* (*sic*) MENE STRIER (*sic*), de la Compagnie de Iesvs. N. E. Augmentée de 5 Planches. A *Paris*, Chez I. B. Nolin Graueur du Roy 1693. In-f', 1 vol., tit. gravé, planches de médailles et blasons.

3872 Medailles sur les principaux evenements du regne de Louis le Grand, avec des explications historiques. Par l'Académie Royale des Médailles & des Inscriptions. *Fr*. CHARPENTIER, *B*. TALLEMAND. *J*. RACINE, *N*. BOILEAU DESPRÉAUX et autres]. A *Paris*, de l'Imprimerie Royale. M.DCCII. Gr. in-f°, tit. et texte encadrés et imprimés au r° seulement de chaque feuillet, beau frontisp. gravé, et médailles gravées en avers et revers à chaque feuillet, belle reliure pleine en maroquin grenat aux armes royales, tr. dor. — *Exemplaire avec préface.*

3873 Souvenirs numismatiques de la Révolution de 1848. Recueil complet des médailles, monnaies et jetons qui ont paru en France depuis le 22 Février jusqu'au 20 décembre 1848. *Paris,* chez J. Rousseau. Imp. de Duverger. (*S. d*) Un vol. in-4°, 60 planches avec texte explicatif.

3874 Histoire de la Monnaie, depuis les temps de la plus haute antiquité, jusqu'au règne de Charlemagne. Par M. le Marquis [*Germain*] GARNIER, associé libre de l'Académie des inscriptions et belles-lettres. A *Paris*, chez Mme veuve Agasse, 1819. In-8°, 2 vol.

3875 Traité des Monoyes, de leurs circonstances & dépendances. Par *Jean* BOIZARD, Conseiller en la Cour des Monoyes. A *Paris*, chez la Veuve de Jean Baptiste Coignard, et Jean Baptiste Coignard, M.DC.LXXXXII. In-12, 1 vol.

Deux exemplaires.

3876 Traité historique des Monnoyes de France avec leurs figures, depuis le commencement de la Monarchie jusqu'à présent, par M. LE BLANC. A *Paris*, chez Jean Boudot MDCXC. 1 vol in-4°. 2 pages de titre, l'une en taille douce et illustrée, l'autre imprimée, une préface. (Notes manuscrites en tête du volume).

3877 Recherches sur les Monnaies et sur la valeur de l'argent en France jusqu'à François Ier, par le Président HIVER. *Paris*, Auguste Aubry, [*Bourges*, impr. A. Jollet] 1864. Gr. in-8°, 45 pp.

3878 Dissertation historique sur quelques monnoyes de Charlemagne, de Louis le Débonnaire, de Lothaire, et de leurs successeurs, frapées dans Rome. Par lesquelles on réfute l'opinion de ceux qui prétendent, que ces Princes n'ont jamais aucune autorité dans cette Ville, que du consentement des Papes. *Paris*, J. B. Coignard, 1689. 1 vol. in-4°.

Cette dissertation est de *François* LE BLANC.

3879 Carte ov liste contenant le prix de chacun Marcq, Once, Estrelin & As, poids de Troyes, de toutes les especes d'or & d'argent deffendues, legieres, ou trop vsées, & moyennant ce declarées pour billon, comme les Maistres des Monnoyes & Changeurs sermentéz sont tenuz d'en payer pour icelles, selon l'Ordonnance de sa Maiesté, faicte par les generaulx des Monnoyes, au mois de Mars 2627 (*sic*) auec les figures desdictes especes. En *Anvers*, chez Hierosme Verdussen, imprimeur des Monnoyes de sa Maiesté, 1627. Gr. in-8° car., 1 vol de 144 ff. non cotés.

3880 Essai sur l'histoire monétaire des Comtes de Flandre de la Maison d'Autriche et classement de leurs monnaies. (1482-1556), par *Louis* DESCHAMPS DE PAS. *Paris*, imp. Arnous de Rivière et Cie 1874. 1 broch. 126 pag. in-8°. 18 planches.

3881 Mémoire sur trois points intéressants de l'histoire monétaire des Pays-Bas, avec les figures de plusieurs monnoies Belgiques tant d'or que d'argent frappées avant l'année 1450, par M. l'abbé GHESQUIERE. A *Bruxelles*, Lemaire, imp. lib. M DCCLXXXVI. 1 vol. in-8°.

3882 De quelques monnaies frappées à Lille sous la domination des Comtes de Flandre, notice par *Edouard* VANHENDE. *Lille*, lib. Vanackere, Imp. 1852. 1 broch de 19 pag. tirée à 100 exemplaires. Planche en frontispice.

Hommage signé d'auteur sur la couverture.

3883 Notice sur quelques méreaux de l'église métropolitaine de Sens. *Sens*, imp. Duchemin, *s. d.* 1 pet. broch. 11 pag. de texte. 1 planche non reliée.

3884 Sigilla Comitvm Flandriæ et Inscriptiones Diplomatvm ab iis editorum cvm expositione historica *OlivarI* VREDI Ivris-Consvlti Brvg. Ex quibus apparet, quid Comitibvs Flandriæ accesserit, decesseritve, & quâ ratione Hispaniarum, aliàqz Regna, nec non septemdecim Belgii, cæteræqz Provinciæ, ad Philippvm Magnvm IV. Hispaniarvm Regem, sint devoluta. *Brvgis*, Flandrorvm, Apud Ioannem Baptistam Kerchovivm, Anno 1639. Pet. in-f°, 1 vol., bois dans le texte.

3885 Les Seavx des Comtes de Flandre et inscriptions des Chartres par evx pvbliees avec un esclaircissement historiqve, par *Olivier* DE WREE, Brugeois, Lic. es Loix, où se monstre l'advenuë des Provinces aux Comtes de Flandre & l'alienation d'aucunes d'icelles. Et en quelle manière les Royaumes d'Espagne & autres, ensemble les dix-sept & restantes Provinces, sont dévoluës à Philippe IV du nom, à présent Roy d'Espagne. Traduit du latin par L. V. R. A *Brvge*, en Flandre, chez Jean Baptiste & Lvcas Vanden Kerchove, anno 1641. 208 pag. précédées de 112 planches et suivies d'un « Registre des choses plvs remarquables en ce livre. A la suite, on trouve : La généalogie des Comtes de Flandre depvis Bavdovin Bras de Fer ivsqves à Philippe IV Roy d'Espagne, représenté par plusieurs figures des Seaux, et divisée en vingt-deux tables, vérifiées tant par chartres qu'escriptes anciens ou contemporains, par *Olivier* DE WREE, Brugeois, Lic. es. Loix. Œuvre très util à la cognoissance des histoires et généalogies ; Puis qu'en toute la Chrestienté, il y a peu de maisons illustres, qui ne tirent leur extraction de la maison de Flandre, & par conséquent de Charle-Magne. A *Brvge* en Flandre, J. B. Lvcas Vanden Kerckove 1642. Planches. 1 vol. in-8°, titres ornés.

3886 Sceaux des Comtes d'Artois, par *L.* DESCHAMPS DE PAS, correspondant du Comité de l'histoire, de la langue et des arts de la France. [Extrait des *Annales archéologiques* publiées par Didron aîné]. *Paris*, librairie archéologique de Victor Didron [impr. J. Claye] M DCCC LVII. In-4°, 1 vol., suivi de 2 pl. doubles.

HISTOIRE LITTÉRAIRE.

3887 Tableau synoptique et pittoresque des Littératures les plus remarquables tant anciennes que modernes et nommément de la Grecque littérale, de la Latine, de la Gallique, de la Servienne, de la Française, de l'Italienne, de l'Espagnole, de la Portugaise, de l'Allemande, de l'Anglaise, de la Polonaise, de la Russe, de la Hollandaise, de la Danoise et de la Suédoise, suivi du tableau synoptique et pittoresque des Littératures les plus remarquables de l'Orient, savoir ; de l'Hébraïque, de la Rabbinique, de l'Arménienne, de la Sanscrite, de la Chinoise, de la Grecque moderne, de la Moldavo-Valaque, de la Géorgienne, de l'Arabe, de la Persane, de la Turque et de quelques autres nations de l'Orient, par *Alexandre* TIMONI. *Paris*, chez l'auteur, chez H. Hubert [imp. Lacour] 1853. In-12, 3 vol.

3888 Atlas historique et chronologique des Littératures anciennes et modernes, des Sciences et des Beaux-Arts, d'après la méthode et sur le plan de l'atlas de A. Lesage (Comte de Las Cases), et propre à former le complément de cet ouvrage par *A.* JARRY DE MANCY, ancien élève de l'Ecole Normale, professeur d'histoire. *Paris*, chez J. Renouard, Libr. MDCCCXXXI. 1 vol. in-f°.

3889 Querelles littéraires, ou Mémoires pour servir à l'histoire des Révolutions de la République des Lettres, depuis Homère jusqu'à nos jours. [Par l'abbé *Augustin-Simon* IRAILH]. *Paris*, Durand, 1761. In-12, 4 vol.

3890 Bibliotheca Historiæ litterariæ selecta olim titvlo Introdvctionis in notitiam rei litterariæ et vsvm bibliothecarvm insignita cvivs primas lineas dvxit *Bvrc. Gotthelf.* STRVVIVS ICtvs et historicvs Ienensis. Post variorvm emendationes et additamenta opvs ita formavit vt fere novvm dici qveat *Iohannes Fridericvs* IVGLER, Avgvstiss. Magnæ Brit. Regi. a consiliis. *Ienæ* svmtibus Chritiani Henr. Cvnonis cIↄ Iↄ CC LIV. In-8°, 3 vol tit. rouge et noir.

Portrait.

3891 *Hermannus* HUGO, Societatis Jesu. De prima scribendi origine et universa rei literariæ antiquitate, Cui notas, opusculum de scribis, apologiam pro Wæchtlero præfationem et indices adjecit *C.H.* Trotz Jc^us^. *Trajecti ad Rhenum* apud Hermannum Besseling. MDCCXXXVIII. 1 vol in-8°, titre rouge & noir, planches.

3892 *M. Io. Christiani* Klotzii, Past. prim. et svperint. dioec. Bischoffswerd. de Libris avctoribvs svis fatalibvs, liber singularis. *Lipsiæ,* ex officina Langenhemia, 1761. In-8°, 1 vol.

3893 *Io. Avgvsti* Ernesti Archæologia Literaria. *Lvgdvni Batavorvm* apvd Samvel et Ioan. Lvchtmans Academiæ Typographos, MDCCLXVIII. In-8°, 1 vol.

3894 *Ioannis* Lavnoii Constantiensis, Paris. Theologi de varia Aristotelis in Academia Parisiensi Fortvna, extraneis hinc inde adornata præsidiis, Liber. Ad virum clarissimum Henricvm Lvd. Habertvm Mommorivm. Tertia editio. *Lutetiæ Parisiorvm,* Apud Edmvndvm Martinvm, M.DC.LXII. In-8°, 1 vol., couv. parchemin.

3895 *Guilielmi* Cave SS. Th. Pr. Canonici Windesor. Scriptorum Ecclesiasticorum Historia literaria, A Christo Nato, usque ad sæculum XIV. facili Methodo digesta, & nunc auctior facta, qua de Vita illorum ac Rebus gestis, De Sectâ, Dogmatibus, Elogio, Stylo; De Scriptis genuinis, dubiis, supposititiis, ineditis, deperditis, Fragmentis; Deque variis Operum Editionibus perspicuè agitur. Accedunt Scriptores Gentiles Christianæ Religionis Oppugnatores; & cujusvis Sæculi Breviarium. Additur ad finem cujusque Sæculi Consiliorum omnium Tum Generalium, tum Particularium Historica Notitia Inseruntur.. Veterum aliquot Opuscula hactenus inedita. Præmissa denique Prolegomena, Accedunt.. Duæ Appendices, ab ineunte Sæculo XIV. ad annum usque MDXVII. Et ad calcem Operis Dissertationes Tres, I. De Scriptoribus Ecclesiasticis incertæ ætatis. II. De Libris & Officiis Ecclesiasticis Græcorum. III. De Eusebii Cæsariensis Arianismo, adversùs Joannem Clericum.

Editio novissima. *Coloniæ Allobrogum,* Apud Gabrielem de Tournes & filios. M.DCC. XX. Gr. in-f°, 1 fort vol., tit. rouge et noir.

3896 Essai historique sur l'Ecole d'Alexandrie, et Coup d'œil comparatif sur la littérature grecque, depuis le temps d'Alexandre le Grand jusqu'à celui d'Alexandre Sévère. Ouvrage couronné par l'Académie des inscriptions et belles-lettres, par *Jacques* MATTER. A *Paris* [et *Strasbourg*], chez F. G. Levrault, 1820. In-8°, 2 vol.

3897 Alcuin restaurateur des sciences en Occident sous Charlemagne. —Dissertation pour le Doctorat, présentée à la Faculté de philosophie et lettres de l'Université catholique de Louvain, par M. l'abbé *J. B.* LAFORÊT. *Louvain*, chez Vanlinthout et Cie 1851. In-8°, 1 vol.

3898 De l'Etat des lettres en Europe, depuis la fin du siècle qui a suivi celui d'Auguste, jusqu'au règne de Louis XIV. Discours prononcé à l'ouverture du Lycée Républicain, le 1er décembre 1796, par *Jean-François* LAHARPE, professeur de littérature au Lycée. *Paris*, Mignoret, An 5.-1797. In-8°. Pièce de 72 pages.

3899 Histoire littéraire des Arabes ou des Sarrazins pendant le Moyen-Age. Traduite de l'Anglais de *Ioseph* BERINGTON par *A.-M.-H.*-B. (*Ant.-Mar.-Henri* BOULART). *Paris*, Desbosseaux, 1823. In-8°. Pièce de 112 pages.

3900 Notes sur l'histoire littéraire du Moyen-Age, par M. le Baron KERVYN DE LETTENHOVE, membre de l'Académie Royale de Belgique, *Bruxelles*, Imp. Hayez.

(Don de l'auteur. Extrait des bull. de l'Acad. Roy. de Belgique, 2e Série, tom. XIII. n° 2).

3901 Notice sur l'époque de l'introduction de la langue française dans les actes publics au moyen âge, par *C.* DUMORTIER, membre de la Chambre des Représentants *Bruxelles,* Hayez, Imprimeur 1843. 1 broch. 47 pag. pet. in-8°. 3 planches, note manuscrite à la fin.

Don signé d'auteur sur la couverture.

3902 Histoire littéraire des Troubadours, contenant leurs vies, les extraits de leurs pièces, et plusieurs particularités sur les mœurs, les usages & l'histoire du douzième et du treizième siècles. [Par *Jean Baptiste* DE LA CURNE DE SAINTE PALAYE, rédigée par l'abbé *Claude-François-Xavier* MILLOT]. *Paris,* Durand 1774. In-12. 3 vol.

3903 Trouvères. Chansons de geste. [XIIIe siècle, par *Paulin* PARIS, membre de l'Institut de France, extr. du t. XXII de l'*Histoire littéraire de la France. Paris,* impr. et libr. Firmin Didot frères, libr. Treuttel et Würtz, 1852.] In-4°, 1 vol. de 500 pp., *dono auctoris.*

3904 La Poésie des Troubadours, par *Frédéric* DIEZ, Professeur de belles-lettres a l'Université de Bonn. Etudes traduites de l'allemand & annotées par le baron *Ferdinand* DE ROISIN, Docteur en Droit et Philosophie. *Paris,* Jules Labitte, *Lille,* librairie [et impr.] de Vanackere, 1845. In-8°, 1 vol. de xxiv-422 pp.

3905 Essai sur les Cours d'amour, par *Frédéric* DIEZ, Professeur de belles-lettres à l'Université de Bonn ; traduit de l'allemand et annoté par le baron *Ferdinand* DE ROISIN, Docteur en droit. *Paris,* Jules Labitte. *Lille,* Librairie de Vanackere, [impr. L. Danel]. 1842. In-8°, 1 vol. de 129 pp.

3906 Introduction au cours de littérature française. Discours prononcé à l'Athénée de Paris, le 15 décembre 1806, par M. CHÉNIER, de l'Institut national. Deuxième édition. *Paris,* Didot Jeune, 1806. In-8°. Pièce de 52 pages.

3907 Histoire littéraire de la France où l'on traite de l'origine et du progrès, de la décadence et du rétablissement des sciences parmi les Gaulois et parmi les François ; du goût et du génie des uns et des autres pour les lettres en chaque siècle; de leurs anciennes écoles; de l'établissement des Universités en France; des principaux collèges; des académies des Sciences et des Belles-Lettres; des meilleures Bibliothèques anciennes et modernes; des plus célèbres Imprimeries; et de tout ce qui a un rapport particulier à la littérature. Avec les Eloges historiques des Gaulois et des Français qui s'y sont fait quelque réputation, le catalogue et la chronologie de leurs Ecrits; des remarques historiques et critiques sur les principaux ouvrages; le dénombrement des différentes éditions: le tout justifié par les citations des Auteurs originaux, par les Religieux Bénédictins de la Congrégation de St-Maur. Nouvelle édition, entièrement conforme à la précédente, par M. *Paulin* PARIS, membre de l'Institut. *Paris*, Lib. Victor Palmé, Imprimerie Paul Dupont, 1855 à 1875; *Orléans*. Impr. Jacob, 16 vol. in-4°. (Titre noir et rouge.)

Tome Ier. 1ere Partie qui comprend les temps qui ont précédé la naissance de Jésus-Christ & les trois premiers siècles de l'Eglise, 2me qui comprend le quatrième siècle de l'Eglise.

Tome IIme qui comprend le cinquième siècle de l'Eglise.

Tome IIIme qui comprend le cinquième siècle de l'Eglise.

Tome IVme qui comprend les huitième et neuvième siècles de l'Eglise.

Tome Vme qui comprend la suite du 9e siècle de l'Eglise jusqu'à la fin.

Tome VIme qui comprend le 10e siècle de l'Eglise.

Tome VIIme qui comprend le 11e siècle de l'Eglise.

Tome VIIIme qui comprend le reste du 11e siècle de l'Eglise.

Tome IXme qui comprend le commencement du 12e siècle de l'Eglise.

Tome Xme qui comprend la suite du 12e siècle de l'Eglise jusqu'à l'an 1124.

*Tome XI*me qui comprend la suite du 12e siècle de l'Eglise.

*Tome XII*me qui comprend la suite du 12e siècle de l'Eglise jusqu'à l'an 1167.

*Tome XIII*me suite du 12e siècle.

*Tome XIV*me suite du 12e siécle

*Tome XV*me suite et fin du 12e siècle.

*Tome XVI*me Table générale des 15 premiers volumes de l'Histoire littéraire de la France par *Camille* RIVAIN, archiviste de la Haute-Vienne, ancien élève de l'Ecole des Chartes.

3908 Bibliothèque Françoise, ou Histoire de la Litterature Françoise. Dans laquelle on montre l'utilité que l'on peut retirer des Livres publiés en François depuis l'origine de l'imprimerie, pour la connoissance des Belles-Lettres, de l'Histoire, des Sciences & des Arts ; Et où l'on rapporte les Jugemens des critiques sur les principaux ouvrages. Par M. l'Abbé GOUJET, Chanoine de S. Jacques de l'Hôpital. A *Paris*, chez Pierre-Jean Mariette, Hyppolitte-Louis Guerin, [H. L. Guerin, & L. F. Delatour, P. G. Le Mercier,] M.DCC.XLI. [-LVI.] In-12, 18 vol.

3909 Les cinq Années littéraires, ou Lettres de M. CLÉMENT, sur les ouvrages de littérature qui ont paru dans les années 1748, 1749, 1750, 1751 & 1752. Imprimées a *Berlin*, sous le bon plaisir des Souscripteurs. Et se distribuent chez les Libraires les plus consciencieux & les plus désintéressés. M.DCC.LV. In-12, 2 vol.

3910 La France Littéraire, contenant : I. Les Académies établies à Paris & dans les différentes Villes du Royaume. II. Les Auteurs Vivans, avec la Liste de leurs Ouvrages. III. Les Auteurs Morts, depuis l'année 1751 inclusivement, avec la Liste de leurs Ouvrages. IV. Le Catalogue alphabétique des Ouvrages de tous ces Auteurs. [Par les abbés *Jacques* d'HÉBRAIL et *Joseph* DE LA PORTE ; puis, Supplément à la France Littéraire, 1778, par l'abbé

Joseph DE LA PORTE ; puis, Nouveau Supplément à la France Littéraire, 1784, par l'abbé *Joseph-André* GUIOT, victorin]. A *Paris*, chez la Veuve Duchesne, M.DCC. LXIX. [-LXXXIV]. Pet. in-8°, 4 vol.

3911 Histoire des idées littéraires en France au dix-neuvième siècle, et de leurs origines dans les siècles antérieurs, par *Alfred* MICHIELS. Troisième édition, *Bruxelles*, à la Librairie ancienne et moderne, [impr. J. Stienon] 1848. In-8°, 2 tom. en 1 vol.

3912 Bibliothèque historique et critique du Poitou. [T. VI-VII.] — Histoire littéraire du Poitou, par DREUX-DURADIER, précédée d'une introduction, et continuée jusqu'en 1840, par une société d'hommes de lettres. [*puis*, continuée jusqu'en 1849, par M. DE LASTIC-SAINT-JAL.] *Niort*, Robin et Cie 1842. [-1849]. In-8°, 2 vol.

3913 Poëtes et Romanciers de la Lorraine, par le comte *Th.* DE PUYMAIGRE. *Metz*, Pallez et Rousseau, 1848. In-12, 1 vol.

3914 Spicilége d'histoire littéraire ou Documents pour servir a l'histoire des sciences, des lettres et des arts dans le Nord de la France, par M. LE GLAY, correspondant de l'Institut. Premier [-troisième] fascicule. *Lille*, imprimerie de L. Danel 1858 [-1861]. In-8°, 3 fascicules de 99, 95 et 109 pp. en 1 vol. Extr. des *Mém. de la Soc. des Sc., de l'Agr. et des Arts de Lille.*

3915 Les Spectacles de Cramayel ou Calendrier historique et chronologique de ce théâtre avec le catalogue de toutes les pièces du répertoire, les noms et l'emploi des acteurs. Première partie, 1770. 1 vol., très pet. in-4°, tranches dorées, texte encadré, pages manuscrites, nomb. pages en blanc.

3916 Supplément aux deux mémoires destinés à faire connaître les travaux littéraires ordonnés par sa Majesté, & relatifs à la législation, à l'histoire & au droit public. Ou lettre de M. [*Jacob-Nicolas*] MOREAU, historiographe de

France. A. M. G. P. C. D. E., à l'occasion des dépenses assignées à ces travaux. (*Paris*), 1788. In-8°. Pièce de 26 pages.

Utile pour la biogr. de Moreau et la bibliographie de ses travaux.

3917 Manuel de l'Histoire de la littérature nationale allemande, par *Aug.* Koberstein, professeur à l'Ecole royale de Pforta, membre de plusieurs Sociétés Savantes, traduit par *X.* Marmier. *Paris*, Levrault, *Strasbourg*, Imp. Levrault 1834. 1 vol. pet. in-8°.

3918 Storia della Letteratura Italiana del Cavaliere *Abate Girolamo* Tiraboschi consigliere di S. A. S. il signor Duca di Modena. *Tomo I.* Che comprende la Storia della Letteratura degli Etruschi e de populi della Magna Grecia, e dell' antica Sicilia, e de Romani fino alla morte d'Augusto.

Tomo II. Dalla morte di Augusto sino alla caduta dell' Impero occidentale.

Tomo III. Dalla rovina dell' Impero Occidentale sino all'anno 1183.

Tomo IV. Dall'anno 1183 sino all'anno 1300.

Tomo V. Dall'anno 1300 sino all'anno 1400.

Tomo VI. Dall'anno 1400 sino all'anno 1500.

Tomo VI. Parte III.

Tomo VII. 4 parties en deux volumes.

Tomo VIII. D'all'anno 1600 sino all'anno 1700.

Modène, Société Typographique 1787 à 1793. 8 tomes en 10 volumes in-4°.

3919 Histoire Littéraire d'Italie, par *P. L.* Ginguené, de l'Institut de France. Seconde édition revue et corrigée sur les manuscrits de l'auteur, ornée de son portrait, et augmentée d'une notice historique par M. Daunou. A *Paris*, chez L. G. Michaud, M. DCCC. XXIV. In-8°, 9 vol.

3920 Documents inédits pour servir à l'histoire littéraire de l'Italie depuis le VIIIe siècle jusqu'au XIIIe avec des recherches sur le moyen âge italien, par *A. F.* OZANAM, professeur de littérature étrangère à la faculté des lettres de Paris. *Paris*, Jacques Lecoffre et Cie, [typog. Firmin Didot frères] 1850. In-8°, 1 vol.

3921 *Justi* FONTANINI Archiepiscopi Ancyrani historiæ literariæ Aquilejensis Libri V. Accedit Dissertatio ejusdem Auctoris de Anno emortuali S. Athanasii Patriarchæ Alexandrini, necnon Virorum illustrium Provinciæ Fori-Julii Catalogus. Cum duplici indice. Opus posthumum. *Rome*, Nicolas et Marc Palearinus, 1742. 1 vol., in-4°, portrait.

In eodem volumine : Memorie della vita de monsignor Giusto Fontanini arcivescovo di ancira canonico della basilica di S. Maria Maggiore, scritte dall'abate *Domenico* FONTANINI. In *Venezia*, appresso Pietro Valvasence, 1745.

3922 Histoire du fameux prédicateur Frère Gerunde de Campazas, dit Zotés ; Écrite par le Père *Jean* ISLA, sous le nom du Licencié Don *François* LOBON DE SALAZAR, Prêtre bénéficier de Preste, d'Aquila et de Villagarcia de Campos, Curé de la paroisse de Saint-Pierre, professeur de Théologie en l'Université de Valladolid. Dédiée au public. Traduite de l'espagnol, par *F.* CARDINI. A *Paris*, chez Aimé André, [impr. d'Hautel] M. DCCC. XXII. In-8°, 2 vol.

3923 Mémoires pour servir a l'Histoire litteraire des dix-sept Provinces des Pays-Bas, de la Principauté de Liege, et de quelques contrées voisines, [par l'abbé *J.-N.* PAQUOT]. A *Louvain*, de l'Imprimerie Académique. M. DCC. LXIII. [-LXX]. In-8°, 18 vol.

3924 Horæ Belgicæ. Studio atque opera *Henrici* HOFFMANN, Fallerslebensis Dr. Phil. Prof. linguæ et liter. Germ. in vniv. Vratisl., Custodis Bibl. Regiæ et Vniv. Vratisl, etc. etc. Pars prima. *Vratislaviæ*, apud Grass, Barth et Soc. MDCCCXXX. 1 vol. broché 128 pag. pet. in-8°.

1 feuille hors pagination en caractères gothiques.

3925 Études Néerlandaises. VONDEL. La femme dans les poëmes néerlandais. Nova-Zembla, par *Louis* De BACKER. *Paris*, Ernest Thorin, *Gand*, C. Vyt, [*Dixmude*, typ. d'Ed. Desmyter] 1872. In-8°, 1 vol.

3926 *Gerardi* de WIND. Oratio inavgvralis de præclaris zelandorum meritis in rempvblicam litterariam dicta pvblice d. IV Kal. Avgvsti a. æ. v. CIↃIↃCCLXXVIII qvvm in illvstri mediobvrgensivm athenæo anatomiæ, chirurgiæ et artis obstetricandi professionem sollemniter avspicaretvr. *Mediobvrgi* apud Petrvm Gillissen, vidvam M.H. Callenfels, et janum dane. 1 br. 60 p. In-4°.

3927 Académie Royale de Bruxelles (extrait du tom. X, n° 8, des Bulletins). Paléographie. Histoire littéraire. Suite des extraits des manuscrits de la Bibliothèque royale. Chronique de Baudouin d'Avesnes. L'anti-Claudien d'ALAIN DE LILLE. Extrait d'un ancien nécrologe de l'abbaye d'Epternach. Petites annales de Stavelot, d'Epternach et de St Maximin, par le Baron DE REIFFENBERG, membre de l'Acad. R. de Bruxelles. 1 broch. 26 pag. pet. in-8°.

2 exemplaires. Don signé d'auteur sur la couverture de l'un des exempl.

3928 Acad. Roy. de Bruxelles. Ext. du tom VIII n° 10 des Bull. Paléographie. Histoire littéraire. Notice et extraits d'un manuscrit de la Bibliothèque Royale : Fragments de métrique et de grammaire. Martyrologe en vers latins. Poésies de FREDIGARDUS. Manuscrits de l'ancienne abbaye de St. Trond. REGNIER DE BRUXELLES. NICAISE LADAM. Couronnements de Charles-Quint, par M. le baron DE REIFFENBERG. 1 broch. pet. in-8°, 28 pag.

Dono auctoris 8 décembre 1841.

3929 Académie Royale de Bruxelles. Extrait du tom. X, n° 7 des Bull. Paléographie. Histoire littéraire. Suite des notices sur des manuscrits de la Bibliothèque royale. Nouveaux extraits du recueil de GUI. Indication géographique sur la Gaule. Roman grec et latin d'Alexandre.

Gesta Romanorum. Les Fastes d'OVIDE. AUSONE. TANCREDUS RADLFI. Les Croisades à Versailles. Fragment de règle monastique. Dissertation de M. *J.* GRIMM. Extraits d'une chronique de Saint-Trond, par le Baron DE REIFFENBERG. 1 broch. 16 pag. pet. in-8°.

DIPLOMATIQUE

COLLECTIONS DE CHARTES ET DE DOCUMENTS HISTORIQUES.

3930 Dictionnaire de Paléographie, de Cryptographie, de Dactylologie, d'Hieroglyphie, de Sténographie et de Télégraphie, par M. X*** publié par M. l'abbé MIGNE, Editeur de la Bibliothèque universelle du Clergé ou des cours complets sur chaque branche de la Science ecclésiastique. S'imprime et se vend chez M. J. H. Migne, Editeur 1854. Un vol. in-8° avec planches de paléographie.

3931 De Re Diplomatica Libri VI. in quibus quidquid ad veterum Instrumentorum antiquitatem, materiam, scripturam, & stilum ; quidquid ad sigilla, monogrammata, subscriptiones, ac notas chronologicas ; quidquid inde ad antiquariam, historicam, forensemque disciplinam pertinet, explicatur & illustratur. Accedunt Commentarius de antiquis Regum francorum Palatiis. Veterum scripturarum varia specimina, tabulis LX comprehensa. Nova ducentorum, & amplius, monumentorum collectio Operâ & studio Domni *Johannis* MABILLON, Presbyteri ac monachi Ordinis S. Benedicti è congregatione S. Mauri. *Lutetiæ Parisiorum*, Sumtibus Ludovici Billaine, M DC LXXXI. Gr. in-f°, 1 vol.

3932 Librorum de Re Diplomatica Supplementum in quo archetypa in his libris pro regulis proposita, ipsæque regulæ denuo confirmantur, novisque speciminibus & argumentis asseruntur & illustrantur. Opera & studio

Domni *Johannis* MABILLON, presbyteri & monachi Ordinis S. Benedicti è Congregatione S. Mauri. *Luteciæ Parisiorum*, Sumtibus Caroli Robustel M DCC IV. Gr. in-f°. 1 vol., av. plusieurs fac-simile d'anciens mss.

3933 Commentarii de re diplomaticâ imperatricum Avgvstarvm ac Reginarvm Germaniæ ex probis litterarvm Monimentis ad temporvm Seriem adornati a *Io.* HEVMANO ivr in Academia Altorfina Prof. P. O. Accedunt appendices II in quibus de diplomatibvs nonnvllis cvm Avgvstarvm & Reginarvm Italiæ tvm imperatricvm Constantinopol. disseritvr. *Norimbergæ* sumtibus Iohannis Georgii Lochneri MDCCXXXXIX. 1 vol. in-4°, 3 planches.

3934 Clavis diplomatica, tradens Specimina veterum scripturarum nimirum alphabeta varia, Compendia scribendi medii ævi, notariorum veterum signa nonnulla curiosa una cum alphabeto instrumenti et abbreviaturis, singula tabulis æneis exhibita : quibvs præmittuntur introductiones necessariæ subiiciuntur Scriptores rei Diplomaticæ aliaqve ad lectionem et intelligentiam veterum codicum, chartarum et diplomatum facientia, Variis annotationibus Historico-litterariis hinc inde additis studio et opera *Danielis* EBERHARDI BARINGII. *Hanoveræ*, sumtibus Hæredum B. Nic. Försteri et filii MDCCXXXVII. 1 volume in-4°.

3935 *Danielis* EBERHARDI BARINGII Clavis Diplomatica, specimina vetervm scriptvrarvm tradens, alphabeta nimirvm varia, medii ævi compendia scribendi, notariorvm vetervm signa perplvra, cet. (*sic*) singvla tabvlis æneis expressa. Præmissa est Bibliotheca Scriptorvm Rei Diplomaticæ. [*Iohannis* MABILLONII Commentatio de variis Scripturarum veterum Generibus. *Burcardi Gotthelfii* STRVVII Dissertatio de Criteriis Manuscriptorum, *Ioh, Wilhelm* DE GŒBEL Dissertatio de Notariis. *Dan.* PAPEBROCHII Propylæum Antiquarium. *Ioannis Nicolai* HERTI Dissertatio de Fide Diplomatum Germaniæ Imperatorum et Regum. *Thomæ* RUDIMANNI Schediasma de Utilitate Diplomatum. *Ioh. Gottl.* KRAUSE Programma de Usu Diplomatum Conradi. *I. Ioh. Wilhelmi* WALDSCHMIDT Dissertatio de Probatione per Diplomataria. Diplomatarium Miscellum. etc.] Iterata hac editione sic ab avctore recognita, emendata ac locvpletata vt novvm opvs videri possit. *Hanoveræ*, Svmtibvs Hæredvm Nic. Foersteri et filii. MDCCLIV. In-4°, 1 vol., pl. gravées, et fac-simile sur parchemin.

3936 Alphabetum Tironianum, seu Notas Tironis explicandi Methodus ; cum pluribus Ludovici Pii Chartis, quæ notis iisdem exaratæ sunt & hactenus ineditæ, ad Historiam & Jurisdictionem cum ecclesiasticam, tum civilem pertinentibus. Labore & studio *D. P.* CARPENTIER, O. S. B. Præpositi S. Onesimi Doncheriensis. *Lutetiæ Parisiorum*, Apud Hippolytum-Ludovicum Guerin, & Jacobum Guerin, M. DCC. XLVII. Gr. in-f° 1 vol.

3937 Dictionnaire raisonné de Diplomatique, contenant les regles principales & essentielles pour servir à déchiffrer les anciens Titres, Diplomes & Monumens, ainsi qu'à justifier de leur date & de leur authenticité. On y a joint des planches pour aider également à connoître les caracteres & écritures des différents âges & de différentes nations, par Dom DE VAINES, Religieux Bénédictin de la Congrégation de S. Maur. A *Paris*, chez Lacombe, M. DCC. LXXIV. In-8°, 2 vol.

3938 [Encyclopédie Théologique publiée par l'abbé Migne, t. XLVII]. Dictionnaire raisonné de Diplomatique chrétienne, contenant les notions nécessaires pour l'intelligence des anciens monuments manuscrits, avec un grand nombre de fac-simile, par QUANTIN, archiviste titulaire du département de l'Yonne, suivi d'un Rapport au Roi sur les Archives départementales ; et des Éléments de critique, ou recherches des différentes causes de l'altération des textes latins, par l'abbé MOREL, publié par M. l'abbé MIGNE. [*Paris*], J. P. Migne, éditeur 1846. Gr. in-8°, 1 vol.

3939 Paléographie des Chartes et des Manuscrits du XI° au XVII° siècle, par *L.-Alph.* CHASSANT, ancien correspondant du ministère de l'instruction publique pour les travaux historiques. Quatrième édition, revue, corrigée et augmentée : 1° d'une instruction sur les sceaux et leurs légendes, avec pl. ; 2° des règles de critique des Diplomat. BB. sur les Chartes, les Manuscrits et les Sceaux. 9 planches in-4°. *Paris,* J.-B. Dumoulin, [*Évreux*, typ. Canu] 1854. Tr. pet. in-4°, 1 vol., tit. et texte encadrés.

3940 Vetera Analecta, sive Collectio veterum aliquot Operum & Opusculorum omnis generis, Carminum, Epistolarum, Diplomatum, Epitaphiorum, &c. cum Itinere Germanico, Adnotationibus & aliquot Disquisitionibus R. P. D. *Joannis* MABILLON, Presbyteri ac Monachi Ord. Sancti Benedicti è Congregatione S. Mauri. Nova editio, Cui accessere Mabilonii Vita & aliquot Opuscula, scilicet Dissertatio de Pane Eucharistico, Azymo ac Fermentato, ad Eminentiss. Cardinalem Bona. Subjungitur Opusculum ELDEFONSI Hispaniensis Episcopi de eodem argumento et EUSEBII Romani ad Theophilum Gallum Epistola, De Cultu Sanctorum Ignotorum. *Parisiis*, Apud Montalant, M.DCC.XXIII. In-f°, 1 vol.

3941 Thesaurus Monumentorum Ecclesiasticorum et Historicorum, sive *Henrici* CANISII Lectiones Antiquæ, Ad Sæculorum Ordinem digestæ Variisque Opusculis Auctæ, Quibus præfationes historicas, animadversiones criticas, et notas in singulos auctores, adjecit *Jacobus* BASNAGE, Cum Indicibus locupletissimis. *Amstelædami*, apud Rudolphum & Gerhardum Wetstenios MDCCXXV. In-f°, 4 tom. en 6 vol., tit. rouge et noir.

3942 Spicilegium sive Collectio veterum aliquot Scriptorum qui in Galliæ Bibliothecis delituerant: Olim editum Operâ ac studio D. *Lucæ* D'ACHERY, Presbyteri ac Monachi Ordinis Sancti Benedicti, Congregationis S. Mauri. Nova editio priori accuratior, & infinitis propè mendis ad fidem MSS. Codicum, quorum variæ lectiones V. C. *Stephanus* BALUZE, ac R. P. D. *Edmundus* MARTENE collegerunt, expurgata, per *Ludovicum, Franciscum-Joseph* DE LA BARRE, Tornacensem. *Parisiis,* Apud Montalant, M. DCC. XXIII. Gr. in-f°, 3 vol.

3943 Thesaurus novus Anecdotorum complectens Regum ac Principum, Aliorumque Virorum Illustrium Epistolas et Diplomata [URBANI Papæ IV. Epistolas LXIV. CLEMENTIS Papæ IV. Epistolas DCCXI. JOANNIS XXII. Processus varios in Ludovicum Bavarum & ejus Asseclas. INNOCENTII VI. Registrum Epistolarum anno M. CCCLXI. Aliaque plura de Schismate Pontificum Avenioniensium Monumenta. Chronica varia, Aliaque cùm ecclesiastica tùm civilia omnium pene nationum Monumenta historica. Varia Consilia, Episcoporum Statuta Synodalia, illustrium Monasteriorum ac Congregationum edita præsertim in capitulis generalibus Decreta. SS. Patrum, Aliorumque Auctorum Ecclesiasticorum omnium ferè sæculorum, à quarto ad decimum-quartum, Opuscula.] Prodit nunc primùm studio & operâ Domni *Edmundi* MARTENE & Domni *Ursini* DURAND, Presbyterorum & Monachorum Benedictinorum è Congr. S. Mauri. *Lutetiæ Parisiorum,* Sumptibus Florentini Delaulne, Hilarii Foucault, Michaelis Clouzier, Joannis-Gaufridi Nyon, Stephani Ganeau, Nicolai Gosselin, M. DCCXVII. In-f°, 5 vol., tit. rouge et noir, portr. du card. de Rohan-Soubise.

3944 Veterum Scriptorum et Monumentorum historicorum, dogmaticorum, moralium; amplissima Collectio complec tens Regum et Principum, aliorumque Virorum illustrium Epistolas et Diplomata [vetera Monumenta Imperialis Monasterii Stabulensis, WIBALDI Abbatis Stabulensis et Corbeiensis in Saxonia Epistolas, ALEXANDRI Papæ III Epistolas pro Remensi Provincia, Epistolas variorum ad S. Hildegardam cum responsis, FRIDERICI II. Imperatoris Epistolas varias; AMBROSII Camaldulensis Ordinis Epistolarum Libros XX, ALBERTI Sarthianensis Ordinis Minorum Epistolas selectas, *Petri* DELPHINI Camaldulensis Ordinis Epistolas CCXLII, ÆGIDII Viterbiensis, *Thomæ* WOLSEI et *Petri* CIACONII Epistolas; Scriptores historicos de Rebus præsertim Germanicis; Scriptores historicos de Rebus præsertim Gallicis, Anglicis, Italicis, Constantinopolitanis et Terræ-Sanctæ; Scriptores historicos de variis Ordinibus religiosis, antiqua Martyrologia et Sanctorum Acta; varia Concilia, Episcoporum Statuta Synodalia, actaque quæ concilium Pisanum præcesserunt ac subsecuta sunt; amplissimam Collectionem Actorum ad Concilium Basileense pertinentium, et duplicem Historiam Concilii Tridentini; varia Opuscula Sanctorum Patrum, et aliorum Auctorum Ecclesiasticorum.] Prodiit nunc primum studio & opera Domni *Edmundi* MARTENE, & Domni *Ursini* DURAND, Presbyterorum & Monachorum Benedictinorum è Congregatione S. Mauri. *Parisiis*, Apud Montalant, MDCCXXIV [-XXXIII]. In-f°, 9 vol.

3945 Sacræ Antiquitatis Monumenta historica, dogmatica, diplomatica. Tomus I. I. continens GERVASII Abbatis Præmonstrati Epistolas. II. Antiquitates Archiprioratus Hireevallensis. III. Antiquitates Vallis-Galileæ, vulgò S. DEODATI. IV. Diarium et Medulla votorum Patrum Concilii Tridentini, autore *N.* PSALMÆO Abbate Sancti Pauli. V. Elucidationes nonnullorum locorum sacri Concilii Tridentini collectore *Nic.* PSALMÆO. VI. Chronica *B.* EMONIS et MENCONIS, Abbatum Werumensium,

Notis illustrata A. R. P. ac Domino *Carolo-Ludovico* Hugo, Abbate Stivagii, & Fontis-Andreæ Doctore Theologo. *Stivagii*, Litteris Joannis Martini Heller, MDCCXXV. Et veneunt Stivagii, *Nanceii*. In Oppido S. Deodati. In-f°, 1 vol., tit. rouge et noir.

L'ouvrage complet est en 2 vol.

3946 *Godefridi Gvilielmi* Leibnitii. Mantissa Codicis Juris Gentium Diplomatici Continens Statuta magnorum Ordinum Regiorum, acta vetera Electionum Regis Romani, Manifestationes jurium inter Franciam, Angliam & Burgundiam olim controversorum; Concilia item Germanica, Ceremoniale Sedis Romanæ vacantis, Concertationes Imperium regnaque inter & Ecclesiam Romanam, Scissionem Bohemicam, Secularisationes, Absolutionem Henrici IV. Gall. R. Præterea Austriaco-Luxemburgica, Anglo-Scotica, Helvetico. Novo. Castrensia, &c. *Hannoveræ* Sumptibus Gotfridii Freytagii. Literis Samuelis Ammonii. M. D. CC. In-f°, 2 tom. en 1 vol.

3947 Codex Juris Gentium Diplomaticus, In quo Tabulæ Authenticæ Actorum publicorum, Tractatuum, aliarumque rerum majoris momenti per Europam gestarum, *pleræque ineditæ vel selectæ,* continentur; A fine Seculi undecimi ad nostra usque tempora Quem Ex Manuscriptis præsertim Bibliothecæ Augustæ Guelfebytanæ Codicibus, Et Monumentis Regiorum aliorumque Archivorum, ac propriis denique Collectaneis Edidit G. G. L. [*Godefridus Guilielmus* Leibnitius. *Hannoveræ,* Literis & Impensis Samuelis Ammonii M DC XCIII. In-f°, 1 vol.

3948 Diplomatvm Belgicorvm libri Dvo in quibus litteræ fundationum ac Donationum piarum Testamenta Codicilli contractus antenuptiales, fœdera Principum, et alia Cùm Sacræ tum politicæ antiquitatis monumenta, ad Germaniam inferiorem Vicinasque prouincias Spectantia Continentur. *Avbertvs* MIRÆVS, Bruxellensis decanus Antuerpiensis, eruebat & notis illustrabat. *Bruxellis*, apud Ioannem Pepermanvm, Bibliopolam iuratum Typographumque Ciuitatis, Sub. Bibliis aureis: M. DC. XXVIII.

Nombreuses notes manuscrites de Jean Godefroy.

3949 Donationvm Belgicarvm Libri II. In quibus Ecclesiarum & Principatuum Belgij origines, incrementa, mutationes, & alia cùm sacræ tum politicæ antiquitatis monumenta, ex ipsis Tabularum publicarum fontibus hausta, proponuntur, Notisque illustrantur; Stvdio *Avberti* MIRÆI, Bruxellensis, S. Th. Licentiati, & Decani Antuerp. *Antverpiæ*, apvd Ioannem Cnobbarvm, M. DC. XXIX. In-4° car., 1 vol., couv. parchemin.

3950 *Auberti* MIRÆI. Cathedralis Ecclesiæ Antverpiensis Decani Opera Diplomatica et Historica, in quibus Continentur Chartæ Fundationum ac Donationum piarum, Testamenta, Privilegia, Fœdera Principum, & alia tum sacræ tum profanæ Antiquitatis Monumenta, à Pontificibus, Imperatoribus, Regibus, Principibusque Belgii edita, & ad Germaniam inferiorem, vicinasque Provincias spectantia, ex ipsis Tabularum publicarum fontibus eruta. Editio secunda. *Joannes Franciscus* FOPPENS, Bruxellensis, L. T. L. Cathedralis Ecclesiæ Brugensis Canonicus, Notas et Indices addidit, aliaque plura hactenus inedita adjunxit. *Bruxellis*, Typis Francisci Foppens, M DCC XXIII [-XLVIII]. In-f°, 4 vol., tit. rouge et noir.

3951 [Académie Royale de Belgique. Commission Royale d'histoire]. Revue des Opera Diplomatica de Miraeus, sur les titres reposant aux archives départementales du Nord, à Lille. Par *A.* LE GLAY, Correspondant de l'Institut de France. *Bruxelles*, M. Hayez, 1856. In-8°, 1 vol.

3952 *Stephani* Balvzii Miscellaneorvm Liber primvs, [secundus, etc., usque ad septimum] Hoc est, Collectio vetervm monumentorum quæ hactenus latuerant in varijs codicibus ac bibliothecis. *Parisiis*, Excudebat Franciscvs Mvgvet. [Per Bibliopolarum Societatem] MDCLXXVIII. [M. DCCXV.] In-8°, 7 vol.

3953 Fœdera, Conventiones, Literæ, Et cujuscunque generis Acta publica, inter Reges Angliæ, Et alios quosvis Imperatores, Reges, Pontifices, Principes, vel Communitates, ab Ineunte Sæculo duodecimo, viz. ab Anno 1101. Ad nostra usque tempora, habita aut tractata : Ex Autographis, infra Secretiores Archivorum Regiorum Thesaurarias per multa Sæcula reconditis, fideliter exscripta, in lucem missa de mandato nuperæ reginæ, Accurantibus *Thoma* Rymer, et *Roberto* Sanderson. Ad originales Chartas in Turri Londinensi denuo summa fide collata & emendata, studio *Georgii* Holmes. Editio tertia, *Hagæ Comitis*, Apud Joannem Neaulme. MDCCXLV. In-f°, 10 vol., tit. rouge et noir.

3954 Reliqviæ manvscriptorvm omnis ævi Diplomatvm ac Monvmentorvm, ineditorvm adhvc. Ex Mvseo *Io. Petri* Lvdewig, Icti, potentissimi Porvss. Reg. Consiliarii intimi atqve in regimine dvcatvs Magdebvrgici, Fridericianæ professoris et principalis tabularii archivarii. *Francofvrti & Lipsiæ*, [*deinde Halæ Salicæ*, impensis Orphanotrophei] CIƆIƆCCXX [-XXXVII]. Pet. in-8°, 11 vol. (le t. XII manque), frontisp. gravés, tit. rouge et noir.

3955 Magna charta cvm statvtis quæ Antiqua vocantur, iam recens excusa, et summa fide emendata, iuxta vetusta exemplaria ad Parliamenti rotulos examinata : quibus accesserunt nonnulla nunc primum typis edita :

[*Londini*], apud Richardum Tottelum, 12 Jun. 1556. Pet. in-8°, 1 vol. goth. long. lin.

3956 Meslanges historiqves, ov Recvoil de plvsienrs Actes, Traitez, lettres missiues, & autres memoires qui peuuent seruir en la deduction de l'histoire depuis l'an 1390 iusques a l'an 1580. Est adiousté vn ancien formulaire pour les Secretaires du Roy, maison & Couronne de France, auec les chartres expediées en faueur de leur College, [par *Nicolas* CAMUSAT, chanoine de l'église cathédrale de Troyes.] A *Troyes*. Par Noel Moreav, dict le Coq M. DC. XIX. Pet. in-8°, 6 part. en 1 vol., tit. rouge et noir, rel. parchemin.

3957 Selecta Ivris et Historiarvm tvm anecdota tvm iam edita, sed rariora qvorvm. Tomvs I. [-VI]. Cvra *Henr.-Christ.* SENCKENBERG, Icti et Consiliarii Rhingravici. *Francofvrti ad Mœnvm*, Sumptibus Ioan. Frid. Fleischer, MDCC XXXIV. [CIƆ IƆCC XLII]. Pet. in-8°, 6 vol. 1734-1742.

3958 Gothicarvm et Langobardicarvm rervm Scriptores aliquot veteres; [JORNANDES, ISODORUS, PAULUS Diac., etc.] Ex Bibliotheca *Bon.* VULCANII [*Bonaventure* DESMET] & aliorum. Catalogus eorum, quæ hoc volumine continentur, est paginis sequentibus. *Lvgdvni Batavorvm*, Apud Ioannem Maire. 1618. Pet. in-8°, 1 vol. de 264, 339 et 109 pp.

(Les 109 dernières pages contiennent un *Commentariolus Anonymi in Literas Gothicas*, qui est le même ouvrage que celui qu'on trouve indiqué dans Brunet, sous le titre *De literis et lingua Getarum*, le nom de Vulcanius et la date de 1597. C'est probablement l'étude linguistique la plus ancienne qui ait paru sur la langue gothique et ses affinités avec les autres idiomes germaniques).

3959 Corpvs Historicvm Medii Ævi, sive Scriptores Res in Orbe vniverso, præcipve in Germania, a temporibus maxime Caroli M. Imperatoris vsqve ad finem secvli post C. N. XV. gestas enarrantes avt illvstrantes, e variis codicibvs manvscriptis per mvltos annos collecti et nvnc primvm editi a *Jo-Georgio* Eccardo. *Lipsiæ*, apvd Jo. Frid. Gledistchii, B. fil. anno MDCCXXIII. In-f°, 2 vol., rel. parchemin ornée.

T. I. — Fasti Consulares; Catalogus Præfectorum urbis; Depositio Martyrum et Episcoporum; Catalogus Pontt. Romm.; Catalogus Impp. Romm.; Catalogi Coss. Romm.; Erchempertus Monachus; Alpertus Monachus; Eckchardus Vragiensis; Monachorum S. Pantaleonis Chronica; Chronica Regia; Annales Bosovienses; Gesta Friderici II; Ricobaldus Ferrariensis; *Philippus* de Lignamine; Chronicon Luneburgicum; *Martinus* Polonus; *Theodericus* de Niem; Martinus Minorita; Martinus Fuldensis; Johannes Vitoduranus; Andreas Ratisbonensis.

T. II. — Udalricus Babenbergiensis; Hincmarus Rem. Archiep.; *Hermannus* Cornerus; Iter in Terram Sanctam, &c.; *Oliverius* Scholasticus; Relatio de Davide rege Tartarorum; Poema de amissione Terræ Sanctæ; *Alexander* Benedictus Veronensis; Catalogus Pontt. Romm.; *Amalricus Augerius* de Biterris; *Johannes Trithemius* Nepiachus; Prophetiæ satyricæ in Papas; *Magister* Vulgerius; de condemnatione J. Hussi excerpta; *Stephanus* Insessura; *Johannes* Burchardus; Norbertus Abb. Iburgensis; *Maurus* Rost Abb. Iburgensis; Golscherus: Catalogus Episcoporum Augustanorum; Chronica Episcoporum Ratisbonensium; Chronica Præsulum Spirensis Civitatis; Catalogus Episcoporum Spirensium.

Cet ouvrage retrouvé trop tard serait mieux placé sous la rubrique « Collection des historiens, recueils de chroniques et de mémoires.

3960 Dictionnaire Roman, Walon, Celtique et Tudesque, Pour servir à l'intelligence des anciennes Loix & Contrats, des Chartes, Rescripts, Titres, Actes, Diplomes &

autres Monumens, tant ecclésiastiques que civils & historiques, écrits en Langue Romance ou Langue Françoise ancienne. Par un Religieux Bénédictin de la Congrégation de S. Vannes, [D. *Jean* FRANÇOIS]. A. *Bouillon*, de l'Imprimerie de la Société Typographique. M.DCC.LXXVII. In-4°, 1 vol.

3961 Lettere di Principi, leqvali (*sic*) o si scrivono da Principi, o a Principi, o ragionan di Principi. [per *Girolamo* RUSCELLI]. Libro primo, [secondo, terzo]. All' illvstriss. et (*sic*) reverend. Card. Carlo Borromeo. [*Il libro II*, Al Serenissimo Principe Emanvele Filiberto, Dvca di Savoia. *Il libro III*, A M. Pietro Pavlo Crescentio Nvntio appresso Monsignor di Lavtrec.] In *Venetia*, presso Francesco Toldi. MDLXXIII. [*Il libro II*, In Venetia, Appresso Francesco Ziletti. MDLXXXI. *Il libro III*, *s. l. n. d.*] 3 vol. couv. parchemin, le 1er in-4° car. de 32 ff. non cotés et 247 ff. cotés, le 2e in-8° car. de 6 ff. non cotés et 203 ff. cotés, le 3e de 280 (le dernier coté à tort 278) ff. cotés.

3962 Literæ Procerum Europæ, ab Imperatoribus, Electoribus, Principibus, Statibusque Sacri Imperii Romano-Germanici, ad Reges, Principes, Respubl. liberas, et vice versa, in multifariis, Tam Lætitiæ, quam Tristitiæ casibus, nec non Belli ac Pacis negotiis, itemque Religionis causa, Ab Anno 1552. usque ad Annum 1712. Latina Lingua exaratæ, in tres partes divisæ, et in lucem editæ a *Jo. Christiano* LÜNIG, cum elench et indice. *Lipsiae*, Apud Jo. Frider. Gleditsh & filium. Anno M.D.C.C.XII. Pet in-8°, 3 vol.

3963 De veteribus Regum Francorum Diplomatibus, Et Arte secernendi antiqua diplomata vera à falsis, Disceptatio. Ad R. P. D. *Joannem* MABILLONIUM, Monachum Benedictinum. Auctore *P. Bartholomæo* GERMON, Societatis Jesu Presbytero. *Parisiis*, Apud Joannem Anisson, M.DCCIII. In-12, 1 vol.

3964. De veteribus [*etc. ut. supra*] Disceptatio II. Ad R. P. D. [*etc. ut supra*] Auctore *P. Bartholomæo* GERMON, *Parisiis*, Apud Claudium Rigaud, M.DCCVI. In-12, 1 vol.

3965 De veteribus Regum Francorum Diplomatibus, et Arte secernendi antiqua Diplomata vera à falsis, Disceptationes. Adversus R. P. D. Theodorici Ruinartii, & Cl. V. Justi Fontanini Vindicias, atque Epistolas Cl. Virorum Dominici Lazzarini, & M. Antonii Gatti. Auctore *P. Bartholomæo* GERMON. *Parisiis*, Apud Claudium Rigaud, M.DCCVII. In-12, 1 vol.

3966 Vindiciæ manuscriptorum codicum A.R.P. Bartholomæo Germon impugnatorum, cum appendice, in qua S. Hilarii quidam loci ab anonymo obscurati & depravati illustrantur & explicantur. Auctore Domno *Petro* CONSTANT, Presbytero & Monacho ordinis S. Benedicti è Congregatione S. Mauri. *Parisiis*, apud Viduam Francisci Muguet MDCCVI. 1 vol. in-8°.

3967 Histoire des Contestations sur la Diplomatique, avec l'Analyse de cet ouvrage, composé par le R. P. Dom Jean Mabillon, [attrib. à l'abbé *G.-B.* RAGUET ou au *P.* LALLEMANT]. A *Paris*, Chez Florentin Delaulne, M.DCCVIII. In-12, 1 vol.

3968 Epistres des Princes, lesqvelles, ov sont adressees avx Princes, ov traitent les affaires des Princes, ou parlent des Princes. Recueillies d'Italien par *Hieronime* RUSCELLI, & mises en François par F. DE BELLE-FOREST, Commingeois. A *Paris*, par Jean Ruelle 1574. Pet. in-8°, 1 vol. de 447 ff. cotés, non compris table.

3969 Table chronologique des Diplomes, Chartes, Titres et Actes imprimés, concernant l'Histoire de France. Par M. [*J.-Geor.-Oudard-Feudrix*] DE BREQUIGNY, de l'Académie Royale des Inscriptions & Belles-Lettres, [et M. *G.-J.* MOUCHET, adjoint à ce travail; continuée, à partir du t. IV, par M. PARDESSUS, membre de l'Institut (Académie des Inscriptions), à partir du t. VII, par MM. PARDESSUS et LABOULAYE, membres de l'Institut (Académie des Inscriptions). A *Paris*, de l'Imprimerie Royale, [Impériale, Nationale] M DCCLXIX [-MCCCDLXXVI]. In-f°, 8 vol.

3970 Notice des Diplomes, des Chartes et des Actes relatifs a l'Histoire de France, qui se trouvent imprimés & indiqués dans les ouvrages de Diplomatique, dans les Jurisconsultes & dans les Historiens, rangés dans l'ordre chronologique depuis l'année 23 de l'ère vulgaire jusqu'en 841. Par M. l'Abbé DE FOY, Abbé de Saint-Martin de Séez & de la Garde-Dieu. A *Paris*, de l'Imprimerie Royale. M. DCCLXV. In-f°, 1 vol., t. Ier seul paru.

3971 Origine des archives du Ministère des Affaires Étrangères. Documents publiés par *L.* DELISLE, membre de l'Institut. Extrait de la Bibliothèque de l'Ecole des Chartes, année 1874. *Nogent-le-Rotrou*, Imp. Gouverneur 1874. 1 broch. de 19 pag.

3972 Cartulaire général de l'Yonne, recueil de documents authentiques pour servir à l'histoire des pays qui forment ce département, publié par la Société des Sciences historiques et naturelles de l'Yonne sous la direction de M. QUANTIN, Archiviste du département. Premier volume, *Auxerre*, Perriquet, *Paris*, Didron, M DCCC LII. In-4°, 1 vol., l'ouvrage complet en comprend deux.

3973 Collection générale des Documents français qui se trouvent en Angleterre, recueillis et publiés par *Jules* DELPIT. Tome premier [seul paru]. Archives de la Mairie de Londres, du duché de Lancastre, de la bibliothèque des Avocats et première partie de l'Échiquier. *Paris*, [imp. Dondey-Dupré], librairie de J. B. Dumoulin, 1847. In-4°, 1 vol.

3974 Examen d'un diplôme de l'an 877, par un membre de la Société des antiquaires de Normandie. Seconde édition. (Confirmation d'une donation d'un lieu nommé Uscias à Hodo, abbé de Corbie). Paris, imp. Lottin 1832. 1 broch. 22 pag.

3975 Mémoire sur les archives de l'Indre antérieures à 1790, par M. *A.* DESPLANQUE, ancien archiviste adjoint du Nord. *Paris,* imp. Chaix 1863. 1 broch. 103 pag. in-8°.

Extrait des Compte-rendus de la *Société du Berry*, 1862-63.

3976 Inventaire - Sommaire des Archives Départementales antérieures à 1790, commencé par feu *A.* et *J.* LE GLAY, continué par M. DESPLANQUE. Nord, Archives Civiles. — Série B, Chambre des Comptes de Lille, N°s 1 à [1680]. Tome premier [et deuxième]. *Lille*, imprimerie de L. Danel 1865 [-72]. Gr. in-4°, 2 vol., t. I. II. de la collection des Inventaires-Sommaires des Archives Départementales publiée par ordre du Ministère de l'Intérieur.

3977 Inventaire analytique des Chartes des Comtes de Flandre, avant l'avènement des princes de la maison de Bourgogne autrefois déposées au château de Rupelmonde, et conservées aujourd'hui aux Archives de la Flandre-Orientale ; précédé d'une notice historique sur l'ancienne trésorerie des chartes de Rupelmonde, et suivi d'un glossaire, de notes et d'éclaicissements, par le Baron *Jules* DE SAINT-GENOIS, Professeur-Bibliothécaire de l'Université de Gand. *Gand*, de l'imprimerie de Vanryckegem-Hovaere, 1843-1846. In-4°, 1 vol.

3978 Mélanges d'Histoire. Archives. Notices diverses.
Rapport au Roi sur les archives départementales et communales France, par *M.* DUCHATEL 1841. Rapport à M. le Ministre de l'Intérieur sur les archives de la Chambre des Comptes de Flandre, à Lille, et sur les travaux à y exécuter dans l'intérêt de l'histoire de la Belgique, par *M.* GACHARD. *Bruxelles*, Hayez, Imp. 1836. Notice sur

une collection de Manuscrits connue à la Bibliothèque du Roi, à Paris, sous le nom des 182 Colbert, par *M.* GACHARD. Archives des anciens Comtes d'Artois, par *M.* GODEFROY, de Lille. *Valenciennes*, Imprimerie A. Prignet 1837. Inventaire analytique des Chartes des Comtes de Flandre, par *B.* GAILLARD. *Gand*, Lib. Duquesne 1857. Essai sur les archives historiques du chapitre de l'Eglise cathédrale de Notre-Dame de St-Omer (Pas-de-Calais), par M. VALLET DE VIRIVILLE. *St-Omer*, Imp. de Chanvin fils 1844. Notice sur les archives de l'abbaye de Bourbourg, par *E.* DE COUSSEMAKER 1859. Etude sur les archives du château de Lucheux par *H.* DUSEVEL *Amiens*, Typ. Lenoel Hérouart 1857. La Commission des archives d'Angleterre (Record Commission) aux savans et antiquaires français. *Paris*, Guyot & Scribe, imp. 1834. Le tout en 1 vol. in-8°.

3979 Notices d'archives par *André* LEGLAY.

1° Notice sur les archives de la Chambre des Comptes de Lille. Juillet 1835. 30 pag. *Lille.* Danel.

2° Notice sur les archives du département du Nord. 1839. 73 p. *Lille*, Danel.

3° Inauguration du nouvel hôtel des archives du département du Nord. 1845. 12 pag. 1 grav. *Lille,* Vanackère.

4° Nouveau mémoire sur les archives départementales du Nord 1861. 80 pag. section historique. *Lille*, Danel.

5° Mémoire sur les archives des églises et maisons religieuses du Cambrésis. 1852. 88 pag. *Lille*, Danel.

6° Mémoire sur les archives des abbayes de Liessies et de Maroilles. 1853. 88 pag. *Lille*, Danel.

7° Mémoire sur les archives de l'abbaye de Cisoing. 1854. 37 pages. *Lille,* Danel.

8° Mémoire sur les archives du chapitre des Chanoinesses de Bourbourg. 1855. 16 pag. *Dunkerque*, Vanderest.

9° Mémoire sur les archives du Chapitre de St-Pierre de Lille. 1856. 40 p.

10° Mémoires sur les archives de l'abbaye de St-Amand en Pevèle. 1854. 32 pag. *Valenciennes*, B. Henry. *Lille*, Imp. L. Danel. Le tout en un vol. in-8°.

3980 Histoire et description des archives générales du département du Nord, à Lille. Partie historique, par M. Le Glay, archiviste, correspondant de l'Institut, des Académies royales de Bruxelles, Turin, etc. *Paris*, Typographie de Firmin Didot frères, Imprimeurs de l'Institut de France 1843. 1 br. 72 p. in-4°.

3981 Les archives départementales du Nord pendant la Révolution, par l'abbé *C.* Dehaisnes, archiviste du département du Nord. *Lille*, Imp. L. Danel, 1873. 1 broch. 144 pag. pet. in-8°.

Hommage signé d'auteur.

3982 Inventaire analytique et chronologique des archives de la Chambre des Comptes, à Lille, publié par les soins et aux frais de la Société Impériale des Sciences de Lille. *Paris*, Durand, Lib. *Lille*, Quarré. Lib. M.DCCC LXV. 1 vol. in-4° tiré à 250 exemplaires (N° 32).

3983 Notice sur les archives de la Chambre des Comptes de Lille, par le Docteur Le Glay, archiviste du Département du Nord. *Lille*, Imp. L. Danel 1835. 1 broch. 30 pag. pet. in-8°.

3984 Etat général des Registres de la Chambre des Comptes de Lille relatifs à la Flandre, par l'abbé *C.* Dehaisnes archiviste du Département du Nord. *Lille*, Imp. Lefebvre-Ducrocq 1873. 1 broch. 211 pag. pet. in-8°.

(Hommage signé d'auteur). (Extrait des Annales du Comité flamand t. XI et XII)

3985 Etude sur la signification du mot: Balfart, dans les chartes de la Flandre. Notice de *M.* Gheldolf, précédée des rapports de MM. Kervyn de Lettenhove, de Smet et Snellaert. *Bruxelles*, Imp. Hayez. (extrait des Bull.

de l'Acad. Roy. de Belgique, 2e Série, tom. XI, n° 4). 1 broch. 67 pages pet.in-8°.

3986 Cartulaire de l'Abbaye de Flines, publié par l'Abbé *E.* HAUTCŒUR, Docteur en théologie, chanoine honoraire de Cambrai, Aumônier des dames de Flines. *Lille*, L. Quarré, Lib. *Paris*, Dumoulin. *Bruxelles*, Decq Duhent, Lib. *Lille*, Imp. Lefebvre-Ducrocq 1873. 2 vol. in-8°, avec 17 planches dans les 2 volumes.

3987 Inventaire analytique et chronologique des archives des chambres du Clergé, de la Noblesse et du Tiers-Etat du Hainaut ; accompagné de notes et d'éclaircissements, par *A.* LACROIX, archiviste de l'Etat de la ville de Mons. *Mons*, Typog. d'Emm. Hoyois, Lib. MDCCCLII. 1 vol. in-4°.

3988 Rapport a M. Alph. Vandenpeereboom, ministre de l'intérieur, sur l'administration des Archives générales du Royaume depuis 1831, et sur la situation de cet établissement, par M. GACHARD, Archiviste général du Royaume. *Bruxelles*, Fr. Gobbaerts, 1866. In-8°, 1 vol.

Envoi d'auteur signé à M. de Godefroy.

3989 Documents inédits relatifs à l'histoire de la province de Namur, publiés par ordre du Conseil Provincial. Cartulaire de la commune de Fosses, recueilli et annoté par *Jules* BORGNET, Archiviste de l'État. *Namur*, Typographie de Ad. Wesmael, fils 1867. In-4°, 1 vol., frontisp. gravé, tit. rouge et noir, pap. de Hollande.

3990 Inventaire des Archives de la ville de Malines, publié sous les auspices de l'Administration communale, par *P. J.* VAN DOREN, archiviste-bibliothécaire. *Malines*, imprimerie de E. F. Van Velsen 1859 [-1868]. In-8°, 5 tom. en 2 vol.

3991 Groot Charteboek der Graaven van Holland, van Zeeland en Heeren van Vriesland : beginnende Met de eerste oudste Brieven van die Landstreeken, en eindigende met den dood van onze Graavinne, Vrouwe Jacoba van Beijere ; [725-1436] Zynde Zoo met de verschillende leezingen der onderscheidene afschriften, als met eenige korte aanmerkingen opgehelderd, verzaameld, en in orde gebragt door *Frans* VAN MIERIS. Te *Leyden*, By Pieter vander Eyk, M.D.CC.LIII [-LVI]. Gr. in-f° à 2 col., 4 vol., tit. rouge et noir.

3992 *J.* DE SAINT-GENOIS de Grand-Breucq, à M.M. les souscripteurs à son ouvrage diplomatique. *Bruxelles*, de l'imp. de L. J. Urban. 1 br. 16 p. in-8°. (1782).

Deux exemplaires.

HISTOIRE DE FRANCE. — INSTRUCTION PUBLIQUE.

3993 Des Facultés de droit et des Universités en France dans le moyen âge et de nos jours, par M. *Albert* DU ROYS, ancien Magistrat. *Grenoble*, Baratier et Dardelet, Imp. 1875. 1 pet. broch. de 13 pag.

3994 Historia Vniversitatis Parisiensis ipsivs Fundationem, Nationes, Facvltates, Magistratvs, Decreta, Censuras & Iudicia in negotiis fidei, Priuilegia, Comitia, Legationes, Reformationes. Item Antiquissimas Gallorum Academias, Carolo M. ad nostra tempora ordine Chronologico complectens. Authore *Cæsare Egassio* BVLÆO [DU BOULAY], Eloquentiæ emerito Professore antiquo Rectore & Scriba eiusdem Vniuersitatis. *Parisiis*, Apud Franciscvm Noel, M.DC. LXV [-LXVI]. In-f°, 3 vol., t. I-III (l'ouvrage complet en comprend 6, 1765-73), tit. rouge et noir.

3995 Histoire de l'Université de Paris, depuis son origine jusqu'à l'année 1680. Par M. [*Jean-Baptiste-Louis*] CREVIER, Professeur Emérite de Rhétorique en l'Université de Paris, au collège de Beauvais. *Paris*, Desaint & Saillant, 1761, In-12. 7 vol.

3996 Histoire de l'Université de Paris, par M. *E.* DUBARLE, juge d'instruction au tribunal de la Seine, nouvelle édition revue et augmentée. *Paris*, typographie de Firmin Didot frères, 1844. In-8°, 2 vol.

3997 Histoire de l'Université du Comté de Bourgogne et des différents sujets qui l'ont honorée ; pour faire suite aux Ouvrages historiques de M. Dunod ; par *Nicolas-Antoine* LABBEE DE BILLY, ancien vicaire-général de Langres, Docteur en théologie, Professeur d'histoire de l'Académie royale de Besançon. A *Besançon*, de l'Imprimerie de Claude-François Mourgeon, M. D. CCC. XIV [-XV]. In-4°, 2 vol.

3998 Rapport sur l'Instruction publique, fait au nom du Comité de Constitution a l'Assemblée Nationale, les 10, 11, et 19 Septembre 1791, par M. DE TALLEYRAND-PÉRIGORD, ancien Evêque d'Autun. Imprimé par ordre de l'Assemblée Nationale. A *Paris*, des Imprimeries de Baudouin, et de du Pont, Député de Nemours. M. DCC. XCI. In-4°, 1 vol.

3999 Histoire de la Maison royale de St-Cyr (1686-1793) par *Théophile* LAVALLÉE, ouvrage couronné par l'Académie Française. *Paris*, Furne et Cie, Lib. Edit. Impr. Plon 1846. Un vol. in-4° avec le portrait de Mme de Maintenon en frontispice, un plan, deux gravures et 3 fac-simile.

4000 Catalogus E. E. D. D. doctorum almæ universitatis Aquensis. *Aquiis Sextiis*, Typis Ioannis Adibert, typographi Regis & Universitatis MDCCXXII. 1 br. 16 p. in-4°.

SOCIÉTÉS SAVANTES FRANÇAISES. — LEUR HISTOIRE ET LEURS PUBLICATIONS. — PUBLICATIONS COLLECTIVES.

4001 Mémoires de l'Académie d'Arras, Société Royale, des Sciences, des Lettres et des Arts. 1845, *sans tomaison, puis* tomes XXVII (1854), XXVIII (1855) et XXIX (1857). *Arras*, Imprimerie de Jean Degeorge, [*puis* de A. Courtin], Septembre 1845 [-Août 1857]. In-8°. 4 vol.

4002 Discours prononcé à l'Académie d'Arras, par M. Gosse, Pr. d'Ar.. (Prieur d'Arrouaise), dans la Séance Publique, tenue le 5 Avril 1777. A *Arras*, de l'Imprimerie de Guy Delasablonniere. Et se vend chez Lureau, libraire, 1777. In-8°. Pièce de 27 pages.

4003 Société royale d'Arras pour l'encouragement des Sciences, des Lettres et des Arts. Statuts généraux. *Arras*, Imp Ve Degeorge, *s.d.* (1822). 23 pag. *A la suite* Programme du Concours ouvert pour les prix à décerner en 1854.

4004 Séance publique de l'Académie des sciences, des bel'es-lettres et des arts de Besançon, Tenue le 24 Août 1777. A *Besançon*, De l'imp. de Cl. Jos. Daclin. 1 br. 21 p. In-4°.

4005 Histoire de l'Académie Françoise Depuis son établissement jusqu'à 1652. Par M. Pellisson. Seconde édition. Depuis 1652 jusqu'à 1700, Par M. l'Abbé d'Olivet. A *Paris*, Chez Jean-Baptiste Coignard Fils, M.DCC.XXX. In-12. 2 vol.

4006 Harangue faite au roi d'Espagne, au nom de l'Académie françoise. Par M. de la Chapelle, Receveur Général des Finances de la Rochelle, Directeur de l'Académie. *S. n. d'imp. S. d.* (1700), 1 br. 4 p. in-4°.

4007 Discours prononcez dans l'Académie Françoise, le Samedy 23 Juin MDCCXIV à la réception de M. le Mareschal duc de Villars. A *Paris*, chez J. B. Coignard, MDCCXVI. 1 br. 16 p. in-4°.

4008 Discours prononcez dans l'Académie françoise, Le lundi 25 Juin MDCCXXXVI à la réception de M. l'évesque de Mirepoix et de M. de la Ghaussée. A *Paris* de l'imp. de J. B. Coignard, MDCCXXXVI. 1 br. 40 p. In-4°.

4009 Discours prononcez dans l'Académie françoise, le jeudy 6 Mars MDCCXXXVIII à la réception de M. le Duc de la Trémoille. A *Paris*, de l'imp. de J. B. Coignard, MDCCXXXVIII. 1 br. 12 p. In-4°.

4010 Discours prononcez dans l'Académie françoise, le Jeudi 7 Mars MDCCXLIII à la réception de M. de Mairan. A *Paris*, de l'imp. de J.B. Coignard, MDCCXLIII. 1 br. 12 p. In-4°.

4011 Discours prononcez dans l'Académie françoise, le mardi 29 décembre MDCCXLIV à la réception de M. l'abbé Girard et de M. l'abbé de Bernis. A *Paris*, de l'imp. de J. B. Coignard, MDCCXLV. 1 br. 20 p. In-4°.

4012 Panegyrique de Saint-Louis, prononcé à l'Académie françoise, Le 25 Août MDCCXLVI. Par M. Le Cousturier, Curé d'Harmancourt. A *Paris*, chez G. F. Quillau Père, Imprimeur Juré Libraire de l'Université, MDCC XLVI. 1 br. 28 p. In-4°.

4013 Discours prononcez dans l'Académie françaisc, le Jeudi 15 Septembre MDCCXLVI, à la réception de M. l'abbé de La Ville. A *Paris*, de l'Imp. de J.-B. Coignard, MDCCXLVI. 1 br. 15 p. In-4°.

4014 Discours prononcez dans l'Académie françoise, le Jeudi 4 Avril MDCCXLVIII à la réception de M. de Paulmy et de M. Gresset. A *Paris*, de l'Imp. de J.-B. Coignard, MDCCXLVIII. 1 br. 32 p. In-4°.

4015 Discours prononcés dans l'Académie françoise, le lundi 30 Juin MDCCXLIX à la réception de M. le Maréchal Duc de Belle-Isle. A *Paris*, de l'imp. de Bernard Brunet, Imp. de l'Académie Françoise, MDCCXLIX. 1 br. 15 p. In-4°.

4016 Discours prononcez dans l'Académie françoise, Le Jeudy 25 Septembre MDCCXLIX à la réception de M. l'évêque de Rennes. A *Paris,* de l'imp. de B. Brunet, MDCCXLIX. 1 br. 20 p. In-4°.

4017 Discours prononcés dans l'Académie françoise, Le Jeudi 9 Avril MDCCLXI à la réception de M. du Coëtlosquet. A *Paris,* au Palais, Chez la V. Brunet, Imp. de l'Académie Françoise, MDCCLXI. 1 br. 18 p. In-4°.

4018 Lettre sur les derniers discours prononcés à l'Académie Françoise. *S. n. d'imp. s. d.* 1 br. 18 p. In-4°.

4019 Histoire de l'Académie Royale des Inscriptions et Belles-Lettres Depuis son Etablissement, avec les Eloges des Academiciens morts Depuis son Renouvellement. [Par *Cl.* Gros de Boze]. A *Paris,* Chez Hippolyte-Louis Guerin, M.DCC.XL. Pet. in-8°, 3 vol.

4020 Histoire de l'Academie Royale des Inscriptions et Belles Lettres, Depuis son Establissement jusqu'à présent, [Par *Cl.* Gros de Boze, *Nic.* Fréret, *J.-P.* Bougainville, *Et.* Lauréault de Foncemagne, *A.-T.-V.* Le Beau de Schosne, *L.* Dupuy, *B.-J.* Dacier, *T.-F.* de Grace, *P.-D.* Duboy-Laverne, et autres] Avec Les Mémoires de Littérature tirez des Registres de cette Académie, depuis son Renouvellement jusqu'en [M.DCCXCIII]. [*A partir du t. XLVII,* Mémoires de Littérature, tirés des Registres de l'Académie Royale des Inscriptions et Belles-Lettres]. A *Paris,* de l'Imprimerie Royale, [Nationale, Impériale], M.DCCXXXVI [*réimpression de 1717*]. [M.DCCCIX]. In-4°, 50 vol., frontisp. gravé, plus 1 vol. intitulé : Tableau général, raisonné et méthodique Des ouvrages contenus dans le recueil des Mémoires de l'Académie royale des Inscriptions et Belles-Lettres, depuis sa naissance jusques et compris l'année 1788, servant de supplément aux tables de ce recueil. Ouvrage nécessaire pour compléter la collection des Mémoires de l'Académie. Par M. D. [*C.-C.-F.* DE L'AVERDY et *G.* POIRIER]. A *Paris,* de l'imprimerie de Pierre Didot l'aîné, M.DCC.XCI. In-4°.

4021 Institut Impérial de France. Académie des Inscriptions et Belles-Lettres. Rapport fait au nom de la Commission de l'Ecole Française d'Athènes sur les travaux des Membres de cette Ecole pendant l'année 1863-64, par M. DEHÈQUE. *Paris,* Typ. Firmin-Didot, MDCCCLXIV. 1 broch. 19 pag. In-4°.

4022 Association lilloise. Séance du 21 Juin 1841. Discours de M. LE GLAY, président. *Lille,* Imp. de Cailleaux-Lecocq, 1841, 1 br. 8 p. In-4°.

4023 Annuaire des cinq Départements de l'ancienne Normandie, publié par l'Association Normande, 1835 [-1837]. Première [-troisième] année. *Caen,* de l'imprimerie de A. Le Roy, 1834 [-1836]. In-8°. 3 vol.

4024 Association Normande. *Caen,* de l'Imp. Le Roy, 1833. 1 broch. contenant le règlement Constitutif de la Société. La liste des membres, les officiers de l'association. Le plan d'une statistique générale des cinq départements de l'ancienne Normandie, proposé par M. de Pracomtal.

4025 Annales du Comité Flamand de France. [Tome 1er] 1853 [à tome XII, 1873-1874]. *Dunkerque,* Mme Thery [*puis* Bacquet] et les autres libraires. *Lille,* Vanackere, [*puis* Quarré]. *Gand,* Hosten, [*puis* L. Hoste]. *Paris,* V. Didron, *Bruxelles,* Muquardt, [*Dunkerque,* typ. Vanderest, *puis Lille,* impr. Lefebvre-Ducrocq], MDCCCLIV [-LXXIV]. In-8°. 11 vol.

(Manque le tome III.)

4026 Bulletin du Comité Flamand de France. Tome I, 1857-1859 [-Tome VI, 1872-1875]. *Dunkerque,* Bacquet, [typ. Benjamin Kien, *puis Lille,* imp. Lefebvre-Ducrocq], *Gand,* Hosten, *Paris,* V. Didron, MDCCCLX [-LXXV]. In-8°. 6 vol.

4027 Rapport à M. de Salvandy, ministre de l'instruction publique, sur les travaux du comité des arts et des monuments, pendant la session de 1838. Imprimerie royale, Février 1839. 1 br. 21 p. In-4°.

4028 Rapport à M. de Salvandy, ministre de l'instruction publique, sur les travaux du comité historique des chartes, chroniques et inscriptions. Imprimerie royale, Février 1839. 1 br. 8 p. In-4°.

4029 Rapport à M. de Salvandy, ministre de l'instruction publique sur les travaux du comité historique de la langue et de la littérature française. Imprimerie royale. Février 1839. 1 br. 7 p. In-4°.

4030 Rapport à M. de Salvandy, ministre de l'instruction publique, sur les travaux du comité historique des sciences. Imprimerie royale, Février 1839. 1 br. 8 p. In-4°.

4031 Rapport à M. de Salvandy, ministre de l'instruction publique, sur les travaux du comité historique des sciences morales et politiques. Imprimerie royale, 1839. 1 br. 8 p. In-4°.

4032 Discours prononcés dans la séance publique tenue à l'Institut par la classe de la Langue et de la Littérature françoises, le mardi 24 novembre 1807, pour la Réception de MM. LAUJON, RAYNOUARD, PICARD. [Avec la réponse de M. BERNARDIN DE SAINT-PIERRE, président de la séance]. *Paris*, Demonville, 1807. In-8°. Pièce de 63 pages.

4033 Mémoires lus à la Sorbonne dans les Séances extraordinaires du Comité impérial des travaux historiques et des Sociétés savantes tenues les 23, 24, 25 et 26 avril 1867. *Paris*, Imp. Impériale, 1868-1869. 4 vol. In-8°.

Année 1868 : 1 volume d'Archéologie.
1 vol. Histoire, Philologie & Sciences morales.

Année 1869 : 1 vol. Archéologie.
1 vol. Histoire, Philologie & Sciences morales.

4034 Collection de documents inédits relatifs à l'Histoire de France, publiés par ordre du Roi et par les soins du Ministre de l'Instruction publique. In-4°.

23 vol. seulement de cette publication qui continue encore de nos jours, dont détail ci-après.

1. Rapports au ministre par MM. *Aug.* THIERRY, *Francis* MICHEL, le comte BEUGNOT, GÉNIN, VARIN, le baron THÉNARD, DE GASPARIN et DANTON. *Paris*, Imp. royale, 1839. 1 vol.

2. Documents historiques inédits tirés des collections manuscrites de la Bibliothèque royale et des archives ou des Bibliothèques des départements publiés par M. CHAMPOLLION-FIGEAC. *Paris*, F. Didot, 1841-48. 4 vol.

3. Cartulaire de l'abbaye de Saint-Bertin publié par M. GUÉRARD. *Paris*, 1840. 1 vol.

Appendice au cartulaire de l'abbaye de Saint-Bertin publié par M. *François* MORAND. *Paris*, Imp. nat. 1867. 1 vol.

4. Cartulaire de l'abbaye de Saint-Père de Chartres publié par M. GUÉRARD. *Paris*, 1840, 2 vol.

5. Lettres de Rois, Reines, et autres personnages des cours de France et d'Angleterre depuis Louis VII jusqu'à Henri IV, tirées des archives de Londres par BRÉQUIGNY et publiées par M. CHAMPOLLION-FIGEAC. *Paris*, Imp. royale, 1839-47. 2 vol.

6. Histoire de la guerre de Navarre en 1276 et 1277 par *Guillaume* ANELIER de Toulouse, publiée par M. *Francisque* MICHEL. *Paris*, Imp. Impériale, 1856. 1 vol.

7. Chronique du religieux de Saint-Denys contenant le règne de Charles VI, de 1380 à 1422, publiée par M. *L.* BELLAGUET, précédée d'une introduction par M. DE BARANTE *Paris*, 1839-1852. 6 vol.

8. Négociations diplomatiques entre la France et l'Autriche durant les trente premières années du XVIe siècle, publiées par M. *A.* LE GLAY. *Paris*, Imp. royale, 1845, 2 vol.

9. Captivité du roi François 1er, par M. *Aimé* CHAMPOLLION-FIGEAC. *Paris*, Imp. royale 1847, 1 vol.

10. Procès verbaux des Etats Généraux de 1593 recueillis et publiés par M. *Aug.* BERNARD. *Paris*, Imp. royale, 1842. 1 vol.

11. Journal des Etats généraux de France tenus à Tours en 1484 sous le règne de Charles VIII rédigé en latin par *Jehan* MASSELIN, publié et traduit par A. BERNIER. *Paris,* Imp. royale, 1835. 1 vol.

4035 Bulletin de la Commission Historique du département du Nord. Tome 1er [à Tome X]. *Lille*, imprimerie de L. Danel, 1843 [-1868]. In-8°. 10 tom. en 5 vol.

4036 Commission historique du Nord. Règlement. (Mai 1864) Imp. L. Danel à *Lille*. 1 broch. 6 pag.

(Dans l'intérieur : un extrait du recueil des actes administratifs.

4037 Rapport à Monsieur le Préfet du Nord par le Président de la Commission historique du Département sur les travaux de cette Commission, 1840. *Lille,* Imp. L. Danel. 1 broch. 16 pag.

4038 Rapport par M. *A.* DESPLANQUE, Archiviste Départemental sur une communication de documents faite à la Commission historique du Nord, par M. le Baron DE GIRARDOT, Secrétaire-Général de la Loire-Inférieure (extrait du bulletin de la Commission historique du Nord, tom. VIII). *Lille*, Imp. L. Danel, *s. d.* 1 broch. 19 pag. Pet. in-8°.

4039 Congrès méridional, Première session, 1834. *Toulouse*, imp. Lavergne, 1834. 1 vol. In-8°.

4040 Congrès Scientifique de France : 1re Session tenue à Caen en Juillet 1833. *Rouen*, Périaux, 1833 ; 2e Session tenue à Poitiers, en Septembre 1834. *Poitiers*, Saurin, 1835 ; 3e Session tenue à Douai en Septembre 1835. *Douai*, Wagrez, 1836 ; 4e Session, tenue à Blois, en Septembre 1836. *Blois*, Jahyer, 1837 ; 20e Session, ouverte à Arras le 23 Août 1853. *Arras*, Topino, 1854. Tome I et II ; 22e Session tenue au Puy en Septembre 1855. *Le Puy*, Marchesson, 1856, tomes I et II ; 43e Session, à Versailles, du 17 au 27 mai 1877. 8 vol. In-8° et 1 broch.

4041 Discours prononcé à l'ouverture de la XXe Session du Congrès Scientifique, par *Achmet* D'HÉRICOURT. *Arras*, typog. Alp. Brissy. 1 broch. 11 pag.

4042 Congrès scientifique de France, Trente-cinquième session, Montpellier 1er décembre 1868. *Montpellier*, Boehm et fils, 1868. 1 br. 18 p. In-4°.

4043 Bibliothèque de l'école des Charles. *Paris*, Firmin-Didot frères. In-8°.

1ere série : t. 4 (1842-43)- t. 5 (1843-44). — *2e série* : t. I (1844-45)- t. 2 (1845-46)- t. 3 (1846-47)-t. 4 (1847-48)- t. 5 (1848-49) tables de 1839 à 1849). — *3e série* : tome I (1849-50)-t. 2 (1850-51)-t. 3 (1851-52)-t. 4 (1852-53)-t. 5 (1853-54). — *4e série* : tome I (1854-55) - t. 2 (1855-56)- t. 3 (1856-57) - t. 4 (1857-58) t. 5 (1858-59 - tables de 1849 à 1859). — *5e série* : tome I (1859-60) - t. 2 (1860-61) - t. 3 (1861-62) - tome 4 (1862-63) - t. 5 (1863-64). — *6e série* : tome I (1864-65) - t. 2 (1865-66) - t. 3 (1866-67) - t. 4 (1867-68) - t. 5 (1868-69). — *7e série* : tome I (1870-table de 1859 à 1869) - t. 2 (1871) - t. 3 (1872)- t. 4 (1873)- t. 5 (1874)- t. 6 (1875).

Ensemble 33 volumes.

4044 Annuaire de l'Institut des Provinces et des Congrès Scientifiques. 1851[-1871]. *Paris*, Derache, Dumoulin, [*puis* Derache, Dentu ; *puis* Derache, Hachette, Dentu].

Caen, [impr.] A Hardel, [*puis* Le Blanc-Hardel, *puis Le Puy*, typog. Marchesson], *Rouen*; Lebrument: *Nancy*, Mlle Gonnet, [1851-1873]. In-12, puis in-8°. 21 années à 1 vol. par an.

4045 Institut des provinces. Annuaire des sociétés savantes de France et des congrès scientifiques 1872-1873-1874-1875-1876 (1re et 2e partie) 1877. *Paris*, Derache-Hachette-Dentu, lib., imp.; Cadoret; *Bordeaux*, Carrère, Rodez, Walder, *Paris*. 7 fascicules. In-8°.

4046 L'ordre et la liberté. Mardi 29 décembre 1857. *Caen*, Imp. de Domin. 1 journal. 4 feuilles. In-f°.

Institut des Provinces de France. — Discours de M. DE CAUMONT.

4047 Institut des provinces de France. Congrès des délégués des Sociétés Savantes. Session de 1866. Rapport fait au nom de la Commission d'enquête agricole par M. le Marquis D'ANDELARRE. *Paris*, P. Dupont, 1866, Pet. in-f° de 29 pages.

4048 Institut des Provinces de France en 1872. 1 broch. 31 pag. Composition du bureau: Liste générale des membres *Caen*, typog. Le Blanc-Hardel. *s. d.*

4049 Institut des provinces de France fondé en 1839 par M. de Caumont. Documents et informations diverses. Trimestriel N° 1, 26 juin 1873. *Toulouse*, au secrétariat de l'administration, imp. A. Chauvin et fils. 1 br. 32 p. In-8°.

4050 Assises scientifiques tenues, en Août 1860, par l'Institut des Provinces, à Dunkerque, pendant la Session du Congrès archéologique de France. — (Extrait de l'Annuaire de l'Institut des Provinces, année 1862. *Caen*, typ. A. Hardel, Imp.-Lib., 1861. 1 broch. In-8°.

4051 Mémoires de la Société royale et centrale d'Agriculture, Sciences et arts du département du Nord, séant à Douai. 1831-1832. A *Douai*, Imprim. de Wagrez aîné. 1 vol. In-8°.

4052 Discours prononcé à la séance de la Société d'agriculture de Lyon, le 17 juin 1785, par M. le Comte (*Cl. Cam. Fr.*) D'ALBON, de la plupart des Académies de l'Europe. *Lyon*, Los Rios, 1785. In-8°. Pièce de 43 pages.

4053 Mélanges d'archéologie, précédés d'une notice historique sur la Société royale des antiquaires de France et du cinquième rapport sur ses travaux publiés par *Seb.* BOTTIN, chevalier de la Légion d'Honneur, ancien Secrétaire de la Société Royale des antiquaires de France. *Paris*, au bureau de l'Almanach du Commerce, chez Delaunay, Lib. Imp. Gaultier Laguionie, 1831. 1 vol. In-8°.

4054 Annuaire de la Société impériale des Antiquaires de France 1850-1854. *Paris*, typ. Ch. Lahure. 2 vol. In-12.

4055 Bulletin de la Société nationale des Antiquaires de France. Années 1857-1858-1859-1860-1861-1862-1863-1864-1865-1866 (incomplète)-1867-1868 (double)-1869-1870-1871-1872-1873-1874-1875-1876-1877 (incomplète). *Paris*, Dumoulin, lib., imp. Lahure, à *Paris*, et A. Gouverneur, à *Nogent-le-Rotrou*. 67 fascicules et 1 vol. br. In-8°.

4056 Mémoires de la Société Nationale des Antiquaires de France. Troisième série, Tome premier [-Quatrième série, tome VIII, *ou autrement* tomes XXI à XXXVIII de la collection. *Paris*, au secrétariat de la Société et chez Dumoulin [impr. Ch. Lahure, *puis* Gouverneur, *puis* G. Daupeley, successeur, à *Nogent-le-Rotrou*], M DCCC LII [-LXXVII]. In-8°. 18 vol.

4057 Compte-rendu des travaux de la Société des Antiquaires de la Morinie, par M. *Henri* DE LAPLANE, secrétaire perpétuel. Séance du 1er Août 1851. *Saint-Omer*, Chauvin fils, Imp. de la Société. 1 br. 27 p. In-8°.

4058 Société des Antiquaires de la Morinie. Bulletin historique trimestriel. Premier [-quatrième] volume. [Années

1852 à 1871. [*Saint-Omer*, Imprimerie de Fleury-Lemaire [*s. d.*]. In-8°. 20 années à 5 par vol., 4 vol., plus qq. fascicules dépareillés des années 1874, 1875, 1876 et 1877.

4059 Mémoires de la Société des Antiquaires de la Morinie. Tome Ier. — Année 1833 [à Tome XV, 1871-76]. *Saint-Omer*, imprimerie de Chauvin fils, *puis* de Fleury-Lemaire, lib. Baclé, Légier ; *puis* Vuatiné, Légier ; *puis* Tumerel, Légier ; *Paris*, lib. Lance, *puis* Derache] 1834 [-M DCCC LXXVI]. In-8°. 15 vol. dont plusieurs portent des envois d'auteurs signés.

4060 Atlas des Mémoires de la Société des Antiquaires de la Morinie. *Saint-Omer*, Chauvin fils, Imprimeur de la Société, 1841-1854. — *Tome V*, 1839-1840. — *Tome VI*, 1841-1843. — *Tome VII*, 1844-1845. *Tome IX*, 1854.

4 atlas.

4061 Mémoires de la Société des Antiquaires de la Normandie. 1824 [-1836 Tomes Ier à X]. A *Caen*, Chez Mancel, [impr. Chalopin, *puis* A. Hardel]. A *Paris*, chez Ponthieu et Delaunay, [*puis* Derache, Treuttel et Wurtz, etc ; *Londres*, Dulau & Co], MDCCCXXV [-XXXVII]. In-8°. 10 tom. en 13 vol., plus l'atlas de l'année MDCCC XXV.

4062 Mémoires de la Société des Antiquaires de Normandie. Atlas des années 1825, 1826, 1827, 1828, 1829, 1830, 1831, 1832, 1833, 1836. 5 vol. oblongs.

4063 Bulletins de la Société des Antiquaires de l'Ouest. Années 1834 [à 1876]. *Poitiers*, de l'imprimerie de F.-A. Saurin, [*puis* de A. Dupré ; libr. Fradet et Barbier, *puis* Oudin et Létang, *puis* Oudin, Létang et Pichot ; *Paris*, libr. Derache ; 1838-77]. In-8°. 14 tom. en 14 vol.

En plus 1er et 3e trimestre 1877.

4064 Bulletins de la Société des Antiquaires de Picardie. Tom. VI [-XII]. — 1856 [-76] — *Paris*, Librairie de J.-B. Dumoulin, *Amiens*, Imprimerie Ve Herment, [*puis* E. Glorieux] 1859 [-1873]. In-8°. 7 vol.

Le 12e vol. est incomplet des fasc. 3 et 4 de 1876.

4065 Mémoires de la Société des Antiquaires de Picardie. Deuxième série. Tome IV [-Troisième série, tome V, *ou autrement* tom. XIV-XXV.] *Amiens*, Imprimerie de Duval et Herment [*puis* E. Glorieux, *puis* A. Douillet] *Paris*, Librairie de J.-B. Dumoulin, 1856 [-1876]. In-8°, 11 vol.

Manque le tome XXIV.

4066 Mémoires de la Société des Antiquaires de Picardie. Documents inédits concernant la province.

Tome IV. Recherches historiques et critiques sur les anciens comtes de Beaumont-sur-Oise du XIe au XIIIe siècle, avec une carte du comté par *L*. Douet-d'Arcq. *Amiens*, 1855. 1 vol. In-4°.

Tome V. Histoire de la Ville de Doullens, par M. *C*. Delgove, *Amiens*, 1865. 1 vol. In-4°.

Tome VI. Cartulaire de l'Abbaye de Notre-Dame d'Ourscamp de l'Ordre de Citeaux fondée en 1129 au diocèse de Noyon, publié par M. Peigné-Delacourt. *Amiens*. 1865. 1 vol. In-4°.

4067 Almanach de l'archéologue français par les membres de la Société française d'archéologie, 1865, 1867, 1868, 1870. *Caen*, F. Le Blanc-Hardel, imp. libraire. 4 fascicules. In-8°.

4068 Mémoires de la Société archéologique du Midi de la France. Tome premier, années 1832-1833. *Toulouse*, Imp. de Lavergne, 1834. 1 vol. in-4° avec planches & figures dans le texte.

4069 Règlement de la Société du Département du Nord, dont le siège est à Paris. Typog. Lacrampe et Cie à *Paris*, 14 pag.

Deux exemplaires.

4070 Mémoires de la Société Dunkerquoise pour l'encouragement des sciences et des arts. 1860-1861 [à 1870-1871]. Septième [-seizième] volume. *Dunkerque*, typographie Benjamin Kien [*puis* Ve B. Kien], 1861 [-1872]. In-8°. 9 vol.

Manque le t. VIII, 1861-62.

4071 Société Dunkerquoise pour l'encouragement des sciences, des lettres et des arts. Séance solennelle du lundi 20 novembre 1865. (Extrait du 11e volume des Mémoires de la Société Dunkerquoise). *Dunkerque*, typographie Ve Benjamin Kien, 1866. In-8° de 96 pp., suivies de trois programmes de concours de ladite Société, de la même imprimerie et de 4 pp. chacun, pour les années 1868, 1869 et 1870.

4072 Mémoires de la Société Royale d'Emulation d'Abbeville, 1833. *Abbeville*, imprimerie de A. Boulanger [1834.] In-8°. 1 vol.

4073 Séance publique de la Société d'émulation de la ville de Cambrai, du 12 Mai 1808. A *Cambrai*, De l'Imprimerie de Defrémery et Raparlier. 1 br. 98 p. In-8°

4074 [Congrès Archéologique de France.] Séances générales tenues en 1842 [-1875] par la Société Française pour la conservation des Monuments historiques. *Caen*, chez A. Hardel, imprimeur [*puis* F. Le Blanc-Hardel, *puis* à *Tours*, chez Paul Bouserez]. *A Paris*, Derache [*puis* Derache, Dumoulin] 1842 [-1876]. In-8°, 32 vol.

État de la collection, vol. par vol. :

1° 1842 : séances générales tenues au Mans, à Tours, à Bordeaux, à Rouen et à Strasbourg.

(Manquent 1843 et 1844.)

2° 1845, XIIe session, Lille.

3° 1846, XIIIe session, Metz, Trèves, Autun, Châlons et Lyon.

4° 1847, XIVe session, Sens, Tours, Angoulême et Limoges.

5° 1847-48, XVe session, Falaise, Vaux-sur-Laison, Bernay et Trouville-sur-Mer.

6° 1849, XVIe session, Bourges.

7° 1850, XVIIe session, Auxerre, Cluny et Clermont-Ferrand.

8° 1851, XVIIIe session, Laon, Nevers et Gisors.

9° 1852, XIXe session, Dijon.

10° 1853, XXe session, Troyes.

11° 1854, XXIe session, Moulins.

12° 1855, XXIIe session, Châlons-sur-Marne, Aix et Avignon.

13° 1856, XXIIIe session, Nantes, Verneuil, le Neubourg et Louviers.

14° 1857, XXIVe session, Mende, Valence et Grenoble.

15° 1858, XXVe session, Périgueux et Cambrai.

16° 1859, XXVIe session, Strasbourg, Rouen, Saint-Lô et Vire.

17° 1860, XXVIIe session, Dunkerque, le Mans et Cherbourg (deux exemplaires).

18° 1861, XXVIIIe session, Reims, l'Aigle, Dives et Bordeaux.

19° 1862, XXIXe session, Saumur, Lyon, le Mans, Elbeuf et Dives.

20° 1863, XXXe session, Rodez, Albi et le Mans.

21° 1864, XXXIe session, Fontenay, Évreux, Falaise et Troyes.

22° 1865, XXXIIe session, Montauban, Cahors et Guéret.

23° 1866, XXXIIIe session, Senlis, Aix et Nice.

24° 1867, XXXIVe session, Paris.

25° 1868, XXXVe session, Carcassonne, Narbonne, Perpignan et Béziers.

26° 1869, XXXVIe session, Loches.

27° 1870, XXXVIIe session, Lisieux.

28° 1871, XXXVIIIe session, Angers.

29° 1872, XXXIX° session, Vendôme.
30° 1873, XL° session, Châteauroux.
31° 1874, XLI° session, Agen et Toulouse.
32° 1875, XLII° session, Châlons-sur-Marne.

4075 Société Française pour la conservation et la description des Monuments historiques. Congrès archéologique et historique de 1845. Ensemble 3 pièces : 1° Une circulaire. 2° Un numéro du journal de Lille du Jeudi 5 Juin 1845. 3° Un tableau statistique des congrès scientifiques depuis leur établissement en France, par M. DE CAUMONT, correspondant de l'Institut, jusqu'en 1845.

4076 Annuaire Historique pour l'année 1837, [1863], publié par la Société de l'Histoire de France. A *Paris,* chez Jules Renouard, [Vve Jules Renouard], 1836 [1863]. In-18. 25 vol.

(Manquent les tomes 22 et 23, années 1858 et 1859.)

4077 Bulletin [*puis* Annuaire-Bulletin] de la Société de l'Histoire de France. A *Paris*, chez Jules Renouard, [*puis* J. Renouard et Cie, *puis* Ve J. Renouard, *puis* H. Loones] [impr. Crapelet, *puis* Ch. Lahure, *puis* *Nogent-le-Rotrou*, impr. A. Gouverneur, *puis* G. Daupeley] 1835 [-1877]. In-8°, 21 vol., savoir :

Ire partie, t. Ier, 1834, 1 vol.
IIe partie, t. Ier - II, 1834-35, 1 vol.
Ire partie, t. II, 1835, 1 vol.
Bulletin, années 1836-40, 1 vol.
Bulletin, années 1841-43, 1 vol.
Bulletin, années 1844-46, 1 vol.
Bulletin, années 1847-50, 1 vol.
Bulletin, années 1851-54, 1 vol.
Bulletin, années 1855-56, et table des années 1834-56, 1 vol.
Bulletin, années 1857-60, 1 vol.
Bulletin, années 1861-62, et table des années 1857-62, 1 vol.

Annuaire-Bulletin, 1863, 1 vol.

Annuaire-Bulletin, 1864, 1 vol.

Annuaire-Bulletin, 1865-66, 1 vol.

Annuaire-Bulletin, 1865-66 (2e partie, inventaire de la collection Godefroy et catalogue alphabétique des noms de lieux du martyrologe universel), 1 vol.

[*Nota.* — Ce vol. est interfolié et contient de nombreuses annotations de la main de M. de Godefroy.]

Annuaire-Bulletin, 1867, 1 vol.

Annuaire-Bulletin, 1868, 1 vol.

Annuaire-Bulletin, 1869-71, 1 vol.

Annuaire-Bulletin, 1872-73, 1 vol.

Annuaire-Bulletin, 1874-75, 1 vol.

Annuaire-Bulletin, 1876, 1 vol. plus qq. ff. dépareillées de 1877.

4078 Société de l'Histoire de France.

1° Résumé des travaux de la Société de l'histoire de France depuis sa fondation en 1834 jusqu'au 1er Juillet 1847. *Paris*, Imp. Crapelet. 2 pet. broch. 16 pag.

2° Règlement adopté par l'assemblée générale du 23 Janvier 1834, même Imp.

3° Modifications au règlement de la Société de l'histoire de France proposées par le Conseil. Même Imp. 8 pag.

4° Séance du 10 Mai 1836. *Paris*, Imp. Crapelet. 50 pag.

5° Séance du Conseil d'Administration du 5 décembre 1836. Imp. Fournier à *Paris*. 15 pag.

6° Séance du Conseil d'Administration du 6 Février 1837. *Paris*, Imp. Fournier. 31 pag.

7° Séance du Conseil d'Administration du 3 avril 1837. Imp. Fournier à *Paris*, 12 pag.

8° Séance du 3 Juillet 1837, assemblée du Conseil. *Paris*, Imp. Brun-Daubrée et Cie. 4 pag.

9° Revue de l'Histoire et des antiquités nationales. Introduction. *Paris*, Renouard, Imp. Crapelet. 23 pag.

10° Séance du Conseil d'Administration tenue le 4 Janvier 1852.

11° Séance du Conseil d'Administration tenue le 5 Juillet 1852.

12° Séance du Conseil d'Administration tenue le 1er Février 1859.

4079 Société de l'Histoire de France (publications). *Paris*, Renouard 1835-1876. 133 vol. in-8° dont détail ci-après :

1. Histoire ecclésiastique des Francs par *G.-F.* GRÉGOIRE évêque de Tours, traduite par MM. *J.* GUADET et TARANNE. 4 vol.

2. Le livre des Miracles et autres opuscules de *G.-F.* GRÉGOIRE, Évêque de Tours, traduits par *H. L.* BORDIER. 4 vol.

3. Chroniques des Eglises d'Anjou, publiées par MM. *Paul* MARCHEGAY et *Em.* MABILLE. 1 vol.

4. Chroniques des Comtes d'Anjou, publiées par MM. *P.* MARCHEGAY et SALMON avec une introduction par M. *Em.* MABILLE. 1 vol

5. Les miracles de St Benoit (Voir Cat. Hist. n° 713).

6. *Orderici* VITALIS angligenæ, historiæ ecclesiasticæ libri tredecim, Ex veteris codicibus Uticencis collatione emendavit et suas animadversiones adjecit *Aug.* LE PRÉVOST. 5 vol.

7. Chroniques de Saint-Martial de Limoges publiées par *H.* DUPLÈS-AGIER. 1 vol.

8. Œuvres complètes d'ÉGINHARD, traduites avec notes et variantes par *A.* TEULET. 2 vol.

9. Les Annales de Saint Bertin et de Saint Waast, publiées par l'abbé *C.* DEHAISNES. 1 vol.

10. RICHE. Histoire de son temps, texte de l'Edition originale de *G.H.* PERTZ, traduit par *J.* GUADET. 2 vol.

11. Rouleaux des morts du IXe au XVe siècle, publiés par *L.* DELISLE. 1 vôl.

12. Œuvres complètes de SUGER publiées par *A.* LECOY DE LA MARCHE. 1 vol.

13. Chronique d'Ernoul et de Bernard le Trésorier publiée avec un essai de classification des continuateurs de Guillaume de Tyr par M. *L.* de Mas Latrie. 1 vol.

14. Chronique latine de Guillaume de Nangis de 1113 à 1300 avec les continuateurs de cette chronique de 1300 à 1368, publiée par *H.* Géraud. 2 vol.

15. De la conqueste de Constantinople, par *Joffroi* de Villehardouin et Henri de Valenciennes, Edition accompagnée de notes et commentaires par M. *Paulin* Paris. 1 vol.

16. La Chanson de la Croisade contre les Albigeois, commencée par *Guillaume* de Tudèle et continuée par un poète anonyme, traduite par *Paul* Meyer. 1 vol.

17. Histoire de Saint Louis, par *Jean* sire de Joinville suivie du Credo et de la lettre à Louis X, publiée par M. *Natalis* de Wailly. 1 vol.

18. Vie de Saint Louis, roi de France, par Le Nain de Tillemont, publiée par *J.* de Gaulle. 6 vol.

19. Les coutumes du Beauvoisis, par *Philippe* de Beaumanoir, publiées par le Comte Beugnot. 2 vol.

20. L'Histoire de Li Normant et la Chronique de *Robert* Viscard par Aimé, moine du Mont Cassin, publiées par M. Champollion-Figeac. 1 vol.

21. Histoire des ducs de Normandie et des Rois d'Angleterre suivie de la Relation du tournoi de Ham, par Sarrazin, trouvère du 13e Siècle, précédée d'une introduction par *Francisque* Michel. 1 vol.

22. Chroniques de *Jean* Froissart, publiées par *Siméon* Luce. 5 vol.

23. Comptes de l'argenterie des Rois de France au 14e Siècle, publiés par *L.* Douët-d'Arcq. 1 vol.

24. Nouveau recueil de comptes de l'argenterie des Rois de France, publié par *L.* Douët-d'Arcq. 1 vol.

25. Chronique des quatre premiers Valois (1327-1393), publiée par M. *Siméon* Luce. 1 vol.

26. Choix de pièces inédites relatives au règne de Charles VI, publiées par M. *L.* Douët-d'Arcq. 2 vol.

27. Mémoires de *Pierre* DE FÉNIN 1407-1427, publiés par Mlle DUPONT. 1 vol.

28. Anchiennes cronicques d'Engleterre par *Jehan* DE WAVRIN, choix de chapitres inédits publiés par Mlle DUPONT. 3 vol.

29. La Chronique d'*Enguerran* de MONSTRELET 1400-1444 publiée par *L.* DOUËT-D'ARCQ. 1 vol.

30 Comptes de l'Hôtel des Rois de France aux 14e et 15e siècles, publiés par *L.* DOUËT-D'ARCQ. 1 vol.

31. Procès de condamnation et de réhabilitation de Jeanne d'Arc, publiés par *Jules* QUICHERAT. 5 vol.

32. Histoire des Règnes de Charles VII et de Louis X, par *Thomas* BASIN, évêque de Lisieux, publiés par QUICHERAT. 4 vol.

33. Chronique de MATHIEU D'ESCOUCHY, publiée par *G.* DU FRESNE DE BEAUCOURT. 3 vol.

34. Mémoires de *Philippe* de COMMNYNES, publiés par Mlle DUPONT. 3 vol.

35. Correspondance de l'empereur Maximilien 1er et de Marguerite d'Autriche, sa fille, gouvernante des Pays-Bas de 1507 à 1519, publiée par M. *A.* LE GLAY. 2 vol.

36. Journal d'un bourgeois de Paris sous le règne de François 1er (1515-1536), publié par *Ludovic* LALANNE. 1 vol.

37. Lettres de MARGUERITE D'ANGOULÊME, sœur de François 1er, reine de Navarre, publiées par *F.* GÉNIN. 1 vol.

38. Nouvelles Lettres de la Reine de Navarre adressées au Roi François 1er, son frère, publiées par *F.* GENIN. 1 vol.

39. Histoire de Béarn et de Navarre, par *Nicolas* DE BORDENAVE, publiée par *Paul* RAYMOND. 1 vol.

40. Commentaires et lettres de *Blaise* DE MONTLUC, maréchal de France, publiés par M. *Alph.* DE RUBLE. 5 vol.

41. Œuvres complètes de BRANTOME (voir Cat. Bell. Lettres n° 398).

42. Mémoires et lettres de MARGUERITE DE VALOIS, publiés par *F.* GUESSARD. 1 vol.

43. Mémoires du Marquis DE BEAUVAIS-NANGIS et journal du procès du Marquis de La Boulay, publiés par MM. MONMERQUÉ et *A. H.* TAILLANDIER. 1 vol.

44. Journal de ma vie. — Mémoires du maréchal de BASSOMPIERRE, publiés par le Mis DE CHANTÉRAC. 3 vol.

45. Mémoires de Madame DE MORNAY, accompagnés de lettres inédites de M. et Mme DU PLESSIS-MORNAY et de leurs enfants, publiés par Mme DE WITT, née GUIZOT. 2 vol.

46. Mémoires de *Mathieu* MOLÉ, publiés par M. *Aimé* CHAMPOLLION-FIGEAC. 4 vol.

47. Mémoires du Comte DE COLIGNY-SALIGNY, publiés par M. MONMERQUÉ. 1 vol.

48. Lettres du Cardinal MAZARIN écrites pendant sa retraite hors de France en 1651 et 1657, avec notes par M. RAVENEL. 1 vol.

49. Registres de l'Hotel de Ville de Paris pendant la Fronde, suivis d'une relation de ce qui s'est passé dans la Ville et l'abbaye de Saint-Denis à la même époque, publiés par MM. LE ROUX DE LINCY et DOUËT-D'ARCQ. 3 vol.

50. Bibliographie des Mazarinades, publiée par *C.* MOREAU. 3 vol.

51. Choix de Mazarinades publié par *C.* MOREAU, 2 vol.

52. Mémoires de *Daniel* DE COSNAC, archevêque d'Aix, publiés par le Comte *Jules* DE COSNAC. 2 vol.

53. Journal et Mémoires du Marquis D'ARGENSON, publiés par *E.-J.-B.* RATHERY. 9 vol.

54. Récits d'un ménestrel de Reims au 13e siècle. publiés par *Natalis* DE WAILLY. 1 vol.

55. Chronique de *Jean* LE FEVRE, seigneur de Saint Rémy, publiée par *François* MORAND. T. 1er. 1 vol.

56. Journal historique et anecdotique du règne de Louis XV, par *E.-J.-F.* BARBIER, publié par *A.* DE LA VILLEGILLE. 4 vol.

4080 Congrès des délégués des Sociétés Savantes des Départements, sous la direction de l'Institut des Provinces, 2e Session : 1851. Séances tenues au Palais du Luxembourg, du 20 Février au 1er Mars. *Paris*, chez Derache, Lib. Imp. Thunot et Cie, 1851. 1 vol. petit in-8°.

4081 Rapport sur les travaux & publications des savants de Province, en 1852, d'après les renseignements communiqués au Congrès des délégués dans sa séance du 25 Janvier 1853, par M. le Cte *Achmet* D'HÉRICOURT, président de l'Académie d'Arras. *Caen*, Hardel, Imp. Lib., 1853. 1 broch. 81 pag. in-12.

(Extrait de l'*Annuaire de l'Institut des Provinces*, année 1854.)

4082 Congrès des délégués des sociétés savantes, Rue Bonaparte, 44, à Paris. Session de 1858. *Caen*, typ. de A. Hardel, 1 br. non pag. 4 p. in-4°.

4083 Congrès des délégués des Sociétés savantes au palais de la Société d'encouragement, rue Bonaparte, 44, à Paris. Session de 1858. Discours prononcé à l'ouverture du congrès par M. DE CAUMONT le 5 avril 1858. *Paris*, Imp. Walder. 1 br. 7 p. in-8°.

4084 Congrès des délégués des Sociétés savantes des Départements. Rapport sur les Travaux et les publications Académiques des Provinces pendant l'année 1861, d'après les renseignements communiqués au Congrès pendant la session d'Avril 1862; par M. CHALLE, S.-Directeur de l'Institut des Provinces, pour le centre de la France. *Caen*; typ. Hardel, 1853. 1 vol. broché. Pet. in-8°.

4085 Notice sur la souscription et liste nominative des souscripteurs pour la médaille offerte à M. de Caumont, par le Congrès des délégués des Sociétés savantes, dans la séance du 26 Avril 1862. *Paris*, Typog. Morris & Cie, 1863 1 broch. 55 pag. Pet. in-8°. 1 grav. hors texte.

4086 Congrès des délégués des Sociétés savantes, Rue Bonaparte, 44, à Paris. Ouverture de la session de 1863 le mercredi 18 Mars, à 1 heure précise, clôture le 25 Mars. *Caen*, typ. de A. Hardel. 1 br. non pag. 4 p. in-4°.

4087 Ministère de l'Instruction Publique et des Cultes. Réunion annuelle des Sociétés Savantes et distribution des Récompenses en 1863 et en 1864. *Paris*. Imp. Paul Dupont. 2 broch. in-8°.

4088 Mémoires de la Société royale des Sciences, de l'Agriculture et des Arts de Lille, année 1832. Première partie, Vie de Linné et année 1840. *Lille*, Imprimerie de Bronner-Bauwens, 1832 & L. Danel, 1841. 2 vol. in-8° avec planches et fac-simile.

4089 (Mémoires de la Société impériale des Sciences, de l'Agriculture et des arts de Lille.) Documents sur l'histoire du Nord de la France, par M. le Mis DE GODEFROY-MÉNILGLAISE, Membre correspondant. Séance du 4 décembre 1857 (Communication de M. de Godefroy concernant une lettre de Sanderus.) *Lille*, Imp. L. Danel. 14 p. In-8°.

SOCIÉTÉS SAVANTES ÉTRANGÈRES.

4090 Mémoires de l'Académie Impériale et Royale des Sciences et Belles-Lettres de Bruxelles. A *Bruxelles*, Chez J. L. de Boubers, Imprimeur de l'Académie. M. DCC. LX XVII [-LXXX]. In-4° 3 vol., frontisp. gravés.

Envoi signé du président de l'Académie.

4091 Compte Rendu des séances de la Commission royale d'Histoire de l'Académie de Belgique ou Recueil de ses bulletins.

Tome I à XVI (4 Août 1834—8 avril 1850). 15 Tomes en 9 vol.

2e *série* : T. I à XII (1850 à 1859). 12 vol. Le 12e vol. contient la table générale.

3e *série*: T. I à XIV (1860 à 1872). 14 vol. et table générale.

4e *série* : T. I à III (1873 à 1875) et table générale des 1e, 2e et 3e séries. *Bruxelles,* Hayez, 1834 à 1875.

4092 Rapport de la Commission royale d'Histoire à M. le Ministre de l'Intérieur sur les travaux accomplis par elle pendant les vingt-cinq premières années de son existence. *Bruxelles,* M. Hayez, Imp. 1859. 1 broch. 92 pag. Pet. in-8°.

(Extrait des bulletins de la Commission royale d'histoire).

4093 Commission royale d'histoire de Belgique. Collection de chroniques belges inédites publiées par ordre du gouvernement. *Bruxelles,* Hayez. 42 vol. in-4° dont détail suit :

1. Table chronologique des chartes et diplômes imprimés concernant l'histoire de la Belgique, mise en ordre et publiée par *Alph.* WAUTERS, 1866-1874. 4 vol.

2. Chronique des ducs de Brabant par *Edmond* DE DYNTER, publiée d'après le manuscrit de Corsendonck avec des notes et l'ancienne traduction française de *Jehan* WAUQUELIN, par *P.-F.-X.* DE RAM, 1854-1857. 3 vol.

3. Cartulaire de l'abbaye de Saint-Trond, publiée par *Ch.* PIOT, 1870-1874. 2 vol.

4. Les gestes des ducs de Brabant, par *Jean* DE KLERK, d'Anvers, publiés par *J. F.* WILLEMS et *J. H.* BORMANS, 1839-1869. 3 vol.

5. Recueil des chroniques de Flandre publié par *J.J.* DE SMET, 1837-1865. 4 vol.

6. Monuments pour servir à l'histoire des provinces de Namur, de Hainaut et de Luxembourg, recueillis et publiés par le Baron DE REIFFENBERG, 1844-1874. 9 vol.

7. Chronique en vers de *Jean* VAN HEELU ou relation de la bataille de Woeringen (1288), publiée par *J. F.* VILLEMS, 1836. 1 vol.

8. Documents relatifs aux troubles du pays de Liège, sous les princes-évêques Louis de Bourbon et Jean de Horne, publiés par *P.-F.-X.* DE RAM, 1844. 1 vol.

9. Relation des troubles de Gand, par un anonyme, suivie de trois cent trente documents inédits sur cet événement, par M. GACHARD, 1846. 1 vol.

10. La Bibliothèque nationale à Paris. Notices et extraits des manuscrits qui concernent l'histoire de la Belgique par M. GACHARD. 1875. 1 vol.

11. Le Myreur des histors. Chronique de *Jean* DES PREIS, dit d'Outremeuse, publiée par *Ad.* BORGNET, 1864-67. 4 vol. (T. 1, 2, 3 et 5 seulement).

12. Codex dunensis. Sive diplomatum et chartarum medii ævi amplissima collectio edidit. *J. B. M. C.* Baro KERVYN DE LETTENHOVE, 1875. 1 vol.

13. Chronique rimée de *Philippe* MOUSKES, évêque de Tournai au 13e siècle, publiée avec des préliminaires, un commentaire et des appendices, par le Baron DE REIFFENBERG, 1836-1838. 2 vol.

14. Les quatorze livres sur l'histoire de la ville de Louvain du docteur et professeur en théologie *Jean* MOLANUS, publiés accompagnés d'une notice sur la vie et les écrits de Molanus, de notes et d'appendices par *P.-F.-X.* DE RAM, 1861. 2 vol.

15. Chronique de *Jean* DE STAVELOT, publiée par *Ad.* BORGNET, 1861. 1 vol.

16. Chroniques relatives à l'histoire de la Belgique sous la domination des ducs de Bourgogne, publiées par M. le baron KERVYN DE LETTENHOVE, 1870-73. 2 vol.

17. Collection des voyages des Souverains des Pays-Bas publiée par M. GACHARD, T. II, 1874. 1 vol.

4094 Règlement organique de la Société royale des Beaux-arts et de Littérature à Gand. *Gand*, Imp. Busscher frères. 1842, 11 pag. (A l'intérieur, non relié: Programme du triple concours ..... pour l'année 1843).

4095 Société des Bibliophiles de Mons. Publications, *Mons*, E. Hoyois, puis Masquelier & Dequesne. 29 vol. Pet. in-4°, dont détail suit:

Fascicule N° 6. — La Defense de Messire Antoine de Lalaing, comte de Hocstrate, contre les fausses et appostées Accusations des Cas contenus ès Lettres Patentes d'Adjournement personnel impetrées à sa charge, par la jactée et subreptice Poursuite et Remonstrance, ou Requeste au Roy, du Procureur General de Crime, dit Maistre Jean du Bois. Publiée par [GACHARD] d'après l'édition originale de 1568; Augmentée de la Correspondance inédite du comte de HOOCHSTRAETEN avec Marguerite de Parme, lors de sa mission à Anvers, et d'une Notice historique & biographique sur ce Seigneur, 1838. 1 vol. (2 exempl.)

Fasc. N° 7. Particularités curieuses sur Jacqueline de Bavière, comtesse de Hainaut. [Extraits d'archives publiés par *Arthur* DINAUX.] Première Partie [avec fac-simile d'une quittance de Jacqueline, de l'écriture du manuscrit et d'une lettre de Guillaume IV], 1838. 1 vol.

Fasc. N° 9. Mémoires du comte de MÉRODE D'ONGNIES, [Publiés par le baron DE REIFFENBERG] avec une introduction et des notes, 1665. 1840. 1 vol.

Fasc. N° 10. Voyages et Ambassades de Messire Guillebert de Lannoy, chevalier de la Toison d'or, Seigneur de Santes, Willerval, Tronchiennes, Beaumont et Wahégnies, 1399-1450. [Publiés par *C.-P.* SERRURE], 1840. 1 vol.

Fasc. N° 11. Les Mémoires de Messire JEAN, seigneur DE HAYNIN et DE LOUVEGNIES, chevalier, 1465-1477, (Publiés par *R.* CHALON) 1842. 2 vol.

Fasc. N° 12. Livres de la Trésorerie des Chartes du Hainaut. 1435. - Inventaire des Meubles de l'Hotel de

Guillaume IV, duc de Bavière, à Paris. 1409. [Publiés par *Aug.* Lacroix et *Ad.* Mathieu], 1842. 1 vol. (2 exempl.)

Fasc. N°13. Documents officiels inédits, publiés d'aprés les originaux des archives publiques sur l'histoire monumentale et administrative des Églises de Sainte-Waudru et de Saint-Germain, à Mons; avec planches et notes. (Publiés par *A.* Lacroix et *Ad.* Mathieu) 1843 1 vol. (2 exempl.).

Fasc N° 14. Tableau fidèle des troubles et Révolutions arrivés en Flandre et dans ses environs, depuis 1500 jusqu'a 1585, par Beaucourt de Noortvelde; avec une Introduction et des Notes. Par *Octave* Delepierre, 1845. 1 vol.

Fasc. N° 15. Annales du Hainaut. Guerre de Jean contre la ville de Valenciennes, et Mémoires sur l'histoire, la juridiction civile et le droit public du Hainaut, particulièrement des villes de Mons et de Valenciennes; recueillis et publiés par *A.* Lacroix, archiviste, 1846. 1 vol.

Fasc. N° 16. Annales de la province et comté du Hainaut, contenant les choses les plus remarquables advenues dans ceste province, depuis l'entrée de Jules César jusqu'à la mort de l'infante Isabelle; par *François* Vinchant [Avec portrait de l'auteur, et notice biographique par *A.-V.-P.* Descamps], 1848-53. 6 vol.

Fasc. N° 17. Albums et œuvres poétiques de Marguerite d'Autriche, Gouvernante des Pays-Bas; publiés en entier pour la première fois d'après les manuscrits de la Bibliothèque Royale de Belgique [Par *Emile* Gachet], 1849. 1 vol.

Fasc. N° 18. Ditiers Faits et Armoriés par *Engherant* le Franc, hérault d'armes de Valenciennes, pour des noces de nobles bourgeois et pour la Confrérie des Damoiseaux de cette ville; (XVe siècle), publiés par *A.* Lacroix, archiviste, etc , 1846. 1 vol.

Fasc. N° 20. Panégyrique des Comtes de Hainaut et de Hollande, Guillaume Ier et Guillaume II, publié par les soins de M. *Ch.* POTVIN, 1863. 1 vol.

Fasc. N. 21. Perceval le Gallois ou le conte de Graal publié d'après les manuscrits originaux par *Ch.* POTVIN. 1866. *6 vol.* Le 1er vol. renferme le Roman en prose ; les 2e, 3e, 4e, 5e et 6e vol. renferment le poème de CHRESTIEN DE TROYES et de ses continuateurs. (De plus, à la fin du 6e vol. se trouvent : Appendice : l'interpolation de Gerbert. Introduction. Des origines et des transformations de la légende de Graal. Note sur les manuscrits de Perceval le Gallois).

Fasc. N° 22. Parties inédites de l'œuvre de SICILE, héraut d'Alphonse V, roi d'Aragon, Maréchal d'armes du pays de Hainaut, précédées d'une lettre, en forme de préface et d'une introduction, par feu le *P.* ROLAND. (Publiées par *A.* LACROIX, *Ch.* DE BETTIGNIES, *Ch.* ROUSSELLE), 1867. 1 vol.

Fasc. N° 23. Cartulaire des Rentes et Cens dus au Comte de Hainaut (1265-1286) édité d'après le manuscrit original par *Léopold* DEVILLERS, 1873-1875. 2 vol.

Fasc. N° 24. Description de l'assiette Maison et Marquisat d'Havré. Rédigée en vers françoys 1606. Nouvelle édition avec introduction et notes (publiée par *Ch.* ROUSSELLE), 1874. 1 vol. plan en frontispice.

4096 (Société des Bibliophiles de Belgique). Lettres sur la vie intérieure de l'Empereur Charles Quint écrites par *Guillaume* VAN MALE, gentilhomme de sa chambre et publiées pour la première fois par le Baron DE REIFFENBERG *Bruxelles*, Delevingne et Callewaert. Imp. 1843. 1 vol. in-8°.

4097 Société de l'Histoire de Belgique. Collections de Mémoires relatifs à l'histoire de la Belgique. *Bruxelles*, Weissenbruck, 1858 à 1872. 42 vol. in-8° dont détail suit :

1. Mémoires de *Francisco* DE ENZINAS. Texte latin inédit, avec la traduction Française du XVIe siècle en regard, 1543-1545, publiés avec notice et annotations par *Ch.-Al.* CAMPAN. 2 tomes en 3 vol.

2. Les subtils moyens par le cardinal GRANDVELLE, avec ses complices inventez pour instituer l'Inquisition, publiés avec une introduction et des notes par M. *Ch.* RAHLENBECK, 1866. 1 vol.

3. Mémoires de VIGLIUS et d'HOPPERUS, sur le commencement des Troubles des Pays-Bas. Avec notices et annotations par *Alph.* WAUTERS, 1858. 1 vol.

4. Histoire desTroubles advenues à Valenciennes à cause des hérésies, 1562-1579, tirée de plusieurs écrits en 1699, par *Pierre-Joseph* LE BOUCQ. Publiée avec notice et annotations par *A.-P.-L.* DE ROBAULX DE SOUMOY, 1864. 1 vol.

5. Mémoires de FERY DE CUYNO, écuyer, bailly général d'Anchin et de Pesquencourt avec un commentaire historique et une notice sur la vie de l'auteur, par *A.-L.-P.* DE ROBAULX DE SOUMOY, 1858. 1 vol.

6. Mémoires de *Jacques* DE WESENBEKE, avec une introduction et des notes par *C.* RAHLENBECK, 1859. 1 vol.

7. Mémoires de *Pontus* PAYEN, avec notices et annotations par *Alex.* HENNE, 1860-61. 2 vol. in-8°.

8. Mémoires de *Pasquier* DE LA BARRE et de *Nicolas* SOLDOYER pour servir à l'histoire de Tournai 1565-1570. Avec notices et annotations par *Alex.* PINCHART, 1859-65. 2 vol.

9. Commentaires de *Bernardino* DE MENDOÇA, sur les évènements de la guerre des Pays-Bas 1567-1577. Traduction nouvelle par LOUMIER. Avec notice et annotations par le Colonel GUILLAUME, 1860-63. 2 vol.

10. Mémoires de *Martin-Antoine* DEL RIO sur les Troubles des Pays-Bas durant l'administration de Don Juan d'Autriche 1576-1578. Texte latin inédit avec

traduction française, notice et annotations par *Ad.* DELVIGNE, 1869-1871. 3 vol.

11. Mémoires sur les troubles de Gand (1577-1579), par *François* DE HALEWYN, seigneur de Zwegeghem, publiés avec une introduction et des notes par M. KERWYN DE VOLKAERSBEKE, 1865. 1 vol.

12. Mémoires anonymes sur les Troubles des Pays-Bas, 1565-1580. Avec notice et annotations par *J.-B.* BLAES et *Alex.* HENNE, 1859-1866. 5 vol.

13. Mémoires de *Frédéric* PERRENOT, sieur de Champagney, 1573-1590. Avec notice et annotations par *A. L. P.* DE ROBAULX DE SOUMOY, 1860. 1 vol.

14. Mémoires sur Emmanuel de Lalaing, Baron de Montigny. Avec notice et annotations par feu *J.-B.* BLAES, 1862. 1 vol.

15. Mémoires sur le marquis de Varembon, avec notice et annotations par feu *Jules* BORGNET, 1873. 1 vol.

16. Considérations sur le gouvernement des Pays-Bas (attribuées à *Lièven-Etienne* VAN DER NOOT) publiées par *A. L. P.* DE ROBAULX DE SOUMOY, 1872-73. 2 vol.

(Manque le 3e vol.)

17. Abrégé historique du règne d'Albert et Isabelle 1592-1602. Avec une introduction et des notes, par *Adrien* CAMPON, 1867. 1 vol.

18. Histoire de l'Archiduc Albert, gouverneur général, puis prince souverain de la Belgique, par M. DE MONTPLEINCHAMP, annotée par *A. L. P.* DE ROBAULX DE SOUMOY, 1870. 1 vol.

19. Considérations d'Estat sur le Traicté de la Paix avec les Sérénissimes Archiducz d'Austriche, Manuscrit de 1607. Avec une introduction et des notes, par *Charles* RAHLENBECK, 1869. 1 vol.

20. Henri IV et la princesse de Condé (1609-1610) précis historique, suivi de la correspondance diplomatique de PECQUINS et d'autres documents inédits par *Paul* HENRARD, 1870. 1 vol.

21. Troubles de Bruxelles de 1619. Justification apologétique pour l'advocat Rombaut van Uden, publiée avec une introduction et des notes par *L.* GALESLOOT, 1868. 1 vol.

22. Bergues sur le Soom assiégée le 18 de Juillet 1622 & désassiégée le 3 d'Octobre ensuivant selon la description faite par les trois pasteurs de l'église d'icelle. Avec une introduction et des notes par *Ch.-Al.* CAMPON, 1867. 1 vol.

23. Histoire générale des guerres de Savoie, de Bohême, du Palatinat & des Pays-Bas, 1616-1627. Par le Seigneur DU CORNET, gentilhomme Belgeois, avec une introduction et des notes. Par *A. L. P.* DE ROBAULX DE SOUMOY, 1868-69. 2 vol.

24. Relations des campagnes de 1644 & 1646 par *Jean-Antoine* VINCART, secrétaire des avis secrets de guerre. Texte espagnol tiré des archives du Royaume avec la traduction en regard, introduction & notes. Par *Paul* HENRARD, 1869. 1 vol.

25. Procès de Martin-Étienne Van Velden, professeur à l'Université de Louvain, publié avec une introduction et des notes, par *Armand* STÉVART, 1871. 1 vol.

26. Procès de François Anneessens, Doyen du Corps des métiers de Bruxelles. Publié avec notice et annotations par *L.* GALESLOOT, 1862-63. 2 vol.

27. Chronique des événements les plus remarquables arrivés à Bruxelles de 1780 à 1827, publiée par *L.* GALESLOOT, 1870-72. 2 vol.

4098 Procès-verbal de l'Assemblée générale des Membres de la Société de l'histoire de Belgique. Séance du 24 Septembre 1859. *Bruxelles*, par la Société de l'histoire de Belgique, MD CCCLIX. 1 broch. 16 pag.

On a ajouté Prospectus et Statuts.

4099 Mémoires de la Société historique et littéraire de Tournai. Tome II : Kalendrier des guerres de Tournay (1477-1479) par *Jehan* NICOLAY publié d'après un manuscrit de la Bibliothèque de Paris; suivi d'appendices, d'un index général et de notes par *Fred.* HENNEBERT, membre secrétaire de la Société historique et littéraire de Tournai. *Tournai*, Malo et Levasseur, Imp., 1853-1856. 2 vol. broch. Pet. in-4°.

REVUES. JOURNAUX.

4100 Un chapitre de la Révolution Française ou Histoire des journaux en France de 1789 à 1799, précédée d'une notice historique sur les journaux par *Ch.* DE MONSEIGNAT. *Paris*, Lib. L. Hachette, Imp. Lahure, 1853. Un vol. petit in-8° de la Bibliothèque des Chemins de fer.

4101 L'ami du Roi, des François, de l'ordre & surtout de la vérité; ou Histoire de la Révolution de France, & de l'Assemblée Nationale. Pour former, avec le journal intitulé : l'*Ami du Roi*, et commencé le 1 juin 1790, un corps complet d'histoire du temps actuel. Par M. MONTJOYE (*Christophe-Félix-Louis* VENTRE DE LATOULOUBRE, plus connu, dit Quérard, sous le nom de GALART DE MONTJOYE), fondateur & rédacteur depuis depuis le 1 juin 1790, du journal intitulé l'*Ami du Roi*. Premier cahier, première partie (Avril 1788-Juin 1789). *Paris*, Crapar, 1791, in-4°. — Pièce de 150 pages à deux colonnes.

Cette première partie est complète. La suite, comprenant quatre autres parties manque.

4102 L'Ami du Roi, de l'Ordre & surtout de la Vérité. Par les continuateurs de Fréron (*Julien-Louis* GEOFFROY & l'abbé *Thomas-Marie* ROYOU), sous la direction de M. MONTJOYE, Fondateur & Rédacteur de ce Journal, depuis le 1 Juin 1790. *Paris*, de l'Imprimerie de l'Ami du Roi, (Crapart), in-4°.

Du Samedi 1 Octobre 1791 au Samedi 31 mars 1792 ; les n^os^ du 1 Janvier, des 6 et 14 février 1792 manquent ; le n° du 13 février est en double exemplaire. Manque le 26 octobre 1791.

4103 Annonces, Affiches, et Avis divers pour les Pays-Bas François. *Lille*, libr. Panckoucke et impr. J.-B. Henry, 1761-63. In-12. 3 tom. en 2 vol. sans feuillet de titre, le 1er contenant 1761 et moitié de 1762, le 2e fin 1762 et 1763. On a relié en tête le prospectus de la publication, imprimé à Lille, chez J.-B. Henry, à la fin de 1760 et approuvé par Malus, alors commissaire des guerres.

4104 Annuaire Contemporain, Revue de l'Année, Tableau annuel des faits politiques et des principales productions de la théologie, de la philosophie, de l'histoire, de la littérature, de l'agriculture, des sciences et des arts. Recueil honoré d'une lettre de S. S. Pie IX et approuvé par un grand nombre d'évêques. Deuxième série. — Première année 1867. *Paris*, [imprimerie et] librairie Adrien Le Clere et Cie, 1867. In-8°, 1 vol.

4105 Archives historiques et littéraires du Nord de la France, et du Midi de la Belgique, par MM. *Aimé* LEROY, [bibliothécaire,] le Docteur A. LE GLAY [archiviste du département du Nord,] et *Arthur* DINAUX, [de la Société Royale des Antiquaires de France, etc.] [continuées par *A.* LEROY et *A.* DINAUX, puis par *A.* DINAUX seul. A *Valenciennes*, au Bureau des Archives, [impr. Prignet] 1829 [à 1855.] In-8°. 16 vol., savoir :

1re série : 6 tom. en 5 vol., le dernier contenant à la fois le Bulletin bibliographique de la 1re série et les Hommes et les Choses du Nord de la France et du Midi de la Belgique.

IIe série : tom. I à VI, en 6 vol.

IIIe série: tom. I à V, en 5 vol.

(Avec le t. VI et dernier est reliée une table manuscrite de toute la collection.)

4106 Nouvelles Archives historiques, philosophiques et littéraires : revue trimestrielle publiée par MM. *J.B.* D'HANE, administrateur inspecteur de l'Université de Gand, *F.* HUET, professeur de philosophie, *A.* LENZ, *H.-G.*

MOKE; avec la collaboration de plusieurs savants et hommes de lettres. *Gand*, C. Annoot-Braeckman, 1837-1840. 2 vol. in-8°. Cartes et gravures.

4107 Assemblée Nationale. — Suite des Nouvelles de Versailles [Feuille quotidienne de *C-Fr.* BEAULIEU] 6, 9, 15, 17 (deux n^{os}), 18,21,22 (trois n^{os}) 23,24, 25, 27 (deux n^{os}), 28, 29, 30, et 31 juillet; 1, 3 & 4 (deux n^{os}) août 1789. Ensemble 24 numéros. *Paris*, imp. de Gueffier, jeune. In-8°.

4108 L'Athenæum Français, Revue universelle de la Littérature, de la Science et des Beaux-Arts, fondé et dirigé par MM. *Edouard* DELESSERT, *Ambroise-Firmin* DIDOT, *Adrien* DE LONGPÉRIER, conservateur des Antiques au Musée du Louvre, *Félicien* DE SAULCY, Membre de l'Institut, *Noël* DES VERGERS, Correspondant de l'Institut et *Ludovic* LALANNE, *Directeur-Gérant*. Quatrième [et cinquième] année. 1855 [et janv.-juil. 1856]. *Paris*, Au bureau du journal [imp. T. Tunot [MDCCCLV [-LVI]. In-4°, 2 vol., les deux derniers de cette publication.

4109 L'Avocat pour et contre ou Reflexions sur les Affaires présentes de l'Europe. Pour servir de suites au Démosthene Moderne [qui lui-même servit de suite à l'Epilogueur, continuation du Magazin des Evenemens]. A *Amsterdam*, Chez J. Ryckhoff le Fils, MD CC. XLVI [-XLVIII]. Tr. pet. in-4°. 5 tom. en 3 vol., plus:

[Après le t. V. 3e vol.]: Le Vrai Patriote Hollandois, ou Reflexions Sur les Affaires présentes de l'Europe. Pour servir de suite à l'Avocat Pour et Contre. A *Amsterdam*, Chez J. Ryckhoff-Junior, MDCCXLVIII. Tr. pet. in-4°, 2 tom.

La collection complète en comprend 5.

4110 La Bigarure ou Meslange curieux, instructif et amusant de nouvelles, de critique, de morale, de poesies, Et autres matières de Littérature, d'Evénements singuliers & extraordinaires, d'Avantures galantes, d'Histoires Secrettes, & de plusieurs autres Nouveautés amusantes, avec des Réflexions critiques sur chaque sujet. *A partir du tome IV*]: La Bigarure, ou Gazette galante, historique litteraire, critique, morale, satirique, serieuse et badine. [etc.] A *la Haye*, Se vend chez Pierre Gosse Junior, M. D. CC. XLIX [-L]. Pet. in-8°. 6 tom. en 3 vol.

La collection complète comprend 20 vol. 1749-1753.

4111 Le Bibliophile Belge [publié sous la direction du baron de REIFFENBERG]. *Bruxelles*, [impr. de M. Hayez], Librairie de A. van Dale. 1845. In-8°. 2 vol. (Tom. I et II d'une série de 9 vol. (1845-1852), continuée ensuite par le *Bulletin du Bibliophile Belge.)*

4112 Bibliotheque Angloise, ou Histoire litteraire de la Grande Bretagne. Par M. D. L. R. [*Michel* DE LA ROCHE], [*à partir du t. VI*: par A. B. D. M. T. [*Armand* DE LA CHAPELLE], [*à partir du t. IX*:] par *Armand* DE LA CHAPELLE. A *Amsterdam*, Chez la Veuve de Paul Marret, [*t. VI*: chez D. P. Marret & E. Valat; *à partir du t. VII*: Chez David Paul Marret; *à partir du t. XI*: Chez Pierre de Coup,] M. DCCXVII [-XXVI]. Pet. in-12. 14 vol.

La collection complète comprend 17 vol., de 1717 à 1728.

4113 Bibliothèque municipale. Publications administratives par *Louis* LAZARE, années 1862-63-64-65-66-67-68 (1e livraison). *Paris*, typ. Morris et Cie, 1862-68. 23 br. in-8° formant 11 vol. en 22 livraisons, plus la 1re livraison du 12e volume. Ens: 1 atlas. Bibliothèque municipale, publications administratives, *Louis* LAZARE, directeur. Collection de plans; 1er atlas. En tout: 23 brochures et 1 atlas.

4114 Bibliotheque Universelle et Historique de l'année M. D. C. LXXXVI [-XC] [par *Jean* LE CLERCQ. A *Amsterdam*, Chez Wolfgang, Waesberge, Boom, & van Someren. [*A partir du tome XVI*, chez Abraham Wolfgang] M. D. C. LXXXVI [-XC]. In-12, tom. Ier à XVII en 16 vol.

La collection complète comprend 26 vol., de 1686 à 1693.

4115 Le Cabinet Historique, revue trimestrielle contenant, avec un texte et des pièces inédites, intéressantes ou peu connues, le catalogue général des manuscrits que renferment les bibliothèques publiques de Paris et des départements touchant l'histoire de l'ancienne France et de ses diverses localités avec les indications de sources, et des notices sur les bibliothèques et les archives départementales, sous la direction de *Louis* PARIS, Ancien bibliothécaire de Reims, Tome premier [à XXII]. *Paris*, au bureau du *Cabinet Historique*; [*à la fin,* E. Menu, éditeur ; impr. Wittershein, *puis* Pillet fils aîné ; *à la fin,* Epernay, imp. Doublat] 1855 [à 1876]. In-8°. 22 tom., divisés chacun en deux parties, intitulées, l'une *Documents*, l'autre *Catalogue,* en tout 44 tom. en 24 vol.

4116 Collection de Précis historiques [Mélanges littéraires, scientifiques], par *Ed.* TERWECOREN, de la Compagnie de Jésus. Tomes I et II [à Tome VII], 1852 [-1856]. *Bruxelles*, imprimerie de J. Vandereydt, 1855 [-*s.d.*]. In-8°, 7 tom. en 5 vol.

4117 Le Courrier nocturne [feuille quotidienne] n° du mercredi 22 Juillet 1789. *Paris*, vente, rue de la Huchette. In-8°. — Le Déclin du jour [feuille quotidienne] n^{os} du 10, 11, 15 & 20 Juillet 1789. *Paris*, Letellier, Quai des Augustins. In-8°.

4118 L'Epilogueur, politique galant et critique Pour servir de suite au Magazin, Composé par une Société d'Amis. *Amsterdam*, Chez J. Ryckhof, le Fils, M.D.CC.XLII [-XLV]. Tr. pet. in-4°, tom. V à XIV. (Selon la *Bibliographie* de Hatin cet *Epilogueur* n'aurait eu que 8 vol). En tout 10 tom. en 1 vol. A la fin du dernier sont reliés les n°s 1 à 12 du *Demosthene Moderne,* décembre 1745 à février 1746.

4119 L'Epilogueur Moderne, Historique, Galant et Moral, Pour servir de suite au Patriote et autres précedens. A *Amsterdam*, Chez Isaak Buyn, MD.CC.L. Tr. pet.

in-4°, tom. 1er et nos 1 à 11 du t. II, en 1 vol. (Selon la *Bibliographie* de Hatin, cette collection comprend 16 vol).

4120 L'Esprit des Journaux, François et Etrangers, par une société de gens de lettres. [COSTER, DE LIGNAC, OUTIN, etc.] A *Paris*, Chez Valade, pour les Pays étrangers, à *Liège*, Chez Jean-Jacques Tutot. In-12. 23 vol.

Ces 23 volumes sont : ceux de 1782 (moins le mois de mai) et ceux de 1789. La collection complète, de 1772 à 1818, comprend 487 volumes. (V. Hatin, *Bibliogr. de la Presse*, p. 52).

4121 Esprit du Mercure de France, depuis son origine [1672] jusqu'a 1792, ou Choix des meilleures pièces de ce journal, tant en prose qu'en vers; contenant des Anecdotes curieuses, littéraires et politiques, des Réflexions morales et des Pensées philosophiques, des Chansons, Epigrammes, Madrigaux, et autres pièces de poésie, des Contes, Nouvelles, des Dissertations historiques, et des Notices biographiques sur les Savans, les Gens de Lettres, les Artistes, etc., etc., etc. [par *Jean-Toussaint* MERLE]. *Paris*, Chez Barba, 1810. In-8°. 3 vol.

4122 Feuilles de Flandres. Lille, le Vendredi 13 Mars 1789, de la Lune, le 17. A *Lille*, de l'Imp. de H. Lemmens, rue Neuve. 1 br. 4 p. in-4° paginées 295-298.

4123 Gazette Littéraire de l'Europe [rédigée par l'abbé ARNAUD et SUARD, avec le concours de VOLTAIRE, DIDEROT, ST LAMBERT, etc.] A *Paris*, de l'Imprimerie de la Gazette de France, aux Galeries du Louvre, M.DCC.LXIV [-LXVI]. In-8°. 8 vol., collection complète.

4124 Le Globe. Journal littéraire, paraissant les Mardi, Jeudi et Samedi. Imprimé par la presse mécanique de Lachevardière. 5 vol. in-4° numérotés de III à VII.

Le tome 3 contient les nos du 24 décembre 1825 au 12 août 1826.

Le tome 4 contient les nos du 15 août 1826 au 3 avril 1827.

Le tome 5 contient les nos du 5 avril 1827 au 22 novembre 1827.

Le tome 6 contient les nos du 24 novembre 1827 au 31 décembre 1828.

Le tome 7 contient les nos du 3 Janvier 1829 au 13 février 1830.

4125 Journal Encyclopedique, par une société de gens de lettres [*Pierre* ROUSSEAU, *Antoine* BRET, *Jean* CASTILLON, *Séb.* CHAMFORT, *L.* DURUFLÉ, et autres]. Dédié à Son Alt. Ser. & Emin. Jean-Theodore, Duc de Baviere, Cardinal, Evêque & Prince de Liege, [*dep. 1760* Dédié à Son Altesse Serenissime Mgr. le Duc de Bouillon, &c., &c., &c.] Pour le Mois de Janvier 1756 [*jusqu'à* Décembre 1790]. A *Liege*, chez Everard Kints, Imprimeur de S. S. E. [*dep. 1760.* A. *Bouillon*, De l'Imprimerie du Journal. Avec Approbation & Privilége.] [1756 à 1790]. Recueil bimensuel in-12, comprenant 35 années à 8 tomes par année, soit en tout 280 tomes, réduits dans la présente collection à 275 volumes, parce que les 16 tomes de 1756-57 sont reliés en 12 volumes et que le tome Ier de 1774 fait défaut.

4126 Journal des connaissances utiles, quatrième année 1834. Edition française, Numéro Ier Janvier. Everat, Imprimeur 1 br. 30 p. in-8°. N° 2: Février; N° 3: Mars; N° 4: Avril; N° 5: Mai; N° 6: Juin; N° 7: Juillet; N° 8: Août; chacun 1 br. 30 p. in-8°.

4127 Le Magazin, des Evenemens de tous genres, passez, presens, & futurs; historiques, politiques et galans, Recueillis par une Societé d'Amis [*Jean* ROUSSET DE MISSY, et autres]. *Amsterdam*, chez J. Ryckhoff, le Fils, M.D.CC.XLI [-XLII]. Tr. pet. in-4°. 4 tom. en 1 vol.

4128 Mémoires secrets pour servir à l'histoire de la République des lettres en France, depuis 1762 jusqu'à nos jours, ou Journal d'un observateur par feu M. [*Louis* PETIT] DE

BACHAUMONT [continué par *M.-F.* PIDANSAT DE MAIROBERT, MOUFLE D'ANGERVILLE, et autres]. *Londres*, John Adamsohn, 1777 - 1789. In-12. 36 vol.

4129 Le Mémorial catholique, ouvrage périodique [par l'abbé GERBET, DE SALINIS, *F.* DE LAMENNAIS, O'MAHONY et autres]. Première [et deuxième] année. A *Paris*, au bureau du Mémorial catholique, Imprimerie de Lachevardiere fils, M.DCCC.XXIV [-XXV]. In-8°. 4 tom. en 2 vol.

(La collection complète va de 1824 à 1840 et comprend 12 tom.).

4130 Messager des Sciences et des Arts de la Belgique, ou Nouvelles Archives historiques, littéraires et scientifiques; [*puis* Messager des Sciences historiques de Belgique, *puis* Messager des Sciences historiques ou Archives des Arts et de la Bibliographie de Belgique]. Recueil publié par MM. *F.* DE REIFFENBERG, à Louvain, *E.* JAEQUEMYNS, *C. P.* SERRURE, *A.* VAN LOKEREN, *A.* VOISIN et *L.-A.* WARNKŒNIG, à Gand. [*puis* par MM. *F.* DE REIFFENBERG, *J.* DE SAINT-GENOIS, *C.P.* SERRURE, *A.* VAN LOKEREN et *A.* VOISIN ; *puis* par MM. *J.* DE SAINT-GENOIS, archiviste de la Flandre Orientale, *C.-P.* SERRURE, professeur à l'Université de Gand, *Ph.* BLOMMAERT, docteur en droit, *A.* VOISIN, conservateur de la Bibliothèque de l'Université, *A.* VAN LOKEREN, avocat, à Gand, avec la coopération habituelle de MM. *F.* DE REIFFENBERG, conservateur de la Bibliothèque nationale, et *A.* SCHAYES, employé aux archives du Royaume, à Bruxelles ; *puis*, par MM. *J.* DE SAINT-GENOIS, *C. P.* SERRURE, *A.* VAN LOKEREN, *P. C.* VAN DER MEERSCH, archiviste de la Flandre Orientale, et *Ph.* KERVYN DE VOLKAERSBEKE ; *puis*, par MM. *A.* VAN LOKEREN, archiviste honoraire, et KERVYN DE VOLKAERSBEKE, membre de la chambre des représentants ; *puis*, par MM. le baron KERVYN DE VOLKAERSBEKE, le comte DE LIMBURG-STIRUM, docteur en droit, *Ferdinand* VANDERHAEGHEN, bibliothécaire de l'Université, *Émile* VARENBERGH, secrétaire du comité]

[Années 1833-1876.] *Gand*, D. J. Vanderhaeghen, [*puis* D. Duvivier, *puis* Léonard Hebbelyncke, *puis* Eugène Vanderhaeghen], 1833 [-1876]. In-8°. 44 années à 1 vol. par an, plus une table générale (1854) de 1823 à 1853, dressée par *L.* HEBBELYNCK, en tout 45 vol., pl. lithograph. hors texte.

4131 Le nouveau correspondant, recueil semi-périodique philosophique et littéraire, III. *Paris*, Olivier-Fulgence, éditeur ; imp. P. Renouard, 1841. 1 vol. In-12.

4132 Reflexions sur les Ouvrages de Literature, [recueil généralement attribué à l'abbé *François* GRANET, mais commencé peut-être par DE LA BLONTIÈRE et BOINTEL]. A *Paris*, chez Briasson, M.DCC.XXXVIII [-XL]. In-12. 12 vol.

4133 Revue Algérienne [dirigée par *A.* BERTIER DE SAUVIGNY et *Horace* DE VIEL-CASTEL. Tomes premier et deuxième. *Paris*, au bureau de la Revue Algérienne, [imp. P. Renouard, *s. d.*, 1846-47]. Gr. in-8°. 2 tom. en 1 vol.

(La collection complète en compte 3).

4134 Revue Anglo-Française, destinée à recueillir toutes les données historiques et autres, se rattachant aux points de contact entre la France, l'Aquitaine et la Normandie, la Grande-Bretagne et l'Irlande ; rédigée par une société de savans et de littérateurs, et publiée a Poitiers, sous la direction de M. DE LA FONTENELLE DE VAUDORÉ, Conservateur des Monumens historiques en Poitou. *Poitiers*, imprimerie de F.-A. Saurin [*puis* Saurin frères] 1833 [-37]. Pet. in-4°. 5 vol.

4135 Revue d'anthropologie catholique dirigée par un prêtre et un docteur en Médecine. Etude de l'Homme.-Psychologie-physiologique. Alliance de la Philosophie, de la Physiologie et de la Théologie. Harmonies de l'ordre naturel et de l'ordre surnaturel. Tome premier. *Paris*, chez Sagnier et Bray, Lib. Edit. Typog. de Mme de Lacombe, 1847. Un vol. in-8°.

4136 Revue d'Aquitaine, journal historique de Guienne, Gascogne, Béarn, Navarre, etc. Histoire, Archéologie, Linguistique, Généalogie, Biographie, Statistique, Littérature, Beaux-Arts, Sciences, Agriculture, Industrie. Directeur : *J.* NOULENS. Tome I [à VI]. Administration et rédaction, a *Condom* (Gers). [*Auch*, imp. Foix] 1857 [-1862]. In-8°. 6 tom. en 3 vol.

4137 Revue Européenne, par les Rédacteurs du Correspondant. [CAZALÈS, DE CARNÉ, l'abbé FOISSET, RIAMBOURG etc. Tome I [à IX, et 2e série, t. Ier]. A *Paris*, Au Bureau de la Revue Européenne, [et chez Paulin, libraire] 1831 [-35]. In-8°. 10 vol.

(La collection complète comprend 11 vol. 1831-35.)

4138 La Revue municipale, journal administratif, historique et littéraire, Revue Municipale (9e année) et Gazette municipale (14e année) réunies. Années 1856-1857-1858-1859-1860-1861-1862 (1er janvier-26 février inclus. Manque le 20 janvier). *Paris*, imp. Morris et Cie, 1856-62.

4139 Revue du Nord. Archives de l'ancienne Flandre sous la direction de M. BRUN-LAVAINNE, archiviste de la Ville de Lille. *Lille*, Vanackere fils, Imp. Lib. 1833-1837. 4 vol. in-8° avec nombreuses planches & gravures. Le premier vol. comprend tomes 1 et 2 (1833-1834) : le 2e volume comprend tomes 3 et 4 (1834-1835); le 3e vol. comprend tomes 5 et 6 : (1835-1836) le 4e vol. comprend tomes 1 et 2 de la deuxième série (1837).

4140 Revue du Nord de la France, Recueil religieux philosophique et littéraire. 2 vol. in-8° : Pour le tome 1er, Imp. Lefort à *Lille*, 1839 : pour le tome II, Imp. de Vanackère fils, 1840.

4141 Revue Normande, rédigée par une société de savants et de littérateurs de Rouen, de Caen et des principales villes de la Normandie, sous la direction de M. DE CAUMONT, Secrétaire de la société des Antiquaires de

Normandie. *Caen*, chez T. Chalopin, Mancel, Trébutien. *Rouen*, Frère. *Paris*, Lancé, Septembre 1830 [-1834]. In-8°. 2 vol. On a relié à la suite du tome II:

1) Voyage archéologique fait en Normandie en 1836, par M. GALLY-KNIGHT, et publié à Londres en 1836; communiqué à la Société pour la conservation des monuments, par M. DE CAUMONT, Directeur de la Société. *Caen*, chez A. Hardel, 1838. In-8°, 153 pp. extr. du *Bulletin Monumental.*

2) Notice historique sur la manufacture d'étoffes de laine de Lisieux, Depuis sa fondation comme corporation en 1435, jusqu'à la suppression des communautés d'arts et métiers en 1791; Par M. *H.* DE FORMEVILLE, Correspondant du Ministre de l'instruction publique, Conseiller à la cour royale de Caen. *Paris*, Derache; *Lisieux*, Pigeon; *Caen*, imp. A. Le Roy, 1837]. In-8°, 110 pp.

4142 Revue de Paris. T. 1 à 4 (1er février 1866 au 30 janvier 1867). *Paris*, rue Fontaine Molière, 39 bis. Imprimerie Toinon & Cie à *St-Germain.* 4 vol. In-8°.

BIOGRAPHIE GÉNÉRALE. — RECUEILS DE VIES DE PERSONNAGES DIVERS.

4143 Le grand Dictionaire Historiqve, ov le Mélange cvrievx de l'Histoire Sainte et Profane, rapportant en abbregé Les Vies des Patriarches, Iuges & Roys de l'Ancien Testament; des Souverains Pontifes de l'Eglise; des saints Peres & Docteurs Orthodoxes, des Evêques des quatre Eglises Patriarchales, des Cardinaux & Prelats celebres; & des Heresiarques. Celles des Empereurs de Rome, de Grece, d'Alemagne (*sic*); Payens, Chrétiens & Ottomans: des Roys, des Princes Illustres, & des grands Capitaines; des Auteurs Grecs & Latins, anciens & modernes; des Philosophes, des Inventeurs des Arts,

& autres personnes de toute sorte de Professions, renommées ou par leur erudition, ou par leurs Ouvrages, ou par quelque action éclatante : Faisant remarquer les plus importans Traités des Auteurs; les opinions particulieres des Philosophes ; & les principaux dogmes des Heresiarques. Et Contenant La Description des Etats, Empires, Royaumes, Provinces, Villes, Iles, Montagnes & Fleuves considerables de l'anciene (*sic*) & nouvelle Geographie, où l'on remarque exactement les bornes, la scituation (*sic*) & les qualités des Païs ; les Mœurs, les Coutumes, le Gouvernement & la Religion des Peuples. Avec l'Histoire des Conciles Generaux & particuliers, Synodes, Conciliabules, & autres Assemblées Ecclesiastiques. Le nom, l'établissement & la propagation des Ordres Religieux & Militaires, Et l'Histoire fabuleuse par le sieur *L.* MORERI, P. [rêtre] D. [octeur] E. [n] T. [héologie]. [Première édition]. A *Lyon*, Chés Iean Girin, & Barthelemy Riviere. M. DC. LXXIV. Gr. in-f°. 1 vol., tit. rouge et noir, frontisp. gravé.

4144 Le grand Dictionaire Historique, ou le Mêlange (*sic*) curieux de l'Histoire sacrée et profane ; qui contient en abregé, les vies et les actions remarquables des Patriarches, des Juges, des Rois des Juifs, des Papes, Des Empereurs, des Rois, des Princes illustres, & des grands Capitaines : l'etablissement et le progrès Des Ordres Religieux & Militaires, les genealogies De plusieurs Familles illustres, l'histoire fabuleuse, la description des Empires, Royaumes, Républiques, Provinces, Villes, Isles, Montagnes, Fleuves, & autres Lieux considérables, avec l'Histoire des Conciles Généraux & Particuliers, Le tout enrichi de Remarques & de Recherches curieuses, pour l'éclaircissement des difficultez de l'Histoire, de la Chronologie, & de la Géographie. Par Mre MORERI, Prêtre, Docteur en Théologie. Dix-huitième édition A *Amsterdam*, Chez

P. Brunel, R. Wetstein, [etc]. A *Leyden*, Chez S. Luchtmans & C. Haak. A *La Haye*, Chez P. Gosse, J. van Duren, [etc.] A *Utrecht*, Chez E. Néaulme. M. DCC. XL. In-f°, 8 vol , tit. rouge et noir.

4145 Dictionaire Historique et Critique : Par Monsieur [*Pierre*] BAYLE. Seconde Edition, Revuë, corrigée et augmentée par l'Auteur. A *Rotterdam*, Chez Reinier Leers, MDCCII. Gr. in-f°. 3 vol.

4146 Remarques critiques sur le Dictionnaire de Bayle, [par l'abbé *Ph.-L.* JOLY]. A *Paris*, Chez E. Ganeau, [et chez H.-L. Guerin] et a *Dijon*, Chez François Desventes, [et la D[lle] Hermil-Andrea] M. DCC. LII [-XLVIII]. Gr. in-f°. 2 tom. en 1 vol. d'une seule série de pagination, tit. rouge et noir.

4147 Nouveau Dictionnaire Historique et Critique, pour servir de Supplément ou de continuation au Dictionnaire Historique et Critique de Mr Pierre Bayle. Par *Jacques George* DE CHAUFEPIÉ. A *Amsterdam*, Chez C. Zhatelain [*sic*, Z. Chatelain], H. Uytwerf, F. Changuion, J. Wetstein ; A *La Haye*, Chez Pierre de Hondt [et *Leyde*, chez E. Luzac.] MDCCL [-LVI]. Gr. in-f°. 4 vol., tit. rouge et noir.

4148 Dictionnaire Historique, ou Memoires critiques et litteraires, concernant la vie et les ouvrages de divers personnages distingués, particulierement dans la republique des lettres, par *Prosper* MARCHAND. A *La Haye*, Chez Pierre de Hondt, M. D. CC. LVIII [-LIX]. Gr. in-f°. 2 tom. en 1 vol., tit. rouge et noir.

4149 Dictionnaire Theologiqve, Historiqve, Poetiqve, Cosmographiqve, Et Chronologiqve. Contenant sommairement les Vies plus remarquables des Patriarches & Docteurs de l'Eglise, des Papes, Empereurs, Roys & autres Princes, & des personnes plus Illustres en chaque profession, Ensemble toutes les Fables avec leurs

Mythologies & Explications, Comme aussi la description & l'Estat des Empires, Royaumes, Prouinces, Villes, [*etc.*] de la Geographie tant ancienne que moderne. Auec la qualité des dignitez, Offices et Magistratures, Mœurs, Police, & Religion de leurs habitans. Par *D.* DE IVIGNÉ BROISSINIERE, Sieur DE MOLLIERES, Gentilhomme Angevin, & Aduocat en Parlement. Septiesme edition. A *Roüen*, Chez Pierre Caillové, M.DC.LXVIII. In-4°, à 2 col., un fort vol. sans pagination.

4150 Nouveau Dictionnaire historique ou Histoire abrégée de tous les hommes qui se sont fait un nom par le Génie, les Talens, les Vertus, les Erreurs même, &c. depuis le commencement du Monde jusqu'à nos jours; Avec des tables chronologiques pour réduire en corps d'histoire les articles répandus dans ce Dictionnaire. Par une Société de Gens de lettres. *Paris*, Le Jay, libraire, impr. Lottin aîné, 1772. 6 vol. In-8°.

4151 Portraits et Histoire des hommes utiles, hommes et femmes de tous pays et de toutes conditions, qui ont acquis des droits a la reconnaissance publique par des traits de dévouement, de charité; par des fondations philantropiques (*sic*); par des travaux, des tentatives, des perfectionnemens, des découvertes, utiles a l'humanité, etc. [par *A.* JARRY DE MANCY, MOUAN, DIDIER, MELDOLA, PARISOT, DU BOUCHET, *L.* FAUCHER, VILLENAVE, THIÉBAUT DE BERNEAUD, Mme WOILLEZ, DE MONTROL, DUROZOIR, BOULLÉE, MOREL, Mme DE BRADI, NANCEY, Mme DE MAUSSION, TRÉBUTIEN, CLEMSON, BARKER, *Ph.* DUPIN, DUCROS, FAYOT, DAUNOU, *N.* DE WAILLY, CONSTANCIO, Mme JARRY DE MANCY, LOTTIN, *F.* DENIS, TEULET, D'AUGICOURT, ROUARD, ZANOLE, DE SALVANDY, JULLIEN, BOILEAU, AUTRAN, VOISIN, BANNISTER, MANEC, PERDRIX, BOURDON, DE BRAY, RASTOUL, DE RIANCEY, LETALENET, BARKER, LECLERC, comte MOLÉ, BOURJOT, SIVERTSEN, *Albert* MAURIN, BILLAUDEL, AMIEL, *V.* COUSIN, *A.* PASSY, et autres, sous la direction d'*Adrien* JARRY DE MANCY]. Publiés et propagés pour et par la Société Montyon et Franklin. A *Paris*, au bureau de la Société Montyon et Franklin, [impr. P. Renouard], 1836 [à 1840]. In-4°. 200 portraits et livraisons en 2 forts vol.

4152 Academie des Sciences et des Arts, Contenant les Vies, & les Eloges Historiques des Hommes Illustres, qui ont excellé en ces Professions depuis environ quatre Siècles parmy diverses Nations de l'Europe : Avec leurs Pourtraits tirez sur des Originaux au Naturel, & plusieurs Inscriptions funebres, exactement recueillies de leurs Tombeaux. Par *Isaac* BULLART, Chevalier de l'Ordre de Saint-Michel. Imprimé par les soins de l'Autheur. A *Amsterdam,* Se vendent chez les Héritiers de Daniel Elzevier, 1682. In-f°. 2 vol., tit. rouge et noir, portr. gravés sur cuivre dans le texte.

4153 Les éloges des hommes savans tirez de l'Histoire de M. DE THOU. Avec des additions contenans l'Abrégé de leur vie, le Jugement et le catalogue de leurs ouvrages. Par *Antoine* TEISSIER, avocat au Présidial de Nîmes. *Genève*, Widerhold, 1683. In-12. 2 vol.

4154 *Iani* NICII Erythræl, [*Victor* ROSSI] Pinacotheca Imaginvm Illvstrivm, Doctrinæ vel ingenii laude, Virorum, qui, Auctore superstite, diem suum obierunt. Editio nova, cum Indicibvs Necessariis. *Lipsiæ*, Svmptibvs Io. Frid. GleditschI. Anno M DC XCII. Pet. in-8°. 1 vol.

4155 Theatrvm Pontificvm, Imperatorvm, Regvm, Dvcvm, Principvm, etc., pace et bello illvstrivm. *Antverpiæ*, apvd Petrvm de Iode chalcographvm. [*s. d.*] Pet. in-f°, comprenant 206 ff. sur chacun desquels un portr. gravé sur cuivre, outre un frontisp. dessiné par Erasme Quellyn, couv. parchemin.

4156 *D. Pauli* FREHERI Med. Norib. Theatrum Virorum eruditione clarorum. In quo Vitæ & Scripta Theologorum, Jureconsultorum, Medicorum & Philosophorum, Tam in Germania Superiore & Inferiore, quàm in aliis Europæ Regionibus, a seculis aliquot, ad hæc usque tempora, florentium, secundum annorum emortalium seriem, tanquam variis in scenis repræsentantur. Cum Indice locupletissimo. *Noribergæ,* Impensis Johannis Hofmanni, & Typis Hæredum Andreæ Knorzii. M. DC. LXXXVIII. In-f° à 2 col., 2 vol. à pagination continue, frontisp. gravé, tit. rouge et noir, nombreux portraits gravés sur bois.

4157 Vitæ selectorum aliquot Virorum Qui Doctrinâ, Dignitate ant Pietate inclaruere [auctore *Guilielmo* BATES, theologo]. *Londini,* Typis A. G. & J. P. & prostant venales apud Georgium Wells, 1704. In-4°. 1 vol.

4158 Les Tombeavx des Personnes Illvstres, avec levrs Eloges, Genealogies, Armes & Devises. A Monseignevr le Cardinal [de Richelieu]. Par *I.* LE LABOVREVR. A *Paris,* Chez Iean Le Bovc, CIƆ IƆC XLII [Antoine Warin, 1693]. In-f°. 1 vol., frontisp. gravé, gravures dans le texte.

4159 Panthéon de la Légion d'Honneur. Dictionnaire biographique des hommes du XIXe siècle, par *T.* LAMATHIÈRE. *Paris,* E. Dentu [impr. P. Dupont, *s.d.,* 1875]. In-4°, 1 vol., t. 1er de la collection en cours de publication.

4160 Biographie Ardennaise ou Histoire des Ardennais qui se sont fait remarquer par leurs écrits, leurs actions, leurs vertus ou leurs erreurs, par M^r *l'Abbé* BOULLIOT. *Paris,* chez l'Editeur, rue de l'Arbre Sec, n° 9, et chez Ledoyen, Lib., Imp. d'Abel Goujon à *St-Germain en Laye.* 1830. 2 vol. in-8°.

4161 Bibliothèque du Dauphiné, Par *Guy* ALLARD, Contenant l'histoire des habitants de cette province qui se sont distingués par leur génie, leurs talents & leurs connoissances. Nouvelle Edition. A *Grenoble*, Chez Ve Giroud & Fils, M. DCC. XCVII. In-8°. 1 vol.

4162 Biographie des Malouins célèbres, nés depuis le 15e siècle jusqu'a nos jours ; précédée d'une Notice historique sur la ville de Saint-Malo, depuis son origine ; Par M. *F.-G.-P.-B.* Manet, prêtre, chef de l'institution de la même ville. *Saint-Malo*, Chez l'auteur, et H. Rottier, 1824. In-8°. 1 vol.

BIOGRAPHIE ANCIENNE.

4163 Les Vies des Hommes Illustres, traduites du grec de Plutarque, Par *J.* Amyot. Nouvelle édition, [augmentée d'un supplément] avec un choix de notes des divers commentateurs, et une notice sur Plutarque, Par M. Coray. *Paris*, chez P. Dupont, [Bossange père, Peytieux, impr. Gaultier-Laguionie], 1826. In-8°. 12 vol., savoir :

T. 1er : Préface ; Notice sur Plutarque, traduite du grec de M. Coray ; Jugemens de Montaigne sur Plutarque ; Vie de Plutarque, par Dacier ; Vie de J. Amyot, par l'abbé Lebœuf; Dédicace et Préface d'Amyot ; Vies de Thésée, de Romulus, de Lycurgue et de Numa Pompilius.

T. II : Vies de Solon, de Valérius Publicola, de Thémistocle, de Camille, d'Alcibiade et de Coriolan.

T. III : Vies de Paul-Emile, de Timoléon, de Pélopidas, de Marcellus, d'Aristide et de Caton le Censeur.

T. IV : Vies de Philopœmen, de Flaminius, de Pyrrhus, de Marius, de Lysandre et de Sylla.

T. V : Vies de Cimon, de Lucullus, de Nicias, de Crassus, de Sertorius et d'Eumène.

T. VI : Vies d'Agésilas, de Pompée, de Phocion et de Caton d'Utique.

T. VII : Vies d'Alexandre, de César, d'Agis, de Cléomène et des Gracques.

T. VIII : Vies de Démosthène, de Cicéron, de Démétrius, d'Antoine et d'Artaxerce.

T. IX : Vies de Périclès, de Fabius Maximus, de Dion, de M. Brutus, d'Aratus, de Galba et d'Othon.

T. X (suppl.) : Vies d'Annibal et de Scipion, traduites du latin de DONAT ACCIAIOLI, par *Ch.* DE L'ECLUSE ; Vies des Hommes Illustres Grecs et Romains, traduites de l'anglais de *Th.* ROWE par l'abbé BELLENGER ; 1° Enée, 2° Tullus Hostilius, 3° Aristomène, 4° Tarquin l'Ancien, 5° L. Junius Brutus, 6° Gélon.

T. XI (suppl.) : 7° Cyrus, 8° Jason ; Décade contenant les Vies de dix Empereurs Romains, par *D. Antonio* GUEVARA, traduites de l'espagnol par ALLÈGRE ; 1° Trajan, 2° Adrien, 3° Antonin-le-Pieux, 4° Commode, 5° Pertinax, 6° Didius Julien, 7° Septime Sévère, 8° Caracalla, 9° Héliogabale, 10° Alexandre Sévère ; Vie de Sénèque, par l'abbé DE PONÇOT ; Table générale des matières.

4164 Povrtraits et Vies des Hommes illvstres Grecz, Latins, et payens. Recueilliz de levrz Tableavx, Liures, Medailles antiques, et Modernes. Par *André* THEVET Angoumoysin, Premier Cosmographe du Roy. A *Paris*, Par la vefue I. Keruert Et Guillaume Chaudiere, Rue st Iacques 1584. Auec privilege du Roy. In-f°. 1 vol., tit. gravé, portr. de Henri III hors texte et nombreux portr. gravés dans le texte.

4165 Histoire des sept Sages, par M. DE LARREY, conseiller de la cour et des ambassades du roi de Prusse. Seconde Edition. A *la Haye*, chez Jean van Duren, MDCCXXI. In-8°. 2 vol., tit. rouge et noir.

4166 Historia Mulierum Philosopharum. Scriptore *Ægidio* MENAGIO. Accessit *ejusdem* commentarius italicus in VII sonettum Francisci Petrarchæ, a re non alienus.

Lugduni. Anisson, J. Posuel et Claud. Rigaud, 1690. In-12. 1 vol.

« Ne pas oublier de noter que Gilles Ménage, sans en rien dire, a pillé » presque entièrement son Historia Mulierum Philosopharum, de Tiraqueau, qui en » avait inséré le Catalogue sous la glose 1re, part. XI, de son Traité de Legibus, » à compter de l'édit. de 1554 et dans les suivantes. » (Note de M. de Godefroy).

4167 Histoire de Simonide & du siècle où il a vécu : avec des éclaircissemens chronologiques. Par M. [*L.-M.*] DE BOISSY fils. *Paris*, Duchesne, 1755. In-12. 1 vol.

4168 Histoire de Cicéron, tirée de ses écrits et des Monumens de son siècle ; avec des preuves et des éclaircissements, [traduite de l'anglais du Docteur *Conyers* MIDDLETON, par l'abbé *Antoine-François* PREVOST D'EXILES]. *Paris*, Didot, 1744-1749. In-12. 5 vol.

Le cinquième volume, *Paris*, Didot, 1744, contient le texte latin et la traduction des Lettres de CICÉRON à M. Brutus et de M. BRUTUS à Cicéron, avec une Préface critique, des Notes et diverses pièces choisies, pour servir de supplément à l'Histoire et au caractère de Cicéron.

4169 Commentaires Historiqves, contenants en abregé les Vies, Eloges et Censvres des Emperevs, Imperatrices, Cæsars et Tyrans de l'Empire Romain, iusques à Pertinax, & diuerses obseruations sur leurs noms, familles & naissances, le tovt illvstré de l'exacte explication des revers enigmatiqves de plvsievrs centaines de medailles tant Latines que Grecques, frappées en leur honneur, comme aussi de celles (*sic*) de la grande Agathe antique de la Saincte Chappelle de Paris, & du monument sepulchral de marbre de Iouinus, le tovt representé en dix-hvict planches de tailles douces avec les tables necessaires. Par *I.* TRISTAN, Escuyer Sieur de Sainct Amant, Gentilhomme ordinaire de la Chambre du Roy. A *Paris*, Chez Pierre Billaine, M. DC. XXXV. In-f°. 1 vol., tit. rouge et noir.

4170 Mémoire sur la vie & les ouvrages de l'Empereur Manuel Paléologue par M. BERGER DE XIVREY. *Paris*,

Imprim. Nationale, MDCCCLI. Extrait des Mémoires de l'Académie des Inscriptions et Belles-Lettres, tome XIX, 2e partie. 1 vol. broché. In-4°.

BIOGRAPHIES ÉTRANGÈRES.

4171 Trajectum eruditum, Virorum doctrina industrium, qui in urbe Trajecto, et regione Trajectensi nati sunt, sive ibi habitarunt, vitas, fata et scripta exhibens, auctore *Casparo* BURMANNO Trajectino. *Trajecti ad Rhenum*. Apud Hermannum & Johannem Besseling. MDCCL. In-4°. 1 vol.

4172 Bibliotheca Belgica manvscripta, sive, Elenchvs vniversalis Codicvm mss. in celebrioribvs Belgii Cœnobijs, Ecclesijs, Vrbium, ac Priuatorum Hominum Bibliothecis adhuc latentium. Collegit illvm, et edidit *Antonivs* SANDERVS Iprensis Ecclesiæ Canonicvs et Scholasticvs. [Accessit *Ioannis* GERSONII, doct. christianiss, Tractatus, de laude Scriptorum, sive librariorum, ex castigatione F. *Philippi* BOSQUIERI Cæsarimontani, Minor. Obs. Prov. Flandriæ]. *Insvlis*, Ex Officina Tussani le Clercq, sub signo S. Ignatij, Anno M DC. XLI. In-4° car., 2 tom. en 1 vol. rel. parchem., le 1er de 6 ff. non cotés et 367 pp., chiffr., le 2e de 3 ff. non cotés, 278 pp. chiffr. et 1 feuillet d'épilogue, approbation et table.

4173 VALERI ANDREÆ Dessell I. C. Bibliotheca Belgica : de Belgis Vita Scriptisq. claris. Præmissa topographica Belgii totivs sev Germaniæ Inferioris Descriptione. Editio renovata, & tertiâ parte auctior. *Lovanii*, Typis Iacobi Zegers, CIↃ IↃC.XLIII. In-4°. 1 fort vol., tit. rouge et noir. rel. parchemin.

4174 Bibliotheca Belgica, sive Virorum in Belgio vitâ, scriptisque illustrium Catalogus, Librorumque Nomenclatura Continens Scriptores à Clariss. Viris VALERIO

ANDREA, *Auberto* MIRÆO, *Francisco* SWEERTIO, Aliisque, recensitos, usque ad annum M. D. C. LXXX. Cura &. studio *Ioannis Francisci* FOPPENS. Bruxellensis, S. T. L Metrop. ac Primat. Ecclesiæ Mechliniensis Canonici Graduati ac Pœnitentiarii. *Bruxellis*, Per Petrum Foppens, M. D. CC. XXXIX. In-4°. 2 vol., tit. rouge et noir.

4175 Biographie Liégeoise, ou Précis historique et chronologique de toutes les personnes qui se sont rendues Célèbres par leurs talens, leurs vertus ou leurs actions, dans l'ancien diocèse et pays de Liège, les duchés de Limbourg et de Bouillon, le pays de Stavelot, et la ville de Maestricht : depuis les temps les plus reculés jusqu'à nos jours. Bibliographie Liégeoise par le Cte DE BECDELIÈVRE. *Liège*, Imp. Jeunehomme frères, 1836-1837. 2 vol. in-8°.

4176 Gallerie interessanter Personen. Oder Schilderung des Lebens und Charakters der Thaten und Schiksale berühmter und berüchtigter Menchen der ältern und neuern Zeit. Herausgegeben von *Karl. August.* SCHILLER. *Wien*, Anton Doll, 1799. In-8°. 2 tom. en 1 vol.

4177 Histoire du Cardinal Albéroni & de son Ministère, jusqu'à la fin de l'année 1719. Par M. *J.* R*** [*Jean* ROUSSET DE MISSY]. *La Haye*, Ve J. Moetjens, 1720. In-12. 2 tom. en 1 vol.

4178 Abrégé de la vie de Jule Alberoni, Archevêque de Séville, premier Ministre d'Espagne & Cardinal. *S. d. s. n. d'imp.* 1 br. 4 p. in-4°.

4179 Histoire de l'Archiduc Albert, gouverneur & puis Prince Souverain de la Belgique, [Par *Jean* BRUSLÉ DE MONTPLAINCHAMP, chanoine de Ste Gudule de Bruxelles]. *Cologne*, les Héritiers de Corn. Egmont, 1693. In-12. 1 vol.

4180 Vie de Victor Alfiéri, écrite par lui-même, et traduite de l'italien, Par M. *** [*Cl.-Bern.* PETITOT]. *Paris*, Chez H. Nicolle, de l'imprimerie d'A. Egron, 1809. In-8°. 2 vol.

4181 Vita di Vittorio Alfieri da Asti scritta da esso. *Italia*, MDCCCIX. In-12. 2 vol. av. portrait.

4182 Leben Alfred des Grossen Koniges in England von *Friedrich Léopold* Grafen zu STOLBERG. *Munster*, in der Aschendorff schen Buchhandlung, 1815. 1 vol. pet. in-8°, grav. en frontispice, notice bibliographique sur l'auteur, manuscrite en tête du volume.

4183 La Vie de Dom Barthelemy des Martyrs, religievx de l'ordre de St-Dominiqve, Archevesqve de Bragve en Portvgal. Tirée de son Histoire écrite en Espagnol & en Portugais par cinq Auteurs, dont le premier est le Pere LOUIS DE GRENADE. [par *Th.* DU FOSSÉ et LE MAISTRE DE SACY] avec son esprit et ses sentiments pris de ses propres Ecrits. Nouvelle Edition. A *Paris*, Chez Pierre Le Petit, M. DC. LXIV. In-8°. 1 vol.

4184 Notice sur la vie et les travaux de feu Pierre-François Bellot, doyen de la faculté de droit de Genève. *Genève*, librairie d'A. Cherbuliez, au Grand-Mézel, 1838. De l'imp. E. Pelletier. 1 br. 37 p. In-4°.

4185 Vita di Giovanni Boccacci scritta dal conte *Gio-Battista* BALDELLI, Socio delle RR. Accademie Fiorentina, e dei Georgofili di Firenze. *Firenze*, 1806. Appresso Carl Ciardetti e Comp. In-8°. 1 vol., grav. sur cuivre.

4186 Vie de Poggio Bracciolini, Secrétaire des papes Boniface IX, Innocent VII, Grégoire XII, Alexandre V, Jean XXIII, Martin V, Eugène IV, Nicolas V; Prieur des Arts et Chancelier de la République de Florence. Par M. *W.* SHEPHERD. Traduite de l'anglais, avec des Notes du Traducteur. A *Paris*, Chez Verdière, [impr. Firmin Didot], 1819. In-8°. 1 vol.

4187 La vie du Reverend Père Vincent Carafe, septième Général de la Compagnie de Jésus... Avec l'Abbrégé des vertus de D. Marie Carafe, sa mère. Escrite en italien par le Père *Daniel* BARTOLI & traduite en François par le P. *Thomas* LE BLANC, de la Compagnie de Jésus. *Liège,* Hovius, 1653. In-12. 1 vol. Portrait.

Ce volume a été donné comme prix de grec en quatrième par les Jésuites du collège de Lille, à Jean-Baptiste-Achille Godefroy, grand-père de M. le Marquis de Godefroy-Ménilglaise.

4188 Catharina die Zweite. Darstellungen aus der Geschichte ihrer Regierung, und Anekdoten von ihr und einigen Personen, die um sie waren, *s. l. n. n. d'impr.* 1797. In-12. 1 vol. *Dans le même volume*. Privatenleben des berühmten Ruszisch Kaiserl. Feld marschalls Fürsten von Potemkin Tawrotschewskoy, Herausgegeben von S***. *Leipsig*, und Grätz, Ferstl, 1793.

4189 [Biblioteca scelta di opere italiane, vol. 144]. Vita di Benvenuto Cellini orefice e scultore fiorentino da lui medesimo scritta sesta edizione conforme alla lezione pubblicata dall'*Ab.* CARPANI, e per la prima volta divisa in libri e capitoli. *Milano*, per Giovanni Silvestri MDCCC XXIV. In-8°. 1 vol.

4190 La Vie de Charles V, Duc de Lorraine et de Bar, Et Généralissime des Troupes Impériales. [Par *Jean* DE LA BRUNE, ministre du S. Evangile]. Divisée en cinq Livres. A *Amsterdam*, Chez Jean Garrel, Et se vend a Brusselles, Chez Josse de Grieck, 1702. In-12. 1 vol., tit. rouge et noir.

4191 De republica, vita, moribus, gestis, fama, religione, sanctitate: Imperatoris, Cæsaris, Augusti, Quinti, Caroli, Maximi, Monarchæ, Libri septem, ad illvstres avrei velleris eqvites scripti, authore *Gulielmo* ZENOCARO a Scauwenburgo, Auratæ militiæ Equite, Imperatoris Caroli Maximi olim: nunc Phylippi Regis Hispaniæ, &c.

Caroli filij, Consiliario, & Bibliothecario, Bincortsij Toparcha. *Gandavi*, Excudebat Gislenus Manilius Tipographus, anno Domini, 1559.

4192 Histoire de Jean Churchill, duc de Marlborough, prince du Saint Empire Romain et de Mindelheim, capitaine général des troupes angloises sous la reine Anne, grand-maître de l'artillerie, commandant en chef de l'armée des alliés, &c., &c. [Composée principalement par MADGETT, interprète au ministère de la marine, rédigée et augmentée par l'abbé *H.* DUTEMS]. A *Paris*, de l'Imprimerie Impériale, [libr. Pichard, Galland], 1808. In-8°. 3 vol., cartes et gravures.

4193 Documents relatifs à l'Histoire du Cid par *Hippolyte* LUCAS De la Bibliothèque de l'Arsenal. *Paris*, Alvarès, [*Lagny*, typogr. A. Varigault], 1860. In-8°. 1 vol.

4194 Histoire de Christophe Colomb suivie de sa correspondance, d'éclaircissemens et de pièces curieuses et inédites, traduite de l'italien du chevalier BOSSY, par *C.-M.* URANO, Ornée du portrait de Colomb et de plusieurs gravures dessinées par lui-même. *Paris*, Carnevillier ainé, Peytieux, M.DCCC.XXIV. In-8°. 1 vol.

4195 La vie du Cardinal Jean-François Commendon, ou l'on voit ses Voyages, Ambassades, Légations & Négociations, dans les plus considérables cours des Empereurs, Rois, Princes et Républiques de l'Europe. Par M. [*Esprit*] FLÉCHIER, évêque de Nisme, de l'Academie Françoise, [traduite de la vie écrite en latin par *Antoine-Marie* GRATIANI, secrétaire de Commendon]. *Paris*, S. Mabre-Cramoisy, 1695. In-12. 1 vol.

La Préface renferme une biographie de Gratiani.

4196 Vie du capitaine Cook, traduite de l'Anglois du docteur KIPPIS, membre de la Société Royale de Londres. A *Paris*, rue des Poitevins, Hôtel de Thou, M.DCCLXX

XIX. 1 vol. In-4°. Traduction de CASTERA D'ARTIGUES. Cette biographie est précédée d'une lettre du traducteur à Monsieur Garat et suivie en Appendix, du Moraï, poème par Miss *Hélène-Maria* WILLIAMS.

4197 Vita di Dante scritta da *Cesare* BALBO. *Torino*, presso Giuseppe Pomba e C. [tipogr. Baglione e Comp.] 1839. In-8°. 2 tom. en 1 vol.

4198 Histoire de Dante Alighieri, par M. le chevalier *Artaud* DE MONTOR, ancien chargé d'affaires de France a Rome, a Florence et a Vienne ; de l'Académie des inscriptions et belles-lettres *Paris*, [imprimerie et] librairie d'Adrien Le Clercet Cie M.DCCC.XLI. In-8°. 1 vol., portr. de Dante et autres lithographies.

4199 Notice biographique sur Roland Delattre, connu sous le nom d'Orland de Lassus, par *H.* DELMOTTE, membre correspondant de l'Académie de Bruxelles, etc. [suivie d'une Notice biographique sur H. Delmotte, par un ami]. [*Valenciennes*], imprimerie de A. Prignet, [1836]. In-8°, 1 vol., tit. encadré, portr. d'Orland de Lassus.

Envoi signé d'imprimeur à M. de Godefroy.

4200 Recherches sur Jacques du Broeucq, Statuaire et architecte Montois au XVIe siècle, par *A.* LACROIX, Archiviste de l'Etat et de la ville à Mons ; membre de la Commission provinciale de Statistique du Hainaut, etc. *Mons,* 1855, *s. n. d'imp.* 1 broch. 24 pag. avec fac-simile à la fin.

(Don signé d'auteur).

4201 Vita R. P. F. Ioannis Dvns, Scoti, Ordinis Minimor. Doctoris Svbtilis. Avthore R. P. F. *Luca* WADINGO, Hibero, Ordinis Minorum historiographo, Sacræ Theologiæ Professore gen. Inquisitionis Romanæ censore & collegii S. Isidori in urbe Guardiano. Accessit Panegyricus æternæ memoriæ & famæ Iohannis Duns,

Scoti, Doctoris Subtilis dictus et dicatus ab ornatissimo viro ac Domino VERNULŒO [*Nicolao* DE VERNULZ], S. Th. L. et publico eloquentiæ professore Lovanii. *Montibus*, typis F. Waudræi filii, 1644. Pet. in-12. 1 vol.

Le Panégyrique a un titre à part et une pagination particulière.

4202 Vie d'Erasme, dans laquelle on trouvera l'Histoire de plusieurs hommes célèbres avec lesquels il a été en liaison, l'Analyse critique de ses ouvrages, & l'Examen impartial de ses sentimens en matière de Religion. Par M. [*Jean* LÉVESQUE] DE BURIGNY, de l'Académie Royale des Inscriptions & Belles-Lettres *Paris*, Debure, 1757. In-12. 2 vol.

4203 Histoire de la Vie & Faits d'Ezzelin III, svrnommé da Romano, Tyran de Padouë, Divisee en nevf Livres. Composée en Italien par *Pietro* GERARDO, son Contemporain. Nouuellement mise en François. [par *Jacques* CORTAUD]. A *Paris*, Chez Iean Promé le jeune, M.D.CX LV. Pet. in-8°. 1 vol.

4204 L'histoire d'Alexandre Farneze *(sic)*, duc de Parme et de Plaizance, Gouverneur de la Belgique, [par l'abbé *Jean* BRUSLÉ DE MONTPLEINCHAMP. A *Amsterdam*, Chez Antoine Michils. M. DC. XCII. In-12. 1 vol.

4205 Vita di Francesco Filelfo da Tolentino del cavaliere *Carlo* DE ROSMINI Roveretano. *Milano*, Presso Luigi Mussi, MDCCCVIII. 3 vol. in-8°. Avec portrait et gravure en frontispice.

4206 Histoire de Foulques Fitz-Warin publiée d'après un manuscrit du Musée Britannique, par *Francisque* MICHEL. *Paris*, Silvestre, [impr. Maulde et Renou,] MDCCC XL. In-4°. 1 vol.

4207 Histoire de la vie privée, politique et militaire de Frédéric II, roi de Prusse, précédée d'un tableau abrégé de la situation de la Prusse et de la maison de Brandebourg à la naissance de ce prince ; ouvrage contenant des détails inédits, puisés aux sources les plus authentiques, sur son caractère, sa politique et ses talens militaires ; et dans lequel on a réuni tous les documens, observations, faits et anecdotes fournis par les mémoires de la margrave de Bareith, du baron Thiébault, de Voltaire, Mirabeau, Grimoard, Suhm, Archenholz, etc. etc., par lord Dover, traduit de l'Anglais par *A.* Enot, professeur de belles-lettres, et précédée *(sic)* d'une introduction, par *Ad.* Bossange. *Paris,* Bélizard, Barthès, Dufour et Lowel, 1834. In-8°. 3 vol.

4208 Histoire de Frédéric-le-Grand, par M. *Camille* Paganel. *Paris*, Achille Desauges, [impr. Cosson], 1830. In-8°. 2 vol., portr. du grand Frédéric.

4209 Notice nécrologique sur Nicolas-François-Joseph de Fuisseaux (par *Ch.* Rousselle), publiée par la Société des bibliophiles belges séant à Mons. *Mons*, Dequesne-Masquillier, 1866. In-4° de 19 pages. (Photographie en frontispice).

4210 Galileo Galilei, sa vie, son procès et ses contemporains, d'après les documents originaux, avec un portrait gravé d'après l'original d'Ottavio Leoni, par *Philarète* Chasles, professeur au Collège de France. *Paris,* Poulet-Malassis, [imp. Simon Raçon], 1862. In-12. 1 vol.

4211 Histoire du Cardinal de Granvelle, archevesque de Besançon, vice Roi de Naples, Ministre de l'Empereur Charles-Quint & de Philippe Second, Roi d'Espagne. [Par *Luc* Courchetet d'Esnans, censeur royal, que M. Barbier appelle *Luc* d'Esnans de Courchetet]. *Paris*, Duchesne, 1761. In-12. 1 vol.

4212 Memoires pour servir a l'Histoire du Cardinal de Granvelle, Premier Ministre de Philippe II, Roi d'Espagne. Par un religieux Bénédictin de la Congrégation de

Saint-Vanne [D. *Prosper* LÉVESQUE]. A *Paris*, chez Guillaume Desprez, Imprimeur, M. DCCLIII. In-12. 2 vol.

4213 Mémoires du ci-devant Grand-Chancelier de Dannemarck Comte Griffenfeld, de l'amiral-général Adeler, et du Vice-Amiral Tordenskiold, trois illustres Danois distingués par leur naissance, leurs actions, leur élévation & leur mort. Imprimés l'an CIƆ IƆ CC XLVI. 1 vol. In-4°. Avec gravures hors texte, titre rouge et noir.

(Ces mémoires sont le complément du second volume de l'ouvrage de TYCO HOFMANN, intitulé : Portraits historiques des Hommes illustres du Danemarck.

4214 Vie de Grotius [Hugues de Groot], avec l'histoire de ses ouvrages, et des négociations auxquelles il fut employé: Par M. [*Jean* LEVESQUE] DE BURIGNY. *Paris*, Debure l'aîné, 1752. 2 vol. in-12.

4215 Hvgonis Grotii Belgarvm Phœnicis Manes ab iniqvis obtrectanionibvs vindicati accedit scriptorvm eivs tvm editorvm tvm ineditorvm conspectvs triplex [auctore LEHMANNO]. *Delphis Batavorvm* CIƆIƆ CC XXVII. in-8°. 2 tom. d'une seule série de pagination, en 2 vol., tit. rouge et noir, 2 portr. de Grotius, et tableaux généalogiques.

4216 Histoire de Guillaume III, Roy d'Angleterre, d'Ecosse, de France, et d'Irlande, prince d'Orange, &c. Contenant ses Actions les plus memorables, depuis sa Naissance jusques à son Elevation sur le Trône, & ce qui s'est passé depuis jusques à l'entiere Reduction du Royaume d'Irlande. Par Medailles, Inscriptions, Arcs de Triomphe, & autres monumens Publics, Recueillis par *N.* CHEVALIER. A *Amsterdam*, M. DC. XCII. In-f°, 1 vol., tit. rouge et noir, frontisp. gravés, médailles gravées dans le texte.

4217 Vie de l'Infant Dom Henri de Portugal, Auteur des premières découvertes qui ont ouvert aux Européens la route des Indes ; Ouvrage traduit du Portugais [du P.

Franciso-José Freire, de l'Oratoire, connu également sous son nom de membre de l'Académie des Arcades, Candido Lusitano]. Par M. l'abbé [*Antoine* de] Cournand. *Paris,* Laporte, 1781. In-12. 2 tom. en 1 vol.

4218 Histoire de Dom Jean d'Autriche, fils de l'Empereur Charles Quint. [Par l'Abbé *Jean* Bruslé de Monpleinchamp, chanoine de Ste Gudule de Bruxelles]. *Amsterdam,* Lebrun, 1690. In-12. 1 vol. Portrait.

4219 Notice sur Jean-Baptiste-Théodore de Jonghe, publiée par la Société des Bibliophiles Belges, séant à Mons. *Mons,* Masquillier & Dequesne, M. DCCC. LXI. In-4°. 1 vol., n° 15 du tirage spécial réservé aux membres de la Société, portr. de de Jonghe, 26 pp., signé Ch. R.

4220 Histoire de Joseph II, Empereur d'Allemagne, par M. *Camille* Paganel, ancien député et conseiller d'état. Deuxième édition. *Paris,* Plon frères, 1853. In-8°. 1 vol.

4221 *Pauli* Iovii Novocomensis Episcopi Nvcerini Illustrium Virorum Vitæ. Accessit ad posteriorem hanc editionem Alphonsi Atestini Ducis Ferrariæ Vita, cum gemino Indice Regionum scilicet, Ciuitatum Fluuiorum & Portuum antiquis & nouis nominibus, & rerum memorabilium, *Basileæ.* M.D.LIX. Pet. in-8°. 2 tomes en 1 vol.

4222 Notice sur Augustin-François Lacroix (par *Léopold* Devillers), publié par la Société des Bibliophiles belges séant à Mons. *Mons,* Dequesne-Masquillier, 1875. In-4° de 19 pages (photographie en frontispice).

4223 Le Chevalier sans reproche Iacqves de Lalain, par messire *Iean* d'Ennetieres, Chevalier, Seignevr de Beavmé, Maisnil, &c. A *Tovrnay,* De l'imprimerie d'Adrien Qvinqvé. M. DC. XXXIII. In-8°. 1 vol. de 16 et 418 pp., gravures sur bois.

4224 Vie et Pontificat de Léon X, par *William* Roscoe, auteur de la Vie de Laurent de Médicis, ouvrage traduit de l'anglais, par *P. F.* Henry, et orné du portrait de Léon X, et de médailles. Seconde édition, Imprimerie d'Adrien Égron. *Paris*, Gide fils, H. Nicolle. M. DCCC. XIII. In-8°. 4 vol.

4225 Memorie storiche su la vita gli studj e le opere di Lionardo da Vinci scritte da *Carlo* Amoretti, Bibliotecario nell' Ambrosiana di Milano. *Milano*, Dalla Tipografia di Giusti, Ferrario, e C°, anno 1804. In-8°. 1 vol.

4226 De Justi Lipsii V. Inl. Vita et Scriptis Commentarius in stadio regiæ scientiarum literarumque Academiæ Brux. aurea palma donatus M. DCCC. XXI, auctore *Frid. Aug.* barone ab Reiffenberg. *Bruxellis*, Apud P. J. De Mat, 1823. In-4°. 1 vol., portr. de Juste Lipse.

4227 Machiavel, son génie et ses erreurs, par *A. F.* Artaud, ancien chargé d'affaires de France à Florence, à Vienne et à Rome. *Paris*, Firmin Didot frères, Libr., Typ. F. Didot M. DCCC XXXIII. 2 vol. in-8°.

(Le tome Ier renferme le portrait de Machiavel en frontispice).

4228 Histoire de Donna Olimpia Maldachini ; Traduite de l'Italien de l'Abbé Gualdi. [de *Gregorio* Leti, par *J.-B.* Renourt. [*la Sphère*]. A *Leyde*, Chez Iean dv Val, [Foppens] M. DC. LXVI. Pet. in-12. 1 vol.

4229 Histoire du Ministère du cardinal Martinusius, [Georges Martinuzzi], Archevêque de Strigonie, Primat & Régent du Royaume de Hongrie. Avec l'origine des guerres de ce Royaume & celles de la Transilvanie. Dédiée à S. A. S. Monseigneur le Prince Ragotski, (Par *Antoine* Béchet, chanoine de l'église d'Usez). *Paris*, la Cie des libraires associés, 1715. In-12. 1 vol.

4230 Histoire genealogiqve de la Maison de Medicis. Contenant les vies et faits remarqvables des hommes illustres et plus signalez d'icelle. Par *Pierre* de Boissat, seigneur de Licieu, Conseiller du Roy & Vibaillif de Vienne. *Paris*, Loyson, 1620. In-8°. 1 vol.

4231 Histoire des hommes illvstres de la maison de Médici, avec vn abbregé des Comtes de Bolongne et d'Avvergne à la Roine mère dv Roi. (par *Jean* NESTOR, médecin). A *Paris*, chez Charles Perier, 1564. 1 vol. in-4°.

4232 La Vie de Laurent de Médicis, surnommé le Grand, et le Père des Lettres, Chef de la République de Florence ; Adressée au Pape Léon X. Traduite du latin de *Nicolas* VALORI, son contemporain. Avec des Notes & quelques Pièces anciennes qui ont rapport au sujet. [Par l'Abbé *Claude-Pierre* GOUGET]. *Paris*, Nyon, 1761. In-12. 1 vol.

4233 Etudes biographiques sur Mercurino Arborio di Gattinara, chef du conseil privé des Pays-Bas, premier président du Parlement de Bourgogne, Chancelier de l'Empereur Charles-Quint et Cardinal, par M. LE GLAY. *Lille*, imp. de L. Danel, 1848. 1 br. 80 p. in-8°. Portrait.

4234 Histoire de Thomas More, grand chancelier d'Angleterre sous Henri VIII, par *Th.* STAPLETON, traduite du latin par M. *Alexandre* MARTIN, avec une introduction, des notes et commentaires par M. AUDIN. *Paris*, L. Maison, [impr. E. Thunot et Cie] 1849. In-8°. 1 vol., portr. de Th. More.

4235 Mémoires pour la Vie de François Pétrarque, tirés de ses œuvres et des auteurs contemporains, Avec des Notes ou Dissertations, & les Pieces justificatives. [par l'abbé *J.-F.-P.-A.* DE SADE. A *Amsterdam*, Chez Arskée *(sic)* & Mercus [Avignon] M. D.CC.LXIV [-LXVII]. In-4°. 3 vol.

4236 Pétrarque a Vaucluse, précédé du Voyage a Vaucluse, et suivi du Retour de Vaucluse ; Présenté à Sa Majesté Louis XVIII, par l'auteur, M. l'Abbé ARNAVON, ancien

Prieur de Vaucluse, Chanoine titulaire de l'église métropolitaine de Paris, et Vicaire général de Monseigneur l'Archevêque de Corfou. Deuxième édition. *Paris*, de l'imprimerie de Gillé, Chez Debray, Et chez Lenormand, 1814. In-8°. 1 vol., nombreuses gravures, rel. veau orné, tr. dor.

4237 Historia vitæ atqve meritorvm Conradi Pevtingeri IC[ti] Avgvstani. Post Io. G. Lottervm Nouis curis illustratum, multoque auctiorem edidit *Franc.-Anton.* VEITH Avgvstanvs, Bibliopola. Accedunt Conradi Pevtingeri & Aliorum eius ætatis Eruditorum [HUMMELBERGII, REUCHLINII, &c.] Epistolæ ineditæ LI. *Augustæ Vendelicorum.* Apud Conr. Henr. Stage. MDCCLXXXIII. In-8°. 1 vol.

4238 Essai historique sur les deux Pitt, par le baron *Louis* DE VIEL-CASTEL. *Paris*, Labitte, [*Versailles*, impr. Despart], 1845 [-46]. In-8°. 2 tom. en 1 vol.

4239 Vita R. P. Fr. Hieronymi Savonarolæ, Ferrariensis, Ord. Prædicatorum. Authore Ill. D. *Ioanne-Francisco* PICO MIRANDULÆ Concordiæque Principe, Notis accurata, variisque Principum et Dynastarum, de quibus in ea, stemmatibus ære incisis, tabulisque genealogicis ad hæc usque tempora deductis. Adjecto ceu Mantissa Revelationum ejusdem F. *Hieronymi* [SAVONAROLÆ] compendio. Additionibus insuper, actis, diplomatibus, Epistolis, Scriptorumque monimentis aucta et illustrata [a R. P. Fr. *Iacobo* QUÉTIF, ejusdem Ordinis Prædicatorum]. *Parisiis*, Billaine, 1674. In-12. 2 vol. Portrait de Savonarole.

Les armoiries et les tableaux généalogiques annoncés au titre sont ceux des Este, Princes de Ferrare, des Médicis, des Borgia, et des Pics, Princes de la Mirandole.

4240 Jérome Savonarole, d'après les documents originaux et avec des pièces justificatives en grande partie inédites, par *F.-T.* PERRENS. Ouvrage couronné par l'Académie Française. Deuxième édition. *Paris*, librairie de L. Hachette et Cie, 1856. In-18. 1 vol., impr. par H. Plon.

4241 La vie de Corneille Tromp, Lieutenant-Amiral-Général de Hollande & de West-Frise, où l'on verra tout ce qui s'est passé de plus mémorable sur mer, dans les guerres que la Hollande a eu à soutenir contre la France, l'Angleterre & les autres Puissances de l'Europe. *La Haye,* Et. Foulque, 1664. In-12. 1 vol. Portrait.

4242 Biographie du général vander Mersch, d'après des Documents authentiques entièrement inédits, avec de nombreux détails sur la Révolution brabançonne, par *Emile* VANDEN BUSSCHE, Archiviste de la ville de Menin. *Menin*, typographie de Ch. Hoedt-Vermeersch, libraire, 1863. In-8°. 1 vol. Portrait de Vandermersch.

4243 La Vie et les faits mémorables de Christofle Bernard van Galen, Evêque de Munster, tirez d'excellens Manuscrits & de quelques autres originaux, par M. G. A. *Leyde*. Chez Jean Mortier. *(s. d.)* 1 vol. Pet. in-12, gravures hors texte.

(Note manuscrite en tête du volume).

4244 Histoire de Gustave Wasa, Roi de Suède ; par M. D'ARCHENHOLTZ, ancien capitaine au service de S. M. le Roi de Prusse et auteur du tableau de l'Angleterre et l'Italie ; traduite de l'Allemand par *I. F. G.* PROPIAC. *Paris*, Gérard, Lib. Imp., Brasseur aîné, an XI. 1803. Cet ouvrage se trouve aussi à Londres chez Decouchy, bookseller. 2 vol. in-8° avec le portrait de G. Wasa en frontispice.

4245 Histoire de Washington et de la fondation de la république des Etats-Unis, par *Cornelis* DE WITT, précédée d'une étude historique sur Washington par M. GUIZOT. *Paris*, Didier, [impr. Bonaventure et Ducessois], 1855. In-12. 1 vol.

4246 Histoire du Cardinal Ximenés. Par Mre *Esprit* FLÉCHIER, Evêque de Nismes. Sur l'imprimé a *Paris*, Chez Jean Anisson, Directeur de l'Imprimerie Roya'e, M.DC.XCIII. In-12. 2 vol.

4247 Histoire de l'Administration dv Cardinal Ximenes, grand ministre d'Estat en Espaigne. Où se voyent les effects d'vne prudente & courageuse conduite, avec vne excellente probité. Le portraict au naturel du mesme Cardinal. Par le Sieur *Michel* BAVDIER, de Languedoc, Historiographe de sa Majesté. A *Paris*, Chez Sebastien Cramoisy, M.DC.XXXV. In-4° car. 1 vol., couvert. parchemin.

4248 Histoire de la Vie et de l'Administration du cardinal Ximénès par *Michel* BAUDIER, gentilhomme de la maison du roi Louis XIII, chevalier de son ordre, conseiller d'état, conseiller privé et historiographe de sa Majesté, annotée et précédée d'une introduction et d'une notice sur Michel Baudier et ses divers ouvrages, par *Edmond* BAUDIER. *Paris*, Plon frères, novembre 1851. In-8°. 1 vol.

BIOGRAPHIE FRANÇAISE. — HOMMES DE GUERRE.

4249 Histoire d'Artvs III. Dvc de Bretaigne, et Connestable de France contenant ses memorables faicts depvis l'an 1413 iusques à l'an 1457. [par *Guillaume* GRUEL] De nouveau mise en lvmiere par *Theodore* GODEFROY, Aduocat au Parlement de Paris. A *Paris*, Chez Abraham Pacard, M.DC.XXII. In-4°. 1 vol., tit. rouge et noir.

(Le dernier feuillet manque et a été rétabli en ms.)

4250 Eloge historique de Jean-Bart, chef d'Escadre des armées navales de France, chevalier de l'ordre royal et militaire de St Louis, relatif à la collection des dix neuf combats de ce Célèbre marin gravés par M. le Gouaz suivi de notes historiques, biographiques et topographiques sur l'origine de Dunkerque et l'importance de son port considéré sous le point de vue politique, par Mr POIRIER (de Dunkerque), avocat, membre de l'Académie de législation, et de l'Athénée des arts, orné de gravures et vignette. *Paris*, Imp. P. Didot, MDCCCVII. 1 vol. in-8°.

4251 Nouvelle histoire du Chevalier Bayard, lieutenant général pour le Roy au Gouvernement du Dauphiné : et de plusieurs choses mémorables arrivées en France, en Italie, en Espagne et aux Pays-Bas, &a., sous les règnes de Charles VIII, Louis XII & François I, depuis l'an 1489, jusqu'à l'an 1524. Par le Prieur de Lonval [*Lazare* BOCQUILLOT, chanoine d'Avalon]. *Paris*, Robustel, 1702. In-12. 1 vol.

4252 Histoire de Pierre Terrail, seigneur de Bayart, dit le bon chevalier sans peur et sans reproche, suivie de Recherches Généalogiques, pièces et lettres inédites, par *Alfred* DE TERREBASSE. *Paris*, librairie Ladvocat, [imp. J. Tastu], 1828. In-8°. 1 vol.

4253 La vie politique & militaire du Maréchal duc de Bellisle, Prince de l'Empire. Ministre d'Etat de S. M. T. C. &[a], Publiée par Mr D. C.** [*Fr. Ant.* DE CHEVRIER.] *La Haye*, van Duren, 1792. In-12. 1 vol.

(*Dans le même volume* : 1.) Testament politique du Maréchal Duc de Bellisle. [par *le même*]. *Amsterdam*, les Libraires associés, 1761. — 2.) Le Codicille & l'Esprit ou Commentaire des Maximes politiques de M. le Maréchal Duc de Bellisle, avec des Notes apologétiques, historiques & critiques ; le tout publié par Monsieur D. C.** [*Fr. Ant.* DE CHEVRIER). Éditeur de la Vie & du Testament de M. le Maréchal. *La Haye*, van Duren, 1762.

4254 Histoire de Bernadotte, Charles XIV-Jean, roi de Suède et de Norvége, etc., par *B.* SARRANS jeune. *Paris*, Comptoir des Imprimeurs-unis, [imp. Béthune et Plon], 1845. In-8°. 2 tom. en 1 vol.

4255 Histoire du Maréchal de Boucicaut, Grand Connétable de l'Empire de Constantinople, Contenant les Evenemens les plus singuliers du Règne de Charles VI, [par M. DE PILHAM.] Suivant la Copie de Paris. A *La Haye*, Chez Louis & Henri van Dole, M. DC. XCIX. In-12. 1 vol. tit. rouge et noir.

4256 Histoire de Mre Jean de Bovcicavt Mareschal de France, Govvernevr de Gennes, et de ses mémorables faicts en France, Italie & autres lieux du regne des Roys Charles V, & Charles VI iusques en l'an 1408. escripte dv vivant dv dict Mareschal et nouuellement mise en lumiere par *Théodore* GODEFROY, aduocat au Parlement de Paris. A *Paris*, chez Abraham Pacard, M. DC. XX. 1 vol. in-4°. titre noir et rouge.

4257 La vie du chevalier de Bruc [né a Bruc, paroisse de Guemené, en Bretagne le 23 avril 1636 ; mort dans un naufrage à Aigues-Mortes le 6 Janvier 1676], par *Louis* DE JOSSELIN, prêtre. *S. l. n. d.* (1676). Pet. in-12. Pièce de 33 pages.

4258 La Vie de Gaspart de Coligny, seigneur de Chastillon sur Loin (*sic*), Gouverneur pour le Roi de l'Isle de France & de Picardie, Colonel General de l'Infanterie Françoise, & Amiral de France, [par *Gatien* SANDRAS DE COURTILS [*la Sphère*]. A *Cologne*, Chez Pierre Marteau. [*Amsterdam*, van Bulderen] M. D. C. LXXXVI. In-12. 1 vol.

4259 Le bouclier d'Honneur, ou sont représentés les beaux faicts de très-généreux et puissant Seigneur, feu Messire Louis de Berton seigneur de Crillon, chevalier des Ordres du Roi, Maistre de camp du Régiment de ses Gardes, Conseiller en ses conseils d'État & privés Lieutenant-colonel de l'Infanterie française ; appendu à son tombeau pour l'immortelle mémoire de sa magnanimité, Par un Père de la Compagnie de Jésus, dans l'Église cathédrale de Nostre-Dame de Dons, d'Avignon (le P. *François* BENING). A *Bruxelles* & se trouve à *Paris*, chez Desprez, 1759, In-12. Pièce de 127 pages. La première est numérotée 197.

« Lorsque Melle de Lussan fit imprimer sa *Vie de Crillon* elle imagina, disent » les éditeurs, pour compléter le deuxième tome d'y joindre cette Oraison » funèbre, dont les pages furent numérotées selon l'ordre qu'elles occupaient » dans ce volume. Ce morceau étant imprimé, on communiqua à l'auteur » d'autres pièces plus intéressantes.... qu'il substitua à la place de l'Oraison » funèbre.... Nous donnons aujourd'hui ce singulier morceau tel qu'il est » distrait de l'ouvrage. Voilà pourquoi on voit aux pages de ce discours les » différentes marques qui indiquent la suite d'un second tome.»

4260 Éloge de René Duguay-Trouin, lieutenant-général des armées navales du Roi, Commandeur de l'ordre Royal & Militaire de S. Louis. Discours qui a remporté le prix de l'Académie Française en 1761, Par M. (*Antoine*) THOMAS, Professeur en l'Université de Paris, au collége de Beauvais. *Paris*, Ve B. Brunet, 1761. In-8°.

4261 Histoire de Bertrand Dv Gvesclin Connestable de France et des Royavmes de Leon, de Castille, de Cordove et de Séville, dvc de Molines, comte de Longveville, &c. Composé nouvellement et donnée au public avec plusieurs pièces originales touchant la presente histoire, celle de France et d'Espagne de ce temps là et particulièrement de Bretagne. Par Messire *P.* H. Seigneur D. C. *Paul* HAY DU CHATELET. *Paris*, Ch. de Sercy, 1666. 1 vol. in-f°.

4262 Memoires des divers Emplois et des principales Actions dv Maréchal dv Plessy. [rédigés par *César* DE CHOISEUL son frère, et publiée par le sieur DE SAINT-VICTOR]. A *Paris*, Chez Claude Barbin, et Christophe Ballard, M. DC. LXXVI. In-4°. 1 vol.

4263 Histoire de la vie du Duc d'Espernon. Par Mr GIRARD divisée en trois tomes. Nouvelle Edition plus correcte. A *Paris*, Chez Louis Billaine, M.DC.LXXIII. In-12. 3 vol.

4264 Vie de M. le Marquis de Fabert, Maréchal de France. Par le P. [*Joseph*] BARRE, Chanoine Régulier, Chancelier de l'Abbaye de Ste Geneviève, & de l'Université de Paris. *Paris*, Hérissant, 1752. In-12. 2 vol.

Très beau portrait de Fabert, gravé par J. Daullé.

4265 Mémoires pour servir à l'histoire de M. le Chevalier de Folard, à Ratisbonne. (*Paris*), 1753. In-12.

4266 Histoire dv Mareschal de Gvebriant, Dressée, tant sur ses Memoires, que sur les Instructions de la Cour, & sur les Lettres du Roy & des Ministres, & autres Pieces d'Etat. Contenant le Recit de ce qui s'est passé en Allemagne dans la Guerre des Couronnes de France & de Suede, & des Etats Alliez, contre la Maison d'Autriche Par *Iean* LE LABOVREVR, Conseiller & Aumosnier du Roy, Prieur de Iuvigné. Avec l'Histoire Genealogique de la Maison du méme (*sic*) Mareschal. A *Paris*, Chez Robert de Nain, Charles de Sercy, et Clavde Barbin, M. DC.LVI. In-f°. 1 vol., frontisp. gravé, portr. du maréchal. Ouvrage suivi de :

1) Oraison Fvnebre prononcee dans l'Eglise Nostre-Dame de Paris, Au Service solennel fait par l'ordre du Roy le 8 de Iuin 1644, pour l'Enterrement de Monsieur le Maréchal de Gvebriant, General des Armées de Sa Majesté en Allemagne. Par Messire *Nicolas* GRILLIE, Evesque & Comte d'Vzez. A *Paris*, M. DC. LVI. In-f°, frontisp. gravé, tit., 3 ff. non cotés et 28 pp. chiffr.

2) Pieces a adiovster a l'Histoire du Mareschal de Gvebriant. In-f°. 4 pp.

3) Histoire genealogiqve de la Maison des Bvdes. Avec les Eloges de tous ceux qui en sont yssus. Où sont traitées par occasion beaucoup de Familles Illustres qui y ont eté alliées, ou qui en sont décenduës (*sic*) par les Femmes. Curieusement recherchée & iustifiée par Titres, Histoires & autres Preuves Authentiques. Par *I.* LE LABOVREVR. A *Paris*, M. DC. LVI. In-f°.

4267 Histoire de Jeanne d'Arc, Vierge, Héroïne & Martyre d'Etat, suscitée par la Providence pour rétablir la Monarchie Françoise. Tirée des Procès et autres pièces originales du temps, Par M. l'abbé [*Nicolas*] LENGLET DUFRESNOY [rédigée sur une histoire manuscrite inédite, composée par *Edmond* RICHER, et soumise à l'examen de Lenglet par le libraire de Bure]. *Paris*, Coutelier, 1753-1754. In-12. 3 vol.

Le 3e vol. ou partie a été publié à Orléans.

4268 Étude sur Jeanne d'Arc et les principaux systèmes qui contestent son inspiration surnaturelle et son orthodoxie, par le comte DE BOURBON-LIGNIÈRES. *Paris*, Librairie de la Société Bibliographique, [*Bourges*, impr. E. Pigelet], 1875. In-8°. 1 vol.

4269 Histoire de Jeanne d'Arc, surnommée la Pucelle d'Orléans, tirée de ses propres déclarations, de cent quarante-quatre dépositions de témoins oculaires, et des manuscrits de la Bibliothèque du Roi et de la Tour de Londres ; par M. LEBRUN DE CHARMETTES, sous-préfet de Saint-Calais. Ornée du portrait de Jeanne d'Arc et de sept jolies figures. A *Paris*, chez Arthus Bertrand, [impr. Cellot ; *Londres*, Treuttel et Würtz, etc.] 1817. In-8°. 4 vol.

4270 La Vie de François, seignevr de la Nouë, dit Bras-de-Fer, ou Sont contenües quantité des choses mémorables, qui servent à l'éclaircissement de celles qui se sont passées en France & au Pays-Bas, depuis le commencement des troubles survenus pour la Religion, jusques à l'an 1591, par Mr *Moyse* AMIRAULT [ministre protestant de Saumur. A *Leyde*, Chez Jean Elsevier. CIↃ IↃ C LXI. In-4°. 1 vol.

4271 Le Panégyrique du Chevalier sans reproche (Louis de la Trémouille, chambellan de France, amiral de Guienne), contenant ce qui s'est passé depuis 1483 jusqu'à sa mort (arrivée en 1524), par *Jean* Bouchets procureur à Poitiers. *Poitiers*, Jacques Bouchet, 1527. 1 vol. in-4° car. signé à chaque 8e feuillet, sans titre, composé du 16 ff. prélim. non cotés et CXCVI ff. cotés caract. gothiques, excepté aux 2 derniers feuillets, qui sont imprimés en romain.

Le premier feuillet prélim., r°, commence ainsi: Epitre de Lacteur *(sic)* Jean Bouchet procureur de Poictiers Aux tres illutres Trinepotes du prince et Chevalier sâs reproche Côtenât en substance le moral de ce liure. — *F° I, r°* La Genealogie de la riche et Illustre maison de la Trimoille. — *Folio CXCIV, r°, on lit :* Cy finist le Cheualier sans reproche côpose p maistre *Jehan* Bouchet Procureur es cours royalles de Poictiers. Jmprime p Jacques Bouchet demourant aud. *Poictiers* a la Celle. Et se vêdêt en la boutique du dit Bouchet & au Pellican pres le Palais. Et fut acheue le xxviii. iour de mars mil cinq cens. xxvii.

4272 Histoire de la Vie dv Connestable de Lesdigvieres. Contenant toutes ses Actions, depuis sa Naissance, jusques à sa Mort, avec plvsievrs choses memorables, seruant à l'intelligence de l'Histoire Generale, le tovt fidellement recveilli. Par *Lovis* Videl, Secretaire dvdit Connestable. A *Paris,* Chez Pierre Rocolet, M.DC.XXXVIII. In-f°. 1 vol., de 20 ff. non cotés, 478 pp. chiffr. et 27 ff. non cotés, tit. rouge et noir.

4273 Histoire de la Vie faicts heroiqves et voyages de tres vallereux Prince Louys III, duc de Bourbon, arriere fils de Robert Comte de Clermont en Beauuoisis, Baron de Bourbon, fils de Sainct Louys. En laquelle est comprins le discours des Guerres des François contre les Anglois, Flamans, Affricains et autres nations sous la conduicte dudict Duc, pendant les regnes de Iean, Charles cinquiesme et Charles sixiesme Roys de France.

Ecrite en 1429. Par *Jehan* d'ORRONVILLE, Picard, nommé CABARET, d'après les récits de Jean sire de Chastelmorant, chevalier du Bourbonnais, compagnon du Duc]. Imprimée svr le M.S. trovvé en la Bibliotheque de feu M. Papirius Masson, Foresien, aduocat en cour de Parlement, [par les soins de *Jean* MASSON, archidiacre de la cathédrale de Bayeux, frère de Papire]. *Paris,* Huby, 1612. In-8°. 1 vol.

4274 Histoire de Louis de Bourbon, second du nom, prince de Condé, et premier prince du sang. Contenant ce qui s'est passé en Europe depuis 1640, jusques en 1686, inclusivement. Par M. [*Pierre*] COSTE, Membre de la Société Royale de Londres. Troisième Edition. A *La Haye,* Chez Jean Neaulme, MDCCXLVIII. In-4°. 2 tom. en 1 vol. d'une seule série de pagination, tit. rouge et noir, portrait du grand Condé.

4275 Histoire dv Mareschal de Matignon, Govverneur et Lievtenant General pour le Roy en Guyenne. Avec tovt ce qvi s'est passé de plvs memorable depuis la mort du Roy François I iusqu'à la fin des Guerres Ciuiles. Par Monsieur DE CAILLIERE, Mareschal de Bataille des Armées du Roy. A *Paris,* Chez Avgvstin Covrbé, M.DC.LXI. In-f°. 1 vol., tit. rouge et noir, portr. gravé.

4276 Histoire de Maurice, Comte de Saxe, Duc de Courlande et de Sémigalle, Maréchal-Général des Camps & Armées de Sa Majesté Très-Chrétienne ; Par M. le Baron d'ESPAGNAC, Gouverneur de l'Hôtel-Royal des Invalides. Nouvelle Edition dédiée au Roy. A *Paris,* de l'imprimerie de Philippe-Denys Pierres, M.DCC.LXXV. In-4°. 3 vol., tit. rouge et noir.

4277 Vie de Joachim Murat et relation des événemens politiques et militaires qui l'ont précipité de Trône de Naples, par M***. Deuxième édition. A *Paris,* chez Pillet, Imprim. Lib., 1815. 1 vol. in-8°.

4278 Histoire de la Vie de Messire Philippes de Mornay seigneur du Plessis Marly, &c. contenant Outre la Relation de plusieurs evenemens notables en l'Estat, en l'Eglise, ės Covrs, & ės Armees, divers Advis Politiqs (*sic*), Ecclesiastiqs (*sic*) & Militaires sur beaucoup de Mouvemens importans de l'Europe ; sovbs Henry III, Henry IV, & Lovys XIII. [Par *Gabriel* LICQUES, en partie d'après le journal ms. de Mme DU PLESSIS MORNAY A *Leyde*, Chez Bonaventure & Abraham Elsevier. M. DC.XLVII. In-4°. 1 vol.

4279 Histoire de René d'Anjou, roi de Naples, duc de Lorraine et c[te]. de Provence, par M. le vicomte *F.-L.* DE VILLENEUVE-BARGEMONT. Ornée de portraits, de vues, de facsimile et de musique. A *Paris*, chez J.-J. Blaise. [*Toul*, impr. J. Carez], 1825. In-8°. 3 vol.

4280 Histoire de Henry, duc de Rohan, Pair de France. [Par *Antoine* FAUVELET DU TOC]. *En Hollande* à la Sphère, suivant la copie imprimée à Paris, 1667. Pet. in-12. 1 vol.

4281 Histoire dv Mareschal de Toiras, ov se voyent les effets de la valeur et de la fidelité : avec cevx de l'envie et de la ialovsie de la covr, ennemies de la vertu des grands Hommes. Ensemble vne bonne partie du Regne du Roy Lovis XIII. Le pourtraict du Mareschal de Toiras, celuy des Monnoyes de cuiure, les Plans de Ré, & de Cazal, & plusieurs autres figures sont dans ce Volume. Par le Sieur *Michel* BAVDIER, Gentilhomme de la Maison du Roy, Conseiller & Historiographe de sa Maiesté. A *Paris*, Chez Sebastien Cramoisy, & Gabriel Cramoisy, M.DC.XLIV. Gr. in-4°. 1 vol., tit. rouge et noir, frontisp. gravé.

4282 Abregé de la Vie de Monsieur de Turenne, ou Reflexions sur quelques affaires du temps. A *Ville-Franche*, Chez Charles de la Verité, L'an 1676. Pet. in-12. 1 vol.

BIOGRAPHIE FRANÇAISE. — HOMMES D'ÉGLISE.

4283 La vie du Cardinal d'Amboise. Ensuite de laquelle sont traictez quelques poincts sur les affaires presentes. [Par *Jean* SIRMOND, de l'Académie Française, neveu du P. Sirmond]. *Paris,* E. Richer, 1631. In-8°. 1 vol.

4284 Histoire de l'administration dv Cardinal d'Amboise, grand ministre d'Estat en France où se lisent les effects de la Prudence et de la Sagesse politique: Ensemble les felicitez de la France, sous un bon gouuernement par le Sr *Michel* BAVDIER de Languedoc, Gentilhomme de la maison du Roy. *Paris* , Pierre Rocolet, Imp. Lib., M DCXXXIIII. 1 vol. in-4°, portrait.

4285 Vie du Cardinal d'Amboise, premier ministre de Louis XII, avec un Parallele des Cardinaux célébres *(sic)* qui ont gouverné des Estats. Dédiée au Roy. Par M. *Louis* LE GENDRE, Souschantre *(sic)* et Chanoine de l'Eglise de Paris. A *Rouen*, Chez Robert Machuel, M. DCCXXIV. In-4°. 1 vol., tit. rouge et noir.

4286 Histoire de J.-B. Bossuet, évêque de Meaux, composée sur les manuscrits originaux ; Par M. *L.-Fr.* DE BAUSSET, ancien évêque d'Alais. A *Versailles,* de l'imprimerie de J.-A. Lebel, [*Paris,* chez Le Normant, Pillet, Brunot-Labbe, Audot, Blaise], 1814. In-8°. 4 vol., portr. de Bossuet.

4287 Histoire de Bossuet, évêque de Meaux, composée sur les Manuscrits Originaux; par M. le Cardinal [*Louis-François*] DE BAUSSET, Pair de France, membre de l'Académie Françoise. Troisième édition. *Versailles,* Lebel, 1821. In-12. 4 vol.

4288 Petri Castellani Magni Franciæ Eleemosynarii Vita, avctore *Petro* GALLANDIO regio Latinarum literarum Professore. *Stephanvs* BALUZIVS Tutelensis nunc primùm edidit & Notis illustravit. Accedunt *Petri* CASTELLANI orationes duæ habitæ in funere Francisci primi Regis Francorum Christianissimi. *Parisiis*, Apud Franciscvm Mvgvet, MDCLXXIV. In-8°. 1 vol.

4289 La vie du Révérend Père de Condren, second Général de la Congrégation de l'Oratoire en France. Par l'Auteur de la vie du Cardinal de Bérulle, [*Louis - Antoine* CARACCIOLI]. *Paris,* Nyon, 1764. In-12. 1 vol.

4290 Anne Dubois, Fondatrice des Brigittines de Lille (1574-1618), par *A.* DE NORGUET (extrait du Bulletin de la Commission historique du Nord, tome X). *Lille,* Imp. L. Danel, 1868. 1 broch. 105 pag. Pet. in-8°.

4291 Histoire de la Vie de Messr. François de Salignac de la Motte-Fenelon, Archeveque Duc de Cambray. [par *A.-M.* RAMSAY]. A *La Haye*, Chez les Freres Vaillant, MDCCXXIII. In-12. 1 vol., tit. rouge et noir.

4292 Histoire de Fénélon, Archevèque de Cambrai, composée sur les manuscrits originaux ; Par M. le Cardinal DE BAUSSET, pair de France, membre de l'Académie Française. Troisième édition. A *Versailles*, de l'imprimerie de J.-A. Lebel. [*Paris*, chez Lenormant, Pillet, Renouard, etc.], 1817. In-8°. 4 vol., portr.

4293 Supplément aux Histoires de Bossuet et de Fénélon composées par M. le cardinal DE BAUSSET, où les textes cités dans ces histoires sont rétablis dans leur intégrité, et les faits replacés dans leur ordre convenable, par M. TABARAUD. A *Paris*, [impr. A. Belin], Chez Delestre-Boulange, M. DCCCXXII. In-8°. 1 vol.

4294 Grégoire VII. Saint François d'Assise. Saint Thomas d'Aquin, par *E.-J.* DELÉCLUSE. *Paris*, Jules Labitte, [*Corbeil*, impr. Crété], 1844. In-8°. 2 tom. en 1 vol., av. grav. A la suite de l'avertissement on a relié un article *Variétés* de *S.* DE SACY, relatif à cet ouvrage, et un article sur les phénomènes de la vie, du *Dr Al.* DONNÉ.

4295 Essai sur la vie de Jean Gerson, chancelier de l'Eglise et de l'Université de Paris, sur sa doctrine, sur ses écrits, et sur les événements de son temps auxquels il a pris part ; précédé d'une Introduction où sont exposées les causes qui ont préparé et produit le grand schisme d'Occident, par M. L'ÉCUY, docteur de Sorbonne, ancien abbé général de Prémontré. *Paris*, Chaudé, [*Saint-Germain-en-Laye*, impr. A. Goujon], 1832. In-8°. 2 vol.

4296 L'Histoire dv Cardinal Dvc de Ioyeuse. A la fin de laqvelle sont plusieurs Memoires, Lettres, Dépéches, Instructions, Ambassades, Relations, & autres pieces non encore imprimées. Par le sieur AVBERY, Aduocat en Parlement & aux Conseils du Roy. A *Paris*, Chez Robert Denain, M. DC. LIV. In-4°. 1 vol., av. portr.

4297 Le Covrtisan predestiné, ov le Dvc de Ioyevse Capvcin. divisé en deux parties. Par M. DE CAILIERE, Maréchal de Bataille des Armées du Roy, &c. Dedié a Mademoiselle. A *Paris*, En la Boutique de l'Angelier. Chez René Guignard, M. DC. LXVIII. Pet. in-8°. 2 tom. en 1 vol.

4298 Vie du R. P. Lacordaire par M. FOISSET, conseiller honoraire à la cour impériale de Dijon. *Paris*, Lecoffre fils et Cie, [*Lyon*, impr. Pitrat aîné], 1870. In-8°. 2 vol., portr. de Lacordaire.

Deux exemplaires.

4299 Célébrités Catholiques, Monseigneur Landriot, Evêque de la Rochelle et de Saintes. *Paris*, Victor Palmé, Lib. Edit. Portrait en frontispice. 1 broch. de 16 pag.

4300 Vie de Messire Jean-Baptiste de la Salle, prêtre, docteur en théologie, ancien chanoine de l'Église métropolitaine de Reims, et instituteur des frères des écoles chrétiennes. Par le père *J.-Cl.* GARREAU, Prêtre de la compagnie de Jésus. Nouvelle édition. *Paris*, chez Méquignon Junior, 1825. In-12. 2 vol.

4301 Mémoires sur la vie de M. Jean Levasseur, Mayeur de la Ville de Lille au XVIIe Siècle et sur la Fondation de la Chartreuse de la Boutillerie, par Dom *Michel* CUVELIER, religieux de la dite Chartreuse. *Lille*, L. Lefort, Imp. Lib. 1854. 1 broch. in-8°. 110 pag.

4302 Notice sur M. Jean le Vasseur, Mayeur de Lille, qui consacra sa ville à N. D. de la Treille le 28 Octobre 1634. *Lille*, typ. Lefort, MDCCC LXXIII. 1 pet. broch. 16 pag.

4303 Mémoires de M. l'abbé Liautard, fondateur du collége Stanislas, Mort Archiprêtre, Curé de Fontainebleau, ou Fragments inédits, politiques et religieux, traitant de l'autel et du trone, du clergé et de son influence sur l'esprit public; de l'instruction publique en France, considérée dans ses révolutions, et en particulier de l'Université, etc., etc. Précédés d'un essai biographique sur l'auteur, recueillis et mis en ordre par M. l'Abbé *A*. DENYS (du clergé de Paris), Chanoine honoraire de Montpellier, élève et ancien premier vicaire de M. l'abbé Liautard. A *Paris*, chez Léautey, 1844. In-8°. 2 vol., portr. de l'auteur.

4304 Le Cardinal Maury, sa vie, ses œuvres, par M. POUJOULAT. Deuxième édition revue et corrigée. *Paris*, Douniol, Lib. Ed., Imp. Remquet, 1859. 1 vol. in-12.

4305 Vie de l'abbé [Dominique-Charles] Nicolle vicaire général et chanoine honoraire de Paris, ancien recteur de l'aca démie, par l'abbé FRAPPAZ, chanoine honoraire d'Agen, du clergé de Paris. *Paris*, Jacques Lecoffre et Cie, [impr. Simon Raçon], 1857. In-12. 1 vol.

4306 Mémoires sur la vie de M. J. J. Olier, Curé, Fondateur, & premier Supérieur de la Communauté & du Séminaire de S. Sulpice de Paris. [par l'abbé DE BRETONVILLIERS, son successeur] [*S. l. n. d.*]. In-12, publié par l'abbé *Simon* DE DONCOURT, suivi de Mémoires sur la vie de

M. de Bretonvilliers, second Supérieur général de S. Sulpice. Par M. BOURBON, Directeur au Séminaire. [*S. l. n. d.*]. In-12.

4307 Vie du Cardinal d'Ossat. [par Mme la présidente THIROUX D'ARCONVILLE]. A *Paris*, Chez Herissant, le fils, M.DCC. LXXI. In-8°. 2 vol., av. portrait.

4308 Vie de Monsieur de Paris [Pâris], Diacre du Diocèse de Paris. [par *Barthélemi* DOYEN, prêtre]. En *France*, M. DCC. XXXI. In-12. 1 vol.

4309 Etude sur la vie et les ouvrages de Monseigneur François-Joseph-Gaston de Partz de Pressy, Evêque de Boulogne, par M. l'abbé *Daniel* HAIGNERÉ, archiviste de la ville de Boulogne. Ouvrage couronné par l'Académie d'Arras le 26 Août 1857. *Arras*, Typ. A Courtin, 1848. 1 vol. in-8°, 252 p.

4310 La Vie d'Emond Richer, docteur de Sorbonne. Par M. *Adrien* BAILLET, bibliothécaire de M. le Président de Lamoignon. *S. l. d'impr. ni n. d'impr. (Paris).* 1734. In-12. 1 vol.

La *Biographie* de M. Hoefer doute si cet ouvrage est réellement d'Adrien Baillet. Nicéron et la plupart des bibliographes le lui attribuent sans hésitation.

4311 Histoire de Suger, abbé de St Denis, Ministre d'Etat, et Régent du Royaume de France sous le règne de Louis-le-Jeune, [Par Dom *François-Armand* GERVAISE]. *Paris*, Barois, 1721. In-12. 3 vol.

4312 Vita et Martyrium Magistri Thomæ, Prioris Regalis Abbatiæ S. Victoris Parisiensis, necnon Vicarii generalis Stephani, ejusdem civitatis Episcopi, auctore F. *Philippo* GOURREAU, Canonico Regulari & Priore dictæ Abbatiæ. *Parisiis*, Savreux, 1665. In-12. 1 vol.

4313 Histoire du Cardinal de Tournon ministre de France, sous quatre de nos rois. Par le P. *Charles* FLEURY, de la Compagnie de Jesus. Dediée à Monseigneur le Cardinal de Rohan. A *Paris*, Chez d'Houry, MDCCXX VIII. In-8°. 1 vol., av. portrait.

4314 Histoire de l'Administration dv Cardinal Ximenes, grand Ministre d'Estat en Espagne, où se voyent les effects d'vne prudente & courageuse conduite, auec vne excellente probité. Le portraict au naturel du mesme Cardinal, par le sieur *Michel* BAVDIER, de Languedoc, gentilhomme de la maison du Roy ; Conseiller & Historiographe de sa Majesté. A *Paris*, chez Sebastien Cramoisy, Imp. et Lib. M.DC XXXV.

Cet ouvrage se trouve classé parmi les biographies françaises, parce qu'il est relié à la suite de la Vie du C^{al} d'Amboise du même auteur Voir N° 4284. Il est d'ailleurs déjà porté lui-même sous le N° 4247.

BIOGRAPHIES FRANÇAISES. — HOMMES POLITIQUES. — DIVERS.

4315 La Vérité sur les Arnauld, complétée a l'aide de leur correspondance inédite, par *Pierre* VARIN, conservateur adjoint de la bibliothèque de l'Arsenal, ex-doyen de faculté. *Paris*, librairie de Poussielgue-Rusand, [Impr. Poussielgue]. A *Lyon*, chez J.-B. Pélagaud et Cie, 1847. In-8°. 2 vol.

4316 Notice historique sur M. le Duc de Blacas. Par M. le Vicomte DE LA BOULAYE. *Paris*, A. Le Clère, 1840. In-8°. Pièce de 32 pages.

4317 L'Idee dv bon Magistrat, en la vie & en la mort de Mr de Cordes, conseiller au Chastelet de Paris. Par *A*. G. E. D. G. [*Antoine* GODEAU, évêque de Grasse]. A *Paris*, Chez Antoine Vitré, Imprimeur, M.DC. XLV. Pet. in-12. 1 vol. de 18 ff. non cotés et 163 pp. chiffr., rel. parchemin.

4318 Vie d'Antoine Du Prat chevalier, seigneur de Nantouillet, baron de Thiers et de Thoury, comte de Valteline, chancelier de France, de Bretagne, du duché de Milan, et de l'ordre du roi ; évêque de Valence, de Die, de Meaux et d'Alby, archevêque de Sens ; cardinal du titre de Sainte Anastasie, primat des Gaules et de Germanie, légat a latere, Par le Marquis Du Prat, Chevalier des ordres du Saint-Sépulcre, de Saint-Jean de Jérusalem et de Saint-Étienne de Toscane. *Paris*, librairie de Techener, [impr. Wittersheim], 1857. In-8°. 1 vol., portr. du chancelier Du Prat (1463-1538).

4319 Notice biographique sur les Heu (de Metz) signée comte *F.* Van der Straten Ponthoz.) *Metz*, Imp. F. Blanc, 1854. 1 broch. 8 pag. texte encadré.

Extrait de Metz littéraire (hommage signé d'auteur sur la couverture.)

4320 Discours de *Camille* Jordan, précédés de son éloge, par M. Ballanche, d'une lettre de M. le baron Degerando, sur sa vie privée ; suivis de fragmens inédits et des discours qui ont été prononcés sur sa tombe par MM. Royer-Collard et de Saint-Aulaire : et ornés de son portrait et d'un fac-simile de son écriture. *Paris*, Jules Renouard, Imp. Paul Renouard, 1826. Un vol. in-8°.

(Le portrait et le fac-simile manquent.)

4321 Étude sur le XVIe siècle. — Hubert Languet, par *Henri* Chevreul, ancien magistrat. Deuxième édition, revue et augmentée. *Paris*, L. Potier, [impr. Bonaventure et Ducessois], 1856. In-8°. 1 vol., portr. de Languet, tit. rouge et noir, pap. de Hollande.

4322 Opinions, rapports et choix d'écrits politiques, de *Charles-François* Lebrun, duc de Plaisance, recueillis et mis en ordre par son fils ainé, et précédés d'une notice biographique. *Paris*, chez Bossange, père, [impr. E. Duverger], 1829. In-8°. 1 vol.

4323 Vie de Michel de l'Hôpital, chancelier de France. [Par *Jean-Simon* Lévesque de Pouilly, lieutenant-général du Présidial de Reims]. *Paris*, Debure, 1764. In-12. 1 vol.

En tête du volume il y a un beau portrait du chancelier, gravé par J. B. Tilliard d'après le Zucchero.

4324 Mémoires de [la vie de] Monsieur le duc de Montausier [Charles de Ste Maure], Pair de France, Gouverneur de Monseigneur Louis Dauphin, ayeul du Roy à présent régnant. Ecrits sur les Mémoires de Madame la Duchesse d'Uzès, sa fille [Par *Nicolas* Petit]. *Rotterdam*, J. Hofhoudt, 1731. In-12. 2 tom. en 1 vol.

Un beau portrait du duc, gravé par N. Tardieu.

4325 Notice sur M. le Comte Louis de Sainte-Aulaire, pair de France, ambassadeur a Rome, a Vienne et a Londres, de l'Académie Française par M. le Baron de Barante, de l'Académie Française. *Paris*, [imprimerie et] librairie de Firmin Didot frères, fils et Cie, 1856. In-8°. 1 vol.

Envoi signé de Mme la comtesse de Sainte-Aulaire à Mme la marquise de Ménilglaise.

4326 Eloge de Maximilien de Béthune, duc de Sully, surintendant des finances, etc., principal Ministre sous Henri IV. Discours qui a remporté le prix de l'Académie Françoise en 1763, par M. Thomas. *Paris*, chez Régnard, Imp., M.DCCLXIII. 1 broch. in-8°. 91 pag.

4327 Notice historique sur M. le Comte de Villèle par le comte de Neuville, suivie des Souvenirs sur l'Administration financière de M. le Comte de Villèle, par M. le Marquis d'Audiffret. *Paris*, Auguste Fontaine, Lib., 1855, Typ. Henri Plon. 1 vol. in-8°.

BIOGRAPHIES FRANÇAISES. — SAVANTS, HOMMES DE LETTRES. ARTISTES.

4328 Mémoires pour servir à l'Histoire des hommes illustres dans la république des Lettres avec un catalogue raisonné de leurs ouvrages, [par le R. P. NICERON, Barnabite]. A *Paris*, chez Briasson, MDCCXXVII à MDCCXLV. 43 vol. petit in-8°.

(Le tome X comprend deux volumes : 1re partie et 2e partie).

4329 Eloges des hommes illvstres, qvi depvis vn siecle ont flevry en France dans la profession des Lettres composez en latin, par *Scevole* DE SAINTE-MARTHE et mis en françois, par *G*. COLLETET. A *Paris*, chez Antoine de Sommaville et Augustin Covrbé et chez François Langlois, dit Chartre, M.DCXLIIII. 1 volume in-4°.

4330 Notice sur J.-B. Carpentier, historiographe du Cambrésis, suivie d'une lettre inédite de cet écrivain et de l'examen critique de l'un des diplômes qu'il a publiés, par M. *A*. LE GLAY. *Valenciennes*, Imp. Prignet, 1833. 1 broch. 16 pag.

4331 Etude sur les travaux d'Histoire et d'Archéologie de M. E. de Coussemaker, par *A*. DESPLANQUE. *Lille*, Imp. Lefebvre-Ducrocq, 1870. 1 broch. 67 pag. in-8°. (Portrait de M. de Coussemaker en frontispice).

4332 Mémoires du baron *Georges* CUVIER, publiés en anglais par *Mistress* LEE, et en français par M. *Théodore* LACORDAIRE, sur les documens fournis par sa famille. *Paris*, H. Fournier, MDCCCXXXIII. In-8°. 1 vol.

4333 Analyse raisonnée des travaux de Georges Cuvier précédée de son éloge historique, par *P*. FLOURENS, Secrétaire perpétuel de l'Académie Royale des Sciences. *Paris*, chez Paulin, Lib. édit., Imp. Schneider & Langrand, 1841. 1 vol. in-8°.

4334 Eloge de Henri-François Daguesseau, chancelier de France, commandeur des ordres du Roi. Discours qui a remporté le prix de l'Académie françoise en 1760. Par M. (*Antoine*) THOMAS, professeur en l'Université de Paris, au Collège de Beauvais. *Paris*, Ve B. Brunet, 1761. In-8°.

4335 Notice nécrologique sur M. le Docteur Danvin, par M. le Comte D'HÉRICOURT. *Arras*, Imp. Sède et Cie, 1871. 1 broch. 40 pag. in-8°.

4336 *A*. DESPLANQUE. Biographies départementales du Nord, n° 3, M. Victor Derode. *Lille*, imp. L. Danel, 1868. 1 br. 28 p. in-8°.

4337 *A*. DESPLANQUE, Biographies départementales du Nord, n° 2, M. Arthur Dinaux. *Lille*, imp. L. Danel, 1865. 1 br. 21 p. in-8°.

4338 Notice sur Arthur Dinaux (par *Jules* DELECOURT) publiée par la Société des Bibliophiles Belges séant à Mons. *Mons*, Dequesne-Masquillier, 1866. In-8° de 21 pages (photographie en frontispice).

4339 Notice biographique sur M. H. Dusevel, par *D^r^* LETELLIER. *Paris*, Imp. de Moquet, 1856. 1 pet. broch. de 12 pag.

4340 Nouvelles recherches sur la vie de Froissart et sur les dates de la composition de ses chroniques, par M. *Paulin* PARIS, de l'Institut. *Paris*, Lib. Techener, Imp. Lahure, 1860. 1 broch. 28 pag. pet. in-8°.

(Hommage signé d'auteur).

4341 Notice sur Émile Gachet, [par *Jean-François-Nicolas* LOUMYER], publiée par la Société des Bibliophiles Belges, séant à Mons. *Mons*, Masquillier & Dequesne, M. D CCC. LXI. In-4°. 1 vol., portr. de Gachet.

4342 Le Marquis d'Aubois, par *Anatole* DE GALLIER. *Marseille*, M. Olive, 1870. In-8° de 20 pages.

(Extrait de la Revue de Marseille et de Provence).

4343 Notes biographiques sur la famille Godefroy, et spécialement sur le professeur Denis Godefroy, par M. *Th.* HEYER.

4344 Notice sur Jacques Godefroy, tiré de la Bibliothèque Universelle de Genève (décembre 1837). Auteur : feu M. le Prof. BELLOT. *S. n. d'imp. S. d.* 1 pet. broch. 70 pag.

Note manuscrite au commencement de la brochure.

4345 Eloge de Jean de Bologne par *H. R.* DUTHILLŒUL de Douai. Cet Eloge mis au concours en 1820, a été couronné par la Société centrale d'Agriculture, Sciences & Arts du Département du Nord, séant à Douai. *Douai*, Imp. Wagrez-Taffin, *s. d.* 1 broch. in-4°. 55 pag. et 8 planches.

4346 Etienne de la Boëtie, ami de Montaigne. Etude sur sa vie et ses ouvrages précédée d'un coup d'œil sur les origines de la littérature française, par *Léon* FEUGÈRE, agrégé, professeur de Rhétorique au Collège Royal Henri IV. *Paris*, Jules Labitte, Lib. Edit., 1845, Imp. Olivier Fulgence et Cie à *Poissy*. 1 vol. in-8°.

4347 Lettre de la Duchesse de la Vallière à Louis XIV, précédée d'un abrégé de sa vie. Par M. [*Adrien-Michel-Hyacinthe*] BLIN DE SAINMORE. A *Londres* & se trouve à *Paris*, chez Le Jay. 1773. In-8°. Pièce de 56 pages, avec une gravure de V. Dupin. d'après la Madeleine de Lebrun qui se trouve aux Carmélites, & une tête de chapitre & un cul de lampe.

4348 Joannis Clerici [J. Leclerc] Philosophiæ et S. Linguæ, apud Remonstrantes. Amstelodami Professoris Vita et Opera ad annum MDCCXI. Amici ejus Opusculum, Philosophicis Clerici Operibus subjiciendum. *Amstelodami*, Apud Joan. Ludovicum de Lorme. M. DCC. XI. In-12. 1 vol. tit. rouge et noir.

4349 Notice sur la vie et les ouvrages de M. l'abbé l'Ecuy. Portrait. *s. n. d'imp. s. d.* 1 br. 20 p. in-8°.

4350 Notice sur la vie et les travaux de feu M. le Docteur Le Glay, archiviste du département du Nord. Extrait de l'Annuaire Statistique du départ. du Nord, année 1864. Imp. Danel. 1 broch. 15 pag. Notes manuscrites.

Hommage signé d'auteur sur la couverture.

4351 Vita Joannis Mabillonii presbyteri & Monachi ordinis S. Benedicti Congregationis Sancti Mauri *Theodorico* RUINARTO ejus socio olim Gallice Scripta nunc vero ab alio ejusdem congregationis Monacho in Latinum Sermonem translata, rerumque nova accessione aucta. *Patavii.* M. DCCXIV, ex typ. Seminarii apud Joannem Maufré. 1 vol. in-8°.

(L'auteur de cette traduction est le Bénédictin dom *Claude* DE VIC).

4352 Marguerite d'Angouleme (Sœur de François 1er). Son livre de depenses (1540-1549). Etude sur ses dernieres annees, par le Cte *H.* DE LA FERRIERE-PERCY. A *Paris*, chez Auguste Aubry, [imp. Ch. Jouaust] M. DCCC. LXII. Pet. in-8°. 1 vol., portr. de Marguerite, tit. rouge et noir, caractères elzéviriens.

Envoi d'auteur signé à M. de Godefroy.

4353 Histoire de la Reine Marguerite de Valois, première femme du Roi Henri IV, par *M. A.* MONGEZ, chanoine régulier, Bibliothécaire de l'Abbaye de Saint-Jacques de Provins. A *Paris* et se trouve à *Liège* chez F. I. Desoer, Imp. Lib., M. DCC LXXVII. 1 vol. in-8°.

4354 Vie de Marie de Médicis, Princesse de Toscane, Reine de France et de Navarre, [par Mme THIROUX D'ARCONVILLE]. A *Paris*, Chez Ruault, MDCCLXXIV. In-8°. 3 vol., portr. de Marie de Médicis, rel. veau armoriée.

4355 La vie de Mr de Moliere. [Par *Jean-Leonor* LE GALLOIS, Sieur DE GRIMAREST]. Seconde édition, revue et corrigée. *Amsterdam*, Desbordes, 1705. P. in-12. 1 vol. Portrait.

4356 Vie de Nicolas Claude Peiresc, conseiller au Parlement de Provence ; où l'on trouve quantité de choses curieuses concernant la Physique, l'Histoire & l'Antiquité. Par M. [*Jean-Baptiste*] REQUIER. *Paris*, Musier, 1770. 1 vol. in-12.

4357 Petri Pithœi Vita. Elogia. Opera. Bibliotheca. Accesserunt Excerpta, Notæ, aliæque Appendices. Accurante *Joan.* BOIVIN, Bibliothecæ Regiæ Custode altero, R. Inser. & Num. A. S. & Græcar. Litt. Lectore R. *Parisiis*, Apud Petrum Cot, M.DCC.XI. In-4°. 1 vol., portr. de P. Pithou.

4358 Viri eximii Petri Pvteani, regi christianissimo a consiliis et bibliothecis vita. Cura *Nicolai* RIGALTII. *Luletiæ*, ex officinà Cramosiana sub Ciconiis CIƆIƆCLII. 1 vol. in-4°, avec un portrait en frontispice.

(Lacune de la page 302 à 307).

4359 Memoires sur la vie de Jean Racine. [par *Louis* RACINE, son fils, suivis du Discours de réception à l'Académie Française et de Fragments historiques de *J.* RACINE]. A *Lausanne* et à *Geneve*, Chez Marc-Michel Bousquet, M.DCC.XLVII. In-12. 1 vol. de 319 et 141 pp. chiffrées.

4360 Jean de Serres, Historiographe de France sous Henri IV (d'après les documents inédits), par *Anatole* DE GALLIER, Président de la Société d'Archéologie et de Statistique de la Drôme. *Lyon*, Librairie Aug. Brun. *Valence*, Imp. Chenevier & Chavet, Imp. MDCCCLXX III. 1 broch. de 20 pag.

4361 Siger de Gulleghem, docteur en théologie de l'Université de Paris au XIIIe Siècle, par M. KERVYN DE LETTENHOVE. 1 pet. broch. 10 pag. (Acad. Roy. de Belg. tom. XX, n° 2 des bulletins).

Hommage signé d'auteur sur la couverture. Deux exemplaires.

4362 Eloge de Louis-Alexandre-César Taffin de Givenchy, Secrétaire perpétuel des Antiquaires de la Morinie, membre titulaire non résident du Comité des Chartes, etc., né à Douai le 19 Janvier 1781, mort à Saint-Omer le 20 septembre 1858, par *Henri* DE LAPLANE, Secrétaire général, Chevalier de la Légion d'Honneur ; Inspecteur des Monuments historiques. *Saint-Omer*, Imp. Fleury-Lemaire, 1859. 1 broch. de 31 pag.

4363 Un ménage littéraire en Berry au XVIe Siècle (Jacques Thiboust et Jeanne de La Font), par M. *Hipp.* BOYER, correspondant du Ministère de l'Instruction publique. *Bourges*. Imp. et Lithog. Ve Jollet-Souchois, Imp. de la Préfecture, etc., 1859. 1 broch. 78 pag. pet. in-4° et planches.

4364 Portrait de M. Turpin, Docteur & Professeur en Droit de l'Université de Douay. *S. nom d'imp. s. d.* 1 br. petit in-4°. 4 p.

4365 Vita Danielis Wyttenbachii, literarum humaniorum nuperrime in Academia Lugduno-Batava professoris. auctore *Guilielmo-Leonardo* MAHNE. *Gandavi*, Apud Max. Ant. Mahne. et *Lugduni-Batavorum*, Apud S. et J. Luchtmans. M.DCCC.XXIII. In-8°. 1 vol.

4366 Biographies départementales du Nord, n° 4, M. de la Fons, baron de Mélicocq, par *A.* DESPLANQUE. *Valenciennes*, lib. édit. 1868. *Quiévrain*, imp. Seulin. 1 br. 34 p. in-8°.

BIBLIOGRAPHIE. — TRAITÉS GÉNÉRAUX SUR LES LIVRES, LES BIBLIOTHÈQUES, LEUR HISTOIRE.

4367 Cours élémentaire de bibliographie par *C. F.* ACHARD, bibliothécaire de Marseille. A *Marseille*, de l'imp. de J. Achard fils et Cie, MCCMVI. 1 br. 48 p. in-f°.

4368 Répertoire de bibliographies spéciales, curieuses et instructives contenant la notice raisonnée 1° des bibliographies spéciales, nationales et étrangères ; 2° des ouvrages imprimés à cent exemplaires au plus ; 3° des livres dont on a tiré des exemplaires sur papier de couleur, etc. par *Gabriel* PEIGNOT, directeur du collège de Vesoul. *Paris*, Renouard, Lib., Octobre 1809. 1 broch. de 15 pag.

4369 Répertoire bibliographique universel, contenant la Notice raisonnée des Bibliographies spéciales publiées jusqu'a ce jour, et d'un grand nombre d'autres ouvrages de bibliographie, relatifs a l'histoire littéraire, et a toutes les parties de la bibliologie. Par *Gabriel* PEIGNOT. *Paris*, [impr. Crapelet], chez Antoine-Augustin Renouard, M. DCCC. XII. In-8°, 1 vol.

4370 [Troisième et dernière Encyclopédie Théologique publiée par l'abbé Migne, t. XLIII]. Dictionnaire de Bibliologie Catholique, présentant un exposé des principaux objets de la science des livres et surtout de ceux qui ont rapport aux études théologiques, avec des détails étendus sur les bibliothèques publiques des divers pays et sur les plus importantes collections particulières, sur les grandes réunions de manuscrits, sur les ouvrages qui remontent aux origines de l'imprimerie ou qui se recommandent a l'attention des bibliophiles, le tout accompagné de Notices Biographiques sur les Imprimeurs ou les Bibliographes célèbres, par *Gustave* BRUNET, publié par M. l'abbé MIGNE. [*Paris*], J.-P. Migne, éditeur, 1860. Gr. in-8°, 1 vol.

4371 De la Bibliomanie [par *L.* BOLLIOUD-MERMET, de Lyon]. A *la Haie*, M. DCC. LXI. In-8°, 1 vol.

[*Même vol.* : I] Relation historique de l'Expédition, contre les Indiens de l'Ohio en MDCCLXIV. Commandée par le Chevalier *Henry* BOUQUET, Colonel d'Infanterie, contenant ses Transactions avec les Indiens, avec un Récit introductoire de la Campagne précédente de l'an 1763, & de la bataille de Bushy-Run. On y a joint des Mémoires Militaires contenant des Réflexions sur la guerre avec les Sauvages ; une Méthode de former des établissemens sur la Frontiere : quelques détails concernant la contrée des Indiens : Le tout enrichi de Cartes & Tailles-douces. Traduit de l'Anglois par *C. G. F.* DUMAS. A *Amsterdam*, chez Marc-Michel Rey, M. DCC. LXIX. In-8°.

[II] La Guerre civile de Geneve, ou les Amors *(sic)* de Robert Covelle. poëme heroique avec des Notes instructives. [par *Arouet* DE VOLTAIRE]. Nouvelle edition. A *Bezançon*, chez Nicolas Grandvel, MDCCLXIX. In-8°.

4372 Advis povr dresser vne Bibliothèqve présenté à Monseigneur le Président de Mesme par *G.* NAVDÉ P. A *Paris*, chez François Targa, MDCXXVII. 1 vol. pet. in-4°.

4373 Traicté des plvs belles Bibliotheqves pvbliques et particvlieres, qvi ont esté, & qui sont à present dans le monde. Diuisé en deux parties. Composé par le P. *Lovys* IACOB [de Saint-Charles], Chalonnois, Religieux Carme. A *Paris*, chez Robert le Dvc, M. DC. XLIV. Pet. in-8°, 1 vol.

4374 Essai historique sur la Bibliothèque du Roi aujourd'hui Bibliothèque Impériale avec des Notices sur les dépôts qui la composent et le Catalogue de ses principaux fonds, par LE PRINCE. Nouvelle édition, revue et augmentée des Annales de la Bibliothèque présentant à leur ordre chronologique tous les faits qui se rattachent à l'histoire de cet établissement, depuis son origine jusqu'à nos jours, par *Louis* PARIS, Directeur du *Cabinet historique*. *Paris*, au bureau du Cabinet historique et chez le concierge de la Bibliothèque Impériale [Franck, Techener], 1856. In-18, 1 vol.

4375 Discovrs av Roy svr le retablissement de la Bibliothèqve Royale de Fontainebleav par *Abel* DE SAINTE-MARTHE, Conseiller du Roy en ses Conseils & en sa Cour des Aides, garde de la Bibliothèque royale de Fontainebleau, M. DC LXVIII. 1 vol. in-4°. *A la suite de ce discours, on trouve:* Preuves de l'establissement de la Bibliothèqve royale de Fontainebleav.

4376 Mémoire sur les bibliothèques publiques et les principales Bibliothèques particulières du département du Nord, par *M.* LE GLAY, Correspondant de l'Institut, Archiviste général du département du Nord. Chez tous les Lib. du département, 1841, *s. n. d'imp.* 1 vol. in-8°.

4377 Histoire des Bibliothèques publiques de Belgique. Histoire de la Bibliothèque publique de Louvain par *P.* NAMUR, docteur en Philosophie & Lettres, Conservateur-adjoint de la Bibliothèque royale de Bruxelles. *Bruxelles* et *Leipzig*, C. Muquardt, 1841. 1 vol. in-8°.

2me de la Collection.

4378 Mémoire historique sur la Bibliothèque dite de Bourgogne présentement Bibliothèque publique de Bruxelles, par M. *de Laserna* SANTANDER, Correspondant de l'Institut national et Bibliothécaire de ladite Bibliothèque. A *Bruxelles*, Imp. A. J. D. de Braeckenier et se trouve à Paris, chez les frères Tilliard, 1809. 1 vol. in-4°.

4379 Les Bibliothèques de Rome (notes et extraits) par M. KERVYN DE LETTENHOVE, Membre de l'Académie royale de Belgique. *Bruxelles*, Imp. Hayez. 1 broch. 42 pag. pet. in-8°. (Extrait des bulletins de l'Acad. Royale de Belgique, 2e Série, tome IX, n° 3).

Deux exemplaires.

4380 Histoire du Livre en France depuis les temps les plus reculés jusqu'en 1789, par *Edmond* WERDET, ancien libraire éditeur. *Paris*, E. Dentu, [L. Hachette, Aug. Aubry ; impr. E. Thunot, et *Nancy*, impr. Vve Nicolas.] MDCCCLXI [-LXIV]. In-12, 5 vol., savoir :

1° *1re partie (1861) :* Origines du Livre-Manuscrit, 1275-1470.

2° *IIe partie (1861) :* Transformation du Livre, 1470-1789.

3° *IIIe partie, t. 1er (1864) :* Etudes bibliographiques sur les imprimeurs et libraires de Paris les plus célèbres, les Estienne, 1502-1664, et leurs devanciers depuis 1470.

4° *III*^e *partie, t. II (1864) :* Etudes bibliographiques (*suite*), les Didot, leurs devanciers et contemporains (1500 à 1789).

5° *IV*^e *partie (1862) :* Propagation, marche et progrès de l'imprimerie et de la librairie dans les provinces, de 1470 à 1792.

4381 De la Librairie Française, son passé — son présent — son avenir, avec des notices biographiques sur les libraires-éditeurs les plus distingués depuis 1789 ; par *Edmond* WERDET, Ancien libraire-éditeur. *Paris*, E. Dentu, [typ. Cosson], MDCCCLX. In-12, 1 vol.

HISTOIRE DE L'IMPRIMERIE.

4382 De l'origine et des débuts de l'Imprimerie en Europe, par *Aug.* BERNARD, membre de la Société des Antiquaires de France. *Paris*, Imprimé par autorisation de l'empereur a l'Imprimerie Impériale, [chez J. Renouard et chez l'auteur], M.DCCC LIII. In-8°, 2 vol.

4383 Collection des *Annales Typographici* de *Michel* MAITTAIRE, à savoir :

[I] Annales Typographici ab Artis inventæ Origine ad annum M D. Operâ *Mich.* MAITTAIRE A. M. *Hagæ-Comitum*, Apud Isaacum Vaillant. M. DCC. XIX. In-4°, 1 vol., tit. rouge et noir, frontisp. gravé.

[II-III] Annales Typographici ab anno M. D. ad annum. [M. D.LVII]. continuati. Operâ *Mich.* MAITTAIRE A. M. *Hagæ-Comitum*, Apud Fratres Vaillant, et Nicolaum Prevost. [*deinde Amstelodami* apud Petrum Humbert] M. D. CCXXII. [-XXVI]. In-4°, 2 tom. en 2 part. chacun, en tout 4 vol., tit. rouges et noirs.

[IV] Annales Typographici ab Artis inventæ Origine. ad annum M. DCLXIV. Operâ *Mich.* MAITTAIRE A. M.

Editio Nova Auctior & Emendatior. *Amstelodami*, Apud Petrum Humbert, M.DCC.XXXIII. In-4°, 1 tome en 2 part. 2 vol., tit. rouges et noirs.

[V] Annalium Typographicorum Tomus quintus et ultimus ; Indicem in Tomos Quatuor præeuntes complectens. Operâ *Michaelis* MAITTAIRE A. M. *Londini*, Apud Gul. Darrés & Cl. Du Bosc. M.DCC. XLI. In-4°, 1 tome en 2 vol., tit. rouges et noirs.

4384 *Theodori Jansonii* AB ALMELOVEEN M. D. de Vitis Stephanorum celebrium typographorum dissertatio epistolica, in qua de Stephanorum stirpe, indefessis laboribus accuratius agitur. Subjecta est *Henrici* STEPHANI, Quærimonia artis typographicæ. Ejusdem epistola de Statu suæ typographiæ ad V. C. Joan. Georg. Grævium. *Amstelœdami*, Janssonio-Waasbergius, 1683. In-12, 1 vol.

BIBLIOGRAPHIES GÉNÉRALES.

4385 [Introduction au Panthéon Littéraire]. Plan d'une Bibliothèque universelle, études des livres qui peuvent servir a l'histoire littéraire et philosophique du genre humain suivi du catalogue des chefs d'œuvre de toutes les langues et des ouvrages originaux de tous les peuples, par *L.* AIMÉ-MARTIN. *Paris*, A Desrez [imp. E. Duverger], 1837. In-8°, 1 vol.

4386 Dictionnaire bibliographique, historique et critique des Livres rares, précieux, singuliers, curieux, estimés et recherchés qui n'ont aucun prix fixe, tant des auteurs connus que de ceux qui ne le sont pas, soit manuscrits, soit imprimés, Et qui ont paru successivement de nos jours, en François, Grec, Latin, Espagnol, Anglois, etc. Avec leur valeur, Suivi d'un Essai de Bibliographie, [par l'abbé DUCLOS, augmenté d'un supplément par *J.-Ch.* BRUNET]. A *Paris*, Chez Cailleau et Fils, [*puis* Delalain, et *Gênes*, Fantin, Gravier et Cie]. M. DCC. XC [-1802]. In-8°, 4 vol.

4387 Bibliographie instructive : ou Traité de la Connoissance des Livres rares et singuliers. Contenant un Catalogue raisonné de la plus grande partie de ces Livres précieux, avec des Notes sur la différence & la rareté de leurs Éditions, la maniere de distinguer les Éditions originales, d'avec les contrefaites, avec une Description Typographique particuliere du composé de ces rares Volumes, Disposé par ordre de Matieres avec une Table générale des Auteurs, & un système complet de Bibliographie choisie, Par *Guillaume-François* DE BURE, le Jeune, Libraire de Paris. A *Paris*, Chez Guillaume-François de Bure le Jeune, M. DCC. LXIII [-LXVIII]. In-8°. 5 vol. (Théologie et Histoire et Belles Lettres seulement.

N.B. — A la fin du 3e vol. de l'histoire on a relié :

Lettre a M.*** Servant de Réponse à une Critique de la Bibliographie instructive, insérée dans le premier volume du mois de Juillet 1763, du Journal de Trévoux, page 1617. [par *G.-Fr.* DE BURE le jeune, datée du 25 octobre 1763. *S.l.n.d.*] In-8°, 80 pp.

(La *Bibliographie* de G.-F. de Bure comprend en tout 7 vol., et 10 avec les suppléments.)

4388 La France sçavante. Id est, Gallia erudita, critica et experimentalis novissima. Seu, Manuductio ad faciliorem inventionem & cognitionem non tàm Scriptorum Operumque, quàm Experimentorum, Observationum, aliarumque Rerum notatu dignarum cujusvis Facultatis, Artis & Scientiæ, quarum summaria in Ephemeridibus Eruditorum hujus celeberrimi Regni ab Ann. 1665. quo cœperunt, usque ad Ann. 1687. recensentur. Opera & studio *Cornelii* A BEUGHEM Embricencis. *Amstelodami*. Apud Abrahamum Wolfgang. Anno M. DC. LXXXIII. Pet. in-12, 1 vol.

4389 Histoire des Ouvrages des Sçavans, par Monsr. B**** [BASNAGE DE BEAUVAL] Docteur en Droit. Mois de May 1688. [juin, juillet, aoust]. A *Rotterdam*, Chez Reinier Leers, MDCLXXXVIII. Pet. in-12, 1 vol.

L'ouvrage complet en comprend 14, de 1688 à 1709.

4390 ΦΩΤΙΟΥ ΜΥΡΙΟΒΙΒΛΟΝ Η ΒΙΒΛΙΟΘΗΚΗ. PHOTII Myriobiblon, sive Bibliotheca librorvm qvos Photivs Patriarcha Constantinopolitanus legit & censuit. Græcè edidit *David* HOESCHELIVS Augustanus, & notis illustrauit. Latinè verò reddidit & scholijs auxit *Andreas* SCHOTTVS Antverpianvs, Opus insigne, è quo Theologi, Medici, Philosophi, Historici, Oratores, & Philologi, vberrimum fructum & iucundissimum capere possunt. Oliva Pavli Stephani. [*Genevæ*], M.D.CXII. In-f°, 1 vol., tit. rouge et noir.

4391 Directorivm Historicorum medii potissimvm ævi post *Marqvardvm* FREHERVM et iteratas *Ioh. Dav.* KOELERI cvras recognovit, emendavit, avxit M. *Geo. Christo.* HAMBERGERVS in Vniversitate Georgia Avgvsta phil. et hist. lit. p.p.o. et bibliothecarivs, *Gottingæ*, svmtibvs vidvæ Abr. Vandenhoeck, CIↃ IↃ CC LXXII. In-4°, 1 vol.

4392 Athenæ Belgicæ sive Nomenclator infer. Germaniæ scriptorem, qvi disciplinas philologicas, philosophicas, theologicas, ivridicas, medicas et mvsicas illvstrarvnt. *Franciscus* SWEERTIUS Antverp. pro svo in patriam et literas adfectv digessit et vvlgavit. Accessit eodem avct. succinctv XVII eivsdem inf. Germ. provinciar. necnon præcipvarvm orbis bibliothecarvm et academiarvm lvcvlenta descriptio. *Antwerpiæ*, apud G. A. Tvngris. 1628. 1 vol. in-f°.

4393 Diarium Italicum, sive Monumentorum veterum, Bibliothecarum, Musæorum, etc. Notitiæ singulares in Itinerario Italico collectæ. Additis schematibus ac figuris. *A. R. P. D. Bernardo* DE MONTFAUCON, Monacho

Benedictino, Congregationis Sancti Mauri. *Parisiis*, Apud Joannem Anisson, M. DCCII. In-4°. 1 vol., avec gravures.

4394 Museum Italicum Sev Collectio veterum Scriptorum ex Bibliothecis italicis Eruta a D. *Joanne* MABILLON & D. *Michaele* GERMAIN, presbyteris & Monachis Benedictinæ Cong. S. Mauri. Tomus primus in duas partes distinctus. prima pars complectitur eorumdem iter italicum Litterarium : altera vero varia patrum opuscula & vetera monumenta, cum Sacramentario & Pœnitentiali Gallicano.

2° Musei Italici Tomus II complectens antiquos libros rituales Sanctæ Romanæ Ecclesiæ cum Commentario prævio in ordinem Romanum. *Lutecicæ Parisiorum*, apud Montalant, ad Ripam PP. Augustinianorum, M.D.CCXXIV. 2 vol. in-4°.

Le premier vol. contient 8 planches de gravure, le second contient 1 planche.

4395 Minervalia Bonon. Ciuium Anademata, sev Bibliotheca Bononiensis, cvi Accessit antiquiorum Pictorum, & Sculptorum Bonon. Breuis Catalogus, collectore *Io. Antonio* BVMALDO [*Ovidio Alicorni* MONTALBANI] C.B.C. & Equ. *Bononiæ*, Typis Hæredis Victorij Benatij 1641. Superiorum permissu. Tr. pet. in-12, 1 vol. de 264 pp. chiffrées.

4396 De Scriptorum Poloniæ et Prussiæ Historicorum, Politicorum & JCtorum typis impressorum ac Manuscriptorum in Bibliotheca Brauniana collectorum, Virtutibus et Vitiis, Catalogus, et Judicium, Post evolutionem exactam, sine odio aut studio, limatissimum. [auctore *David* BRAUN, S.R.P.C]. *Coloniæ*, anno M D CC XX III. In-4° car., 1 vol., tit. rouge et noir.

4397 Bibliographie Italico-Normande contenant : 1° Un Essai historique sur les relations entre l'Italie et la Normandie; 2° Une Bibliothèque des ouvrages relatifs aux relations des deux pays; 3° Une Bibliothèque des ouvrages relatifs à l'Italie, Composés par des Auteurs normands; par *Jules* Thieury, Archiviste-Adjoint de la ville de Dieppe, etc., etc. *Paris*, Auguste Aubry, *Rouen*, A. Le Brument, *Dieppe*, A. Marais, [imp. E. Delevoye], 1864. In-8°, 1 vol.

CATALOGUES DES LIVRES DES BIBLIOTHÈQUES PUBLIQUES. — MANUSCRITS.

4398 Rever. *P.D. Bernardi* de Montfaucon, Bened. Cong. S.M. Bibliotheca Bibliothecarum Manuscriptorum nova : Ubi, quæ in innumeris pene Manuscriptorum Bibliothecis continentur, ad quodvis Literaturæ genus spectantia & notatu digna, describuntur & indicantur. Cum indicibus necessariis locupletissimis, unus in fronte libri secundum ordinem materiarum, alter in fine ordine alphabetico. Duo Vol. in-folio. *Parisiis*, Apud Briasson, MDCCXXXV. [-XXXIX]. In-f°, à 2 col., 2 vol.

4399 Catalogus Codicum manuscriptorum Bibliothecæ Regiæ. [auctore *Aniceto* Mellot]. *Parisiis*, Typographia Regia, M.DCCXXXIX. [-XL]. In-f°, 2 vol., rel. veau aux armes royales.

(L'ouvrage complet comprend 4 vol., 1739-44).

4400 Notices et Extraits des Manuscrits de la Bibliothèque du Roi [Nationale, Impériale], Lûs au Comité établi par Sa Majesté dans l'Académie royale des Inscriptions & Belles-Lettres. [Publiés par l'Institut de France]. Tome premier [à VIII]. A *Paris*, de l'Imprimerie Royale [Nationale-Impériale]. M.DCCLXXXVII [-M.DCCCX]. In-4°, 8 vol.

4401 Notice sur une Collection de Manuscrits connue à la Bibliothèque du Roi, à Paris, sous le nom des 182 Colbert, par M. Gachard, correspondant de l'Académie royale de Bruxelles, etc. (Extrait du tom. VI, n° 4, des bulletins de l'Académie royale de Bruxelles). *S. d. n. n. d'Imp. Dans la même brochure* : Sur l'Histoire des Troubles des Pays-Bas par Vander Vynckt, note communiquée par M. GACHARD (même origine). 1 broch. 8 pag. puis 4 pag.

4402 Bibliothéque protypographique, ou Librairies des fils du Roi Jean, Charles V, Jean de Berri, Philippe de Bourgogne et les Siens. De l'Imprimerie de Crapelet. A *Paris*, chez Treuttel et Würtz, Libraires, à Strasbourg & à Londres même maison de Commerce, 1830. (Auteur *J.* BARROIS, de Lille). 1 vol. in-4° avec planches hors texte ; écussons en frontispice.

4403 Notes sur quelques manuscrits des bibliothèques d'Angleterre, par M. le Baron KERVYN DE LETTENHOVE, Membre de l'Académie royale de Belgique. *Bruxelles*, Imp. Hayez. 1 pet. broch. 22 pag. pet. in-8°. Extrait des Bulletins de l'Acad. Roy. de Belgique, 2e Série, Tom. XX, n° 12.

4404 Notes sur quelques Manuscrits des Bibliothèques d'Angleterre, par M. le Baron KERVYN DE LETTENHOVE, Membre de l'Académie royale de Belgique. *Bruxelles*, Imp. Hayez. 1 pet. broch. 30 pag. in-8° (Extrait des Bulletins de l'Acad. Royale de Belgique, 2e Série, tom. XXI, n° 1).

4405 Notes sur quelques Manuscrits des Bibliothèques d'Angleterre, par M. le Baron KERVYN DE LETTENHOVE, Membre de l'Académie Royale de Belgique. *Bruxelles*, Imp. Hayez. 1 broch. 18 pag. in-8°. (Bull. de l'Acad. Royale de Belgique, 2e Série, tom. XXI, n° 2).

4406 Catalogue descriptif et raisonné des Manuscrits de la Bibliothèque de Douai, Par *H. R.* DUTHILLŒUL, bibliothécaire, suivi d'une Notice sur les manuscrits de cette bibliothèque, relatifs a la législation et a la jurisprudence, Par M. le conseiller TAILLIAR. *Douai,* Ceret-Carpentier, imprimeur-libraire, 1846. In-8°, 1 vol.

4407 Catalogue méthodique et raisonné des Manuscrits de la Bibliothèque de la Ville et de l'Université de Gand, Par le Baron *Jules* DE SAINT-GENOIS, Professeur Bibliothécaire à l'Université de Gand, Avec deux planches. *Gand*, chez C. Annoot-Braeckman, 1849-1852. Pet. in-4°, 1 vol.

4408 Manuscrits de la Bibliothèque d'Orléans ou Notices sur leur ancienneté, leurs auteurs, les objets qu'on y a traités, le Caractère de leur écriture, l'indication de ceux à qui ils ont appartenu, etc. ; précédées de notes historiques sur les anciennes Bibliothèques d'Orléans, et en particulier sur celle de la Ville ; par *A.* SEPTIER, Bibliothécaire d'Orléans. A *Orléans*, Imp. Rouzeau-Montaut, 1820. Un vol. in-8°.

4409 I Manoscritti italiani della Regia Biblioteca Parigina descritti ed illustrati dal Dottore *Antonio* MARSAND, professore emerito dell' imperiale et reale universita di Padova. *Parigi*, dalla Stamperia Reale autorizzatane dal Re, M.DCCCXXXV-MDCCCXXXVIII. Presso Giuseppe Crozet. 2 vol. in-4°.

CATALOGUES DES LIVRES DES BIBLIOTHÈQUES PUBLIQUES OU DES COLLECTIONS PARTICULIÈRES. — IMPRIMÉS.

4410 Rapport adressé le 23 décembre 1842 à la Commission de la bibliothèque de Lille, par M. Ed. GACHET, Bibliothécaire. *Lille*, Imp. L. Danel. Pet. broch. 23 pag. in-16.

4411 Relevé des ouvrages nouveaux reçus à la Bibliothèque de la Ville de Strasbourg depuis le 1er Janvier 1847 jusqu'au 1er Mars 1849. Septième relevé. *Strasbourg*, Imp. G. Silbermann, 1849. 1 broch. in-8°.

4412 Catalogue raisonné de la Bibliothèque d'un château de Lorraine et de Livres rares et curieux, manuscrits et imprimés, provenant de la Collection de M. W... S. de Londres. *Paris*, A. Claudin, Lib. Expert; Imp. Jouaust, MDCCCLXII-MDCCCLXIV. 2 vol. in-18.

4413 Catalogue de la Bibliothèque de feu M. Jérôme de Bignon Composée d'un choix considérable de Livres rares, curieux et singuliers, Manuscrits et Imprimés, Dont une partie sur Peau Vélin, de grands Ouvrages a figures et d'une Collection d'Autographes de Personnages célèbres dont la vente aura lieu le 8 Janvier 1849 et Jours suivants. Chimot, libraire [imp. Maulde et Renou]. *Paris*, 1848. In-8°, 1 vol.

4414 Bibliothèque de Madame la Dauphine. N° I. Histoire [par *J.-N.* MOREAU, historiographe de France]. A *Paris*, Chez Saillant & Nyon, Et chez Moutard, M. DCC. LXX. In-8°, 1 vol. de l'impr. de Michel Lambert à Paris. (En dépit de la numérotation ce tome est unique).

4415 Catalogue de la bibliothèque de feu M. Arthur Dinaux, chevalier de la Légion d'honneur, membre correspondant de l'Académie des Inscriptions et belles lettres. Troisième partie : ouvrages relatifs au nord de la France et au midi de la Belgique. *Paris*, Librairie Mme Bachelin Deflorenne, Imp. Bonaventure & Ducessois, 1865. 1 vol. in-8°.

4416 Catalogue des livres en partie rares et précieux composant la Bibliothèque de feu M. G. Duplessis, ancien recteur de l'Académie de Douai. *Paris*, chez L Potier, Lib., Typog. Firmin Didot, frères, 1856. 1 vol. in-8°.

4417 Catalogue des Livres de la Bibliotheque de feu M. le Duc de La Valliere [Louis-Cesar de La Baume-Le-Blanc]. Premiere Partie contenant les Manuscrits, les premieres Editions, les Livres imprimés sur vélin & sur grand papier, les Livres rares & précieux par leur belle conservation, les Livres d'Estampes, &c. dont la Vente se fera dans les premiers jours du mois de Décembre 1783. Par *Guillaume* DE BURE, fils aîné. A *Paris*, Chez Guillaume de Bure fils aîné, [Amsterdam, Bruges, Bruxelles, Gand, Genève, Hambourg, La Haye, Leyde, Lisbonne, Londres, Madrid, Manheim, Turin, Venise et Vienne], M. DCC. LXXXIII. Pet. in-4°, 3 vol. Portr. du duc de La Vallière.

4418 Catalogue de la Bibliothèque de feu M. le Marquis de Ver, membre de la Société des Antiquaires de la Normandie, de l'Académie de Rouen. *Paris*, Lib. Mme Bachelin Deflorenne, imp. Bonaventure et Ducessois, 1866. 1 vol, in-8°.

4419 Catalogue de livres et manuscrits provenant de la bibliothèque de feu M. le Marquis le Ver et de diverses autres bibliothèques *Paris*, Lib. Bachelin-Deflorenne. Imp. Bonaventure & Ducessois, 1867. 1 vol. in-8°.

4420 Catalogue des livres rares, curieux et singuliers en tous genres, bien conditionnés et des manuscrits anciens (du Xe au XVIIIe siècle) composant la bibliothèque de M. Victor Luzarche. *Paris*, A. Claudin, Lib. Expert, 1868-1869. Imp. Bonaventure. 2 vol. in-8°.

Tome I : Théologie. Jurisprudence. Sciences & arts. Belles-lettres.

Tome 2 : Histoire. Archéologie. Noblesse. Bibliographie.

Biographie. Articles omis.

4421 Catalogue des livres et Manuscrits formant la Bibliothèque de feu Jean de Meyer. *Gand*, Camille Vyt, Lib., Imprimerie Eug. Vanderhaeghen, 1869. 1 vol. broch. in-8°, titre noir et rouge. Gravure représentant Jean de Meyer, en frontispice.

4422 Catalogue de livres anciens et modernes rares et curieux provenant de la librairie J. Joseph Techener père. A *Paris*, Lib. J. Léon Techener fils & Aug. Aubry, Imp. Ad. Lainé & J. Havard, 1865. Deuxième & sixième catalogue. 2 vol. in-8°.

4423 Catalogue de la bibliothèque de M. N. Yemeniz. membre de la Société des bibliophiles français, précédé d'une notice par M. Le Roux de Lincy. *Paris*, Bachelin-Deflorenne, Lib., Imp. A. Lainé & J. Havard, 1867. 1 vol. in-8°.

4424 Catalogue d'une très riche collection de livres rares et curieux provenant principalement de la Collection Yemeniz et pour une partie des Collections A. Bertin, Cigongne et de la Duchesse de Berry. Lib. Bachelin-Deflorenne à *Paris*, Imp. Bonaventure, 1867. Une broch. in-8°. (Supplément au bibliophile français (15-30 Septembre 1867).

INDEX, OUVRAGES CONDAMNÉS.

4325 Index expvrgatorivs Librorvm qvi hoc secvlo prodiervnt, vel doctrinæ non sanæ erroribus inspersis, vel inutilis & offensiuæ maledicentiæ fellibus permixtis, iuxta, sacri Concilij Tridentini decretum : Philippi II Regis Catholici iussu & auctoritate, atque Albani Ducis consilio ac ministerio in Belgia concinnatus ; [studio Ariæ-Montani] anno MDLXXI. Nunc primùm in lucem editus, & præfatione auctus ac regij diplomatis interpretatione Apud Ioannem Mareschallum, *Lugdunensem*, MDLXXXVI. Tr. pet. in-8°, 1 vol.

4426 Index librorvm prohibitorvm et expvrgatorvm ill^mi^ ac R. D. D. *Bernardi* de Sandoual & Roxas Card. & archiep. Tolet. Hispaniarum Primatis, Majoris Castellæ Cancellarij, Generalis Inquisitoris, Regij flatus Conciliarij, auctoritate & jussu editus. De consilio svpremi Senatvs S. generalis Inquisitionis Hispaniarum Ivxta exemplar excvsvm Madriti apud Ludouicum Sanchez Typog. Regium anno CIↃ. IↃ CXII. Cum appendice anni CIↃ. IↃIV. *Genevæ*, Sumptibus Iacobi Crispini. MDCXIX. 1 vol. in-4°.

4427 Indices Librorvm prohibitorvm et expvrgandorvm novissimi, Hispanicvs et Romanvs. Anno M. DC. LXVII. [*scilicet* :] Index Librorvm prohibitorvm et expvrgandorvm novissimus, pro Catholicis Hispaniarvm Regnis

Philippi IV. Regis Cathol. Ill. ac R. D. D. Antonii a Sotomaior. Generalis Inquisitoris. &c. jussu ac studiis, luculenter & vigilantissimè recognitus. *Madriti,* ex typographæo Didaci Diaz Subsignatum LL[do] Hverta M. DC. LXVII. In-f°, tit. rubr.

Index Librorvm prohibitorvm Alexandri VII, Pontificis maximi ivssv editvs. Actorum XIX. Iuxta Exemplar excusum. *Romæ,* ex typographia Rev. Cam. Apost. MDC LXVII. In-f°, tit. rubr.

4428 Index Librorum prohibitorum sanctissimi domini nostri Pii sexti Pontificis maximi jussu editus; et sub Pio septimo ad annum usque MDCCCVI continuatus. *Romæ,* MDCCCVI. Ex Typographia Rev. Cameræ Apostolicæ. Cum summi Pontificis privilegio. In-12, 1 vol.

4429 Index Librorum prohibitorum sanctissimi domini nostri Pii septimi Pontificis maximi jussu editus. *Romæ,* MDCC CXIX. Ex Typographia Rev. Cameræ Apostolicæ. Cum summi pontificis privilegio. In-8°, 1 vol., frontispice gravé. Suivi de : Summi Pontificis Decreta XIV, nempe : 17 Dec. 1821, 27 Aug. 1822, 20 Jan. 1823, 19 Jan. 1824, 6 Sept. 1824, 26 Mart. 1825, 5 Sept. 1825, 12 Jun. 1826, 11 Dec. 1826, 11 Jun. 1827, 10 Sept. 1827, 5 Mart. 1828, 18 Aug. 1828, 24 Aug. 1829 ; per quæ libros quosdam in Indicem Librorum prohibitorum referri mandavit. *Romæ,* ex typographia Rev. Cam Apost., 1821-29. 14 fois 4 pp. chiff., en tout 56 pages.

4430 Index librorum prohibitorum juxta exemplar Romanum jussu Sanctissimi Domini Nostri editum anno MDCCC XXXV accesserunt suis locis nomina eorum qui usque ad hanc diem damnati fuere. *Mechliniæ,* P. J. Hanicq, typ. 1854. 1 vol. in-12. Cum supplemento ad indicem librorum prohibitorum usque ad hanc diem 1852.

4431 Decretum (Mise à l'index d'un livre intitulé : Parere del Sign. Leonardo di Capua, divisato in otto ragionamenti, ne quali partitamente narrandosi l'origine, el progresso della Medicina, chiaramenti l'incertezza della medesima si fa manifesta.) Juxta exemplar impressum. *Romæ*, Gandavi, typis H. Saetreuver, 1863. 1 affiche.

4432 Arrest de la Cour & Parlement de Flandres du 26 Octobre 1716, portant qu'il sera informé contre les auteurs des deux libelles anonimes *(sic)*, avec defenses iteratives d'en composer, imprimer, vendre ou distribuer des pareils. *S. l. n. d. (Douai)*. 1716. In-4°. Pièce de 3 pages.

4433 Réquisitoire sur lequel est intervenu l'Arrêt du Parlement du 18 août 1770, qui condamne a être brûlés différens livres ou brochures, intitulés : 1° la Contagion sacrée, ou l'Histoire naturelle de la superstition (par le baron d'Holbach) ; 2° Dieu et les Hommes (par Voltaire) ; 2° Discours sur les miracles de Jésus-Christ (traduit de l'anglais de Woolston) ; 4° Examen critique des Apologistes de la religion chrétienne, par M. Freret (Attribution mensongère : l'ouvrage est en réalité de Jean Levesque de Burigny : il a été revu et publié par Naigeon) ; 5° Examen impartial des principales religions du monde ; 6° Le Christianisme dévoilé (par le baron d'Holbach) ; 7° Le Système de la nature ou les lois du monde physique et du monde moral, par M. Mirabaud (le baron d'Holbach). Imprimé par ordre exprès du Roi. A *Arras*, Michel Nicolas, *s. d.* (1770). In-12. Pièce de 72 pages.

BIBLIOGRAPHES NATIONAUX.

4434 Les Bibliothéques *(sic)* Françoises de LA CROIX DU MAINE et de DU VERDIER sieur de Vauprivas ; nouvelle édition, dédiée au roi, Revue, corrigée & augmentée d'un Discours sur le Progrès des lettres en France, & des Remarques Historiques, Critiques & Littéraires de

M. DE LA MONNOYE & de M. le Président BOUHIER, de l'Académie Françoise ; de M. FALCONET, de l'Académie des Belles-Lettres. Par M. RIGOLEY DE JUVIGNY, Conseiller Honoraire au Parlement de Metz. A *Paris,* Chez Saillant & Nyon, Michel Lambert, M. DC. LXXII [-LXXIII]. In-4°, 5 vol.

4435 Bibliotheque Historique de la France ; contenant le catalogue de tous les ouvrages, tant imprimez que manuscrits, qui traitent de l'histoire de ce roïaume, ou qui y ont rapport : Avec des Notes critiques & historiques. Par *Jacques* LE LONG, Prêtre de l'Oratoire, Bibliothecaire de la Maison de Paris. A *Paris,* Chez Charles Osmont, M. DCCXIX In-f°, 1 vol.

4436 Bibliothèque Historique de la France, contenant le Catalogue des Ouvrages, imprimés & manuscrits, qui traitent de l'Histoire de ce Royaume, ou qui y ont rapport ; avec des notes critiques et historiques : Par feu *Jacques* LELONG, Prêtre de l'Oratoire, Bibliothécaire de la Maison de Paris. Nouvelle édition revue, corrigée & considérablement augmentée. Par M. FEVRET DE FONTETTE, Conseiller au Parlement de Dijon [de l'Académie de cette ville, et de celle des Inscriptions et Belles-Lettres]. A *Paris,* de l'imprimerie de Jean-Thomas Hérissant, [*puis* Vve Herissant] [chez P.-F. Didot, Debure, J.-L. Nyon, Moutard.] M. DCC. LXVIII [-LXXVIII]. In-f°, 5 vol., tit. rouge et noir.

4437 Bibliographie Cambrésienne, ou Catalogue raisonné des livres et brochures imprimés a Cambrai, suivant l'ordre chronologique des imprimeurs de cette ville, suivi d'une liste alphabétique des ouvrages imprimés et manuscrits qui traitent de l'histoire de Cambrai et du Cambrésis, et précédé d'un Discours préliminaire, Par M. *Arthur* DINAUX. A *Douai,* de l'Imprimerie de Wagrez aîné, 1822. In-8°, 1 vol. paginé de 107 à 294.

4438 Bibliographie Douaisienne, par H.-R. DUTHILLŒUL, bibliothécaire de la ville de Douai. A *Paris,* chez

Techener. A *Douai*, chez Foucart, [et impr. Wagrez aîné], 1835. In-8°, 1 vol. (1re édition), portr. de Jérôme Commelin.

4439 Bibliographie Douaisienne, ou Catalogue historique et raisonné des Livres imprimés a Douai, depuis l'année 1563 jusqu'a nos jours, avec des notes bibliographiques et littéraires ; Par H.-R. Duthillœul, bibliothécaire de la ville de Douai. Nouvelle édition. *Douai*, Adam d'Aubers, [et *Paris*, Techener], 1842. In-8°, 1 vol.

BIBLIOGRAPHIES SPÉCIALES.

4440 Chartophylax Ecclesiasticus : quo Propè M D. Scriptores Ecclesiastici, tam Minores, quam Majores, tum Catholici, tum Hæretici, eorumqz Patria, Ordo, Secta, Munera, Ætas & Obitus ; Editiones operum præstantiores ; Opuscula, quin & ipsa Fragmenta breviter indicantur. Scriptores dubii a certis, supposititii a genuinis, Non-Extantes a superstitibus distinguuntur. A Chr. Nato ad annum usq ; MDXVII. Accedunt Scriptores Gentiles Christianæ Religionis oppugnatores ; & brevis cujusvis Sæculi conspectus. Adjecto Ad calcem Indice Alphabetico-Chronologico. Studio & Labore *Guilielmi* Cave, SS. Th. Pr. Canonici Windesoriensis. *Londini*, Impensis Richardi Chiwell, ad Insigne Rosæ Coronatæ in Cœmiterio D. Pauli. MDCLXXXV. In-8°, 1 vol.

4441 *Io. Alb.* Fabricii Bibliotheca Latina [sive Notitiæ Auctorum veterum Latinorum] nvnc melivs delecta rectivs digesta et avcta diligentia *Io. Avg.* Ernesti. *Lipsiæ*, apvd Weidmanni heredes et Reichivm, MDCCLXXIII. [-LXXIV]. In-8°, 3 vol.

4442 Historia Bibliothecæ Fabricianæ qva singvli eivs libri eorvmqve contenta et si qvæ dantvr variæ editiones avgmenta epitomæ versiones scripta adversa et hisce oppositæ apologiæ sive defensiones avctorvm errores et vitæ doctorvmque virorvm de avctor. Illis eorvmqve libris ivdicia et alia ad rem librariam facientia recensentvr scriptoresqve anonymi et psevdonymi nec non scripta spvria indicantvr avctore *Ioanne* FABRICIO. *Wolffenbvttelii*, Sumtibus Godofredi Freytagii [*deinde* Ioann. Christ. Mesneri] Bibliopolæ Anno MDCCXVIII. [-XXIIII]. Helmstadii litteris Schnorrianis. In-4° à 2 col., 6 vol , rel. parchemin.

4443 *Roberti* BELLARMINI, e Societate Iesv, S. R. E. Cardinalis, de Scriptoribus Ecclesiasticis liber unus. Adiunctis Indicibus undecim, Brevi chronologia ab Orbe condito vsque ad annum 1612. Vltima editio ab auctore aucta et recognita. *Lvtetiæ Parisiorvm.*, S. Cramoisy, 1644. In-8°. 1 vol.

4444 Supplementum de Scriptoribus vel Scriptis ecclesiasticis a Bellarmino omissis, Ad annum 1460, vel ad Artem Typographicam inventam. Collectore F. *Casimiro* OUDIN, Presbytero Veteris Instituti Ordinis Præmonstratensis. *Parisiis*, Apud Antonium Dezallier, M. DC. LXXXVI. In-8°. 1 vol.

4445 *Casimiri* ORDINI Commentarivs de Scriptoribvs Ecclesiæ antiqvis illorvmqve scriptis tam impressis qvam manvscriptis adhvc extantibvs in celebrioribvs Evropæ bibliothecis a Bellarmino, Possevino, Philippo Labbeo, Gvilielmo Caveo, Lvdovico Ellia dv Pin, et aliis omissis, ad annvm M CCCC LX. vel ad artem typographicam inventam cvm mvltis Dissertationibvs, in qvibvs insigniorvm Ecclesiæ Avtorvm opvscvla atqve alia argvmenta notabiliora accvrate et prolixe examinantvr. *Lipsiæ*, svmptibvs Mavr. Georg. Wedmanni, bibliopolæ. MDCCXXII. In-f° à 2 col., 3 vol.

4446 Collection ecclésiastique, ou recueil complet des ouvrages faits depuis l'ouverture des États-Généraux, relativement au clergé, à sa constitution civile, décrétée par l'assemblée nationale, sanctionnée par le roi; et au serment exigé des ecclésiastiques fonctionnaires publics par M. l'abbé BARRUEL, auteur du Journal ecclésiastique. 20 février 1791, *s. n. d'imp.* 1 broch. 4 p. in-8°. Prospectus.

4447 Bibliothéque *(sic)* Sacrée Grecque-Latine; comprenant le tableau chronologique, biographique et bibliographique des auteurs inspirés et des auteurs ecclésiastiques, depuis Moïse jusqu'à saint Thomas-d'Aquin. Ouvrage rédigé d'après *Mauro* BONI et GAMBA et dédié au roi par *Ch.* NODIER, bibliothécaire de l'Arsenal. *Paris*, A. Thoisnier-Desplaces. *New-York*, même maison [Paris, impr. Rignoux], M DCCC XXVI. In-8°, 1 vol.

MONOGRAPHIES BIBLIOGRAPHIQUES.

4448 Traité de Matériaux manuscrits de divers genres d'histoire, Par *Amans-Alexis* MONTEIL. Nouvelle édition, augmentée de la manière de considérer ce traité et de s'en servir. *Paris*, imprimerie de E. Duverger, 1836. In-8°, 2 vol.

4449 La Bibliothèque d'un Médecin au commencement du XVe siècle, par M. *Achille* CHEREAU, docteur en médecine, etc. *Paris*, J. Techener. Lib., Imp. Lahure, 1864. Une broch. 22 pag.

Du même auteur : Jean Michel de Pierrevive, premier médecin de Charles VIII, roi de France et le Mystère de la Passion. Une broch. 24 pag. (Extraits du bulletin du Bibliophile).

4450 Le Psautier de Saint-Louis de la Bibliothèque de l'Université de Leyde, par M. le Baron KERVYN DE LETTENHOVE, membre de l'Académie royale de Belgique. *Bruxelles*, Imp. Hayez. 1 pet. broch. 11 pag. (Extrait des Bulletins de l'Acad. Roy. de Belg. 2e série, tom. XX, n° 7.)

4451 Cameracum christianum, par M. LE GLAY (Prospectus signé *Henry* BRUNEEL.) Lille, typ. de L. Lefort, 1850. 1 br. 4 p. gr. in-8°.

4452 Serie Dei testi di lingua italiana e di altri esemplari del bene scrivere Opera nuovamente rifatta da Bartolommeo GAMBA DI BASSANO e divisa en due parti :

Parte prima : Sono descritte le migliori edizioni antiche e moderne di tutte le opere citate nel vocabolario degli accademici della Crusca. *Venezia*, dalla tipog. di Alvisopoli.

Parte seconda: Sono registrate le migliori Edizioni de altre opere opportune allo studio della lingua, publicate dal XV. a tutto, il sec XVIII. M. DCCCXXVIII. 1 vol. in-8°.

MÉMOIRES FRANÇAIS.

4453 Memoires de Monsieur [*Nicolas* FRÉMONT] D'ABLANCOURT, envoyé de sa Majesté Très-Chrétienne Louis XIV en Portugal. Contenant l'Histoire de Portugal, depuis le Traité des Pyrenées de 1659 jusqu'à 1668, avec les Révolutions arrivées pendant ce tems là à la Cour de Lisbonne, et un détail des Batailles données, et des Siéges formés sous les ordres et le commandement du Duc de Schomberg, avec le Traité de Paix, fait entre les Rois d'Espagne et de Portugal, & celui de la Ligue offensive & défensive, conclu entre Sa Majesté Très-Chrétienne et cette Couronne. *Paris*, Ve de Mabre-Cramoisi, 1701. In-12. 1 vol.

4554 Mémoires secrets — de 1770 a 1830 — par le comte D'ALLONVILLE, auteur des Mémoires tirés des papiers d'un homme d'Etat . *Paris,* Werdet, [*puis* Passard ; imp. Ve Poussin, *puis* Pommeret et Guénot, *puis* E. Dépée à Sceaux], M D CCC XXXVIII [-XLI]. In-8°. 6 tom. en 3 vol.

4455 Journal inédit d'ARNAULD D'ANDILLY (1614-1620) Publié et annoté par *Achille* HALPHEN, Juge suppléant du tribunal civil de Versailles. *Paris*, [impr. Wittersheim] chez J. Techener, 1857. In-8°, 1 vol., portr. d'Arnauld d'Andilly.

4456 Mémoires de *Théodore Agrippa* D'AUBIGNÉ; publiés pour la première fois d'après le manuscrit de la Bibliothèque du Louvre, suivis de fragments de l'Histoire universelle de d'Aubigné et de pièces inédites par M. *Ludovic* LALANNE. *Paris*, Charpentier, [impr. G. Gratiot]. A *Genève*, chez Cherbuliez, 1854. In-12, 1 vol.

4457 Memoires du Chevalier DE BEAUJEU. Contenant ses divers voyages, tant en Pologne, en Allemagne, qu'en Hongrie avec des Relations particulières des Affaires de ces Pays-là, depuis l'année MDCLXXIX. A *Amsterdam*, Chez les Héritiers d'Antoine Schelte, M. DCC. Pet. in-12, 1 vol.

4458 Mémoires du Maréchal DE BERWIK, Duc & Pair de France. & Généralissime des Armées de Sa Majesté. [Par *Guillaume* PLANTAVIT DE LA PAUSE, abbé DE MARGON]. A *La Haye*, Paupie, 1737. In-12. 2 tom. en 1 vol.

Les véritables Mémoires de Bervic, publiés en 1778 par le Duc de Fitz-James, ont fait oublier la compilation de l'abbé de Margon.

4459 Memoires du Comte DE BONNEVAL, Ci-devant General d'Infanterie au service de Sa Majesté Imperiale & Catholique. A *Londres*, Aux dépens de la Compagnie, 1737. In-8°, 2 tom. en 1 vol., tit. rouge et noir.

4460 Critique ou Analyse des Memoires du Comte de Bonneval Ci-devant General d'Infanterie au Service de Sa Maj. Imp. & Catholique présentement Renegat, & Bacha à Trois Queües en Turquie. [Par *G.* MARCHE]. A *Amsterdam*, Au depens de la Societé de Marche, 1738. Pet. in-8°, 1 vol.

Même volume: Reflexions sur la presente Guerre contre les Turcs.

4461 Memoires de Monsieur DE BORDEAUX, intendant des Finances. Par M. *G.* D.C. [*Gatien* DES COURTILZ]. *Amsterdam*, la Compagnie, 1758. In-12, 4 vol.

4462 Memoires de Messire *Pierre du Bourdeille*, Seigneur DE BRANTOME. Contenans Les Vies des Dames Illustres de France de son temps. [*la Sphère*] Sur l'Imprimé. A *Leyde*, Chez Iean Sambix le Ieune, à la Sphere. M.DC. LXV. Pet. in-12, 1 vol.

4463 Memoires de Messire *Pierre de Bourdeille*, Seigneur DE BRANTOME. Contenans Les Vies des Hommes Illustres & grands Capitaines François de son temps. [*la Sphère*]. A *Leyde*, Chez Jean Sambix le Jeune, à la Sphere. M.DC.LXVI. Pet. in-12, 4 vol.

4464 Memoires du Comte [*Henri Auguste* DE LOMÉNIE] DE BRIENNE, Ministre & Premier Secretaire d'Etat. Contenant les évenemens les plus remarquables du Regne de Louis XIII. & de celui de Louis XIV. jusqu'à la mort du Cardinal Mazarin. Composés pour l'instruction de ses Enfans. A *Amsterdam*, Chez Jean Frederic Bernard. MDCCXIX. In-8°, 3 vol., tit. rouge et noir.

4465 Mémoires inédits de *Louis-Henri* DE LOMÉNIE, comte DE BRIENNE, secrétaire d'état sous Louis XIV; publiés sur les Manuscrits autographes, avec un essai sur les mœurs et sur les usages du XVIIe siècle, par *F.* BARRIÈRE, Seconde édition. *Paris*, [imp. Crapelet]. Ponthieu et Cie, *Leipzig*, Ponthieu, Michelsen et Cie, 1828. In-8°, 2 vol.

4466 Mémoires de *Henri* DE CAMPION. Nouvelle édition suivie d'un choix des Lettres d'*Alexandre* DE CAMPION. Avec des Notes par M. *C.* MOREAU. *Paris*, Jannet. In-18, 1 vol.

4467 Les Memoires de Messire *Michel* DE CASTELNAV, seignevr de Mavvissiere. illvstrez et avgmentez de plvsievrs Commentaires & Manuscrits, tant Lettres, Instructions, Traittez, qu'autres Pieces Secrettes & Originalles seruants à donner la verité de l'Histoire des Regnes de François II. Charles IX & Henry III. & de la Regence & du Gouuernement de Catherine de Medicis. avec les Eloges des Personnes illustres et l'histoire genealogiqve de la maison de Castelnav. Par *L.* Le Labovrevr, Conseiller & Aumosnier du Roy, Prieur de Iuvigné. A *Paris*, Chez Pierre Lamy, M.DC.LIX [-LX]. In-f°, 2 vol., tit. rouge et noir.

4468 Memoires et Correspondance du Marechal de Catinat Mis en ordre et publiés d'après les manuscrits autographes et inédits conservés jusqu'à ce jour dans sa famille. Par M. *Bernard* Le Bouyer de St Gervais, avec gravures, portrait, fac-simile, cartes, plans, ordres de batailles, &a. *Paris*, à la Librairie universelle de P. Mongie aîné, [impr. de Mme Jeunehomme-Crémière], Septembre 1819. In-8°, 3 vol.

4469 Mémoires authentiques de *Jacques Nompar* de Caumont, duc de la Force, maréchal de France et de ses deux fils les Marquis de Montpouillan et de Castelnaut, suivis des documents curieux et de correspondances inédites de Jeanne d'Albret, Henri III, Henri IV, Catherine de Bourbon, Louis XIII, Marie de Médicis, Condé, Sully, Villeroy, Fresnes, Pontchartrain, Bouillon, Biron, d'Ornano, Montespan, Matignon, du Plessis-Mornay, Rohan, Schomberg, Châtillon, d'Effiat, Feuquières, Richelieu, Servien, des Noyers, Bouthillier, et autres personnages marquants, depuis la Saint-Barthélémy jusqu'à la Fronde ; pour faire suite à toutes les collections de mémoires sur l'Histoire de France ; recueillis, mis en ordre et précédés d'une introduction par le Marquis de La Grange, député de la Gironde, membre du Comité historique du Ministère de l'Instruction publique et de la Société de l'Histoire de France. *Paris*, Charpentier, Lib. Edit., Imp. Vve Dondey-Dupré, 1843. 4 volumes in-8°.

4470 Mémoires de *Gaspard* comte DE CHAVAGNAC, Maréchal de Camp dans les armées du Roy, Général d'Artillerie, Sergent de bataille de celles de Sa Majesté Catholique, Lieutenant-Général des troupes de l'Empereur & son Ambassadeur en Pologne. *A Amsterdam*, 1700. In-12, 1 vol.

4471 Mémoires de M. le Duc DE CHOISEUL, Ancien Ministre de la Marine, de la Guerre, & des Affaires étrangères; écrits par lui-même, Et imprimés sous ses yeux, dans son Cabinet, à Chanteloup, en 1778. A *Chanteloup*, Et à *Paris*, Chez Buisson, 1790. In-8°, 2 tom. en 1 vol.

4472 Memoires pour servir à l'Histoire de Louis XIV. Par feu M. [*François-Timoléon*] abbé DE CHOISY. [Edités par *François* CAMUSAT, avec une préface]. *Utrecht*, van de Water, 1727. In-12. 2 tom. en 1 vol.

4473 Mémoires de *Nicolas* CHORIER de Vienne, sur sa vie et ses affaires traduits des trois livres en texte latin insérés dans le 4e volume du Bulletin de la Société de statistique du département de l'Isère, Par *F.* CROZET, ancien avocat. *Grenoble*, imprimerie de Prudhomme, 1868. In-8°, 1 vol.

4474 Mémoires du Marquis DE CHOUPPES, Lieutenant Général des Armées du Roy suivis des Mémoires du Duc de Navailles et de la Valette, Pair & Maréchal de France et Gouverneur de Monseig. le Duc de Chartres (1630-1682) revus, annotés & accompagnés de pièces justificatives inédites par M. *C.* MOREAU, éditeur de la bibliographie des Mazarinades et des mémoires de Mme de La Guette, etc. *Paris*, Techener, Lib, Imp. Lahure, MDCCCLXI. 1 vol. in-8°.

4475 Mémoires & correspondance de la Marquise DE COURCELLES, [*Marie Sidonia* DE LÉNONCOURT], publiés d'après les manuscrits. Avec une Notice, des Notes & les pièces justificatives, par *Paul* POUGIN. *Paris*, P. Jannet, 1855. In-18. 1 vol.

4476 Memoires de Mr.D.F.L. Touchant Ce qui s'est passé en Italie Entre Victor Amedee II. Duc de Savoye, et le Roy T.C. Avec le détail De la Conduite que son Altesse Royale a tenuë. A *Aix-la-Chapelle*, Chez Anthoine Steenhuysen, 1697. Pet. in-12, 1 vol., suivi de :

I. Entretiens sur l'ancien Etat & Gouvernement de l'Angleterre. A l'égard de l'Administration & de la Succession, Où l'on voit les justes fondements de l'Elevation & de l'affermissement du Roy Guillaume III Sur son Trône. Traduit de l'Anglois. Imprimé à *Londres*, chez Richard Baldwin. [*S. d.*, daté, à la fin, de 1696]. Pet. in-12, 160 pp., tit. rouge et noir.

II. Le Marquis de Louvois sur la sellette, criminel examiné en jugement par l'Europe & ses filles, ses interrogats, ses reponses, & enfin la Sentence portée par *l'Europe*. A *Cologne*, Chez Pierre Marteau. M. DC.XCV. Pet. in-12, tit. orné.

4477 Mémoires de *Martin* et *Guillaume* DU BELLAI-LANGEI, mis en un nouveau style : auxquels on a joint les Memoires du Marechal DE FLEURANGES et le Journal de LOUISE DE SAVOIE. Par M. l'Abbé LAMBERT. A *Paris*, Chez Noyon, Fils, M. DCC. LIII. In-12, 7 vol.

4478 Memoires de Monsieur DU GUAY-TROUIN, Lieutenant general des Armées Navales. A *Amsterdam*, Chez Pierre Mortier, 1741. In-12, 1 vol., tit. rouge et noir.

4479 Mémoires et Correspondance de DUPLESSIS-MORNAY, pour servir a l'histoire de la réformation et des guerres civiles et religieuses en France, sous les règnes de Charles IX, de Henri III, de Henri IV et de Louis XIII, depuis l'an 1571 jusqu'en 1623. Édition complète, Publiée sur les manuscrits originaux [par *A. D.* DE LA FONTENELLE DE VAUDORÉ et *P.-R.* AUGUIS] et précédée des Mémoires de Madame DE MORNAY sur la vie de son mari. A *Paris*, [impr. Crapelet] chez Treuttel et Würtz, A Strasbourg et a Londres ; 1824 [-25]. In-8°, 12 vol.

4480 Mémoires de M. [*Antoine* DE PAS] marquis DE FEUQUIÈRES, Lieutenant Général des armées du Roi ; contenans ses Maximes sur la Guerre, et l'application des exemples aux Maximes. Nouvelle édition, revue et corrigée sur l'original ; augmentée de plusieurs additions considérables ; ensemble d'une Vie de l'Auteur, donnée par M. le Comte DE FEUQUIÈRES son frère, et enrichie de plans et de cartes. *Paris*, Rollin, 1740. In-12, 4 vol.

4481 Memoires pour servir à l'Histoire de Port-Royal, par M. [*Nicolas*] FONTAINE. *Utrecht*, la Compagnie, 1736. In-12, 2 vol.

4482 Mémoires de GARASSE *(François)* de la Compagnie de Jésus, publiés pour la première fois avec une notice et des notes par *Charles* NISARD, *Paris*, Amyot, MDCCCLX. In-12, 1 vol. impr. par E. Meyer.

4483 Mémoires historiques sur le XVIIIe siècle, et sur M. Suard ; par *Dominique-Joseph* GARAT. Deuxième édition. A *Paris*, chez A. Belin, 1821. In-8°, 2 vol.

4484 Mémoires pour servir a l'histoire des événemens de la fin du dix-huitième siècle depuis 1760 jusqu'en 1806-1810, par un contemporain impartial, Feu M. l'abbé GEORGEL, Jésuite, ancien Secrétaire d'ambassade et Chargé d'affaires de France à Vienne, grand-vicaire de l'Évêché de Strasbourg et vicaire-général de la grande-aumônerie de France sous le prince Louis de Rohan, Publiés par M. GEORGEL, Ancien Avocat au Parlement de Nanci, à la Cour de Trèves, et à la Cour de cassation, Neveu et Héritier de l'Auteur, avec la gravure du fameux collier. Deuxième édition. *Paris*, Alexis Eymery, [impr. Et. Imbert], 1820. In-8°, 6 vol.

4485 Mémoires pour servir à l'Histoire de Louis, Dauphin de France, mort à Fontainebleau le 20 décembre mil sept cent soixante-cinq. Avec un Traité de la connaissance des Hommes, fait par ses ordres en 1758. [Par le P.

Henri GRIFFET, de la Compagnie de Jésus; édités par l'abbé *Yves-Mathurin-Marie* DE QUERBEUF, ex-Jésuite]. *Paris*, Simon, 1777. In-12. 1 vol.

4486 Mémoires du Comte DE GUICHE [*Armand* DE GRAMONT, *comte* DE GUICHE], concernant les Provinces-Unies des Pays-Bas. *Utrecht*, Van der Aa, 1744. In-12, 2 vol.

A la fin du 2e vol. se trouve la Relation du siège de Wesel en Juin 1672 & celle du célèbre Passage du Rhin & de la Prise d'Arnheim.

4487 Les Memoires de fev Monsievr le Dvc [*Henry*] DE GVISE [contenant son entreprise sur Naples en 1647, écrits par lui-même, et publiés par le sieur DE SAINT-YON, son secrétaire]. A *Paris*, chez Edme Martin, et Sebastien Mabre-Cramoisy, M. DC.LXVIII. In-4°, 1 vol.

4488 Mémoires du Président HÉNAULT, de l'Académie Française, écrits par lui-même, recueillis et mis en ordre par son arrière-neveu M. le baron DE VIGAN, [et ornés de son portrait]. *Paris*, E. Dentu, [imp. Carion père], 1855. In-8°, 1 vol.

4489 Les Memoires d'Estat, de Messire *Philippes* HVRAVLT, comte de Chiverny, chancelier de France. Auec vne Instruction à Monsieur son Fils. Ensemble La Genealogie de la Maison des Hvravlts, dressée sur plusieurs Titres, Arrests des Cours Souueraines, Histoires, & autres bonnes preuues. A *Paris*, Chez Pierre Billaine, M.DC.XXXVI. In-4°, 1 vol., rel. parchemin.

4490 Mémoires de *Guy* JOLI, conseiller au chatelet de Paris, suivi d'un Memoire concernant le cardinal de Retz, extrait d'une Histoire manuscrite, composée par *Claude* JOLI, chanoine de l'Eglise de Paris & Mémoires de Madame [*Marie* D'ORLÉANS] duchesse DE NEMOURS. Nouvelle edition exactement revue & corrigée. *Genève*, Fabry & Barillot, 1779. In-12, 2 vol.

4491 Mémoires historiques de *B. F.* MAHÉ DE LA BOURDONNAIS, gouverneur des îles de France et de Bourbon; recueillis et publiés par son petit-fils [*L. C.* MAHÉ DE LA BOURDONNAIS]; ornés du portrait de l'auteur. *Paris,* [impr. H. Fournier] Pélicier et Chastel, 1827. In-8°, 1 vol.

4492 Mémoires et Reflexions sur les principaux Evenements du regne de Louis XIV, et sur le caractere de ceux qui y ont eu la principale part. Par Mr. L. M. D. L. F. [le Marquis *Charles Auguste* DE LA FARE.] A *Rotterdam,* Aux depens de Gaspar Fritsch, M.DCC.XVI. Pet. in-8°, 1 vol., tit. rouge et noir.

4493 Extraits sommaires des Mémoires de LA HUGUERIE par M. le Comte *Léonel* DE LAUBESPIN, avec une préface par M. PINGAUD, professeur d'Histoire à la Faculté des lettres de Besançon. *Poligny,* Imp. Mareschal, 1877. 1 broch. 77 pag. in-8°. (Extrait du Bulletin de la Société d'Agriculture, Sciences et arts de Poligny).

4494 Mémoires du Marquis de Langallerie [*Philippe* DE GENTILS marquis DE LANGALLERIE], lieutenant-général des armées de France & général Feld-Marechal-Lieutenant au service de l'empereur Charles VI. Histoire intéressante, où se trouvent un grand nombre d'anecdotes qui concernent Mad. de Maintenon, Mrs de Catinat, de Vendôme, Victor-Amédée, duc de Savoye, le Prince Eugène........ écrites par lui-même dans sa prison, à Vienne en Autriche. [Par GAUTIER DE FAGET]. *La Haye,* D. Aillaud, 1743. In-12, 1 vol. *Dans le même volume :* Mémoires pour servir à l'Histoire du Nivernois & du Donziois, avec des dissertations [Sur les servitudes & les maladreries du Nivernais, le flottage des bois & la forclusion par laquelle en succession collatérale les mâles excluent les femelles de tous les biens situés en Nivernais]. Par M. *Jean* NEE DE LA ROCHELLE, avocat en Parlement. *Paris,* Moreau, 1747.

Les Mémoires de Langallerie sont des mémoires apocryphes et romanesques, dans le genre de ceux qu'a produits Gatien des Courtilz.

4495 Memoires de M.D.L.R. [*François* DE LA ROCHEFOUCAULT] Sur les Brigues à la mort de Louys XIII. Les Guerres de Paris & de Guyenne, & la Prison des Princes. Lettres du Cardinal à Monsieur de Brienne. Articles dont sont convenus son Altesse Royale & Monsieur le Prince pour l'expulsion du Cardinal Mazarin. Apologie pour Monsieur de Beaufort. Memoires de Monsieur DE LA CHASTRE. A *Cologne*, Chez Pierre van Dyck, M. DC. LXIV. Pet. in-12, 1 vol.

4496 Recueil de différentes choses, par M. [*Armand* DE MADAILLON DE LESPARRE marquis] DE LASSAY. *Lausanne*, M.M. Bousquet, 1756. In-12. 4 vol.

4497 Les Memoires de *Henry* DE LA TOVR D'AVVERGNE, sovverain dvc de Bovillon. adressez a son Fils Le Prince de Sedan. A *Paris*, En la boutique de Langelier, Chez René Gvignard, M.DC.LXVI. In-12, 1 vol.

4498 Mémoires de la vie de *Frédéric Maurice* DE LA TOUR D'AUVERGNE, Duc de Bouillon. Avec quelques particularitez de la Vie et des mœurs de Henri de la Tour d'Auvergne, Vicomte de Turenne. [Par *Jacques* DE LANGLADE, baron de Saumières]. *Paris*, P. Trabouillet, 1692. In-12, 1 vol.

4499 Memoires de Monsieur L*** [*Pierre* LENET] Conseiller d'Etat: Contenant l'Histoire des Guerres Civiles des années 1649, & suivantes; principalement celles de Guienne & autres Provinces. [*S.l.n. n. Paris*, Guérin], M.DCC.XXIX. In-12, 2 vol., tit. rouge et noir.

4500 Mémoires inédits du comte LEVENEUR DE TILLIÈRES, ambassadeur en Angleterre, sur la cour de Charles 1er et son mariage avec Henriette de France, recueillis, mis en ordre et précédés d'une introduction par M. *C.* HIPPEAU, Professeur à la faculté des Lettres de Caen. *Paris*, Poulet-Malassis, [impr. Poupart-Davyl], 1862. In-12. 1 vol.

4501 Mémoires de Louis XIV, écrits par lui-même, composés pour le grand dauphin, son fils, et adressés a ce prince, suivis de plusieurs Fragmens de Mémoires militaires, de l'Instruction donnée à Philippe V, de dix-sept Lettres adressées à ce Monarque sur le Gouvernement de ses Etats, et de diverses autres pièces inédites, mis en ordre et publiés par *J. L. M.* de Gain-Montagnac. *Paris*, Garnery, Et chez H. Nicolle, M.DCCC.VI. In-8°, 2 tom. en 1 vol.

4502 Mémoires secrets sur l'établissement de la maison de Bourbon en Espagne, extraits de la correspondance du marquis de Louville, gentilhomme de la chambre de Philippe V, et chef de sa maison française. *Paris*, [imp. de Fain], Maradan, 1818. In-8°, 2 vol.

4503 Mémoires de la Minorité de Louis XIV. Corrigez sur trois copies différentes, & augmentez de plusieurs choses fort considérables qui manquent dans les autres éditions [et contenant les Mémoires d'*Edme* de la Chatre, Colonel général des Suisses & ceux de *François* duc de la Rochefoucauld ; avec une Préface & des Notes d'*Abraham-Nicolas* Amelot de la Houssaie]. *Villefranche*, Jean de Paul (à la Sphère), 1690. In-12, 1 vol.

4504 Les Memoires de la Roine Margverite. [publiés par *Auger* de Mauléon, s[r] de Granier]. A *Paris*, Par Charles Chappellain, M.DC.XXVIII. Pet. in-8°, 1 vol.

Cet exemplaire a servi à Jean Godefroy pour l'édition des mêmes Mémoires publiée en 1713, et les notes de sa main qui s'y trouvent sont imprimées dans son édition.

4505 Mémoires de *Michel* de Marolles, Abbé de Villeloin. Avec des Notes historiques & critiques [Par l'abbé *Claude-Pierre* Goujet]. *Amsterdam*, *S. n. d'impr.* 1755. In-12, 3 vol.

4506 Mémoires du comte de Modène, [*Esprit* de Raimond de Moimoiron] sur la Révolution de Naples de 1647

Troisième Edition, publiée par *J.-B.* MIELLE. A *Paris*, chez Pélicier et Chatel, [impr. H. Fournier], MDCCC XXVII. In-8°, 2 vol.

4507 Mémoires autographes de M. le Prince DE MONTBAREY, ministre secrétaire d'état au département de la guerre sous Louis XVI ; grand d'Espagne de la première classe, etc. Avec un *Fac simile* de son écriture, contenant le portrait moral de M.gr. le Comte d'Artois. *Paris*, Alexis Eymery, Rousseau, [*Bruxelles*, Avransart, G. Gastebois et Cie ; *Genève*, Barbezat et Delarue ; *Versailles*, impr. Vitry] 1826. [-27] In-8°, 3 vol.

4508 Memoires de Mr. DE MONTCHAL, Archeveque de Toulouse, contenant des particularitez de la vie et du ministere du Cardinal de Richelieu. A *Rotterdam*, Pour Gaspard Fritsch, MDCCXVIII. In-12, 2 tom. en 1 vol., tit. du t. 1er rouge et noir.

4509 Commentaires de Messire *Blaise* DE MONTLUC, Mareschal de France, Ou sont descris les combats, rencontres escarmouches..... esquelles ce grand et renommé Guerrier s'est trouué durant cinquante ou soixante ans, qu'il a porté les armes : ensemble diuerses instructions, qui ne doiuent estre ignorées de ceux qui veulent paruenir par les armes à quelqu'honneur, et sagement conduire tous exploits de guerre. *Paris*, Meiat, 1617. In-12, 2 vol.

4510 Memoires de Monsieur DE MONTRESOR. Diverses Pieces durant le Ministere du Cardinal de Richelieu. Relation de Monsieur de Fontrailles. Affaires de Messieurs le Comte de Soissons, Ducs de Guise & de Boüillon, &c. A *Cologne*, Chez Jean Sambix le jeune, à la Sphere, M.DC.LXIII. Pet. in-12, 1 vol.

4511 Memoires de Messire *Philippes* DE MORNAY, seigneur dv Plessis Marli, Baron de la Forest sur Sevre &c. Conseiller du Roi en ses Conseils d'Estat, & Privé, &c. Contenans divers Discours, Instructions, Lettres, &

Depesches par lui dressées, ou escrites aux Rois, Roines, Princes, Princesses, Seigneurs, & plusieurs grands personnages de la Chrestienté depuis l'an CIↃ IↃ LXXII. jusques à l'an CIↃ IↃ LXXXIX ; ensemble quelques lettres des dessusdicts audict Sieur du Plessis. Imprimé [à *la Forest sur Sèvre*, par Jean Bureau] l'an CIↃ IↃCXXIV. In-4°, 1 vol.

4512 Memoires pour servir a l'Histoire d'Anne d'Autriche Épouse de Louis XIII. Roi de France. Par Madame DE MOTTEVILLE, Une de ses Favorites. A *Amsterdam*, [*Paris*], M.DCC.L. In-12, 6 vol., tit. rouge et noir.

4513 Memoires du Duc DE NAVAILLES et DE LA VALETTE. Pair et Maréchal de France, & Gouverneur de Monseigneur le Duc de Chartres. A *Amsterdam*, Chez Jean Malherbe, M.DCCII. In-12, 1 vol.

4514 Memoires de M.L.D.D.N. [Mme la duchesse DE NEMOURS] contenant ce qui s'est passé de plus particulier en France pendant la Guerre de Paris, jusqu'à la prison du Cardinal de Retz, arrivée en 1652. Avec les differens caracteres des Personnes qui ont eu part à cette Guerre. A *Cologne*. M.DCCIX. In-12, 1 vol., tit. rouge et noir.

4515 Les Memoires de Monsieur le Dvc DE NEVERS Prince de Mantovë, Pair de France, gouvernevr et lievtenant general povr les rois Charles IX. Henry III. et Henry IV. en diverses provinces de ce royavme. enrichis de plvsievrs pieces dv temps. [recueillis par DE GOMBERVILLE, et mis en ordre par Jean CUSRON, imprimeur. A *Paris*, Chez Thomas Iolly, M.DC.LXV. In-f°, 2 vol., tit. rouge et noir, portr. de l'auteur.

4516 Mémoires, fragmens historiques et correspondance de Madame la Duchesse D'ORLÉANS, princesse palatine, mère du régent; [publ. par *A.* SCHUBART] précédés d'une notice par M. *Philippe* BUSONI. Première Edition complète. *Paris*, [imp. A. Mie], chez Paulin, novembre MDCCCXXXII. In-8°, 1 vol.

4517 Mémoires sur la cour de Louis XIV et de la Régence, extraits de la correspondance allemande de Madame *Élisabeth-Charlotte*, duchesse D'ORLÉANS, mère du régent; précédés d'une notice sur cette princesse, et accompagnés de notes. [par *Th.* MONMERQUÉ et *Alexis* SCHUBART]. *Paris*, [impr. de Plassan], Ponthieu, 1823. In-8°, 1 vol.

4518 Mémoires de *G.-J.* OUVRARD, sur sa vie et ses diverses opérations financières, ornés [de son portrait et] du fac simile d'une lettre de M. le duc de Richelieu. *Paris*, Moutardier, [impr. Fain], 1826 [-27]. In-8°, 3 vol.

4519 Mémoires de la Régence de S. A. R. Mgr. le Duc d'Orléans, durant la Minorité de Louis XV [Par le Chevalier DE PIOSSENS]. *Amsterdam (Rouen)*, 1729. In-12, 1 vol.

4520 Memoires du sieur DE PONTIS, qui a servi dans les Armées cinquante-six ans, sous les Rois Henri IV. Louis XIII. & Louis XIV. Contenant plusieurs Circonstances remarquables des Guerres, de la Cour, & du Gouvernement de ces Princes. Nouvelle Edition. A *Amsterdam*, M.DCC.XLIX. In-12, 2 vol.

4521 Lettres inédites de la PRINCESSE PALATINE [*Charlotte-Elisabeth*], traduites par *A.-A.* [*Abraham-Auguste*] ROLLAND. *Paris*, J. Hetzel, *S. d.* In-18, 1 vol.

4522 Mémoires du chevalier DE RAVANNE, page de S. A. R. le Duc Régent et Mousquetaire. A *Amsterdam*, la Compagnie, 1782. In-12, 3 vol.

Ces *Mémoires* sont un pur roman. Ils rendent assez exactement compte de l'état des mœurs de la Cour et de la Société sous la Régence.

4523 Mémoires du Cardinal DE RETZ [*Jean-François-Paul* DE GONDI], contenant ce qui s'est passé de remarquable en France pendant les premières années du règne de Louis XIV. Nouvelle édition. *Genève*, Fabry & Barillot, 1770. In-12, 4 vol.

4524 Mémoires du Maréchal Duc DE RICHELIEU, avec avant-propos et notes par M. *F.* BARRIÈRE. *Paris*, Lib. Didot, Typog. de Didot au Mesnil (Eure), 1858. 2 vol. in-18.

(Tomes 16 & 17 de la Collection des Mémoires du 18e Siècle).

4525 Mémoires de M. le. C. D. R. [le Comte DE ROCHEFORT] contenant ce qui s'est passé de plus particulier sous le Ministère du Cardinal de Richelieu, et du Cardinal Mazarin, avec plusieurs particularitez remarquables du Règne de Louis le Grand. Cinquieme edition, revue, corrigée et augmentée d'une table des matières. [Par *Gatien* DE SANDRAS DE COURTILZ]. *La Haye*, van Bulderen. In-12, 1 vol.

Au jugement de Fontette ces Mémoires sont un pur roman.

4526 Mémoires du duc [*Henri*] DE ROHAN, sur les choses qui se sont passées en France depuis la mort de Henry le Grand jusqu'à la Paix faite avec les Réformés, au mois de Juin mil six cent vingt-neuf. Augmentés de Divers discours politiques du même Auteur, & de son Voïage en Italie, en Allemagne, dans les Païs-Bas, en Angleterre et en Ecosse, l'an mil six cent. A *Amsterdam* [*Paris*], Aux dépens de la Compagnie, 1756. In-12, 2 vol.

La Préface de cette édition, sous le titre d'*Avis des libraires*, est de l'abbé *Claude-Pierre* GOUJET.

4527 Mémoires & Lettres de *Henri* Duc DE ROHAN, sur la Guerre de la Valteline. Publiés pour la première fois, & accompagnés de notes géographiques, historiques et genealogiques Par M. le Baron de ZUR-LAUBEN [*Béat-Fidèle-Antoine-Jean-Dominique* Baron DE LA TOUR-CHATILLON DE ZURLAUBEN] capitaine au Régiment des Gardes-Suisses Associe-Correspondant honoraire de l'Académie des Inscriptions & Belles-Lettres. *Paris*, Vincent, 1758. In-12, 3 vol.

Portrait de Rohan gravé par Moitte d'après un portrait conservé à l'hôtel de Soubise.

4528 Memoires secrets de la Cour de France, contenant les Intrigues du Cabinet, pendant la Minorité de Louis XIV, [par *L.* RUSTAING DE SAINT-JORY]. *Amsterdam*, Chez François Girardi, MDCCXXXIII. In-12,3 vol., tit. rouge et noir.

4529 Memoires de M. le Comte [*Claude-Louis*] DE ST-GERMAIN, Ministre et secrétaire d'Etat de la guerre écrits par lui-même. [Par l'abbé DE LA MONTAGNE, et publiés par l'abbé DUBOIS, suivant l'opinion de Barbier (ed. de 1824) et de Quérard ; suivant celle de Grimm, ils seraient du baron DE WIMPFEN]. *A Amsterdam*, M.-M. Rey, 1779. In-12, 1 vol.

4530 Mémoires de M. de S. H.***. [DE SAINT HILAIRE] contenant ce qui s'est passé de plus considérable en France, depuis le décès du Cardinal de Mazarin, jusqu'à la mort de Louis XIV. *Amsterdam*, Arstée et Mercus, 1766. In-12, 4 vol.

Barbier dit que l'auteur était le fils du Saint Hilaire qui eut un bras emporté par le boulet qui tua Turenne.

4531 Mémoires de Monsieur le Duc de S. SIMON, ou l'observateur véridique sur le régne de Louis XIV, & sur les premières époques des Règnes suivans. Seconde Edition. A *Londres* et se trouve à *Paris*, chez Buisson, Lib. et à *Marseille*, chez Jean Mossy, Imp. Lib. 1789. 3 volumes in-8° (suivis des tomes I & IV du) Supplément aux mémoires de M. le Duc de Saint-Simon Copié fidèlement sur le manuscrit original, pour servir de suite et de Complément aux trois volumes déjà publiés, avec des notes historiques et critiques. A *Londres* & *Paris*, chez Buisson, 1789.

4532 Memoires de tres-noble, et tres-illvstre *Gaspard* DE SAVLX, seignevr de Tavanes, Mareschal de France, Admiral des mers de Levant, Govvernevr de Provence, Conseiller dv Roy, et Capitaine de cent hommes d'armes. [ornés de son portrait, rédigés après sa mort par son troisième fils, *Jean* DE SAULX, vicomte de Tavannes et de Lugny, et suivis de Mémoires de plusieurs choses advenues en France es guerres civiles, 1560-1596, par Messire *Guillaume* DE SAULX, seignevr de Tavanes, lieutenant-général au duché de Bourgogne, et de trois Advis et Conseils du Mareschal de Tavanes, donnés au roy, sur les affaires de son temps. *S. l. n. d. Sully*, près Autun, vers 1617.] In-f°, 1 vol.

4533 Mémoires de la vie de *François* DE SCEPEAUX, sire de Vieilleville et Comte de Duretal, Maréchal de France; contenant plusieurs Anecdotes des Règnes de François I, Henry II, François II et Charles IX. Composés par *Vincent* CARLOIX, son secrétaire. [Edités par le P. *Henry* GRIFFET, de la Compagnie de Jésus]. *Paris*, Guerin et Delatour, 1757. In-12, 5 vol.

4534 Mémoires ou Souvenirs et Anecdotes par M. le comte DE SÉGUR, de l'Académie Française, pair de France; Ornés de son portrait, d'un *fac simile* de son écriture, d'un portrait de l'impératrice Catherine II, d'une médaille et d'une carte du voyage de Crimée. Troisième Edition. *Paris*, Alexis Eymery, [impr. David], MDCCC XXVII. In-8°, 3 vol.

4535 Portraits et caractères de personnages distingués de la fin du dix-huitième siècle, suivis de pièces sur l'histoire et la politique, Par M. SENAC DE MEILHAN, Précédés d'une Notice sur sa Personne et ses Ouvrages, Par M. DE LEVIS. *Paris*, J. G. Dentu, [imp. Crapelet], 1813. In-8°, 1 vol.

[*Même vol.*] Souvenirs et Portraits 1780-1789. Par M. le duc DE LÉVIS, Nouvelle édition, augmentée d'articles supprimés par la censure de Buonaparte. A *Paris*, chez Laurent Beaupré, [imp. de P. Didot l'aîné], 1814. In-8°.

4536 Mémoires secrets et inédits de la Cour de France sur la fin du règne de Louis XIV, par le Marquis DE SOURCHES, grand-prévot de France ; publiés pour la première fois et conformément au manuscrit du dix-septième siècle nouvellement découvert, suivis de documents inédits relatifs a la révocation de l'édit de Nantes, avec une introduction et des notes, Par *Adhelm* BERNIER, avocat a la cour royale de Paris. *Paris*, [imp. E. Duverger], Beauvais ainé, 1836. In-8°, 2 vol.

4537 Mémoires de Madame DE STAAL [*Marguerite-Jeanne* CORDIER DE LAUNAY], écrits par elle-même. A *Londres (Paris)*, 1755. In-12, 4 tom. en 2 vol.

4538 Memoires, ou Œconomies Royales d'État, Domestiques, Politiques & Militaires de Henri le Grand. Par *Maximilien* de Bethune, duc DE SULLY. A *Amsterdam*, [*Trévoux*] aux dépens de la Compagnie, M.DCCXXV. Pet. in-12, 12 vol., tit. rouge et noir.

4539 Memoires [*à partir du tome VII*, Suite des Memoires] de feu M. *Omer* TALON, Avocat General en la Cour de Parlement de Paris. A *la Haye* [*Paris*], Chez Gosse & Neaulme. M,DCC.XXXII. In-12, 8 vol., tit. rouge et noir.

4540 Souvenirs de quarante ans. 1789-1830. Récits d'une Dame de Madame la Dauphine (*Pauline* DE TOURZEL, Ctesse de Béarn). *Paris*, Lecoffre & Cie, Lib. Edit., Imp. Simon Raçon et Cie, 1861, 1 pet. vol, in-12.

4541 Mémoires très particuliers pour servir à l'Histoire d'Henry III, Roy de France & de Pologne, & d'Henry IV, Roy de France & de Navarre. [Par *Charles* DE VALOIS, duc D'ANGOULÊME, fils naturel de Charles IX & de Marie Touchet]. *Paris*, Barbin, 1667. In-12. 1 vol.

Ces mémoires traitent d'événements compris entre 1589 et 1598. — Ils ont surtout trait aux circonstances de la mort de Henri III ; ils parlent également de la Bataille d'Arques et de la Paix de Vervins.

4542 Mémoires des Négociations du marquis DE VALORI, ambassadeur de France a la cour de Berlin ; Accompagnés d'un Recueil de lettres de FRÉDÉRIC-LE-GRAND, des Princes ses frères, de VOLTAIRE, et des plus illustres personnages du XVIIIe siècle ; Précédés d'une Notice historique sur la vie de l'Auteur ; Par le Comte *H.* DE VALORI. A *Paris*, chez Firmin Didot, 1820. In-8°, 2 vol.

4543 Memoires du Duc DE VILLARS, Pair de France, Maréchal, Général des Armées de sa Majesté Tres-Chretienne, &c. [publiés par *Guillaume* PLANTAVIT DE LA PAUSE, abbé de Margon.] A *la Haye*, Chez Pierre Gosse, 1734-1736. In-12, 3 vol., tit. rouge et noir.

4544 Vie du Maréchal Duc DE VILLARS, de l'Académie Françoise, Membre du Conseil de Régence, &c. &c. &c. Ecrite par lui-même ; & donnée au public par M. [*Louis-Pierre*] ANQUETIL, Prieur du Château-Renard, & correspondant de l'Académie Royale des Inscriptions & Belles-Lettres, avec son Portrait & des Plans de bataille. *Paris*, Moutard, 1784. In-12, 4 vol.

4545 Memoires d'Estat par Monsievr [*Nicolas de Neuville*, sieur] DE VILLEROY, Conseiller d'Estat, & Sècretaire *(sic)* des commandemens des Roys Charles IX. Henry III. Henry IV. & de Louys XIII. à present regnant. A *Sedan*, Iouxte la coppie imprimee à Paris, par Iean Houzé, M.DC.XXII [-XXV]. Pet. in-8°, 4 vol., rel. parchemin.

4546 Le Ministre d'Estat avec le veritable vsage de la politique moderne. Seconde Edition par le Sieur DE SILHON. *Paris*, chez Tovssainct dv Bray. M.DCXXXIV.

MÉMOIRES FRANÇAIS. — RÉVOLUTION.

4547 Introduction aux Mémoires sur la Révolution Française, ou Tableau comparatif des mandats et pouvoirs donnés par les provinces a leurs députés aux états-généraux de 1789 ; par *F.* GRILLE. *Paris*, chez Pichard, et chez Ponthieu, [imp. Lebel], 1825. In-8°, 2 vol.

4548 Collection des Mémoires relatifs à la Révolution Française (publiée par MM. BERVILLE et BARRIÈRE). *Paris*, Baudouin frères, imprimeurs-libraires, 1821-1828. 59 vol. in-8°, collection complète, moins les papiers de Robespierre et les portraits, qui n'en font pas partie intégrante. Détail comme suit.

[I]. Mémoires de BAILLY, avec une notice sur sa vie, des notes et des éclaircissemens historiques, par MM. BERVILLE et BARRIÈRE, 1821. [-1822].3 vol.

[II-IV]. Mémoires de S. A. S. *Louis-Antoine-Philippe* D'ORLÉANS, duc de Montpensier, prince du sang. [av. portrait], 1824. Mémoires (inédits) de *Charles* BARBAROUX, député à la Convention nationale; avec des éclaircissemens historiques, par MM. BERVILLE et BARRIÈRE, 1822. Mémoires pour servir à l'histoire de la guerre de la Vendée, par le général TURREAU, 1824. 3 tom. en 1 vol.

[V]. Mémoires du baron DE BESENVAL, avec une notice sur sa vie, des notes et des éclaircissemens historiques, par MM. BERVILLE et BARRIÈRE, 1821. 2 vol., av. portr.

[VI-VII]. Mémoires de Madame la marquise DE BONCHAMPS, rédigés par Mme la comtesse DE GENLIS; suivis des pièces justificatives, 1823. Mémoires de Mme la marquise de LA ROCHEJAQUELEIN, écrits par elle-même, et rédigés par M. DE BARANTE. 1823, 2 tom. en 1 vol.

[VII]. Mémoires sur la vie privée de Marie-Antoinette, reine de France et de Navarre, suivis de souvenirs et anecdotes historiques sur les règnes de Louis XIV, de Louis XV et de Louis XVI. [et des Lettres de deux jeunes Amies] par Mme CAMPAN, lectrice de Mesdames, et première femme de chambre de la reine. Troisième Edition, 1823. 3 vol., av. portr. de l'auteur et fac-similé de son écriture.

[VIII]. Mémoires historiques et militaires sur Carnot, rédigés d'après ses manuscrits, sa correspondance inédite et ses écrits, précédés d'une notice par *P.-F.* TISSOT, 1824. 1 vol., av. portr. de Carnot et fac-similé.

[IX]. Journal de CLÉRY, suivi des dernières heures de Louis Seize, Par M. EDGEWORTH DE FIRMONT ; du récit des événemens arrivés au Temple, Par Madame Royale, fille du roi ; et d'éclaircissemens historiques tirés de divers mémoires du temps, 1825. In-8°, 1 vol., portr. de Cléry et 1 grav.

[X]. Mémoires de LOUVET DE COUVRAY, député a la Convention nationale, avec une notice sur sa vie, des notes et des éclaircissemens historiques, 1823. 1 vol.

[XI]. Mémoires sur les Journées de Septembre 1792, Par M. JOURGNIAC DE SAINT-MÉARD, Mme la marquise DE FAUSSE-LENDRY, l'abbé SICARD, et M. *Gabriel-Aimé* JOURDAN, président du district des Petits-Augustins ; suivis des Délibérations prises par la Commune de Paris, et des Procès-verbaux de la Mairie de Versailles, 1823. 1 vol. av. gravures.

[XII]. Mémoires sur l'Affaire de Varennes, comprenant le mémoire inédit de M. le marquis DE BOUILLÉ (comte *Louis*) ; deux relations également inédites de MM. les comtes DE RAIGECOURT et DE DAMAS ; celle de M. le capitaine DESLON, et le précis historique de M. le comte DE VALORY, 1823. 1 vol., portr. de Bouillé.

[XIII]. Mémoires du marquis D'ARGENSON, ministre sous Louis XV ; avec une notice sur la vie et les ouvrages de l'auteur ; publiés par *René* D'ARGENSON, 1825. 1 vol., av. carte.

[XIV]. Mémoires sur la Convention et le Directoire, par *A.C.* THIBAUDEAU, 1824. 2 vol.

[XV]. Mémoires sur la Vendée, comprenant les mémoires inédits d'un ancien administrateur militaire des armées républicaines, et ceux de Madame DE SAPINAUD, 1823. 1 vol.

[XVI]. Guerres des Vendéens et des Chouans contre la République Française, ou Annales des Départemens de l'Ouest pendant ces guerres, d'après les Actes et la Correspondance du comité de Salut public, des Ministres, des Représentans du peuple en mission, des Agens du gouvernement, des Autorités constituées; des Généraux Berruyer, Biron, Canclaux, Rossignol, Santerre, L'Echelle, Kleber, Marceau, Turreau, Moulin, Hoche, etc., et d'après les Règlemens, Proclamations et Bulletins du conseil supérieur et des chefs des Vendéens et des Chouans ; par un officier supérieur des armées de la république habitant dans la Vendée avant les troubles, [*Jean-Julien-Michel* SAVARY, adjudant-général]. 1824 [-1827]. 6 vol.

[XVII]. Mémoires de WEBER, concernant Marie-Antoinette, archiduchesse d'Autriche et reine de France et de Navarre ; [sa sœur de lait] avec des notes et des éclaircissemens historiques, par MM. BERVILLE et BARRIÈRE, 1822. 2 vol.

[XVIII]. Mémoires historiques sur la catastrophe du duc d'Enghien. [*savoir* : Extrait des Mémoires de M. le duc DE ROVIGO, Discussion des Actes de la Commission militaire, Explications aux hommes impartiaux, par le comte HULIN, Examen impartial sur M. de Caulaincourt, Correspondance du duc DE DALBERG, Extrait du Mémorial de Ste-Hélène, *etc., etc.*], 1824. 1 vol.

[XIX]. Mémoires du marquis DE BOUILLÉ, lieutenant-général des armées du roi, avec une notice sur sa vie, des notes et des éclaircissemens historiques, par MM. BERVILLE et BARRIÈRE, 1821. 1 vol.

Tome unique, bien que la *Bibliographie* de Brunet en indique deux.

[XX]. Le Vieux Cordelier, journal politique, rédigé en l'an II par *Camille* DESMOULINS, député a la Convention nationale. Causes secrètes de la Journée du 9 au 10 thermidor an II, suivies des Mystères de la Mère de

Dieu dévoilés, par VILATE, ex-juré du tribunal révolutionnaire. Précis historique inédit des événemens de la soirée du 9 thermidor an II, par *C.A.* MÉDA, gendarme, chargé de réduire la Commune de Paris et les conventionnels insurgés ; avec une notice sur la vie de l'auteur, 1825. 1 vol.

[XXI-XXII]. Relation du départ de Louis XVI, le 20 juin 1791, écrite en aout 1791, dans la prison de la haute cour nationale d'Orléans ; par M. le duc DE CHOISEUL, pair de France, et extraite de ses Mémoires inédits, 1822. 1 vol. Portrait de M. de Choiseul.

Mémoire de M. le baron DE GOGUELAT, lieutenant-général, sur les événemens relatifs au voyage de Louis XVI a Varennes, suivi d'un précis des tentatives qui ont été faites pour arracher la reine à la captivité du Temple, orné d'une carte de la route de Châlons à Montmédy, et de plusieurs *fac-similé* des lettres de la Reine Marie-Antoinette, 1823. 1 vol.

[*Même vol., ne faisant point partie de la présente collection*]. Observations sur les Mémoires de Mme Campan, par M. le baron D'AUBIER, gentilhomme ordinaire de la chambre du roi. *Paris*, chez C. J. Trouvé, 1823. In-8°, 70 pp.

[XXIII]. Mémoires du marquis DE FERRIÈRES, avec une notice sur sa vie, des notes et des éclaircissemens historiques, par MM. BERVILLE et BARRIÈRE, 1821. 3 vol.

[XXIV]. Mémoires de LINGUET, sur la Bastille, et de DUSAULX, sur le 14 juillet, avec des notices, des notes et des éclaircissemens historiques, par MM. BERVILLE et BARRIÈRE, 1821. 1 vol. av. gravures.

[XXV]. Mémoires de MEILLAN, député, par le département des Basses-Pyrénées, a la Convention nationale, avec des notes et des éclaircissemens historiques, 1823. 1 vol.

[XXVI]. Mémoires politiques et militaires du général Doppet, avec des notes et des éclaircissemens historiques, 1824. 1 vol.

[XXVII]. Mémoires de Madame du Hausset, femme de chambre de Madame de Pompadour, [mis au jour par M. Craufurd] avec [une notice sur M. Craufurd, par M. *F.* Barrière, un essai sur la marquise de Pompadour, par M. Després], des notes et des éclaircissemens historiques, 1824. 1 vol.

[XXVIII]. La Vie et les Mémoires du général Dumouriez, avec des notes et des éclaircissemens historiques, par MM. Berville et Barrière, 1822 [-1823]. 4 vol., av. portr. et fac-simile.

[XXIX]. Histoire de la Convention Nationale, par Durand de Maillane ; suivie d'un fragment historique sur le 31 mai, par le comte Lanjuinais, pair de France, 1825. 1 vol.

[XXX]. Mémoire historique sur la Réaction Royale et sur les Massacres du Midi ; Par le citoyen Fréron, ex-député a la Convention nationale, et commissaire du gouvernement dans les départemens méridionaux, avec les pièces justificatives, et augmenté d'éclaircissemens et documens historiques, 1824. 1 vol.

[XXXI]. Mémoires, souvenirs, opinions et écrits du duc de Gaëte (*Martin-Michel-Charles* Gaudin), ancien ministre des finances, ex-député, gouverneur de la Banque de France, 1826. 10 vol.

[XXXII]. Mémoires pour servir a l'histoire de la ville de Lyon pendant la Révolution, par M. l'abbé *Aimé* Guillon de Montléon, conservateur a la Bibliothèque Mazarine, 1824. 2 vol., portr. de l'auteur et plan de Lyon.

[XXXIII]. Mémoires sur les Prisons [de la Révolution]. Tome premier, contenant les mémoires d'un détenu, par Riouffe ; l'humanité méconnue, par *J.* Paris de l'Épinard ; l'incarcération de Beaumarchais ; le tableau historique de la prison de Saint-Lazare, avec une notice sur la vie de Riouffe [par PARISET]. [Tome second, contenant ceux qui concernent les prisons de Port-Libre, du Luxembourg, de la rue de Sèvres, etc., etc., suivis du voyage des cent trente-deux Nantais, et d'une relation des maux soufferts par les prêtres déportés dans la rade de l'île d'Aix,] des notes et des éclaircissemens historiques, 1823. 2 vol.

[XXXIV]. Mémoires de RIVAROL, avec des notes et des éclaircissemens historiques ; précédés d'une notice, par M. BERVILLE, 1824. 1 vol.

[XXXV]. Mémoires de Madame ROLAND ; avec une notice sur sa vie, des notes et des éclaircissemens historiques, par MM. BERVILLE et BARRIÈRE, 1820. 2 vol., portrait, fac-simile et gravures.

[XXXVI]. Débats de la Convention Nationale, ou Analyse complète des séances, avec les noms de tous les membres, pétitionnaires ou personnages qui ont figuré dans cette assemblée, précédée d'une introduction [par *Léon* THIESSÉ], 1828. 5 vol.

[XXXVII]. Révélations puisées dans les cartons des comités de salut public et de sureté générale ; ou Mémoires (inédits) de SÉNART, agent du gouvernement révolutionnaire ; publiés par *Alexis* DUMESNIL, Deuxième édition, 1824. 1 vol.

Collection complémentaire des Mémoires relatifs à la Révolution Française (publiée par *G.-L.* MICHAUD, et comprenant les Mémoires qui n'étaient point la propriété de MM. Berville et Barrière), tom. I à V. *Paris*, G.-L. Michaud, 1823. 5 vol. in-8°, savoir :

[I.-II]. Mémoires particuliers pour servir a l'histoire de la fin du règne de Louis XVI ; par *A. F.* DE BERTRAND-MOLEVILLE, ministre et secrétaire d'état sous le règne de Louis XVI, [précédés d'une notice historique sur l'auteur]. 2 vol.

[III]. Dernières Années du règne et de la vie de Louis XVI, par *François* HUE, l'un des officiers de la chambre du roi, appelé par ce prince, après la journée du 10 aout, a l'honneur de rester auprès de lui et de la famille royale. [avec une notice historique sur Fr. Hue] seconde édition, 1 vol., portr. de Louis XVI.

[IV]. Journal de ce qui s'est passé a la tour du Temple, pendant la captivité de Louis XVI, roi de France, par CLÉRY ; [rédigé par la comtesse DE SCHOMBERG] suivi des dernières heures de ce prince, par l'abbé EDGEWORTH DE FIRMONT ; et des détails de ce qui s'est passé au Temple et a la Conciergerie après sa mort, par *** [d'après le récit de Madame Royale, duchesse d'Angoulême]. In-8°, 1 vol., plusieurs gravures et fac-similé.

[V]. Mémoires de Madame la marquise de LA ROCHEJACQUELIEN, écrits par elle-même. [et rédigés par M. DE BARANTE] Nouvelle édition, revue, corrigée et augmentée de différentes pièces relatives aux événemens de 1815, et d'une table raisonnée et analytique, avec deux cartes et un portrait [du marquis de La Rochejacquelein]. 1 vol.

4549 Abrégé des Memoires pour servir à l'Histoire du Jacobinisme. Par M. l'abbé [*Augustin*] BARRUEL. *Hambourg*, P. Fauche, 1801. In-12, 2 vol.

4550 Mémoires pour servir a l'histoire du Jacobinisme, Par M. l'Abbé BARRUEL. [Nouvelle et dernière édition]. A *Hambourg*, Chez P. Fauche, Libraire, 1803. In-8°, 5 tom. en 3 vol.

Deux exemplaires.

4551 Mémoires du comte BELLIARD, lieutenant-général, pair de France, écrits par lui-même, Recueillis et mis en ordre par M. VINET, l'un de ses aides-de-camp. *Paris*, Berquet et Pétion, [impr. Terzuolo], 1842. In-8°, 3 vol., 6 fac-similé à la fin du t. III.

4552 [Mémoires contemporains.] Mémoires de M. [*Louis-Antoine Fauvelet* DE] BOURRIENNE, ministre d'état ; sur Napoléon, le Directoire, le Consulat, l'Empire et la Restauration. Troisième édition. A *Paris*, chez L'advocat, [et Barba, impr. Aug. Mie], MDCCCXXX. 10 tom. en 5 vol.

4553 Bourrienne et ses Erreurs volontaires ou involontaires, ou Observations sur ses Mémoires ; par Messieurs le général BELLIARD, le général GOURGAUD, le comte d'AURE, le comte DE SURVILLIERS, le baron MENEVAL, le comte BONACOSSI, le prince d'ECKMULH *(sic)*, le baron MASSIAS, le comte BOULAY DE LA MEURTHE, le ministre DE STEIN, CAMBACÉRÈS, recueillies par *A.* B. [BULOZ]. *Paris*, Charles Heideloff, Urbain Canel, [imp. David], 1830. In-8°, 2 tom. en 1 vol.

4554 [Mémoires relatifs à la Révolution Française] Mémoires de BRISSOT [DE WARVILLE], membre de l'Assemblée législative et de la Convention nationale, sur ses contemporains, et la Révolution Française, publiés par son fils [*E.* BRISSOT DE WARVILLE] ; avec des notes et des éclaircissemens historiques, par M. *F.* DE MONTROL. *Paris*, Ladvocat, [impr A. Barbier], MDCCCXXX. In-8°, 2 vol.

(L'ouvrage complet en comprend 4).

4555 Mémoires sur la Révolution Française, Par [*François-Nicolas-Léon*] BUZOT, député à la Convention nationale ; Précédés d'un Précis de sa Vie et de Recherches historiques sur les Girondins, par M. GUADET. A *Paris*, chez Béchet ainé, [Bossange, Delaunay, Ponthieu, Pélicier, Treuttel et Würtz, Mougie, etc., etc. ; impr. Huzard-Courcier], 1823. In-8°, 1 vol.

4556 Mémoires sur la Guerre de la Vendée en 1815, par Mr *S.* CANNEL, lieutenant-général des armées du roi, accompagnés de la carte du théatre de la guerre, et du portrait du marquis de La Rochejaquelein. *Paris*, J. G. Dentu. 1817. In-8°, 1 vol.

4557 Mémoires des Contemporains pour servir a l'histoire de France, et principalement a celle de la République et de l'Empire. Quatrième livraison. [Histoire et Procès des Naufragés de Calais, par M. le duc DE CHOISEUL, pair de France (extraits de ses Mémoires inédits).] *Paris*, Bossange frères, [et Bossange père, impr. Jules Didot aîné], 1824. In-8°, 1 vol.

4558 Rapport fait au nom de la commission chargée de l'examen des papiers trouvés chez Robespierre et ses complices, Par *E. B.* COURTOIS, Député du Département de l'Aube, Dans la Séance du 16 Nivôse, An IIIe de la République française, une et indivisible, imprimé par ordre de la Convention Nationale. A *Paris*, de l'Imprimerie Nationale des Lois, Nivôse, an IIIe de la République. In-8°, 1 vol.

4559 Mémoires sur divers événemens de la Révolution et de l'émigration; par *A. H.* DAMPMARTIN, maréchal des camps et armées du roi. A *Paris*, chez Hubert, [impr. A. Belin]. MDCCCXXV. In-8°, 2 vol.

4560 Quelques années de ma vie, par *Alexandrine* DES ECHEROLLES, chanoinesse honoraire de l'ordre de Sainte Anne de Munich, dame d'honneur de S. A. R. Madame la Duchesse Henriette de Wurtemberg Tome premier & 2e (en un volume). *Moulins*, chez Martial Place, Edit. & Imp., 1843.-1845. 1 vol. in-8°.

4561 Œuvres de *Camille* DESMOULINS, député a la Convention nationale, et doyen des Jacobins; Contenant: 1° la France libre; 2° le Vieux Cordelier; 3° la correspondance; 4° le portrait de l'auteur; 5° [un tableau représentant le fac-simile des lettres autographes de Robespierre, Mirabeau, Saint-Just, et de beaucoup d'autres célébrités de la révolution de 1789]; [6° un essai sur la vie de Camille Desmoulins, par MATTON aîné]. *Paris*, Ebrard, 1838. In-8°, 2 tom. en 1 vol.

4562 Mémoires historiques sur Louis XVII, roi de France et de Navarre, avec notes et pièces justificatives, et ornés du portrait de Sa Majesté ; dédiés et présentés a Son Altesse Royale, Madame, duchesse d'Angoulême. Par M. ECKARD, ancien avocat. A *Paris*, Chez H. Nicolle, [imp. Lefebvre], 1816. In-8°, 1 vol.

4563 Campagnes du Corps sous les ordres de son Altesse sérénissime Mgr le prince de Condé, par M. le Mis D'ECQUEVILLY, maréchal-général-des-logis de la cavalerie dudit corps. A *Paris*, chez Le Normant, [impr. Denugon], 1818. In-8°, 3 tom. en 2 vol.

4564 Mémoires de FAUCHE-BOREL. [imprimeur à Neuchâtel, correspondant du roi Louis XVIII pendant l'émigration]. *Paris*, Moutardier [impr. Crapelet, *Genève*, Barbezat et Delarue, et *Bruxelles*, Lecharlier], 1829. In-8°, 4 vol., portr. de l'auteur.

4565 Mémoires de M. l'abbé EDGEWORTH DE FIRMONT, dernier Confesseur de Louis XVI, recueillis par *C.* SNEYD EDGEWORTH, et traduits de l'anglais par le traducteur d'*Edmund* BURKE. [DUPONT, conseiller d'état]. *Paris*, Gide, fils, octobre M. DCCCXV, [impr. Mame]. In-8°, 1 vol.

[*Même vol.* : I] Anecdotes relatives a quelques personnes, et a plusieurs événemens remarquables de la Révolution ; Par *J.-B.* HARMAND (de la Meuse), ancien député, et ex-préfet du département du Bas-Rhin. *Paris*, Baudouin, Delaunay, Chaignieau jeune, 1814. In-8°.

[II] Les Tombeaux de Saint-Denis, et l'Héroïsme de la Piété fraternelle, élégies, par M. TRENEUIL. Nouvelle édition revue et corrigée. *Paris*, Dentu, 1808. In-8°, 104 pp.

4566 Manuscrit de l'an trois 1794-1795 ; contenant les premières transactions des puissances de l'Europe avec la République Française, et le tableau des derniers événemens du régime conventionnel, pour servir à l'histoire du cabinet de cette époque, par le baron FAIN, alors secrétaire au comité militaire de la Convention nationale. Seconde édition. *Paris*, Delaunay, Mongie, Lecointe, [imp. Fain], 1829. In-8°, 1 vol.

4567 Mémoires de *Joseph* FOUCHÉ, duc d'Otrante, ministre de la police générale [rédigés par *Alph.* DE BEAUCHAMP, sur les notes de JULLIAN]. A *Paris*, chez Le Rouge, [impr. Lefebvre], 1824. In-8°, 2 vol., portr. de Fouché.

4568 Memoires de [*Dominique-Joseph*] GARAT [le Jeune]. Avec une préface par *E.* MARON. *Paris*, Poulet-Malassis, 1862. In-18, 1 vol.

4569 [Collection des Mémoires des Maréchaux de France et des Généraux Français.] Mémoires du général *Joseph-Léopold-Sigismond*, comte] HUGO, gouverneur de plusieurs provinces et aide-major-général des armées en Espagne. [accompagnés des Mémoires sur la guerre de la Vendée, en 1793 et 1794, par le général AUBERTIN, et d'un Précis historique des événemens qui ont conduit Joseph Napoléon sur le trône d'Espagne, par *Abel* HUGO, fils aîné du général], A *Paris*, chez Ladvocat, [impr. E. Pochard], M.DCCC.XXIII. In-8°, 3 vol.

4570 Mémoires et Souvenirs du général *Maximien* LAMARQUE, publiés par sa famille. *Paris*, H. Fournier jeune, [*Angers*, impr. E. Le Sourd], 1835. In-8°, 3 vol.

4571 Mémoires et souvenirs d'un Pair de France, ex-membre du Sénat conservateur. [le baron *E.-L.* DE LAMOTHE-LANGON, rédigés par GUILLEMARD, avocat]. *Paris*, Tenon, [impr. H. Tilliard], 1829. In-8°, 2 vol.

(L'ouvrage complet en comprend 4.)

4572 Mémoires pour servir à l'Histoire de la guerre de la Vendée, par le comte DE ***. [*Jacques-Anne-Joseph* LE PRESTRE comte DE VAUBAN]. *Paris*, chez les Marchands de Nouveautés, 1806. Petit in-18, 1 vol.

4573 Guerre de la Vendée et des Chouans, par LEQUINIO, représentant du peuple, député par le département du Morbihan ; Ouvrage dans lequel on donne une connoissance complette de la guerre de la Vendée, des causes qui l'on *(sic)* produite, des moyens qui l'ont entretenue, et des mesures propres à la terminer ; Premier Brumaire, de l'an 3. A *Paris,* Chez Pougin, Et se trouve chez Petit, Chez Debrai, Martial. In-8°, 1 vol.

4574 [Mémoires relatifs à la Révolution Française]. Mémoires anecdotiques pour servir à l'histoire de la Révolution Française ; par [*Vincent*] LOMBART DE LANGRES, ancien ambassadeur en Hollande, et membre de la cour de cassation sous le directoire. *Paris*, Ladvocat, [impr. de Fain], 1823. In-8°, 2 vol.

4575 [Œuvres choisies de MARMONTEL. I-II] Mémoires d'un Père, par MARMONTEL, de l'Académie Française. A *Paris*, chez Étienne Ledoux, [impr. Gaultier-Laguionie], 1827. In-8°, 2 vol., portr. de Marmontel et gravure.

4576 Mémoires du comte MIOT DE MELITO, ancien ministre, ambassadeur, conseiller d'État et membre de l'Institut. [1788-1815]. *Paris,* Michel Lévy frères, [typogr., Wittersheim], 1858. In-8°, 3 vol.

4577 Souvenirs militaires de 1804 à 1814 ; par M. [*Raymond-Emery-Philippe-Joseph* DE MONTESQUIOU] duc DE FEZENSAC, général de division. *Paris*, Dumaine, 1866. In-18, 1 vol.

4578 Mémoires de M. le Comte DE MONTLOSIER, sur la Révolution Française, le Consulat, l'Empire, la Restauration, et les principaux événemens qui l'ont suivie. 1755-1830. *Paris*, Dufey [impr. Fain], 1830. In-8°, 2 tom. en 1 vol., portr. de l'auteur.

4579 Mémoires de l'abbé MORELLET, de l'Académie Française, sur le dix-huitième siècle et sur la révolution ; précédés de l'Éloge de l'abbé Morellet, par M. LÉMONTEY, de l'Académie Française. *Paris*, [impr. Fain], à la librairie française de Ladvocat, M. DCCC. XXI. In-8°, 2 vol., av. portrait.

4580 Mémoires de *Claude-Victor* PERRIN duc de Bellune, pair et maréchal de France, mis en ordre par son fils aîné *Victor-François* PERRIN duc de Bellune. *Paris*, Dumaine, Amyot, Truchy, [impr. Hennuyer], 1847. In-8°, 1 vol.

4581 Mémoires pour servir a l'histoire de la Révolution Française, par SANSON, exécuteur des arrêts criminels pendant la révolution [par *L.-Fr.* L'HÉRITIER, de l'Ain]. *Paris*, A la Librairie Centrale, [imp. H. Tilliard], 1829. In-8°, 2 vol.

4582 Mémoires du maréchal SUCHET, duc d'Albufera, sur ses campagnes en Espagne, depuis 1808 jusqu'en 1814, écrits par lui-même. *Paris*. Adolphe Bossange, Bossange père, Firmin Didot, Décembre 1828. In-8°, 2 vol., portr. de l'auteur.

4583 Mémoires sur le Consulat, 1799 à 1804, par un ancien conseiller d'état. [*A.-C.* THIBAUDEAU]. *Paris*, chez Ponthieu et Cie; [impr. Gaultier-Laguionie], 1827. In-8°, 1 vol.

4584 Mémoires de M. le Comte DE VAUBLAN, avec avant-propos et notes; par M. *Fs*. BARRIÈRE. *Paris*, Lib. Firmin Didot, fils et Cie, Typog. de Firmin Didot. *Mesnil* (Eure), 1857. 1 vol. in-12.

Tome XIII des mémoires relatifs à l'histoire de France, pendant le 18e et le 19e siècles.

4585 Mémoires sur l'expédition de Quiberon, précédés d'une notice sur l'émigration de 1791, et sur les trois campagnes des années 1792, 1793, 1794; par *Louis-Gabriel* DE VILLENEUVE-LAROCHE-BARNAUD, chef de bataillon, un des prisonniers échappés au massacre de Quiberon, [publiés par *Joseph* BOCOUS]. *Paris*, Le Normant, M. DCCCXIX [-XXII]. In-8°, 2 tom. en 1 vol., manquent la carte et le plan.

4586 Mémoires militaires, historiques et politiques de *J.-B.-D.* DE VIMEUR, comte DE ROCHAMBEAU, ancien maréchal de France, [publiés par LUCE DE LANCIVAL]. A *Paris,* chez Pillet ainé, 1824 (M. D. CCC. IX). In-8°, 2 vol.

(1809 est la date de la 1re édition).

4587 Relation fidèle de la fuite du roi Louis XVI et de sa famille a Varennes, extraite des pièces judiciaires et administratives, et de celles saisies aux domiciles de MM. de Bouillé, de Fersen, de Klinglin, de Goguelat, de Maldent, de Valory, de Moustier, et autres accusés devant la haute-cour nationale provisoire établie à Orléans, déposées au greffe de cette juridiction. Par M. *Eugène* BIMBENET, greffier en chef de la Cour royale d'Orléans. *Paris*, chez G.-A. Dentu, 1844. In-8°, 1 vol., 8 fac-similé.

4588 Chronique de cinquante jours, du 20 juin au 10 aout 1792, rédigée sur pièces authentiques ; par *P.-L.* RŒDERER. *Paris,* de l'imprimerie de Lachevardiere, M DCCC XXXII. In-8°, 1 vol.

4589 Dictionnaire des individus envoyés a la mort judiciairement, révolutionnairement et contre-révolutionnairement pendant la Révolution, particulièrement sous le règne de la Convention nationale ; Contenant 1° des Réflexions préliminaires sur cette Histoire générale des Crimes ; 2° la Liste des Proconsuls, celle des Tribunaux et Commissions, les Lois de mort ; 3° les noms, âges, lieux de naissance, qualités, domiciles, professions de tous ceux qui ont été guillotinés, fusillés, mitraillés ou noyés pendant la Révolution ; 4° une table des surnoms ; 5° des Tableaux chronologiques des factions qui ont désolé la France, des conspirations, des amalgames d'individus condamnés en masse. Avec des Gravures et des Tableaux. Par *L.* PRUD'HOMME. A *Paris,* An V de la République, 1796, vieux style. In-8°, 2 vol.

4590 Mémoires pour servir a l'histoire de la ville de Toulon, en 1793, rédigés par *M. Z.* [*Zénon*] PONS, professeur de rhétorique au collége de Toulon. A *Paris*, de l'imprimerie de C. J. Trouvé, M DCCC XXV. In-8°, 1 vol., portr. de Louis XVII.

4591 Histoire de la Guerre de la Vendée ou Tableau des Guerres civiles de l'Ouest, depuis 1792 jusqu'en 1815, comprenant l'Histoire secrète du parti royaliste jusqu'au rétablissement des Bourbons. Quatrième édition, avec cartes et portraits; Par M. *Alph.* DE BEAUCHAMP. *Paris*, chez L.-G. Michaud, [*Versailles*, impr. Jalabert], 1820 In-8°, 4 vol.

4592 Lettres sur l'origine de la Chouannerie et sur les Chouans du Bas-Maine, dédiées au roi, Par *J.* DUCHEMIN DESCEPEAUX. [*Paris*], Imprimerie Royale, M. DCCC. XXV. [-XXVII]. In-8°, 2 vol.

4593 Essai sur l'Institut Philanthropique, établi en 1796, dans les provinces méridionales de la France, par ordre et en vertu des pouvoirs de Sa Majesté Louis XVIII. Par M. DUPONT CONSTANT, ancien visiteur de l'arrondissement de la Guienne. *Paris*, imprimerie Anthelme Boucher, 1823. In-8°, 1 vol.

4594 Journal de l'adjudant-général [*Jean-Pierre* RAMEL, commandant de la garde du corps législatif de la République Française, l'un des déportés a la Guiane après le 18 fructidor; Sur les faits relatifs à cette journée, sur le transport, le séjour et l'évasion de quelques-uns des Déportés; Avec les détails circonstanciés de la fin terrible du Général Murinais, de Tronçon-Ducoudray, Lafond-Ladebat, etc., etc. Seconde édition, augmentée de la lettre de Ramel au Directoire, et de douze notes. *Londres*, 1799. In-8°, 1 vol.

4595 Déportation et Naufrage de J. J. Aymé, ex-législateur; suivis du tableau de vie et de mort des déportés, a son départ de la Guyane, avec Quelques observations sur cette Colonie et sur les Nègres. A *Paris*, Chez Maradan, [*s. d.* 1800]. In-8°, 1 vol.

[*Même vol.*] Les Lettres de *P.* MANUEL, l'un des administrateurs de 1789, sur la Révolution, recueillies par un Ami de la Constitution. A *Paris*, Chez Garnery, L'an troisième de la Liberté [1792.] In-8°, impr. par Cl. Lequatre à Montargis.

Entre les deux ouvrages se trouve relié un prospectus du Cultivateur Anglais d'*Arthur* YOUNG, traduit par LAMARE, Benoist, Billecocq et Delalauze : Maradan, *s. d.* 11 pp.

4596 Procès instruit par le tribunal criminel du département de la Seine, Contre les nommés Saint-Réjant, Carbon, et autres, prévenus de conspiration contre la personne du premier Consul ; suivi du Jugement du Tribunal de cassation qui a rejeté le pourvoi des Condamnés, recueilli par des sténographes. A *Paris*, de l'Imprimerie de la République, Floréal an IX. In-8°, 2 tom. en 1 vol.

MÉMOIRES ÉTRANGERS. — DIVERS.

4597 Mémoires pour servir à l'Histoire d'Espagne, sous le règne de Philippe V, Par D. *Vincent* BACALLAR Y SANNA, Marquis DE SAINT-PHILIPPE. Traduits de l'espagnol [par DE MAUDAVE, ancien capitaine du Régiment de Montcalm]. *A Amsterdam*, Z. Chatelain, 1756. In-12, 4 vol.

4598 Memoires secrets de Mylord BOLINGBROKE, sur les affaires d'Angleterre depuis 1710 jusqu'en 1716, et plusieurs intrigues a la cour de France, Ecrits par lui-même en 1717, adressés en forme de Lettre au Chevalier Windham ; publiés après sa mort en 1753. Traduits de l'Anglais avec des notes historiques précedés d'un discours préliminaire sur la vie de l'Auteur, [par FAVIER, de Toulouse]. *Londres*, M.DCC. LIV. Pet. in-4°, 2 tom. en 1 vol., manque la 3e part. qui contient les pièces justificatives, portrait de l'auteur.

4599 Mémoires de *J.* du Clerq, sur le règne de Philippe le Bon, duc de Bourgogne : publiés pour la première fois par le Baron de Reiffenberg, seconde édition. *Bruxelles*, J. M. Lacrosse, Editeur, Imprimerie de Lacrosse, 1835-1836. 4 vol. in-8°.

4600 Mémoires de Frédérique Sophie Wilhelmine de Prusse, margrave de Bareith, sœur de Frédéric-le-Grand ; Ecrits de sa main. Seconde édition. A *Paris*, Chez F. Buisson, et Delaunay, 1811. In-8°, 2 vol.

4601 Mémoires de Falckenskiold, officier général au service de S. M. le roi de Danemarck, a l'époque du ministère et de la catastrophe du comte de Struensée : Contenant l'exposé fidèle et impartial des causes et des circonstances de cette catastrophe dans laquelle l'auteur a lui-même été entraîné, précédé d'une relation des campagnes de M. de Falckenskiold dans l'armée russe contre les Turcs, en 1769 et 1770, et suivi de Considérations sur l'Etat militaire du Danemarck ; avec une Notice préliminaire sur la Vie de l'Auteur de ces Mémoires, par M. *Phil.* Secretan, vice-président de la cour des appellations suprêmes du canton de Vaud. *Paris*, a la librairie Treuttel et Würtz, [imp. Marchand du Breuil], Strasbourg ; Londres, 1826. In-8°, 1 vol.

4602 Mémoires du Prince de la Paix *Don Manuel* Godoy, Duc de l'Alcudia, Prince de Bassano, Comte d'Evoramonte, Ancien premier Ministre du Roi d'Espagne, Généralissime de ses armées, Grand-Amiral, etc., traduits en français d'après le manuscrit espagnol, par *J.- G.* d'Esménard, Lieutenant-Colonel d'Etat-Major. *Paris*, chez Ladvocat [impr. Casimir] *Londres*, Richard Bentley, *Madrid*, Casimir Monnier, M DCCC XXXVI. In-8°, 4 vol.

'603 Mémoires de Goëthe *(sic)*, traduits de l'allemand par M. Aubert de Vitry. *Paris*, Ponthieu, Rapilly, Gautier, [Bossange, et *Versailles*, imp. J. P. Jacob], 1823. In-8°, 2 vol., portrait de Goethe.

4604 Les Memoires non encor veves du sieur *Ferry* DE GVYON, escvyer, Bailly general d'Anchin, Pesqvencovr &c. Contenantes les batailles, sieges de villes, rencontres, escarmouces où il s'est trouvé, tant en Affrique qu'en l'Europe, pour l'Empereur Charles V & Philippe II, Roy d'Espaigne son fils de glorieuse memoire. Par P. DE CAMBRY, licentié ès droicts, chanoine de Renay, son petit fils. A *Tournay*, la Ve Adrien Qvinqvé, 1664. In-8°. 1 vol.

Ces Mémoires, renfermant des particularités intéressantes sur la vie militaire au XVIe siècle, ont été réédités à Bruxelles, en 1858, pour la *Société d'Histoire de Belgique*, par M. de Robaulx de Soumoy.

4605 Souvenirs diplomatiques de [*Henri-Richard*] Lord HOLLAND, [Chancelier du Duché de Lancastre], publiés par son fils Lord *Henri-Edouard* HOLLAND. Traduits de l'anglais par *H.* DE CHONSKI. *Paris*, Just Rouvier, 1851. In-12, 1 vol.

4606 Mémoires historiques, politiques et militaires, de M. le Cte. DE HORDT, Suédois, et lieutenant-général des armées prussiennes ; rédigés par M. BORRELLY, Ancien Membre de l'Académie Royale des Sciences et Belles-Lettres de Berlin. A *Paris*, Chez F. Buisson, [impr. Jeunehomme] an XIV. 1805. In-8°, 2 vol.

4607 Meine Flucht nach Paris im Winter 1790. Für bekannte und unbekannte Freunde von *August* VON KOTZEBUE. *Leipsig*, Kummer, 1791. In-8°, 1 vol.

4608 Les Memoires de Messire *Olivier* DE LA MARCHE, troisiesme édition, Reuë *(sic)*, & augmenté *(sic)* d'un Estat particulier de la maison du Duc Charles le Hardy, composé du mesme Auteur, & non imprimé cy-deuant. A *Bruxelles*, Chez Hubert Antoine 1616. In-8° car., 1 vol. de 14 ff. non cotés, 713 pp. chiffr. et 1 feuillet.

4609 Memoires du Marquis [*Alexandre*] MAFFEI, Lieutenant général des troupes de l'Electeur de Bavière & ensuite celle de l'Empereur : Contenant une exacte Description de plusieurs des plus fameuses expéditions militaires de notre siècle. Traduits sur l'original italien. [Par SÉGUIER, de Nîmes]. *La Haye*, Néaulme, 1740. In-12, 2 vol.

4610 Mémoires politiques et Correspondance diplomatique de *J.* DE MAISTRE, avec explications et commentaires historiques par *Albert* BLANC, docteur en droit de l'université de Turin. *Paris*, [imp. Bourdillat], Librairie Nouvelle, 1858. In-8°, 1 vol.

4611 Mémoires du Feld-Maréchal Comte DE MÉRODE-WESTERLOO Chevalier de la Toison d'or, Capitaine des Trabans de l'Empereur Charles VI, etc., etc., Publiés par M. le comte DE MÉRODE-WESTERLOO, son arrière petit-fils. *Bruxelles*, Ad. Wablen & Cie, 1840. 2 vol. in-f° ; portrait

4612 Mémorial de Gouverneur MORRIS, homme d'état américain, ministre plénipotentiaire des Etats-Unis en France, de 1792 a 1794 ; Suivi d'extraits de sa correspondance et de ses papiers, contenant des détails nouveaux sur la révolution française, la révolution d'Amérique et l'histoire politique des Etats-Unis, traduit de l'anglais, de *Jared* SPARKS, avec annotations, par *Augustin* GANDAIS. *Paris*, Jules Renouard et Cie [imp. Pillet aîné], 1842. In-8°, 2 vol.

4613 Mémoires de *Michel* OGINSKI sur la Pologne et les Polonais depuis 1788 jusqu'à la fin de 1815. *Paris*, chez l'Editeur, chez Ponthieu Lib., *Genève*, Barbezat, Imp. Crapelet à Paris, 1826. 2 vol. in-8°.

4614 Œuvres complètes du Cardinal *B.* PACCA, traduites sur l'Édition italienne d'Orvieto de 1843 et mises en ordre par M. QUEYRAS, traducteur des premiers Mémoires, imprimés a Lyon ; renfermant une Notice sur la vie du cardinal Pacca, placée en tête des œuvres diverses. Édition ornée de deux beaux Portraits gravés sùr acier. *Paris*, Sagnier et Bray, [impr. E. J. Bailly], 1846. In-8°, 2 vol.

4615 Mémoires du Baron DE POLLNITZ, contenant les observations qu'il a faites dans ses Voyages, et le Caractere des Personnes qui composent les principales Cours de l'Europe. Cinquième Edition. A *Londres*, Chez Jean Nourse. M.DCC XLVII. In-12, 2 vol.

4616 Lettres du Baron DE POLLNITZ, contenant les Observations qu'il a faites dans ses Voyages, et le Caractere des Personnes qui composent les principales Cours de l'Europe. Cinquième Edition. A *Londres*, Chez Jean Nourse, M.DCC.XLVII. In-12, 3 vol.

4617 Mémoire sur le Cte DE BONNEVAL, Par le Prince DE LIGNE, suivi des lettres de la comtesse de Bonneval a son mari, de celles du comte a son frère, etc., etc. Nouvelle édition, augmentée du procès du comte DE BONNEVAL, et de deux mémoires de ce comte sur la tactique. *Paris*, Chez Mme Hérissant Le Doux, Et chez Delaunay, 1817. In-8°, 1 vol.

4618 Nouveaux mémoires du Chevalier *Guillaume* TEMPLE, ambassadeur & Plenipotentiaire de la Grande Bretagne en diverses Cours de l'Europe. Contenant un détail intéressant & curieux des intrigues de la Cour d'Angleterre.....depuis la paix de Nimègue (1679) jusqu'à la retraite de l'auteur (1680). Publiez avec une Préface par le Docteur *Jonathan* SWIFT, on y a joint la Vie & le Caractère du Chev. G. Temple par un de ses amis particuliers. Traduit de l'Anglois [Par LE VASSEUR]. *La Haye*, van Duren, 1729. In-12, 1 vol.

4619 Frédéric-le-Grand, sa famille, sa cour, son gouvernement, son académie, ses écoles, et ses amis, généraux, philosophes et littérateurs, ou Mes Souvenirs de vingt ans de séjour a Berlin ; par *Dieudonné* THIÉBAULT, de l'Académie de Berlin, 1804. Quatrième édition, revue avec le plus grand soin, et publiée par son fils le baron THIÉBAULT, Lieutenant-Général au Corps royal de l'Etat-Major. *Paris*, Adolphe Bossange, [imp. Lachevardière fils], 1826. In-8°, 5 vol., plusieurs fac-simile, manquent les portraits.

4620 Mémoires de *Jacques*, comte DE WALDEGRAVE, chevalier de l'ordre de la Jarretière, membre du conseil privé de Sa Majesté, sous le règne de Georges II, et gouverneur du prince de Galles, ensuite Georges III, depuis 1754 jusqu'en 1758. A *Paris*, [imp. Marchand du Breuil], chez Treuttel et Würtz, A Strasbourg et à Londres, 1825. In-8°, 1 vol.

4621 Mémoires de *Jean* DE WIT, Grand Pensionnaire de Hollande, Traduits de l'original en François. Par Monsr. de M*** [Madame DE ZOUTELANDT, née LINDENER, depuis Madame BOISSON]. *Ratisbonne*, Kinkius, 1709. Pet. in-12, 1 vol.

4622 Mémoires d'un ministre du feu Roy de la Grande Bretagne auprès des princes d'Italie, Présenté à Sa Majesté l'an 1722, *s. n. d'imp.* 1 br. 15 p. in-4°.

OMISSION.

4623 Cantacuzène Homme d'Etat et Historien ou examen critique comparatif des mémoires de l'Empereur Jean Cantacuzène et des sources comtemporaines, et notamment des 30 livres dont 14 inédits de l'histoire byzantine de Nicéph. Grégoras, qui contrôlent les mémoires de Cantacuzène. Thèse de littérature et d'histoire par *Val.* PARISOT, agrégé d'histoire, professeur à la faculté des lettres de Rennes. *Paris*, chez Joubert, Lib., Imp. Hauquelin & Bautruche, 1845. 1 vol. in-8°.

TABLE DES MATIÈRES.

Lille Imp. L. Danel.